O TRIGO, A ÁGUA E O SANGUE

AS RAÍZES ESTRATÉGICAS DO OCIDENTE

EDITORA SENAC-DF
SIA Trecho 3, lotes 625/695, Shopping Sia Center Mall - Loja 10
CEP 71200-030 - Guará - DF
Telefone: (61) 3313.8789
e-mail: editora@senacdf.com.br
home page: www.editora.senacdf.com.br

EDITORA FGV
Rua Jornalista Orlando Dantas, 37
22231-010 | Rio de Janeiro, RJ | Brasil
Tels.: 0800-021-7777 | 21-3799-4427
Fax: 21-3799-4430
editora@fgv.br | pedidoseditora@fgv.br
www.fgv.br/editora

NESTA EDIÇÃO

Capa e Projeto gráfico
Gustavo Coelho

Ilustração
Gustavo Coelho

Revisão
Mariflor Brenlla Rial Rocha

Ficha Catalográfica

P659t

Pinto, Luiz Fernando da Silva.
Trigo, a água e o sangue: as raízes estratégicas do Ocidente, O / Luiz Fernando da Silva Pinto – Brasília: SENAC - DF, 2011.
476 p.: il.

Inclui Bibliografia

ISBN: 978-85-62564-17-8

1 – Pensamento estratégico 2. Cultura ocidental. 3.Civilizações . I.Título.

CDU 658.012.2

O TRIGO, A ÁGUA E O SANGUE

AS RAÍZES ESTRATÉGICAS DO OCIDENTE

LUIZ FERNANDO DA SILVA PINTO

FGV EDITORA

editora senac
Distrito Federal

Brasília
2011

DEDICATÓRIA

A Carlos Ivan Simonsen Leal, Francisco Oswaldo Neves Dornelles, Lindolpho de Carvalho Dias; Sérgio Franklin Quintella – com grande admiração e respeito.

A Marcos Cintra Cavalcanti de Albuquerque e Heitor Chagas de Oliveira – as suas pessoas representando os integrantes dos Conselhos Diretor e Curador da Fundação Getulio Vargas de ontem e de hoje – que, de forma decidida e determinada, vêm colaborando de forma supercompetente e de modo exemplar para o desenvolvimento sustentado da instituição.

E a Ney Oscar Ribeiro de Carvalho, Ricardo Pernambuco Backheuser e Victor Monteiro Barbosa Coelho – queridos amigos-irmão (muito queridos), representando todos os interlocutores estratégicos que ao correr da vida me auxiliaram (e privilegiaram) com seus conselhos e observações de forma determinada e com notável competência para a realização das minhas ações profissionais e de pesquisa. Com imensa amizade e gratidão.

O livro "O trigo, a água e o sangue", denso em seu conteúdo, refere-se ao estudo de informações pinçadas, pelo autor, de dados históricos (pesquisas, descobertas arqueológicas e publicações de estudiosos dos povos e civilizações que povoaram a Terra no período de 20.000 a.C. a 1.200 a.C.) a partir da origem das comunidades e das "polis", para identificar o "nascimento e a eclosão estratégica do ocidente atual".

Luiz Fernando da Silva Pinto, dessa vez navega no tempo de quase 19 mil anos entre as civilizações da "Grande Antiguidade" transportando-nos, por meio de seus comentários à luz das descrições de grandes pesquisadores dos fatos históricos, como se fôssemos observadores do modo de vida e das descobertas dos povos sumeriano, egípcio, grego, cretense, fenício e outros. Utiliza-se de significativas paradas para, como um guia turístico, vislumbrar fatos bíblicos, geográficos, evolutivos da humanidade e, principalmente, as estratégias para sobrevivência e desenvolvimento da humanidade rumo ao nosso tempo.

Trata-se, portanto, de uma obra sobre gestão estratégica, especialidade apresentada em outras publicações do autor pela Editora Senac-DF("Sagres- a revolução estratégica"; "O fator Archer : pensamento estratégico"; "O Fator da Vinci: presença estratégica"; "O Fator Samurai: empreendedorismo e construção de projetos estratégicos"; "O Fator Dressage: governança estratégica"; "A Estratégia Romanov e os Meninos Falcão"). Aqui, essa habilidade se evidencia numa proposta inovadora de identificar, no passado remoto, a origem das "manifestações comunitárias" (base de auto-sustentabilidade) e as configurações estratégicas presentes nesse modelo.

A surpresa ocorre quando o leitor das obras de L.F. percebe a evolução do estilo e da linguagem que, numa permissão a si mesmo de alçar vôos mais amplos e permeados da opinião pessoal, enriquecem o conteúdo e a forma, prendendo o leitor e provocando a reflexão e a curiosidade.

Adelmir Araújo Santana
Presidente do Conselho Regional do Senac-DF

PREFÁCIO

As dúvidas transcendentais que acometem as mentes mais rudimentares ou as inteligências dos mais raramente sofisticados pensadores — aqueles que cogitam a respeito da nossa trajetória, origem e destinação — reproduzem-se, em termos de macro-observação, no que diz respeito aos fatores que, a seu tempo, terão desencadeado os processos evolutivos da história das economias e da vida nas civilizações.

Como foi mesmo que nos tornamos assim?

O que terá sido preciso fazer para que algumas tendências ou determinadas tentativas se tenham tornado feitos e realidades que acabaram sendo afirmações de inelutável questionamento?

Onde foi que tudo isso começou?

Quem andou inovando, e com que capacidade decisiva conseguiu afetar efetivamente o rumo das coisas, de forma a termos chegado aos resultados que deram origem ao mundo que vivenciamos hoje?

Certamente, terá havido muitos tomadores de decisão ao longo da História que, agindo com o pensamento equipado de visão estratégica, foram capazes de, adotando as metodologias mais diversificadas (guerras, alianças estratégicas e artifícios surpreendentes), influenciar com segurança um rumo definido para a criação de situações de ordem econômica, política e social, sensivelmente modificadas frente a um determinado *statu quo ante*.

E quando foi que essas coisas começaram? Quando foram introduzidas as modificações que deram início ao que acabou sendo alterado tantas vezes, ao longo do tempo?

Segundo o que propõe o autor, o Ocidente dos nossos tempos — cujas características geopolíticas e econômicas são suscetíveis de análises e interpretações dos nossos contemporâneos e dos historiadores que nos informaram — terá surgido em decorrência de um longo processo metabólico que, para ser analisado, conhecido e entendido, precisa ser situado ao longo de uma faixa de 20 mil anos anteriores ao nascimento de Cristo.

Como todo metabolismo, esse longuíssimo processo terá sido caracterizado por uma intrincada complexidade e somente pode ser analisado, observando-se por partes, mirando-se a localização; e por tempos, a época de cada um dos fenômenos datados ou datáveis.

É assim que Luiz Fernando da Silva Pinto aborda momentos e lugares onde se passaram cenas marcantes e decisões determinantes do veio a acontecer depois.

Fenômenos que podem ser tomados como fundamentais (fundadores) para os processos históricos e seus respectivos protagonistas tiveram lugar em cidades como Jericó, conhecida, principalmente, por quem leu sobre o famoso cerco relatado na Bíblia.

Esses fenômenos foram tão mais duradouros e representativos de uma marcada evolução econômica, típica de determinadas *urbes* absolutamente inovadoras, inclusive em sua sustentabilidade.

Relações políticas peculiares como as que terão marcado os laços que uniram Egito e Creta e eram caracterizadas por um misto de aliança estratégica e terceirização, entretanto, soam, para nós, com fortes aspectos de novidade e surpresa.

Visão estratégica, inovação, sustentabilidade, são conceitos de profunda indagação, aceitação e uso muito recentes, que já se encontravam permeando o pensamento formulador dos governantes, elites e pessoas. Há vários milênios.

Ressalta, entretanto, a definitiva percepção de que muitos dos conceitos sistêmicos, especialmente aqueles identificados com a interdependência, estavam presentes nos fenômenos relatados, ou fizeram parte do momento — *insight* — de sua compreensão.

As conclusões a que chega o autor, após uma exaustiva busca de revelações em textos de dezenas de outros autores consagrados, permitem uma audaciosa operação de inteligente análise calcada em interpretações e ilações.

Um verdadeiramente colossal esforço de erudição e remissões a textos longos e consistentes que, se não eliminam dúvidas nem acrescentam certezas de sustentação do tipo matemático, evidenciam relações de interdependência e interfaces indiscutíveis entre fatos, processos e fenômenos. A rica pesquisa bibliográfica e a oportunidade das citações garantem o suporte das conclusões que se transformam em proposições teóricas definitivas.

Estou seguro quando penso da importância e da oportuna utilidade, para mim, do fato de ter lido, com toda a merecida e necessária atenção, este livro de tanta atualidade. Ele nos traz argumentos muito atuais para exigências do futuro próximo, reforçados pela descoberta que fazemos de sua antiquíssima permanência.

Sempre foram úteis os tais conceitos que hoje consideramos muito modernos.

Nem deixam de ser atualíssimos por já terem sido relevantes nos processos decisórios de tanto tempo atrás.

Nova, é a leitura do que já se passou antes, quando aplicada ao que será preciso fazer mais tarde. Eis que permanecem, na raiz das soluções daquilo que a dinâmica da vida volta e meia nos indaga, as estruturas mentais que resultam de algo que poderíamos denominar de diálogo dos fatos.

Fatos que vêm desafiando a humana capacidade de compreendê-los, de interpretá-los, de inferir ilações conclusivas.

Fatos que impõem a capacidade e a habilidade de identificar as interfaces e usar a mais genuína e completa conectividade.

A raízes estratégicas do Ocidente são exploradas de forma audaz e minuciosa através da concatenação dos relatos, testemunhos e análises de historiadores, economistas e outros autores, através dessa arqueologia bibliográfica que o autor cavou, interpretou e nos oferta em desafiadora leitura.

Heitor Chagas de Oliveira

Membro da Academia Brasileira de
Ciências da Administração

APRESENTAÇÃO

O trigo, a água e o sangue: as raízes estratégicas do Ocidente insere-se em um conjunto de pesquisas relativas a formulações estratégicas realizadas com sucesso na evolução das sociedades organizadas e posicionadas como sendo de interesse da Fundação Getulio Vargas. Nesse sentido, publiquei três trabalhos: *Pedro, o Grande, o caçador do tempo* (finalista do Prêmio Jabuti/1998); *A estratégia Romanov e os meninos-falcão* (vencedor do Prêmio Jabuti/2000) e *Sagres – a revolução estratégica* (vencedor do Prêmio Jabuti/2001).

O desafio da presente publicação é especialmente complexo, pois cobrirá um período que se inicia em 20000 a.C. e se estende até 1200 a.C. A escrita não era praticamente existente e quando o foi, não era vulgarizada. Como tal o trabalho é espinhoso e complexo para todos que se aventurarem nessa empreitada. As leituras arqueológicas são lentas e árduas. De um modo geral, talvez por essa razão, os esforços analíticos de pesquisadores e estudiosos do passado partam majoritariamente da fundação de Esparta, Atenas, o século de Péricles e a notável aventura (ou ações de guerra e rapina) de Alexandre da Macedônia. Outros estudiosos como Gibbon, por exemplo, iniciaram suas análises já com a presença de Roma.

Esse período entre 20000 a.C. e 1200 a.C. – o qual denomino de a *Grande Antiguidade* – apresenta, entretanto (essa é a minha suspeita desde o início do trabalho), "desenhos" e "soluções" estratégicas soberbas! É exatamente sobre essas configurações surpreendentes que nos deteremos. Aí se posiciona o nosso desafio estratégico. Principalmente, porque trabalhos sobre competência estratégica referentes a esse período são muito rarefeitos. De fato, "um vazio de pesquisas" impressionante.

A presente obra demandou vários anos de esforço, reflexões e trabalho. A sua redação final iniciou-se em julho de 2009 com término efetivado em janeiro de 2011. Infelizmente (e considerando que todo e qualquer livro deveria ser recomeçado quando o mesmo se encerra) chegamos a bom termo somente nesse momento, após leituras críticas (riquíssimas) do primeiro original realizadas por Arlindo Lopes Corrêa, Fernando Lemos, Fernando Mauro Mendes de Carvalho, Gabriel Lacerda, Heitor Chagas de Oliveira, Jorge Sávio, João Maurício de Araújo Pinho, Lindolpho de Carvalho Dias, Luiz Roberto do Nascimento e Silva, Márcio João de Andrade Fortes, Marcos de Carvalho Candau, Ney Oscar Ribeiro de Carvalho, Obertal Mantovanelli, Paulo de Assis, Paulo Roberto Campos Lemos, Raul Milliet, Renato Flores, Sérgio de Figueiredo Rodrigues, Sérgio Gustavo Silveira da Costa, Sylvio Massa e William de Almeida Carvalho. A propósito, com Sylvio Massa foram realizadas imensas discussões sobre construções literárias.

A propósito, o planejamento final da obra foi exposto de forma abrangente em junho de 2009 a Carlos Ivan Simonsen Leal, Lindolpho de Carvalho Dias e Sérgio Franklin Quintella – cujas sugestões e ponderações foram de grande valia para a sua execução. Carlos Ivan Simonsen Leal, com uma visão superabrangente relativa a Creta e ao Império Hitita, delineou ênfases importantíssimas para as pesquisas empreendidas, ao lado de sua riquíssima leitura estratégica da *Ilíada* e da *Odisseia*. Carlos Ivan Simonsen Leal constituiu-se no principal interlocutor estratégico para a realização de várias partes da presente pesquisa.

Ricardo Pernambuco Backheuser, João Pedro Backheuser, Victor Monteiro Barbosa Coelho, Carlos Eduardo da Silva Pinto, Ronnie Almeida, Roberto de Oliveira Campos Júnior – apoiaram-me com observações, publicações, informações, discussões e reflexões muito densas relativas aos temas analisados. Aos meus interlocutores finalíssimos – Miriam Mambrini, Carlos Mambrini, Arnaldo Franco de Toledo e Carlos Antonio Gebara – devo uma série de observações preciosas sobre o livro.

Alceu Cardoso, Armando Alencar, Carlos Henrique Bravo Galvão, Carlos Eduardo Palermo, César Aché, Francisco Diacovo, José Roberto Pimentel, Júlio César Cordeiro Mattos, Oswaldo Campos Pinto, Salim Nigri e Thomaz Montello colaboraram de forma admirável relativamente às minhas indagações sobre vários temas equestres contidos na pesquisa realizada. Conversas "trintenárias" com Paulo Azambuja de Oliveira produziram-me inúmeras informações sobre o deslocamento da cavalaria militar e simulações de cavaleiros-correio, imensamente úteis para a compreensão do mundo hitita. Muito grato, Paulo!

Aspectos muito importantes relacionados ao desenvolvimento e à conclusão da presente obra foram debatidos com Afonso Arinos de Mello Franco Neto, Agliberto Alves Cierco, Antonio Freitas, Bianor Scelza Cavalcanti, Carlos Osmar Bertero, Irapoan Cavalcanti, Clovis José Daudt Lyra D. de Faro, Fernando Faria Salgado, Isnard Marshall Junior, José Eduardo de Carvalho Rezende, Luiz Guilherme Schymura de Oliveira, Cesar Cunha Campos, Mário Rocha Souza, Maristela Rivera Tavares, Mary Kimiko Guimarães Murashima, Miguel Lima, Paulo de Assis, Paulo Mattos Lemos, Paulo Rabello de Castro, Pedro Carvalho Mello, Renato Fragelli Cardoso, Renê Garcia, Ricardo Simonsen, Ricardo Spinelli de Carvalho, Sidnei Gonzalez, Silvio Roberto Badenes de Gouvêa e Tânia Furtado. Viagens e mais viagens! Conversas e mais conversas! Trabalhos e mais trabalhos! Anos e mais anos!

Os trabalhos preliminares de pesquisas bibliográficas e aquisições de materiais técnicos relacionados à Grande Antiguidade tiveram início na cidade de Curitiba, onde se contou com o apoio de Edmarson Bacelar Mota, George Amorim Natividade, Norman de Paula Arruda Filho, Roberto Canapeli Pasinato e Sérgio Pires. Já lá se vai bem mais que uma década. Uma longa e grande garimpagem nos sebos da cidade. Produtiva! Recompensadora! Malas e mais malas de livros!

O apoio técnico-funcional conferido pela Fundação Getulio Vargas a essa pesquisa – por meio de Luiz Carlos Ranna, Ocário Silva Defaveri, Evelyse Maria Freire Mendes e Nuno Pedroso – transformou momentos de muitas dificuldades na execução do trabalho em degraus absolutamente viáveis e francamente superáveis. A propósito, Otávio dos Anjos Marçal e seus colaboradores encarregaram-se de forma muito competente da reprodução do volume final dos meus originais.

Christiane Alves de Oliveira Jorge, além de secretária, operou nesse trabalho como minha efetiva assistente – e com extrema competência, em inúmeras atividades relacionadas ao *O trigo, a água e o sangue* – tais como rastreamento de obras, organização do material de pesquisa, editoração e montagem final de textos (quase sempre ininteligíveis). Grande parte dos diagramas, esquemas e fluxos incluídos no trabalho são de sua autoria. Sem o seu apoio, as suas cobranças e a sua determinação, sempre bem-humorada, o trabalho não teria progredido como o ocorrido. A sua presença foi absolutamente essencial. Cabe ressaltar também, todo o apoio conferido pelo colaborador do Gabinete da Presidência da FGV, Erick Tavares da Silva, realizado sempre da melhor forma possível.

A pesquisa aborda questões relacionadas a empreendedorismo, liderança, equilíbrio econômico-financeiro, gestão financeira, sistemas de decisões condicionadas, sustentabilidade, construção de ambientes estratégicos e muitos outros temas para os quais o instrumental de pensamento estratégico (e também o agir estrategicamente) contribuiu de forma densa para o pinçamento de várias questões. A circunstância de trabalhar ininterruptamente com a disciplina de estratégia nos cursos de MBA/FGV vem me enriquecendo, sobremodo técnica e intelectualmente, nesse campo pelos diálogos com alunos e coordenadores e também conveniados.

Por último, mas não menos importante, gostaria de ressaltar os seguintes aspectos:

- o apoio e a oportunidade que Arlindo Lopes Corrêa, Marcos de Carvalho Candau, Roberto Eduardo Gursching, Dora Nunes Kupper e sob o comando de Luiz Gonzaga do Nascimento e Silva me conferiram para trabalhar (e pesquisar) em projetos onde a presença da comunidade era relevante no Ministério da Previdência e Assistência Social (1976-79);
- as famílias de minha mãe e meu pai, e a Ignês e Mário, que me ensinaram a respeitar pobres e ricos, a amar as coisas simples da vida, e também à natureza. Ler, ler e mais ler – sempre, levar a sério a profissão escolhida, empenhar-me no trabalho e respeitar a pesquisa, a tecno-

logia, a ciência, a Academia – enfim, a importância de ser parceiro da competência. E ter coragem. Às irmãs e aos irmãos de minha mãe e especialmente a meu tio – Luiz Fernando de Carvalho Dias (de quem herdei meu nome, com grande orgulho) – que muito me ajudaram a entender a família, o campo, a comunidade, seus mistérios e a amar os cavalos. E a recomeçar sempre, sem desistir jamais! E a meu mais antigo, queridíssimo e exemplar mestre, Benedito Augusto Barreto;

- a Mario Henrique Simonsen, mais irmão do que mestre e chefe – o qual sempre incentivou-me a criar, inovar e romper com o tradicional, sempre que necessário ou conveniente. "Ousar LF, ousar LF", dizia-me ele.

No Brasil cabe destacar também o apoio de determinadas livrarias e sebos que foram da maior importância para a execução das investigações: Livraria Nova Roma em Porto Alegre, Iluminações em Campinas, Livraria Francesa em São Paulo, Livrarias Fígaro e Osório em Curitiba e livrarias Berinjela, Rio Antigo, Leonardo da Vinci, Mar de Histórias, Padrão, Cabral, Travessa, Luzes da Cidade e, a mais solicitada, a Livraria da FGV no Rio de Janeiro, entre muitas outras. No exterior gostaria de ressaltar a importância de livrarias, "bouquinistes" e sebos situados no Quartier Latin em Paris, onde obtive material de extrema valia para as pesquisas que realizei, nomeando uma delas, a Lusophone, como se todas (e todos) fosse. Sou muito grato à colaboração das mesmas na obtenção de material específico para o esforço empreendido.

Um trabalho que se aventura por um terreno difícil, com relevo complexo e mal explicado – só é possível porque muitas pessoas colaboram com o autor – apontando "closes", referências bibliográficas e até mesmo *insights*. Sem todas essas pessoas, sem suas "agregações" não se teria avançado nesse trabalho: amigos, livreiros, professores e vários outros.

A crítica muitas vezes é dura e implacável! Em contrapartida busquei atender a todas (penso). Algumas com uma imensa má vontade de minha parte e um ego muito magoado. Fazer o quê? Entretanto, as realizei, na medida do possível. Tenho certeza de que a leitura de *O trigo, a água e o sangue* permitirá ao eventual leitor uma visão estratégica muito consistente da Antiguidade, conjugando-se vários planos maiores de observação, análise e encadeamento lógico. Ou seja, conectividades e *insights*. Em outras palavras, o Ocidente surgiu de um surpreendente e extraordinário projeto estratégico conduzido pelo homem desde 20000 a.C. É o que exatamente buscarei demonstrar no correr do texto.

De todos os meus *insights* identificados nessa pesquisa, de fato, o que mais gosto (pela sua descarada obviedade) refere-se à Biblioteca-Clone de Alexandria. Estou convencido de que ela será localizada em poucos anos a uns 50 km de sua posição original na Antiguidade. Se isso acontecer, e como torço para isso ser real, dedico aos meus queridos críticos esse provocador, imprudente e onipresente *insight*. Mais uma vez ousei, Mario Henrique. Muito obrigado pelos seus alertas.

Sou ainda muito grato à Biblioteca Mario Henrique Simonsen, da FGV, pelas inúmeras pesquisas desenvolvidas para este trabalho sob a coordenação sempre supercompetente e dedicada da professora Evelyse Maria Freire Mendes.

DESENVOLVIMENTO DO TEXTO GLOBAL POR MEIO DE PARTES AUTOSSUSTENTADAS

A pesquisa realizada, na sua apresentação final, foi agrupada em três grandes partes.

A parte I apresenta os principais instrumentos que serão utilizados para a observação do processo de evolução da Grande Antiguidade. Fundamentalmente os comentários expostos nessa parte referem-se às manifestações comunitárias e à construção de ambientes estratégicos. Nesse contexto específico, numa primeira abordagem aos temas com esses instrumentos, vinculam-se os mesmos a determinadas ações históricas, povos e nações, de tal modo que se tome contato (de forma concreta) com a técnica de abordagem às questões que serão tratadas nessa pesquisa – exemplificando o processo por meio de arranjos sistemáticos.

É importante assinalar que 20 mil anos da história do homem, período que denominarei de a Grande Antiguidade (como já observado), não são triviais de serem enfrentados mesmo porque em inúmeras situações (a maioria absoluta delas, aliás) não se verificava memória escrita como já referido. Enfim, a metodologia de Bárbara Tuchman, fluindo elegantemente a sua narrativa (ou a pesquisa) ao correr do tempo é muito complexa e até mesmo praticamente impossível de ser aplicada nesse caso, em minha própria avaliação.

A "linearidade temporal" e temática nesse contexto é bem menos que uma realidade factual. É quase um sonho difícil de ser atendido! Foi exatamente dentro dessas características – aliás, provocadoras, que decidi desenvolver a pesquisa em três grandes partes, os quais, a rigor, poderão ser observadas, refletidas e trabalhadas de forma isolada e praticamente autossustentada, facilitando os leitores especiais e suas eventuais ações decorrentes. Portanto, três grandes planos (partes) de trabalho – como enfatizado a seguir. No meu entendimento esse é o procedimento mais adequado para nos deslocarmos em período de tempo tão amplo. Vinte milênios!

Assim, a primeira parte cuidará do instrumental metodológico a ser utilizado – ou seja, enfatizando a relevância comunitária e a sua interação com a construção de ambientes estratégicos. A parte II caracterizará a notável alavancagem comunitária processada na Grande Antiguidade. E, finalmente, a parte III investigará a organização de ambientes estratégicos muito especiais, referentes aos grandes povos, nações, identificando inclusive encadeamentos e interatividades relevantes ocorridas entre eles àquela época.

Tanto a parte III quanto as anteriores, como referenciado, serão desenvolvidas para operarem de forma independente. Isso vale dizer que eventualmente poderão ser lidas, trabalhadas e observadas de forma razoavelmente estanque umas das outras. Operando como se livros razoavelmente independentes fossem. É exatamente por esse motivo que o Egito, por exemplo, ou os hititas – poderão ser referenciados nas três partes. Não se trata, portanto, *de monótonas repetições e, sim um recurso superválido para o desenvolvimento de textos autossustentados – destacando-se sempre as conectividades-chave procedidas e os* insights *identificados.*

Hoje estou cada vez mais convencido de que a ausência dessas partes expositivas independentes iria dificultar sobremodo o enfrentamento de todos os temas aqui propostos, com sérios riscos de perdermos o fio da meada ao correr da obra. Mesmo! É interessante observar que, caso a linearidade temporal (ou temática) fosse adotada de forma dominante, as recorrências seriam, com certeza, muito mais intensas e menos esclarecedoras.

Complementando, a parte II tratará da montagem da macro-organização comunitária procedida na Grande Antiguidade, destacando-se aspectos-chave dessa evolução da mesma forma que na parte I serão efetuadas determinadas *linkages* entre povos e nações as quais, ao correr do tempo, iriam dar infraestrutura às suas realizações com o concurso de redes comunitárias preexistentes em seus próprios territórios. Acredito que essa atitude mesmo que ocasionalmente repetitiva, como já frisado, torna-se absolutamente essencial ao posicionamento integrado (e permanente) das comunidades na Grande Antiguidade. Nada existiu mais importante do que elas, mesmo quando se contempla o tema sobre a ótica restrita de ambientes estratégicos.

Avançando, a parte III observa a genial construção de ambientes estratégicos nessa mesma Grande Antiguidade e os seus mais notáveis desdobramentos. Assinale-se por último que, em tese, a grande discussão poderia vir à luz e tomar seu próprio corpo já a partir da parte III. Entretanto, estou certo de que as explanações anteriores relativas aos instrumentos investigatórios, conhecimento do mundo comunitário e características dos ambientes estratégicos, são essenciais à compreensão plena do mundo ocidental. Da mesma forma, assume-se como sendo muito relevante observar o notável processo de alavancagem comunitária, base real de todo o arranjo político, econômico e social processado em sequência. Quase 20 mil anos da evolução do homem tornam obrigatório o convívio com alguns pontos de passagem prévios para que se possa entender de *forma integrada e sequenciada o nascimento e a eclosão estratégica do Ocidente.*_

O MEU MUNDO COMUNITÁRIO

De fato, durante 17 anos (dos 4 aos 20 anos de idade) convivi com ambientes muito similares (em inúmeros aspectos) aos das comunidades rurais da Antiguidade. O período dessa convivência foi equivalente a 68 meses (considerem-se inicialmente 4 meses de férias escolares por ano). Acresça-se a esse quantitativo cerca de 36 meses interagindo com comunidades rurais e urbanas na LBA e pelo menos 24 meses como engenheiro em minha vivência na Consultec S/A no desenvolvimento de trabalhos de campo, projetos rurais etc. Portanto, cerca de 178 meses (equivalente a 15 anos) "comunitários". Essa vivência/experiência correspondeu a um *qualifying* indispensável para que se possa entender o processo comunitário presente na Grande Antiguidade. Sem essa vivência tenho certeza de que seria impossível inserir-me nesse mundo tão especial que no meu entendimento está sendo permanentemente subestimado quando o comparamos com as análises relativas aos caçadores-coletores e às polis no correr da história do homem e de suas correspondentes evoluções. A comunidade é quase que totalmente sombreada pelos analistas do passado. A propósito, Toynbee constitui uma honrosa exceção, apesar de ela não ser seu *major field* de ocupação e concentração técnico-intelectual.

CONDICIONAMENTOS-CHAVE

Da mesma forma que um pesquisador-chefe estabelece uma série de condicionamentos para que um colaborador integre a sua equipe (idioma, títulos de mestrado, doutorado, experiência prévia etc.) para participar de uma determinada frente de pesquisas arqueológicas na Grécia Antiga (o que é bastante razoável, é claro) há que se ter vivenciado (bem) comunidades rurais para que se possa regressar à grande aventura que representa a investigação das raízes estratégicas do Ocidente. Denominarei essa ocorrência de *fator vicco* (vivência e convivência comunitária) em meu trabalho. Efetuadas essas observações especiais, busquei, na medida do possível, "linearizar" a minha exposição ao máximo – ajustada aos seus propósitos e particularidades de análise.

Como descrito, essa obra foi agrupada em três grandes partes e, cada uma delas necessariamente terá que conviver com inúmeros temas, tais como caçador-coletor, comunidades, Egito, Fenícia, Creta, Suméria, Mesopotâmia, hititas, Troia, gregos micênicos, gregos homéricos, Roma e outros. A presença sistemática de todos esses temas é essencial para o bom balanceamento de cada parte estrutural da pesquisa. Cabe, entretanto, ressaltar que ao correr de cada um desses três grandes segmentos buscarei, mediante alertas singelos, destacar quais os tópicos mais importantes no desenvolvimento do texto específico. Portanto, não se trata de repetição ou recorrências monótonas, mas apenas inclusões que viabilizem o melhor balizamento possível para a sustentação plena de todas as questões apresentadas, ou seja, a busca determinada de uma linearidade final. O tempo é "imenso" e, em cada tópico analisado, não se permite o sombreamento de um grande *player* estratégico.

Nesse contexto, a narrativa de minha pesquisa "deslizará" sobre três grandes partes, assim estruturadas analiticamente:

- parte I – o fator vicco, o homem, o tempo, o embasamento metodológico, a pesquisa e os grandes atores – onde se descrevem os "veículos" com os quais iremos adentrar e percorrer a Grande Antiguidade, buscando interagir com múltiplos aspectos de sua sabedoria vencedora. Lentes de observação metodológicas;
- parte II – o fator Jericó, a alavancagem comunitária na Grande Antiguidade – onde se busca observar o processo comunitário de modo abrangente, aliás, um efetivo "tapete mágico" que iria acompanhar a evolução do homem e da humanidade ao correr de milênios. Presença estratégica;
- parte III – o fator Creta, os povos, suas polis e seus ambientes estratégicos – onde "persegue-se" as construções estratégicas mais relevantes para a formação do Ocidente (as suas raízes) e onde Creta assume um papel de invulgar e insólita relevância. Construção de ambientes estratégicos.

Mais uma vez, gostaria de assinalar que as "repetições" contidas nessa apresentação são mesmo absolutamente propositais e de forma decididamente intencional. Provocação desde já! Busca-se desde o início questionar a linearidade frequentemente tiranizadora como senhora absoluta da arte da redação. Aliás, as duas primeiras vezes em que fui finalista do Prêmio Jabuti corresponderam à organização (exposição) do meu pensamento de forma não linear com publicações sobre Konosuke Matsushita e Pedro, o Grande, czar da Rússia. Devo, entretanto, confessar que quando possível, é claro – prefiro a sistemática linear, mesmo porque é muito mais fácil de se trabalhar uma questão sequencialmente estruturada, seja no tempo, seja no tema.

Entretanto, mais vale a repetição determinada do que a supressão (estilística) na apresentação da matéria exposta. De fato, pretendo transformar anos de pesquisa em apenas horas de leitura provocadora e proveitosa para os meus observadores. Enriquecendo-os no universo dos ambientes estratégicos. Só isso.

A propósito, se eventualmente tivesse, por descuido, decidido optar pela "linearidade mandatória" no presente caso, o processo "narrativo" teria que se apoiar necessariamente em minitextos superdensos (com parágrafos muito pesados), dificultando sobremodo a visão abrangente do desafio empreendido como um todo, ao correr da pesquisa e análises efetuadas. A compreensão do plano geral de trabalho seria mesmo subtraída em razão e argumentação – ao invés de somar. Mais vale a repetição do que a supressão; Repetições não, apenas recomeços.

Eventuais erros, equívocos, descuidos e omissões são de minha inteira responsabilidade. Os acertos têm, com certeza, muito mesmo a ver com as contribuições das presenças aqui citadas. Devo muito a todas elas! O meu muito obrigado! Sem elas teria sido muito difícil realizar esse trabalho acontecer como aqui presente na sua versão final. Não se trata de "fazer média relacional". Sou-lhes muito grato, mesmo. O trabalho não teria progredido e finalizado sem os seus lúcidos apoios.

Saint-Exupéry, onde a argumentação e emoção recorrente transbordam no mais belo tratado sobre a solidão do homem (*O pequeno príncipe*), comenta em uma passagem desse livro, como se fosse uma alma gêmea de Fernando Pessoa no seu "tudo vale a pena se a alma não é pequena": *"O que eu vejo não passa de uma casca. O mais importante é invisível"*. Em realidade, o que busquei foi, por meio de *insights*, adentrar esse mundo invisível da Grande Antiguidade. Apenas esse o desafio. De fato o bom leitor é aquele que parte para o texto em busca de agregação de valor. Ele "mede" a narrativa em função de *insights* por ele localizados e capturados. A forma como essa "engenharia intelectual" foi realizada não é o fator relevante. O que vale mesmo é a colheita estrutural por ele efetuada. Só isso. Para esse leitor, sempre arguto e provocador, escrevi *O trigo, a água e o sangue.*

Por último, mas não menos importante, assinalem-se os seguintes pontos derradeiros:

- Devo muito a Heraldo Nunes de Souza, com a sua visão abrangente do mundo equestre, onde ele me ensinou e vem ensinando que existe muito mais nessa galáxia do que simplesmente "andar a cavalo" – a convivência das pessoas, as festas, as reuniões, as conversas, a arte de observar e prestar atenção são de indiscutível importância. E ler, estudar e viajar! Aliás, essa atitude abrangente é essencial para se entender o povo hitita, na sua arte de ser e sorrir, combater e agir – todas fundamentais na formação estratégica do Ocidente.
- O meu imenso agradecimento à Editora do Senac-DF nas pessoas de Luiz Otávio Justa Neves, Maria Bernadete Bhering, César Baiocchi Neto, Gustavo Coelho de Souza, Antonio Marcos Bernardes Neto e Nair Ticayo Numao Ofuji, os quais conferiram apoio e estímulo inestimáveis para a concretização dessa obra.
- A Editora da FGV nas pessoas de Marieta de Moraes Ferreira, Maria da Graça de Souza Burity Moreira, Michel da Silva de Souza, Michele Lima dos Santos e suas equipes de apoio que colaboraram efetivamente e de forma muito consistente para que esse novo trabalho se tornasse realidade da melhor forma possível, aliás, como em todas as ocasiões que anteriormente interagi com essa Editora nos últimos quinze anos.

Pois é, orgulho-me muito de poder afirmar que realizei o melhor de mim para que *O trigo, a água e o sangue: as raízes estratégicas do Ocidente* se tornasse uma contribuição concreta e cuidadosamente bem encadeada. Como disseram os meus velhos amigos Arnaldo Toledo e Carlinhos Gebara: "-Você tomou todos os cuidados, não tomou? Assinalou todas as suas referências bibliográficas, não é? Não ficou nada a descoberto? Se tudo isso foi feito, está bem! Está no rumo!"

E, concluindo de fato, estou muito vaidoso mesmo da leitura crítica realizada por Antonio Candido de Mello e Souza – que a meu ver (e de muitos outros, aliás, bem mais competentes que eu) trata-se do maior crítico literário do Brasil (aliás, uma das poucas unanimidades intelectuais em nosso país, mas do que justificada e merecida) – sobre esse meu trabalho, a qual reproduzo nas linhas abaixo. A propósito, julgo que pela primeira vez ousei mesmo. Aliás, estou me vendo moleque na velha Consultec, já lá se vão cinquenta anos, ouvindo as palavras sábias do Dragão (Mario Henrique Simonsen). "-Ousar LF, ousar!". Sempre!

S. Paulo, 20. 03. 11

Caro Luiz Fernando:

Como disse li os seus textos com muito interesse, sobretudo a Parte II. Penso que a sua visão de comunidade como modelo permite esboçar uma demonstração convincente. Mas confesso que o que me atraiu, sobretudo foi a própria "maneira" pela qual você elaborou o texto. Como crítico literário, eu o li como se ele emanasse de um personagem, no qual você fundiu a sua experiência direta e a experiência obtida indiretamente, como se incorporasse a de sua família. Uma criação de uma voz narrativa adquire grande eficiência, devido à nobreza da escrita que você forjou. Resulta um texto trepidante, que prende o leitor o tempo todo, com grande poder de convicção. Meus parabéns.

Abraço cordial do Antonio Candido

Pois é, uma obra é, com certeza, uma criação coletiva. Penso que deixei isso bem claro com essa apresentação desse trabalho. Procurei ser o mais atento e honesto possível, assinalando todos que me auxiliaram nessa empreitada. Se esqueci de alguém, desculpem-me. E, com a crítica de Antonio Candido de Mello e Souza tenho também a certeza de que estou me reconfigurando como escritor e pesquisador. Pretendo nos próximos anos realizar novos trabalhos. Estou me dedicando muito à Grécia da *Dark Age*, à Grécia Clássica, às raízes estratégicas da Rússia, ao czar Pedro o Grande, a Napoleão Bonaparte, à Louis Alexandre Berthier – e aos Regimentos da Guarda Imperial – e também a Gengis Khan, Charles Darwin, bem como pesquisas relativas a rumos e sombreamentos estratégicos. Vou ousar Dragão. Fique certo! Mesmo. Após os setenta anos de idade, cada ano novo que acontecer deverá ser equivalente a dez anos dos de antigamente, ou seja, alavancagem de 1 para 10. Vou produzir muito, se Deus deixar, e sem parar! Vou andar lento-rápido como o sábio jabuti. Vou tentar! Vou chegar lá! Pois é Creta, nunca te vi e sempre te amei. Algum dias vamos nos encontrar! Muito obrigado Antonio Candido. Daqui para frente ousarei cada vez mais nos meus novos livros, torcendo para não decepcioná-lo, bem como a todos que o respeitam e o admiram – pessoas essas que representam, com certeza, o que existe de melhor na inteligência brasileira.

Portanto, ao livro!

SUMÁRIO

PARTE I

O FATOR VICCO: O HOMEM, O TEMPO E SEU INTELIGENCIAMENTO / A PESQUISA, O EMBASAMENTO METODOLÓGICO E OS GRANDES ATORES

PARTE II

O FATOR JERICÓ: A ALAVANCAGEM COMUNITÁRIA NA GRANDE ANTIGUIDADE

PARTE III

O FATOR CRETA: OS POVOS, SUAS POLIS E SEUS AMBIENTES ESTRATÉGICOS

Figuras e Quadros

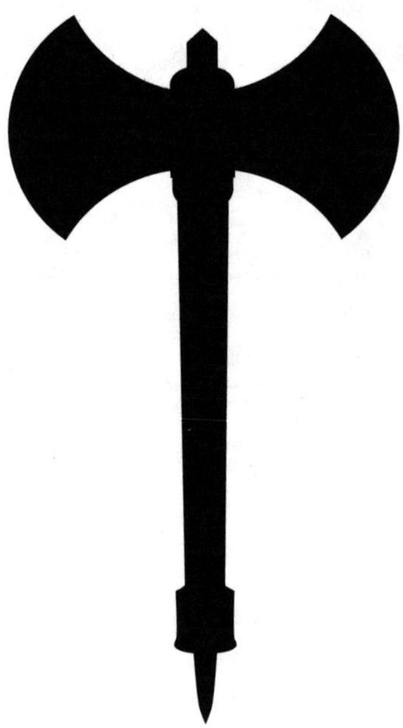

PARTE I

O FATOR VICCO: O HOMEM, O TEMPO E SEU INTELIGENCIAMENTO / A PESQUISA, O EMBASAMENTO METODOLÓGICO E OS GRANDES ATORES

Onde serão apresentados os principais instrumentos metodológicos que utilizarei para percorrer e entender a Grande Antiguidade, desde o caçador-coletor até aproximadamente 1200 a.C. Portanto, cerca de 20 mil anos da evolução das sociedades organizadas formadoras do Ocidente.

Não se aprende, senhor, na fantasia
Sonhando, imaginando ou estudando;
Senão vendo, tratando e pelejando.
(Luiz de Camões, *Os Lusíadas*, Chant X, CLIII)

CAPÍTULO 1

PRIMEIRAS PALAVRAS: DRUCKER, O TEMPO, A ESTRATÉGIA E O RETORNO ÀS ORIGENS

> Que deve morrer, todo homem o sabe; todas as principais religiões predizem a eventual extinção da espécie. Mas o homem, não importa onde e quando começou a pensar, constatou sempre que ser homem é algo diferente de ser um mero animal; que viver como homem é mais do que sobreviver fisicamente. Sobre esse princípio ele edificou suas religiões, culturas, civilizações, artes, ciências e governos, tudo deste mundo que não vai enterrado com os despojos do animal indivíduo.
>
> (Drucker, 1964:224)

Os momentos e as configurações estratégicas repetem-se no tempo com uma frequência impressionante. Mudam-se os termos, as denominações, mas ao se analisar a essência do fenômeno – mesmo que ocorrido há 5 mil anos ou mais – verificar-se-á que a solução estratégica adotada é praticamente idêntica às atuais. Só para exemplificar, o reino do Egito (estrategicamente) terceirizou múltiplas ações milhares de anos antes da nossa era. Dentre esses seus procedimentos efetuados, destaquem-se os seguintes:

- a Marinha Mercante para a Fenícia;
- a neutralização da pirataria no Egeu e no Mediterrâneo (a qual desestabilizava de forma vigorosa o comércio internacional do Egito) – pelo Estado minoico em Creta;
- parte dos exércitos egípcios (aliás, grande parte) era constituída por mercenários núbios, líbios e até mesmo gregos.

Além dessas operações notáveis observe-se que o governo central e províncias do governo egípcio, sem dúvida alguma, trabalhavam buscando rendimentos padrão e monitorando resultados de forma permanente. Portanto, ações estratégicas muito similares às de modernas corporações ao se iniciar esse terceiro milênio da Era Cristã.

O PLANEJAMENTO ESTRATÉGICO

A estratégia vem assumindo cada vez mais um papel muito importante nas sociedades organizadas, principalmente após a intensificação do processo de globalização, cujo início emblemático (e efetivo!) pode ser materializado pela queda do Muro de Berlim ao final de 1989. Entretanto, estratégia – mesmo no âmbito dos processos de gestão – não vem sendo tratada geralmente com a mesma importância que vários outros temas vinculados ao *management*. É lamentável. *Ainda mais considerando-se a circunstância de que estratégia, na sua visão mais ampla e conexa, não deve ser confundida* – tout court – *com planejamento estratégico!* Nesse domínio (a desenfatização da estratégia como um corpo amplo) reside uma longa digressão que não constitui um objetivo deste trabalho. Voltarei ao tema em outra ocasião. *O fato é que estratégia merece um tratamento e atenção muito especiais, pois a cada momento que surge recorreremos mais a ela nesse universo tumultuado do terceiro milênio!*

Vale ressaltar que o planejamento estratégico, ou melhor dizendo a burocracia estratégica, constitui apenas uma pequena parte do processo estratégico! Planejamento estratégico pode ser definido como um somatório de preocupações táticas, repetitivas ao correr do ano. Em outras palavras, um conjunto de avaliações devidamente harmonizadas em um plano global (de cobrança) muito bem concebido e definido. Um dos melhores exemplos de planejamento estratégico está contido nos eventos (encontros para a realização de avaliações) periódicos providenciados pelas grandes corporações e instituições. Apesar de sua grande importância constitui apenas uma etapa do processo estratégico. Uma das questões mais delicadas relacionadas ao tema estratégia é que o mesmo, com frequência, é confundido com instrumentos do momento. Assim, em outras palavras, entre o céu e a terra da estratégia, há muito mais a considerar que a topografia competitiva de Michael Porter, matriz SWOT e o *Balanced Scorecard*, de Kaplan e Norton – hoje instrumentos da "moda", *very fashion* no contexto (visão limitada) do planejamento estratégico que, apesar de úteis em muitas situações, não exaurem toda a força da grande disciplina. Será que tais instrumentos sobreviverão daqui a 10 ou 20 anos? É uma questão a se discutir em 2030.

Há necessariamente que se pensar e agir estrategicamente. O planejamento estratégico pode ser visualizado como uma ponte entre esses dois hemisférios: o pensar e o agir. Existem centenas de possibilidades para implementar esses procedimentos. Aliás, Alexandre, o Grande, Júlio César, Aníbal Barca, Augusto, Ramsés II, Ramsés III, Winston Churchill e muitos outros realizaram ações (e conjunto de ações) extraordinárias sem terem conhecimento de Porter, BSC, matriz SWOT, como apresentados no momento atual. Na gestão moderna, dois de seus maiores gurus, Peter Drucker e

Jack Welch, além de outras figuras exponenciais, penso eu, desenvolveram e desenvolvem seus raciocínios expositivos sem recorrer a esses três totens tão familiares ao *management da moda. Eles pensam e agem estrategicamente dentro de um universo muito mais amplo!* E entenderam o planejamento estratégico como um somatório de ações táticas! E, assim, levaram e levam a cabo suas missões com grande competência e desenvoltura!

Tanto o BSC, quanto a SWOT, quanto Porter – como qualquer outro instrumento de planejamento estratégico – são ferramentas para o hoje, e, eventualmente, para o amanhã contendo em si mesmas sérias limitações quando pretendemos navegar com elas para o passado estratégico. Além disso, não são mesmo os operadores ideais para ações de *linkage* estratégica, ou seja, viabilizadores de conectividade estratégica. Mas vale ressaltar que esses instrumentos, nas mãos daqueles que pensam e agem estrategicamente, mudam radicalmente de figura. *Em outras palavras, deixam de ser "receitas de bolo" e passam a operar como enérgicos facilitadores de gestão estratégica.* Como tais instrumentos, nessas condições, existem vários outros, o que, aliás, não desmerece em nada as suas eventuais contribuições. Cenários, por exemplo. A análise marginal também é uma delas, tão bem trabalhada por Simonsen com suas equipes de projetos.[1*]

A propósito, Peter Drucker, o grande mestre de todos os grandes mestres, sublinha que para se fazer a boa estratégia no processo de gestão há que se navegar em um túnel do tempo, conferindo-se especial atenção não só ao presente, como também ao passado, além de nos esforçarmos para desenhar o futuro provável. É importante observar que essa preocupação – *o túnel do tempo* – deverá ser contínua, persistente, permanente e insistente. De fato, Drucker sugere que se não dedicarmos especial cuidado a essa navegação temporal, correremos sérios riscos para a construção e realização competente de um bom percurso, seja ele corporativo, empresarial, setorial, regional etc. Ignorando-a não seremos parceiros do tempo e, sim, servos dele (eventualmente maltratados). Há que entendê-lo: hoje, ontem, amanhã! Essa "química" é essencial ao pensar e ao agir estrategicamente.

Em outras palavras, Peter Drucker propõe que uma organização, um setor, uma região, um país, uma cultura, para entender o seu presente e o seu futuro terá que conhecer toda a sua história estratégica, com seus erros, acertos e conquistas. Não é demasiado lembrar que a história frequentemente se repete! Assim, é melhor conhecer toda a sua evolução do que desconhecê-la. Essa é a mensagem linear de Drucker e, dentro dessa vereda, alinharemos o trabalho na pesquisa empreendida. *Compreender as origens estratégicas mais remotas do homem ocidental! As suas raízes!*

1 Com relação a esse tema ver em Simonsen1966) um estudo precursor nesse universo.

Já nos últimos anos de sua vida Peter Drucker enfatizava cada vez mais a importância da comunidade, como um elemento agregador extraordinário para os novos tempos. A história se repete, não é mestre Drucker? Que imensa sabedoria a sua! Atentos a sua mensagem iniciarei a nossa investigação exatamente pela *comunidade*!

Como entender estratégia e ambientes estratégicos? Nesse contexto vale observar o texto na publicação *Sagres – a revolução estratégica*, de minha autoria.

ESTRATÉGIA NUM CONTEXTO AMPLO

Estratégia é um conjunto de ações e procedimentos que objetivam preservar e defender resultados e posições atrativas já conquistadas por determinado sistema empresarial, institucional ou governamental. Também é o desafio de identificar caminhos futuros de expansão e desenvolvimento (e colaborar taticamente para a sua realização) que busquem condições de assegurar o melhor avanço – seguro e "lucrativo" –, ao longo do tempo, para o sistema em foco. Ou seja, localizar e capturar "boas oportunidades", levando em conta alvos preestabelecidos. Em outras palavras, a estratégia procura abraçar o futuro com competência ao mesmo tempo em que busca defender (blindar) o presente de eventuais agressões, observando sempre as experiências passadas com disciplina analítica e profundo senso crítico e acumulando organizadamente informações para posterior utilização no processo de gestão.

Cabe sublinhar que a estratégia convive com a inteligência da humanidade há centenas de séculos. Os trabalhos de Sun Tzu (*A arte da guerra*), de Tucídides (*História da Guerra do Peloponeso*), de Júlio César (*A Guerra da Gália*) e, mais recentemente, Maquiavel (*O príncipe*) e Miyamoto Musashi (*O livro de cinco anéis*) constituem destacados e soberbos exemplos dessa preocupação fundamental.

Pode-se afirmar que a estratégia permeia todos os segmentos da sociedade organizada, transcendendo em muito o foco central de ações e ênfases militares e atingindo a política, a ação governamental, o plano institucional e o universo empresarial. Transferir experiências de estratégia militar e governamental para o setor empresarial, e vice-versa, constitui uma iniciativa cada vez mais presente nos processos de gestão. A propósito, obras como *A arte da guerra* (500 a.C.) e *O livro de cinco anéis* (século XVIII), da China e do Japão, são leituras atuais e, não raramente, constam das listas dos mais vendidos nas estantes especializadas em publicações da área de administração e gestão empresarial, confirmando a modernidade de antigos autores e a perenização do interesse pelo tema e por suas obras fundamentais.

Sem risco de cair no exagero, "fazer estratégia" com singular competência confere ao executor melhores chances de concretizar um avanço bem-sucedido no correr do tempo. Como bem assinala Peter Drucker – o mestre dos mestres em gestão empresarial nas últimas décadas –, a estratégia é essencial a praticamente todos os campos onde se processa o "inteligenciamento humano", desde corporações até igrejas, desde o indivíduo até o plano corporativo, passando por hospitais, escolas, empresas etc.

A estratégia traz consigo a possibilidade de nos libertarmos de traiçoeiras mesmices operacionais que, se não bem refletidas, podem atuar como uma perigosa e perversa âncora imobilista, comprometendo o avanço futuro no sentido de "nichos" e "configurações" notavelmente atrativos que viabilizem aspirações e combinações legítimas de ousadia, equilíbrio e crescimento.

Com a presença cada vez mais intensa do processo de globalização (ou mundialização, como alguns preferem) – demarcável simbolicamente pela queda do muro de Berlim em 1989 –, as velocidades de mudanças verificadas em inúmeros planos da sociedade mundial, com especial destaque para os ambientes econômicos, são surpreendentes. Nesse contexto diferenciado, mais do que nunca pensar e agir estrategicamente torna-se um trunfo precioso para indivíduos, famílias, setores, pequenas e médias empresas, corporações (com finalidades lucrativas ou não) e governos. O diagrama apresentado a seguir traduz, de forma esquemática e compacta, o atual estado da arte do desafio estratégico no panorama empresarial contemporâneo, ressaltando os módulos fundamentais abrangidos por um processo avançado de *strategic management*.

O PROCESSO ESTRATÉGICO

A ESTRATÉGIA NUM ENFOQUE DE OBJETIVIDADE SISTÊMICA

Pode-se conceituar estratégia como um conjunto de ações e providências de uma corporação, instituição, setor, região, governo etc., destinado a viabilizar o seu avanço, buscando-se "navegar" com a maior segurança possível num universo de incertezas não só quanto ao futuro como quanto ao próprio presente, mobilizando, motivando e condicionando colaboradores para o atingimento de um elenco de objetivos previamente estabelecidos.

A ESTRATÉGIA NUM ENFOQUE DE CONCEITUAÇÕES DIVERSIFICADAS

Entre os desafios notáveis do processo estratégico, destacam-se os seguintes elementos e ações principais:

1. viabilizar o espírito empreendedor, em face de metas preestabelecidas;
2. "desenhar" uma rede de caminhos alternativos de evolução, em face dos cenários identificados;
3. preparar-se para a captura de oportunidades, identificando limitações externas e rastreando ameaças, além de pontos fortes internos;
4. eliminar fragilidades e vulnerabilidades internas, demarcando pontos a melhorar no funcionamento do sistema;
5. resistir a eventuais agressões e ataques, e neutralizá-los;
6. buscar a agregação de valor em todas as frentes de trabalho;
7. compreender, inserir e buscar a modernidade e a modernização no próprio campo de atividade;
8. observar sistematicamente o passado como subsídio para ações futuras;
9. criar sinergias com o interior da corporação, instituição ou sistema e com o exterior ou a família corporativa;
10. criar um "ambiente" propício à ação estratégica;
11. avaliar (monitorar) permanentemente o processo de gestão.

A ESTRATÉGIA COMO BLINDAGEM

Nesse quadro geral, pode-se visualizar o processo estratégico como um *virtual hedge* de gestão do maior significado e importância para a vida empresarial, corporativa e institucional, "plugando-a" da melhor forma possível aos ajustes (e amortecendo desajustes) supervelozes de uma nova era, onde lentidão, desatenção e distração são com muita frequência sinônimos de asfixia, engessamento ou, até mesmo, morte. Acompanhando esses alinhamentos básicos, pode-se então definir estratégia como a efetiva capacidade de ancorar de forma competente nossos reais desafios no futuro, na modernidade, nos processos de modernização, procurando eliminar ou atenuar os aspectos negativos de todos os fatores externos e internos que conspirem contra uma trajetória constante, e objetivando sempre os melhores resultados possíveis para o esforço despendido. Nesse avanço, há que se criar, continuamente, uma adequada blindagem – a mais competente possível – para a proteção de todas as ações empreendidas. Evitar surpresas e dificultar (além de confundir sempre que possível) a vida de inimigos e competidores agressivos deve constituir um tema sempre em pauta nas agendas estratégicas.

Quanto melhor a ancoragem no futuro, quanto mais protetora a blindagem (permanentemente executada), quanto mais eficiente o resgate (ou a eliminação) de equívocos e omissões do passado – perturbadores de um avanço consistente –, melhor o processo de planejamento, desenvolvimento e gestão estratégica implantado.

ORGANIZAÇÃO ESTRATÉGICA

Organização estratégica é aquela que, além de definir alvos, alavanca rumos e pontos de passagem obrigatórios para a marcha da instituição ou corporação, sendo sempre capaz de reagir de imediato, e com competência, a desafios de percurso inesperados e/ou complexos, em bloco e de modo decidido, visando à pronta solução de problemas. Como bem disse Fernando Pessoa em *A prece*, "e outra vez conquistemos a Distância – do mar ou outra, mas que seja nossa!". E que seria a Distância senão o grande objetivo estratégico – por mar ou de outro modo – contanto que nunca nos fuja!

PROTOCOLOS COMPETENTES DIRECIONADOS PARA O FUTURO

A meu ver, um dos principais fatores que diferenciam os países desenvolvidos das nações desfavorecidas é exatamente a capacidade de construir e executar um elenco bem ajustado de estratégias competentes, como pré-requisito para a implantação de um processo de gestão integrada realmente eficiente em todos os níveis-chave de atuação da sociedade organizada. Fazer, portanto, a boa estratégia é fundamental para se "fazer o bom combate" na gestão de um país, de um setor, de regiões, de sistemas empresariais e de corporações e organizações de maneira geral. É também a coragem de mudar um "rumo", por mais apegados que estejamos a ele, buscando novas e revolucionárias veredas de crescimento.

Estou firmemente convencido de que um processo de gestão exitoso resulta de uma inteligente combinação de ações estratégicas, táticas e operacionais. Contudo, o universo de atividades operacionais, por interagir permanentemente com a realização empresarial e institucional, pode, sob certas condições, "abafar" toda uma estrutura de ações estratégicas essenciais ao processo de "navegação" de uma organização.

No mundo globalizado deste terceiro milênio que está surgindo, serão cada vez mais importantes as ações relacionadas com a realização de protocolos competentes direcionados para o futuro. Nesse desafio, a estratégia será instrumental de extrema valia para enriquecer o embasamento analítico do processo de decisão, além de poupar um tempo precioso e, ao mesmo tempo, sinalizar os rumos de maior e invulgar interesse para a corporação, instituição ou setor. Assim, quando voltamos ao passado refletindo sobre estratégias já desenvolvidas e implementadas competentemente em um ponto do percurso do túnel do tempo, objetivamos "pinçar" procedimentos e tratamentos já manejados com sucesso e que nos apontem sugestões e aconselhamentos para caminhos certeiros, atuais e coerentes, não só para as construções estratégicas do presente como também para horizontes temporais distantes.

O "CASE" DE SAGRES

Estratégia é rigorosamente atemporal. Isso significa que empreendimentos e empreendedores de outras épocas poderão ser rigorosamente atuais. Ou seja, a sua sabedoria estratégica não envelhece. As ações de Pedro, o Grande, da Rússia, em 1700 e o projeto de transbordamento marítimo de Portugal no século XV são rigorosamente atemporais, verdadeiras lições para toda a vida. Nesse sentido efetuei a pesquisa sobre arquitetura estratégica do projeto de navegação de Portugal realizado no século XV – apresentada na publicação *Sagres – a revolução estratégica*, onde é sublinhada uma série de aspectos relacionados a essa atemporabilidade, destacando-se que essa preocupação de buscar ensinamentos em todas as épocas (passada e presente) deve-se constituir numa preocupação permanente para todos aqueles que trabalham ou se interessam pelo campo da estratégia. O material complementar apresentado em conjunto com o presente documento busca explicitar os procedimentos fundamentais para se poder avançar com efetividade no universo da estratégia.

A MATURIDADE DO PROJETO DE SAGRES: ASPECTOS NOTÁVEIS

Portugal com o projeto de Sagres, com seus acertos e apesar dos erros característicos da sua época, possibilitou o surgimento de uma nova janela de oportunidades para o homem europeu (e outras interações com o resto do mundo), provocando um destino diferente da monotonia mortal de guerras e de pestes.

A Europa debruçava-se então sobre um tapete de sangue e de dor, onde a garantia era de que o futuro, com certeza, só poderia ser pior. Quem enfrentou essa velha realidade (buscando alternativas) foi Portugal, acompanhado também por personalidades extraordinárias de outros países, mobilizadas para criar um destino diferente. Apesar de todos os seus riscos, Portugal ousou.

É pena que o basco Ignácio de Loyola não tenha sido um contemporâneo dos infantes e que a sua Companhia de Jesus (fundada em Paris, em 1534 e sempre uma feroz defensora de populações nativas agredidas pelos colonizadores) não tivesse tido a oportunidade de trabalhar com as ordens religiosas de Cristo, Santiago e Avis já no século XV. A defasagem de um século foi lamentável!

Nessa situação, com certeza, o projeto de d. João I, Filipa de Lancaster, do Condestável Nuno Álvares e os infantes teria sido diferente, pois os São Francisco Xavier, os Anchieta, os Nóbrega, e tantos outros – tão corajosos quanto o mais intrépido navegador – teriam, sem dúvida, procurado colocar um freio moral nas ações de escravidão. Se não total, pelo menos parcial.

O empreendedorismo do projeto de Sagres

Entretanto, o projeto de Sagres reformulou todo um espírito empreendedor mundial. Não reformulou a moral mundial, mas, mesmo assim, foi extraordinário, absolutamente genial. Se Portugal não tivesse alavancado um novo destino para si próprio e para o seu continente, o que teria ocorrido para a civilização ocidental e todo o mundo? Provavelmente um caldeirão mais sangrento ainda, sem nenhuma válvula de escape.

Uma indagação pertinente a ser feita é: por que a presente pesquisa retroagiu no tempo às origens de Portugal e por que conferiu grande ênfase a determinadas pessoas? É simples, pelos seguintes motivos:

- *valores culturais* são sempre essenciais à *reação estratégica*. Dessa forma, compreender as raízes culturais do país empreendedor é absolutamente necessário. Sem um elenco rico de valores culturais é muito problemático fazer estratégia, nos níveis corporativo, setorial, regional, nacional ou multinacional. E como Portugal já era denso culturalmente ao final do século XIV;
- um projeto estratégico como o de Portugal é concebido e desenhado necessariamente por um bem diferenciado grupo de pessoas, jamais por um único indivíduo. Entender como se formou e se preparou esse núcleo central do processo estratégico é da maior importância para se compreender toda a rede de ações implementadas e as funções-chave (ações-chave) alí desenvolvidas;
- finalmente, um projeto estratégico deve obrigatoriamente deverá contar com um esquema de financiamento adequado que colabore com a formação de fluxos de caixa autossustentados. Sem financiamento estratégico – sem apoio econômico – é muito difícil um empreendimento tomar corpo para valer.

A boca do cofre

Nesse particular, observe-se que, por mais forte que seja um governo, sempre existirá alguém (ou uma estrutura) administrando a "boca do cofre", caso contrário, o caos se estabelece muito rapidamente em qualquer instituição, em qualquer tempo, em qualquer lugar.

Portanto, d. João I e seus filhos iriam, muito provavelmente sempre encontrar, senão dificuldades, pelo menos "não facilidades" para tocar seu projeto inédito e pioneiro de transbordamento marítimo de Portugal. Quem pagou a conta? É claro que as ordens religiosas ajudaram, e muito, mas isso não significa que suas operações tenham sido providas e realizadas a fundo perdido. Ou seja, recursos providenciados tiveram que ser obrigatoriamente retornados. Os conselhos das ordens não facilitariam nem paternalismo, nem assistencialismo exploratórios.

É exatamente por isso que operações corsárias devem ter colaborado em determinada escala para a formação do caixa estrutural de várias expedições. Da mesma forma, a venda de nativos africanos foi um recurso adicional para se gerar caixa, uma vez que o "ouro metálico" (primeiro grande norte estratégico motivador das explorações portuguesas) não foi disponibilizado em escala que financiasse o lançamento das expedições marítimas durante um bom período.

Aliás, a escravidão já existia há milênios – e continuaria ainda a existir por séculos. O que Portugal realizou em suas explorações africanas foi o "atravessamento" de um velho fluxo de comercialização de pessoas cativas, substituindo traficantes tradicionais e negociadores finais na orla do Mediterrâneo. Portugal, os infantes e seus sucessores não inventaram a escravidão, mas dela, com certeza, se aproveitaram.

OS ESTRATEGISTAS

Em termos absolutamente concretos, estratégia equivale a manter posições já conquistadas, capturar oportunidades, neutralizar ameaças e equacionar crises. Por outro lado, organizações maduras estrategicamente vinculam-se a ações de sustentabilidade, objetivando a "construção" do melhor hoje, o melhor amanhã e o resgate inteligente de experiências do passado – qualquer que seja a área de seu interesse manifesto. Quando essas condições ocorrem pode-se definir que se estabeleceu um ambiente estratégico. De certa forma a boa estratégia é sempre resultante da presença de um ambiente estratégico.

Do mesmo modo, pode-se afirmar que a estratégia envolve organizações, setores, regiões, povos, nações, governos – de forma contínua e sempre presente. *Os melhores estrategistas geralmente vencem.* Essa é a grande lei. O Egito, os gregos e os fenícios adotaram a política de desenvolvimento de ambientes estratégicos na Grande Antiguidade. E venceram! Lograram êxito durante centenas, milhares de anos. Aliás, o Egito e os fenícios perseveraram com sucesso por períodos bem superiores a mil anos.

Geopolítica pode ser entendida como estratégia em nível de nação – conferindo-se especial destaque aos pontos fortes e fracos da mesma. É impossível "fazer geopolítica" sem o embasamento muito denso em estratégia. Golbery do Couto e Silva, referência exponencial do Brasil em geopolítica, era, de fato, um extraordinário estrategista. D. João VI, d. Pedro I, José Bonifácio de Andrada e Silva, d. Pedro II, Pandiá Calógeras, Roberto Campos, Lucas Lopes, Eugênio Gudin, Ernani Galveas, Celso Furtado, João Paulo dos Reis Velloso, Mario Henrique Simonsen, Antônio Delfim Netto, Celso Furtado,

Eliezer Baptista, Darci Ribeiro, Fernando Henrique Cardoso, Luiz Inácio Lula da Silva, José Dirceu, Antonio Palocci Filho, entre outros, preocuparam-se e preocupam-se com o desenvolvimento de um Brasil estratégico muito forte. Essa listagem me parece muito consistente, independentemente de nos alinharmos ou não às posições ideológicas e governamentais (bem como suas interações com o poder) próprias dessas pessoas. Um problema sério é subestimarmos estrategicamente determinados indivíduos porque discordamos dos mesmos ideológica, política ou funcionalmente. A propósito, trata-se de uma atitude ingênua e extremamente infantil – tradutora de imensa imaturidade estratégica!

Pode-se afirmar que o projeto de Sagres transbordou o Ocidente para novos destinos. Retroagindo milhares de anos, pode-se dizer que a Grande Antiguidade iria contribuir para a formação do Ocidente. Compreender as raízes estratégicas da Grande Antiguidade é essencial para entendermos a nós próprios, pois a história e a estratégia sempre irão se repetir.

Dentro desse contexto é importante tentar efetuar uma leitura estratégica da longa evolução do futuro homem ocidental no sentido de se observar cada degrau de conquista e acomodação (e, ao mesmo tempo, inquietação) estratégica e suas eventuais linhas de ruptura e de fragilização. Em cada ocasião existirão quase sempre perdedores e ganhadores estratégicos – num processo de convivência, nem sempre fácil. O Ocidente irá surgir desse jogo de "perde-ganha-perde", por meio de uma jornada muito superior a 20 mil anos de história e com desenhos absolutamente surpreendentes. *Pode-se definir estratégia como uma conspiração para o sucesso. Aliás, sorte é apenas sucesso repetido. Portanto, não existem nações com sorte, apenas com competência estratégica.* Em outras palavras, estratégia resulta necessariamente da formação de um competente ambiente estratégico.

Bem, já se comentou que as ferramentas de estratégia, apesar de suas limitações, podem colaborar muito com a compreensão do presente estratégico. A análise do futuro estratégico geralmente conta com toda uma sistemática de previsão de cenários. E, nesse sentido, um elenco de atividades, vinculado à percepção de futuro pode colaborar muito. O Pentágono (EUA), a Shell (com presença multinacional) e a Escola Superior de Guerra (Brasil) são exemplos de instituições superpreocupadas com essa questão e de forma permanente. Mais do que receitas estratégicas, aliás, muito mais, buscam a estruturação de ambientes estratégicos. De certa forma esse é o "segredo real" dos EUA, da China, da Alemanha e do Japão, entre outros – não muitos!

Aliás, quando se avança profundamente nos estudos estratégicos conclui-se que o que, de fato, é o mais relevante corresponde à montagem e manejo de ambientes estratégicos, onde uma vez construídos e edificados, a estratégia (e seus precedentes) flui com notável agilidade, velocidade e desenvoltura.

Caçadores-coletores, comunidades e vários povos da Grande Antiguidade construíram esses ambientes estratégicos com espetacular competência, objetividade e resistência a um inevitável desgaste temporal no correr de longos períodos. Nos seus momentos históricos, venceram. E de forma admirável. E como tal merecem ser observados criteriosamente.

A PROVOCAÇÃO DE DRUCKER

Entretanto, com relação ao passado estratégico, a questão é razoavelmente mais complexa na medida em que dever-se-á contar com experiências e vivências que facilitem a nossa viagem e "plugagem" ao "ontem" em determinadas situações. Sem essas qualificações é muito difícil acessar esse "ontem". Geralmente ele nos cerra as suas portas de entrada se não se contar com determinadas qualificações.

A propósito, Peter Drucker foi um dos gurus mais importantes na compreensão do processo de gestão no panorama mundial, colaborando de forma decisiva para a construção de um Japão moderno, entre outras suas ações emblemáticas, além de "modelar" milhares de grandes executivos no panorama contemporâneo mundial. Senhor absoluto de *insights* emblemáticos, é bem mais que uma lenda. Trata-se de um "profeta" no universo dos ambientes estratégicos. O seu profundo conhecimento de arte e história do Japão, com certeza, facilitou-lhe em muito a visualização de um túnel do tempo para esse país. Afinal, um país é também um somatório de pessoas que viveram diversas experiências no passado, transmitindo as suas vivências por meio do tempo. Erros e acertos estratégicos do passado podem colaborar, mesmo, para o balizamento de nosso futuro. E é exatamente sobre essa ordem de ênfases que será tecida uma série de considerações a seguir.

Assim, durante esse raciocínio, retornaremos ao passado procurando entender e pinçar todo o desenho estratégico efetuado pelo homem – ao correr da Grande Antiguidade (20000 a.C.-1200 a.C.) etapa por etapa, assinalando não só as grandes vitórias como também as grandes derrotas. Aliás, derrotas e vitórias representam apenas vivências. Nada mais que isso! Vale lembrar por mais irônico e perverso que possa parecer, para a história, perdedores e ganhadores têm sempre a mesma densidade e importância. São apenas insumos de um processo muito amplo e vasto de observação. O troco poderá vir a galope!

OS GRANDES ATORES

O Egito Antigo, dentro dessas condições pode e deve ser visto como uma mega-corporação, cuja preocupação principal reúne a aversão ao risco e ao déficit, além de buscar permanentemente terceirizar determinadas atividades – ao lado de um controle draconiano de custos e rendimentos padrões, como já comentado no início deste texto. Ou seja, excelência em governabilidade.

Outros grandes atores seriam os seguintes: a Fenícia, uma parceira muito "esperta" do Egito que sempre buscou manter um *market share* expressivo no comércio exterior da Grande Antiguidade. A Mesopotâmia, como uma região extremamente conflagrada, onde a mais leve distração de um de seus integrantes corresponderia a desdobramentos estratégicos extremamente dolorosos, e Creta como uma agência de controle e fomento de operações especiais para a construção da harmonia setorial/regional, utilizando-se de ações extremamente sofisticadas! *Aliás, espantosamente sofisticadas e modernizadoras para sua época e até mesmo para hoje.*

Os gregos retratam uma corporação (ou corporações) altamente agressiva, hoje bem, amanhã mal, sem jamais desistir, lutando sempre, renascendo das cinzas, buscando permanentemente um novo lugar ao sol! *De certa forma o grego histórico alterca, acusa, discute violentamente e, sequencialmente, briga, luta e só depois preocupa-se mesmo com o motivo porque brigou.* A briga é a essência! O pretexto (ou a causa) vem depois! O real prazer é mesmo a luta! Sempre! Seja o confronto verbal, físico ou qualquer outra forma de contenda. Há que ocorrer um embate de forças, sejam elas quais forem!

Os hititas, uma nação (de base logístico-equestre) concentrada em pecuária e ajustada a ações agrícola complementares, extremamente interessada na comercialização direta (sem intermediários), na medida do possível! Uma civilização cordial! E também focada em desenvolvimento tecnológico, com a metalurgia do ferro e o desenvolvimento de carros de combate. E pronta para lutar sempre que provocada.

Deve-se reiterar que o perdedor de hoje poderá ser o vencedor de amanhã. E que para a longa história do homem mil anos significam um prazo relativamente curto. Assim, é claro que a reflexão sobre a derrota poderá constituir uma bússola para atingir-se a vitória do amanhã. *A* dark age *da Grécia insere-se plenamente nesse exato contexto. Aliás, memória histórica e vingança são, com frequência, irmãs que gostam de caminhar lado a lado!*

Desse modo, o regresso ao passado poderá nos propiciar uma série de lições extremamente positivas (aliás, superatuais), não só no sentido de colhermos configurações proativas para o processo de gestão, como também nos alertar para livrarmo-nos de situações (potencial ou efetivamente) negativas. O resgate inteligente do "ontem", sem dúvida alguma, qualifica-se como uma universidade estratégica de enorme densidade e importância, com ensinamentos extremamente ricos naquilo que se pode e/ou se deve ou não fazer para o equacionamento de determinados desafios. Fora de qualquer discussão, a mensagem de Drucker *é que o passado deverá ser sempre cuidadosamente observado, ao mesmo tempo que o futuro, e nessa última parte, por exemplo, insere-se toda a genialidade empresarial de Jack Welch, Bill Gates, Steve Jobs, entre outros. Aliás, antes de desenvolver estratégias, organizam, desenvolvem e aperfeiçoam combates estratégicos. Esse, em realidade, constitui o grande desafio. Determinados povos da Grande Antiguidade o realizaram com grande competência e desembaraço.*

Nessa linha Drucker de reflexão, desenvolvi quatro pesquisas estratégicas já publicadas ao longo dos 15 últimos anos:

- *Konosuke Matsushita, o senhor do tempo* (onde se analisaram as raízes estratégicas do Japão);
- *Pedro, o Grande, czar da Rússia – o caçador do tempo* (liderança estratégica);
- *A estratégia Romanov e os meninos-falcão – encadeamento de elos estratégicos* (construção de um programa estratégico integrado e veloz);
- *Sagres – a revolução estratégica* (quebra de paradigmas históricos e definição de novas conquistas estratégicas).

Na presente série *Roma: ascensão e queda da sabedoria estratégica*, buscarei analisar construções estratégicas que alicerçaram toda a formatação do mundo ocidental, varrendo cerca de 22 mil anos de história, como já assinalado. A investigação atual conferirá uma ênfase especial a Creta, a extraordinária civilização minoica, a qual provocaria a presença micênica prosseguida pelos anos obscuros da Grécia (*dark age*) e o surgimento de Esparta, Atenas e Tebas, num primeiro momento e a Macedônia logo a seguir. Apesar da cultura grega já existir anteriormente com vigor extremamente expressivo em vários planos (o idioma, por exemplo) Creta pode e deve ser entendida como o primeiro marco provocador (organizador) da cultura ocidental. E, espantosamente, ainda mal conhecida e mal debatida quando comparada com outras ênfases históricas. Ou melhor dizendo, restam muitos pontos ainda para serem pesquisados, discutidos, interpretados e aprofundados. Aliás, é dentro dessa vertente que, de fato, insere-se a pesquisa em curso. E por último, mas não menos importante, registre-se o imenso significado estratégico do Império Hitita.

Nessa série Roma, através de várias pesquisas/publicações, avançarei até a queda de Constantinopla em 1453 da nossa era. A propósito, todo o material básico para investigação e consulta já está sistematicamente disponibilidade e organizado.

ROMA: A ALUNA APLICADA

A primeira publicação componente dessa série, *O trigo, a água e o sangue*, observará as raízes estratégicas, as mais remotas e profundas da formação do mundo ocidental.

Aliás, Roma em meu entendimento efetuou no seu momento histórico um decidido e assumido *benchmarking* estratégico (e sistemático) pinçando procedimentos-chave da cultura grega, de Esparta, Atenas e Tebas, principalmente, e por meio de suas "colônias" no Mediterrâneo e contando com a "assessoria" dos herdeiros de Troia e Creta: os etruscos. É impressionante verificar como Roma beneficiou-se do *know-how* dessas cidades-Estado quase que de forma justaposta, com defasagens provavelmente não superiores a 50-100 anos. Em outras palavras, as soluções e práticas vencedoras (ou agregadoras de utilidades) aconteciam em Esparta, Atenas e Tebas, e logo eram adotadas/adaptadas pelos romanos por meio de ensinamentos propiciados e propagados pelas colônias gregas e também os etruscos, no meu entendimento herdeiros de Creta e Troia, como já referido. Inicialmente os romanos também eram pastores. Só que os pastores gregos podem ser entendidos como de expressiva densidade e apetite cultural, além de uma vocação vigorosa para o roubo e pilhagens sistemáticas. Os pastores romanos, se não cultos, possuíam como atributos seletivos a vontade e um grau de coesão estratégica não triviais. E uma compulsão por vencer. Roubos e pilhagens integraram também a sua agenda de ações preferenciais (a propósito desse tema registrem-se as observações de Voltaire).

O catalisador inicial de forças desse processo amadurecedor (para valer) junto aos camponeses e pastores gregos é justamente Creta, mãe do Ocidente e dotada de uma competência singular. Invulgar! O inusitado na experiência cretense (leia-se egípcia) é a sua capacidade de conduzir todo um sistema de equilíbrio estratégico no correr de uma "soma" de períodos que se aproxima minimamente de mil anos – o que equivale a duas histórias do Brasil, agora no despertar do terceiro milênio!

AMBIENTES (E EQUILÍBRIOS) ESTRATÉGICOS

Esse equilíbrio (ambiente) estratégico merece ser pesquisado, pois, com certeza, ele nos produzirá uma série de informações sobre a estruturação de elos estratégicos, ou seja, estruturas que se unem de forma sequenciada para a construção de uma grande corrente final. Creta, filha do Egito, buscará envolver todas as suas atividades em uma atmosfera cordial, desenvolvendo uma postura de sobrevivência (ou vivência) que não se aliava nunca a cidades fortificadas, muros, fossos, grande marinha de guerra e expressivas forças terrestres. Despojamento defensivo! De certa forma, o seu "desinteresse" bélico traduzia-se na sua extraordinária sabedoria estratégica em múltiplos planos, perseguindo desenhos harmônicos e não agressivos (visíveis).

Adotar-se-á neste livro uma aproximação metodológica integrada/diferenciada, privilegiando-se de fato a base da pirâmide social (aqui representada pelas comunidades de caçadores-coletores, pelos pastores, e também agricultores, tanto nos campos da Mesopotâmia, do Egito, do reino hitita, da Grécia, como nos pântanos de Roma) – investigando os riquíssimos desenhos comunitários e a presença (lógica e indispensável) dos interlocutores estratégicos (questionadores seletivos) em todas as fases do processo integrado de observação. Mesmo que implícitos. As análises históricas clássicas mais frequentes buscam quase sempre, de forma diferenciada, enfatizar os aspectos políticos, militares, guerras, batalhas, amores, paixões, traições, assassinatos políticos, devastações, fatos econômicos, ações comerciais, grandes lideranças, além de edificações e monumentos espetaculares, obras notáveis de infraestrutura, conspirações de vértice, expressões artísticas e culturais de notável destaque e outras manifestações específicas, onde a morte (por atacado!) reinou com Jerusalém, Massada e Cartago, por exemplo. Rastros visíveis, quase "palpáveis". Muitos empapados de sangue.

Nessa pesquisa, ao se trabalhar com a base da pirâmide, enfatizando-se os desenhos comunitários e as intervenções pontuais e/ou abrangentes dos interlocutores estratégicos, adota-se um prisma de observação, em princípio, totalmente diverso de abordagens convencionais, aí incluídos os trabalhos sobre a vida cotidiana que, apesar de superimportantes, privilegiam geralmente a vida urbana. E como!

ALÉM DA ORTODOXIA HISTÓRICA E O FATOR VICCO

De forma alguma pode-se investir contra a ortodoxia histórica. Nem pretendemos. Aliás, só poderemos lograr êxito no avanço da presente pesquisa se contarmos com observações, análises e encadeamentos lógicos desenvolvidos anteriormente por historiadores e pesquisadores que nos precederam. Não pretendo, de forma alguma, confrontar-me com uma notável catedral de conhecimentos já estruturada e consolidada no seu modo de agir, mas sim unicamente tentar aflorar desenhos e comportamentos estratégicos praticados no passado e que no âmbito de determinadas condições poderão nos ser extremamente úteis no manejo do nosso próprio presente e na tomada de cuidados especiais para o futuro. *O passado é uma grande escola. Aliás, alguém já disse que quem não estudar história, necessariamente terá que vivê-la.* De fato, desde que o homem é homem ele vem vivendo e sobrevivendo com o apoio de ações estratégicas. Refletir sobre toda essa engrenagem (e sua ancoragem) é de fato o que me conduz e provoca, buscando identificar no rastro do tempo, trilhas, lições e experimentos *que possam operar como jatos e canhões de luz para o entendimento de nosso presente e o nosso futuro.* Creio que, piamente, carregamos conosco genes estratégicos multimilenares. Eles representam, de certa forma, a essência maior de cada um de nós. Penso eu!

Um estudo com as características aqui empregadas, em que "mergulharemos" no passado, requer do autor necessariamente um conhecimento e uma vivência bastante razoável da vida do campo (e no campo) ao lado de comportamentos comunitários e, ao mesmo tempo, um denso aprofundamento no universo da estratégia. Denominarei esse atributo de fator vicco: vivência intensa e convivência comunitária. Sem essas vivências, é minha opinião, torna-se muito problemático "visualizar" e compreender o comportamento das comunidades no passado.

Trata-se de uma ambientação não trivial. Enfim, iremos trabalhar com lentes muito especiais de observação. Com relação a tais pontos relacionados à qualificação vivencial, assinalem-se comentários específicos, que serão apresentados no capítulo 2, que me parecem superpertinentes com relação à pesquisa empreendida. *Não se trata de uma descrição* naïf! *Longe disso!* Apenas ambientação cultural como pré-requisito para poder avançar em determinadas trilhas da Grande Antiguidade.

Para enfrentarmos o desafio aqui proposto existem, portanto, requisitos *ex-viv* (de experiência e vivência) mandatórios, sem os quais não se ingressa no universo muito sombreado da Antiguidade, principalmente para épocas muito remotas, onde não se verificava qualquer registro escrito.

Nessa "viagem" temos que nos orientar pelo seguinte elenco de blocos (mobilizadores) de forças, atuando de forma simultânea e harmônica. Eles constituíram a nossa bússola orientadora principal, onde a inteligência humana aperfeiçoa-se continuamente com a construção de dois notáveis ambientes: o estratégico e o comunitário.

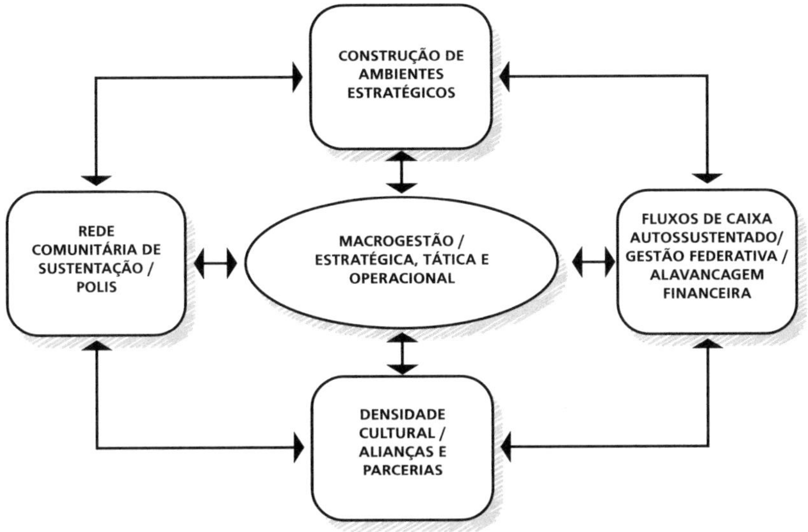

Figura 1. Macrogestão: fatores-chave

Em essência, essa configuração representará o meu norte metodológico – a minha bússola de trabalho, orientando o meu rastreio nessa peregrinação estratégica pela Antiguidade, ao correr dos questionamentos seletivos que pretendo realizar.

Voltar ao passado é essencial para se entender o presente e o futuro. O raciocínio estratégico pode nos auxiliar muito nessa empreitada.

A MAGIA DE DRUCKER

Um dos livros mais completos no panorama internacional sobre gestão produzido nos últimos anos intitula-se Os bruxos da administração: como entender a Babel dos gurus empresariais, *de autoria de John Micklethwait e Adrian Wooldridge.* Peter Drucker é abordado em várias partes da publicação pelos autores. Em uma dessas passagens confirma-se o seu imenso interesse pela volta ao passado como "disciplina" integrante do processo de gestão.

> Em um negócio dominado por especialistas de faculdades de administração dos Estados Unidos com memórias de nanossegundo, Drucker fica feliz em voltar pelos séculos e usar uma referência à China da dinastia Tang, a Bizâncio do século XVII, ou a França do século XVIII. Seu conhecimento histórico lhe permite lançar um raio de

luz sobre os debates contemporâneos: ao comentar sobre globalização, por exemplo, ele observa que uma parte muito maior da produção era "multinacional" antes da Primeira Guerra Mundial do que é hoje. Empresas como a Fiat (fundada em 1899) e a Siemens (fundada em 1847) produziam mais no exterior do que nos seus países de origem logo que começaram a decolar. Henry Ford, embora fosse um notório xenófobo, fundou sua subsidiária na Inglaterra antes de começar a expandir sua fábrica original de automóveis em Detroit.

Ao escrever sobre alianças e negócios, Drucker normalmente faz referência a sua heroína, Jane Austen, e sua obsessão por alianças dinásticas; ao comentar o último lance de febre especulativa em Wall Street, e logo estará regurgitando passagens de *Little Dorrit*, de Charles Dickens; e, o mais surpreendente de tudo, ilustrando um artigo sobre a ascensão da organização baseada no conhecimento com uma referência ao serviço público na Índia Britânica. E mais, não é uma erudição que se encontre em qualquer parte. Ele usa citações do volume 3, e não do volume 1, de *O capital*, de Marx, de Harrington, e não de Locke. Entre outras atividades, Drucker escreveu dois romances e é professor catedrático de Arte Oriental na Claremont Graduate School.

A história de Drucker não é do tipo que se possa encontrar em livros didáticos: seu interesse não está nos reis e rainhas da história antiga nem nos capitalistas e proletários da história recente, mas sim nos gerentes e na organização. Seus heróis assemelham-se a Jean Bodin, que (pelo menos segundo Drucker), inventou o Estado-nação, e August Borsig, inventor do sistema de aprendizado alemão. Sua marca registrada é a capacidade de passar da visão panorâmica para *closes* notáveis. Ora está fazendo amplas generalizações sobre a ascensão da indústria automobilística; em seguida, está contando um caso sobre o sócio esquecido de Henry Ford. Ele não tem medo de prever o futuro nem de generalizar sobre o passado. Já teve sua parcela de fracassos (basta lembrar sua administração pelas grandes empresas), mas sua média nas batalhas é maior do que a da maioria (notavelmente no caso da privatização e no colapso da União Soviética).

Certamente, Drucker não é um teórico da administração, mas um intelectual cosmopolita na tradição europeia. Drucker é um dos últimos enciclopedistas, descrente da excessiva especialização do mundo acadêmico moderno e determinado a saber tudo sobre tudo. Ilustra seus escritos com uma ampla gama de referências, de psicanálise e musicologia à economia e sociologia de estudos de casos da vida real à literatura acadêmica.

Por que, poderíamos perguntar, esse polímata concentrou tanta energia em administração? A resposta fácil, "porque é importante", provavelmente é a resposta verdadeira. Para Drucker, descobrir a administração teve praticamente o mesmo efeito da descoberta de Deus (ou de Marx) para os simples mortais. "A administração é o órgão das instituições", afirma, quase em cântico, 'o órgão que transforma um grupo desordenado em uma organização e os esforços humanos em desempenho'.

Se existe um tema central que permeia os escritos de Drucker, é este: na melhor das hipóteses, a boa administração traz consigo progresso econômico e harmonia social.

A AVENTURA DO HOMEM

Por que irei à Grande Antiguidade estudar as raízes estratégicas superdistantes (anos luz históricos) do Ocidente? Simplesmente – "a la Drucker" – porque é importante: *tout court*! *De certo modo, os "closes" notáveis de Peter Drucker são na verdade "primos" muito próximos dos* insights *que serão referenciados nesta pesquisa. E muitas situações poderão ser entendidas, de fato, como* insights.

A propósito, o que existe de notável na aventura do homem é a sua extraordinária capacidade de pensar, entender o problema e ajustar-se sempre a novos tempos. Creta conseguiu superar esse desafio mais de uma vez. A Fenícia, os gregos e também o Egito equacionaram um novo tempo para os seus povos. Construíram ambientes estratégicos consistentes e venceram obstáculos. Entretanto, o Império Hitita, a Assíria, Creta, o mundo micênico e outros povos mesopotâmicos, e Troia desfizeram-se na esteira do tempo. Construíram ambientes estratégicos que num determinado momento iriam ser desfeitos. Tratava-se do início de uma grande e dolorosa (algumas vezes, humilhante) agonia. Mas, após um grande processo de desestabilização, o mundo reorganiza-se novamente. *Inicialmente com arranjos comunitários e logo em seguida com sistemas concentradores de poder por meio de polis, antigas ou novas. Formaram-se novos ambientes estratégicos.*

Parafraseando Drucker, afirmo que se a administração é o órgão transformador das instituições, *a estratégia pode ser considerada como o cérebro.* É exatamente dentro dessa percepção "druckeriana" que navegaremos de volta ao passado buscando pinçar *insights* e arranjos estratégicos que por um lado colaboram com a construção do Ocidente e por outro são de uma modernidade espantosa! Como, por exemplo, aversão ao risco. Enfim, construção superelaborada de ambientes estratégicos.

A MÃE TERRA

Assim, é importante ressaltar desde o início dos nossos trabalhos que o *homem* buscou nos seus processos de gestão combinar a aversão ao risco com a captura de oportunidades, neutralização de ameaças e sustentação de posições conquistadas e entre *les deux son coeur balance*. E dentro dessa moldura construiu processos de gestão com um espantoso grau de maturidade no avançar de toda a sua evolução. Cabe, entretanto, ressaltar que as repentinas (ou anunciadas) agressões produzidas pela Mãe Terra subitamente interagem perversamente com as conquistas (inclusive as já sedimentadas) de povos, culturas e comunidades de modo muito intenso. Implodindo-as! Foi o que ocorreu com o término da Era do Gelo e também as alterações climáticas próximas de 3000 a.C. e 1200 a.C. Traduzem-se então, situações de caos, não só para os animais como também para o animal homem.

Quando a Mãe Terra "bate", o homem sofre intensamente, mas pouco a pouco prossegue a sua vida, encaixando a sequência de golpes sofridos e reiniciando as suas ações posicionadas em um novo patamar não necessariamente próximo do anterior. Essa particularidade da Mãe Terra ora dificultando, ora facilitando as ações merece ser cuidadosamente observada para "alimentar" modelos de decisão condicionada hoje! Nesse sentido, vale a pena observar a interessantíssima matéria de Fernando Duarte onde assinala-se que um evento contribuiu para a Revolução Francesa e a queda de Luís XVI.

> Vermelho, azul e branco deveriam ter a companhia do cinza na bandeira francesa. Se os desmandos da aristocracia francesa, sem dúvida, alimentaram o rancor popular que resultou na revolução de 1789, o vulcão Laki – localizado na mesma Islândia que nos últimos dias foi palco de uma erupção causada por outro vulcão, Eyjafjallajokull, que paralisou o transporte aéreo europeu – também contribuiu para a causa. Involuntariamente, claro. A erupção iniciada em agosto de 1783 durou oito meses e teve efeitos catastróficos na Islândia e na Europa, além de causar distúrbios em localidades tão geograficamente distintas como Egito e Estados Unidos. Entre eles, uma alteração nos padrões climáticos que arrasou a agricultura francesa.
>
> Os livros de história não hesitam em ressaltar que as extravagâncias de Luís XVI e Maria Antonieta poderiam ter passado sem muitos problemas pela vigilância popular, caso as classes populares francesas não estivessem de estômago vazio naquela década do século XVIII. Além da pujança da nobreza, havia o problema de uma crise agrária em consequência, principalmente, do inverno excepcionalmente rigoroso de 1784, cortesia do Laki, cujas cinzas provocaram uma redução na temperatura global e fenômenos bizarros, como o congelamento do rio Mississipi, na região de Nova Orleans.
>
> — Não estamos falando apenas de perdas de colheita por conta de geadas, secas e inundações. Em 1785, por exemplo, houve também uma onda de calor e uma superprodução de grãos que derrubou preços e arruinou fazendeiros. A única coisa que não se alterou foi o descontentamento popular na França — explica John Barry, vulcanólogo do departamento de Ciências Naturais da Universidade Aberta, do Reino Unido.[32]

A Mãe Terra poderá ser uma inimiga feroz, maior que a soma de todos os inimigos! A Mãe Terra, na sua fúria, implode ambientes estratégicos sofisticadíssimos, como o caso de Creta e o império dos hititas por exemplo. Vale a pena refletir sobre esse tema.

QUESTÕES-CHAVE RELATIVAS AO DESENVOLVIMENTO METODOLÓGICO

É exatamente pelas dificuldades intrínsecas à observação de questões relativas à Grande Antiguidade (20000 a 1200 a.C.) que em várias partes da pesquisa empreendida poder-se-á verificar que os grandes atores históricos caminham juntos. Isso é necessário, pois caso contrário as interações (e suas razões) ficariam, com certeza, desconectadas numa jornada temporal tão extensa. Entretanto, aspectos fundamentais relacionados com ênfases relativas a um povo ou uma nação serão detalhados em descrições específicas. Com esse procedimento cauteloso perseguirei permanentemente nunca perder de vista as grandes interações formadoras do processo analisado. Apenas um cuidado muito especial. Por outro lado, as partes I, II e III foram estruturadas de forma a possibilitar a sua leitura independente (se for o caso) sem termos que necessariamente proceder à análise de todas as partes precedentes. Em outras palavras, uma macrolinearidade envolvente orienta o desenvolvimento da pesquisa, de fato!

A pesquisa aqui empreendida (*O trigo, a água e o sangue*) relaciona-se diretamente à aventura do homem em tempos muito remotos, buscando identificar as raízes estratégicas do Ocidente, como já afirmado. Trata-se de uma investigação razoavelmente complexa quando comparada ao tempo de Atenas, Esparta e o mundo de Alexandre da Macedônia, uma vez que documentos e referências escritas já são bem mais presentes. Outro fato complicador é que durante vários milênios vão operar conjuntamente as comunidades, as polis, a Suméria, os povos mesopotâmicos, os hititas, o Egito, os fenícios, os gregos ásperos e os gregos micênicos e Creta, providenciando todos eles as suas respectivas soluções de equilíbrio estratégico, os ambientes estratégicos. Trocando experiências, mas não necessariamente todos unidos. Aliás, de fato, desunidos.

Uma questão muito especial, já ressaltada, é a profunda influência dos arranjos comunitários, antecedendo a organização das polis e a presença dos caçadores-coletores que durante milênios tiveram que praticar desenhos autossustentados para sua própria sobrevivência. Assim, a presente investigação confere um cuidado extremo à comunidade e seus múltiplos aspectos, infelizmente ainda pouco enfatizada nos estudos relativos à Grande Antiguidade. A meu ver, existe uma resistência natural dos pesquisadores abordarem o tema comunitário – pelo menos no mundo rural – pelo fato de não terem tido a oportunidade de vivenciarem (como pessoas) quadros semelhantes aos ocorridos no passado, uma vez que na sua maioria massacrante podem ser definidos como do gênero *Homo urbanus*. Da rua calçada para a universidade na cidade! Homens do asfalto! Ou então de sofisticados *campi*, gramados e arborizados.

A partir dessa "catedral comunitária" vão se sucedendo como numa série de desenhos estratégicos, onde Creta desponta como um ator diferenciado e com notável competência estratégica. Entretanto – mesmo com a chegada de Roma como reino, república ou império –, o desenho comunitário prossegue com uma intensidade invulgar, sustentando governos, poderes e lutas entre todas as partes.

A história irá constatar que equilíbrios estratégicos extremamente sofisticados não suportam agressões e desestabilizações violentas produzidas de forma direta, indireta e induzida pela Mãe Natureza, como será comentado várias vezes no texto. Essa parece ser a grande saga do homem. Há que se refletir sobre o tema.

A circunstância de ser engenheiro civil com especialização em engenharia econômica, e de trabalhar em estratégia há quase 50 anos, facilitou-me muito realizar a análise aqui empreendida em vários pontos. Aliás, a deusa maior da estratégia e da engenharia econômica personaliza exatamente a busca contínua da autossustentação qualquer que seja o cenário envolvente, condição básica para a permanência expressiva de ambientes estratégicos. Sustentabilidade é uma palavra nova, mas a preocupação com a sustentabilidade é tão antiga quanto o homem.

ILUSTRAÇÕES E REFERÊNCIAS DE TEXTOS: UMA RESSALVA EXPOSITIVA

Os textos "pinçados" de outras publicações (notavelmente densas) facilitam a "ancoragem" das reflexões, mas, também poder-se-á evoluir na análise empreendida dispensando-os, se o caso. Mas a riqueza de detalhes e raciocínios soberbos realizados adensa, de forma muito efetiva, toda a cadeia de argumentações procedida. Sem nenhuma ironia, é claro – sugiro as publicações referenciadas no trabalho para eventual consulta complementar pelos leitores. Todas elas constituem peças magníficas para observação e análise. Parece-me grotesco parafrasear textos (o que, aliás, é trivial) deixando de lado a precisão original do autor. Para quem já escreve lá se vão quase 50 anos, parafrasear não é uma arte. Trata-se de um exercício banal, medíocre e cínico. Apenas isso.

As ilustrações localizadas nesta obra terão suas fontes assinaladas em apêndice especial ao final do trabalho no sentido de orientar o leitor para a realização de eventuais buscas, reflexões e questionamentos próprios. Esse procedimento está sendo utilizado pela circunstância de que não seria trivial disponibilizar a autorização imediata para reprodução das gravuras selecionadas, cuja maioria absoluta refere-se a publicações internacionais. O fato é que elas existem e poderão ser localizadas e observadas nas suas obras originais, destacadas no referido apêndice. Aparentemente, com base em opiniões de técnicos e gestores do mundo editorial, a sinalização de ilustrações, como aqui sugerido, constitui uma sistemática inovadora, a qual poderá colaborar com outros investigadores em suas próprias pesquisas. Nessas condições trabalharei a referência bibliográfica em vez da visual. Fica bem nítido que a essência da mensagem cultural e histórica será preservada, mantida e comentada nas suas fontes originais, desde que acessada, é claro.

Por último, não menos importante, cabe ressaltar que, de acordo com a minha visão, o ponto nevrálgico de qualquer pesquisa relaciona-se à real capacidade da mesma identificar *insights* consistentes que possam ser no futuro expandidos pelo próprio autor ou por outros estudiosos. Aliás, a referência à biblioteca clone de Alexandria insere-se nesse contexto. De fato, esse *insight* já foi apresentado a várias pessoas que o consideraram, em princípio, deveras provocador.

Toda nova publicação pressupõe (e torce) que a mesma seja "percorrida" por leitores argutos dispostos (ou predispostos) a construir raciocínios próprios a partir dos *insights* nela identificados. Nesse contexto (desculpem-me esse lugar-comum tão desesperadamente frequente) não é relevante, mesmo, se a obra se estende dentro de uma exposição estruturalmente linear ou recorrente. A forma no caso não se comporta como um diferencial de relevância, mesmo! Relevante mesmo é a identificação de *insights* nítidos e consistentes. O resto, feliz ou infelizmente, vem depois. E resto é sempre resto qualquer que seja a temática em discussão, qualquer que seja o campo. Se em alguns casos a emoção tem sua participação. Não se trata de ironia ou demagogia. Ocorre que em determinadas situações, a razão não consegue conter a emoção.

Aliás, esses disciplinamentos de contenção de eventual emoção são ridiculamente atrozes. Essa "britanicidade" de clubes fechados, herméticos, não constrói nada.

Servem unicamente para sombrear a personalidade do autor pesquisador, camuflando-a de seus leitores. Essa ocultação quando verificada poderá não significar falta de caráter, mas excesso também não é! O importante é que os *insights* venham à superfície! Esse o desafio! Apenas isso. Só isso! Cabe ao autor decidir como fazê-lo. Portanto, ser livre para criar e pensar é indispensável. O além disso é tutela bastarda!

Por último nesse tópico, mas nem por isso menos importante, ressalte-se que ao longo de aproximadamente dez anos nesse mergulho abissal na Grande Antiguidade, contei com opinamentos preciosos das seguintes pessoas:

Jorge Spitz e Rodolpho Figueira de Mello, Thaís de Carvalho Dias, Isa Iara dos Santos, Guilherme e Maurício Almeida Prado, Ana Paula Milliet da Silva Pinto, Fernanda Milliet S P Roubach, Raphael Gracindo Roubach, Denise Sollami, Marta Lima Rego, Cristóvão Souza, Luciana Boiteux de Figueiredo Rodrigues, Jamil Moyses Filho, Luiz Galante e Edmundo Maia, Noeli Trindade Daisson Santos, Rubens Folha, Sérgio Augusto Rodrigues, Otávio José Milliet, Pedro José Milliet e Marcelo José Milliet, Agnaldo Pereira, Célio Lora, Eduardo Nunes, Moyses Glat, Cristiano Franco Neto e Oswaldo Mário Pêgo de Amorim Azevedo, Carlos Augusto Sholl Isnard, Otávio Cavalcante Durão, Márcia, Jurandyr Mamede e Dora de Almeida Prado.

Certos desafios são de extraordinária dificuldade. O trigo, a água e o sangue: as raízes estratégicas do Ocidente – comportou-se como tal para a minha pessoa, multiplicando-se por dezenas (centenas?) de vezes a complexidade das minhas pesquisas sobre Sagres, Rússia e Pedro o Grande e a formação estratégica do Japão. Estive para desistir várias vezes sem enxergar a luz ao final do túnel. Estou a me recordar dos sebos e livrarias que visitei, das publicações adquiridas – além do afastamento de ênfases muito especiais. Enfim, muitas dificuldades que não vale a pena alinhar. Todas superadas!

Sem a colaboração e os comentários de todas as pessoas citadas ao correr do texto não teria chegado ao final. Mesmo. De fato, acredito que me faltam muitas coisas. Entretanto, tenho certeza que tenho amigos guerreiros, generosos, cultos e sábios. Como viver a vida sem contar com eles? Seria muito diferente. Todos, portanto, são co-autores do O trigo, a água e o sangue: as raízes estratégicas do Ocidente. O que ocorrer de interessante, eventualmente inédito, e consistente, credite-se aos mesmos.

E também, Jorge Oscar de Mello Flores desde os velhos tempos na Consultec e na FGV. E, ainda, Álvaro de Paiva Abreu.

CAPÍTULO 2

COMO SE UMA QUASE ANTIQUÍSSIMA GRÉCIA REPRESENTASSE UM NECESSÁRIO *QUALIFYING* PARA O ESTUDO DO ENGENHO COMUNITÁRIO NO PASSADO LONGÍNQUO E QUESTÕES RELATIVAS À CONECTIVIDADE (*LINKAGE*)

Quando escrevo, repito o que já vivi antes.
E para estas duas vidas, um léxico só não é suficiente.
Em outras palavras, gostaria de ser um crocodilo
vivendo no rio São Francisco. Gostaria de ser
um crocodilo porque amo os grandes rios,
pois são profundos como a alma de um homem.
Na superfície são muito vivazes e claros,
mas nas profundezas são tranquilos e escuros
como o sofrimento dos homens.
(Guimarães Rosa, João apud Nogueira Jr., 2010)

Nos anos 1940, 1950 e 1960, no sul de Minas Gerais, no estado do Rio de Janeiro e também na barranca do rio Pardo, em São Paulo, encontrava-se (em determinadas áreas) na vida do campo uma série de pontos provavelmente idênticos ou muito próximos da vida rural e suas comunidades na Antiguidade. Como nas montanhas da Grécia, nos chapadões dos hititas. É incrível, mas é fato!

Para se mergulhar na Grande Antiguidade, principalmente no período que se estende de 10000 a.C. até 3000 a.C., há que se conhecer muito bem o processo comunitário como um todo, com especial ênfase em comunidades rurais. Há que ter vivido mesmo nesses ambientes. Aliás, julgo que é impossível tentar enfrentar esse desafio sem esse conhecimento. Se não se sentir a "comunidade" – a magia de sua simplicidade sempre sofisticada, sem entender a sua forte propensão à autossustentação – será mesmo muito difícil "visualizar" os nilotas (co-

munidades estabelecidas às margens do Nilo), os mesopotâmicos (comunidades do Eufrates e Tigre), os gregos ásperos, os minoicos e até mesmo os hititas.

Por que livros de história buscam enriquecer o texto com ilustrações, fotografias, mapas, esquemas etc.? Não se trata de um refrigério para a mente, mas sim um recurso muito sério para se poder, na medida do possível, visualizar ambientes, comportamentos e cenários da época passada. A propósito, é pena que apenas uma pequena parte dos estudiosos (ou mínima, mesmo) "fotografe" a presença e os trabalhos das comunidades lá na Antiguidade. Muitos reis, faraós, construções soberbas, guerreiros, carros de embate, deuses, sacerdotes, festas e comemorações dos poderosos são insistentemente "elogiadas" e, pouquíssimas referências – comparativamente – relacionadas aos homens do campo. Pelo menos para indagar e questionar com os pés no chão.

MADEIRA E PALHA

No contraponto, a descrição (hoje) de uma comunidade agrícola com base em trabalhos e informações arqueológicas é (relativamente) quase sempre superdespojada. Algumas casas de madeira cobertas por palhas, mulheres e homens trabalhando, cercados por crianças e animais domésticos, além de determinados utensílios (vasos, potes, armas, ferramentas e quase mais nada). Essa "gravura" infelizmente não nos informa sobre a dinâmica das comunidades, essencial à compreensão do fenômeno complexo dessas células autossustentadas. Assim, há que ter vivido em ambientes semelhantes para que se possa ingressar na sua essência econômica e social. A "engenharia" da solidariedade.

A realidade em muitas situações é muito mais crua que a teoria. *Mutatis mutandis* – e com as devidas proporções – penso o mesmo com relação às comunidades. Há que delas ter participado! De sol a sol, muitas vezes e muitos anos! Interagido! Só assim poderemos entendê-las.

A economia comunitária, seja rural ou urbana, materializa um capítulo complexo da organização humana (com múltiplos protocolos operacionais e ajustes próprios) e merecerá, cada vez mais, sérios aprofundamentos em termos de pesquisa e trabalho. A comunidade caminha ao lado do homem, há milênios, de forma absolutamente discreta, quase invisível. Sem entendê-la, e bem, não se retorna mesmo para a Grande Antiguidade de forma eficiente. Sobre essa questão efetuarei uma série de comentários a seguir. Aliás, a polis (de forma inve-

josa e ciumenta) sistematicamente busca sombrear o seu papel. Os sistemas concentradores de poder (e as polis têm tudo a ver com eles) "olham" as comunidades de lado, quase sempre.

O MEU *QUALIFYING* COMUNITÁRIO: O MEU FATOR VICCO

Observe-se, pois, o seguinte: era como se estivéssemos (quase) numa comunidade da Grande Antiguidade quando nos situamos num estabelecimento rural de Minas Gerais, Goiás, São Paulo ou estado do Rio de Janeiro por volta dos anos de 1945/1950 (era como se o tempo mesmo tivesse parado) com os seus carros de boi, o andar a cavalo (muitas vezes em pelo e sem estribos), a ordenha das vacas, a lida com o gado, os quartos de arreio, os armários de armas, o manejo da criação, dos porcos, das cabras, das ovelhas, os galinheiros, os gansos sempre mal-humorados, faisões coleira e versicolor, os pombais, a pesca (com rede, anzol, arco e flecha), a caça com a matilha, os lagartos, o galo músico, as selas, os arreios, a moringa d'água, as capas (Ideal), o corote, as canaletas d'água, os paredões, a hera, a lagarta que queima, as galinhas chocando, as éguas prenhas, as vacas parindo, as novilhas paridas, os terreiros de terra batida, os pilões, o soquete, as cestas, os cestões e os balaios, o violão ou a viola, a flauta rústica, o arado com tração animal, o trato da terra, o plantio (a lanço) e a colheita manual, a sacaria, as caixas de guardar coisas, a tora tombando do chão, o armazenamento, os couros ao sol, o couro curtido, os móveis de madeira, o fogão a lenha, os pés descalços, os defumadores, as montanhas (altas e baixas). Como se a Grécia fosse a Grande Antiguidade em quase tudo.

OS BAÚS E OS BANCOS

As colinas, os vales, as várzeas, os horizontes, os regatos, os córregos, os rios, as fontes, as pequenas represas, os descampados, as casas de pau a pique, o trabalho com pedra, os ferros de marcar, "roubo" de frutas em árvores proibidas (que crime maravilhoso!), pescarias com vara, com linha, com peneira, subir em árvore, água de poço, os cochos, os ninhos (por todos os lados), o canto-uivo dos lobos, a malária, a coleta do mel, a ferroada de abelhas, marimbondos e mosquitos, um mundo de insetos, as cobras (as verdes, as cascavéis, jararacas, urutus, corais, jaracuçus e também as gordas jiboias e sucuris) os chapéus de todos os tipos, o ferrão, os freios, os bridões, as rédeas, os peitorais, os rabichos, as cilhas, os pelegos, o arreio, os cabrestos, as ferraduras, o ver o longe muito ao longe, as lamparinas, o deitar cedo e acordar bem cedo, os baús, os bancos de madeira, as mesas muito compridas, as cadeiras que balançavam as famílias, o clã, cabelo comprido (três meses sem cortar), o sol a fartar, a chuva, o vento, o banho pelado no rio, nadar junto (de lado, segurando na crina e também o pescoço) com cavalo solto no varjão, as fogueiras, o fogão de pedra, o rachar a lenha, o fogão a lenha de todo dia, o cozinhar com banha de porco, o braseiro e o assar lentamente, o costurar, o lavar a roupa, batê-la e o varal de secar, as canções e cantigas, estórias e histórias, o respeito a Deus ou a um deus (e outras devoções). Como se Grécia fosse, em tantas coisas.

FESTAS E VELÓRIOS

As festas, as danças, os velórios, o paiol, a enxada, a foice, o machado, a alavanca, o facão, o punhal, deitado – nas costas, grudado ao cinto ou à goiaca, o mato (que os europeus chamam de floresta, *forêt,* ou bosque, *bois*), o dia de marcar a ferro quente e castrar, o matar o boi, a vaca, o carneiro, a cabra, a galinha, o pato, o esfolar a caça, os abutres perto (urubus, se preferirem), a carne salgada a curtir no varal, o trabalho com madeira e também com pedra, a funda nas mãos hábeis e ágeis de muito poucos, as cordas e laços de todos os tipos, os teares rústicos, o sal em sacos e caixas no depósito, os currais e os cochos, as porteiras, as cangas, as estroncas, os mata-burros, as paliçadas, os fossos, as armadilhas (covas etc.), os muros de pedra, árvores, sebes, flores, trepadeiras, *pelouses*, procissões, festas de casamento, danças caipiras, dicas de fazer biscoitos e doces, os ferros de passar e soprar, os esconderijos, as trilhas, as carroças, as grutas, as cordas e cipós, o falar pouco, o sorrir e o rir, as velhas histórias de morte, batalhas, trincheiras, histórias de jagunços e crimes, a família, a comunidade e as flores! Como se Grécia fosse, em quase tudo. Vagalumes, besouros! Enterros, caixão carregado rapidinho – como rezava o cerimonial da roça. Com meus primos e os peões (Dito, Cido, Elisiário Claudiano, Pitum, Dico, Marcolinha e o velho Balduíno) participei da lida no campo dos touros. Voar por cima das toras, valas e moitas (e ir ao chão, é claro), caçar (algum arrependimento, é fato). Que adrenalina!

O BERRANTE E AS BUZINAS DA CAÇA

Cachorros de todos os tipos, de muitas raças, de todas as cores, de todos os tamanhos, caçadores, corredores, guardadores, de fazer graça e também de fazer nada! Quase todos amigos. Alguns traiçoeiros. Chiqueiros, cocheiras, galinheiros, mangueiros, hortas, pomares mulheres costurando, cozinhando, lavando roupa, dando de mamar, homens afiando facas, cortando couros, currais, cercas, porteiras, formigueiros, casas de joão-de-barro, lindas parasitas (orquídeas), pátios calçados, cerqueiros, fogueira de esquentar frio, baixeiros ao sol, a ordenha, o bezerro a fuçar e bater a barriga da mãe para o leite descer (mais um pouco), carneiros, a tosquia, bodes e cabras, galinhas-d'angola (frenéticas), gansos mal-humorados, pombas no paiol, armário de biscoitos, leite cru, linguiça frita, pilão e paçoca, briga de faca (só de ouvir falar), o encilhar o cavalo (que arte!), subir em árvore e cair, é claro. Caminhos e atalhos "secretos" (isso também é arte), as despedidas – os anos que não voltam mais. Que pena! Mas, de certa forma, tudo se repete! Como se Grécia fosse, em quase tudo. Ah, o maravilhoso som do berrante e também das buzinas de caça.

Espinheiros, urtiga, arranha-gato, carrapatos, bichos de pé, lagartixa, caracol, pombas, canarinho, rolinha, fogo-apagou, passo-preto, pato selvagem, marreco, paturi, narceja, saracura, martim-pescador, farpa no pé – na mão, debaixo da unha –, velha picando fumo, borboletas. Velhas bordando, cozendo, costurando, conversando, rezando, com os netos no colo. Gaviões altivos e perversos – pequenos, médios e grandes, pegando pombos, galinhas, pintinhos e lebres – rolinhas, também. Como se Grécia antiga fosse.

CARROS DE BOI, TROPAS, TROPEIROS E OS SENHORES DAS MARCHAS

Muitas pessoas criadas em fazenda, em Minas Gerais, Rio de Janeiro e Espírito Santo, hoje na faixa dos 80 anos de idade (2010), com certeza, quando crianças, andaram de carro de boi, dentro da fazenda ou indo para as cidades, todo ou parte do trajeto. Exatamente como no mundo antigo, cerca de 5 mil anos atrás. É incrível, mas é fato. O carro, os bois, o carreiro, o candeeiro, as crianças a brincar na mesa, as mães preocupadas e o seu avançar lento, calmo, decidido e ritmado. Beliscão na bunda à revelia. Chega de estrepolia. O tempo também é brincalhão. E como bem diz um velho amigo: "Telhas, telhados, poços e a garapa (suco de uva, é claro, lá na Grécia)". Ele se repete. Tudo se repete! Como se Grécia, fosse.

MEUS ASCENDENTES

Dois bisavôs meus pelo lado materno, no sul de Minas, viveram ao seu tempo experiências muito interessantes e incrivelmente similares, com certeza, às vivenciadas pelos hititas na Antiguidade. Ambos devem ter nascido em meados do século XIX. O primeiro, e provavelmente o mais velho, chamava-se Adolpho Pereira Dias e várias vezes partiu de Areado no sul de Minas para a região de Rio Verde em Goiás, onde ia comprar boi magro. A viagem de ida e volta demandava cerca de seis a oito meses! Exatamente como os hititas deveriam fazer ao conduzir seus grandes rebanhos criados nas montanhas, engordados nos planaltos e planícies para regiões de comercialização em Hatusa e próximas da Mesopotâmia e até mesmo do Egito. Portanto, como se Grande Antiguidade fosse.

O segundo, José Bento de Carvalho Junior, registra a memória da família, numa determinada ocasião (1890-1895?), deslocou-se de sua fazenda São José, no Barro Preto (hoje Conceição Aparecida) para o matadouro em Santa Cruz, na cidade do Rio de Janeiro, levando um grande contingente de porcos (40 a 50 dias?). Os hititas deveriam realizar ações muito semelhantes também. Ou seja, um comprador percorria as comunidades, comprando suínos (gordos) e os conduzindo até Hatusa. Tudo se repete! Também, como se Grande Antiguidade fosse.

Meu avô paterno, médico, Adelino da Silva Pinto, alguns anos após, foi diretor do matadouro de Santa Cruz (1905-1917?), aliás, um dos mais modernos do mundo a sua época, contando até com projeto urbanístico/paisagístico de Auguste Glaziou. Santa Cruz, de certo modo, foi um *point* na sua época. Exatamente aquele local aonde José Bento de Carvalho Junior tinha se dirigido 10 ou 15 anos antes. As raízes familiares se cruzam, não é? Santa Cruz, no início do século XX era, portanto, um polo comercial muito importante para onde se deslocavam boiadeiros de vários cantos do país. Meu avô Adelino relatou-me que muitas comitivas passavam meses e meses na estrada, tangendo as boiadas e retornando com a tropa de mulas e a tralha! E os proventos da venda! Tal e qual Adolpho Pereira Dias, meu bisavô, nas suas longas e quase intermináveis cavalgadas. De certa forma, o matadouro de Santa Cruz e a sua Vala do Sangue podem ser entendidos como equivalentes ao principal centro de abate em Hatusa – também com seus currais, áreas de abate, açougues etc. – nas devidas proporções, é claro!

Esse conduzir boiada com cavalos, mulas, cangalhas, laços, cachorros, chuva fina, chuva grossa, chuva com granizo, com vento, sol, poeira, chapéu amplo, lenço esparramado no rosto, acidentes, o chegar, o vender e o partir não deveria apresentar nenhuma grande diferença com o modo hitita de conduzir seus próprios rebanhos na Antiguidade, como Hatusa e cidades da Mesopotâmia. Mesmo! Aliás, só uma grande e marcante diferença – os cavaleiros hititas não conheciam o estribo – o qual só iria se transformar numa conquista tecnológica no século V de nossa era. A propósito, *a latere,* esse fato iria qualificar-se como um golpe mortal para as legiões romanas, começando aí a sua decidida fragilização. Os bárbaros germânicos dominavam então uma nova arte da guerra (desestabilizadora).

Finalmente, quando minha bisavó, Ignês da Silva Junqueira, adquiriu uma gleba na divisa de São Paulo com Minas Gerais (hoje São Sebastião da Grama), os seus filhos iram trabalhar pesado com o machado cortando o mato para abrir um espaço em volta da casa (1890?) e também para plantar café. Meu tio-avô Joaquim era o melhor deles no manejo do instrumento. Exatamente como os gregos e os fenícios o fizeram milhares de anos atrás. Tudo se repete!

Já ia me esquecendo, que pecado: mulheres rezadeiras (como xamãs), igreja, locais de venerações, e padre muito de vez em quando, homens andarilhos com cajado, mascates, mulas e malas, machad o, lenha, enxada, foice, pá, picareta, marreta, alavanca, mulheres a trabalhar e amar, lampião, lamparina, jogar conversa fora, canecas de todos os tipos, moringas, peças de cobre, martelo, prego, formão, enxó, bancadas, velhas com bengala, velhas com vassoura, escada de pedra de todos os tipos, por todos os lados, bota, botina, polaina e perneira, sino pra bater nas horas certas e momentos incertos, o varal, roupas na corda, faca novamente na cintura, canivete no bolso. Trabalhos em cerâmica. Como se Grécia fosse.

SABIÁ

E aí, cavalo amado de minha pega e minha mais querida montada. Sabiá! Que saudades! Contato pleno – pele contra pelo, pelo contra pele. Vamos partir Sabiá, hoje mesmo. Vamos voltar para onde nunca estivemos. Vamos galopar na idade do homem, do bronze, do ferro, de ferros-arma, Sabiá. Não é nada diferente. Juntos de novo, como nos velhos tempos, atravessando o cerrado, o campo limpo, o chão com água. Leve-me pelos melhores caminhos. Vá para o alto dos morros, me ajude a ver de novo o horizonte. Ande devagarzinho pelas margens do rio Nilo, pelas escarpas gregas. Passeie no meio dos hititas, vá às praças da Suméria, ande de lado nas procissões em Creta. Faça vista. Curve o pescoço. Afronte a fronte, vertical. Faça-me amigo do rei Minos. Pare suave nos portos, nas praias e chegue bem junto dos piratas. Não quero ver leilões de escravos, mesmo! Passe ao longe! Ao largo! Faça-me ver, Sabiá, o que os outros não viram. Ensine-me o ontem, Sabiá, como antigamente. Faça-me de novo por um curto tempo – centauro, pele contra pelo, pelo contra pele. Fique calmo Sabiá, apenas um novo tempo voltando aos nossos velhos tempos. Já lá se vão 55 anos do nosso primeiro encontro. Somos apenas dois, mas valemos o mundo! Vamos lá, Sabiá! Devagar, bem devagar, de mansinho, quase parando. Sem trote, sem galope. Coisa séria! Só passo, espaçado, generoso, afirmativo. Tudo se repete!

A propósito, na lida dos touros, cada ano pelo menos um cavalo era rasgado na barriga pelos chifres. Quase nenhum morria, é fato! Costurados! Junto com eles integrei condução de boiadas, é claro lá na culatra, comendo poeira, tal e qual moleques hititas, milhares de anos atrás! Um ou dois dias. Mas já dava para sentir o gosto! Com certeza! Os pássaros! Pegar passarinho em alçapão e arapuca (quanto remorso)! Bem-te-vis! Gritando sempre. Escandalosos! Macaco, capivara, preá, tamanduá, cachorros-do-mato, lobo-guará, tatus. Canoas, remos, varejões e o barulho na água chapeando suave. Café no fogão, o tempo todo. Jabuticaba no pé. Poderia ser maçã ou uva. Rolete de cana no canto da boca. Há que ter dentes bons. Inhame. Polenta. Lambari frito. Crocante! A receita é sempre um segredo de Estado! Árvore de estimação. Cão de estimação. Cavalo de estimação. Sela de estimação. A cocheira dos garanhões. O rancho das ovelhas passarem a noite. Senão cachorro mata. Danúbio (um cão dinamarquês, negro com estrela branca no peito – lindo) era danado. Quantas você matou, hein?! Pegou gosto! Fazer o quê? Comida no cocho. Mais para o cavalo que eu gosto, é claro! Morcegos. Gambás (esses não havia na Grécia, penso). Lugar de cavalo beber na lida. E eu também. Apear, afrouxar a barrigueira e deixar o tempo passar. Farelo, quirera no chão – chamando rolinha, tico-tico, canarinho – para aqui e pra casinha alta no jardim. Quanta hortência, antúrio, roseira, maria-sem-vergonha, margaridas. Araticum. Uma árvore chamada europa. Todos brincavam, eu vou pra Europa, daqui a pouquinho. Caneca de leite tirado da vaca mais querida e conhaque – fino, no fundo açucarado – ou mel. Pinga de vez em quando. Açúcar cristal, é claro! Espumado e espumando! Briga de touros caracu. Melhor espetáculo não há! Lanceiro, filho da Barra Grande. Vermelho. Uma estrela branca bem desenhada. Melhor de todos no embate, no enrosco dos chifres. Touro que muito prezei! Uma novilha chamada Grécia, muito falsa e perigosa. Um touro imenso, muito sonso, chamado Egito. Ontem no curral. Tudo se repete! Galos garnizés, todos com muita fé. Cobertor de lã de carneiro. Couros no chão. Caçar em Alfenas. Marrecos nos alagados de Furnas. Cachorro encarangou. Frio molhado do inverno. Quase morreu! Esse fui eu quem salvou. Do genro do seu Douat, fotógrafo de várias gerações. Se a memória não me falha, já lá se vão 50 anos, chamava-se João Salgado. Excelente caçador! Pescar lambari, traíra, cará, piaba, bagre, curimbatá. Fritar alguns no ato e saborear rapidinho. Tantas coisas, como se Grécia fosse.

O CANTO, O FOGO E O CHEIRO DO MATO

Coruja, corujinha, corujão, curiango, alma-de-gato, tuim, periquito, tiriva, maritaca, jandaia, maracanã, papagaio, arara – muito de vez em quando, fogo de morro acima e água de morro abaixo – coisas difíceis de cercar, foguinho de graveto, fogo de quebra-lenha, fogão e fogaréu, monjolo, gambá-no-forro-barulho-de-alma-penada, lamparina e lampião, balsa e balseiro, quarto de arreio com baú e madeira de pendurar, pano de secar, pano de lavar, pano de limpar, pano de chão, pano de prato, saber fazer silêncio (você, o cavalo, o cachorro e tudo mais), curtir a chuva, encontrar o sol, sentir o vento, queimação de urtiga, arranhação de arranha-gato, marolo cheiroso, poços e poças, noite se fazendo dia, dia encontrando a noite, pó, poeira e ventania, encruzilhadas, cruzes e oratórios. Rezas e mais rezas. Orações aos deuses. Muitas dessas presenças, como se Grécia fosse.

Pescar no Pantanal, com amigos irmãos. A canoa (com motor desligado) chapeando a água com o remo. Que silêncio extraordinário. Que presença do céu. Qualquer ruído é ruído, do zumbido de abelha, ao trovão. Árvores caindo ao chão. Como se Grécia fosse!

Aliás, vá hoje ao Arpoador, entre o grande prédio (da minha infância) e a pedra e você – quase um milagre – só ouvirá as ondas. Quase tudo se modificou em Ipanema, menos o seu jeito próprio de ser e o silêncio do Arpoador. Como se Grécia fosse! Obrigado meu Deus, eu ainda tenho o silêncio das ondas do Arpoador!

Acompanhar os peões a rastrear, tal e qual um caçador-coletor da Idade da Pedra! Olhando fixamente o chão e com ele conversando e sorrindo. Carícias no solo com a mão, marcando o rumo e a "percisão" da pressa. Acuar a caça com a cachorrada tal e qual um grupo de montanheses gregos 2000 anos a.C. Escorar a capivara na rede armada no córrego e terminar o ato com os chuchos e as lanças longas, como com os javalis em Micenas. A máscara – onde se almoçava a varanda –, a cachorrada deitada e calada perto da gente, o limpador-raspador de botas e botinas, o tirador de botas, os chicotes dependurados, os chifres presos nas paredes. Como se Megaron fosse! Troféus! A cavalhada dos Junqueiras, mangalarga paulista, bela de morrer! As cruzas (geniais) com o puro-sangue inglês! O pão quente! A manteiga lambendo o pão! O forno! Um pedaço para mim, outro para o cão! É claro. Estou no Megaron! Deitado no chão e com a cachorrada ao lado – Top, Peteca, Danúbio, Cuíca, Dingo, Diana e Pirulito. Tudo se repete! Como se Grécia fosse. As visitas, os dias de doce, muito doce, quitandas, biscoitos, pontes, pinguelas. Não só eu como meus primos e primas vivemos uma boa parte de nossas infância e juventude nesse ser Terra, nesse ver natureza e campo com imensa intensidade. Que privilégio! De fato, fomos como eles, como crianças e jovens. Experiências posteriores na Amazônia, Nordeste, Pantanal, Brasil Central, montanhas do estado do Rio de Janeiro, Minas Gerais e São Paulo – jamais permitiriam que esse meu fator Terra adormecesse! Além de maravilhosas recordações, registrem-se mil tombos de cavalo (rodada, refugo, pulo, corcova), braços quebrados e deslocados e uma real capacidade para entender o pastor-plantador-caçador-coletor e, talvez sobre ele escrever. Como se um cavaleiro hitita fosse.

BATENDO ESTRIBO

Ainda, quando muito moleque "bati estribo" em longas cavalgadas com João Braz, menino então como eu, alguns anos depois um dos primeiros vencedores da Festa do Peão em Barretos. Minha última caçada foi com o Fernando Junqueira. Na Santa Elvira. O meu cavalo se chamava Quiosque. Que saudade! Não da caça, nem da caçada. Apenas do galope, o cavalo n'água nadando! A cachorrada a urrar e a ladrar. Mais nada! Acredito que todos aqueles que se acorrentaram no mundo urbano, qualquer que seja a sua escolaridade (formação básica, graduação, pós-graduação), terão – com certeza – imensa dificuldade de entender esse mundo tão especial e já tão distante no tempo. Como se Antiga Grécia fosse! Há que ter sido menino de engenho, moleque de fazenda, ou eventualmente "visitador" do interior (médico, vendedor ambulante, padre, parteira, transportador, entre outras possibilidades e personalidades) para vivenciar uma casa-grande e senzala – seja como um José Lins do Rego, um Gilberto Freyre, um João Guimarães Rosa ou um Mário Palmério. Com muita modéstia tentarei avançar por essa mesma trilha, orientado pela lanterna da estratégia e as lembranças vivas da infância e da juventude e algumas da idade já adulta. Aliás, a vida acaba sendo como Roberto de Oliveira Campos batizou o seu último livro, *A lanterna na popa*. Em outras palavras, a partir de um determinado momento, carregamos conosco um passado (uma acumulação de informações, observações e fatos vivenciados) que pode em muito colaborar com o nosso entendimento do ontem, do hoje e do amanhã. Tudo se repete! A Grécia, antiga e velha, está sempre presente!

Minha avó materna, Mathilde de Carvalho Dias (1888-1991), descreve em seu livro de memórias, *Amor e trabalho: recordações de uma fazendeira do sul de Minas Gerais,* duas paisagens que poderiam ter sido vivenciadas plenamente e da mesma forma por uma menina grega, em Micenas ou em Hatusa – por volta de 1400 a.C. Mais uma vez, tudo se repete!

O AMBIENTE

Nasci na Fazenda de São José, situada no município de Carmo do Rio Claro, estado de Minas Gerais. Essa bela fazenda, cujo nome foi dado por meu pai, José Bento de Carvalho Júnior, pertence atualmente ao município de Conceição Aparecida, antigo Barro Preto. O casarão onde residíamos foi construído na encosta de um morro, descortinando lindo panorama. No fundo, cortando o vale com suas águas barrentas, apesar do nome, o rio Claro fornecia-nos uma esplêndida vista durante os meses das enchentes. Do outro lado do rio, no fundo da fazenda, estendia-se verde e maciço um grande capão de mato. Sobre a copada de suas árvores voavam os gaviões e de lá chegavam também até nossos ouvidos os sons das arapongas e dos tucanos. Outros pássaros vinham até o pomar e alguns deles como os sabiás e as saíras costumavam pousar na magnólia plantada em frente da casa e nas grandes paineiras ao lado. Para o poente ficavam os currais e para o nascente os terreiros de secar cereais, o curral da tropa e os quartos de arreios. Nos fundos, com um córrego atravessando ao meio, o curral onde se cangavam os bois de carro e se recolhia o gado para lamber sal. Mais além se erguia o paiol, tendo ao lado o chiqueiro dos porcos, o moinho e o monjolo. Era deste último que ouvíamos, nas horas caladas da noite ou do dia, o rangido cadenciado e sonoro produzido pelo seu eixo de madeira e pela batida surda de encontro ao cocho de jacarandá. Das invernadas próximas, que se prolongavam pelas encostas dos morros de ambos os lados do rio, ouvíamos também frequentemente o berro das vacas e o canto das seriemas. Recordo-me também, com saudades, da cantiga dolente dos carros de boi levantando poeira nas estradas que divisávamos ao longe, rumo ao Barro Preto.

Perto da fazenda existiam umas poucas casas de escravos. Éramos apenas nós da família e os empregados que viviam naquele recanto isolado, sob a proteção de São José e debaixo do comando seguro de meu pai e de minha mãe.

OS QUITUTES

A comida em nossa casa era boa e farta. Tínhamos sempre à mesa arroz, feijão, farinha de milho, couve, angu, carne de porco, galinha e ovos. Não era raro uma ou outra caça, como pacas, caititus ou inhambus. Periodicamente, matavam-se também novilhos, sendo a carne secada ao sol para conservar mais tempo. Minha mãe gostava de fazer doces. Aproximadamente de dez em dez dias uma doceira de nome Francisca vinha preparar os doces em caldas: figo, laranja, mamão, cidra, limão e também marmelada, pessegada e goiabada. Estes últimos eram feitos uma vez por ano e guardados até a safra seguinte. Mamãe fazia com perfeição doces de ovos e sabia preparar saborosos quitutes de milho: curau e pamonha.

Uma vez por semana nosso empregado Filisbino vinha matar um porco. Este, depois de morto, era sapecado no fogo, a pele raspada com um facão, retiradas as presunhas, para em seguida ser aberto sobre uma esteira. No ato da matança recolhia-se um pouco de sangue fresco para fazer chouriço. Para isso salgava-se o sangue, que era em seguida colocado dentro de uma tripa bem lavada e cozido em fogo lento. Após abrir o porco em duas bandas iguais, separava-se a carne de toucinho, a suã e a cabeça, os quartos, o lombo, o lombinho, costelas etc.

Uma vez terminado o trabalho do Filisbino, iniciava o da Tiburça, sua mulher, empregada de grandes dotes e muito amiga de todos nós. Ela preparava os picadinhos recortando os miúdos, tais como o fígado e os rins. Preparava-se o lombo e a costela, primeiro salgando-os e logo a seguir levando-os a um fumaceiro. Fritava-se a gordura ou toucinho e a banha, sendo o torresmo aproveitado para ser comido junto com tutu de feijão e carne cozida. A pele era bem raspada e posteriormente frita até ficar bem torrada. Todos nós gostávamos muito de pele torrada. O dia de matança de porco era um dia de grande fartura em São José. As iguarias iniciavam-se com o chouriço, pedaços de suã e o gostoso picadinho.

Periodicamente, matava-se também um novilho gordo ou uma vaca maninha. O processo de matança do boi era bastante diferente do usado para o porco. As carnes, uma vez recortadas, eram postas para escorrer até o dia seguinte. Depois procedia-se à limpeza, sendo uma parte delas salgada e posta para secar ao sol, e outra parte frita e guardada na gordura. Meus irmãos gostavam muito de paçoca preparada de carne-seca frita, socada no pilão com farinha de milho. Gostavam também, de carne com couve e feijão.

Nos dias de festa ou aniversários, era costume assar-se uma leitoa, sempre muito apreciada por todos. Esta era colocada no centro da mesa ainda com as orelhas e o rabinho, bem tostadinha e com enfeites em redor.

Mamãe levantava-se às seis horas e chamava as copeiras. Rezavam as orações da manhã, que eram curtas. Depois acordava as crianças maiores e a seguir as menores. Tomávamos, todos juntos, café com biscoito, rosca de farinha de trigo e ovos e sequilhos. Todos nós gostávamos de leite fresco de vaca tirado na hora.

É claro que ao tempo dos gregos da Grande Antiguidade o milho seria substituído pelo trigo e os "ingredientes" seriam outros, mas o desenho vivencial básico seria o mesmo. A grande moldura é mesmo muito coincidente. É importante assinalar que a caça integrava de vez em quando o cardápio da velha fazenda no sul de Minas Gerais: pacas, porco do mato, aves como inhambus, perdizes, codornas e marrecos. Exatamente como na Grécia Antiga, com certeza! Aliás, as cerâmicas gregas confirmam essa afirmativa. Enfim, depoimentos genuínos sobre cenários essenciais muito próximos dos correspondentes na Antiguidade. E, também, desde menino ter devorado o *Tesouro da juventude* de cabo a rabo e os livros de Monteiro Lobato sobre a Grécia Antiga várias vezes. Isso também ajuda. Ler é essencial! Mas não basta! Há que ter vivência. Sempre!

AMAR O MAR

Para se entender o Egeu, o Mediterrâneo ou qualquer oceano, há que se ter vivido também algum tipo de mar e sua plena magia desde menino. Nadar em Ipanema e no Arpoador, descer as ondas com o jacaré de peito, "fazer o salseiro", por detrás do Pontão, curtir o *Samarang*, pescar, grudar na rede do arrastão (ganhar peixe miúdo dos pescadores), garimpar tatuí na areia e marisco na pedra, andar de barco a vela, na baía de Guanabara, remar compassado (no Clube Botafogo, ao lado de amigos fraternos, na Rodrigo de Freitas), conhecer o azul mais azul dos azuis das águas azuis das praias dos Anjos e do Forno, de Arraial do Cabo nos anos 50 – diziam à época, tão belo quanto a Gruta Azul em Capri – e ter andado a pé, horas e mais horas várias vezes numa ilha escarpada como a do Farol. Com 10 ou 11 anos de idade aquela ilha era mesmo a Ilha do Tesouro!

E, finalmente, entender desde cedo e ao longo da vida a mágica da água doce, dos açudes, dos reservatórios, da drenagem e da irrigação, e aí poder sentir o sorriso das pessoas, a não mais temer o sol e as agruras informais da seca e de veranicos traiçoeiros rachando e crestando o solo. E sem mais ver a enxada bater no chão, fazendo plim, plim e voltando à mão. Haja cuspe, então, olhar triste, queixo no antebraço, esse na enxada, olhar com sede. Menino traga água. O *fié* da puta da não vem, fugiu *pru* mato. Foi pegar passarinho. Vai ver o couro, merda de moleque. Igualzinho a mim mesmo. Como eu era. A vida é uma só. Tudo se repete. Gritando, cadê a água seu filho da puta? E, ainda, secas desalmadas ou inundações perversas! Aliás, ia me esquecendo, o trabalho infernal das pedreiras (aliás, quase me machuquei muito em uma delas, na região de Nova Friburgo, Rio de Janeiro) e ter também projetado na área de transporte seja ele fluvial, marítimo, aéreo ou terrestre, e portos, também! Vivência! Portanto, à academia o que é da academia. À vivência o que é da vivência.

EXPERIÊNCIA, VIVÊNCIA E CONVIVÊNCIA COMUNITÁRIA

Existem, portanto, questões que só a experiência/vivência nos possibilita acessar, realizar determinadas conectividades, muito densas. *Linkage*. Há que ter convivido com situações muito próximas do "passado provável" para podermos visualizá-lo e sobre ele refletir! Essa, de fato, a questão. O resto é teoria de teóricos.

Só assim pode-se mergulhar na Grande Antiguidade, entender a sua interação com o cheiro da terra e avançar progressivamente ao correr do tempo. Sem esse *qualifying* de vida e do viver não se pode navegar nesse túnel do tempo onde o uivar do cão de caça e o barulho rachado do mato seco tem sempre algo a nos dizer. Não se trata de filme de aventura. Indiana Jones! Apenas aventura de poder se entender um "acontecido" filme real. Em outras palavras, existem coisas que acervos técnicos, por mais ricos que sejam não podem sentir! Elas não são necessariamente capazes de nos orientar nessa peregrinação pela Grande Antiguidade. Há que ter vivido esse "doutorado" do chão e do sertão, dos humildes, do amor à terra e não ao chão, das comunidades para poder "enxergar" nuvens que fatalmente passarão despercebidas por outras pessoas! Para elas, moradores de polis e megalópoles, esses fatos passam bem ao longe de um modo geral. Eu vivi e como tal posso enfrentar esse desafio não trivial, e genialmente provocador! Vivência! Quanto orgulho! Não se trata de um autoelogio. Seria ridículo. Apenas de um alerta sério! Não se pode desenfatizar a comunidade. É ela que possibilita, até mesmo hoje, a sustentação das polis. Contaram, cercaram, plantaram. Tudo mudou, nada mudou. Tudo vai e tudo volta. O tempo é amigo do tempo para fazer com que o tempo sempre dê tempo ao tempo. Portanto, o tempo não é tempo. Para ele o tempo não conta tempo. Tudo é relativo, não é mesmo Einstein?

COMUNIDADE: A INVENÇÃO DA SUSTENTABILIDADE

Assim, ao se avançar sobre os pilares da pesquisa, assinale-se a presença estratégica enriquecedora do fator comunidade. Na aventura do homem ela está sempre no começo de quase tudo. Ela pode ser entendida como a materialização organizada de laços de amizade/convivência (ou de respeito) entre pessoas que se unem para resolver de forma continuada determinados problemas (ou aspirações) comuns, geralmente em uma determinada região (ou local) ou relativamente a um determinado setor. A comunidade, olhando-se para dentro, é absolutamente proativa, permanentemente compromissada com o bem-estar de todos os seus componentes. Vivendo a sustentabilidade de modo permanente em múltiplos planos. Uma reunião de comunidades (como favos de uma colmeia) pode se transformar numa vila e, dependendo da isotropia entre as mesmas, numa tribo e novos estágios de união poderão provocar outras configurações. Como assessor, consultor, conselheiro e executivo da área social em várias esferas governamentais e privadas convivi também com centenas de comunidades (rurais e urbanas), e dessa forma pude entendê-las e "sentir" o seu modo de ser e agir, inclusive ao pesquisar sobre esse tema no túnel do tempo. Como presidente da Legião Brasileira de Assistência (LBA) do Ministério da Previdência e Assistência Social, vivi as comunidades ao vivo, muito além de processar dados coletados por outros pesquisadores em vários campos do universo social, atitude muito em moda nos dias de hoje! Vivência! Quanto orgulho!

Em 1978, naquela instituição, pude interagir com três comunidades indígenas:

- a primeira, de caçadores-coletores-plantadores, dos camaiurás no Parque do Xingu. Nessa ocasião estavam reencontrando os suiás com os quais tinham cortado relacionamento, devido a lutas, fazia 40 anos. Iriam festejar o ritual das lanças;*
- a segunda, com a tribo dos xucurus, em Palmeira dos Índios, Alagoas;
- lideranças xavantes de Mato Grosso.

COMUNIDADE/PERSONALIDADE

Tive a oportunidade de colaborar com essas tribos de forma objetiva e efetiva e, mais uma vez, foi-me possível verificar a riqueza de vidas comunitárias muito especiais, mesmo em condições muito adversas. Na tribo dos xucurus assisti ao canto do toré dos pássaros, de beleza indiscutível. Um poema sinfônico. Cada comunidade desenvolve o seu próprio projeto de autossustentação com arte e determinação. Esse é um de seus segredos! Nada de "receitas de bolo" sociais. Cada uma com o seu próprio desenho "do como ser", apesar de uma notável isotropia econômica existente numa região geográfica bem delineada. É claro que os *flashes* relativos às comunidades rurais e indígenas referem-se a situações provocadoras e encantadoras

* Viagem de trabalho (julho de 1978) com o general Ismarth de Oliveira, presidente da Funai e o professor Marcos de Carvalho Candau, secretário de Assistência Social do MPAS. Na gestão de Ismarth de Oliveira a Funai organizou programas de vacinação em massa nas aldeias indígenas, reduzindo significativamente a mortalidade verificada nas tribos.

que trabalham as nossas emoções. Mas elas de forma alguma podem nos anestesiar afastando-nos do cerne da questão relativa ao equilíbrio comunitário. Providenciei até um sistema de vídeo para que as tribos do Xingu pudessem registrar toda a sua riqueza comunitária. Fui muito criticado à época! Repetiria mil vezes a mesma ação! Hoje e amanhã! Sempre! Só não entende a importância de atos, ritos e cultos – quem não se preocupa com a cultura!

O EQUILÍBRIO COMUNITÁRIO

Do que trata o equilíbrio comunitário? Da realização de inúmeros protocolos e acordos de trabalho, todos eles indispensáveis à autossustentação de um sistema bem definido, onde podem ser destacados os seguintes aspectos: pastoreio e guarda de rebanhos (bovinos, ovinos, caprinos, suínos etc.), plantio, manejo de culturas, colheita, armazenagem, transporte, comércio, cuidados com pomares, hortas e colmeias, limpeza de poços, fontes e cursos d'água, construções, reformas, muros e defesas, caça, pesca, ordenha, preparo e conservação de alimentos, confecção de tecidos e roupas, cerâmica, fabricação de sapatos, instrumentos, mobiliários, armas, barcos, canoas e mais inúmeras outras ações, todas supervisionadas (ou observadas!) pelo conselho dos anciãos. O trabalho é permanente e o monitoramento é contínuo. As discussões são amplas e a meta é uma só: autossustentação e geração de excedentes, sempre que possível. A gestão da comunidade é, portanto, trabalhosa e cuidadosa ao extremo. Cada um faz a sua parte. Essa, pois, a herança supervaliosa que as polis receberam na Antiguidade e recebem até hoje da presença de suas "ilhas comunitárias".

As comunidades constroem permanentemente ambientes estratégicos superconsistentes, aperfeiçoando atitudes que permitem capturar oportunidades, afastar ameaças, manter posições conquistadas e neutralizar crises. Muitas comunidades devem ter sobrevivido centenas/milhares de anos.

As comunidades, entretanto, possuem diferenciações densas com relação ao estado das polis, onde podemos destacar os seguintes pontos:

- a sua contribuição é bem mais difícil de ser rastreada no tempo que as polis. *Nesse particular os trabalhos de Hesíodo representam uma exceção notável;*
- nas comunidades *a ação participativa* é bem mais importante do que *desenhos de concentração de poder* como os encontrados nas polis;

- *as comunidades não se "ligavam" à edificação de grandes monumentos.* Aliás, os megalitos da Inglaterra e outros assemelháveis, por exemplo, constituem um ponto singular nesse aspecto;
- *não existem indícios históricos de grandes batalhas comunitárias.* Ao que tudo indica as comunidades ao contrário das polis não se irmanavam em ligas ou federações, qualquer que fosse o motivo, inclusive a guerra. A guerra como a conhecemos hoje, com certeza, é uma criação caprichosa da polis que como coproduto iria aprender muito rapidamente a transformar prisioneiros em escravos (e em grande escala). Aliás, pode-se sugerir que toda a arquitetura de sustentabilidade econômica das comunidades não era dependente de contingentes de trabalhadores escravos, pelo menos como regra.

A GRANDE RELIGIÃO COMUNITÁRIA

Concluindo, a grande religião da comunidade era o equilíbrio permanente e autossustentado que, de fato, iria operar como um catalisador eficiente de situações de paz. Concretas, objetivas e solidárias.

Grande parte do mundo, até hoje, sustenta-se através de sutis equilíbrios comunitários. Pena que muitos não os percebam. Não se deve, nunca, confundir comunidade com comunismo. Na comunidade uma célula familiar pode enriquecer bem mais que outra. Essa situação faz parte do processo. Eventualmente uma comunidade pode absorver outra. O que ela não pode é, com o seu enriquecimento, problematizar a vida de outras famílias (menos ricas) e romper com a autossustentação do grupo! Jamais! Se a vida comunitária, hoje, fosse varrida da face da Terra a nossa vida, em todos os cantos do mundo, tornar-se-ia praticamente inviável. Ela, juntamente com a célula familiar, é o ligante que nos sustenta em termos de sociedade. A sociedade esteja onde ela estiver – ontem, hoje, amanhã –, pode e deve ser entendida como um somatório de comunidades e famílias. Aí as histórias prosseguem e, muitas vezes, recomeçam. A comunidade é a abelha polinizadora de todas as sociedades! Sempre!

E, finalmente, a familiaridade com o processo estratégico, como já sublinhado, onde iniciei meus trabalhos nessa área em 1961 (na Consultec S/A, especialmente com Mario Henrique Simonsen) e nela me fixei com a realização de projetos, cursos, palestras, livros, pesquisas etc., em várias centenas de participações nesse domínio, em quase 50 anos de atividades praticamente ininterruptas.

LINKAGES

Este livro, logicamente, apoiou-se no trabalho de determinados pesquisadores nacionais e internacionais os quais, muitos, com certeza, deverão portar a titulação máxima acadêmica, o que não impediu, entretanto, que um observador com experiência e vivência, com ele interagisse e realizasse conectividades, no meu entendimento, efetivamente construtivas e relevantes no universo da estratégia, além de encadeamentos diferenciados ainda não aflorados anteriormente, penso! A conectividade, *a linkage*, é o grande campo que surge para facilitar a vida do mundo. *Experiência e vivência são essenciais à* linkage! *Sem isso não há conectividade! É exatamente dentro dessa ordem de raciocínio que a vivência e a experiência podem agregar, somando para todos, ao localizar novos caminhos e* insights *que muitas vezes não foram realizados anteriormente devido à carência de vivência, provocando um desinteresse formal e efetivo no tema.*

O esquema subsequente busca explicitar a argumentação aqui exposta.

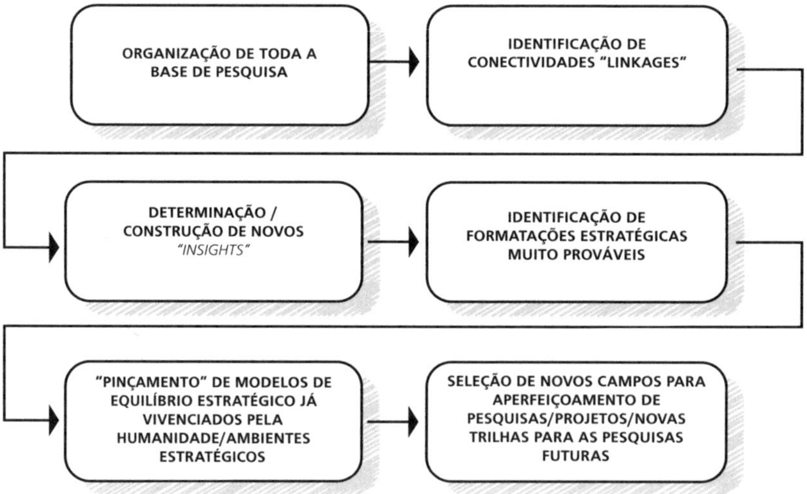

Figura 2. A química da linkage

A MÃE TERRA RESPEITADA

O mundo corre hoje para a sustentabilidade. É o termo mais forte do panorama contemporâneo. Pois, a Grande Antiguidade com suas comunidades providenciou desenhos sustentáveis de notável sofisticação durante milhares de anos. Não se trata mesmo de uma aproximação ingênua, primitiva ou infantil. Trata-se de um dos momentos mais extraordinários da evolução humana. Um período em que se respeitou a Mãe Terra efetivamente. Pena que no futuro iríamos desaprender a lição em inúmeras ocasiões e situações. A polis quase sempre é muito debochada, mesmo! Estuprando preocupações sociais e ambientais. Por exemplo, a sustentabilidade que já foi rotina durante milhares de anos para o dia a dia do caçador-coletor, hoje, em inúmeras situações, trata-se de atitude escassa em inúmeros segmentos da presença urbana.

Toda a maturidade estratégica do Ocidente iria se fundamentar em milhares de anos de adensamento e aperfeiçoamento comunitário. Homens urbanos de modo geral não são conectados a comunidades rurais, infelizmente. Isso é bem mais que uma afirmação, trata-se de um fato. Ao se estudar o passado privilegia-se o vértice do poder, quase sempre encastelado numa estrutura com expressiva densidade populacional, uma "polis", por exemplo. Esquecem-se que essas estruturas urbanas estavam cercadas por comunidades agrícolas e eventualmente também urbanas, todas com suas famílias e indivíduos a "trabalhar" para as polis permanentemente.

Foi exatamente por conhecerem tais comunidades (muito bem!) que o Egito, os hititas e cnossos – em Creta e em Troia – lograram êxito na montagem de seus modelos globais de equilíbrio com performances autossustentadas muito consistentes. Eles as respeitaram!

A LENTE MÚLTIPLA

Apesar das dificuldades intrínsecas à pesquisa, buscar-se-á, durante todo o percurso desta análise, conferir absoluto rigor acadêmico ao trabalho efetuado. Iniciarei essa investigação sobre os primórdios da Roma organizada, por meio de uma lente múltipla muito especial, mobilizando a ação de quatro macroefeitos superpostos: o clima e as agressões provocados pela Mãe Terra; a comunidade; as polis; os sistemas autossustentados e seus desenhos estratégicos.

É claro que a [história-poder] vem privilegiando a observação através de realizações do Egito, Suméria, Babilônia, Assíria, Atenas, Esparta, Macedônia etc. (aliás, voltaremos várias vezes a essa tecla). Ela existirá e perseverará para todo o sempre. As pirâmides e as acrópoles – mais belas que leves ou mais leves que belas – os jardins suspensos, impactam todos, é claro. Não é para menos. Mas a raiz de todas elas está vinculada à existência de uma maravilhosa rede comunitária, que perde a sua "força" sempre que nos referenciamos de forma compartimentalizada a "materiais" diretamente ligados ao cotidiano, tais como: cordas, couros, tecidos que iriam "completar" a vida do homem em um elenco extraordinário de realizações, muito além dos instrumentos de pedra e metálicos recuperados na acumulação dos "lixões" e vestígios de acampamentos e pequenas aldeias multimilenares.

Esse material *soft*, infelizmente, quase todo desapareceu. E consigo "levou" grande parte da memória relativa às comunidades da Antiguidade! Otzi, o homem dos Alpes, constitui uma maravilhosa exceção. Uma catedral de informações relativas à Grande Antiguidade! Por outro lado durante grande parte da evolução da humanidade não há registro escrito. O registro era oral. Transmitido de geração em geração, ao pé de fogueiras ou árvores muito frondosas e, dessa forma, perpetuando-se. *Era o homem contra tudo e todos, além de "apanhar" do clima e da Mãe Terra. E o grande escudo contra todos esses problemas foi exatamente a construção comunitária. Seja ela de caçadores-coletores ou de manifestações sedentárias. Em outras palavras, a união com permanência fez a força da sobrevivência. Aliás, sobrevivência inteligente é sinônimo de autossustentação. Apenas uma evolução semântica! Ouso afirmar que a polis é um caso particular (e especialmente egoísta) da comunidade. A comunidade resiste sem a presença da polis. O inverso não ocorre! Mesmo!*

OS ATORES HISTÓRICOS

Vale a pena observar que publicações atuais (atlas históricos, por exemplo) relativas ao mundo antigo – estendendo-se até a queda do Império Romano do Ocidente e/ou do Oriente – *geralmente, não conferem mais que 2% a 3% do texto a questões relacionadas à Grande Antiguidade. E dentro dessa diminuta ênfase, praticamente é inexistente a referência às construções comunitárias presentes na Grande Antiguidade. Assim, nesse contexto, nem um milésimo da obra é destinada ao estudo específico/comentário objetivo dessa manifestação. Aliás, um milésimo seria muito, mesmo! Que sombreamento perverso! Que brutal distração e desenfatização acadêmicas!*

Pois bem, da mesma forma que o conhecimento de topologia em matemática se constitui como essencial ao avanço no estudo de funções contínuas (obrigado pela aula, Guto Isnard, lá em Chicago), o conhecimento do processo comunitário (e de sua intensidade) é essencial à observação de fenômenos e situações estratégicas que se interligam contribuindo para desenhos de sustentabilidade que ao final irão convergir para as polis. Portanto, para ingressar nas origens mais remotas da Grande Antiguidade é indispensável bem conhecer os desenhos comunitários, pois, aparentemente ingênuos, bucólicos, tranquilos, calmos e poéticos, materializam extraordinária força estratégica. Há que conhecê-los e muito bem. Nesse sentido, vale observar mais uma vez a "mensagem-raíz" de João Guimarães Rosa, mestre de imensa sofisticação nas coisas (aparentemente) simples de nosso país. De certa forma, um Shakespeare tradutor das mais sutis emoções do homem adulto do sertão, onde a solidão se transforma em ação, libertação ou maldição na exata fração de uma peregrinação, numa incontida explosão.

"Quando escrevo, repito o que já vivi antes.
E para estas duas vidas, um léxico só não é suficiente.
Em outras palavras, gostaria de ser um crocodilo
vivendo no rio São Francisco. Gostaria de ser
um crocodilo porque amo os grandes rios,
pois são profundos como a alma de um homem.
Na superfície são muito vivazes e claros,
mas nas profundezas são tranquilos e escuros
como o sofrimento dos homens."
(Guimarães Rosa, João apud Nogueira Jr., 2010)

ALÉM DO GELO

É importante ressaltar que toda a sustentação do Egito, dos hititas (a "civilização da poeira") e dos povos mesopotâmicos estava intimamente ligada a esse equilíbrio comunitário, herdeiro direto de cerca (pelo menos) de 7000 anos de *pax* comunitária! Pena que as pirâmides, as múmias, os templos, os palácios, os jardins suspensos, os zigurates, os megarons, as acrópoles, as ágoras, os estádios carreiem para si tanta atenção, subestimando de modo preocupante todo o significado da presença comunitária! Nesse sentido vale a pena observar os sábios comentários de Steven Mithen.

Os anônimos

As pessoas que viveram entre 20000 e 5000 a.C. não deixaram cartas nem diários descrevendo suas vidas e os fatos que geravam e testemunhavam. Era preciso que houvesse cidades, comércio e artesãos para que ocorresse a invenção da escrita. Assim, em vez de usar registros escritos, esta história examina o lixo que as pessoas deixaram para trás – pessoas cujos nomes e identidades jamais serão conhecidos.

Uma trabalhosa operação resgate

Nossa história se apoia em instrumentos de pedra, vasos de cerâmica, detritos de alimentos, moradas abandonadas e muitos outros objetos de estudo arqueológico, como monumentos, túmulos e arte rupestre. Usa indícios de mudança ambiental passada, como grãos de pólen e asas de besouro presos em antigos sedimentos. De vez em quando, ganha alguma ajuda do mundo moderno, porque os genes que trazemos e as línguas que falamos podem nos falar do passado.

O risco de ter de depender de tais indícios é que a história resultante pode tornar-se pouco mais que um catálogo de artefatos, um compêndio de sítios arqueológicos ou uma sucessão de "culturas" espúrias.[75]

Observe-se que o "grande frio" a partir de 20000 a.C. foi progressivamente amenizando-se, o que criou possibilidades e também dificuldades incríveis para o homem que saía da Idade do Gelo, tendo que superar todo um rol de novas armadilhas circunstanciais que a ("nova") vida iria lhe apresentar. *De um homem fortemente "entocado/encavernado" iria evoluir para um homem ambulante. Uma mudança impressionante.* Já de muito tempo previamente organizadas – mesmo que em grutas e cavernas (virtuais tocas, esconderijos) –, as comunidades tiveram que ser "redesenhadas" para "adaptar-se" e "florescer" nesse mundo novo de condições "mais-viáveis". De certa forma o homem iria mesmo deixar de se esconder! Viveria cada vez mais a descoberto, à luz do dia! Reforçaria seus "tapetes comunitários" cobrindo a "Terra" com extrema competência (como um *hedge*) para a sua sobrevivência. Nesse aspecto vale a pena também observar novamente o texto de Steven Mithen, na obra já citada anteriormente.

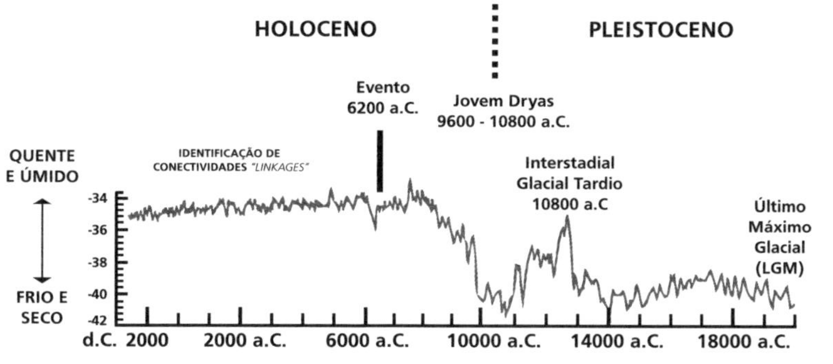

Figura 3. O tempo e o frio

Com esse progressivo aquecimento, um inimigo implacável – o frio – que, aliás, não perdoa jamais distração ou hesitação (até hoje!), iria assistir à real diminuição de seu próprio poder agressivo. Surgiam novas condições (e provocações) ambientais. Menos gélidas, mas não triviais. Os grupos de caçadores-coletores, com certeza, começariam a se reunir em projeções (móveis ou fixas) com maior número de pessoas, traduzindo um "grupamento" de várias "tocas" anteriores. *Assim, pouco a pouco iria se construir uma admirável rede de presença comunitária sobre a qual se processaria posteriormente o adensamento cultural e a construção do que se convencionou denominar de civilização (governo, escrita, muralhas, monumentos, guerreiros, sacerdotes, impostos etc.). As polis!*

TUDO VALE A PENA SE A ALMA NÃO É PEQUENA

É inevitável, mas, dentro desse contexto, o notável processo comunitário (analfabeto, mas nada ingênuo) não é, a rigor, considerado como civilizatório. Que pena! Não se dá crédito aos analfabetos. Que imensa falha metodológica. Que arrogância. Que desrespeito à arqueologia e aos estudiosos do passado. Que sectarismo! Não viveram a comunidade. Não a sentiram e como tal não a respeitaram e não a respeitam! Aliás, muitos não as entendem ainda nos dias de hoje! Sábios do asfalto! Que brutal "esnobismo".

A maior personalidade de todos os tempos – pelo menos em minha opinião – foi Jesus. De onde ele surgiu para a sua extraordinária realização? De uma pequena vila comunitária, com apenas 50 residências, chamada Nazaré! É importante, aliás, crucialmente importante que jamais nos esqueçamos isso. Esse fato merece imensa reflexão por todos nós!

Assim, como consequência de razões super explicáveis, justapostas (ou sobrepostas) ao tapete comunitário, surgiriam ("espertos" e "competentes") sistemas (oportunistas) concentradores de força (que denominaremos de Estados, povos, polis, governos, etc.) "capitalizando" e "alinhando" sobre os esforços de toda a multimilenar organização comunitária: Suméria, Babilônia, Assíria, Egito, Grécia, hititas e outros. Sombrearam e desmereceram a ação comunitária (com as polis), mas não a extinguiram! Hesíodo, o grande poeta grego, foi um dos poucos que a honrou! E, como!

A esse processo de concentração de poder caminhando com a conjugação/conspiração permanente da escrita (inicialmente desenvolvida para registro de operações físicas e comerciais) "batizou-se" de civilização. Quanto cinismo! Quanta exclusão! As duas primeiras assim conceituadas (notáveis, aliás) foram a Suméria e o Egito. *Mas jamais podemos nos esquecer que antes delas e de todas as outras já ocorria uma admirável civilização comunitária que determinados autores, por ignorância, arrogância ou formalismo precipitado, as descreveram simplesmente como populações coadjuvantes de um processo charmoso e encantador de concentração de poder!*

AS COMUNIDADES E A ESCRITA

Aliás, tenho a firme convicção de que as comunidades já tinham praticamente desenvolvido a escrita (ou um registro próprio) por atender ao manejo de seus excedentes e interações comerciais. Da mesma forma que Luca Pacciolo compatibilizou várias formas de registro nas projeções comerciais da Idade Média (dialogando com Leonardo da Vinci e Nicolau Maquiavel), sacerdotes e altos funcionários do governo sumeriano devem ter "capturado" as práticas já avançadas pelas comunidades e então "inventaram" a escrita. A inteligência e a criatividade não dão grandes saltos. As grandes "invenções" geralmente constituem degraus finais de um laborioso processo.

Espero poder enriquecer (ou "desconstruir") essas aproximações clássicas ao tema, localizando novas veredas de observação e discussão estratégicas, permanecendo certo e como já sublinhado, desde o início desta pesquisa que nada seria possível sem o apoio de todos aqueles que nos precederam com suas próprias óticas (vigorosas) de análise e percepção, mesmo que eventualmente preconceituosas. A eles – arqueólogos, paleontólogos, climatólogos, geógrafos, historiadores, geógrafos, sociólogos, advogados, militares, jornalistas, arquitetos, engenheiros, agrônomos, médicos, filósofos, teólogos e pesquisadores da vida cotidiana, folcloristas, biólogos, geneticistas, políticos, poetas e escritores, artistas, economistas, administradores, contadores, financistas, mergulhadores, navegadores, técnicos, cientistas e estudiosos, titulados como doutores ou não – somos muito gratos. Mesmo! Eles constituem um diferencial, com certeza, de extrema importância: o saber acumulado. *Eu apenas busquei percorrer as gigantescas edificações culturais construídas, pinçadas, descritas por esses referidos pesquisadores, propondo uma nova forma de observar o passado.* Persigo e pesquiso novas conectividades (*linkages*), trazendo à superfície desenhos estratégicos ainda não fortemente explicitados pelos estudiosos.

De fato, o reino das conectividades estratégicas complexas (*linkages*) é, como se diz na encantadora Ipanema, *a minha praia. Navigare nesset. Vivere non nesset.* Parafraseando Plutarco de Queroneia. Assim, conectare *nesset. Non conectare, non nesset. Não existe* pax *em lugar algum do mundo ou do tempo, se não ocorrer a* pax *comunitária. E, também procure não errar o mesmo alvo com a perda de duas flechas arremetidas. Das duas uma, ou você perde a caça ou o inimigo poderá lhe causar imensa dor. Riscos sempre existem, insistem e persistem.*

OS GRANDES ATORES E A GRANDE ALIANÇA

A pinça estratégica, ou o pinçamento estratégico, como queiram, colabora de modo surpreendente com o delineamento de determinadas questões. Era como se uma lente especial (ou um "canhão de luz") iluminasse trajetos a percorrer em determinados espaços. *Ao pinçamento estratégico corresponde um quebra-cabeça em que peças buscam se ajustar logicamente, identificando conspirações para a captura de oportunidades, neutralização de ameaças, sustentação de posições conquistadas e neutralização de crises.*

Nesse retorno à Antiguidade iremos conviver com civilizações (ou culturas) cordiais como a *comunitária*, a sumeriana, a egípcia, a hitita e a cretense. As manifestações babilônicas e assírias propiciarão um endurecimento no modo de ser e agir, distanciando-se, e muito, do mundo ("razoavelmente") cordial. *A Mesopotâmia inventou a guerra e a barbárie.* A grande engenharia de morte. A ela esse privilégio! Ela gestou a dor, nos seus mais insuportáveis limites. Duas civilizações, não especialmente cordiais, iriam prosseguir desenhando novos momentos históricos: os fenícios e os gregos. Sobre todas essas sagas nos deteremos. Foram cerca de 10 os grandes atores! Difícil escolher qual o mais importante! Talvez a Suméria. Talvez o Egito. Para observadores muito sofisticados, os Hititas. *Mas, sem dúvida alguma, o mais enigmático de todos é* Creta, *com a sua espantosa estratégia* labrys.

Num comentário prévio, é nossa interpretação que o Egito e o Império Hitita selaram uma sólida e duradoura aliança efetiva, abraçando e garroteando os povos mesopotâmicos. Esse abraço estratégico não iria eliminá-los como povos. Aliás, produziam alimentos em grande escala e sabiam bem gerir suas polis. Essa aliança Egito-hititas iria, entretanto, imobilizá-los geopoliticamente duramente séculos e mais séculos. No Egeu, Creta não permitiria nenhuma presença/domínio dos povos mesopotâmicos. Cnossos neutralizaria a ação dos piratas gregos ou qualquer outro que se aventurasse na sua própria área de influência e também no Mediterrâneo. Nunca nos esquecendo, é claro, de que os fenícios devem ser entendidos (globalmente) como prestadores de serviços preferenciais do reino do Egito. Aliás, muito bem qualificados, comportados e disciplinados! E também espertíssimos! Para alguns, sagazes!

É minha opinião, e talvez aí se ajuste o espírito desta obra, *de que só o raciocínio estratégico (à luz dos conhecimentos atuais) pode nos auxiliar a compreender os arranjos geopolíticos da Grande Antiguidade mais profundamente.* É o que faremos! A propósito, os gregos, os pós-fenícios e os egípcios são os sobreviventes daquele tempo. Consequências felizes (ou infelizes) de uma imensa desestabilização por volta de 1200 a.C. Quem a provocou? A *Mãe Terra*! Apenas ela!

O grande desequilíbrio surgiria à frente com as grandes secas que provocaram o deslocamento desesperado dos povos do mar que passariam por cima de todos, provocando imensa dor em várias nações devido ao seu próprio sofrimento insuportável. Quem se deslocou com os povos do mar? Comunidades, milhares delas e de muitos povos, que perderam a sua sustentabilidade nos seus locais de origem. A lição que nos fica *é que quando as* comunidades se desesperam *a história muda, mesmo! Só isso! Foi o que realmente aconteceu!* A comunidade é a força. O resto vem depois. Existe muito mais entre o céu e a terra do real e da ficção que Aquiles, Ulisses, Ramsés II, Hamurabi, Nabucodonosor, Minos, Hatusa, Menfins, Tebas, Esparta, Atenas e outras: a *comunidade. Se a esquecemos jamais entenderemos as nossas próprias origens estratégicas, e a análise sempre se processará de modo desbalanceado.*

COMUNIDADES: ONTEM E HOJE

Finalmente, vale lembrar que as comunidades, quase todas, eram rurais na Grande Antiguidade. Hoje, no terceiro milênio, elas também são urbanas! Uma megapolis, devidamente "desossada" nada mais é do que um somatório de muitas comunidades! A história se repete. Em outras palavras, se a tragédia, a fome e a morte acamparem hoje junto a comunidades rurais ou urbanas, como antigamente, surgirão ("no ato") novos *povos do mar,* com novas lideranças, atropelando a ordem sofisticada das polis destruindo o que estiver pela frente. Exército nenhum poderá enfrentar com facilidade os *novos povos do mar.* Eles operarão como um tsunami de dor gigantesco e arrasarão tudo ao seu redor e à sua frente.

O movimento dos povos do mar equivale à fúria e ao desespero (organizado) das comunidades. É interessante observar que este livro inicia-se com a expansão e o desenvolvimento do processo comunitário tomando como ponto de partida o final da Era do Gelo a partir de 20000 a.C. E daí a investigação prossegue até 1200 a.C., onde ocorrerão movimentações vigorosas de comunidades desesperadas, as quais foram desestabilizadas por secas, terremotos, ações vulcânicas numa engenharia super agressiva providenciada pela Mãe Terra. Essa movimentação, a dos povos do mar (ou assemelháveis), traduz-se pela substituição (destruição) de antigas lideranças por novos condutores ajustados à gravidade do momento, onde a presença da mulher deve ter sido decisiva! Julgo que a liderança dos povos do mar alternou-se entre representantes de várias nações e povos. *Entretanto, na batalha contra Ramsés III no delta do Nilo é altamente provável que as forças agressoras contassem com uma participação expressiva de gregos oriundos de comunidades micênicas, fato que influenciou muito a história do Ocidente.*

Pois bem, Ramsés III os derrota de forma fragorosa. Os mortos são emasculados. Os vencidos são aprisionados e humilhados pelos egípcios, e muitos, com certeza foram incorporados, como de costume, ao exército dos faraós. É importante notar que essa derrota não impediu que outras coligações dos povos do mar avançassem e devastassem a Mesopotâmia, determinadas ilhas gregas e os territórios hititas. Ao mesmo tempo, deslizaram como um rolo compressor sobre os sanguinários campeões da arte da guerra: os assírios. Em outras palavras, *a força da comunidade é como a mãe natureza,* atuando com notável intensidade ao lado de desenhos inéditos de aglutinação, profundamente agressivos e com objetivos predeterminados, absolutamente nítidos. *Nesse sentido, implodem polis, códigos, sociedades, culturas e reinventam a história, conduzindo-a para outros destinos.*

A COMUNIDADE: UM GRANDE *PLAYER*

Portanto, deve-se entender a comunidade como um grande *player* que, ao lado de suas ações contínuas e disciplinadas, lutará sempre pela própria sobrevivência, especialmente em ocasiões em que a mãe natureza desestabilizar a ordem "acomodada" dos homens. Nesse momento, até que surja um novo processo de arranjo e equilíbrio, a comunidade atuará sempre de forma intensa e agressiva. Muitas ONGs fotografam de forma preventiva um conjunto de ansiedades relativas à Mãe Terra. *Nesse contexto não se subestime a comunidade, com seus procedimentos aparentemente ingênuos, poéticos e bucólicos. Nada as conterá, nem códigos, nem exércitos.* A polis nada mais é (ou pelo menos foi na Antiguidade) que uma estrutura catalisadora dos esforços das comunidades. Aliás, muito esperta! Mas nunca conseguiu engessá-las totalmente.

Pergunte aos hititas, aos gregos micênicos, à verdadeira morte de Troia, a Ramsés III, aos assírios, aos líbios, aos núbios, aos herdeiros de Creta o que significa o somatório de ações de uma comunidade desesperada. Então, eles lhes descreverão o que é mesmo o horror, a força devastadora da onda comunitária. Na Grande Antiguidade ela fez o mundo e também o desfez por volta de 1200 a.C. E aí, *empezar de nuevo*! É importante refletir sobre isso! Mais do que nunca é necessário entendê-la – *a comunidade* – em termos estratégicos! As polis, no correr da história – sempre muito ladinas ("raposonas") –, vieram sistematicamente "apagando" a importância extraordinária das comunidades na sua própria sustentação.

A realização de conectividades (*linkages*) está profundamente ligada à vivência e experiência em ambientes, mesmo que defasados no tempo, muito similares ao universo de pesquisas que estamos buscando acessar. Sem esse *qualifying* é problemático prosseguir no tema. É dentro desse contexto que se conferiu especial cuidado à compreensão do fator comunidade, verdadeiro ponto de partida para toda a organização do homem ocidental em sua civilização e também responsável por notáveis pontos de inflexão (aliás, decisivos) na história dos povos. E, por último, um setor, uma região, uma corporação, um país adensa *a sua explosão de sucesso*, quando desenvolve um leque riquíssimo de *linkages* (conectividades) estratégicas. Para que isso aconteça há que se combinar vivência, experiência e densidade acadêmica. Todos se completam, produzindo-se novos rumos e caminhos para o desenvolvimento sustentado.

COMUNIDADE: A SOLIDARIEDADE

Uma das questões mais relevantes nesse mergulho no âmbito da Grande Antiguidade é bem diferenciar o processo comunitário da polis. Em minha obra, *O social inadiável*, com relação à comunidade assim me expressei: "Os conceitos de espírito comunitário, esforço comunitário, mobilização comunitária, desenvolvimento comunitário realmente se superpõem e, a par disso, desdobram-se em mil matizes. O que é afinal a comunidade? Basicamente é um dar de mãos numa tarefa conjunta e geralmente com objetivos bastante nítidos".

Infere-se dessa conceituação que a "força" da comunidade traduz-se pelos laços de solidariedade que unem todos os seus integrantes. Essa é a grande "moeda". Nesse contexto, a comunidade poderá ser urbana ou rural, o que significa que poderá estar inserida no meio urbano. No caso da Grande Antiguidade, as comunidades na sua maioria massacrante eram rurais, porém com presenças urbanas notáveis, como por exemplo, as manifestações de Varna, na Bulgária, Çatal Hüyük e a extraordinária Jericó. Em termos relativos, essa presença urbana no meio comunitário constitui manifestação muito rara. Aliás, a exceção confirma a regra.

PONTO DE VISTA X PONTO DE VIDA, VISTA E VIVIDA

No caso da polis, essa propriedade da solidariedade como um todo fragiliza-se de forma muito densa e a sua principal caracterização é um poder-vértice, uma organização sistêmica, interação efetiva com o processo religioso, construções urbanas, sistemas de defesa, existência de exército etc. A polis, de certa forma, pode ser entendida como uma "estrutura tiranizadora" das referidas comunidades. Na sua dieta básica de mando iria homenagear, referenciar e adular o poder em tempo integral. Na Grande Antiguidade as comunidades rurais isoladas ou presentes em redes iriam construir um extraordinário tapete estratégico, o qual fundamentaria toda a história seguinte dos grandes reinos e das sociedades organizadas. O meu ponto de vista é que se torna absolutamente complexo analisar questões relativas a esse tempo sem termos vivenciado situações semelhantes ou muito próximas das antigas comunidades rurais. Mais que um ponto de vista, trata-se de um ponto de vida, vista e vivida.

CAPÍTULO 3

A TRILHA DOMINANTE DE ENCADEAMENTO DA PESQUISA: OS ELOS ESTRATÉGICOS

Estamos, portanto, num período em que coexistem mescladamente grupos do tipo patriarcal, famílias restritas e indivíduos isolados, em que a propriedade coletiva persiste ao lado da propriedade individual, em que a vizinhança de vastos domínios se estende campos médios e pequenas parcelas, em que a riqueza mobiliária permite à indústria tímido aparecimento. Qual pode ser então a unidade social e econômica? Visto que os *génè* não contêm já todos os interesses sem presença, só um quadro lhes convém igualmente: a cidade. Outrora não passara de uma associação política de tribos e de *génè*; deve doravante possuir um centro onde todos se possam encontrar, para satisfazer mutuamente as suas necessidades. É a economia urbana que desponta.

Ergue-se uma acrópole, que assegura a defesa; a acrópole está situada a pequena distância da costa, de maneira a aproximar-se do porto, embora esquivando-se aos corsários. Abaixo desenha-se a *ágora*, onde certos dias se apinham todos os que precisam efetuar trocas de produtos ou de serviços. Eis os elementos essenciais da cidade. A instituição cedo adquire grande extensão. Creta continuou a ser a ilha "de cem cidades". Agamémnone reserva para sua filha sete cidades, todas situadas nos arrabaldes de Pilos. Menelau possui cidades na Argólia em número suficiente para pensar em oferecer uma a Ulisses, embora com o incômodo de ter de transportar para outro local os habitantes esbulhados. Só por si, o fato de as cidades se multiplicarem a tal ponto e se transmitirem ou se deslocarem com tal facilidade prova que não são, em geral, aglomerações consideráveis. Devemos figurá-las principalmente como pequenos burgos rurais. Cultivadores e pastores vêm ao mercado a fim de empregar o excedente para compensar as insuficiências.

Para o fim do período homérico, o desenvolvimento das cidades assume, já, em certos pontos, maior amplitude. Na ágora de Ítaca agitam-se grandes multidões. Formam-se classes novas. É que a indústria doméstica já não basta, senão para os trabalhos mais simples; para chegar a um acabamento mais perfeito, são necessários instrumentos mais delicados, uma prática mais constante: os artífices ganham a vida a trabalhar para os outros. Ao mesmo tempo, os gregos vêem chegar, cada vez com mais frequência, mercadores estrangeiros prontos a transformarem-se em corsários,

> enquanto eles próprios vão explorar os países longínquos pela pirataria, à espera que o façam um dia pelo comércio. Assim progride uma economia urbana toda impregnada ainda de economia familiar, mas onde aparecem já os sinais precursores de uma economia internacional.
>
> (Glotz, 1973:27-28)

Como já ressaltado, este livro analisará as raízes estratégicas do Ocidente. Trata-se de uma longa história que se iniciou em épocas muito remotas, cerca de 20 mil anos atrás (ou 50 mil anos!), pelo menos! O sucesso estratégico pode ser visualizado na real capacidade que se detém para capturar oportunidades que surgem neutralizar ameaças, sustentar posições já conquistadas e enfrentar crises. Aliás, já enfatizei esses comentários anteriormente. Voltarei sempre a esse tema. Na medida em que se realiza essa empreitada com êxito, a progressão estratégica vai acontecendo de forma persistente, insistente e evoluindo por meio de degraus sucessivos e consistentes.

Muitas nações não conseguiram realizar essa "química" de sucesso de forma permanente e dentro desse contexto (não feliz) desapareceram ou então se tornaram sombras muito pálidas quando comparadas com o próprio papel exitoso e de ponta já por elas desempenhado em determinados momentos na história. Dentro desse caso assinalem-se, por exemplo, as ocorrências atuais do Egito, Irã, Iraque, Turquia, entre outros. Mas nada impede que possam renascer a qualquer momento. Na história, o ontem, o hoje e o amanhã constituem pequenos detalhes. Apenas distrações (ou atenções) do tempo.

A FÚRIA DA MÃE TERRA

Algumas circunstâncias parecem explicar essa situação, tais como condições climáticas e agressões da Mãe Terra e seus desdobramentos (externos e internos), além de lutas internas, aversão à modernização, garroteamento do povo (das comunidades!) e também agressões externas violentas, planejadas e organizadas – complexamente evitáveis ou superáveis. A história da Antiguidade é uma vitrine dinâmica de inúmeras dessas situações desestabilizadoras combinadas com desconhecimento e sombreamento estratégico numa determinada ou mais situações, uma ou mais épocas.

Sem dúvida as mais devastadoras ações desestabilizadoras correspondem às alterações climáticas (grandes secas por longos períodos, por exemplo) e agressões da Mãe Terra, como eventuais ações vulcânicas e seus desdobramentos perversos. Mudanças climáticas provocaram, com certeza, migrações indo-europeias e semitas que redesenhariam politicamente toda a Mesopotâmia e áreas conexas. Ações vulcânicas (isoladamente ou combinada com outras forças) iriam fragilizar asperamente várias vezes regiões específicas, conspirando para a destruição final de algumas configurações emblemáticas, como, por exemplo, Creta.

A PRESENÇA GREGA

Pois bem, um povo destemido, com inteligência, sensibilidade ampla e capacidade de conectar invulgares – o grego veio avançando na história com um denso balanço de realizações e acertos (também erros) estratégicos extraordinários. Após a morte de Alexandre, o Grande, começa a empalidecer a sua presença como nação (ou nações). Transfere de modo afirmativo, então, seu bastão cultural, político e vivencial (como se fosse uma megacorrida de revezamento) para os romanos. Essa passagem inicia-se por volta de 600 anos a.C. (em vários planos) e iria se prolongar até a queda de Constantinopla em 1453 da nossa era. Os preceptores dos romanos, em inúmeras situações foram gregos, fossem eles escravos ou homens livres. De lá para cá, a presença vigorosa da Igreja Católica e de suas derivações devocionais (catolicismo ortodoxo, protestantismo, por exemplo) acompanhada de ação exitosa de um elenco significativo de chefes de povos/nações, artistas, escritores, filósofos – fazem com que a cultura ocidental consolide-se, tome força e venha evoluindo continuamente capturando oportunidades, neutralizando ameaças, sustentando posições e vivendo crises extraordinárias. Acertando e errando. Julgo que o balanço é positivo apesar de erros e equívocos lamentáveis.

OS ELOS ESTRATÉGICOS

No amálgama dessa indiscutível vitória encontra-se um processo histórico estratégico precursor que estamos denominando de Grande Antiguidade e que merece ser explorado cada vez mais. Ele deixa super nítido que os resultados parciais e finais são resultados de uma conspiração notável pela sobrevivência do homem que toma corpo logo após o término da Idade do Gelo. É claro que o binômio Grécia-Roma é um fator dominante na compreensão de todo o processo. Mas não podemos nos esquecer de que outros atores tornaram essa escalada possível. Sem dúvida alguma a ausência de um deles, *que podem ser entendidos como elos*, teria inviabilizado ou dificultado toda a cadeia de eventos que iria se suceder, desaguando (num futuro encadeado) no eixo Grécia-Roma.

Trata-se de um conjunto impactante de elos que partindo do homem do gelo iria prosseguir, passo a passo, até a "invenção" e "consolidação" do homem ocidental.

1. O homem da Idade do Gelo; 2. o caçador-coletor, ajustado à mudança climática; 3. a domesticação do trigo e dos animais; 4. o surgimento das comunidades sedentárias; 5. as comunidades fluviais mesopotâmicas; 6. as comunidades fluviais nilotas; 7. as comunidades das montanhas gregas: os gregos ásperos; 8. as comunidades de pastoreio aberto; 9. o Egito; 10. as migrações semitas e indo-europeias; 11. a Suméria; 12. os hititas; 13. os gregos indo-europeus; 14. Creta-Tróia; 15. os fenícios; 16. Creta-Cnossos; 17. Creta expandida; 18. Os gregos micênicos.

Praticamente no encerrar da Grande Antiguidade afloram as seguintes grandes presenças históricas, em sequência:

19. o endurecimento mesopotâmico (a Babilônia e a Assíria) e os hicsos; 20. o espalhamento do grego indo-europeu no Egeu e no Mediterrâneo; 21. os povos do mar; 22. o grego da *dark age*; 23. os hebreus; 24. o grego homérico; 25. o grego polis – Esparta/Atenas/Tebas; 26. A Etrúria; 27. a Roma reino; 28. A Roma República; 29. a Grécia alexândrica e a helenização; 30. a Roma *intermezzo* (a Roma de César); 31. a Roma imperial; 32. a Roma decadente do Ocidente; 33. a Roma de Bizâncio; 34. a Roma católica; 35. a expansão da Roma católica: a invenção do Ocidente.

OS ELOS PRIVILEGIADOS NA PESQUISA EMPREENDIDA

É claro que a história não é tão linear quanto a corrente dos 35 elos aqui delineados, verificando-se superposições múltiplas em várias situações. Poderão surgir discordâncias e novas interpretações diferenciadas do sequenciamento aqui exposto. Seria saudável, é claro. Nesse caso, gostaria de ressaltar que se trata, de fato, de uma ordenação estratégica, buscando identificar toda a "química" de captura de oportunidades, ameaças, sustentação de posições conquistadas e neutralização de crises. Ou seja, a produção de ambientes estratégicos. Neste livro será conferida especial ênfase aos 18 primeiros elos dessa corrente! De um modo geral as pesquisas clássicas enfatizam a formação e estruturação dos seguintes elos como ponto de partida para as grandes pesquisas históricas: Egito; Grego-polis; Roma-República; a Grécia alexândrica e a helenização; a Roma *intermezzo* e a Roma imperial.

É indiscutível que esses seis elos privilegiados detêm um encanto muito especial, ao lado de um material razoavelmente farto (e aparentemente inesgotável, porém não necessariamente disponível) para um eventual aprofundamento de pesquisas. E, também, imensa importância. A propósito, cabe assinalar que a invulgar relevância do Egito estratégico não é sistematicamente pesquisada. Já se dizia que quem planeja faz futuro, e quem não planeja faz destino. Esses elos, cada um em sua caminhada histórica, fizeram futuro! Essa, basicamente, foi a grande saga desses indivíduos, grupos, comunidades, povos e nações!

Portanto, desse contexto existe muito a pesquisar no tocante a encadeamentos estratégicos na história do homem. Buscarei realizar conectividades (*linkages*) que me possibilitem analisar a longa evolução dessa cadeia de elos estratégicos. Trata-se de uma empreitada desafiadora. É onde pretendo estudar, refletir e agir. E contribuir, é claro.

A evolução histórica se efetua através de elos estratégicos pelos quais se constrói uma corrente de realizações emblemáticas. *É impossível visualizar o todo se não se visualizar todos os elos formadores da corrente!*

É importante observar que cada elo formador da corrente estará sempre presente interagindo com o processo comunitário na formação de seus respectivos ambientes estratégicos. De certa forma, poder-se-á entender o conjunto de ações estratégicas de uma nação, de um povo ou de uma sociedade organizada como sendo a resultante final (inteligente) de presenças comunitárias com a existência de ambientes estratégicos centralizadores, ambos consistentes e plenamente maduros.

Todos os povos citados contaram com processos muito avançados de manejo estratégico. O mais impressionante, o Egito. O mais desafiador, os hititas. O mais provocador, Creta. O mais criativo, a Suméria. O mais surpreendente, a Grécia. Os mais sanguinários, os povos da Mesopotâmia. O mais objetivo, a Fenícia. Cada uma a seu modo materializava um processo próprio de competência estratégica, buscando balancear da melhor forma possível, os efeitos cruzados do trigo, da água e do sangue.

CAPÍTULO 4

OS DONOS DA FORÇA: A SUMÉRIA, O EGITO, OS HITITAS E OS APRENDIZES DO PODER (OS GREGOS) E AS CIDADES-ENIGMA: CRETA E TROIA

Assim, as águas da civilização se haviam reunido num único e vasto lago, do Tigre até o Nilo e o Adriático, e da costa do Mar Negro até o Golfo Pérsico. Dentro desse grande reservatório, as correntes fluíam livremente em todas as direções. Nos intervalos de paz, os reis da Babilônia, Assíria, Mitanni, Hatti e Egito trocavam embaixadores e esposas, presentes e deidades, médicos e adivinhos. Os arquivos das relações exteriores dos egípcios e dos hititas mostram o Oriente Próximo dos séculos XIV e XIII a.C. sob um quadro de verdadeiro "concerto de potências" ou sociedades de nações, passível de comparação com a Europa dos séculos XIX e XX de nossa era. Tal como o francês foi a língua diplomática, todos os impérios orientais e seus Estados vassalos usavam a escrita cuneiforme e o idioma acádico para sua correspondência diplomática.

Desde a época de Sargão, peritos na escrita cuneiforme se haviam estabelecido nas cidades e cidadelas da Assíria, Síria, Ásia Menor, Fenícia e, por último, no Egito, ensinando aos funcionários nativos, para os quais se abriam assim os frutos do saber sumeriano. A ciência nativa dos novos povos – hititas, hurrianos, arianos e cretenses – era transcrita e traduzida. Essa numerosa classe de funcionários alfabetizados tinha assegurados seus meios de subsistência. Nos templos, proporcionava-se aos letrados o ócio necessário ao estudo, e na realidade, promoviam-se investigações.

Não obstante, comparadas com as brilhantes realizações do Quarto Milênio e a organização da civilização, as descobertas originais da ciência verdadeira e o progresso técnico obtido durante os 15 séculos da Idade do Bronze são surpreendentemente escassos. À parte os melhoramentos nos transportes e no armamento, que já mencionamos, apenas quatro realizações merecem menção especial – a descoberta do valor da posição e o consequente progresso da matemática babilônica sob a dinastia amorita, a invenção do vidro no Reino Novo, no Egito, a criação de uma escrita alfabética na Fenícia e o desenvolvimento de um processo econômico para exploração do ferro, realizado por uma tribo não identificada da Armênia.

(Childe, 1960:175-176)

O primeiro grande problema que encontramos ao mergulharmos na história para pesquisar desenvolvimentos estratégicos e ambientes estratégicos verificados é delimitar com precisão o ponto de partida, alavancando-se além do tecido comunitário – plateia eterna para todas as disputas e enfrentamentos de cúpula. O alto poder das polis corta as pessoas com as armas e a comunidade corta o chão com as enxadas.

No período aqui observado (pré-Esparta-Atenas-Tebas), ou seja, o que denomino de a Grande Antiguidade, estabelecerei como marco inicial da "sociedade organizada" a presença da Suméria. Pode-se afirmar que esse povo representa o primeiro grande esforço bem-sucedido na união do governo com as comunidades já estabelecidas em uma determinada região, no caso a Mesopotâmia. De forma surpreendente a Suméria (para determinadas situações) poderia caracterizar uma nova escala do tempo cronológico. Ou seja, antes do surgimento da Suméria (ASS) e depois do surgimento da Suméria (DSS).

É problemático, se não impossível imaginar o "mundo organizado" sem o concurso dos sumerianos ao criarem a primeira escrita e estruturarem o primeiro sistema avançado de governo alicerçado em códigos e praxes comportamentais. Como elemento facilitador assinale-se a sua inserção entre os rios Tigre e Eufrates, o que possibilitava o desenvolvimento de culturas irrigadas, aliás, já estabelecidas antes de o reino da Suméria despontar para a história! Em outras palavras, fartura de água, sem correr o risco permanente de secas terríveis ao lado de veranicos perversos e desestabilizadores. As comunidades já existentes presentearam o nascimento da Suméria com um *know-how* portentoso de gestão agrícola!

A AULA MAGNA

A aula magna (contida no ensinamento provocador das comunidades preexistentes) da Suméria retrata a possibilidade da formação de sociedades organizadas, criação de espaços urbanos, manejo racional da agricultura e acumulação de fatos e acontecimentos por meio de relatos escritos, mesmo que em frágeis tablitas de barro, prontas para serem devidamente fraturadas em qualquer acidente de manuseio e/ou guarda! A Suméria, de certa forma, evidencia que ocorria de fato uma possibilidade de se alavancar aglomerações realmente complexas com base em comunidades (mesmo que singelamente conectadas), com a presença de uma relativa isotropia cultural. Se houve algo de inédito na história da humanidade, através de suas sociedades organizadas (vinculadas à formação do Ocidente), esse algo novo foi a Suméria. Todas as grandes manifestações que se seguiram iriam, com maior ou menor intensidade, efetuar *benchmarkings* inteligentes das conquistas sumerianas. O Egito, com certeza, foi o primeiro. Esperto, sagaz, discreto, silencioso e extremamente competente.

EGITO: A ARTE DO ISOLAMENTO

Dentro dessa linha de raciocínio pode-se inferir que o Egito, com certeza, desenvolveu a sua escrita (projetada para ser exclusiva) apoiando-se em trabalhos efetuados previamente pela Suméria. De fato, é problemático afirmar que a Suméria antecedeu o Egito no desenvolvimento da escrita. Entretanto é provável que isso tenha, em realidade, ocorrido por meio de informações transmitidas por comerciantes, os quais teriam apresentado aos governantes e sacerdotes do reino placas cuneiformes dos sumerianos. Nesse momento os egípcios verificaram, de pronto, que já ocorria uma forma mais bem avançada de comunicação/registro. Com base nesses relatos, e provavelmente com o apoio de um ou mais conhecedores da escrita cuneiforme iriam desenvolver uma modelagem própria, totalmente diferenciada da proposta sumeriana e plenamente ajustada ao "secretismo" e isolamento característico dos egípcios. É claro que em tese o inverso poderia ter ocorrido, ou seja, a Suméria partindo dos sofisticadíssimos hieróglifos egípcios. Isso nos parece bem menos provável ou então que as escritas fossem ambas desenvolvidas simultaneamente o que, de fato, *nos parece bem menos provável ainda.*

A questão é que quase sempre ao realizarmos nossas análises desconsideramos a presença de interlocutores estratégicos – colaboradores inteligentes, preparados e sensíveis que "provocam" e "excitam" os cérebros das pessoas-vértice das organizações fazendo-as pensar e agir na busca imediata de novos patamares de realização. Penso que foi exatamente o que ocorreu com a escrita no Egito, o qual realizou uma sofisticada e muito rápida adaptação dos conhecimentos sumerianos. Da mesma forma, deve ter ajustado para seu próprio uso, códigos sumerianos de procedimentos e aspectos correspondentes ao controle e sistemática de gestão. O Egito, como já sublinhado, foi extremamente ágil, veloz, sagaz e competente nessa absorção de conhecimentos essenciais. E realizou essa empreitada de forma absolutamente discreta, buscando não provocar (na medida do possível) ciúmes/inveja de nações ou conjunto de nações. Em outras palavras, um *benchmarking* proativo e supercontido buscando descaracterizar toda a "extração" concretizada. E jamais "arrogantando". Por sua vez, o Egito e a Suméria conjuntamente transbordaram experiências para Babilônia, Assíria e o povo hitita. Esse conjunto de habilidades iria paralelamente influenciar diretamente Creta e os gregos antiquíssimos, os gregos ásperos (denominação adotada neste livro) e gregos "modificados", esses últimos resultantes de uma fusão das populações primitivas da Grécia com invasores (ou melhor, dizendo, migrantes ou retirantes) indo-europeus.

GREGOS E GREGOS

A propósito, ao longo desse vasto campo de pesquisa irei necessariamente conviver com os gregos antiquíssimos, os gregos ásperos, os gregos micênicos, os gregos dóricos, os gregos da *dark age*, os gregos pós-Homero (ou gregos homéricos), os gregos polis – além dos gregos colônia, dos gregos macedônicos e dos gregos pós-macedônicos (gregos egípcios da dinastia dos Ptolomeus). Não se pode esquecer que lado a lado desses gregos, em qualquer ponto de sua história, com maior ou menor intensidade deslocam-se os gregos mitológicos, os gregos grandes pensadores (filósofos), os gregos estadistas (como Péricles), os gregos heróis (Telêmaco, Epaminondas) e os gregos políticos (Demóstenes e o genial Felipe da Macedônia). Um caleidoscópio político-cultural de notáveis proporções.

ELOS, ELOS, ELOS

Reunidos, ou isoladamente, esses gregos – todos eles – seriam na hora certa mobilizados para a construção de Roma e do Ocidente. Todos foram importantíssimos, mas, sem qualquer dúvida, o grego micênico (que poderia também ser denominado de grego minoico), filho dileto de Creta, aprendeu como ninguém que a força é algo que pode ser conectado à vontade inteligente e que riscos, quaisquer que sejam eles, deverão ser sempre enfrentados. Não temer qualquer risco (talvez desejá-lo) foi parte central da saga grega! Ousar era a sua paixão! Enquanto os egípcios tinham aversão ao risco, os gregos consideravam-no como um fato cotidiano. Aliás, o herói na mitologia grega era alguém que jamais temia a presença do risco. Hércules confirma a tese.

A "mobilização" grega contra Troia, com certeza mesmo que virtual, sofreu uma forte influência direta não só de Creta como também da análise de expedições militares (terrestres) de outros países. Assim sendo, ocorreu uma combinação de *benchmarkings* sucessivos e retro-*benchmarkings*, com certeza, construindo-se correntes com elos de transferência de habilidades e conhecimentos absolutamente objetivos. Troia de fato é real, mas nada impede que a Troia de Homero seja um ícone virtual, mas que o sonho grego a fez mais real que muitas realidades! Os cantores e poetas gregos produziram e providenciaram para o seu país uma belíssima batalha que talvez nunca tenha acontecido, na exata conformidade em que foi contada! A Grécia se julgava bem mais que um bando de piratas bem-sucedidos. Pretendia e ambicionava ser um povo. E para ser um grande povo há que se pensar grande. Os egípcios tinham as pirâmides, os templos, as grandes construções. Creta chegou à história com seus palácios maravilhosos. A Suméria com a invenção da escrita e uma cultura avançadíssima. Os hititas com a mobilidade e a invenção do ferro e dos carros de guerra. Eles, os gregos, tinham, de fato, um *curriculum vitae* muito fragilizado. Medíocre! Apenas migrantes, retirantes, que se estabeleceram em áreas do continente e em ilhas e se aperfeiçoaram na pirataria, operando como chacais carniceiros do mar. Mas para ser povo tinham que pensar grande. Tinham que ter feito algo muito grande. E assim surgiu a Guerra de Troia, a meu ver, ficção muito real, maravilhosamente descrita por Homero em suas obras. A grande lenda! Maior do que tudo até então! Se mentirosa pouco importa. Ela virou real.

A MAGIA DA ABSORÇÃO E DA TROCA DE HABILIDADES

Prosseguindo, é interessante observar que em muitos momentos esses povos não estavam em guerra o que de certa forma facilitava um processo de absorção (e troca) de habilidades externas por uma nação, extraindo-se *know-how* de outros sistemas organizados e mais avançados. Nesse painel não bélico insere-se Creta.

Essas transferências de conhecimento podem ser realizadas de variadas formas, dentre elas destacando-se as seguintes possibilidades "informacionais": prisioneiros, libertos, mercenários, comerciantes, caravaneiros, navegadores, escravos, mulheres, escribas, embaixadores e representantes de outros povos, integrantes de colônias avançadas, especialistas, andarilhos, contadores de histórias etc.

Dentro desse contexto, Creta efetuou um *benchmarking* integrado e consolidado do Egito (ou por ele orientado e coordenado) de povos da Mesopotâmia e hititas. Mesmo porque Creta, e essa é a nossa interpretação, materializava uma provável projeção egípcia (delegação) também útil a outros povos da Mesopotâmia. A sua presença facilitava e catalisava um sem-número de ações convencionais (e civilizatórias) de denso sentido estratégico para todos os grandes atores semitas, africanos ou indo-europeus.

Creta, uma rótula (ou encruzilhada) dotada de poderes *"consentidos"*, aliada a uma extraordinária sagacidade e extremo bom senso! Aliás, nesse particular Homero foi seu discípulo extraordinário. Ambos construíram o nosso destino. Seja bom ou mau – essa é uma questão a se discutir! Os deuses da estratégia olham para nós e apenas sorriem, dizendo baixinho entre os lábios, a última decisão é de vocês, não se esqueçam! Esses conhecimentos foram inicialmente absorvidos pelos gregos ásperos, os quais após a competente absorção dessas habilidades e conhecimentos cretenses iriam dar origem a uma nova etapa da história grega. Ou seja, o mundo micênico. Em sequência surgiria a ação de Homero. Ou Homeros. Homero casou-se com Creta-Troia e desse enlace surgiu a Grécia, por sua voz e tempo, mão da cultura ocidental.

Essa capacidade da Antiguidade realizar *benchmarkings* sucessivos, absorvendo outras atitudes estratégicas iria dar origem a um novo espaço para a presença humana, o qual iria evoluir pelos tempos criando-se o que denominamos hoje de *presença ocidental*.

O *BENCHMARKING* CRUZADO E A NÃO GUERRA

É importante ressaltar que os períodos de grandes conflitos, guerras e batalhas decisivas, ocupam intervalos razoavelmente compactos quando se analisa todo o espaço histórico em que se processou uma grande evolução. É exatamente nessa não guerra ou ausência de grandes conflitos que se arma a grande rede de *benchmarkings* cruzados, acompanhados por atitudes estratégicas que permitem as sociedades e povos galgarem novos degraus ao correr do tempo, todos sustentados pelas discretas e laboriosas comunidades agrícolas e, posteriormente, urbanas – suas e dos outros. Trabalhando em tempo integral enquanto os outros permanecem conspirando continuamente. Ao campo, a enxada. À polis, a conversa ao pé do ouvido.

Deve-se assinalar também que em determinadas situações, apesar de obter maturidade estratégica bastante elevada, o povo ou a nação subitamente se extingue, muitas vezes desaparecendo no meio da poeira dos tempos. Surpreendente! Sinistro! Isso geralmente ocorre quando aquele determinado povo ou nação é agredido por eventos combinados e perversos em sequência, tais como: lutas no vértice do poder, epidemias, catástrofes naturais (terremotos e secas), guerras e invasões devastadoras por outros povos. Mas, assim mesmo, muitas vezes o povo não se extingue, apenas adormece por um determinado período, renascendo logo ali na frente, com muitas das conquistas culturais do passado preservadas. É o que acontece com a Grécia após a derrocada do mundo micênico e o grande sono da *dark age* no correr de pelo menos três longos séculos.

Esse adormecer surpreendente é modificado de forma insólita (espantosa) pela presença de um indivíduo (ou um processo) denominado Homero (homérico), o qual iria com seus relatos, onde se destaca a presença de *Ilíada* e *Odisseia* (que foi o que chegou à memória do Ocidente), "enriquecer" a história grega, aproximando-a dos deuses, dos anciãos e do povo de modo absolutamente genial. Uma carta de nobreza genialmente montada.

TROIA: A SAGA DE UM SONHO

Suspeitamos que Troia, de fato, surge no cenário do comércio terrestre e marítimo como apenas uma estrutura "aliada" de Creta (ou então uma projeção de Creta, uma filial) e seu patrocinador o Egito, numa provável ação combinada com o Império Hitita! Seja devido à discórdia em Creta, seja uma iniciativa de piratas gregos que não quiseram submeter-se (por algum motivo) à sabedoria de Minos. Creta, arguta como sempre, em vez de realizar um cerco terrestre à cidadela de Troia, montou – essa é a minha interpretação – um bloqueio naval permanente. Bloqueio que se prolongou por muitos anos. Essa medida, se não asfixiou Troia, pelo menos a engessou bastante, dificultando, em muito, os interesses dos comerciantes mesopotâmicos e governantes hititas – no meu entendimento, os seus grandes parceiros. Essa é apenas uma hipótese.

Vale ressaltar que os troianos também falavam grego. Confrontos navais e incursões terrestres violentas, porém de escala militar razoavelmente modestas devem ter ocorrido. Só que esses eventos foram "expandidos" por contadores de estórias durante muitas gerações, cada um aportando aqui e ali uma contribuição adicional e apetitosa. Um poeta, possivelmente Homero e alguns colaboradores, unificou os enredos conferindo uma mágica força à narrativa, o que, com certeza, iria cada vez mais trazer maiores públicos às suas declamações. É exatamente aí que nasceu a lenda da Guerra de Troia, transformando piratas carniceiros em heróis do mundo. Sempre existirá em qualquer governo organizado (como Creta) uma oposição e Troia pode ter sido eventualmente a materialização dessa situação num determinado instante. A inteligência e a imaginação do homem a transformou, uma desobediência comercial em uma das mais belas estórias. Tão bela que virou real.

Um fator muito complicador para a geopolítica de Creta é que muito provavelmente um pirata jamais atacaria o outro. Esse comportamento deveria ser parte vital do código de honra dos bucaneiros. Assim, Creta não poderia contar com naves micênicas num ocasional bloqueio à Troia. Teria que realizá-lo com sua própria força. Troia, com certeza, foi bloqueada pelo mar, mas restaram ainda muitas enseadas do Egeu próximas ou distantes com que os hititas poderiam trabalhar. Denominaremos essas oportunidades de além-Troia, respiradouros para determinadas operações hititas, provavelmente de alto valor agregado. O longo bloqueio, anos e mais anos, gerou histórias, brincadeiras, fantasias. E aí nasceram as personalidades de Páris, Príamo, Heitor, Helena, Agamenon, Menelau, Aquiles, Ulisses e muitos outros: heróis, semideuses, traídos, adúlteros, sábios, estrategistas etc. Mais que uma comédia, a grande saga do homem.

Nas naves de Creta muitos tripulantes/comandantes deveriam ser gregos micênicos. Não comandantes micênicos. Apenas tripulantes. Julgo que, com maior probabilidade, os comandantes eram minoicos, egípcios ou fenícios. Creta confiava nos gregos, desconfiando. Sempre que esses voltavam para casa relatavam às suas famílias a história "inventada" da Guerra de Troia. Enfim, algo a dizer bem mais emocionante que o relato de um "bloqueio" cheio de tédio. Os velhos, as mulheres, as crianças, os escravos, todos, todos mesmo, adoravam a fantasia! Essa narrativa foi tão bem elaborada no correr de centenas de anos que se tornou coisa real, mexeu com a cabeça dos homens da Grécia, da humanidade e de todos nós.

HELENA: UMA LENDA PARA A BELEZA

Convenhamos que o rapto de Helena é uma linda lenda, que transformou os piratas gregos em guerreiros gregos, heróis, participantes de uma causa genial. Como tal não necessitariam jamais explicar/justificar a razão de serem apenas ladrões, carniceiros, matadores da pior estirpe! Não precisariam jamais dizer: "Fomos para lá evitar que ladrões roubassem o que iríamos roubar e comercializar". Ao contrário, afirmariam: "Fomos para lá lavar a nossa honra". Aliás, deveriam também dizer às suas crianças: "honra é algo que ninguém pode nos dar ou tirar". Cinicamente! Assim, Troia foi apenas a irmã (pobre), porém insubmissa (num determinado momento) e voluntariosa de Creta, a que quase tudo e todos dominava no Egeu. Dessa forma uma vigorosa ação de bloqueio naval (asfixiando piratas dissidentes) transformou-se em uma singular história da humanidade (mais real que a sua própria ficção), *onde o tempo todo a infelicidade avança de mãos dadas com a felicidade. Isso é Troia, apenas isso. A saga do homem, tão bem cantada por Homero. Ou muitos Homeros.* Uma outra hipótese para Troia, que será apresentada quase ao final deste livro, refere-se a confrontos entre gregos micênicos buscando uns defender e outros pilhar, os tesouros (ouro, joias etc.) existentes na cidadela. Para o grego micênico qualquer das hipóteses, bloqueio, caça ou pilhagem do tesouro, não o enobrecia. Aliás, outras hipóteses poderão surgir. Fiquem certos, fosse qual fosse a hipótese, Homero (ou os Homeros) "douraram a pílula".

De forma abrangente esses são alguns dos pontos-chave que orientarão e emoldurarão os grandes rumos deste livro. A pesquisa sempre se voltará para essas trilhas dominantes. Aliás, perseguirei no correr de toda a pesquisa a visão objetiva do jogo de forças na Grande Antiguidade para que em momento algum possamos nos afastar do polígono estratégico atuante nesse período envolvente.

Administrar a interação com Deus, valorizar o passado, divinizar o poder, mitos, deuses, heróis, vencedores e perdedores, identificar o certo e o errado constituíram-se em ênfases de quase todos os povos. Ver o ontem, o hoje e o amanhã – com relatos e profecias integraria o cotidiano – o everyday life – com força indiscutível, numa química sutil, onde a esperança de mais trigo, água abundante e o menos "sangue" possível (os assírios não pensavam assim) teciam o manto geopolítico de quase todos os povos. É pena que a guerra atraia tantos e a paz a não tantos estudiosos. A grande Antiguidade buscou muito essa paz, distinguindo o trigo e a água, apesar das visitas da dor-horror do sangue. Nas viagens ao passado iremos necessitar de "pazólogos" (pesquisadores de períodos de paz e suas conectividades) para atender cada vez melhor a alegria e a felicidade dos povos. Mais dias, menos dia – os "pazólogos" constituir-se-ão em presenças cada vez mais freqüentes entre os estudiosos do passado. Que assim o seja.

CAPÍTULO 5

O MILAGRE GREGO: UMA DIGRESSÃO PRÉVIA

A importância de um país não depende do tamanho territorial, nem do número de habitantes. Depende da qualidade do povo. Pequenina foi a Grécia em tamanho – e tornou-se o maior povo da Antiguidade pelo brilho da inteligência e pelas realizações artísticas. Tão grande foi o seu valor, que até hoje o mundo anda *impregnado* de Grécia.

– Que maravilha! – exclamou Pedrinho. – Agora compreendo porque ainda hoje tanto se fala na Grécia. Mas uma coisa estou sem saber, vovó: a verdadeira causa desse povo ter chegado a essa altura. Deve existir um segredinho.

– Liberdade, meu filho. Com governo. A coisa teve início quando um legislador de gênio chamado Sólon, fez as leis da democracia. Antes disso a Grécia estava em plena desordem, com o povo escravizado a senhores. Sólon endireitou tudo; e como era poeta, deixou o justíssimo elogio de sua própria obra nuns versos que todas as crianças gregas sabiam de cor.

– Como eram?

– *"Aos que sofriam o jugo da escravidão e tremiam diante dum senhor, eu dei a independência. E tomo o testemunho dos deuses ao afirmar que a terra da Grécia, da qual arranquei os grilhões, hoje é livre."* Isso quer dizer que as leis de Sólon deram aos gregos a verdadeira liberdade, a maior que um povo ainda gozou.

(Monteiro Lobato, 2003:8 e 13)

A grande provocação estratégica para a humanidade foi representada pela mudança do comportamento do clima entre 20000 e 5000 a.C. como já ressaltado. Nesse período fortaleceu-se progressivamente uma civilização comunitária que iria produzir, entre outros, os seguintes papéis comportamentais humanos: o trabalhador, o chefe, o gestor, o sacerdote, o guerreiro, o predador, o artesão, o armeiro, o sentinela, o comunicador, o sábio, o comandante, o ferramenteiro, o empreendedor, o comerciante, o artista, o transportador, o rastreador, o carpinteiro, o caçador, o lutador, o coletor, o "armadilheiro", o plantador, o pastor, o curtidor, o coureiro, o minerador, o metalúrgico, o tecelão, o contador de histórias, o desonesto, o ladrão, o criminoso, e muitos outros. Em terra e no mar. É incrível, mas a polis iria herdar todos esses perfis, ou melhor, absorvê-los.

Esses perfis irão, em conjunto, desenhar o futuro da humanidade, aperfeiçoando toda a forma de agir, *de modo permanente, persistente e insistente. Uma vasta rede de presenças comunitárias as quais, apesar de serem ofuscadas pelo brilho de sistemas centralizados de força, prosseguiram (e prosseguem até hoje) com o seu trabalho de base, de formiga, acumulando realizações continuamente.*

Pode-se afirmar que o sucesso de uma determinada manifestação humana "organizada" é realmente consistente na medida em que três vetores agem mutuamente de forma proativa: o clima/Mãe Terra, a comunidade e um comando central (reino, império, governo etc.) operando de modo sensível e inteligente sob o ponto de vista estratégico o que vale dizer: capturando oportunidades, afastando ameaças, neutralizando crises e sustentando posições conquistadas.

UM BREVE ALERTA METODOLÓGICO

Quando se mergulha na história do Ocidente, de um modo geral, o mais frequente marco inicial do processo está quase sempre representado pela fundação de Esparta e Atenas e daí os acontecimentos vibrantes se sucedem indo desaguar na também extraordinária história de Roma. Grandes historiadores como Edward Gibbon desenvolvem e privilegiam grande parte de suas análises exatamente a partir daqueles marcos: Esparta e Atenas, além, da surgência e decadência de Roma, é claro!

Entretanto, vale observar que também ocorreu um desenho estratégico riquíssimo antes e depois que as comunidades gregas, na Idade do Bronze, iniciaram a estruturação do seu destino. Nessa escalada há que se considerar a obrigatória presença do Egito, dos povos da Mesopotâmia, de Creta, dos fenícios, do mundo micênico, dos dóricos, dos povos do mar, de Troia, dos hititas, dos hebreus, dos etruscos, que no seu conjunto irão conduzir todo o processo integrador para a futura construção do Ocidente. É importante assinalar que a Suméria, a Assíria, a Babilônia, os hititas, os próprios gregos e suas colônias no Mediterrâneo e o Egito, são apresentados geralmente de forma isolada, não se perseguindo os possíveis e prováveis laços (elos) estratégicos que ocorreram entre esses povos (*linkages* estratégicas). De fato, em longos períodos na Grande Antiguidade privilegiou-se a presença de uma sofisticada e bem arquitetada *paz armada*, não tão analisada quanto a temática dos confrontos. Aliás, a paz sempre é bem menos interessante do que a guerra para grande parte dos analistas e estudiosos. O sangue continua a ser um grande excitante!

Sem entrar a fundo na discussão dessa razão (opacidade estratégica pró-paz) pode-se inferir que estratégia, na sua visão mais abrangente, não constitui um instrumental de pesquisa e utilização obrigatórias quando se mergulha nas origens dos tempos dos homens. Em outras palavras, não se trata de um instrumento destacado de investigação histórica. A propósito, a presença de Creta, quando se avança no tema com um disciplinamento estratégico é de espantosa importância, uma vez que a mesma opera não só como uma rótula, mas também como um catalisador super eficiente para o desenvolvimento de negócios sustentáveis entre todos os reinos-atores do grande cenário envolvente, ajustando-se de forma extremamente hábil às características intrínsecas de cada nação. Em especial, o seu impacto na história da Grécia é de imenso significado. Aliás, Creta pode e deve ser entendida como a mãe do Ocidente. Sem qualquer discussão. E mãe carinhosa do mundo micênico.

DOR E COMPETÊNCIA

Sem dúvida alguma todos esses atores vivenciaram vitórias, períodos de paz, sucesso e derrotas sangrentas. Todos tiveram momentos de imensa felicidade e situações de desespero extremo, como fome, dor e morte, solicitando das suas experiências e sabedoria estratégicas, respostas competentes para enfrentar inúmeros desafios, alguns inéditos. Em determinadas situações, desastres naturais (como já sublinhado) tais como secas, estiagens e terremotos iriam complicar, em muito, cenários históricos muito especiais, quase sempre complementados e finalizados por invasões sangrentas, e terríveis devastações humanas. Complicação climática séria traduz-se quase sempre por desespero humano, temperado com agressões e desestabilizações.

SUPERAÇÃO

Nesse imenso jogo estratégico, com vencedores e perdedores, desaparecimento de nações e surgência de outras, iria despontar um único grande vencedor ao longo prazo: o modo de ser do povo grego, que, também, em alguns momentos da sua história iria conviver com situações de imensa dificuldade. Mas superou-se. Entretanto, quando visto como povo, ficaria também progressivamente enfraquecido a partir do século IV a.C., mas em compensação deixaria um legado indiscutível e de notável significado traduzido pela peregrinação de seu processo cultural na arte de viver, pensar e agir que influenciou e influencia o caminho da humanidade até os dias de hoje, para o certo e para o errado. O espírito grego jamais morrerá.

No "atacado" as propostas gregas devem ser consideradas como extraordinárias. Entretanto, no "varejo", frequentemente irresponsáveis, traiçoeiras e eventualmente pérfidas. Os observadores do passado, todos com suas razões, privilegiam quase sempre o lado positivo do *Homo gregus* – desenfatizando uma série de aspectos negativos como, por exemplo, o horror que grande parte de sua elite tinha ao trabalho. Pegar no pesado!

A PROPOSTA GREGA

Entretanto, a proposta grega é de uma intensidade surreal, pois melhor do que ninguém deixou claro que não existe nenhum ativo superior à própria capacidade de pensar conectando observações e informações (*linkage*), identificando oportunidades e ameaças a partir do diálogo, das discussões e das reflexões. Raciocinando. Soluções explicadas. E sem medo de lutar, jamais. Aliás, um grande filósofo nada mais é do que um senhor da conectividade, da arte da *linkage*. Basicamente isso. O idioma grego e seus dialetos (mais de cem, segundo Aristóteles) realizaram essa navegação-conectividade como nenhum outro povo na Antiguidade.

Percebe-se nas entrelinhas da história que a única civilização que impactou o grego foi a minoica pela sua extrema sagacidade. No jogo do pensar/agir, Creta (mais "sabida" que o Egito e todos os outros) deve ter surpreendido o espírito grego com especial intensidade. Mas o notável pensar grego era descompensado pela ânsia de disputa, luta e liderança de todos os tipos. E a vaidade era um efetivo catalisador da discórdia. Esse *animus beligerandi* era o seu *leitmotiv*.

Creta, ao contrário, buscava um ânimo pacificador. As colônias gregas no Mediterrâneo, de certa forma, também. Ocorre que (as colônias) tinham que sobreviver com seus próprios recursos sem um grande país a apoiá-las tal como o Egito fez com Creta. Deveriam ser autossustentados.

Este livro objetiva retroagir no tempo buscando os laços estratégicos que uniram (e separaram de forma administrada e sustentada) comportamentos dos povos e que ao final iriam permitir que mesmo comunidades vivendo em ambientes não muito favoráveis à agricultura, com relevo dobrado e a presença de inimigos não triviais, desenvolvessem proposições estratégicas sofisticadas que lhes possibilitariam avançar e progredir ao correr do tempo com valores de vida diferenciados e de certa forma absolutamente inéditos. Nessa "criatividade" os gregos, apesar de preguiçosos (a elite!) e brigões, foram insuperáveis!

A MINIATURIZAÇÃO GREGA

A capacidade do grego em "miniaturizar" as propostas das grandes nações através das suas polis é de uma habilidade genial. Aliás, o gênio grego não inventou à polis. Egito, Suméria, Babilônia e Creta o fizeram bem antes. E muito bem. Ela apenas miniaturizou as polis, tornando-as de uma leveza urbana genial (centralizando conquistas, códigos, procedimentos), mas sempre envolvidas por redes comunitárias auto-sustentados. Nessas trabalha-se seriamente. Na polis, bem, a atitude era outra... Ao mesmo tempo a sua interação mítica com o plano do divino é uma mistura notável do que é certo, errado, belo e feio, além de realizar um verdadeiro mapeamento dos reais valores de sua sociedade. O seu amor pela competição é uma obsessão. Vencer! Disputar! Vencer!

Assim, ao trabalharmos com ferramentas estratégicas buscaremos identificar as grandes propostas da Antiguidade e como as nações (que de fato entrecruzaram experiências e procedimentos) lutaram pelo seu destino e fluíram para a formação da perene vitória do espírito grego, herdeiro (maior e indiscutível) do gênio e engenho da grande Antiguidade.

O POVO VENCEDOR

Portanto, ao se emergir dessa Antiguidade só houve, de fato, um grande e real vencedor: o povo grego (ou a cultura grega, como queiram). Exatamente aquele que conseguiu montar a mais sábia corrente de elos estratégicos. Os outros por razões diversas tiveram as suas correntes partidas, mas iriam transportar para as mãos dos gregos legados de imensa riqueza. A importância de Creta nesse processo é de espantoso significado.

A Grécia nas suas origens é um somatório de habilidades estratégicas adquiridas de outros povos (em grande parte, filtradas por Creta), além de uma capacidade incrível de renascer das próprias cinzas em vários momentos de sua história. Naquele tempo, sem dúvida alguma, ela foi, ao final, a melhor estrategista. A sua mãe, com certeza, chama-se Creta. Uma rara pedagoga. O seu algoz foi Ramsés III e o seu pai, Homero. O amigo fiel e cuidadoso, de imenso bom senso, objetivo e com gigantesco sentido prático foi Hesíodo. A consciência crítica. Nessa "química" de poder destacam-se quatro grandes atores:

uma área estratégica sábia e sua cidade-Estado: *Creta* e *Cnossos*;

um extraordinário chefe de nações e d'armas: *Ramsés III*;

duas personalidades com notável competência e sensibilidade ímpar: *Homero e Hesíodo.*

Como pano de fundo e personagem principal de toda essa história, destaca-se a família grega com seus valores, onde a mulher, sem dúvida alguma, foi o seu núcleo mais importante e discretamente não enfatizado na maior parte das análises efetuadas. Cabe ressaltar que a mulher grega era trabalhadora, feminina e prezava muitíssimo a instituição da família. Discreta, tecia uma rede de convivência inteligente e proativa, seguindo as velhas praxes da organização comunitária. Os homens livres das cidades, do outro lado da rua e numa calçada muito próxima eram superpreguiçosos com o corpo e ativos com a mente, disputando sempre um lugar ao sol procurando trazer para si a luminosidade de um sol de meio-dia, porém "refrigerado" pelas suaves brisas do Egeu.

A proposta grega, de todas as propostas do homem, é uma das únicas que ainda não envelheceu: *para sobreviver é indispensável pensar com competência.* O resto vem a seguir. Inclusive caráter. *Tout court*! Com certeza o idioma básico grego (inclusive dialetos) riquíssimo (inclusive no campo abstrato) permitiu ao seu povo pensar e agir com notável rapidez *realizando conectividades não triviais com espetacular desenvoltura.* Sem dúvida alguma, esse foi o grande diferencial da cultura grega.

É muito importante observar que a experiência grega (também a do Ocidente) processa-se pela ação de dois vetores, em princípios conflitantes. O primeiro é representado pela mulher (família) grega que, de fato, é a guardiã permanente do espírito comunitário no âmbito da sociedade.

E, o segundo, o homem da elite grega totalmente diverso da mulher. Um brigador briguento, "lixando-se" para a paz comunitária. Inteligente, estava sempre disposto a colocar tudo em risco. Vaidoso, egoísta e corajoso. Aliás, ao contrário dos egípcios, o risco, o prazer de assumir riscos desmedidos, era um apanágio do homem grego.

Esse conflito, da paz comunitária *versus* a compulsão pelo risco e a necessidade de brigar o tempo todo, integra o cotidiano do homem ocidental. É uma pena que a mulher – com a sua propensão à paz e o amor incondicional à família – não tenha vencido todas! Penso que teria sido melhor!

A MENTORA (OU MULHER *MENTORING*)

Por último, mas não menos importante, Creta (apesar de também calculista, cínica e falsa com certeza) orientou o grego para trabalhar com ações integradas: comércio, comunidade, alegria de viver, competência militar, arquitetura, escrita e, vários outros pontos. Não violentou o seu modo de ser. Ajustou-o. Dentro dessa ênfase iria surgir o momento micênico, de extrema importância para a história grega, mas como frequentemente ocorre, a cultura micênica iria "arrogantar" ("deslumbrar-se"), e a nosso ver, deixando de dialogar com a sua grande mãe-mestra Creta ou a memória de sua tradição a qual num determinado momento. Iriam se "exceder" no futuro com as consequências da (ficção quase real) virtual "campanha de Troia". Mas também ali já se estava desenhando o seu destino próximo: sofrimento, devastação, derrotas, pobreza e morte! O clima e as ações vulcânicas iriam iniciar uma nova marcha (agora macabra): a provocação dos povos do mar!

TROIA NOVAMENTE: A FICÇÃO MAIS VERDADEIRA QUE A VERDADE

Aliás, é bem provável que a batalha, como já sublinhado no texto, o cerco e os embates da Troia-Homérica não tenham existido na realidade pelo menos como o poeta a imaginou. Mas isso pouco importa. O que vale mesmo é que a fictícia Guerra de Troia iria, no imaginário de todos – do rei ao mais pobre dos súditos – constituir algo muito real. Assim, mais que qualquer um, os contadores de história (e Homero, com certeza, foi um deles – o mais genial) iriam aflorar de forma muito nítida todos os valores do povo grego: do certo ao errado, do belo ao feio, do fraco ao forte, da força bruta a força da inteligência, da fidelidade à traição, do sentido do tempo, do justo e do injusto, da beleza e da feiúra, da competência e da incompetência, do amar e do odiar, de tudo que interessa ao homem. Do caráter. Enfim, uma bíblia comportamental de envergadura gigantesca. Shakespeare, entre outros, é um discípulo atento dos ensinamentos e observações alinhadas na *Ilíada* e *Odisseia*. Além disso, para nós todos, pouco interessa se a Guerra de Troia foi real ou não: a saga aventureira de Troia, é claro. Essa interessa, mesmo. De certa forma nos fez. Ela pode ser considerada como a mais real das guerras, apesar de não ter provavelmente ocorrido na versão homérica. Mais uma vez isso pouco interessa. É irrelevante. O fato é que Homero inventou o grego pós-micênico e a Grécia.

FÊNIX

O que nos surpreende no grego é a sua capacidade de fênix, ou seja, renascer das suas próprias cinzas. O que em outras palavras significa que a derrota final para ele nunca existirá. Ela fertilizava, com certeza, o sucesso do outro, tornando-se parte da equação do vencedor. Estrategicamente tratava-se de um insumo forte, denso! Não pode ser descartado. Apenas um tropeço diria o general grego. Prosseguiremos! É claro que a história poderia ser diferente se outros fatores não tivessem constituído elos estratégicos. Qual seria essa história? Difícil saber. Aquela que foi a nossa herança (a do Ocidente) é a que buscarei cuidadosamente descrever sob o ponto de vista estratégico. Não saberemos jamais se ela foi melhor ou pior do que outros plausíveis encadeamentos, como por exemplo, se Creta não tivesse existido mesmo! Ah, mas se fosse a Assíria, a história seria bem outra. Pior do que o pior imaginável. Fiquem certos.

CRETA: MUITO ALÉM DAS MURALHAS

De fato, Creta ao ignorar muralhas, grandes exércitos, marinha poderosa e agressões a outros países e ilhas, iria propor a todos os observadores que existe muita coisa além da espada, da lança, do escudo, do elmo, do arco e da flecha, das fundas, das escadas de assalto e de tantas outras armas e equipamentos bélicos: argumentação, reflexão, poderação, discussão, conversação, diálogos, protocolos... Ela simplesmente mostrou a todos que pensar e agir de forma inteligente (estratégica e calma) constitui, sem dúvida alguma, a maior de todas as armas. Daí o seu "encantamento" indiscutível pelos gregos! Apesar de todos os seus defeitos, os gregos adoravam pensar. É exatamente por aí que se agrega valor! Para que isso aconteça é necessário criar um ambiente acolhedor e perseguir os objetivos de forma muito disciplinada e decidida. Um clima! Não se pode afirmar que a Grécia seguiu totalmente a cartilha cretense, mas em muitos pontos aproximou-se intensamente. Realizou um bom *homework*.

O que não morreu na poeira do tempo, com certeza, possui muito a ver com o povo minoico, onde o sorriso, a sabedoria, o cinismo e o suor permeavam-se de forma extremamente sofisticada, avançada e bem balanceada. Temperado por arte, bom gosto e um imenso compromisso com o "sentir-se bem" para poder bem produzir e agir, pensar e realizar.

CRETA: SABEDORIA, CAPACIDADE E ESPERTEZA

Assim, Creta foi, com certeza, a seu tempo sábia, sagaz, competente, bela, provocadora, e muito provavelmente também falsa, sonsa e muitas coisas mais. Produziu (é claro) discórdias e rivalidades, semeou formalidade e "razões" para a beleza, o lazer, o ócio. Foi de uma agilidade surpreendente e mostrou aos grupos que as palavras, o raciocínio e o jogo do poder, *bien joué*, é de necessidade absoluta nas montagens do quebra-cabeça do poder. *Creta conseguiu conviver com todos, menos com as forças da natureza e os flagelos que ela pode produzir, além das desordens, devastações e destruições que acompanham o eventual mau humor da Mãe Terra. E um destino doloroso.* A seca, os incêndios e os terremotos estavam fora do seu alcança. *Hélàs*! Várias vezes renasceu das cinzas e progrediu novamente. Uma última vez não foi (perversamente) possível. Mas, mesmo assim, mostrou aos gregos e à história do Ocidente que renascer é uma das sagas do homem. A mais bela talvez! Há que começar de novo, sempre! De fato, os gregos aprenderam a lição! O Ocidente também! O Ocidente, certo ou errado, ainda é muito grego. As suas elites mais sofisticadas, certas ou erradas, são minoicas.

Os gregos, sem dúvida alguma, foram os alunos mais diletos (e aplicados) de Creta, capazes de encandear raciocínios e aprender na velocidade da luz. Com certeza, na terrível agonia minoica, não foram gratos a Creta. Mas isso se refere a outra história... *A ingratidão e o esquecimento, com perfeição integram a natureza dos homens!* Os deuses explicam...

Este livro buscará descrever ("desossar") a estruturação desses elos estratégicos conferindo especial ênfase ao período que sucede às primeiras invasões (melhor dizendo, migrações não heroicas, porém determinadas no estilo morrer ou morrer) indo-europeias e semitas, observando seus desenhos geopolíticos correspondentes.

Essas partes expositivas iniciais tiveram por objetivo central apresentar a construção ("máquina") metodológica com a qual se observará a Antiguidade, efetuando-se a prospecção de seus elos estratégicos. Verificou-se uma preocupação em apresentar ao leitor, ao observador, ao estudioso todos os grandes atores intervenientes na análise – ao lado das principais diretivas de pesquisa – em todas as partes do livro.

Como destacado no corpo do texto, a observação inicia-se com o desaparecimento do Neandertal em 20000 a.C. (ou 30000 a.C. para determinados estudiosos) e se estende até 1200 a.C. com o advento dos povos do mar. Cabe destacar que no correr desse longo período será conferido especial destaque a uma projeção do tempo histórico que ocorre de +/- 3000 a.C. (primeiras migrações indo-europeias e novas alterações climáticas) até o marco 1200 a.C. já antes referenciado; trata-se do momento trágico onde se desestabilizam densamente os hititas, Creta e, sem dúvida alguma, o Egito é "sangrado" ali e também para o futuro. Todos sofreram, e muito. Agressores e agredidos.

O DESMAME GREGO

No entorno desse momento processa-se o "desmame" grego relativamente a *Creta*. Eles não teriam mais a proteção e os aconselhamentos sábios dos minoicos. Eles teriam que agir por conta própria. É nesse momento que a tão decantada Guerra de Treia adentra a história com força invulgar. Teria havido uma guerra. Ou muitas guerras, conflitos. E, talvez, acompanhada de um grande bloqueio naval. Troia (que falava o grego) pode e deve ser entendida com uma projeção de Creta da mesma forma que essa se materializava como uma correspondente projeção do reino do Egito, tão ou mais sábio que os minoicos.

O evento Troia (ou a Sexta Troia) carrega consigo uma alta probabilidade de ter ocorrido, com ou sem a orientação/organização dos minoicos. Entretanto, a lenda de Troia, tão bem descrita por Homero, com seus inúmeros desdobramentos não ocorreu, a meu ver. Trata-se de uma longa construção da cultura micênica, de extraordinária sagacidade, os quais, pedra a pedra, grão a grão, desenvolveram um relato que deveria ser apenas uma peça folclórica destinada a alegrar as longas noites de inverno nos majestosos mégarons das grandes fortalezas senhoriais. Mas foi muito além de Cinderela, Lobo Mau, A Branca de Neve e os Sete Anões. Muito além!

A MARAVILHOSA INVASÃO DOS CANTORES

Só que algo que tinha sido idealizado de forma encantadora e divertida por marinheiros, piratas e guerreiros micênicos – apenas para animar as longas e frias noites de inverno e as festividades – foi sendo pouco a pouco "invadido" e "capturado" por cantores andarilhos, supertalentosos, durante séculos. O "folclore" foi tomando força – musculando, crescendo por vários "lados" até que um (ou mais) homem genial chamado *Homero* uniu *todas as partes*.

Construíram assim, duas obras mais que magníficas: a *Odisseia* e a *Ilíada*. Essa ficção tão bela, tão surpreendentemente interessante tornou-se *real*, mesmo. Mexeu com o mundo, com a cabeça dos homens e ajudou, em muito, a entender o indivíduo com todas as suas paixões e emoções. Influenciou a cabeça desde os intelectuais até a mais emotiva donzela. E os guerreiros. E os estrategistas. E os filósofos. E assim, na Antiguidade quem ousaria dizer que as obras de um genial *Homero seriam ficção? Elas são reais, ora! É claro! O que interessa é a lenda: a realidade não tem graça alguma. A emoção tem que envolver todos ou quase todos. Esse um dos segredos da criatividade/sucesso. A lenda é ajustada para esse propósito. A realidade quase nunca atinge esse objetivo global.*

OS SENHORES DA FORÇA

Alguns elos estratégicos desempenham um papel fundamental na história da humanidade. Todos são importantes, mas alguns são mais que outros. A esses elos diferenciados denominaremos de senhores da força: Suméria, Egito, Creta, os gregos e a Troia de Heitor, Aquiles e Helena, a invenção dos gregos.

Pois é Luiz de Camões. Busquei nessa pesquisa ver, tratar e pelejar. Fique certo que patrulhei minhas fantasias, meus sonhos, minhas indagações, indignações e meus estudos. Caminhei pela grande Antiguidade procurando entendê-la estrategicamente. Só isso! E, já é muito! Como andei minhas senhoras e meus senhores. Andei muito, mesmo. Trotei, galopei, naveguei, cacei, plantei, colhi, estoquei, vendi, construi e também fiz o bom combate. Enfim, estive lá buscando entendê-la em vários aspectos que me parecem de muita relevância.

O FATOR JERICÓ: A ALAVANCAGEM COMUNITÁRIA NA GRANDE ANTIGUIDADE

Onde buscarei caracterizar a espetacular alavancagem comunitária processada na Grande Antiguidade, destacando-se que a comunidade irá conviver com as sociedades organizadas de forma intensa em todo o período analisado.

Lord, give me strength to change what can be changed,courage to accept what cannot be changed, and wisdom to know the difference![3]

3 Senhor, dai-me força para mudar o que pode ser alterado,coragem para aceitar o que não pode ser alterado, e sabedoria para saber a diferença!

CAPÍTULO 6

O *HOMO AJUSTANDI*, O FINAL DA IDADE DO GELO E SUAS RAÍZES COMUNITÁRIAS: UMA NECESSÁRIA VISÃO RETROSPECTIVA

Durante todas as prolongadas épocas glaciárias, o homem não realizara nenhuma modificação fundamental em sua atitude para com a natureza exterior. Limitara-se a colher o que lhe era possível conseguir, embora tivesse aperfeiçoado muito os métodos de coleta e aprendido a discriminar o que colhia. Pouco depois do término das épocas glaciárias, a atitude do homem (ou melhor, de umas poucas comunidades) em relação ao ambiente sofreria uma transformação radical, com consequências revolucionárias para a totalidade da espécie. Em números absolutos, o período que se inicia com as épocas glaciárias é uma fração insignificante do tempo durante o qual os homens, ou criaturas semelhantes ao homem, viviam na Terra. Quinze mil anos é uma estimativa generosa do período pós-glacial, em contraposição a um cálculo conservador de 250 mil anos para o período anterior. Mas, no último vigésimo de sua história, o homem começou a controlar a natureza, ou pelo menos conseguiu controlá-la cooperando com ela.

Os passos pelos quais esse controle se efetivou foram gradativos, e seus efeitos, cumulativos. Mas entre eles podemos distinguir alguns que se destacam como revoluções. A primeira revolução que transformou a economia humana deu ao homem o controle sobre o abastecimento de sua alimentação. O homem começou a plantar, cultivar e aperfeiçoar, pela seleção, as ervas, raízes e árvores comestíveis. E conseguiu domesticar e colocar sob sua dependência certas espécies de animais, em troca do alimento, da proteção e da privação que podia oferecer. Os dois passos estão intimamente relacionados. Muitas autoridades sustentam hoje que a plantação é mais antiga, em toda parte, do que a criação de animais. Outros, notadamente a escola histórica alemã, acreditam que, enquanto alguns grupos humanos começavam a cultivar plantas, outros domesticavam animais. Uns poucos, ainda, afirmam que uma fase pastoril precedeu universalmente ao cultivo da terra. Adotamos, aqui, a primeira teoria. Ainda hoje, sobrevivem muitas tribos de agricultores que não possuem animais domésticos. Na Europa central e China ocidental, onde a agricultura mista foi durante séculos a economia predominante, os camponeses mais antigos, revelados pela pá do arqueólogo, pouco se valiam dos animais domésticos, se chegavam a utilizar-se deles, vivendo apenas da produção agrícola e de um pouco de caça.

(Childe, 1966:77-78)

Como tentativa pode-se visualizar o período final da Idade do Gelo situando-se entre 30000 a.C. (ou 20000 a.C.) e 10000 a.C., ocasião em que extinguiu essa era, também caracterizada como a Idade da Pedra. Esses 20 mil anos, com certeza, constituíram o grande vestibular para a vida humana em inúmeros planos, assinalando-se aí a habilidade para se deslocar e rastrear em terrenos difíceis, condições climáticas perversas, busca de abrigo, utilização do fogo, competência para caçar e pescar, desenvolvimento de instrumentos para o dia a dia, tais como: machados de pedra, utensílios de osso, agulhas de cerzir, confecção de roupas, construção de abrigos, arte rupestre etc. – além, da memorização de trilhas, rotas, campos de coleta, áreas de caça e outras habilidades. Provavelmente mais carniceiro que caçador, disputava ferozmente carcaças com ursos e lobos. O fogo deveria ser, sempre que possível, a sua grande arma. Contava, de fato, com um facilitador: o frio fazia as vezes de um "freezer" permanente mantendo os corpos dos animais em perfeitas condições durante meses ou até mesmo anos. Décadas!

Mas, sem dúvida alguma, a grande realização do homem nesse período, a maior de todas em todos os tempos será representada pela consolidação do conceito de família e grupo, que depois iriam paulatinamente evoluir para desenhos e manifestações comunitárias, tribos, reinos, povos, nações etc.

UM DESMAME TARDIO

Em outras palavras, diferente de praticamente todos os outros mamíferos, no grupo humano não se verificaria a separação (quase sempre mandatória) da cria de sua mãe após o desmame, fosse com meses, um ano ou mais de um ano para a criança. Isso se torna mais impressionante quando temos certeza de que o homem observava atentamente o comportamento de todos os outros animais à sua volta. O "desmame" era uma constante entre os animais, todos eles. Os pássaros também emancipavam seus filhotes. A mulher iria defender a sua descendência (ou parentesco) até muito provavelmente o início da puberdade com unhas e dentes. A sua cria, a criação! Essa característica singular iria posicionar e condicionar toda a história do homem pelos milênios e séculos que se estenderiam à sua frente. A essência do processo cultural da raça humana está ligada visceralmente a um instinto maternal e competência e o apego do macho pela sua fêmea (ou fêmeas, se o caso) e seus filhos. Sexo, proteção e carinho na dosagem certa.

A FAMÍLIA, A FOME E O FRIO

Dessa forma a Idade do Gelo constituiu um período singular, onde o conceito da família iria se consolidar de forma extraordinária, enfrentando o frio, os tigres-dentes-de-sabre e inúmeros outros desafios, tais como: fome, sede, ferimentos, doenças e terríveis azares climáticos. Um dos maiores mistérios que, com certeza, perdura para os pesquisadores está materializado pela quase total ausência (ou participação relativa discreta) de figuras humanas (indivíduos e famílias) nas pinturas rupestres de inúmeras cavernas e paredões de pedra, em muitos lugares no mundo. E, não se pode atribuir essa ausência (ou rarefação) a uma dificuldade especial para a representação gráfica, uma vez que – em inúmeras circunstâncias – os animais, tais como renas, bisões e outros, são pintados com um realismo informativo de indiscutível qualidade. Por que jamais o artista rupestre preocupou-se em desenhar a família? Esse é um desafio para paleontólogos, arqueólogos e psicólogos comportamentais de hoje e do futuro. Algum dia teremos a resposta ou uma explicação plausível. A minha suspeita é simplesmente a de que as pinturas representavam sempre o objeto de caça e/ou captura, *sempre*. Tratava-se de uma figuração estratégica, fosse uma "aula", fosse um planejamento de uma grande caçada (ou o relato de uma bem-sucedida). Portanto, o que ia para a pedra (a lousa) era para ser caçado, hoje, amanhã ou em um determinado momento, ou a exata descrição do ocorrido ontem! As primeiras universidades foram grutas. As primeiras salas de aula, as suas paredes.

Como mulheres, crianças e homens não eram o objetivo/parte da caçada, não foram "privilegiados" (com a mesma frequência/intensidade que outros temas) com cores nas grutas escuras e frias do passado. Apesar dessa ausência pictórica, que no mínimo é misteriosa, pode-se afirmar que a Idade do Gelo representou o mais terrível aprendizado para a sobrevivência que o homem iria enfrentar – de forma sistemática – no correr de toda a sua existência. Assim, iriam entrar na Idade do Bronze com uma "metalurgia humana" de notável sofisticação, tendo construído uma "liga" resistente (de densa competência, envolvendo sentimentos e emoções) extremamente complexa que iria moldar (como ingrediente fundamental) todo o seu próprio destino.

Sobre esse tapete familiar (pré-comunitário), combinado com as surpresas do clima, da Mãe Terra, e também da ambição humana, a história da civilização iria se desenvolver passo a passo. Muitas coisas mudaram e mudarão ainda. Essa é a carga da nossa saga. *Mas, qualquer que seja o nosso destino, a família ou a comunidade persistirão para todo o sempre – superando ódios, lutas, preconceitos, mitos e desestabilizações econômicas, financeiras, sociais, religiosas e outras. Esse o grande invariante.*

O neandertal desaparecia, produzindo ausência e uma tremenda perplexidade para os estudiosos até hoje. O *Homo sapiens* vivendo uma grande parte do dia em grutas e cavernas seria substituído pouco a pouco por um indivíduo "caminhante" – o caçador-coletor, onde o sol tornar-se-ia um parceiro bem mais agradável que o frio inclemente. É superinteressante refletir sobre esse "homem-caminhante". De 20000 a.C. até 10000 a.C. a mudança climática foi permanente, secando mares, produzindo secas, chuvas torrenciais. Não só os homens, mas também os animais selvagens tiveram que progressivamente se ajustar a problemáticas alterações temporais. Nem sempre carinhosas.

Despontava um subconjunto do *Homo sapiens*, que denominaremos neste livro de *Homo ajustandi*, o qual teria que identificar novas rotas e processos da sobrevivência. Ele não estava mais entocado nas cavernas. Tinha que sobreviver nos "descampados" e nas florestas.

A solidariedade humana iria nascer no correr desse processo. As mulheres trabalhavam em grupo para cuidar da prole e os homens se deslocavam também em grupo, provavelmente quatro ou mais indivíduos, para se defenderem de eventuais ataques nas quatro direções – norte/sul/leste/oeste – dificultando as ações do(s) agressor(es)/predador(es) e, com certeza, acompanhados por matilhas de cachorros.

Essas comunidades precursoras trabalhavam com espetacular competência um conjunto de três Ss:

- o primeiro, relativo à própria *sobrevivência;*
- o segundo, relativo à *sustentabilidade,* na medida em que caso se esgotasse o estoque de caça, o "castigo" seria imediato. O homem ancestral foi um conservacionista. Radical! Nenhuma ONG do século atual foi mais objetiva do que ele;
- o terceiro, relativo à *solidariedade,* como observado anteriormente.

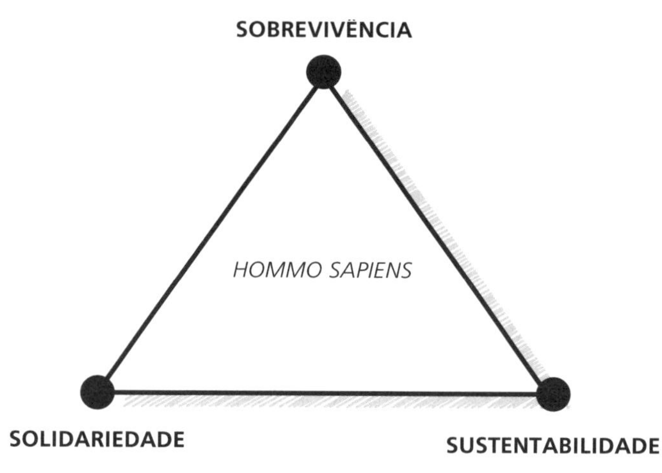

Figura 4. Três Ss

Nesse novo momento, se de um lado iria encontrar dificuldades, de outro iria contar com um maior volume de alimentos. A Idade do Gelo tinha ensinado o homem a pensar. Novos desafios, novos procedimentos para a sobrevivência surgiam. Haveria que desenvolver um "escudo" de defesa. E esse escudo, esse *hedge*-sobrevivência foi exatamente a transformação da família em grupo, o grupo em tribo e a tribo em *comunidade*. O fator limitador não seria nunca mais uma toca ou uma gruta fria e muito escura. O grande herói de toda a história da humanidade não é a Suméria, o Egito, Creta, Grécia. O grande herói é o *Homo ajustandi* que transformou o viver em uma arte insuperável.

De fato, e provavelmente desde as suas origens as mais remotas – o homem insurgiu-se contra a morte definitiva. A vida após a morte física iria renascer em locais muito especiais – em companhia de divindades do bem e do mal, heróis, animais sagrados, tornando-nos eternos. Mistérios surgiriam e também explicadores de mistérios: sacerdotes, feiticeiros, xamãs, oráculos, pitonisas, sacerdotisas. Ao lado florestas repletas de seres pequeninos (alguns nãos!) coadjuvantes do grande imaginário a alegrar e também amedrontar as pessoas. No mar a mesma coisa, inclusive os maravilhosos golfinhos. Assim, o imaginário de forma extraordinária integraria quase sempre todos os momentos diários. A arte – nas paredes, nas esculturas, nos baixos relevos – colocavam em nossas vistas vidas em mãos, a realidade fantástica da imaginação, vestindo com inteligência e sensibilidade a ação e a realização.

CAPÍTULO 7

OS GRANDES MARCOS DO TEMPO PARA UMA PROGRESSÃO CORDIAL

> Pesquisas recentes assinalam que, por volta de 5600 a.C., um *dilúvio bíblico* ocorreu na região do mar Negro. Naquele tempo, o Bósforo, um paredão de rocha, separava do Mediterrâneo um mar interior de água doce. Uma mudança súbita de temperatura (quer dizer, súbita pelos padrões do relógio geológico, significando vários milênios) levou ao derretimento da camada de gelo eurasiana. Isso provocou uma elevação no nível dos oceanos, e, cerca de 7.600 anos atrás, a barreira do Bósforo ruiu. As águas, sem mais impedimento, despejaram-se no mar Negro com velocidade assustadora. Uma área de aproximadamente 155 mil quilômetros quadrados foi inundada. O dilúvio obrigou famílias de caçadores e coletores de alimentos a migrarem para o sul, chegando mesmo ao Egito e à Babilônia, o que explica como tribos primitivas do norte foram parar na terra bíblica dos faraós. A história de sua fuga miraculosa (na arca de Noé) passou de geração em geração e acabou sendo registrada no Gênesis e no *Gilgamesh*.
>
> Súbitas mudanças de condições atmosféricas produzem cataclismos. Vendavais e enchentes, temporais e secas, calor e frio extremos, o rol das calamidades naturais não tem fim. O impacto inesperado, ou imprevisível, das frentes meteorológicas, combinadas com as forças colossais da natureza que se desencadeiam sobre nós, gera desastres. De repente, o mundo em que vivemos muda, e o homem se põe de joelhos, rezando pelo socorro divino. Este às vezes vem. No mais das vezes, não.
>
> (Durschmied, 2004:16)

O *Homo ajustandi*, portanto, durante 10 mil anos veio cautelosamente superando as adversidades climáticas e as provocações da Mãe Terra. Passo a passo. Tateando. Enfim, um novo vestibular para a sua própria sobrevivência. Ao atingir o ano 10000 a.C. surgiria na Terra alguns oásis, materializados nos vales dos rios Nilo, Tigre, Eufrates e também terras próximas, propensas à plantação ao tempo e criação de animais – a futura região dos hititas. E também as montanhas da Grécia e as ilhas do mar Egeu, da mesma forma, favoráveis à fixação de pessoas. Nesse contexto, e durante milhares de anos, originaram-se populações autóctones – a obra-prima do *Homo ajustandi*.

Essas populações autóctones iriam fundir-se no futuro com visitantes (os migrante indo-europeus e semitas, por meio de grupamentos precursores ou então em grandes levas) produzindo novas configurações comunitárias resultantes de uma junção que – tudo leva a crer – foi muito mais comprometida com o cordial do que com o hostil e o belicoso.

Este livro vai concentrar as suas análises estratégicas a partir de 3500-3000 a.C., com o advento da civilização sumeriana. Vale, entretanto, observar que essa civilização foi uma decorrência da mixagem de populações autóctones com contingentes migratórios (retirantes seria o termo correto).

É importante sublinhar que a Suméria – civilização mãe de todas as que iriam eclodir na formação do Ocidente, tais como Egito (esse em determinados aspectos), Grécia, Babilônia, Assíria, Creta, hititas e outras – iria contar no seu surgimento com uma prodigiosa rede (e herança) de presenças comunitárias, onde já se dominava, de modo admirável, a arte de viver em comum, o controle de muitas habilidades, tais como: agricultura, pastoreio, metalurgia, construção de cidades (como o caso de Jericó), competência no transporte, comércio, conhecimento da irrigação e muitas outras.

Foi o sucesso dessas comunidades posteriormente irrigadas (com a produção de espetaculares excedentes agrícolas) que provocaria o surgimento das cidades e das cidades-Estado, as polis.

MILÊNIO A MILÊNIO

Nesse sentido, vale a pena observar os principais aspectos que marcaram a construção dessa notável trama comunitária a partir de 10000 a.C., com base em informações apresentadas por Adam Hart-Davis na sua *Enciclopédia ilustrada de história*, para marcos históricos-chave, numa visão abrangente – extrapolando a Mesopotâmia e penetrando em outros territórios da Terra. O *Homo ajustandi* enfrentava seus desafios, onde estivesse.

A mensagem é clara: a inteligência do homem opera com intensidade em locais diversos, tais como Mesopotâmia, China, Europa Central, Vale do Indo e América, perseguindo de maneira implacável formas alternativas pelas quais o caçador-coletor pudesse num determinado momento se posicionar em assentamentos fixos, os quais por seu lado iriam se desenvolver sob a forma de presenças comunitárias vigorosas. O homem em vários locais do globo percebeu que a pesca, a caça, a coleta de frutas, raízes e grãos selvagens sustentavam cada vez com mais dificuldade o seu dia a dia. *Problemas súbitos na flora e na fauna selvagens traduziam-se, com certeza, por morte e sofrimento inexoráveis. Tinham que identificar uma nova trilha. E foi o que fizeram. Novas conectividades.*

1. MARCO 10000 A.C.:

A temperatura sobe, derretimento das calotas polares, aumento do nível dos mares. Sibéria separa-se da América do Norte, plataformas continentais são alagadas.

Início das atividades agrícolas na Anatólia (Turquia), Oriente Médio e Mesopotâmia. Evidência de domesticação de cabras e ovelhas ao norte da Mesopotâmia. É claro que essas últimas atividades significam um embasamento do pastoreio organizado, sugerindo comunidades nômades, a conduzir os seus rebanhos em busca de pastagens.

Desenvolvimento de cerâmica primitiva (Jomon, Japão), marca gradual de revolução no transporte e armazenamento de alimentos.

2. MARCO 8000 A.C..:

Fundação de Jericó, Palestina – a mais antiga cidade continuamente habitada do mundo.

3. MARCO 7000 A.C.:

Primeiras comunidades agrícolas chinesas no vale do Yangtze. A agricultura chega ao sudeste da Europa a partir da Turquia atual.

4. MARCO 6500 A.C.:

Fundição do cobre e comércio de obsidiana em Çatal Huiuk, situada na Turquia moderna.

O gado é domesticado no norte da África, no vale do Indo e na Ásia.

5. MARCO 6000 A.C:

Prósperas culturas urbanas como a Halaf no sudoeste da Ásia.

6. MARCO 5500-4500 A.C:

Floresce a civilização agrícola Linienbandkeramik, ou cultura das cerâmicas de faixas lineares, na Europa Central.

7. MARCO 5500 A.C:

Criado o primeiro sistema de irrigação do mundo.

8. MARCO 5000 A.C:

O milho começa a ser cultivado no Vale de Tehuacán, América Central.

O cobre é usado pela primeira vez na Mesopotâmia. Artefatos de ouro e de cobre são produzidos no sudeste da Europa.

9. MARCO 4500 A.C:

Introdução de técnicas de irrigação no Vale do Indo. O cavalo é domesticado na Ásia Central.

10. MARCO 4000 A.C:

Usa-se o arado pela primeira vez na Mesopotâmia.

11. MARCO 3500 A.C:

Emergem as primeiras Cidades-Estados do mundo na Mesopotâmia.

12. MARCO 3200 A.C:

Escrita hieroglífica criada no Egito. Vestígio do uso de transporte com roda na Suméria. Círculos e alinhamento de pedras são construídos no norte e oeste da Europa.

13. MARCO 3100 A.C:

O rei Narmer completa a unificação do alto e baixo Egito e torna-se o primeiro faraó. Estabelece-se Nekhen no Egito, importante cidade comercial.[52]

Do marco (1) ao marco (11) – ou seja, de 10000 a.C. a +/-3500 a.C. – consolida-se toda uma estruturação de suporte comunitário. Essas comunidades, inclusive as que contam com o apoio de cidades bem implantadas preocupavam-se com a autossustentação (inclusive a caça era muito cuidadosa para não esgotar os estoques, já comentado anteriormente), geravam excedentes, estavam familiarizados com a irrigação, aprenderam a manejar o arado. A partir desse momento iriam gradativamente surgir as polis, geralmente administrando com mãos de ferro toda uma rede de manifestações comunitárias nas suas áreas de influência.

Tratava-se, tudo leva a crer, de uma "civilização cordial" montada ao longo de 6 mil anos. Os arqueólogos não registram permanentemente entre seus achados históricos (ossos quebrados, pontas de flechas etc.), enfim, indícios precisos de lutas frequentes e terríveis. Foram 6 mil anos para tecer esse tapete cordial. A partir desse momento, o Egito (talvez um pouco antes), a Suméria e os hititas adentram a história e, é incrível, como nações também cordiais para todas as comunidades localizadas nas suas respectivas áreas de influência.

De certa forma, esses três reinos – já após a interação das novas populações contingentes com os residentes de longa data – iniciariam uma corrente de elos transformadores (e subelos) radicais da até então evolução humana. Seja pela disponibilidade de água e possibilidades francas de comércio e pecuária extensiva, o novo momento que se desenhava era razoavelmente "bem-humorado". Pelo menos não sangrento. Isso é fato, com certeza. Criava-se um segundo estágio da civilização cordial, como visualizado na figura 5.

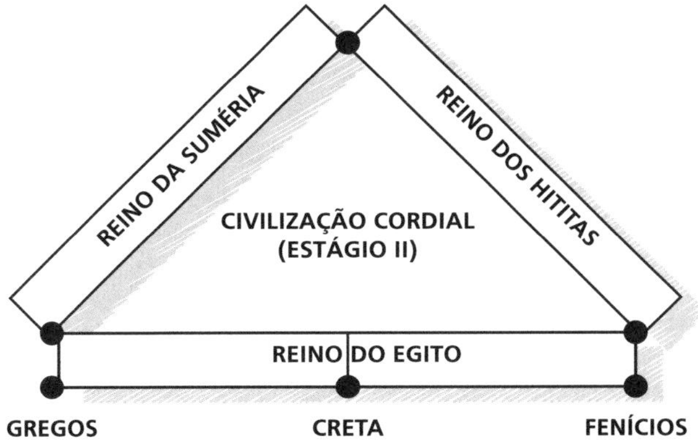

Figura 5. Triângulo geocordial

Apensos ao Egito assinalem-se a presença dos gregos, de Creta e dos fenícios. Esse "chalé" geopolítico iria sobreviver praticamente 2 mil anos. Agitações provocadas por babilônicos, assírios, neobabilônicos, agressões climáticas e da Mãe Terra viriam a ocorrer, porém sem ferir as reais fundações do chalé. Entretanto, uma segunda onda de migrações por volta de 1200 a.C. iria desestabilizar gravemente o sistema. Tratava-se dos povos do mar. Implodiram o triângulo geocordial. O chalé veio ao chão.

O grande jogo estratégico, de onde surgiu todo o processo formador da cultura e da civilização ocidental, estava apenas se iniciando. Os dados da sorte, do destino, do futuro estavam lançados!

A história passa por marcos temporais emblemáticos. Era como se nesse marco o *Homo ajustandi* e as comunidades observassem o horizonte em silêncio, tomassem ar, enchessem os pulmões e partissem para um novo mergulho abissal. O desenho do poder é sempre mutável. Entretanto, o *Homo ajustandi* e as comunidades, com certeza, persistirão sempre. Pelos próximos milhares de anos, aqui na Terra ou em um ou mais lugares do Universo. Essa é a saga real. O resto é resto, acontece ao lado!

Em outras palavras, a comunidade se estabelece, progride e produz excedentes em grande escala. Para administrar esses excedentes expressivos surge a aglomeração urbana que progressivamente se transformará numa polis com governo central. Esse novo sistema, combinando força e agilidade, "capitalizará" sobre todo o esforço comunitário, "garroteando-o" pouco a pouco. Que ironia!

A comunidade poderá ficar menos visível, mas sempre persistirá. Ela nunca deixará de trabalhar, quaisquer que sejam as condições envolventes. O poder se agita, conspira, ganha, perde, intriga, mata, morre, enfim, vivenciando um grande mosaico de possibilidades concretas.

No caleidoscópio da comunidade todos os desenhos descrevem "paisagens consistentes de trabalho". Sempre! A propósito, os faraós egípcios como Ramsés III, por exemplo, sabendo que as comunidades buscariam permanentemente o trabalho, procuraram abrigar um maior número possível de famílias dos povos derrotados no próprio país, com especial ênfase em assentamentos no delta do rio Nilo. De certa forma, as terras do delta do Nilo também podem ser entendidas como um imenso assentamento social em várias de suas áreas e em vários momentos da história do Egito.

Assim, a comunidade para o faraó não constituía um risco, jamais! O risco era representado pelos condutores e gestores inseridos nos meios urbanos que na maior parte das vezes não amavam o trato da terra e o manejo dos animais. Enfim, poder, palácios, boas residências nas cidades, alimentação e conforto garantidos nos seus lares. A "polis" castrou a mulher na sua plenitude, amesquinhou o processo, limitou o seu poder de catalisação.

Julgo que nas comunidades, muito mais que o homem, a mulher representava o fator de consistência, equilibrando a célula familiar nos mínimos detalhes e com extremo cuidado, zelo e competência. Na comunidade, com certeza, o homem deve ser entendido como um colaborador especializado da mulher no desempenho de determinadas ações como caça e pesca. Inúmeras responsabilidades, na sua maioria absoluta ficavam a cargo das *mulheres* – reais detentoras e acumuladoras de competências técnicas. As polis, todas elas, iriam conspirar contra essa "magia" da mulher e infelizmente iriam apequenar o seu papel de forma sistemática. Com certeza, no mundo comunitário elas eram o cérebro. O homem, basicamente, o braço e um cérebro complementar. Essa, de fato, a minha leitura.

CAPÍTULO 8

ENGENHARIA COMUNITÁRIA E SEUS RICOS FATORES DE PROVOCAÇÃO

O Paleolítico e o Neolítico se combinam na "fórmula" da arte egípcia. A cultura egípcia constitui, de algum modo, o apogeu de toda a civilização lítica, a grandiosa conclusão das primeiras eras da humanidade. Mas, além disso, esse êxito deslumbrante não se fechou em si mesmo; teve para as épocas ulteriores um valor de exemplo, de ardor dinâmico e imperioso. Não se conhece o desenvolvimento da jovem civilização mediterrânea sem a herança de seus templos e de suas estátuas, de sua fé religiosa e de sua ordem austera e de sua alta moralidade, oferecida aos outros povos como um ideal difícil, mas imperioso.

Os começos da arte figurativa egípcia apresentam todos os caracteres da indústria paleolítica. As figurinhas de sílex que possuímos dessa época respeitam escrupulosamente todos os traços dos animais longamente observados. O olho do caçador soube libertar-se de todo constrangimento utilitário para restituir ao antílope, ao carneiro selvagem ou à fera os contornos de sua personalidade. Depois do breve e medíocre período Mesolítico, o Neolítico vê expandir-se no vale do Nilo a nova civilização dos pastores e dos agricultores. O habitat sedentário torna possível a invenção e o aperfeiçoamento da arte das cerâmicas cozidas. Sob a direção de chefes prestigiosos, vê-se reunirem-se em torno do totem local comunidades de trabalho fortemente organizadas.

Essa passagem da horda errante para o grupo sedentário foi comandada por imperiosas necessidades. Ao recuo das glaciações nórdicas correspondeu uma diminuição das chuvas. A caça abandonou as regiões votadas ao dessecamento e emigrou para o sul; pouco a pouco a estepe se transformara em deserto. O vento norte-africano despoja o solo dos derradeiros restos de sua cobertura aluvial; o sol queima sem misericórdia os calhaus e as dunas duma paisagem sem vida. O homem – quando não imita a vida errante dos animais que lhe sustentam a vida – é obrigado a recuar para a grande artéria do Nilo. O rio, poderoso e inesgotável transforma-o, educa-o.

Sabemos que a arte neolítica se caracteriza por temas geométricos, de entrelaçamento de linhas. O motivo decorativo suplanta a figuração de seres concretos. As paletas de arrebiques das civilizações negadianas sedentárias afetam certas forma animais,

> mas o estilo, mais seco, mais formal, está bem afastado do potente realismo paleolítico. É por vezes difícil adivinhar a espécie animal que inspirou o artista.
>
> Doravante as duas tendências – realismo paleolítico e geometrismo neolítico – vão ser os polos extremos entre os quais a arte egípcia procurará seu equilíbrio. É o choque dessas duas correntes, a presença íntima dessas duas forças antagônicas que dá às obras de arte egípcias seu encanto poderoso e ambíguo.
>
> (Lange, 1964:70 e71)

Uma nova sociedade humana iria se desenvolver após o ano 10000 a.C. O aquecimento progressivo combinado com o término da era glacial abriria novas possibilidades para fixação das populações em determinadas áreas com reais probabilidades de expansão populacional e relativas condições de segurança. Contribuíram para esse novo momento um conjunto superimpactante de fatores positivamente provocadores, dentre os quais se destacam os seguintes, em listagem não exaustiva:

- o fator de provocação comunidade;
- o fator de provocação trigo;
- o fator de provocação inventiva;
- o fator de provocação Jericó e outras comunidades singulares;
- o fator de provocação irrigação;
- o fator de provocação metalurgia;
- o fator de provocação comunicação;
- o fator de provocação comércio;
- o fator de provocação *pax* comunitária.

Vale ressaltar que a exposição ora efetuada irá evoluir por partes, mas que, em realidade, todos esses fatores de provocação irão atuar de forma simultânea. Se um deles, num determinado instante marca a sua presença com maior intensidade, dará, em outro momento, lugar a outro, em circunstâncias diferenciadas. Mas, quase sempre, todos atuarão juntamente.

Pode-se afirmar que a consolidação da rede comunitária logo antes (e imediatamente após) da eclosão dos grandes reinos da Suméria e do Egito – teve correlação direta com a ação conjunta (e de certa forma, tranquilizadora) dos fatores de provocação aqui alinhados. Os objetos talhados em pedra (alguns, não todos) – seja como instrumento, adorno ou grandes blocos de construção – sobreviveram ao correr do tempo. Entretanto, os utensílios de madeira, pano, couro e além de outros materiais (frágeis) não resistiram (quase sempre) ao desbaste de centenas e milhares de anos.

Apodreceram, esfarelaram-se. Transformaram-se em pó. Como tal dificultam (mas não impedem) a leitura detalhada do passado comunitário. Ou seja, é possível a estruturação de raciocínios e construção de "cercos lógicos" para o esclarecimento de certas questões. É o que buscarei realizar!

A PROVOCAÇÃO DO FATOR COMUNIDADE

O homem da Idade do Gelo teve que, sobretudo *pensar* para depois *agir*. Sobreviver era mais que um ato de coragem. Era um ato de inteligência que se repetia a cada dia. Uma distração, por menor que fosse, poderia traduzir-se por imensa dor, sofrimento e até mesmo morte. O preço a pagar era sempre alto.

Dentro desse quadro o homem teve que defender-se do frio (por meio de vestimentas, calçados, abrigos e manejo do fogo, entre outras soluções) e visualizar com grande nitidez campos de coleta gelados, de caça (também gelados) e locais propícios para mudança de acampamentos. Com certeza os grupos não eram grandes, pois se o contrário ocorresse, campos de coleta e de caça (salvo casos excepcionais) se esgotariam rapidamente. E isso jamais poderia acontecer.

A memória dos antigos e a cooperação dos novos era essencial ao processo comunitário dos caçadores-coletores onde mais importante que líderes era a liderança (coalizão de forças e seu direcionamento para realização de ações proativas). Em outras palavras o melhor rastreador era X, o melhor caçador era Y, o melhor "armadilheiro" era Z, o melhor coletor era T, o melhor dono do fogo era F, o melhor contador de histórias era G, o melhor artista era H, o melhor pescador P e assim por diante. Em outras palavras, nas comunidades a liderança é visível, *mas tem tudo a ver com uma liderança seriada (compartilhada) indiscutivelmente ligada à competência para a realização de determinadas tarefas e ações. Não era uma situação para abrigar sentimentos ou ressentimentos. Naquela época ao se concluir cada jornada a única coisa que sempre restava era a esperança, sempre maltratada e em risco. Não havia tempo para choro, tristeza e ferimentos graves, mutilações. Morte e sorte constituíam uma rima forte.*

É muito provável que se verificassem eventuais trocas entre as comunidades caçadoras-coletoras (próximas e justapostas) e realização de determinadas operações conjuntas. É provável que lutas violentas não constituíssem uma rotina entre as comunidades. A grande luta era com as adversidades do clima, o grande vilão na Idade do Gelo. Com o aquecimento global a melhoria das condições de "hospedagem" iria desenvolver-se progressivamente a cada dia, anunciando-se a surgência de outra era que poderemos denominar de a *primavera comunitária*. A sua herdeira direta seria a *pax* comunitária, de singular importância para a história do homem e da própria humanidade.

E, é por essa razão que serão destacados alguns pontos soberbamente descritos por Steven Mithen em sua obra emblemática *Depois do gelo*.

NADA DE NOVO NO *FRONT*, ATÉ 20000 A.C.

> *A história humana começou em 50000 a.C. ou por aí. Talvez 100000 a.C., mas certamente não antes.* A evolução humana tem um *pedigree* bem mais longo – pelo menos 3 bilhões de anos se passaram desde a origem da vida, e 6 milhões desde que nossa linhagem se cindiu à do chimpanzé. A história, desenvolvimento cumulativo de fatos e conhecimento, é assunto recente e surpreendentemente curta. Pouca coisa de importância aconteceu até 20000 a.C. – as pessoas apenas continuaram vivendo como caçadores-coletores, exatamente como viviam fazendo seus ancestrais por milhões de anos...[75]

A propósito em 20000 a.C, segundo Steven Mithen, "todas as espécies humanas", à exceção do *Homo sapiens*, já tinham desaparecido. *Mais que um vencedor o* Homo sapiens *pode ser entendido como um sobrevivente atônito vendo outros grupos de humanos e animais serem progressivamente varridos da Terra.* A partida de velhos companheiros. Ou adversários.

> (...) Viviam em pequenas comunidades e jamais permaneciam muito tempo em um assentamento. Pintaram-se algumas paredes de cavernas e fizeram-se algumas armas de caça mais ou menos excelentes; mas não houve fatos que influenciassem o curso da história futura, que criassem o mundo moderno.[75]

Dentro desse contexto, Steven Mithen prossegue assinalando que se a história nasceu em 50000 a.C. o período entre 20000-5000 a.C. retrata a sua maioridade, enfatizando que as fundações do mundo moderno já haviam se estabelecido. Comenta que de 20000 a.C. até 10000 a.C. a Terra assistiu à erosão do seu último máximo glacial, evoluindo para um aquecimento global que iria concluir-se em 10000 a.C., quando se inicia uma nova era totalmente diversa da anterior, com a presença de novos tipos de animais e plantas e também o surgimento de espécies domesticadas. Pequenas aglomerações já ocorriam com a presença de artesões, sacerdotes e chefes. A interação com o divino apresenta-se cada vez com maior intensidade. Deuses iriam participar da alegria e da dor familiar, grupal e comunitária. De fato, essas pessoas, segundo Mithen, pouco diferiam de nós. Tinha-se cruzado o Rubicão da história, onde o caçador-coletor iria evoluir para o agricultor-pastor-artesão-construtor (não se omitindo de também caçar).

Concluindo esse tópico, observe-se a estratégica reflexão de Hendrik Willien Van Loon em sua publicação *História da humanidade*.

INTELIGÊNCIA E SOBREVIVÊNCIA

> Assim passaram-se milhares de anos. Só as pessoas mais inteligentes sobreviveram. Elas tinham de travar uma batalha permanente contra a fome e o frio. Foram forçadas a inventar ferramentas; aprenderam a afiar pedras para fazer machados e a construir martelos. Obrigadas a acumular grandes estoques de alimento para os infindáveis dias de inverno, descobriram que a argila podia ser usada para fazer jarros e vasilhas, que eram endurecidos sob os raios do sol. E assim a era glacial, que ameaçara destruir a raça humana, tornou-se a sua maior mestra, pois forçou o homem a usar seus cérebros.[69]

Logo, da família evoluiu-se para o grupo, a tribo, a comunidade, os povos, os governos, as grandes nações cada vez mais engenhosos na sua convivência com a Mãe Terra. Dessa forma, com a visão, ação e sucessão de muitos elos estratégicos iria prosseguir-se na história do homem! E nesse grande desafio o homem cada vez mais teve que usar o próprio cérebro e inovar ou adaptar inovações de outros.

A PROVOCAÇÃO DO FATOR TRIGO

Progressivamente com a melhora do clima, as comunidades nômades foram se fixando (ou pelo menos, caminhando menos) e se estabelecendo em determinadas áreas. Isso ocorreu, com certeza, devido à proximidade da água, caça, pesca e principalmente à progressiva domesticação de grãos selvagens que seriam colhidos, "batidos" e conduzidos para um assentamento fixo: a aldeia. Lá estocados e "processados".

Essa agricultura de fixação está magnificamente descrita por J. Bronowski em *A escalada do homem*, do qual "pinçamos" alguns trechos emblemáticos: o nascimento da agricultura, o trigo selvagem e o trigo domesticado. Trata-se de um texto de invulgar destaque com observações interessantíssimas. Para qualquer pessoa que se interesse pela Grande Antiguidade, essa publicação constitui uma leitura obrigatória. Imperdível!

O NASCIMENTO DA AGRICULTURA

Pouco a pouco o homem foi se organizando e observando a Mãe Terra. Uma mudança extraordinária ocorreria!

As conjunções exitosas

Conjunções bem-sucedidas de eventos naturais e humanos inauguram a agricultura. No Velho Mundo isso aconteceu há dez mil anos, no Crescente Fértil do Oriente Médio. Mas, certamente, não foi um fato isolado. É mais do que provável que a agricultura tenha surgido independentemente no Novo Mundo – ou assim acreditamos, baseados na evidência atual de que o milho dependeu do homem tanto quanto o trigo.

O *start-up* da agricultura

No Oriente Médio a agricultura se espalhou aqui e ali ao longo de suas colinas, das quais a elevação do mar Morto até a Judeia (os arredores de Jericó) representa, na melhor das hipóteses, um exemplo típico e nada mais do que isso. Literalmente, a agricultura assistiu a vários começos no Crescente Fértil, alguns deles anteriores a Jericó.[17]

O TRIGO SELVAGEM

Será que os nômades, algum dia poderiam deixar de ser nômades, e depender um pouco menos do sistema caçador-coletor? A Mãe Terra iria iniciar uma conspiração muito especial nesse sentido.

A natureza: um ato estranho e secreto

O passo mais importante na escalada do homem é a mudança do nomadismo para a agricultura de aldeia. O que tornou isso provável? Um ato de vontade por parte do homem, seguramente: mas, com ele, um ato estranho e secreto da natureza. Ao final das glaciações, no desabrochar da nova vegetação, aparece uma espécie híbrida de trigo no Oriente Médio. Isso aconteceu em diversos lugares; e um deles, típico, é o oásis de Jericó.

JERICÓ: A FILHA DO TEMPO

Jericó é mais antiga do que a agricultura. O primeiro povo a chegar aqui e a se estabelecer ao redor da fonte incrustada nesta região desolada veio para colher o trigo nativo, pois, então ainda não sabiam como plantá-lo. Sabemos disso pelo fato de esses homens terem desenvolvido ferramentas para a colheita do trigo silvestre, e tal fato representou um adiantamento extraordinário. Eles fizeram foices de pedra que sobreviveram; foram aí encontradas em 1930, em escavações levadas a cabo por John Gastang. A lâmina dessa foice primitiva deve ter sido encaixada em peça de chifre de gazela ou de osso.

O BALANCEIO ETERNO DA FOICE

Não há sobrevivente, entretanto, quer no topo das colinas ou em suas fraldas, da variedade de trigo selvagem colhida pelos habitantes primitivos. Mas as gramíneas que ainda podemos encontrar nesse local devem se parecer muito com o trigo que esse povo apanhava aos maços e cortava, iniciando o movimento de serrar com a foice que os agricultores vêm repetindo nesses últimos dez mil anos. Essa se constitui na civilização pré-agrícola natufiana. E, evidentemente, não poderia durar, mas estava às portas de se tornar agricultura. Isso aconteceu também em Jericó, logo em seguida.[17]

O TRIGO DOMESTICADO

A Mãe Terra, de modo caprichoso e surpreendente, iria providenciar uma revolução extraordinária para o homem localizado na área de influência da Mesopotâmia, permitindo que as populações desenvolvessem em sequência conquistas muito especiais. Em determinados momentos ela é muito perversa. Em outros, gentil e generosa. E isso ocorreu em decorrência da domesticação do trigo.

O TRIGO SILVESTRE E A GRAMA DE BODE: UM CASAMENTO SINGULAR

A disseminação da agricultura no Velho Mundo se deveu, quase que certamente, ao aparecimento de duas formas de trigo com espigas grandes e muitas sementes. Antes de 8000 a.C. o trigo não era a planta luxuriante que hoje conhecemos; era apenas uma entre as muitas gramíneas espalhadas por todo o Oriente Médio. Por algum acidente genético o trigo silvestre se cruzou com uma grama de bode qualquer, resultando daí um híbrido fértil. Acidente desse tipo deve ter acontecido muitas vezes na explosão vegetal que se deu após a última glaciação. Em termos de maquinaria genética que determina o crescimento, houve a combinação de 14 cromossomos do capim de bode produzindo o Emmer com 28 cromossomos. Isto é que torna o Emmer muito mais polpudo. O híbrido se espalhou naturalmente pelo fato de, estando as sementes envolvidas pela palha, poderem ser facilmente carregadas pelo vento.

O HÍBRIDO FÉRTIL

O aparecimento de um híbrido fértil é uma raridade vegetal, mas não é fato único; porém, a história da rica vida vegetal que seguiu à glaciação torna-se muito mais surpreendente. Aconteceu um segundo acidente genético que provavelmente se deve ao fato de Emmer já ser cultivado. Este se cruzou novamente com outro capim de bode produzindo um híbrido com 42 cromossomos, o trigo de nossos pães. Esse cruzamento por si só, já era bastante improvável, mas hoje sabemos que o trigo atual só se tornou fértil em razão de uma mutação genética específica em um cromossomo.

O CONTO DE FADAS GENÉTICO

Contudo, há ainda um evento mais estranho. Esse híbrido ostenta agora uma linda espiga, mas esta jamais se espalhará por ação do vento, posto que, muito compacta, não se debulha. Mas, se a espiga for quebrada, as hastes se soltam e os grãos caem exatamente onde cresceram. Permitam-me lembrá-los de que isto não ocorria com o trigo silvestre, nem com o Emmer. Nestas formas primitivas a espiga é muito mais aberta e, ao se quebrar, tem-se efeito distinto – os grãos voam com o vento. O trigo de pão perdeu essa característica. De repente, homem e planta se encontram. O homem tem no trigo o seu sustento e o trigo, no homem, um meio de se propagar. Sem ajuda o trigo de pão não se multiplica; assim, a vida de cada um, do homem e da planta, depende uma da outra. É um verdadeiro conto de fadas genético, como se o despertar da civilização tivesse visto a luz com as bênçãos do abade Gregor Mendel.[17]

Com a combinação dos fatores aldeia, trigo domesticado com o arado, roda, ferramentas, vestuário, o vasilhame, a disponibilização da água (rios, córregos, fontes, poços, cisternas etc.), a comunidade agrícola aprofundaria cada vez mais a sua presença, agora estável, capturando oportunidades, afastando ameaças, sustentando posições conquistadas, para logo em seguida (ou quase ao mesmo tempo) iniciar a irrigação e o comércio. Agregação de valor. O homem percebeu que poderia domesticar animais e plantas e essa atitude foi de notável importância para sua própria evolução. A sorte deixou de caminhar. Fixou-se, lançou raízes, tornou-se realidade. De certa forma não se necessitava mais de sorte para ter sorte.

A PROVOCAÇÃO DO FATOR INVENTIVA

Acompanhando lado a lado ocorria o desenvolvimento de aldeia plantadora e com ela a presença da inventiva agrícola, aperfeiçoando instrumentos de trabalho, armazéns, manejo da criação, caça organizada etc. *Mas, sem dúvida alguma, o que mais surpreendeu o agricultor comunitário da Mesopotâmia, com certeza, foi a produção de excedentes que iriam não só ocupar os seus paióis garantindo a subsistência com segurança, como também a existência de outros excedentes (além do limite de segurança e reservas para plantio) que poderiam ser comercializados (trocados) para obtenção de outros bens e outras mercadorias junto a outras aglomerações e/ou compradores próximos (ou não tão próximos, confirmam os trabalhos dos arqueólogos). De certa forma essa é a Revolução Agrícola, de fato, em qualquer lugar, em qualquer época. As mulheres não veriam mais seus filhos morrer de fome. Os velhos teriam morte digna. Tratava-se de outro momento. Alguns trechos pinçados da obra de Bronowski destacam aspectos relacionados à inventiva no campo.*

A INOVAÇÃO

> Agricultura e pecuária parecem-me atividades elementares, mas, nota-se que o alfanje natufiano é uma indicação de que elas não permanecem estáticas. Cada estágio da domesticação de plantas e de animais requer invenções, as quais surgem como inovações técnicas e acabam dando fundamento a princípios científicos. Os instrumentos básicos da mente-de-dedos-ágeis estão espalhados, despercebidos, em todas as povoações, em qualquer lugar despretensioso, mas tão engenhosa, e, em um sentido profundo, tão importante na escalada do homem, como qualquer equipamento da física nuclear: a agulha, a sovela, o jarro, o braseiro, a pá, o prego e o parafuso, a linha, a lançada, o tear, o arreio, o anzol, o botão, o sapato – poder-se-ia enumerar uma centena em um fôlego só. *A riqueza deriva da interação entre inovações: a cultura é uma multiplicadora de invenções, na qual o surgimento de um novo artefato aperfeiçoa e amplia o poder dos outros.*[17]

Bronowski assinala a importância extraordinária de novos instrumentos agregando valor (utilidade) para a agricultura, onde se destaca o surgimento do alfanje e do arado (o qual ele considera a invenção mais poderosa da agricultura).

A PROVOCAÇÃO DO FATOR JERICÓ E OUTRAS COMUNIDADES SINGULARES

Jericó é um marco extraordinariamente importante na história da civilização. Com certeza, o mais importante de todos. Nada igual! É a primeira cidade construída pelo homem, de pedra, urbanizada (o que vale dizer pensada), com depósitos, oficinas, torre de observação etc. ocupando 40 mil m^2 e com uma população estimada de 3 mil habitantes. Ela mostraria a todos que muito mais pode ser feito além de choupanas cobertas por palha e estrutura com toras e espaços preenchidos com barro.

Trechos selecionados de Bronowski permitem visualizar e observar Jericó como um oásis, como uma cidade morada (com a presença enriquecida por Deus, e o respeito aos mortos) e como cidade oficina. *Será que o deus organizado com direito a capela, orações, altar, ritos foi "inventado" em Jericó? Uma grande questão: refletir para conferir!*

JERICÓ: A CIDADE OÁSIS

Entretanto, Jericó exibe várias características que a tornam historicamente ímpar, conferindo-lhe um *status* simbólico próprio. Diferentemente de outras povoações esquecidas, ela é monumental, mais velha que a Bíblia, camada sobre camada de história, uma verdadeira cidade. A antiga cidade de Jericó, com água potável, era um oásis à beira do deserto; sua fonte, já existe em tempos pré-históricos, continua jorrando na moderna cidade de hoje. Água e trigo encontraram-se aqui e, assim, aqui se iniciou a civilização do homem. Para aqui também chegaram os beduínos vindos do deserto com suas faces escuras e veladas, olhando cobiçosamente o novo estilo de vida. Esta foi a razão por que Josué conduziu por aqui as tribos de Israel em sua caminhada para a Terra Prometida – trigo e água faziam a civilização: encerram a promessa de uma terra donde brotam leite e mel. Água e trigo transformaram aquela encosta desolada na primeira cidade do mundo.

JERICÓ: A CIDADE MORADA, A CIDADE MURADA

Jericó foi transformada repentinamente. Os povos que a ela chegaram logo se tornaram objeto de inveja dos vizinhos, de tal forma que ela teve que ser protegida; assim, Jericó foi cercada por muros e sua torre de espreita data de nove mil anos. A base da torre mede nove metros de largura por quase essa medida de profundidade. Subindo os degraus da escavação, contornando a torre, camada após camada de civilização vai se revelando: o homem antigo da era pré-cerâmica, o próximo homem da era pré-cerâmica, o aparecimento da cerâmica há sete mil anos; *cobre antigo, bronze antigo, bronze médio*. Cada uma dessas civilizações chegou, conquistou Jericó, enterrou-a e construiu por cima. Assim, de certa maneira, a torre não se encontra a 13 metros e meio abaixo do solo, mas a essa profundidade de civilizações acumuladas.

JERICÓ: A CIDADE TRABALHO

Por volta de 6000 a.C., Jericó era um grande agrupamento agrícola. Na estimativa de *Katlheen Kenyon* contava três mil habitantes e, dentro de suas muralhas, estendia-se por cerca de quatro hectares. As mulheres moíam trigo utilizando pesados implementos de pedra que caracterizavam hábitos de uma comunidade sedentária. Os homens moldavam barro para o fabrico de tijolos, que estão entre os primeiros a serem conhecidos. As impressões dos polegares dos oleiros ainda podem ser observadas. Tanto o homem como o trigo de pão estão agora fixados em seus lugares. Uma comunidade sedentária também estabelece diferente tipo de relação com seus mortos. Dos habitantes de Jericó restaram alguns crânios que eram preservados e cobertos com elaboradas decorações. Não se conhece a razão dessa prática, que talvez fosse um ato de reverência.

JERICÓ: A CIDADE ESTRATÉGICA, MUITO VELHA E INACREDITAVELMENTE MODERNA

Agora, nenhuma pessoa educada sob a influência do Antigo Testamento, como é o meu caso, pode deixar Jericó sem formular duas perguntas: Josué realmente destruiu essa cidade? E terá ocorrido o desabamento das muralhas? Essas são as perguntas que atraem gente a este local e que o tonam uma lenda viva. À primeira pergunta a resposta é fácil: sim. As tribos de Israel lutavam para aniquilar o Crescente Fértil que se estende ao longo da costa do Mediterrâneo, bordeja as montanhas da Anatólia e desce na direção do Tigre e Eufrates. E Jericó era uma posição estratégica, bloqueando o acesso às montanhas da Judeia e às terras férteis do Mediterrâneo. Assim, a cidade tinha de ser conquistada, o que ocorreu por volta de 1400 a.C. – há cerca de 3.300 e 3.400 anos. Como a história bíblica não foi escrita senão, talvez, até 700 a.C., o registro literário data de pelo menos 2.600 anos.[17]

Creta e a Etrúria, cada uma no seu tempo e ao seu modo, continham singular semelhança com Jericó. A propósito, onde estará a nossa Jericó hoje – em 2011? Com certeza, pesquisadores da Alemanha, Inglaterra, França, Estados Unidos, Holanda, Bélgica e Vaticano – dentre outros, com suas inteligências peregrinas, com apoio de universidades e centros de pesquisas (além de estudiosos) já estão na sua trilha, em marcha batida. Como será você nova Jericó?

JERICÓ: EFEITO-DEMONSTRAÇÃO

Jericó surgiu bem antes, aliás, muito, muito antes dos reinos organizados da Suméria e do Egito. Com certeza, ela representou para esses povos – inclusive Creta – uma aula magna, uma janela para o futuro. No ir e vir da Antiguidade, na região do Crescente Fértil, Jericó deveria ser referenciada, observada, comentada, respeitada e "copiada". *Mutatis mutandis* como se, nos dias de hoje, determinadas situações do filme *Jornada nas Estrelas* se tornassem realidade: perplexidade! Jericó foi o ponto futuro para todas as comunidades do Crescente Fértil e para as milhares de cavernas que durante milênios com ela, de alguma forma, interagiram. Não pode haver a menor dúvida de que Jericó operou como efeito demonstração, provocando e catalisando o surgimento de outras aglomerações urbanas em toda a Antiguidade. *O Homo Jericó – a denominação é minha – apresenta-se quase com um cavaleiro Gedai para a sua época e, se constitui, com certeza, no melhor paradigma de modernidade que a história do homem vivenciou. Nada igual!*

Jericó não foi sumeriana, egípcia, hebreia, babilônica ou grega. Ela não teve professores. Foi a sua própria mestra, convivendo com todas as sub eras da inteligência humana, tais como: cerâmica, cobre antigo, bronze antigo e bronze médio. Se destruída, ressurgia. Se ressurgida, seria destruída. Mas prosseguiria sempre. Jericó, a eterna.

Conectando o "homo agrícola" com o "homo urbano", Jericó, de fato, inventou o processo pré-civilizatório com a especialização, o comércio, o armazenamento, as defesas e, principalmente, o sentido do posicionamento estratégico sem se esquecer da interação com o divino. De certa forma o mundo que quase todos amam (e também odeiam em muitos aspectos) nasceu em Jericó. O resto é resto. Veio depois!

Por outro lado e o que é também de suma importância – e segundo a sua grande pesquisadora Kathleen Kenyon, Jericó abrigava um local de adoração – como se uma capela fosse, e onde em uma de suas paredes situava-se um altar. Em Jericó, o divino fazia também parte do seu cotidiano. Os mortos eram velados, verificando-se a ocorrência de enterros coletivos (os corpos eram sepultados dentro da própria cidade). A morte deixava de ser um fato e passava a ser um mistério. Os edifícios evoluíram para a disposição retilínea com fundações de pedra e paredes de tijolos. A geometria, os ângulos retos com toda a sua força. Jericó pode e deve ser entendida como a mais avançada projeção urbano-comunitária da história do homem num determinado momento. Ela sugeriu que as comunidades poderiam ir bem além da palha, da tora, do bucolismo, do pastoreio, da agricultura, da caça, da pesca e da morte razoavelmente desprotegida. Havia algo mais a ser pensado e trabalhado. Então, Jericó inventou a urbanização.

Jericó, com certeza, ou melhor, as suas ruínas, os seus restos mortais e as suas exposições escavadas pelos arqueólogos constituem a única memória ocular urbana do Dilúvio e os seus conseguintes desdobramentos e impactos na Grande Antiguidade, E essa circunstância é absolutamente incrível. É excepcional. Quase, mesmo, inacreditável!

De certa forma, Jericó propôs o desenho inovador de núcleos centrais permanentes e autossustentados. Pena que imediatamente não seguiram o seu exemplo outras manifestações comunitárias. Entretanto, a Suméria e o Egito aproveitaram a lição e multiplicaram intensamente a realidade Jericó em seus territórios. Mas somente 5 mil anos após. Dez histórias do Brasil. Se algum dia o homem desenvolver um ícone para a inteligência e o engenho humano, esse ícone deverá ser Jericó. Apenas Jericó! A sustentabilidade nasceu em Jericó, atentem!

A PROVOCAÇÃO DO FATOR IRRIGAÇÃO

A técnica da irrigação a partir do Nilo, do Tigre e do Eufrates, deve ter se implantado a partir de 3500 a.C. As distâncias a serem percorridas nessa época pelos rios e os mares Egeu e Mediterrâneo – com o apoio de barcos e cavernas – já eram razoavelmente viáveis e as comunidades trocavam mercadorias, excedentes agrícolas e informações entre si. *É exatamente por essa interação altamente sinérgica entre pessoas que a irrigação com todo o seu manejo hídrico correspondente deve ter se apoiado em solução idêntica (ou similar) em várias áreas do mundo antigo (ou muito semelhante), envolvendo sementes, técnicas de plantio, colheita, armazenamento de safras, tratos culturais, colheitas, transporte e comercialização de excedentes, entre outros.* Ou afirmar que as sociedades organizadas nasceram da irrigação. Ela constituiu o primeiro sistema organizador da inteligência coletiva. Da mesma forma reúnem-se a essas questões agrícolas, os desafios geométricos na partição de áreas, previsão de fluxos hídricos (mais fáceis de efetuar na área do Nilo que no Tigre e Eufrates) e trabalhos relativos à construção, limpeza e conservação permanente de canais. Observe-se que, com certeza, *o primeiro consultor na história da humanidade foi o comerciante* – o qual identificava com a maior nitidez que a sua própria chance de realizar bons negócios (além de boas mercadorias e/ou preços de compra e venda) seriam bem "fertilizados" caso detivesse informações concretas para enriquecer o trabalho dos "visitados" em inúmeras situações: técnicas de plantio, manejo da irrigação, práticas de estocagem, instrumentos agrícolas e outros, movimentação de pessoas e comunidades, devastações, guerras etc. *O comerciante, com certeza – aliás, o "grande consultor" – ao longo de toda a história da Antiguidade corresponderia sempre a uma visita ansiosamente esperada. Ele trazia o "mundo" para a comunidade. Trazendo informações criava um clima favorável às suas vendas. Homens, mulheres e crianças deveriam agradecê-lo com imensa ansiedade. O comércio é uma inovação comunitária. A polis não tem nada a ver com isso.*

Mas, sem dúvida alguma, o fator irrigação iria provocar o surgimento de um "cooperativismo" (principalmente no Egito) entre as comunidades trabalhando nas áreas e campos irrigados, uma vez que o fluxo d'água deveria ser rigorosamente multiutilizado levando-se em conta condicionamentos exaustivamente discutidos e preestabelecidos por meio de seus representantes/lideranças. Nesse contexto, cada um conhecia muito bem os seus "limites". Qualquer desestabilização nesse equilíbrio provocaria uma desordem hídrica que poderia se propagar de modo perverso (e em sequência) em várias "glebas contíguas". Complicações em série. Portanto, um pequeno caos comunitário (face à isotropia do meio) poderia se propagar com intensidade não trivial gerando problemas de resolução complexa. Muito mesmo! É bem curioso atentar para a circunstância de que o Egito, em realidade, pode ser entendido como o *primeiro grande plano de desenvolvimento regional da humanidade* ao implementar ações estratégicas, táticas e operacionais ao longo das margens e no delta do Nilo (centenas de quilômetros), cerca de 5 mil a 6 mil anos antes dos trabalhos do Tennessee Valley Authority (TVA) nos Estados Unidos, já no século XX.

É claro que eventuais concentrações de chuvas e inundações, com certeza, poderiam complicar e desestabilizar todo o sistema de irrigação (da mesma forma que secas), mas nesse caso o agente desestabilizador seria o clima (e não o homem) e é intuitivo imaginar que todos (mutuamente) colaboravam para antever (e corrigir) as suas eventuais consequências perversas. Inteligência coletiva! Mobilização estratégica. Aplicação prática. Determinação operacional. Portanto, o cooperativismo nasceu no seio das grandes redes comunitárias na Grande Antiguidade, precedendo em muito a presença dos sistemas organizados de poder do Egito, da Suméria e dos hititas, os quais surgiriam bem depois.

A PROVOCAÇÃO DO FATOR METALURGIA

Entre 9000 a.C. e 5000 a.C., iniciou-se a metalurgia do cobre. A Mesopotâmia não possuía reservas do minério que era fundido em outras regiões (a Anatólia, por exemplo). Essa insuficiência "minero-metalúrgica" iria constituir um fator provocador do comércio, pois as comunidades dos rios iriam trocar os seus excedentes agrícolas pelo metal. A metalurgia do cobre iria evoluir, e a partir de 2500 a.C, surgiria a liga de cobre-estanho, o bronze, a qual corresponderia a desdobramentos superimportantes na história do homem.

Entretanto, é de se observar que a emergência da metalurgia do cobre, acompanhada do manejo do ouro e da prata e o surgimento do artesão nesses campos são independentes da presença dos reinos da Suméria e do Egito. Foi de fato uma conquista comunitária pós-era do gelo. Precursora! Anteriormente ao manejo do trigo e da domesticação dos animais, ou – de forma conservadora – coincidente. As comunidades, vejam, inventaram a metalurgia!

A PROVOCAÇÃO DO FATOR COMUNICAÇÃO

A escrita foi inicialmente desenvolvida pela Suméria (provavelmente a primeira) e o Egito (quase simultaneamente), acompanhados por Creta em 3500 a.C. Vários autores renomados consideram que *governo + escrita* corresponde à formação de um efetivo processo civilizatório. Será essa uma conceituação correta?

Mas é indiscutível que as comunidades inicialmente *comunicavam-se entre si* por meio de pinturas (muitas não sobreviveram, pois a morada em grutas e cavernas protegidas foi progressivamente abandonada) e marcações (selos de identificação, leia-se referência de propriedade), com o trabalho e a presença simultânea dos contadores de histórias e provavelmente dos "língua", verdadeiros anexos falantes (poliglotas, com certeza), que acompanhavam os grandes deslocamentos comerciais em barcos, navios, carros de boi, caravanas de camelos e burros. Os contadores de histórias e os "língua", ambos com memória prodigiosa, com certeza (e com auxílio dos selos) viabilizaram todo um processo de comunicação/comércio (histórico e instantâneo) permanente, unindo comunidades distanciadas em milhares de quilômetros sem a presença da escrita formal. Aliás, foi essa *habilidade comunicativa* que provocou o efetivo comércio na Antiguidade, bem antes da presença afirmativa dos reis da Suméria e os faraós do Egito. O comércio junto às comunidades também era um *happening* que interessava muitíssimo ao homem, a mulher e à criança, como já assinalado. Deveria ser uma ocasião aguardada com muita ansiedade e alegria. Por todos! Principalmente as mulheres e crianças.

O comerciante da Antiguidade era um poliglota, com certeza dominava idiomas e dialetos. Era apenas uma necessidade plena de ofício. O "caravaneiro" e sua equipe de trabalho teriam que, muito provavelmente, interagir com manifestações comunitárias, rurais ou urbanas, muito densas entre si. E a única forma de se resolver isso, com rapidez e desembaraço, viabilizava-se pela "aquisição" de escravos – homens, principalmente – que iriam atuar também como intérpretes, tradutores simultâneos que integravam o *staff* das caravanas de modo permanente. A comunicação, além da simples transmissão oral, nasceu no âmbito das redes comunitárias da Grande Antiguidade.

A PROVOCAÇÃO DO FATOR COMÉRCIO

O comércio antecedeu em milhares de anos ao surgimento dos reinos da Suméria e do Egito e isso se torna patente pelas ocorrências relacionadas à obsidiana e ao cobre. O comércio é, pois, uma invenção comunitária. Nesse contexto, vale a pena observar os registros realizados por William Bernstein em *Uma mudança extraordinária: como o comércio revolucionou o mundo.*

A MAGIA DA OBSIDIANA

> Apenas os restos mais duráveis, principalmente os instrumentos de pedra, sobreviveram para fornecer pistas sobre a natureza do antigo comércio de longo curso. A obsidiana, uma rocha vulcânica preta (um vidro, na verdade) preferida por jardineiros e paisagistas em todo o mundo, deve ter sido uma das primeiras *commodities* comercializadas por barco. O homem pré-histórico valorizava-a não apenas por suas propriedades estéticas, mas porque era possível quebrá-la com facilidade em armas e instrumentos cortantes com lâmina afiada, talvez frágil. O valor histórico da obsidiana repousa em dois fatores: primeiro, o fato de ser produzida em apenas poucos sítios vulcânicos, e segundo, com o emprego de técnicas de datação, amostras individuais podem ser rastreadas até a fonte vulcânica original.

12 MIL ANOS

Os fragmentos de obsidiana com mais de 12 mil anos encontrados na caverna de Franchthi, na Grécia continental, são originários do vulcão da ilha de Melos, a 160 km da costa. Esses artefatos devem ter sido levados em embarcações; no entanto, não existem restos arqueológicos, literalmente fragmentos, ou até mesmo tradições orais que nos informem exatamente como a obsidiana foi de Melos até o continente. Teriam esses fragmentos sido conduzidos por mercadores que os comercializavam por produtos locais, ou apenas encontrados por expedições das comunidades do continente que os valorizavam?[12]

Pesquisas relacionadas à obsidiana permitem verificar um comércio expressivo dessa pedra na Grande Antiguidade e em períodos bastante remotos como, por exemplo, rotas de transporte entre Armênia e Mesopotâmia. Lâminas de machado e enxó (cinzel) datados de 5000 a.C. sobreviveram como uma das principais evidências do comércio transportado pela água na Idade da Pedra.

É importante também incluir nessa análise os resultados do trabalho do arqueólogo Gil Stein que aborda também a questão da difusão do comércio, também citada por Bernstein.

O ESPALHAMENTO COMERCIAL

A prova mais contundente das primeiras diásporas de comércio encontra-se no extremo oeste do arco. Durante a década de 1990, o arqueólogo Gil Stein escavou um sítio na Anatólia em Hacinebi Tepe, o ponto navegável mais extremo no norte do Eufrates. Ali, ele encontrou provas de uma cultura local avançada em 4100 a.C., restos que abrangiam casas, cemitérios e, mais representativos, selos planos de pedra elaborados. Sua equipe também descobriu uma pequena área nesse local contendo artefatos característicos da civilização de Uruk, de 3700 a.C. Esses artefatos incluem selos cilíndricos típicos da Mesopotâmia e ossos de cabra carregando as marcas de um padrão "Mesopotâmia" de abatedouro. Embora seja possível que a colônia representasse uma força de ocupação do sul, isso parece pouco provável por várias razões. Primeiro, essa colônia era muito pequena; segundo, não era murada; terceiro, o transporte a jusante da Mesopotâmia quase não existia; e quarto, os anatólios eram no mínimo tão avançados militarmente quanto os mesopotâmios. É difícil evitar a conclusão de que Stein descobriu o primeiro comércio de diáspora conhecido, talvez simultâneo ao nascimento da indústria de cobre local.

O advento da palavra escrita em 3300 a.C. levantou a cortina da história e revelou um padrão já bem estabelecido de comércio de longa distância, não apenas de produtos luxuosos e estratégicos, mas de produtos básicos volumosos como grãos e madeira.[12]

A PROVOCAÇÃO DO FATOR *PAX* COMUNITÁRIA

Quando se desenvolve uma pesquisa sobre as raízes e elos estratégicos do Ocidente, há que se deter na competência, agilidade e habilidade da civilização comunitária pré-sumeriana e pré-egípcia. Tanto a Suméria como o Egito são consequências (ou herdeiros diretos) dessa magnífica "civilização comunitária".

A grande questão é que, com certeza, a civilização comunitária constituiu uma civilização (totalmente) analfabeta, com registros infinitamente menores das que a sucederam. É em ruínas e "lixões" de milhares de anos que os arqueólogos tentam (e conseguem) desvendar muitos quadros do passado. Mas há muito ainda a fazer! Mas quão geniais eram esses analfabetos: construíram famílias, grupos, tribos, residências, vilas, polis, canais de irrigação, curtiram couro, teceram, costuraram, fundiram o cobre, desenvolveram a cerâmica, domesticaram cães, bois, cavalos, jumentos, cabras, carneiros, porcos, aves, aprenderam a semear e colher, "domesticaram" o fogo, obras de arte extraordinárias como as representadas pelas pinturas rupestres, manejaram o trigo híbrido, construíram a revolucionária e genial cidade de Jericó, embarcações criativas, o cobre, o bronze, as joias e os instrumentos que iriam se propagar por séculos, desde a agulha até a roda e o arado e, também, inventaram o comércio, colheram o mel e trouxeram o "doce" ao paladar (não só o mel, mas também o xarope das tâmaras), obtiveram o sal, aprenderam a pensar e a orar. Inventaram Deus! Olharam o céu e tentaram entendê-lo e emolduraram as suas ações com uma coragem e um desassombro extraordinários. Alegrava-se com pedrinhas como a obsidiana e entenderam rapidamente a importância do cobre.

Pois é, a civilização comunitária do *Homo sapiens* veio galopando no decorrer da grande mudança climática a partir de 20000 a.C. Em sequência, sobreviveu (e cresceu) de forma extraordinária. E, no frigir dos ovos, materializou também uma *civilização assombrosamente capaz, composta por analfabetos extraordinariamente talentosos.*

Durante séculos e mais séculos governos, guerreiros e sacerdotes arrogantes construíram seus "momentos próprios", alavancando "monumentos" sobre essas geniais populações analfabetas. As polis capitalizaram sobre um imenso esforço duramente realizado. Aí está o começo do começo, das ditas "sociedades organizadas".

A propósito, imagine-se o momento em que o *Homo comunitário* interagiu com a sua *primeira gorda colheita de trigo domesticado.* A emoção deve ter sido mil vezes maior que a de um sacerdote (que imagino ser eventualmente muito pedante e ritualista) escrever o seu próprio nome numa placa de argila. Quando tivermos dúvidas sobre a nossa capacidade de viver e vencer será sempre importante regressar as nossas origens comunitárias. Elas explicam muitas coisas. *Essa gorda colheita significava apenas que a guerra contra a fome estava bem desenhada, dando trabalho para a morte. Nada seria mais como antigamente.* Muitas crianças a partir desse momento poderiam ser salvas e muitos velhos partiriam ao encontro da morte com dignidade e menor medo com relação ao desfecho.

Entretanto, o ponto fraco das comunidades foi exatamente o seu sucesso. É muito estranho, mesmo. Em outras palavras não foram mesmo capazes de conviver de forma desembaraçada e ágil com os seus grandes excedentes de produção. É irônico! Excedentes de pequeno porte eram trocados com comunidades justapostas. Excedentes de médio porte eram comercializados com áreas já razoavelmente distantes. Mas o imbróglio deu-se exatamente com o grande volume de excedentes agrícolas, os quais iriam necessitar de depósitos centrais seguros, protegidos e monitorados. Foi exatamente por causa do *"excedente do excedente do excedente"* que surgiram estruturas urbanas que evoluiriam para a edificação das primeiras cidades comunitárias que dariam origem às polis sumerianas. As comunidades terceirizavam às polis uma série de atividades. Só que o apetite do terceirizado foi imenso. Não só lá mas, em inúmeros locais da Antiguidade. Da terceirização para uma gestão global foi apenas um salto. As comunidades na prática iriam se *tornar servas dos seus excedentes dos excedentes dos excedentes*, por elas mesmas providenciados. Imensa ironia! Ao mesmo tempo, a criação da escrita foi, com certeza, provocada pela aguda necessidade de registrar e controlar os estoques (e o fluxo) de excedentes agrícolas *vis-à-vis* seus proprietários/comerciantes/intermediários. A mais-valia – dura, nua e crua – ensaiava os seus primeiros passos. Prisioneiras do seu próprio sucesso!

Um *Lucca Pacciolo sumeriano* iria provocar uma revolução cultural que no futuro seria aperfeiçoada/trabalhada/complicada/simplificada por outros povos (com especial destaque para os fenícios): a escrita. Nessa empreitada não se pode ignorar Egito e Creta, complicadores extraordinários (e determinantes) do processo da escrita, buscando o máximo de "ocultação" estratégica para seus próprios relatos e anotações. Mas, é irônico e muito mesmo, observar que essa revolução cultural – a escrita – seria provocada pelo sucesso espetacular de milhares de comunidades agrícolas *totalmente analfabetas*! Foi exatamente para efetuar a gestão integrada *dos excedentes dos excedentes do excedentes* gerados pelas próprias comunidades que ela surgiria. Uma provocação "analfabética"!

O mundo iria mudar: vidas destruídas, guerras, sangue, grandes monumentos, cidades muradas, guerreiros, armas. Uma nova era iria tomar corpo. Encerrava-se a *pax* comunitária, entendida como um tecido global e densamente isotrópico. Essa *pax* comunitária estendeu-se por um período superior, com certeza, a 12 mil anos. *Portanto, várias vezes o tempo da história pós-grega. Pelo menos quatro vezes mais. É surpreendente!*

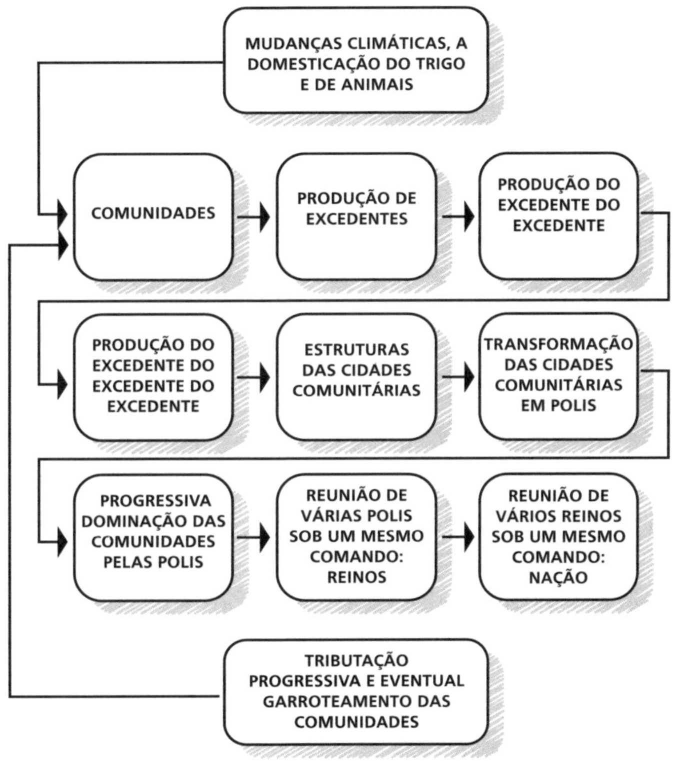

Figura 6. Da comunidade à polis

É claro que para a *pax* comunitária nem tudo foram rosas. Ocorreram problemas, lutas e mortes, é claro. Mas a premissa maior do processo destacava que a comunidade deveria ser autossustentada e solidária, fosse ela fixa ou móvel. E, cordial na medida do possível. Nas móveis capturava-se o animal selvagem, na fixa (ou sedentária) abatia-se a ovelha, a cabra, o boi ou o porco. Na móvel arrancavam-se raízes, colhiam-se frutos, "batia-se" o trigo selvagem. Nas comunidades plantadoras, plantava-se e colhia-se o trigo doméstico, entre outras ações. De certa forma as comunidades fixas também monitoravam cuidadosamente tudo o que faziam. Cuidavam de si. Não haveria trabalho fácil para um agressor ou um ladrão no espaço comunitário. Todos se conheciam. Assim, a *pax* comunitária iria ter na civilização egípcia a sua maior herdeira, ou se quisermos, a melhor aluna, a sua discípula superdedicada. Superando a Suméria. E surpreendentemente verificar que o Egito Antigo, de todas as grandes nações que construíram a história mundial, foi aquele que mais se comprometeu com a *pax*, preservando ao máximo o equilíbrio de suas comunidades ribeirinhas durante milhares de anos, *buscando incomodá-las ao mínimo, ao mesmo tempo em que as compelia a produzir ao máximo.* "Eficientizá-las"! Exatamente esse o grande desafio estratégico enfrentado pelo Egito no decorrer de toda a sua história na Antiguidade. Acomodar comunidades rurais sem incomodar!

Além da *pax* comunitária e da pax egípcia, deve-se assinalar a saga da *pax cretensis* no mar Egeu e suas áreas diretas de influência. Já os gregos foram responsáveis pela "adubação" cultural de um violento sistema de disputas permanentes (não tão sanguinário quanto o dos mesopotâmicos, com especial destaque para a barbárie assíria). De fato, eles criaram a permanente *dissensão grega*, maldição maior que os acompanharia desde o mundo micênico e por toda a sua vida. *Eu discordo, desde já discordo do seu ponto de vista, de sua atitude, de seu procedimento. Com certeza, essa era a essência do lema grego em todos os tempos.* Discordar, discordar sempre. Além disso, intrigar, instigar, brigar e lutar sempre que possível. Nós, os ocidentais, nesse particular herdamos muito dele.! Muito, mesmo! Vale a pena refletir sobre esse aspecto muito particular.

A elite grega, o seu vértice, só se sentia "feliz" e "realizada" se fosse testada (e se se testasse) permanentemente. Nesse contexto, tinha que se provocar o risco de morte, de banimento, o desconforto, a ansiedade até para o mais justo dos homens. Mais que justiça, o prazer subconsciente de acusar nas assembleias e das discussões vivenciadas nas ágoras refletia-se em colocar o maior número possível de pessoas contra a parede, de tal forma que se pudesse "avaliar" sempre a inteligência/existência/sobrevivência da pessoa acusada. Essa propriedade *"do desestabilizar sempre"* realmente constituía um dos maiores "complicadores" da inteligência grega.

A morte de Sócrates (aliás, suicídio, numa leitura correta) confirma essa hipótese. Essa filosofia terrivelmente "acusatória" buscando colocar as pessoas "contra o muro" para em seguida assistir ao teatro de luta pela sua própria inocentação, era quase um espetáculo circense. A luta pela sobrevivência e para a defesa de sua honestidade, do indivíduo "acuado" magoou Sócrates ao limite. Ele materializou esse desencanto com o que considerava a sua mais sublime revolta – ao seu próprio entendimento – a *morte*! Mas, mesmo dentro dessas condições, a exacerbação do comando e a agitação política das elites evitavam, na medida do possível, que as disputas entre os hoplitas rivais e as "vedetes" discursivas das ágoras respeitassem ao máximo a *pax* comunitária no campo. Assim, agitavam-se ao mesmo tempo os penachos rubros de sangue dos guerreiros e o dourado dos trigais – ambos a balançar suavemente com as brisas e os ventos do mar Egeu. *A mensagem era clara: enquanto a espada cortava, a enxada carpia. Ou seja, buscando não desestabilizar o processo comunitário. Os gregos não eram ingênuos. O trigo, o azeite, o vinho, o assado de carneiro também eram relevantes.*

Entretanto, em algumas situações a *pax* comunitária foi agredida seriamente na Antiguidade: nas lutas dos romanos contra os hebreus, onde cerca de um milhão de pessoas foram mortas e nas campanhas assassinas de Júlio César na Gália (em busca do milenar ouro celta) e nas ações sórdidas do reino assírio. Aliás, os vértices do poder, muitas vezes frios e cínicos com relação ao povo, reconheceriam a contragosto que *agredir as comunidades sistematicamente poderia, no futuro, traduzir-se como uma agressão a eles próprios.*

A pax *romana no futuro alicerçou-se em centenas de milhares de mortos, mutilados e humilhados. A* pax *romana deveria ser também lembrada como a* pax *sangrenta da Legião/dos pretorianos/do Coliseu. Dessa forma estaríamos bem mais próximos da verdade. Nenhuma delas foi mais interessante que a* pax *comunitária. A* pax cretensis, *instigante sob vários aspectos, sequer se aproximou da consistência da* pax *comunitária. A* pax cretensis *era uma paz armada (dissimulada, sagaz, determinada e, a meu ver, também falsa), apesar de sua busca "persistente" e "consistente" de uma harmonia operacional arquitetada. A* pax *comunitária, uma paz amada.*

Muita excitação, figuração e jogos de poder no vértice ao lado de maravilhosa e permanente disciplina e trabalhosas realizações no campo, sempre! De todos os povos da Antiguidade, *os assírios foram aqueles que mais se sentiram duramente incomodados pela* pax *comunitária.* De fato, perceberam que a comunidade, com certeza, "os desprezava" da mesma forma que o fizeram com as elites da Suméria e da Babilônia. Os assírios, entretanto, jamais perdoariam essa indiferença, esse desprezo comunitário e, como consequência (e de modo inédito na história da Antiguidade) retalharam e retaliaram de forma selvagem essas populações campesinas mutilando-as, matando e deportando populações inteiras para locais bem distantes de suas regiões de origem, com longas marchas dolorosas, vergonhosas e opressoras. A riqueza arqueológica de seus vestígios – impressionante quando comparada a de outras culturas – de certa forma nos "anestesia" em relação às atrocidades por eles cometidas. Coleções riquíssimas de tablitas, obras de arte e outras riquezas arqueológicas assírias, códigos etc. jamais poderão sombrear o horror transbordado por esse povo na Antiguidade. Os assírios, verdadeiras bestas humanas, flagelo da Antiguidade, foram os inspiradores (ou precursores) de Gengis Khan, Hitler, Stalin e Pol Pot. Quase todos eles e alguns de seus colaboradores iriam pagar um preço alto face ao testemunho da história. Nem tudo eram rosas!

A maior criação, a maior de todas, do Homo ajustandi, *foi a* comunidade, *cujos pilares fundamentais são representados pela solidariedade e a autossustentação, conjugando com notável habilidade um rico elenco de fatores de provocação. Ela persiste até os dias de hoje. De certa forma pode e deve ser entendida como o maior escudo protetor da humanidade. É uma pena que tão poucos se preocupem com ela em todos os seus aspectos. A comunidade é, e será sempre, a melhor amiga da sociedade. Ela será sempre a única estrutura a resistir às loucuras da besta humana e das terríveis agressões da mãe natureza. Ela sempre renascerá, seja qual for o horror dos tempos, de ontem, de hoje e de amanhã.*

A comunidade, sucedendo-se ao caçador-coletor, consolidou o conceito de família, aperfeiçoou (ou complicou?) a interação com Deus e seus mistérios, inventou a agricultura e a pecuária domésticas, a irrigação, o comércio e cuidou da sustentabilidade como ninguém o fez e o faz nos dias de hoje e, se tudo isso ainda não bastasse, foi dela que Jesus nasceu. De forma indiscutível, a maior presença humana na história do homem. A polis, uma presença perversa, iria sombrear de forma preocupante todo um processo de sustentabilidade trabalhado e aperfeiçoado cuidadosamente pelo homem durante milênios. Frequentemente falsa, má, mentirosa, a polis iria garrotear comunidades na sua área de presença, marchando muitas vezes com o vermelho do sangue as águas claras dos empreendimentos de irrigação. De modo cínico iria colocar ao correr da história os Sócrates, os Aristóteles, os Platões, os Cíceros para (tentar) ajustar os intermináveis desequilíbrios por ela mesma gerados. Os filósofos gregos também podem ser entendidos como "ajustadores" dos desmandos das polis. A polis cobrou um preço altíssimo pelos serviços da estocagem de excedentes que iria providenciar e gerir para as comunidades!

Por último, vale uma reflexão sobre sustentabilidade. Trata-se de uma palavra praticamente sem antônimo e não achando esse "contrário", criei-o: "desraizar". Pois bem, ao correr da história a comunidade bem enraizou, ou seja, sustentabilizou. A polis quase sempre "desraizou", dessustentabilizou, gerando heranças perversas para a posteridade. É uma pena, pois a atitude da comunidade foi totalmente diversa desse procedimento.

CAPÍTULO 9

GRADAÇÃO COMUNITÁRIA E COMUNIDADES DIFERENCIADAS NA ANTIGUIDADE

A agricultura não foi "inventada" por uma pessoa em repentino rasgo de genialidade. Grupos de caçadores perceberam que sementes germinavam quando jogadas na terra. A passagem do estilo de vida caçador-coletor para o baseado na agricultora e pecuária se deu de forma independente, em diferentes culturas, em diferentes partes do mundo. Ela foi motivada pela mudança climática e significou um passo à frente para a humanidade – a civilização como a conhecemos hoje é consequência das mudanças ocorridas cerca de 12 mil anos atrás.

Na região conhecida como "Crescente Fértil", que inclui Turquia, Síria e Iraque, povos conseguiram domesticar cabras, carneiros e porcos vivendo próximos a rebanhos selvagens e controlando seus movimentos. Plantas silvestres foram progressivamente cuidadas, colhidas e semeadas. O trigo einkorn foi o primeiro cereal domesticado, no Crescente Fértil. As mudanças genéticas provocadas pela domesticação nas gramíneas e nos animais ocorreram em período relativamente curto. A agricultura primitiva se desenvolveu, entre outros lugares, em Göbekli Tepe, Jericó, Çatal Hüyük e 'Ain Ghazal. Em Abu Hureyra, vale do Eufrates, atual Síria, pequeno agrupamento de caçadores-coletores transformou-se em compacta comunidade agrária de casas de tijolos de barro separadas por quintais e vielas. À medida que o clima se tornava mais seco e escasseavam as plantas que colhiam, o grupo começou a cultivar o centeio. Também continuaram a caçar gazelas e criar ovelhas. Análises de ossos revelam que o número de ovelhas domesticadas ultrapassou gradualmente o de animais selvagens, e cereais triturados passaram a fazer parte da dieta. Em Göbekli Tepe, Turquia, foram descobertas ruínas provavelmente dos primeiros templos de pedra, datadas de 9000 a.C. A comunidade estava prestes a se tornar vila permanente, com estruturado sistema de crenças.

(Hart-Davis, 2009:34)

A comunidade representa um dos desenhos mais misteriosos da inteligência humana. Isso porque é estruturada para ser autossustentada e também, sempre que possível, bem conviver com a natureza e com seus vizinhos. Convivência com consistência. A solidariedade entre seus integrantes faz parte da sua química social e econômica. Essas, as suas grandes premissas vivenciais! *Trata-se de uma configuração muito especial, pois perderá a sua "liberdade" à medida que o seu sucesso cresça sistematicamente.* A propósito, o período que se estende de 20000 a.C. até 1200 a.C. será denominado neste livro de Grande Antiguidade, como já referido. *A grande rainha desses quase 20 mil anos de história foi a comunidade. A real senhora do tempo.*

PROCESSO DE GRADAÇÃO COMUNITÁRIA

Pode-se visualizar comunidade como uma reunião permanente de pessoas com um objetivo comum (ou leque de objetivos comuns) e fortes laços de solidariedade, visando autossustentação, bem-estar e qualidade de vida. Denominaremos essas características de condicionamento comunitário.

É óbvio que pessoas se reúnem em comunidades pela circunstância concreta de que *o grupo ali organizado produzirá sempre as melhores condições de sustentabilidade, bem-estar e qualidade de vida possíveis.* Deve-se ressaltar que a comunidade (aliás, uma reunião de grupos e famílias) é uma das mais antigas construções sociais do homem – permanecendo absolutamente presente como configuração mandatória de convivência, juntamente com sua molécula básica, a família, tanto no meio urbano quanto no rural, e respeitando sempre o indivíduo de modo geral.

Apesar de a comunidade poder ser entendida como um somatório de famílias e indivíduos, pode-se afirmar que em muitos casos a sobrevivência de ambos seria impraticável caso não estivessem inseridas de forma organizada, disciplinada e solidária nessa arte de convivência permanente. Hoje, no alvorecer do terceiro milênio, a *comunidade* está mais viva do que nunca, seja no plano humano, regional, setorial, digital etc. Vale registrar também que determinadas configurações originais ainda presentes na África e na Amazônia são, na visão de estudiosos, em inúmeros aspectos, idênticas às relacionadas às suas origens há 10 mil anos. Aliás, comunidades primitivas vivendo no mundo atual constituem um rico repositório de informações e arranjos comportamentais importantíssimos para mergulharmos no túnel do tempo, com cautela e disciplinamento metodológico. *Um casulo de preservação temporal de imenso interesse. Mundos encapsulados! Um laboratório riquíssimo para os antropólogos.*

Em questões abordadas anteriormente sublinhei que a comunidade sofre um processo de gradação (evolução e até mesmo regressão em determinadas situações) em decorrência da sua capacidade de produzir (ou não) excedentes trocáveis ou comercializáveis. Iniciarei minhas observações a partir de uma *comunidade* já estabelecida, autossustentada, solidária, mas ainda sem produzir excedentes. Trata-se de uma comunidade aqui definida como C1.

A configuração C2 corresponderia à situação em que já ocorreriam excedentes (ainda tímidos) que seriam trocados com outras comunidades vizinhas. A configuração C3 quando já se constata a presença de excedentes que os vizinhos não são capazes de absorver. Essa troca além-vizinhança dará origem ao que se poderia denominar de comércio. A configuração C4 estará presente quando o comércio não esgota instantaneamente (ou num prazo curto) todo o volume de excedentes realizado, surgindo circunstâncias em que não é possível o escoamento/destinação através dessa colocação além-vizinhança. Seja qual for a razão (inexistência de silos/depósitos, insegurança etc.) esses estoques não comercializados serão direcionados para uma estrutura-vértice que, sob determinadas condições, providencia ações de proteção, transporte, destinação final dos produtos. Aí surge a cidade comunitária! Talvez Jericó tenha se constituído na primeira manifestação dessas novas estruturações, ou seja, um desenho C4. Já lá se vão 10 mil anos!

À medida que esse processo de cidade comunitária se adensa surgiriam como consequência estruturas centrais de administração que, ao persistir o fenômeno, se transformarão em cidades-governo (polis), Estados, nações etc. Com certeza, tanto a Suméria quanto o Egito resultaram dessa gradação comunitária, evoluindo através de todos os estágios. Na medida em que o sucesso das culturas irrigadas não permitiu mais o *escoamento do excedente do excedente do excedente* as respectivas configurações C4 iriam dar a partida histórica a esses dois grandes reinos. Haveria que se administrar o sucesso, o êxito! Necessariamente. Regredir, jamais! Nem pensar!

A Suméria, inserida na Mesopotâmia, iria conviver com um regime hídrico generoso, porém indisciplinado e, ocasionalmente, bem traiçoeiro. O Egito, ao contrário, com águas generosas e quase sempre serenas e bem-comportadas. Os egípcios durante sua existência na Antiguidade iriam perseguir a harmonia e a tranquilidade: a civilização cordial. Na Ásia labutavam as comunidades ditas mesopotâmicas e entre elas, como um enclave diferenciado, as sumerianas. As polis sumerianas adentraram a história num primeiro momento com muito mais força do que as egípcias. Elas foram necessárias porque, de fato, facilitaram o desenvolvimento das comunidades na sua área de influência e pela prestação de serviços (produzida pela polis) com relação ao equacionamento de toda uma gama de serviços para a acomodação de excedentes agrícolas, diminuiu-se o estresse e a ansiedade de cada vila rural, pois esses não temeriam mais a perda ou o descaminho de seus estoques. A produtividade em determinadas situações era espetacular nas áreas de influência direta do Tigre e do Eufrates. O que as comunidades não perceberam é que iriam pagar um preço muito alto por essa relativa tranquilidade logística. Esperar, apenas esperar para ver acontecer.

Sem dúvida alguma, essa tranquilidade logística, aqui entendida no seu espectro mais amplo, iria sangrar econômica, financeira e socialmente – algumas vezes com muita dor – as comunidades em inúmeros aspectos, ao longo dos milênios que se seguiriam. Muitas das nações manejaram excedentes expressivos e galgaram, logicamente, todos os estágios fundamentais: C1; C2; C3 e C4. A mais sábia de todas, na minha leitura estratégica, foi a do Egito. Buscaremos apresentar em sequência comunidades em vários estágios de condicionamento C1.

Entretanto, antes de entrar nesse tema específico, vale ressaltar que a Índia e a China realizaram soluções muito similares às verificadas nos vales do Tigre, Eufrates e Nilo. Todos, por meio de viajantes e comerciantes de longo curso, devem ter trocado entre si informações e ensinamentos valiosos em muitas ocasiões e, provavelmente de modo muito intenso. Vale observar que neste livro focarei apenas as raízes estratégicas do Ocidente. No futuro quando resolver enfrentar as raízes estratégicas do Oriente (projeto esse já parcialmente abordado no tocante ao Japão em uma de minhas publicações, *Konosuke Matsushita, o senhor do tempo*) abordarei as civilizações fluviais orientais com o mesmo disciplinamento estratégico que estou utilizando agora.

A COMUNIDADE DO EGEU

Comunidades com dominância da presença grega habitando montanhas, ilhas e colônias (aqui denominadas no seu conjunto de comunidades do Egeu) desempenharam papel de singular relevância no enriquecimento vivencial de outras regiões da Antiguidade. A propósito, Steve Olson em *A história da humanidade* ressalta vários aspectos desse "espalhamento Egeu" pela sua competência comunitária e de modo admirável. Provavelmente a comunidade da caverna de Atenas representava uma configuração C1.

A CAVERNA DE ATENAS

De acordo com o que se sabe atualmente, a agricultura na Europa começou onde hoje é a Grécia, há cerca de 9 mil anos. Do lado de fora de uma caverna, não muito longe de Atenas, as pessoas estavam plantando trigo e cevada, e criando vacas, carneiros e porcos. Estes primeiros fazendeiros podem ter domesticado algumas plantas e animais locais, mas outros certamente foram importados do Oriente Médio. A partir dessa cabeça-de-ponte, a agricultura se expandiu para a Europa em duas direções. Grupos de agricultores – ou pelo menos a ideia da agricultura – viajaram para oeste ao longo da costa do Mediterrâneo. Há 7 mil anos, comunidades agrícolas haviam surgido na península italiana, na Síria, em Creta e até no litoral da França e da Espanha.

A POLARIZAÇÃO DO NORTE DA GRÉCIA

Uma expansão ainda mais rápida teve lugar ao norte da Grécia. A partir dos vales dos rios dos Balcãs, as comunidades agrícolas se espalharam para o norte ao longo das grandes bacias fluviais da Europa central. Há 7 mil anos, a agricultura era praticada em um grande arco que se estendia da Grécia ao centro da Alemanha. Os primeiros agricultores da Europa central plantavam no loesse, o solo fácil de arar criado pelo atrito das geleiras do norte e transportado pelo vento para as planícies do centro da Europa. Estas populações frequentemente viviam em terraços próximos dos rios, onde tinham ao mesmo tempo acesso à água e terrenos planos para plantar.[83]

Ao correr do seu texto, Olson enfatiza a presença da cultura da cerâmica linear e o seu espalhamento em várias áreas da Europa, além da construção dos totens e a progressiva extinção dos caçadores-coletores. Acrescenta ainda uma visão abrangente da introdução da agricultura na Grécia, proveniente do Oriente Médio, há cerca de 9 mil anos, destacando a convivência de caçadores-coletores clássicos com grupos de caçadores-coletores que já iniciavam o processo de plantio.

O FATOR GRÉCIA: UMA AÇÃO PRECURSORA

A agricultura foi introduzida na Grécia, por populações provenientes do Oriente Médio, há cerca de 9 mil anos, e se propagou para o resto da Europa em dois grandes arcos: um ao norte, ao longo dos vales dos rios centrais, e outro ao sul, acompanhando a costa do Mediterrâneo. Por volta de 7 mil anos atrás, uma fronteira era claramente visível na Europa ocidental. A leste estavam agricultores e bandos esparsos de caçadores-coletores; a oeste estavam caçadores-coletores que, quando começaram a plantar, também construíram imensos megálitos.[83]

É de absoluta relevância sublinhar que determinadas comunidades agrícolas em determinadas situações ao produzirem excedentes, além de trocas singelas com comunidades vizinhas, homenagearam a si próprias com a edificação de totens. Havia força de trabalho disponível, bem alimentada para realizar tal empreitada, bem diversa das atividades agrícolas. Mais à frente, quando as comunidades agrícolas construíram cidades comunitárias com a utilização da mão de obra disponível (voluntária?) no campo – para manejar os excedentes agrícolas – estavam provocando o surgimento das futuras polis.

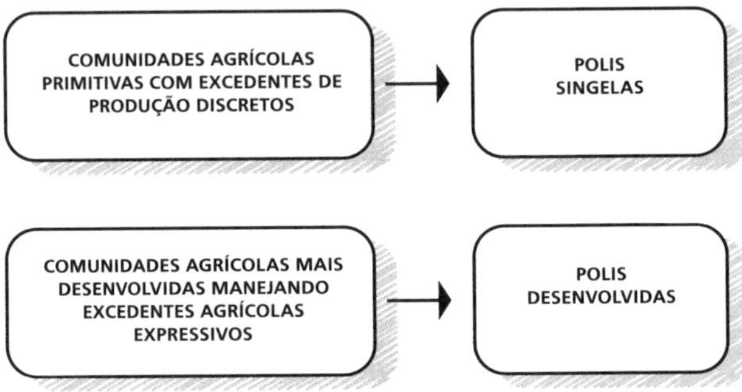

Figura 7. Provocando o surgimento da polis

Enfim, o excedente agrícola iria buscar sempre que possível utilizar pedras para a construção de seus depósitos (paióis). A sedução da durabilidade. Resistente ao fogo, à água e, eventualmente, aos ataques dos inimigos. Desde as figuras inanimadas dos totens até as muralhas nas polis. A pedra era um objeto de desejo imenso para trabalho comunitário, solidário ou então contratado/ordenado pelos vértices de poder.

AS COMUNIDADES NILÓTICAS

Muito antes dos grandes faraós com suas pirâmides, templos, cidades, túmulos e fortalezas majestosas, a presença de comunidades autossustentadas e solidárias às margens e no delta do rio Nilo já constituía uma realidade plena. Essas comunidades iriam ser dependentes das águas quase sempre generosas e bem disciplinadas do rio Nilo. Esse fenômeno gerou uma gradação comunitária consistente – C1, C2, C3 –

conduzindo "grupos" de comunidades ao estágio C4, provocando o surgimento das grandes cidades, e dos governos.

Com relação a essas comunidades nilóticas deve-se observar o registro de Jon Manchip White em *O Egito antigo*, em que são alinhadas inúmeras de suas características e de seus integrantes.

O vale do Nilo: a estrutura central da sustentação das comunidades

O Egito era, na realidade, o rio Nilo. Tratava-se de um estreito tapete de terra encerrado dentro de uma região rochosa. Os habitantes do vale viviam em grupos no seu tapete mágico, que lhes fora aberto por deuses benevolentes no início do mundo; e esses habitantes, ciosos do seu mundo, tudo faziam para não se afastarem muito do seu privilégio tapete. Quem seria tão estúpido a ponto de abandonar aquele feliz vale, protegido pelos deuses, para se ir perder nas regiões desoladas do Sinai ou do Saara?

Defesas naturais

Na verdade, poucos motivos tinham para se aventurarem para lá das próprias terras. Se as montanhas que os rodeavam formavam uma barreira difícil de transporte, constituíam também uma formidável proteção natural. A terra do Egito era um refúgio abençoado, "um raro e enorme oásis, um jardim no meio do mato". O sol brilhava sempre com um calor suave e um resplendor quase sempre igual. O imenso rio espelhava as suas águas sobre os campos e as plantações durante mais de 100 dias em cada ano, adubando o solo com alimento que trazia das terras da Abissínia. O solo do Egito era tão fértil em qualidade e tão escuro de cor que os antigos egípcios chamavam ao seu país *Kement*, a *Terra Negra*, para diferenciá-la da *Terra Vermelha*, o árido deserto que os rodeava.

A água maternal

Os antigos egípcios viviam nas margens do rio. Nasciam, viviam e morriam à borda daquela maternal expansão de água que enchia de maravilha e de espanto todo viajante que vinha de terras distantes. O Nilo não só lhes dava sustento diário como os agrupava numa poderosa nação. Era a estrada que unia as terras rochosas da extremidade inferior do loto com as férteis e ricas terras do delta, onde o rio, subitamente, se separava e fragmentava em milhares de filamentos antes de, através de pântanos, alcançar o mar.

O Alto Egito, o Baixo Egito e as confederações de tribos

As terras altas (na zona inferior do mapa) foram primeiramente conhecidas pelo nome de reino do Alto Egito; enquanto o delta, cujos limites começavam a dez milhas da antiga Mênfis, era conhecido pelo nome de reino do Baixo Egito. Os dois reinos existiam, de início, como duas confederações de tribos, separação essa que durou mais de mil anos; mas era inevitável que, com o aumento crescente da população, essas confederações se viessem a juntar, o que se deu pouco depois do ano 3000 a. C., ligeiramente antes do início da Primeira Dinastia.

Macroíndoles

Todavia, cada um desses reinos continuou mantendo a sua própria individualidade. Os habitantes do Alto Egito, onde o terreno era acidentado e severo, tendiam para ser duros e bastantes austeros. Os homens do Baixo Egito, por outro lado, eram benevolentes e despreocupados; viviam em terras ricas e plácidas, a pouca distância das regiões mais cultivadas do Mediterrâneo oriental.

O tecido comunitário

Até um período relativamente avançado da história do Egito, os próprios habitantes do delta tinham apenas um contato muito limitado com o mundo exterior. É verdade que houvera sempre um comércio de importação de azeite, madeira e joias de nações mais civilizadas como a Síria, a Fenícia e Creta; mas o comércio com países mais atrasados, como o Sudão e a Núbia, também era bastante extenso. De qualquer modo, as transações com nações estrangeiras eram, quase inteiramente, um privilégio real e, assim, tinham um impacto cultural muito limitado.

Isolamento e determinação

Desde o começo da sua história, o povo do Egito manifestou um hábito notório de ficar "em clãs", de se limitar às suas fronteiras naturais. Apresentara sempre uma curiosidade muito menor acerca dos seus vizinhos do que estes por ele. Assim, apesar dos habitantes do Alto Egito serem muito diferentes dos do Baixo Egito, todos eles eram, aos olhos dos estrangeiros, exatamente iguais e diferenciáveis dos cidadãos de qualquer outro país. A verdade é que os egípcios foram, desde as suas origens, isolados do resto do mundo. Haviam criado o seu próprio padrão de vida sem qualquer consideração quanto às outras sociedades do planeta e, assim, constituíam um caso separado e alheio aos outros povos.

UM MUNDO PACÍFICO

Não eram agressivos; contentavam-se com a relação pacífica do seu esplendoroso vale. Sentindo-se seguros, puderam adquirir uma sensata e estável atitude para as dificuldades da vida. A calma e a sabedoria são frutos da meditação que não é perturbada, e os antigos egípcios possuíam, sem a menor dúvida, um elevado grau de serenidade e sabedoria. O egiptólogo J. A. Wilson refere-se ao "sentido de confiança", certeza e predestinação especial na vida dos egípcios da Antiguidade, falando também da "característica e bem disposta urbanidade" do seu modo de vida (*The Burden of Egypt*). Outro erudito, Sabatino Moscati, contrasta o temperamento egípcio, que era tão franco e aberto, com o estado crônico de terror mental em que os habitantes da Mesopotâmia sempre viveram. Menciona "a alegria e a prosperidade" dos egípcios, "a sua atitude otimista para com a vida, o seu gosto pelo riso e pela brincadeira, coisas desconhecidas dos outros povos do antigo Oriente" (*The Face of the Ancient Orient*).

ALEGRIA E BOM HUMOR

A velha noção de que os egípcios eram solenes e melancólicos, como as figuras dos seus monumentos, sempre em atitudes fixas e rígidas, é totalmente falsa e não tem a menor justificação. Só num plano superficial é que os afrescos e os baixo-relevos do Egito da Antiguidade parecem ser frígidos e formais. Quem os observar com mais atenção descobrirá que quase sempre possuem uma série de pormenores que denunciam um irresistível sentido humorístico. Conforme Pierre Montent, um dos mais famosos egiptólogos, disse: "já não nos é possível aceitar a imagem dos egípcios como sendo uma horda de escravos, impotentes ante os caprichos de um impiedoso faraó e dos ávidos e brutais sacerdotes. Para o egípcio médio, os bons momentos eram em bem maior número do que os maus" (*Everyday Life in Egypt in the Days of Rameses the Great*).[112]

É quase certo que as comunidades nilotas da Antiguidade tenham sido das mais felizes entre todas. Autossustentadas e bem governadas, transformaram o destino em futuro próspero. Discretas, disciplinadas, metódicas, parceiras, solidárias e supertrabalhadoras.

AS COMUNIDADES DO ORIENTE PRÓXIMO E DA MESOPOTÂMIA

As comunidades mesopotâmicas e outras nas suas áreas de influência não iriam contar com o disciplinamento e a gentileza do rio Nilo. O Tigre e o Eufrates poderiam ser bastante traiçoeiros sob o ponto de vista agrícola. E o foram em muitas ocasiões, danificando canais, represas e provocando desabamentos e inundações. Apesar de seus desenhos ocasionalmente perversos iriam também produzir excedentes agrícolas, mas inseridos em um sistema muito mais complexo do que o do Egito. A impressão que se tem da Mesopotâmia é que nela não se processavam parcerias, leques de solidariedade, e sim feixes de ódio e inveja bem administrados. Sempre!

Entretanto, aliando várias circunstâncias positivas e atuando em grupo – ao lado de uma razoável isotropia cultural presente no contexto regional – evoluiriam para o atingimento das comunidades nível C4 de modo muito intenso produzindo-se em sequência os governos da Suméria, Babilônia, Assíria e Nova Babilônia, entre outros.

Alguns aspectos fundamentais sobre o mundo comunitário mesopotâmico estão abordados na obra de Stuart Piggott: *A Europa antiga*.

A GRANDE DOMESTICAÇÃO DE PLANTAS E ANIMAIS

> Se agora voltarmos ao Oriente Próximo, podemos rever as provas da iniciação local da domesticação de animais e do cultivo das plantas. Como disse, criar ovelhas e cabras num rebanho parece, segundo os dados existentes, o primeiro passo dado para sair de uma economia exclusivamente de caçadores e recoletores. No norte do Iraque, o sítio de Sawi Chemi Shanidar, com vestígios de cabanas semipermanentes, ovais ou circulares, implicando talvez a existência de ocupação intermitente e transitória, e com uma indústria de sílices e pedras incluindo pesados machados de pedra polida, é de grande importância. Embora os mais antigos resíduos das cavernas próximas mostrem que as cabras selvagens eram três vezes mais comuns que as ovelhas, os ossos animais, existentes no local, apenas incluem um pequeno número de cabras selvagens, mas grande quantidade de ovelhas, das quais 60% são crias: isto implica a organização seletiva dos rebanhos e a matança de grande parte das crias, para alimentação e aproveitamento das peles, antes do fim do ano. A datação por radiocarbono para este local é de cerca de 9000 a.C.; esta é, por enquanto, a nossa data mais remota para a domesticação animal, há 11 mil anos, aproximadamente. Parece ter existido uma situação similar na costa romena do mar Negro, na caverna de La Adam, na Dobrogea. Aqui existe uma enorme série de depósitos estratificados, remontando ao início do último período glaciar e nestes níveis pleistocênicos encontram-se ovelhas selvagens. Nos depósitos pós-glaciares, num contexto mesolítico, observa-se um aumento da percentagem de

ovelhas relativamente aos outros animais, com o predomínio de animais jovens, tal como no Iraque. Infelizmente, não há qualquer prova direta da cronologia e o mesmo se aplica a locais no sul e ocidente de França, onde se tem observado uma associação similar de ovelhas ou cabras, com culturas pós-glaciares, do tipo mesolítico recente.

COMUNIDADES PALESTINAS

No Oriente Próximo temos seguidamente, numa data por volta de 8850 a.C., fornecida por radiocarbono, comunidades da Palestina que, embora não domesticassem animais e tivessem a sua economia baseada na caça à gazela, usavam, todavia, facas com lâminas de sílices ou foices retas com que cortavam algumas ervas, que naturalmente seriam algum cereal silvestre ou cultivado. Estes povos natufienses viviam em grutas ou (como em Eynan ou Nahal Oren) em acampamentos de ar livre com casas ovais ou circulares que podiam atingir cerca de 25 pés de diâmetro, em parte enterradas no chão, com paredes de estuque pintadas de vermelho e polidas.

JERICÓ: MUITO À FRENTE DE SEU TEMPO

Na famosa estação de Jericó, um estabelecimento e, provavelmente, um santuário destes povos, constituiu a primeira ocupação do local, seguida esta por uma longa série de fases subsequentes, usando tijolos de barro, tendo as cabanas forma oval, com um só compartimento; mais tarde construiriam casas retangulares com muitos quartos; as casas ovais têm as suas congêneres em Nahal Oren. O equipamento material dos habitantes incluía utensílios de pedra e de sílice, tigelas e pratos de pedra, mós manuais e foices, mas não cerâmica. Nas últimas fases domesticaram-se as cabras e cultivaram-se cereais; numa data anterior a 7000 a.C. o estabelecimento, avaliado em dez acres de superfície, foi rodeado por uma muralha com torres defensivas de 30 pés de altura. A característica mais notória foi a modelagem, em argila, de rostos dos vivos, sobre crânios humanos: são os mais antigos retratos humanos individuais. Esta primeira cultura neolítica pré-cerâmica descrita em pormenor continuou pelo menos até 6000 a.C., na estação de Jericó. Culturas análogas estão representadas no Iraque, por exemplo em Jarmo, e em outras áreas, tais como a Anatólia e Chipre; foram necessariamente a base do desenvolvimento das subsequentes economias agrícolas (e mais tarde urbanas) do Crescente Fértil.

Antigas comunidades europeias avançadas

A Europa entrou também no âmbito destas primeiras comunidades agrícolas que não fabricaram cerâmica. Em Argissa, perto de Larissa, na Tessália, o nível mais profundo de ocupação, num "tell" pré-histórico, *mostra ter sido ocupado por um povo que cultivava o trigo e a cevada, o linho e, provavelmente, o grão miúdo; as ovelhas constituíam 84% dos animais domésticos, seguidas pelos porcos numa percentagem de 10%, e 5% para gado bovino; o cão também era domesticado.* Havia utensílios de sílice, obsidiana e pedra; as casas eram, provavelmente, feitas de uma estrutura de madeira e com paredes de adobe; mas não se fabricava cerâmica. O sítio dificilmente será único e o norte da Grécia e os Balcãs devem ser considerados como a fronteira ocidental para estes primeiros estabelecimentos agrícolas. Infelizmente ainda não se obtiveram datas por radiocarbono para Argissa, mas as datas de que dispomos para outros sítios sugerem que se deve situar anteriormente a 6000 a.C.. à estação de Nea Nikomedeia, na Macedônia, de um estádio arqueológico subsequente ao de Argissa (com a presença da cerâmica), o radiocarbono atribui a data de 6220 a.C., aproximadamente.

Comunidades mesopotâmicas e seus transbordamentos culturais

Na Mesopotâmia, a primeira prova que temos de gado bovino domesticado apareceu num contexto de cerca de 5000 a.C.. Mas estes não são obrigatoriamente os primeiros. Por esta altura temos, desde a Anatólia e o Levante, em direção à Pérsia e Turcomânia, uma implantação bem estabelecida de unidades agrícolas, com aldeias e pequenas cidades com edifícios de paredes de taipa ou de adobe, formando agrupamentos permanentes, mantidos por um sistema agrícola suficientemente desenvolvido para evitar qualquer mudança de população devido à temporária exaustão da terra. Os níveis sucessivos de ocupação no mesmo local formam os familiares "tells" resultantes da acumulação de restos das paredes de taipa e, eventualmente, de depósitos trazidos pelo vento. Há fortes indícios, por tradição que já eram antigas quando foram registradas por escrito, por volta do terceiro milênio, na Suméria e do segundo, na Anatólia, que estes agrupamentos eram resultado de um sistema social que tinha chefes ou governantes eleitos, uma assembleia de anciãos e um corpo de cidadão livres. A forma de despotismo oriental típico das primeiras civilizações letradas não pode ser original, mas resultado de um desenvolvimento relativamente tardio.

Modelagem operacional consistente

Os dados arqueológicos mostram que este tipo de estabelecimentos, próprios de agricultores que usavam instrumentos de pedra, estava largamente enraizado na Europa Oriental, por

> *volta de 5000 a.C.*; uma vez fixado, havia de formar um modelo durável e consistente, durante uns 3 mil anos. O norte da Grécia e os Balcãs, as grandes planícies danubiana e húngara, a Transilvânia e a região a norte desta até a Eslováquia – esta vasta área era, com efeito, uma província oriental das culturas agrícolas do Oriente Próximo. As inovações tecnológicas da Mesopotâmia, incluindo a invenção da escrita e o desenvolvimento da metalurgia do cobre e do bronze, contribuíram para o aparecimento da civilização sumero-acádica, mas na periferia, quer na Turcomânia, quer na Bulgária, as sociedades conservadoras continuaram a viver como até então, ainda iletradas, e só tardiamente evoluíram para o uso do cobre.[87]

Mas, apesar da ausência do cobre, ou a chegada tardia do mesmo, nada impediu que desenvolvessem um mundo (e um modo) de viver autossustentado e, com certeza, produzindo também eventuais (ou sistemáticos) excedentes agrícolas, provocadores e geradores do bom comércio.

AS COMUNIDADES DO VALE DO DANÚBIO

Pesquisas recentes indicam que no vale do Danúbio ocorreram soluções comunitárias muito inteligentes, não ficando nada a dever às congêneres mesopotâmicas e egípcias. Como organizações comunitárias, ainda distantes de um *"governo central forte"* deverão ter sido das mais importantes da história. Ao largo do interesse pela Mesopotâmia, Egito grandioso, Creta misteriosa e gregos densos, essa manifestação foi deixada de lado pelos observadores da Antiguidade como, por exemplo, Heródoto, mas nem por isso menos importante.

Artigo do jornal *The New York Times*, reproduzido a seguir, destaca alguns aspectos notáveis relativos a essas manifestações. Suspeitamos que ainda não se realizou uma obra extensa sobre essas provocadoras comunidades, cuja importância foi inconteste e que – de forma direta ou indireta – deve ter influenciado em muito o desenvolvimento de outras regiões, não necessariamente adjacentes.

A perenidade dos grandes monumentos egípcios, as contribuições seminais dos povos mesopotâmicos e a genialidade da cultura grega aliados à rarefação de vestígios arqueológicos quando comparados a outras manifestações, com certeza, abafaram o desenvolvimento sistemático de um maior número de pesquisas em outras regiões, razão pela qual buscar-se-á incluir o registro dos pesquisadores envolvidos em tema tão rico. Enfim, teria ocorrido uma conexão permanente desses povos com os gregos, Creta e os hititas, por exemplo? Enfim, com certeza, a habilidade com que trabalhavam o ouro deve ter despertado imenso interesse em toda a Antiguidade.

As comunidades do Baixo Danúbio

Antes da glória de Grécia e Roma, e até mesmo antes das primeiras cidades da Mesopotâmia ou dos templos ao longo do Nilo, havia no vale do Baixo Danúbio e ao pé das montanhas dos Balcãs um povo à frente de seu tempo na arte, tecnologia e no comércio de longa distância.

Comunidades com duas mil residências

Por 1,5 mil anos, começando antes de 5000 a.C., eles cultivaram e construíram cidades de tamanho considerável, algumas com até duas mil residências. Eles dominavam a fundição de cobre em larga escala, a nova tecnologia da era. Em seus túmulos foram encontrados uma gama impressionante de adereços de cabeça e colares e, em um cemitério, a mais antiga grande coleção de artefatos de ouro do mundo.

Linguagem visual

Os desenhos marcantes de sua cerâmica revelam o refinamento da linguagem visual da cultura. Até descobertas recentes, os artefatos mais intrigantes eram figuras onipresentes de "deusas" de terracota, originalmente interpretadas como evidência do poder espiritual e político das mulheres da sociedade.

Velha Europa

Segundo arqueólogos e historiadores, a nova pesquisa ampliou a compreensão dessa cultura há muito tempo ignorada, e que parece ter se aproximado do limiar do *status* de "civilização". A escrita ainda não havia sido inventada e ninguém sabe como o povo se chamava. Para alguns acadêmicos, o povo e a região são simplesmente a Velha Europa. A cultura pouco conhecida está sendo resgatada da obscuridade em uma exposição, "O Mundo Perdido da Velha Europa: o vale do Danúbio, 5000-3500 a.C.", que foi inaugurada em novembro de 2009 no Instituto para o Estudo do Mundo Antigo da Universidade de Nova York. Mais de 250 artefatos de museus da Bulgária,

Moldávia e Romênia estão expostos pela primeira vez nos Estados Unidos. A mostra fica aberta até 25 de abril.

Avanço tecnológico

Em seu auge, em torno de 4500 a.C., disse David W. Anthony, curador convidado da exposição, "a Velha Europa estava entre os lugares mais sofisticados e tecnologicamente avançados do mundo" e desenvolveu "muitos sinais políticos, tecnológicos e ideológicos de civilização".

Pesquisadores

Anthony é professor de antropologia da Hartwick College, em Oneonta, Nova York, e autor de *The Horse, the Wheel, and Language: How Bronze-Age Riders from the Eurasian Steppes Shaped the Modern World* (O cavalo, a roda e a linguagem: como os cavaleiros da era do bronze das estepes eurasianas moldaram o mundo moderno). Historiadores sugerem que a chegada de povos das estepes ao sudeste da Europa pode ter contribuído para o colapso da cultura da Velha Europa por volta de 3500 a.C.

Na pré-abertura da exposição, Roger S. Bagnall, diretor do instituto, confessou que até agora "muitos arqueólogos não haviam ouvido falar dessas culturas da Velha Europa". Admirando a cerâmica colorida, Bagnall, especialista em arqueologia egípcia, comentou que na época "os egípcios com certeza não faziam cerâmica assim".

Embora escavações ao longo do último século tenham descoberto vestígios de antigos assentamentos e estátuas de deusas, foi apenas em 1972, quando arqueólogos locais descobriram um grande cemitério do quinto milênio a.C. em Varna, Bulgária, que eles começaram a suspeitar que aquelas não eram pessoas pobres vivendo em sociedades igualitárias não estruturadas. Mesmo então, isolados pela Guerra Fria com a Cortina de Ferro, os búlgaros e romenos foram incapazes de transmitir seu conhecimento ao Ocidente.

Origem: Grécia

A história que agora surge é que agricultores pioneiros após aproximadamente 6200 a.C. se mudaram para o norte em direção à Velha Europa, vindos da Grécia e da Macedônia e levando trigo, sementes de cevada e sua criação de gado e ovelhas. Eles estabeleceram colônias ao longo do mar Negro e nas planícies e colinas do rio, que evoluíram em culturas relacionadas, mas um tanto distintas, descobriram os arqueólogos. Os assentamentos mantinham contato próximo por meio de redes de comércio de cobre e ouro e também compartilhavam padrões de cerâmica.

A concha Spondylus

A concha Spondylus do mar Egeu era um item especial de comércio. Talvez as conchas, usadas em pingentes e pulseiras, fossem símbolos de seus ancestrais egeus. Outros acadêmicos veem essas aquisições de longa distância como motivadas em parte pela ideologia de que os produtos não eram bens no sentido moderno, mas sim "valores", símbolos de *status* e reconhecimento. Notando a difusão dessas conchas naquela época, Michel Louis Seferiades, antropólogo do Centro Nacional para Pesquisa Científica, na França, suspeita "que os objetos eram parte de um círculo de mistérios, um conjunto de crenças e mitos". De qualquer forma, Seferiades escreveu no catálogo da exposição que a predominância das conchas sugere que a cultura possuía ligações com "uma rede de rotas de acesso e elaborados sistemas sociais de trocas – incluindo o escambo, a troca de presentes e a reciprocidade".

Assentamentos e modelos reduzidos

Ao longo de uma ampla área que hoje é a Bulgária e a Romênia, o povo se assentou em vilarejos de casas de um ou múltiplos recintos, comprimidas dentro de fortificações. As casas, algumas com dois pisos, tinham suportes de madeira, paredes rebocadas com barro e chão de terra batida. Por alguma razão, as pessoas gostavam de fazer modelos de barro de residências com múltiplos pisos, exemplos dos quais estão em exposição.

Algumas cidades do povo cucuteni, uma cultura posterior e aparentemente robusta no norte da Velha Europa, cresceram ao longo de mais de 320 hectares, o que os arqueólogos consideram maior do que qualquer assentamento humano da época. Mas as escavações ainda precisam encontrar evidências definitivas de palácios, templos ou grandes edifícios cívicos. Os arqueólogos concluíram que os rituais religiosos pareciam ser praticados nos lares, onde artefatos de culto foram encontrados.

Cerâmica e arquitetura

A cerâmica caseira decorada em estilos diversos e complexos sugere a prática de refeições ritualísticas nas residências. Travessas enormes em prateleiras eram típicas da "apresentação socializante do alimento" da cultura, Chi disse.

À primeira vista, a falta de uma arquitetura de elite levou os acadêmicos a presumir que a Velha Europa possuía pouca ou nenhuma estrutura hierárquica de poder. Isso foi descartado pelos túmulos do cemitério de Varna. Nas duas décadas seguintes a 1972, os arqueólogos encontraram 310 túmulos datados de aproximadamente 4500 a.C. Anthony disse que isso foi "a melhor prova da existência de uma posição social e política superior claramente distinta".

Cemitério

Vladimir Slavchev, curador do Museu Regional de História de Varna, disse que "a riqueza e variedade dos presentes nos túmulos de Varna foi uma surpresa", mesmo para o arqueólogo búlgaro Ivan Ivanov, que liderou as descobertas. "Varna é o cemitério mais antigo já encontrado em que humanos foram enterrados com ornamentos de ouro", Slavchev disse.

Trabalho em ouro e metais

Mais de três mil peças de ouro foram encontradas em 62 túmulos, junto de armas e instrumentos de cobre, ornamentos, colares e pulseiras das apreciadas conchas do Egeu. "A concentração de objetos de prestígio importados em uma distinta minoria de túmulos sugere que posições superiores institucionalizadas existiam", observam os curadores da exposição em um painel que acompanha o ouro de Varna.

Contudo, é intrigante que a elite não parecesse usufruir de uma vida privada de excessos. "As pessoas que quando vivas vestiam trajes de ouro para eventos públicos", Anthony escreveu, "voltavam para casas bastante comuns".

O cobre, não o ouro, pode ter sido a principal fonte do sucesso econômico da Velha Europa, afirma Anthony. Como a fundição do cobre foi desenvolvida por volta de 5400 a.C., as culturas da Velha Europa exploraram os minérios da Bulgária e do que hoje é a Sérvia e aprenderam a técnica de alto aquecimento para extrair cobre metálico puro.

O cobre fundido, usado em machados, lâminas de faca e em pulseiras, se tornou uma exportação valiosa. As peças de cobre da Velha Europa foram encontradas em túmulos ao longo do rio Volga, 1,9 mil km a leste da Bulgária. Os arqueólogos recuperaram mais de cinco toneladas de peças de locais da Velha Europa.

ESTATUETAS

Uma galeria inteira é dedicada às estatuetas, as mais familiares e provocantes peças dos tesouros da cultura. Elas foram encontradas em praticamente toda cultura da Velha Europa em vários contextos: em túmulos, santuários e outros prováveis "espaços religiosos". Uma das mais conhecidas é a figura em argila de um homem sentado, com os ombros curvados e as mãos no rosto em aparente contemplação. Chamada de "Pensador", essa peça e outra figura feminina comparável foram encontradas em um cemitério da cultura hamangia, na Romênia. Será que eles estavam pensativos ou de luto?

Muitas das figuras representam mulheres em uma abstração estilizada, com corpos truncados ou alongados, de seios fartos e quadris largos. A sexualidade explícita dessas figuras convida a interpretações relacionadas à fertilidade terrena e humana. Um grupo notável de 21 figuras femininas, sentadas em um círculo, foi encontrado no local de um vilarejo anterior aos cucutenis no nordeste da Romênia. "Não é difícil imaginar", disse Douglass W. Bailey da Universidade Estadual de São Francisco, o povo da Velha Europa "arrumando as figuras sentadas em um ou vários grupos de atividades em miniatura, talvez com figuras menores aos seus pés ou até mesmo no colo das figuras sentadas maiores".

DEUSA MÃE

Outros imaginam as figuras como o "conselho das deusas". Em seus influentes livros de três décadas atrás, Marija Gimbutas, antropóloga da Universidade da Califórnia, em Los Angeles, ofereceu a hipótese de que essa e outras das chamadas figuras de Vênus eram representantes de divindades em cultos a uma Deusa Mãe que predominavam na Europa pré-histórica. Embora a teoria de Gimbutas ainda tenha seguidores ardorosos, muitos acadêmicos se conformam com explicações mais conservadoras e não divinas. O poder dos objetos, afirma Bailey, não estava em qualquer referência específica ao divino, mas em "um entendimento compartilhado de identidade de grupo". Como Bailey escreveu no catálogo da exposição, as figuras talvez devessem ser definidas apenas em termos de sua aparência real: retratos representativos em miniatura da forma humana. Assim, "presumo (como é justificado por nosso conhecimento da evolução humana) que a habilidade de fazer, usar e entender objetos simbólicos como tais estatuetas é uma habilidade compartilhada por todos os humanos modernos

> e, portanto, uma capacidade que conecta você, eu, o homem, a mulher e a criança do Neolítico e os pintores paleolíticos das cavernas".
>
> Ou então o "Pensador", por exemplo, é a imagem de você, de mim, dos arqueólogos e historiadores confrontados e perplexos por uma cultura "perdida" no sudeste da Europa que viveu de maneira intensa muito antes de uma palavra ser escrita ou da roda ser girada.[5]

Um dos aspectos interessantíssimos assinalado no artigo refere-se ao fato de que as comunidades da Bulgária e da Romênia trabalhavam com modelos reduzidos (em barro), e no meu entendimento, muito provavelmente para orientação da construção de residências, abrigos, paióis, silos, etc., *em outras palavras: projetavam!* Daí pode-se inferir que operavam com multiplicação (repetição) de medidas padrão (um palmo, um antebraço, por exemplo) referenciadas (associadas) a frequências padrão (uma mão, duas mãos, três mãos e assim por diante). Essa aproximação "artesanal" à geometria espacial constitui-se, sem qualquer dúvida, numa "trouvaille" de notável sentido prático e gigantescas consequências, facilitadoras de inúmeros trabalhos comunitários na Antiguidade. *Os egípcios, em meu entendimento, transformaram os modelos reduzidos em instrumentos do dia a dia, como se comentará a seguir.*

E, finalmente, com relação à sofisticação dessas comunidades, artigo apresentado pela Wikipedia assinala que nas cercanias do porto de Varna foi localizado um antiquíssimo acervo de peças em ouro (4500 a.C.) em uma necrópole constituída por 280 túmulos, onde foram localizados 3.010 objetos em ouro!

Ainda com relação a esse tema, podemos destacar a matéria publicada no jornal *O Globo*, de John Noble Wilford.

> Bem antes da glória representada pela Grécia e Roma, antes mesmo das primeiras cidades da Mesopotâmia ou dos templos ao longo do rio Nilo, entre o vale do Danúbio e os Balcãs viveu um povo que estava além do seu tempo, em termos de arte, tecnologia e comércio.
>
> Essa cultura está agora sendo resgatada da obscuridade graças à mostra "O Mundo Perdido da Velha Europa – o Vale do Danúbio", em exibição no Instituto para os Estudos do Mundo Antigo, na Universidade de Nova York. A mostra reúne mais de 250 artefatos, vindos de museus de Bulgária, Romênia e Moldávia, exibidos pela primeira vez nos EUA.
>
> Durante 1.500 anos, começando antes de 5000 a.C., esse povo construiu e administrou cidades de tamanho considerável, algumas com até dois mil habitantes. Suas sepulturas eram decoradas com impressionantes adornos para a cabeça, além de colares; e, em um cemitério, foi encontrada uma imensa quantidade de artefatos de ouro. Os desenhos de sua cerâmica revelam o refinamento da linguagem visual da sua cultura.

— Os egípcios, em seu apogeu, não faziam cerâmicas assim — diz o diretor do instituto, Roger S. Bagnall, um especialista em arqueologia egípcia.

A escrita ainda estava por ser inventada, por isso ninguém sabe como esse povo se chamava. Para alguns pesquisadores, aquele povo e a região que ele habitava são simplesmente chamados de a Velha Europa.[115]

A COMUNIDADE DE NAZARÉ

Por último, porém o mais importante – torna-se obrigatório e eloquente ressaltar que a mais notável personalidade da história da humanidade –, Jesus de Nazaré emergiu de uma pequena comunidade na Palestina, com não mais de 50 residências. Lá brincou, cresceu, aprendeu um oficio, dialogou, refletiu, discutiu, amadureceu (e talvez tenha sido alfabetizado) e partiu, já "formado", para a sua grande jornada. Provavelmente lá convivia com pais, avós, irmãos, tios, primos, além de amigas e amigos fraternos.

Ele existiu, é claro no plano real, Flávio Josefo – o grande historiador dos hebreus – o confirmaria. A sua mensagem, mesma que sujeita a uma efetiva histerese de massa (que talvez tenha sido estratégica) mudou o rumo de bilhões de pessoas, corações e mentes nesses últimos 2 mil anos. Quando Jesus morreu crucificado não teria mais que 200 seguidores. O grande milagre do catolicismo foi o seu espetacular poder de impregnação e multiplicação. Qual foi a sua formação? De onde veio? Apenas de uma pequena comunidade da Palestina de nome Nazaré. Pobre e muito pequenina. Como muitas outras.

Artigo recente publicado no jornal *O Globo* trata desse tema apresentando informações (apesar de ainda limitadas sob o ponto de vista urbano/ambiente cotidiano) que traduzem notáveis observações relativas a essa discreta manifestação comunitária.

É surpreendente constatar que um menino/jovem, saído de uma comunidade pobre e modesta, iria a Jerusalém discutir com os sacerdotes (doutores ou, em uma linguagem supercontemporânea, PhDs em teologia e religião) o que ele considerava as verdadeiras mensagens do seu Deus!

É de se reconhecer que Jesus deve ter tido contato, além de parentes e amigos, em sua pequena vila comunitária, com interlocutores diferenciados que colaboraram com o seu amadurecimento e competência singulares, se o focarmos apenas no plano dos homens. Mesmo que se resolva analisar Jesus unicamente sob o plano do divino, pode-se inferir que Deus ao lançá-lo de Nazaré para influenciar o destino de (quase) todos os homens, *homenageou a comunidade. Homenageou o não doutor, mostrando que entre o céu e a terra do conhecimento existe muito mais que o formalismo e radicalismo de grupamentos corporativos quaisquer que sejam eles.* Meu Deus, esse radicalismo já ocorria há 2 mil anos no Templo de Jerusalém. Que precocidade! De fato, foi de uma manifestação social modesta que ele surgiu. Numa acepção divina, se Deus o quisesse como doutor da fé poderia tê-lo feito estudar no Templo para, num determinado momento revoltar-se contra seus mestres e buscar um caminho diverso. Apesar de nessa suposição ser quase um "príncipe hebreu", largaria tudo, fazendo a sua opção pelos pobres e, dentro dessas condições, iniciaria a sua grande dissidência; exatamente como a realizou. Mas Ele – como homem ou como projeção de Deus – não o fez assim. Emergiu de uma comunidade simples e singela, com cerca de 50 moradias: a vila de Nazaré. Para aqueles que acreditam em Deus e também para os que não, vale a pena refletir sobre o tema. Seja por ele próprio, como pessoa ou pelas mãos de um maravilhoso Deus Criador, a sua origem é, de fato, comunitária, distanciada (e muito) dos vértices tradicionais de poder. Na visão divina, Deus privilegiou a competência, a inteligência, a experiência, a coragem e a inteligência estratégica ao materializar a sua mensagem na figura de Jesus de Nazaré e de seus apóstolos, simples pescadores. Portanto, nada a ver com os desenhos autoritários e corporativistas dos sacerdotes do templo: arrogantes, aristocráticos, ávidos pelo poder e monopolizadores da mensagem divina, de acordo com as suas próprias leituras e também, no plano laico. Nada a ver com os "Herodes" e os "Pôncios Pilatos". Por que não um doutor senhor da fé? Por que não um PhD do templo? Por que não um cônsul romano? Por que apenas um menino pobre, de uma comunidade muito pobre, Ele chamado Jesus e ela Nazaré?

Jesus e seus seguidores, como Pedro e Paulo, posteriormente, conheciam em profundidade toda a força da comunidade e seu potencial para explosão/expansão de uma fé renovada, baseada no amor, nos pobres e nos necessitados, fracos, doentes e desesperados. Nesse ponto vale ressaltar que Jesus, a rigor, e a fé cristã jamais investiram contra os ricos (pelo menos sistematicamente, apesar da citação agulha/camelo/rico) e sim contra as injustiças que cercavam e flagelavam a vida dos pobres. De qualquer forma o cristianismo, provavelmente a maior de todas as revoluções do homem, iria fundamentar as suas origens numa extraordinária revolução comunitária. Não de um palácio ou de um templo poderoso, de uma rica residência, de uma guarnição militar, de um comércio rico, de um poderoso senhor de rebanhos, proprietário de milhares de pés de oliveiras, de uma forte guarnição militar. Não! Apenas de uma simples comunidade! Não pertencia a nenhum círculo de sábios/

ambiente doutoral, também! Despojamento total! Porém, de magnífica competência. A propósito, não podemos nos esquecer que Deus o criou e o projetou para a mais bela missão dos homens, o combate à dor e ao desespero dos aflitos, Deus não falou dentre as nuvens, como se um jovem trovão fosse, transmitindo a mensagem a um escolhido dos céus. Deus apenas o criou simples, humilde, maduro e espetacularmente real. Quanta sabedoria, meu Deus! Por essa e por outras vale mesmo a pena acreditar em sua existência.

Eis o texto publicado em *O Globo*:

> A autoridade israelense de Antiguidade anunciou a descoberta de uma casa em Nazaré que seria da época de Jesus Cristo. Os restos da construção foram encontrados próximo à Basílica da Anunciação, construída no local onde se acredita que Maria foi avisada por um anjo que daria à luz a Jesus. Até a descoberta da habitação, o único achado em Nazaré que remetia ao início do cristianismo eram tumbas de um cemitério nos limites da cidade. Estima-se que, durante a infância de Jesus, o vilarejo teria cerca de 50 casas, distribuídas por 1,6 hectare. A população era formada por famílias de judeus pobres.
>
> Os primeiros resquícios da habitação foram encontrados em julho, mas só há poucas semanas tornou-se claro que a estrutura pertencera à época de Jesus. A casa, que tem 85 metros quadrados, conta com dois cômodos, um pátio e uma cisterna para coletar água da chuva.
>
> Segundo a arqueóloga Yardena Alexandre, coordenadora das escavações, uma entrada camuflada ligava a habitação a uma gruta. A passagem era usada para que os moradores, em caso de necessidade, pudessem se esconder de soldados romanos.
>
> — Esta casa pode ter sido um local muito familiar a Jesus e seus contemporâneos — opina Yardena.[28]

É quase certo que na *comunidade de Nazaré*, muito pobre, não existiria escola com cursos de alfabetização e suas conquistas, avanços e desdobramentos. Jesus seria alfabetizado? Eis aqui uma grande e instigante questão. Penso que sim. *Em outras palavras, é provável ter existido um mestre muito culto em Nazaré (egresso de Jerusalém) e preceptor de Jesus. Um dissidente? Um essênio? Ou apenas um velho professor do Grande Templo que veio viver os seus últimos anos em Nazaré, onde alfabetizou Jesus e teria sido seu interlocutor em questões-chave da velha Palestina? Um interlocutor estratégico. Essa, a minha percepção estratégica. No plano humano, é claro.*

Mas, não se pode esquecer, para as comunidades da Antiguidade, e Nazaré era uma delas, a tradição oral, onde os conhecimentos eram transmitidos de geração para geração por pessoas dotadas de memória supereficiente e, mais que isso, motivadas e interessadas em se qualificar como pessoas registro do histórico, da região, da comunidade, do familiar, do cotidiano antigo, dos ofícios, dos valores, da cultura etc., perenizando os acontecimentos do passado. Mensageiros perenes da cultura. E, também, a consciência histórica. Valores-chave a arte de conviver. A alfabetização e os registros escritos eram uma exceção, com certeza, naqueles antigos ambientes.

Um testemunho eloquente desse *efeito memória* na Grande Antiguidade se refere ao registro do Dilúvio, presente no Antigo Testamento e também nos escritos sumerianos, bem mais afastados no tempo que os escritos hebreus. *Pois bem, comunidades registraram a grande inundação e seus efeitos e transmitiram a sua lembrança durante 2 mil anos (80 gerações) após o evento ocorrido.*

A propósito, sobre esse tema, observem-se os interessantíssimos comentários e registros efetuados por Erik Durschmied, em *Como a natureza mudou a história.*

AS PRIMEIRAS PLACAS DO PRIMEIRO ÉPICO

Pode-se muito bem imaginar a empolgação naquele dia em Nínive (Babilônia) quando a pá de um arqueólogo bateu num objeto sólido e surgiu a primeira de mil placas de barro com escrita cuneiforme. Elas estavam enterradas havia milhares de anos. Em homenagem a um mítico soberano sumério que reinou por volta de 3000 a.C., deram à história contada nessas placas o nome *Épico de Gilgamesh*. Seria ela parte da Bíblia original? O que George Smith traduziu em 1872 se revelou o primeiro registro da história de Noé e do Dilúvio.

"(...) Fiz embarcarem na arca toda a minha família e a minha parentela, os animais, o gado, os artesãos, todos. Entrei na arca e fechei a porta. (...)

"Do fundo do céu apareceu uma nuvem negra. (...)

"Tudo que era luz virou escuridão. (...) O vento e o dilúvio continuaram por seis dias e noites, e a tempestade cobriu a terra. No amanhecer do sétimo dia, amainara a tempestade, esse dilúvio que fizera guerra tal qual um exército, e toda a humanidade virara barro. (...)"

O DILÚVIO E OS PESQUISADORES

Pesquisas recentes assinalam que, por volta de 5600 a.C., um *dilúvio bíblico* ocorreu na região do mar Negro. Naquele tempo, o Bósforo, um paredão de rocha, separava do Mediterrâneo um mar interior de água doce. Uma mudança súbita de temperatura (quer dizer, súbita pelos padrões do relógio geológico, significando vários milênios) levou ao derretimento da camada de gelo eurasiana. Isso provocou uma elevação no nível dos oceanos, e, cerca de 7.600 anos atrás, a barreira do Bósforo ruiu. As águas, sem mais impedimento, despejaram-se no mar Negro com velocidade assustadora. Uma área de aproximadamente 155 mil quilômetros quadrados foi inundada. O dilúvio obrigou famílias de caçadores e coletores de alimentos a migrarem para o sul, chegando mesmo ao Egito e à Babilônia, o que explica como tribos primitivas do norte foram parar na terra bíblica dos faraós. A história de sua fuga miraculosa (na arca de Noé) passou de geração em geração e acabou sendo registrada no Gênesis e no *Gilgamesh*.

O CLIMA E O HOMEM

Súbitas mudanças de condições atmosféricas produzem cataclismos. Vendavais e enchentes, temporais e secas, calor e frio extremos – o rol das calamidades naturais não tem fim. O impacto inesperado, ou imprevisível, das frentes meteorológicas, combinadas com as forças colossais da natureza que se desencadeiam sobre nós, gera desastres. De repente, o mundo em que vivemos muda, e o homem se põe de joelhos, rezando pelo socorro divino. Este às vezes vem. No mais das vezes não.[34]

A MENSAGEM HADZAS

Ao norte da Tanzânia persistem ainda hoje grupos de caçadores-coletores, exatamente como há dez mil anos. Michael Finkel e Martin Schoeller relatam em seu artigo publicado na revista *National Geographic Brasil*, aspectos interessantíssimos relacionados a esses caçadores-coletores, onde os autores destacam desde o início do texto que *"eles não cultivam alimentos, não criam animais e desconhecem calendário e leis escritas. São caçadores-coletores que ainda vivem quase exatamente como há 10 mil anos"*.

Os parágrafos pinçados sublinham que os hadzas buscam a paz, a harmonia, a autossustentação em equilíbrio com a natureza. De certo modo esse comportamento "equilibrado" de uma comunidade caçadora-coletora, está na raiz e nos fundamentos das comunidades sedentárias do futuro, as quais iriam domesticar a caça (animais) e as plantas selvagens (como o trigo, por exemplo).

Alguns trechos destacados – além de aspectos interessantíssimos do artigo – assinalam a presença de um dos hadzas, cujo nome é Onwas. Entenda-se que ele não é um líder, apenas um homem velho no grupo, com experiência e antigas lembranças muito nítidas.

Sem residência fixa

Não têm plantações nem animais de criação ou abrigo permanente. Vivem logo ao sul da mesma parte do vale na qual foram encontradas algumas das mais antigas evidências fósseis dos primeiros seres humanos. Exames genéticos indicam que eles podem representar uma das raízes primárias da árvore genealógica humana – originada talvez há mais de 100 mil anos.

Os dois lados da moeda

Por mais de 99% do tempo desde os primórdios do gênero *Homo*, há 2 milhões de anos, todos viveram como caçadores-coletores. Mas, quando plantas e animais foram domesticados, essa inovação desencadeou uma total reorganização do planeta. A produção de alimentos cresceu com o aumento populacional, o que permitiu às sociedades agrícolas desalojar ou destruir esses grupos. Surgiram povoados, depois cidades e países. Com isso, o estilo de vida dos caçadores-coletores quase se extinguiu. Hoje apenas um punhado de povos esparsos – alguns na Amazônia, dois no Ártico, alguns em Papua-Nova Guiné e um número ínfimo de grupos africanos – mantém uma existência baseada na caça e na coleta. Mas o súbito advento da agricultura teve seu preço. Introduziu epidemias, estratificação social, fomes e guerras.

Ainda com relação aos hadzas, observe-se o seguinte:

Sem guerras

Os hadzas não entram em guerras. Nunca viveram em grupos com densidade para serem ameaçados por um surto infeccioso. Não têm em sua história nenhum caso de fome coletiva.

Despojamento material

Os hadzas tradicionais vivem quase sem posses. As coisas que possuem – um pote para cozinhar, um machado – podem ser embrulhadas num cobertor e carregadas no ombro. As mulheres colhem bagas silvestres e frutos de baobá e escavam tubérculos comestíveis. Os homens caçam e coletam mel.

Veneno

O veneno com que os homens besuntam a ponta de suas flechas, feito de seiva fervida da flor *Adenium obesum*, é potente o bastante para derrubar uma girafa.

Formação de comunidade

Um acampamento hadza é formado de parentes consanguíneos, parentes afins e amigos que se associam sem compromisso. Cada acampamento tem seus membros nucleares, mas a maioria vem e vai quando bem entende. Os hadzas não reconhecem nenhum líder.

Autoridade

Nenhum adulto tem autoridade sobre outro. Não existem uns mais ricos; ninguém tem riqueza alguma. Há poucas obrigações sociais: nada de aniversários, comemorações anuais.

O cotidiano

Cada um dorme quando quer. O amanhecer e a tardinha são as principais horas de caça. No resto, os homens ficam pelo acampamento, endireitando setas, entalhando arcos, fazendo cordas de arco com ligamentos de girafa ou impala, fixando pregos em ponta de flechas.

Conflitos

A maioria dos conflitos é resolvida de maneira simples: as partes em desavença separam-se em acampamentos diferentes. Quando alguém traz a caça, divide com todos, e em geral o tamanho do grupo não ultrapassa 30 pessoas.

A ARTE DA COMUNICAÇÃO COMO HÁ 10 MIL ANOS!

> Onwas olha para mim e fala em hadzane. Para meus ouvidos, soa estranhamente bipolar: cadenciada e suave por umas frases, em seguida dissonante e percussiva com estalos de língua e crepitações glotais. É uma língua sem nenhum parentesco próximo de qualquer outra hoje viva, isolada, na terminologia dos linguistas. Cheguei à terra dos hadzas no norte da Tanzânia.

A comunidade sempre estará presente mesmo que não necessariamente supervisível, seja no Bronx em Nova Iorque, seja numa favela do Rio de Janeiro, seja no meio da floresta amazônica. A polis com sua arrogância nata jamais percebeu que apenas é uma prestadora de serviços para as comunidades. E, esteja onde estiver, cobrará sempre altíssimo por esses seus serviços. As comunidades, de modo geral, sempre foram competentes. E as polis, rainhas do próprio desequilíbrio, nem sempre.!

As comunidades amadureceram, evoluindo de estágio em estágio. Qualquer que seja o seu nível de evolução, perseguiram sempre a autossustentação e o clima cordial, seja numa caverna grega, seja num planalto da Turquia, ou numa comunidade de caçadores-coletores "escondida" ainda hoje numa região isolada da África ou da América do Sul. A evolução das polis, de certa forma, iria conspirar (pelos seus próprios comportamentos) contra esse clima cordial, sem conseguir, entretanto, extingui-lo.

CAPÍTULO 10

A ANTIGUIDADE E SUA GLOBALIZAÇÃO *VITRO*

> A queda do Império Sargônida da Suméria e Acádia e do antigo Império Egípcio faraônico é menos surpreendente que o restabelecimento de cada um desses regimes políticos unitários depois de um interregno que, na Suméria, durou mais de um século (+/– 2.230-2.120 a.C.) e no Egito por quase um século e meio (+/– 2.181-2.040 a.C.). Essas recuperações são notáveis, pois, nos dois casos, o colapso de um regime político unitário acarretara uma aparente desintegração da própria civilização. A sequencia demonstrou que essas duas civilizações regionais eram mais resistentes e elásticas do que pareciam ser à época de seu primeiro colapso. Após suas respectivas restaurações, a civilização sumério-acadiana sobreviveu por outros 2.200 anos e a civilização egípcia faraônica por tanto ou mais tempo que a primeira. Todavia, à época de sua reabilitação, essas haviam deixado de ser as duas únicas civilizações regionais no Oikoumenê. Outras haviam surgido lado a lado com essas primeiras. Já por volta de 2.500 a.C. a expansão comercial da sociedade sumério-acadiana para noroeste havia feito surgir novas civilizações regionais na Ásia Menor e em Chipre. A nova civilização que surgiu contemporaneamente em Creta pode haver se inspirado não só na Suméria e Acádia, como também no Egito.
>
> (Toynbee, 1978:109)

Todo o processo de concentração de poder na Antiguidade – como verificado na Suméria e no Egito, por exemplo, deverá ser entendido *como uma decorrência estratégica da produção de excedentes agrícolas em escala muito significativa.*

Portanto, a conjunção do trigo híbrido com a irrigação – apesar de dificuldades sempre inerentes a todo e qualquer manejo agrícola – permitiram que comunidades em larga escala deixassem de temer a fome. Entretanto, problemas logísticos, comerciais e afins começaram – no seu conjunto – a provocar *a necessidade de sistemas de gestão sobre-comunitários.* Assim, surgiram, num primeiro estágio, aglomerações estratégicas que provocariam posteriormente (como desdobramento) a emergência de governos fortes (centralizados) exatamente como os identificados hoje. Como aglomeração estratégica pode-se destacar Çatal Hüyük, que estava localizada na extremidade do planalto de Konya, no centro-sul da Turquia.

Entre os vários desafios que a comunidade enfrentou, um refere-se à compreensão de *"nós mesmos"*: de onde viemos, por que estamos, para onde vamos. Assim, a grande questão que deve ter inspirado os primórdios da filosofia, pode ter sido o indagar sobre a nossa existência. Nós, os humanos. Quando terá sido que começamos a nos indagar sobre nós mesmos? Será que a partir da consciência de que éramos um grupo, isto é, uma coletividade que se indagava e trocava dúvidas e questionamentos com as pessoas bem ao seu lado? Ou terá sido, de forma organizada, na capela de Jericó, já lá se vão 10 mil anos!

Não se tem ideia de uma datação mais ou menos precisa ou mesmo estimativa desses momentos fundadores do pensar da humanidade. Talvez tenha sido mesmo Jericó, talvez Çatal Hüyük, ou uma antiquíssima comunidade da Bulgária. Mas, com certeza, esse pensar no seu início processou-se no âmbito de uma comunidade, onde homens sensíveis e inteligentes olhavam o céu, perplexos. Perguntavam-se.

Çatal Hüyük é um exemplo extraordinário identificado com uma das primeiras posturas *vitro* (vivencial, instrumental, residencial e operacional). Com certeza, de certa forma o grande legado da *pax* comunitária "modernizou-se" no fator *vitro* que se propagou de forma razoavelmente isotrópica por muitas áreas da Grande Antiguidade.

CÉLULAS FAMILIARES

Em termos vivenciais a estrutura social vinculava-se com extrema força à célula familiar (ou células familiares reunidas) e as edificações residenciais identificadas pelos pesquisadores atestam essa afirmativa. Em termos instrumentais as conquistas foram imensas e "espalhadas/disseminadas" por toda a Antiguidade, pelo comércio, por viajantes ou conhecimentos adquiridos por meio de aquisição de escravos (mão de obra especializada) e até mesmo eventuais prisioneiros ou reféns. Em termos residenciais iriam surgir os primeiros desenhos urbanos. Em termos operacionais as técnicas de plantio, irrigação, colheita, transporte, armazenamento difundiam-se, logicamente, com razoável velocidade.

Assim, a Suméria e o Egito, quando iniciaram as suas ações de governo iriam encontrar um leque de atividades básicas e modo de viver já existentes, testados progressivamente, por milhares de anos, razoavelmente similares entre si apoiando-se no que se poderia denominar de *isotropia vitro*, característica que iria facilitar sobremodo a formação e alavancagem daquelas nações. Em outras palavras, toda uma base já estava estruturada e enraizada. E as operações comunitárias atualizavam todo esse processo, constantemente, pela troca de informações.

UM *CASE* HISTÓRICO NOTÁVEL

Esse *acervo-engenho/arte de viver* está inserido nos fundamentos dos decantados reinos da Suméria e do Egito, o qual não teria "acontecido" com tanta força na história se a *isotropia vitro* não tivesse mesmo ocorrido previamente.

O *case* Çatal Hüyük é emblemático porque de certa forma fotografa essa configuração *vitro* com extrema riqueza. Por outro lado, é lógico – aliás, muito lógico – supor que os grandes reinos surgiram da reunião (voluntária ou forçada) de várias configurações similares a Çatal Hüyük, seja na Mesopotâmia, seja na própria formação do Egito. É bem provável que Creta esteja também inserida nesse contexto específico.

Nesse sentido iremos pinçar um elenco de informações-chave relativas a Çatal Hüyük, buscando caracterizar o grau (ou graus) de avanço *vitro* atingidos por esse derradeiro estágio limite da *pax* comunitária. Aliás, são impressionantes. Ou seja, situação em que o conselho dos anciãos será progressivamente substituído por um governo-vértice. Em determinadas condições o conselho poderá ainda permanecer atuando como parlamento ou grande consultor. Nesse sentido, observem-se as valiosas informações contidas na publicação de Giovanni Caselli, de onde se destacaram referências basilares, as quais caracterizam de forma admirável essa estrutura final de transição.

UMA CIDADE PRIMITIVA

> Uma das mais antigas cidades do mundo foi descoberta em Çatal Hüyük, na extremidade do planalto do Konya, no centro-sul da Turquia, na década de 50. Embora somente uma parte do local tenha sido escavada, foram revelados 12 níveis de construções. O mais antigo indica que uma cidade floresceu ali em 6150 a.C.

A URBANIZAÇÃO

As casas de tijolos eram construídas sobre uma planta retangular, uma ao lado da outra, sem espaço para as ruas. O acesso às casas era feito por aberturas nos tetos, e os habitantes andavam pela cidade caminhando sobre telhados.

Cada nível de construção representa uma cidade, porque quando uma era destruída a outra erguia-se sobre as suas ruínas. Assim se formou uma colina, durante os 800 anos em que o local foi habitado.

Como as casas eram construídas em plataformas na encosta da colina, as mais novas eram mais altas do que as antigas, e as janelas abriam-se na parede vertical que dava para o telhado da casa abaixo. O lixo e os dejetos eram tratados fora das casas, nas ruínas ou em praças quadradas.

DEFESA DA CIDADE

Como as casas eram construídas umas ao lado das outras, a parte externa da cidade era um muro contínuo, sem nenhuma abertura. Isso significava que não precisavam de outro tipo de defesa. Na verdade, seria muito difícil tomar a cidade, porque os invasores teriam de retirar os habitantes de cada casa separadamente, enfrentando uma chuva de pedras e de flechas da casa ao lado. Talvez por isso não tivesse sido encontrado nenhum sinal de atividades guerreiras em Çatal Hüyük.

ABASTECIMENTO DE ALIMENTOS DA CIDADE

A agricultura era extensa ao redor de Çatal Hüyük. Além de cereais, como cevada e trigo, cultivavam também ervilhas e ervilhacas. Faziam óleo vegetal extraído de plantas e frutas. Provavelmente produziam também um tipo de cerveja. Embora a caça fosse ainda muito importante, criavam ovelhas e gado para alimento e vestuário.[21]

Acrescente-se ainda em Çatal Hüyük a presença de um número expressivo de edifícios que aparentemente serviam como capelas ou santuários (49 edificações). Nos referidos santuários foram encontradas pequeninas estátuas de argila ou de pedra, muitas das quais decoradas com desenhos em relevo baseados nos mesmos motivos e pigmentos utilizados nos afrescos. Trabalhos em obsidiana, localizados em grande quantidade em Çatal Hüyük, sugerem que essa cidade realizava comércio muito expressivo com outras regiões da Antiguidade.

A "planta baixa" da cidade mostra que Çatal Hüyük era organizada em áreas contíguas, com limites retilíneos, sem ruas entre as mesmas. Eram casas com coberturas planas, de diversos níveis. Em outras palavras, caminhava-se sobre Çatal Hüyük como se essa fosse (no seu alto) uma sucessão de pequenas esplanadas! Çatal Hüyük é a real confirmação (6000 a.C.) de que os reis da Suméria e do Egito já encontrariam (e encontraram) muitas conquistas plenamente "amadurecidas" (aliás, um acervo imenso) e uma objetiva cultura de *management* já estabelecida que foi por eles utilizada nos seus próprios projetos de concentração de poder. Com inteligência, é claro.

VIDA RURAL

Na vida rural verificar-se-ia a disponibilização de um contingente imenso de instrumentos, tais como: selos, machados, adagas, martelos, foices, ancinhos, enxós, espátulas, agulhas, teares, mós, utensílios de cerâmica, cestaria, arcos, flechas, lanças, bastões de arremesso, arpões, raspadores, braceletes, colares de conchas, pentes, redes de pesca, formas para cerâmica, lâminas, picaretas, pás, construção de residências de madeira, mobiliário, manejo de ovelhas, cabras e gado bovino, sandálias, vestimentas, conhecimentos e experiência em plantio/semeadura, colheita, estocagem, técnicas de irrigação, canoas e pequenas embarcações, conhecimentos na área médica e muitos outros itens.

Essa forma de viver iria confirmar que o campo, baseado em suas células formadoras (a unidade rural comunitária), já estava também espetacularmente desenvolvido. As comunidades rurais e a sua interação com as cidades tipo Çatal Hüyük iriam pavimentar toda a futura evolução dos grandes reinos e de nossa própria história.

A propósito, e dentro dessa cultura, observe-se que um grande capítulo ainda a ser explorado pelos estudiosos refere-se à questão das miniaturas, em cerâmica, madeira ou materiais combinados. Uma interpretação possível (e muito provável) é que, de fato, todo o universo da *pax* comunitária operava com o apoio de modelos reduzidos, em que os diversos problemas eram debatidos, estudados, descritos e analisados, relativamente à construção de casas, depósitos, embarcações, muralhas etc. Aliás, voltaremos com frequência a esse tema no livro.

Uma vez todos os detalhes acordados (no modelo reduzido), partia-se para a escala real, possivelmente, pela multiplicação modular de varas combinadas com contagem de mãos e dedos. Pouquíssimos (ou muitíssimos, dependendo da forma de contemplá-los) desses modelos reduzidos deverão ter chegado aos nossos dias, uma vez que a sua maioria era de cerâmica ou madeira, que se "esfarelaram" durante os milênios. Julgo que muitos resgates arqueológicos hoje expostos em "museus", como brinquedos, correspondem em realidade a provocadoras "compactações" (modelos reduzidos), tendo sido utilizados em correspondentes "expansões", orientando o desenvolvimento inteligente de canteiros de obras e construções. A geometria espacial nascia assim pelas mãos de marceneiros ou ceramistas habilidosos, orientados pelo "projetista chefe". Portanto, durante centenas de anos, bem antes do surgimento dos sacerdotes/agrimensores/geômetras, a *pax* comunitária devia resolver/equacionar uma quantidade imensa de problemas pelo manejo inteligente desses modelos reduzidos.

Com certeza, esses modelos reduzidos permitiam a visão espacial de uma série de desafios complexos de forma muito nítida. Modelos em madeira deveriam possibilitar desconstruir a estrutura/modelagem para análise detalhada de interiores e sua interação com o espaço externo, tal e qual os modelos de encaixe/desencaixe modernos, utilizados para estimulação precoce e/ou diversão para as crianças. Imagino que a técnica de trabalho com esses modelos deva ter sido de extrema utilidade na Antiguidade não só no âmbito das comunidades como nas próprias polis. As profissões do engenheiro civil, do arquiteto e do urbanista devem corresponder às primeiras grandes especializações da história do homem. Mesmo não contando com a sobrevivência dos referidos modelos reduzidos, quer em barro ou madeira, parece-me não existir a menor dúvida de que eles orientaram um sem-número de realizações na Antiguidade. Com essa metodologia avançaram e dominaram de forma precursora a geometria espacial, inclusive com questões complexas relacionadas à intercessão sofisticada de planos e superfícies. Mesmo não contando com projetos em planta ou desenhos em perspectiva, com os seus modelos reduzidos navegaram pelas três dimensões – comprimento, altura, largura – com espetacular desembaraço. *Portanto, o pré-geômetra ou o pré-agrimensor era uma pessoa (ou um conjunto de pessoas) que operava (na comunidade) com modelos reduzidos compactos e, em seguida, os expandia de acordo com normas muito simples, por meio de réguas padrão multiplicadoras (entenda-se repetidoras). E assim transformava seus projetos em realidade. Grandes mestres da multiplicação! Quanta argúcia!*

No meu entendimento, as comunidades sempre estavam plenamente conscientes e a par de suas reais capacidades. Quando a *pax* comunitária foi superada pelos sistemas concentradores e autocertificadores de poder, grande parte das conquistas do engenho humano *já tinham sido por elas realizadas e "sedimentadas". Dominadas! As polis se apossaram delas!*

As comunidades, é claro, não poderiam considerar agradável a presença de um "governo" gerindo de certa forma a sua filosofia de autossustentação e produção de excedentes. Foi um mal necessário (ou inevitável) essa sua satelização, para elas perversa em muitos aspectos. Porém, inevitável. Mas, amar o governo, jamais ou quase nunca. Seria pedir demasiado.

É intuitivo admitir que as comunidades iriam estabelecer nas suas mentes (e corações) os valores limites que deveriam contribuir/destinar, sob várias formas (tributos, valores, produtos, trabalho) ao governo. Qualquer destempero (exagero) relacionado a esse "*quantum* lógico" ou "suportável" seria recebido com extrema má vontade e, nessas condições, as comunidades adotariam as suas próprias medidas corretivas: declarações falsas de produção combinadas com desvios de colheitas e para tal desenvolveriam todo um leque de artimanhas para evitar/contornar as consequências da eventual mão pesada da polis, apesar de correrem sérios riscos, é claro. Toda a arte de sonegação!

Na Antiguidade, no seu relacionamento com as comunidades, o Egito, com certeza, foi o mais sábio. Como o Nilo em princípio era um rio muito disciplinado, os seus controladores (altos funcionários de governo, sacerdotes, militares) deveriam prefixar uma produção esperada para cada talhão de terra bem definido. Toda uma detalhada geometria de controle foi estabelecida para essa finalidade. Uma burocracia "geométrica" de notável competência. Se a produção esperada não fosse atingida, o proprietário ou responsável pela área seria convocado para as devidas explicações. É lógico que o estabelecimento só seria considerado muito bem-sucedido se o excedente sobre a colheita esperada fosse bem acima do "preestabelecido" pelos "controladores". *Sucesso no Egito Antigo seria o além do esperado! Simples! Linear! A recorrência desejada era produzir sempre, cada vez mais! Penso que exatamente como na Ambev, hoje. Cobrança de metas é uma realidade no seu processo de gestão.*

Na Mesopotâmia, onde o Tigre e o Eufrates eram de manejo muito mais complexo que o Nilo, e a ocultação de produção era considerada crime, e os códigos, posturas e normas eram extremamente severos, tanto na Suméria quanto na Babilônia. Aliás, para qualquer crime de modo geral. E é dentro desse contexto que surge posteriormente o povo assírio (impaciente e odiando a comunidade), com toda a sua barbárie e inclemência produzindo morte, mutilação e devastação. Mas, aparentemente, as velhas comunidades não baixaram a cabeça aos assírios e, esses, surpresos, iriam adotar a última arma possível contra elas. Extrema! Foi o remanejo, deslocamento, e deportação de dezenas de milhares de pessoas de uma região para outra, "temperado" por mortes e mutilações em todos os segmentos da população. *E, assim o fizeram, utilizando como instrumento corretor o desalojamento e a desambientação das comunidades.*

Mas, apesar do monitoramento egípcio, de todos os controles implementados pela Suméria e Babilônia, da desambientação sórdida e sangrenta provocada pelos assírios – as comunidades sobreviveram seja ao lado de tiranos, convivendo com problemas climáticos, e eventuais agressões da Mãe Terra. Elas sempre renasciam! A sua *globalização vitro* persistiria, insistiria e resistiria, pois, no âmago de seu raciocínio linear, *elas continuamente trabalhavam e produziam – enquanto os governantes mandavam e os sacerdotes/funcionários rezavam (será?) e cobravam. Muitas vezes com a mão muito pesada. E as ameaçando com terríveis maldições do além.*

Um fator extraordinário das comunidades traduz-se na importância estratégica que conferiam à sustentabilidade, preservando campos e trilhas de caça, além de (de forma geral) manejarem a água com extremo cuidado. *A água na Antiguidade já era tratada como um recurso muito escasso e trabalho complexo. Essa escassez era devida à própria geografia, aos desertos, ao regime de chuvas, entre outros. Enfim, muitas foram as razões que transformaram esse bem num insumo muito valioso para muitas comunidades e povos da Grande Antiguidade. Aliás, até os dias de hoje. Cada vez mais.*

A ARTE DO BOM SENSO

A grande sabedoria do Egito e de sua afilhada Creta foi exatamente a competência (agilidade tática) com que estabeleceriam os níveis de produtividade (consistentes, possíveis e palpáveis) com que iriam trabalhar. Deveriam fixar metas e objetivos. Em qualquer processo estratégico bem equilibrado isso ocorre. A Grécia com o seu humor belicoso e convencional nunca deixou de ser uma grande comunidade *que, de forma extraordinária (e apesar de seus excessos), inverteu o jogo. Eram as comunidades gregas que fiscalizavam o governo, por meio de suas assembleias e discussões nas ágoras. Iriam manter as mesmas preocupações com a sustentabilidade só que, nesse caso, temperada por um novo e estonteante valor: a luta pela liberdade. E, aí, reconheçamos todos, o espírito grego nos mostra porque veio à Terra.*

A polis grega nada mais era do que um grande cérebro (numa estrutura urbana compacta) zelando pela qualidade de vida e bem-estar de um somatório de comunidades na sua área de influência. Na ágora – conspiração política, lutas permanentes pelo poder, oratória, assembleias, códigos, filósofos, poetas, teatro. No campo, como sempre, a comunidade trabalhava, ano após ano, século após século, milênio após milênio.

Aliás, as comunidades agropastoris gregas identificavam perfeitamente que as respectivas elites de Esparta e Atenas detinham horror ao trabalho no campo. Nada mais do que gente muito preguiçosa. Na minha leitura estratégica o camponês grego deveria desprezar, ou na melhor hipótese, desconsiderar o vértice de poder urbano, para ele nada mais que um indivíduo esperto, amante do ócio disfarçado e aproveitador. Na maior parte das vezes uma sanguessuga ladina.

SILENCIOSA, NÃO! JAMAIS!

A ausência (ou presença) da escrita, de fato, constituiu um divisor de águas na evolução da humanidade. Dentro desse quadro, configura-se a megarrede comunitária (analfabeta) da Antiguidade como um conjunto de estruturas estáticas e aparentemente ingênuas. Nada a ver. O fato de não conhecerem a escrita não implica não se comunicarem. É dentro desse contexto que existe ainda um universo de perguntas a ser efetuado por arqueólogos, pesquisadores e estudiosos do passado. Dependemos visceralmente deles e de suas pesquisas.

É certo que com pedras, cordas, madeiras, cores, penas, conchas, plumas, dentes, ossos, estabelecia-se a identificação de muitas e múltiplas situações relativas a perigo, produção, estocagem, comércio, contagem, quantidades etc.

Assim, de comunidade para comunidade, por meio de fumaça, mensageiros/corredores (com ou sem revezamento), cavaleiros e pombos-correio ("carregando" e "conduzindo" plumas, penas e minicordas) a comunicação/código deveria fluir com grande velocidade ao lado de todas as fases do que está se denominando construção e sedimentação da *pax* comunitária.

MUITO ANTES DA ESCRITA

Nesse contexto, a escrita deve ser entendida não como um marco fundamental de comunicação, mas sim o mais genial aperfeiçoamento de um processo. Com mensagens padronizadas, por meio de elementos/código, as comunidades "liam" os seus momentos e registravam seus desempenhos. Por exemplo, tantos potes de cerâmica grandes repletos de trigo, seriam "descritos" por um dente de javali; 50 potes por uma pedra cortada (riscada) de determinada forma, e assim prosseguia...

Dessa forma toda comunidade deveria contar com "comunicadores" de imensa competência que vivenciavam o seu dia a dia e "conversavam" com outras aglomerações a várias dezenas, centena de quilômetros por intermédio de barcos, cavaleiros, pombos-correio, mensageiros/corredores etc. Essa comunicação ícone deve ter persistido até mesmo depois do advento da escrita, uma vez que essa era privilégio de seus sacerdotes/funcionários maiores. Aristocrática, portanto! Exclusivista, egoísta! A comunidade persistia analfabeta. Aliás, suspeito que vários dos apóstolos de Jesus deveriam ser analfabetos, portanto "obsoletos" e "despreparados" na concepção clássica do termo. Que pena!

PENSANDO CRETA

Em Creta, por exemplo, é impossível não admitir, deveria existir um pombal superqualificado (ou vários) para a comunicação com todas as ilhas que davam suporte à sua competentíssima rede de navios corsários/piratas. Não é improvável que Creta, por meio de seus pombos-correios, acessasse também referências estratégicas do mundo micênico, da Fenícia e até mesmo do Egito, providenciando voos isolados ou combinados com estações de parada (revezamento de pombos-correio). Da mesma forma, pode-se supor que os piratas, em determinadas condições/situações contatassem "previamente" Creta pelo envio de pombos-correios, com informações sobre suas chegadas à ilha (data provável, carregamento etc.). Cnossos e os outros palácios trabalhavam permanentemente com controles, de acordo com as informações contidas nas tablitas (linear B) decodificadas (lidas). Quem controla necessita de informações. Nesse contexto o pombo-correio deveria constituir um instrumento de comunicação da maior relevância. Absoluta modernidade para a época.

É possível que os piratas sob o comando de Creta também conduzissem em suas embarcações gaiolas com pombos-correio para o envio de determinadas informações a Cnossos: data de chegada, número de escravos para venda, mercadorias etc. Enfim, Suméria, Egito, Creta, Grécia e outros iriam construir o seu sucesso por meio de notáveis conquistas realizadas pela grande rede da *pax* comunitária, inclusive o manejo de um processo de comunicação funcional e vigoroso!

Vale ainda ressaltar que alguns integrantes-chave na vida das comunidades constituem, de certa forma, uma grande interrogação para todos os estudiosos/pesquisadores mesmo nos dias de hoje. E esses integrantes eram importantíssimos nas suas vivências, algumas, aliás, comprometidas com o dia a dia: o contador de histórias, o comerciante, o curandeiro, o "correio", o caçador-coletor (mesmo com a comunidade sedentária), o construtor, o comunicador.

- O contador de histórias animava a vida comunitária, encantava as crianças e de certa forma representava a memória de todos navegando muito atrás no tempo. A lembrança nítida do dilúvio pereniza essa afirmação, trazendo a história consigo durante muitos e muitos séculos.
- O comerciante, além de comprar e vender, informava sobre as coisas do mundo, seus momentos, suas oportunidades e suas ameaças.
- O curandeiro cuidava dos enfermos, interagia com Deus, enterrava os mortos. Ao mesmo tempo um padre, um médico, um psicólogo.
- O "correio" mantinha estreito contato com as comunidades vicinais e distanciadas, levando e trazendo mensagens permanentemente.

As comunidades também especializavam determinados integrantes para se dedicarem continuamente à caça e à pesca complementando o aporte proteico, enriquecendo a dieta diária sempre que possível. E, finalmente, o construtor que ao mesmo tempo era um projetista (com seus modelos reduzidos), fazendo as vezes de geômetra, topógrafo, demarcando o nascimento da obra no chão e a realizando. Essas pessoas juntamente com o conselho dos anciãos colaboravam de forma decidida e integrada com a vida comunitária e se tornaram os primeiros profissionais altamente especializados do mundo, além do agricultor e do caçador-coletor. Sem o concurso deles a vida comunitária seria praticamente impossível. *É uma pena que da presença deles só tenham restado instrumentos de caça e pesca e estatuetas provavelmente utilizadas pelos xamãs nos seus rituais de adoração, além de notáveis miniaturas. Muitas ao lado de seus restos mortais, é claro!*

A primeira globalização mundial foi efetuada há milhares de anos atrás. É incrível. Ela foi providenciada por legiões de analfabetos cordiais. Quem produziu essa genial globalização? As comunidades, o espírito comunitário, a sabedoria comunitária, a isotropia comunitária. As polis, muitas das vezes, foram apenas filhas ingratas das comunidades, transformando-se em inúmeras situações, em configurações tiranas de um processo organizado e autossustentado – estabelecido há centenas ou milhares de anos. O mundo, de certa forma, nasceu cordial. As polis, seja lá qual for o motivo, violentaram (às vezes estupraram) essa pax *de modo sistemático e desprovido de qualquer remorso.*

Vale observar que um conjunto muito expressivo de questões relacionadas a comunidade foi debatido ao correr de muito meses com o William de Almeida Carvalho, onde aliás, nem sempre concordamos um com o outro. De fato, a garra intelectual está sempre em "concordar não é preciso, provocar é preciso". Tentamos sempre provocar a discussão. A "esgrima" praticada proporcionou debates vivos e tentativas "sábias" de incorporá-los ao texto. Pelo menos tentei. Tentar é preciso.

PARTE III

O FATOR CRETA: OS POVOS, SUAS POLIS E SEUS AMBIENTES ESTRATÉGICOS

Onde serão analisadas as construções dos mais importantes ambientes estratégicos da Grande Antiguidade, povos e nações comprometidos com a formação do Ocidente.

Não há um grande ato que seja produto do acaso ou da sorte: eles devem, sempre, resultar de cálculos e do gênio. Raramente se vê os grandes homens falharem em seus empreendimentos mais perigosos. Veja o caso de Alexandre, César, Aníbal, Gustavo Adolfo e outros grandes capitães. Eles sempre venceram. Será que se tornaram grandes homens porque tiveram sorte? Não! Mas sendo grandes homens, eles sabiam dominar o acaso. Quando se deseja estudar as fontes do sucesso deles, fica-se perplexo ao ver que eles fizeram tudo para segui-lo.

(Napoleão Bonaparte, 2001:48)

CAPÍTULO 11

O MACHADO SAPIENS E AS GRANDES MIGRAÇÕES COMUNITÁRIAS: O SURGIMENTO DA LIDERANÇA ESTRATÉGICA

O exemplo clássico das correspondências genéticas vem do Extremo Oriente e da Europa. Há mais de dois séculos, os linguistas sabem que a maioria das línguas faladas em uma grande faixa de terra que vai da Inglaterra à Índia tem uma origem comum. Estas línguas pertencem à chamada família indo-europeia e são faladas por mais pessoas que qualquer outra família de línguas. Entre elas estão línguas indianas como o híndi e o urdu, iranianas como o persa e o curdo, eslavas como o russo e o servo-croata, românicas como o italiano e o francês, germânicas como o norueguês e o inglês, e célticas como o irlandês. Hoje em dia, muitas destas línguas parecem guardar apenas uma leve semelhança umas das outras; mesmo assim, a maioria dos linguistas acredita que descendam de uma única língua, falada por um pequeno grupo de pessoas – alguns milhares, talvez – que viviam em uma região relativamente pequena, com alguns milhares de quilômetros quadrados.

No momento, existem duas hipóteses principais com relação à terra natal dos indo-europeus. A primeira é que a língua era falada por um povo nômade que viveu ao norte do mar Negro e do mar Cáspio há cerca de 6 mil anos. Este povo pode ter sido o primeiro a domesticar o cavalo, o que lhes daria uma grande vantagem na guerra e talvez no comércio. Quando os seus descendentes – ou talvez apenas o seu modo de vida – se espalharam pela Europa, o mesmo aconteceu com a linguagem. Durante os milênios seguintes, esta linguagem se transformou nas línguas indo-europeias que conhecemos hoje.

De acordo com a segunda hipótese, a origem das línguas indo-europeias é ainda mais antiga. Segundo esta corrente, os primeiros agricultores que migraram do Oriente Médio para a Ásia Ocidental e a Europa, há aproximadamente 9 mil anos, falavam indo-europeu. Quando os agricultores se misturaram às populações nativas e estas aprenderam a plantar, o indo-europeu substituiu as línguas locais.

(Olson, 2003:164-165)

Deve-se admitir que uma determinada região da Antiguidade, devido a razões múltiplas, tais como fartura de água, relevo acolhedor para agricultura, possibilidade de irrigação, disponibilização de sedimentos orgânicos, defesas naturais, proximidade de mares (o Egeu e o Mediterrâneo), inverno francamente tolerável, regime de chuvas bem definido (mesmo quando não muito expressivo), pesca, caça, presença de árvores frutíferas e organização de pomares, viabilidade no manejo agrícola, iria atrair logicamente centenas, milhares de comunidades que lá buscariam se estabelecer. Essa região será aqui denominada de Machado Sapiens.

Uma das melhores abordagens sobre os atores que não viveram o Machado Sapiens é a realizada por Arnold Toynbee na sua publicação magistral *A humanidade e a Mãe-Terra: uma história narrativa do mundo*. Enquanto as obras abrangentes sobre a evolução histórica do mundo conferem menos de 5% ao período relativo à Grande Antiguidade, Toynbee nesse trabalho dedica 15% da obra ao tema em 16 capítulos específicos. De modo magistral irá assinalar a presença do fenômeno Völkerwanderung, relativo à intromissão/inserção maciça de comunidades em regiões muito diversas das suas de origem. Além disso, com registro e comentários objetivos sobre os grandes jogos de poder nos seus próprios ambientes, constitui uma obra de gigantescas proporções intelectuais que merece ser analisada cuidadosamente por todos os estudiosos da Grande Antiguidade. A desenvoltura com que Toynbee efetua as suas *linkages* é assombrosa!

A primeira grande movimentação para essa região deve-se ao aquecimento global da Terra. Ela foi sendo lentamente "invadida", inicialmente pelos caçadores (pescadores)/coletores, dando origem a uma ocupação que aqui será denominada de *manifestação primeira*. Pode-se situar a *manifestação primeira* no período que se estende de 10000 a.C. a 5000 a.C. Em um determinado momento, próximo do ano 5000 a.C, ocorreu um volume anormal de grandes chuvas (o dilúvio) que implicou rearranjos superexpressivos nessa área, com novas invasões (migração/retirantes) por outras comunidades coletoras-caçadoras e comunidades agrícolas que se agregaram à *manifestação primeira*, originando a *manifestação segunda*. Tanto a *manifestação primeira* quanto a *manifestação segunda*, privilegiariam as regiões dos rios Tigre e Eufrates, com eventuais incursões nas margens e delta do rio Nilo. A saga da água avançava na história do homem.

É importante observar que essas manifestações combinadas iriam também se interessar pelas ilhas do Egeu, montanhas da Grécia e determinadas áreas do Oriente Próximo. Todas, atuando em conjunto, formatariam de forma esquematicamente o que será denominado neste livro de *Machado Sapiens* em homenagem ao encadeamento de ações comunitárias bem-sucedidas pelo *Homo sapiens* na construção e consolidação de ambas as manifestações.

A água, com certeza, constituiu o objetivo estratégico maior dessas manifestações primeira e segunda motivando e direcionando populações ("aflitas") que em determinadas situações de suas vidas fugiram de sua grande inimiga (a maioria, sem sombra de dúvida), a seca. Ela espantava também a caça para longe. *De certa forma, os rebanhos de animais selvagens e os bandos de pássaros "sinalizaram" para os caçadores-coletores e comunidades que rumo (ou rumos) deveriam tomar e para onde se deslocar, para aí acontecer, viver, sobreviver e vencer.*

Figura 8. O Machado Sapiens

É importante anotar que, de fato, o Machado Sapiens agrupa todos os atores geopolíticos da Grande Antiguidade, de denso porte e com memória histórica.

Essa região, a do Machado Sapiens, seria o berço maior de várias civilizações, inclusive a do próprio Ocidente. Ela representa uma notável concentração de *"relevâncias históricas"*, com certeza, a mais importante na evolução do homem. De certa forma ela pode ser focada como a *civilização da água,* pois mesmo alguns componentes como a Líbia, Anatólia (hititas), montanhas e ilhas gregas, além da Fenícia – situação onde o manejo do recurso hídrico deveria ser cuidadosamente administrado – interagiam de modo denso com essa referida *civilização.* Trata-se de um fato inconteste. A água, direta ou indiretamente, era um grande alavancador político, econômico e social.

O mais decantado integrante do Machado Sapiens materializa-se no que se convencionou denominar de *O Crescente Fértil,* ou seja, a faixa inferior da sua lâmina. Como Ciro Flamarion S. Cardoso, assim o caracteriza.

O Crescente Fértil

> Se traçarmos uma linha curva que, partindo do Egito, passe pelas regiões da Síria-Palestina mais próximas do Mediterrâneo, e, pela Mesopotâmia (região entre os rios Tigre e Eufrates), desça até o golfo Pérsico, teremos uma figura em meia-lua: é o chamado "crescente fértil", que contém as terras férteis da Ásia anterior, em oposição às regiões desérticas e estépicas circunvizinhas. Esse "crescente fértil" foi desde remota Antiguidade foco de atração para o povoamento. As regiões limítrofes a ele são: ao sul, o deserto da Síria, continuando pelo da Arábia; ao norte, o planalto na Anatólia e a montanhosa Armênia; a leste, o planalto iraniano, separado da Mesopotâmia pelos montes Zagros.

A Mesopotâmia

A Mesopotâmia foi, com o Egito, a mais antiga região civilizada. Trata-se da planície aluvial dos rios Tigre e Eufrates que, provenientes da Armênia, jogavam-se no golfo Pérsico (hoje eles se encontram, tendo uma foz comum), caracterizada pelo solo fértil e por um clima quente, favorável aos cereais e à tamareira.

A Baixa e a Alta Mesopotâmia

Temos a distinguir a Alta Mesopotâmia (Assíria) e a Baixa Mesopotâmia ou Caldeia (regiões de Acad e Sumer). A baixa e mais fértil, era desprovida de madeira, pedra e metais; a Alta Mesopotâmia, mais montanhosa e não tão fértil, possuía as riquezas florestais e minerais que faltavam à primeira. Como o Nilo, o Tigre e o Eufrates transbordam e cobrem suas margens; a inundação dura de março a setembro, e tem uma força destruidora maior que a do Nilo, exigindo um cuidado constante do homem para discipliná-la cavando canais para controlar a irrigação e drenar a região para que não se torne um pântano.

Cidade-Estado

No entanto, a dependência em relação à água não chega a ser tão grande como no oásis egípcio, e não levou à unificação: a unidade básica e primitiva do estabelecimento sedentário foi a cidade-Estado, e isso tornava instáveis os impérios que se sucederam na região. Enquanto o Egito é quase fechado ao exterior por desertos (líbio, arábico, do Sinai, da Núbia), a Mesopotâmia é mais aberta, e estava destinada a ligar o comércio do Extremo Oriente ao do Mediterrâneo.

O planalto iraniano

O planalto iraniano é muito menos fértil. Em seu extremo sul está o Elam ou Susiana, entre a planície e o planalto, onde primeiro se desenvolveu a civilização no Irã. O planalto, onde muitos vales paralelos se sucedem, tem em seu centro um deserto; não há grandes rios, o solo é pedregoso e pouco fértil, a temperatura é quente, quase como a da Mesopotâmia. A parte norte do planalto (a futura Média) é mais aprazível e abundante em bosques, a parte sul (futura Pérsia) mais pobre. A pedra e os minérios não faltam.

O PAÍS DE AMURRU

> A oeste do curso superior do Eufrates, situa-se a Alta Síria (outrora "país de Amurru"), ao sul da qual está o deserto sírio, separando a Mesopotâmia do fértil planalto fechado entre as cadeias do Líbano e Anti-Líbano (Bekka).[19]

Deve-se observar que em determinados autores não permanece mesmo muito nítido se o Nilo como um todo integraria o Crescente Fértil, ou mesmo em parte. É provável que não, pois se tal ocorresse a "figura" decorrente não seria a correspondente a uma meia-lua. Uma configuração mais próxima de uma foice seria mais real.

É exatamente dentro desse quadro que decidi não incluir o rio Nilo, o seu curso e delta, no âmbito da região do Crescente Fértil. De fato, quem construiu grande parte da história da humanidade foi a região que aqui será denominada de Machado Sapiens. A lâmina superior do Machado Sapiens corresponderá ao povo hitita, a rigor um gestor admirável de tribos e comunidades das mais diversas, notável pela sua competência no manejo da pecuária, a sua preocupação com a inovação tecnológica (a metalurgia do futuro) e a sua tolerância religiosa, além de contar com uma espetacular velocidade de deslocamento e competência de gestão.

Os hititas eram os senhores de grandes extensões terrestres. As civilizações mesopotâmicas e o Egito concentraram as suas atividades no domínio das áreas sob a influência direta do Tigre, do Eufrates e do Nilo. Portanto, os senhores da água. De certa forma, pode-se afirmar que várias nações, povos e tribos iriam construir configurações que poderíamos denominar de civilizações fluviais. Os gregos por seu lado iriam desenvolver uma atividade superintensa no mar Egeu e no Mediterrâneo, com o comércio, estabelecimento de colônias, pirataria e, muito provavelmente, com parte substancial de suas ações econômicas concentradas no lucrativo mercado de escravos. Para os hititas, a rigor, a sua preocupação central estava representada pelo domínio de todas as rotas terrestres (caravanas) que interagissem com essas suas áreas de influência. Uma civilização marítima.

De certa forma os hititas e os gregos foram uns dos primeiro povos a conviver (com relativo sucesso) com a existência de condições não generosas de solo, clima e condicionamento hídrico. Iriam compensar essa deficiência com várias formas de comércio, desde a venda de mercadorias ao tráfico das pessoas. Creta, com certeza, constituiu-se no mais genial pólo comercial da grande Antiguidade, podendo ser considerada como filha do Egito, mãe dos gregos micênicos e parceira dos hititas.

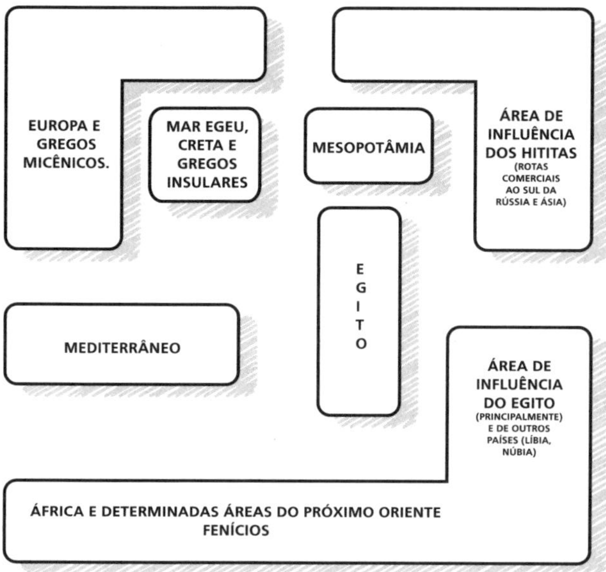

Figura 9. Grandes blocos geopolíticos

Observem-se os comentários contidos em nota técnica divulgada pela Wikipedia e relacionada ao mundo dos hititas.

ANATÓLIA_

Anatólia (ou península anatoliana) é uma região do extremo oeste da Ásia que corresponde hoje à porção asiática da Turquia, em oposição à porção europeia, a Trácia. (Por toda a história, Rumélia foi o nome da porção europeia do Império Otomano.) É também frequentemente chamada pelo nome latino de Ásia Menor, que deriva do grego *Mikra Asia*.

GEOGRAFIA

A península anatoliana está situada como ponte entre os continentes da Ásia e Europa. O planalto central (grande e semiárido), é coroado por colinas e montanhas que em muitos lugares limitam o acesso ao terreno fértil com regiões costeiras densamente colonizadas. A topografia da Anatólia é estruturalmente complexa. Um maciço central composto de blocos levantados e estreitos dobrados para baixo, cobertos por depósitos recentes e dando o aspecto de um planalto com topografia dura, é cunhado entre duas cordilheiras dobradas que convergem no leste. Verdadeira baixada é confinada para tiras costeiras um pouco apertadas junto às costas do mar Negro e do mar Mediterrâneo. Terra inclinada plana ou suavemente é rara e largamente confinada aos deltas do rio Hális, às planícies costeiras da Cilícia e aos pavimentos de vale.

PRÉ-HISTÓRIA

A Anatólia tem sido ocupada por um longo período da existência humana, tendo recebido levas migratórias do sul e posteriormente do leste ainda durante a pré-história, como mostram os diversos sítios arqueológicos presentes na região. Logo após o fim da Quarta Glaciação, há cerca de dez mil anos, uma população humana de origem desconhecida se assentou em um sítio permanente, próximo da atual Çatal Hüyük. Este vilarejo de casas retangulares e empilhadas umas sobre as outras (aparentemente não havia ruas definidas, supõe-se que as pessoas se locomoviam por escadas sobre as próprias casas) disputa com outros poucos sítios, como Jericó, o título de cidade mais antiga do mundo.

HITITAS

Apesar de assentamentos humanos permanentes, nenhuma tribo da Anatólia formou uma civilização no sentido estrito do termo. Isso só viria a acontecer em meados do segundo milênio antes de Cristo, com a chegada dos hititas vindos provavelmente da Ásia Central. Fundaram sua capital em Hatusa e controlaram um império que, na sua extensão máxima, englobava toda a Anatólia, além da Síria e oeste da Mesopotâmia. Os hititas, no entanto, parecem não ter tido grande penetração na Assuwa, isto é, a costa egeia da Anatólia. A Guerra de Troia, entre povos não hititas, foi travada na cidade costeira de Troia, possivelmente no século XIII a.C., sem a interferência dos hititas. No século XII a.C., os hititas foram suplantados por imigrantes, chamados pelos egípcios de "povos do mar" (entre os quais, provavelmente, os frígios, que fundaram seu próprio reino no centro da península).

FRÍGIOS

Tendo passado das costas balcânicas à Anatólia, este povo se estabeleceu no noroeste da península em fins do século XIV a.C.. Ocupando o vácuo da decadência hitita, estabeleceram um reino, que mais tarde se expandiria do Egeu ao Urartu. A maior parte de seus soberanos geralmente se chamavam Górdio, Midas e Giges. A um destes reis chamado Górgias é que se atribui o nó górdio, que foi cortado por Alexandre no século IV a.C.. Foram destruídos pelos cimerianos no final do século IX a.C.

Assírios e Lídios

Boa parte da Anatólia passou a ser formalmente parte do Império Assírio. Entretanto, com seu enfraquecimento, as tribos da região se uniram em torno de um estado remanescente dos frígios, o reino da Lídia. Ao mesmo tempo, os gregos estabeleceram colônias em toda a costa da Anatólia, fundando cidades como Trebizonda e Sinope na costa do mar Negro; Calcedônia à direita do Bósforo; Pérgamo, Éfeso, Mileto, Halicarnasso e Cnido na costa do Egeu; e Antália e Tarso na Anatólia meridional. A Lídia manteve-se como o poder dominante da região, resistindo à expansão neobabilônica e ao Império Medo até o fim do século VII a.C., quando a Pérsia Aquemênida invadiu e conquistou este reino.

Persas

Conquistado o reino lídio por Ciro, os persas passaram então a controlar a Anatólia por dois séculos, até a invasão de Alexandre, o Grande, no século IV a.C. A partir da costa, e com a ajuda da marinha fenícia, os persas realizaram diversas incursões ao continente europeu, sobretudo nos tempos de Dario, que conquistou a Trácia, e de Xerxes, que foi vencido pelos gregos.[113]

Observe-se que a faixa intermediária do machado corresponderá ao mundo do mar Egeu, abrangendo as montanhas gregas, as ilhas – onde se destaca a presença de Creta (a qual desempenhará papel fundamental na organização da cultura ocidental) e a Fenícia como suas principais manifestações. O que caracteriza essa região intermédia, *in limine*, é a sua dificuldade para desenvolver a boa agricultura e a boa pecuária quando a confrontamos com o Egito, a Mesopotâmia e a Anatólia. Com um regime de chuvas razoavelmente discreto e um relevo problemático (à exceção de determinadas esplanadas de terra) os cretenses, os gregos e os fenícios tiveram sempre que se preocupar com um manejo econômico da água durante toda a sua existência. Os rebanhos de carneiros, cabras, porcos, galinhas, o cultivo e manejo de grãos (em poucas áreas favoráveis ao plantio), além da pesca e da caça, sublinhavam que a interação com a Mãe Terra seria sempre problemática, contida em "espaços-base" críticos. Assim, haveria que acionar o cérebro, a reflexão, a discussão para descobrirem novos rumos e ações específicas (não tradicionais) para viver e sobreviver. E foi exatamente o que concretizaram transformando-se por um lado em artesãos sofisticadíssimos (cerâmica, por exemplo), em exportadores de mão de obra/profissionais (os mercenários gregos e as colônias do seu povo na Ásia, a área de influência do Mediterrâneo) por vários mares/litorais da Antiguidade e, também, como comerciantes e transportadores. E não se pode esquecer a sua atuação como piratas, no caso dos gregos.

Assim, ao lado das notáveis civilizações e culturas da água, emerge na história um conjunto de pequenos povos (quando comparados ao Egito, Babilônia e Suméria) cuja riqueza seria principalmente o seu "capital intelectual". Pensar e agir, a mensagem de Prometeu. Creta por sua parte iria contribuir com a competência de management *impressionante, administrando um processo muito sofisticado de comércio (onde escravos, com certeza representavam a mais relevante* commodity*) e conduzindo (provavelmente com as benções totais e/ou ingerência do Egito) um vasto leque de protocolos de não beligerância nas áreas e rotas comerciais sob a sua influência.*

Apesar de a Fenícia estar inserida no "fundo" do Mediterrâneo (ou o real começo para alguns) ela estará também posicionada no âmbito do mar Egeu, com a presença destacada de suas cidades de Ugarit, Biblos, Sidon e Tiro. Observe-se que no Egeu iria desenvolver parte significativa de seus negócios (aquisição de mercadorias de baixo valor unitário), ao lado de suas ações no Mediterrâneo. Ciro Flamarion Cardoso analisa a localização geoestratégica da Fenícia de modo extremamente rico.

A CIVILIZAÇÃO FENÍCIA: ESTRUTURAS SOCIAIS E ECONÔMICAS

Os fenícios descendiam de tribos semitas que, do sul e do oeste da Palestina no III milênio a.C., avançaram para o norte, fundando na costa síria aldeias, provavelmente de pescadores, que deram origem às cidades fenícias.

UGARIT

Somos melhor informados sobre a economia e a sociedade de Ugarit. A maioria da população cultivava os cereais e a vinha no fértil vale do Orontes, e os excedentes eram vendidos aos mercadores estrangeiros e Ugarit. Os camponeses viviam em comunidades (aldeias) que pagavam taxas ao rei e lhe forneciam mão de obra para seus trabalhos. Cada uma devia executar de 13 dias a 2 meses de corvésias por ano, e equipar arqueiros para o exército. A população da Ugarit compunha-se de mercadores, dignatários, sacerdotes e artesãos; todos menos os artesãos, tinham escravos, em caráter doméstico, e em pequeno número, exceto nos domínios reais e na frota (remeiros). A escravidão desenvolveu-se sobretudo em Tiro, cujos mercadores raptavam habitantes das regiões onde tinham colônias, para vendê-los. Desde a primeira metade do II milênio a.C., classe expressiva de mercadorias disponibilizavam-se nas cidades fenícias.

A INTERMEDIAÇÃO

Elas fabricavam, para exportação, trabalhos em metal, vidros, tecidos de lã coloridos em púrpura (extraída de um molusco marinho); exportavam trigo, vinho, madeira do Líbano, peixe seco. Mas o principal comércio que realizavam era como intermediários (comprando e revendendo), e para isso se instalavam em postos na rota das cavernas (Hamah, Damasco etc.), e também o comércio de escravos era muito importante. Habitando um território estreito, cedo se lançaram à navegação; de início não havia distinção, depois separaram-se os navios mercantes e os de guerra. Nas cidades fenícias ocorriam verdadeiras sociedades mercantis. Já vimos que, objetivando o comércio, criaram colônias no Mediterrâneo, e até além de Gibraltar. As rotas comerciais, sobretudo a do estanho, eram segredo de Estado.[19]

É interessante observar texto apresentado sobre a Fenícia na Wikipedia, onde pode-se verificar que seus navegadores iriam operar como virtuais corsários da Pérsia no século VI a.C. Um juízo plausível seria o seguinte: os navios gregos atuariam como corsários de Creta (e essa, de fato, constituiu um virtual protetorado secreto do Egito) e os fenícios, por seu lado, operariam como corsários a serviço de muitas polis e reinos da Mesopotâmia. O raciocínio é válido na medida em que esse atores da Mesopotâmia, não teriam entregue toda a navegação do Egeu/Mediterrâneo (ou o seu controle) "de bandeja" para Creta (leia-se Egito, é claro). Ou a Fenícia, de fato, seria apenas uma grande prestadora de serviços para o Egito, tendo a seu cargo a comercialização de produtos de baixo valor unitário no Egeu e pelo Mediterrâneo. Os gregos, administrados e tutelados por Creta (leia-se Egito), exerceram quase um monopólio do tráfico marítimo de escravos, além de produtos supervaliosos como metais, armas, carros de combate (montados e desmontados), joias, móveis sofisticados e outros produtos de custo de aquisição muito expressivo em termos relativos. O tráfego de passageiros seria operado, com certeza, tanto pela Fenícia quanto por Creta, cabendo a maior parte desse mercado, provavelmente, à primeira e deveria representar apenas uma renda complementar ao transporte de cargas e de escravos. Aliás, seria sempre um risco considerável viajar como passageiro em uma embarcação na Antiguidade, fosse no Egeu ou no Mediterrâneo.

HISTÓRIA

A civilização fenícia tinha um plano econômico centralizado no comércio marítimo. Entre os séculos X e I a.C., os fenícios criaram entrepostos comerciais ao longo de todo o Mediterrâneo, chegando às costas atlânticas da península Ibérica e norte da África.

Seus principais adversários comerciais, e consequentemente bélicos, eram os gregos, que são uma de suas primeiras e mais importantes influências (principalmente os micênios) sociais e políticas. Infelizmente, os fenícios não deixaram a literatura ou registros escritos em materiais resistentes ao tempo, e por esse motivo o que se sabe da sua escrita provém apenas de curtas inscrições em pedra.

AS CIDADES-ESTADO

As suas cidades principais foram Sidon, Tiro, Biblos e Beritus (atual Beirute), na Costa do Levante. Biblos, Sidon e Tiro foram, de forma sucessiva, capitais desse império comercial. No norte da África, existiram Cartago, Útica entre outras. Na atual Itália, no extremo oeste da ilha da Sicília, havia uma cidadela portuária estratégica, rodeada de muralhas, chamada Motya. Sarepta, no sul da Fenícia, região do atual Oriente Médio, é onde se realizaram as mais profundas escavações arqueológicas. Os fenícios chegaram à Espanha e a atual Itália, fundando colônias onde hoje repousam cidades como Cádis (Espanha) e Palermo e Cagliari (Itália).

A MARINHA FENÍCIA

A marinha fenícia era uma das mais poderosas do mundo antigo. Com a frota feita à base de cedro, árvore típica da região, símbolo inclusive registrado na bandeira do Líbano. Suas embarcações, dotadas de aríetes de proa, quilha estreita e vela retangular, eram velozes e mais fáceis de manobrar. Com isso, os fenícios mantiveram sua superioridade naval por séculos. Quando a Pérsia tomou controle da Fenícia, no século VI a.C., os persas passaram a utilizar a engenharia naval fenícia para tentar controlar o Mediterrâneo, o que não era tão malvisto pelos fenícios, já que os persas lhes davam certa autonomia política e religiosa, e os gregos eram seus inimigos há séculos. Na expedição de Xerxes em 480 a.C., havia três dos mais renomados "almirantes" fenícios em sua frota. Em certa feita, durante o reinado do rei persa Cambises II, os persas contaram com o apoio naval dos fenícios para conquistar o norte da África. Mas os navios retrocederam após um ataque ao Egito, pois constava nos planos dos persas um ataque à colônia fenícia de Cartago.

A VIDA POLÍTICA

A região fenícia era organizada em cidades-Estado independentes. Existia uma certa rivalidade entre as cidades, mas a comunicação entre elas era dificultada, por conta das cadeias de montanhas que existiam ao longo da costa. O tipo de governo existente na época era a talassocracia, representada pelos comerciantes marítimos que dominavam a política das cidades-Estado. O poder do chefe político que era o rei, era limitado por um conselho de comerciantes e armadores.

CULTURA

A constante presença de potências estrangeiras na vida cultural da Fenícia parece ter sido a causa de sua pouca originalidade: as sepulturas fenícias, por exemplo, eram decoradas com motivos egípcios ou mesopotâmicos. Mesmo assim, os fenícios deixaram para nós o maior legado cultural da Antiguidade: um *alfabeto fenício* fonético simplificado, com cerca de 22 letras, que inovava em relação a outros sistemas de escrita da Antiguidade por basear-se em sinais representando sons, em vez de pictogramas. Esse alfabeto é ancestral de grande parte dos alfabetos usados no mundo (como o grego, o latino, o árabe e o hebraico). Vale ressaltar que a invenção da escrita é atribuida aos sumérios, uma das mais antigas civilizações mesopotâmicas (4000 a.C.-1900 a.C.), com o objetivo de registrar as transações comerciais. O primeiro alfabeto fenício foi adaptado a partir desse sistema silábico de escrita cuneiforme suméria.

Os principais destaques da cultura fenícia foram: cristais transparentes, tecidos (principalmente de púrpura), armas, joias, objetos de bronze, couro curtido e estatuetas de barro esmaltado.[114]

De todos os integrantes dessa lâmina do Machado Sapiens, a Fenícia foi uma das mais longévolas, enquanto vários povos e reinos desapareciam ou eram incorporados por outras nações no correr do tempo. *Sagazes, discretos e determinados, campeões no lado prático (simplificaram genialmente a escrita) das coisas, sem praticar (aparentemente) grandes emoções ou heroismos, viraram e ultrapassaram muitas páginas da história dos homens. E com grande competência.*

A surpreendente Cartago de Amilcar, Asdrubal e Aníbal Barca não deve ser incluida nesse contexto de *low profile*. Esses derradeiros Barcas iriam romper de forma draconiana com o modelo histórico fenício (sagaz, discreto, esperto, determinado, camaleônico) de notável habilidade e sofisticação e *a longo prazo provavelmente o mais amadurecido estrategicamente entre os povos da Antiguidade.*

Os Barcas, ao romperem com essa modelagem superequilibrada iriam investir pesado em formação de exércitos (mercenários!) e sonharam (e agiram para que o sonho fosse concreto) em ser agricultores, pecuaristas, senhores de terras e áreas extensas no continente europeu. *Assim, romperam com a velha modelagem, perderam o interesse pelo comércio como atividade dominante, absoluta e exclusiva e, de fato, realizaram conquistas espetaculares, mas tiveram todos os seus sonhos enterrados por Cipião, o Africano, que derrotou Aníbal Barca na batalha de Zama (216 a.C.).*

O grande equívoco dos Barcas, especialmente se analisarmos o contexto da época de forma ampla, *é que não se pode confundir estratégia com tática. Aníbal foi um tático extraordinário, mas não necessariamente um grande estrategista. Estratégia envolve necessariamente protocolos – internos e externos – buscando formar alianças e parcerias de longo prazo.* Ao confundir esses valores, Aníbal perde a guerra e, dessa forma, providencia o início do próprio sepultamento dos fenícios. Uma pena! É importante observar que a sua principal tropa de mercenários correspondia aos guerreiros númidas. Seu chefe, Massinina, sentiu-se desconsiderado pelos Barcas ao perder a noiva prometida (Sofonisba) para uma outra liderança de seu povo (Sifax). Jurou vingança. Executou-a e alterou o curso da história, ao abandonar o exército de Aníbal com todas as tropas na véspera da batalha de Zama. Julgo que Cipião, o Africano, caso Massinina continuasse ao lado de Aníbal, não teria tido a menor chance de derrotar Cartago.

Portanto, algumas mulheres mudaram o curso da história na Antiguidade. Entre elas, Helena: a ficção mais real das tradições ocidentais. E, também, Sofonisba e Cleópatra. Com beleza no caso das duas primeiras e sedução no caso de Cleópatra, desestabilizaram povos, nações e, com suas sagas, colaboraram como protagonistas-chave na história da Antiguidade.

Dentro desse contexto, vale observar os comentários realizados por Ciro Flamarion Cardoso.

A Grécia e a bacia do mar Egeu

A Grécia é uma região acidentada, onde a montanha ocupa 80% da superfície, há pouca extensão de terra fértil. Ao norte encontramos planícies mais extensas (na Macedônia, na Tessália), mas em geral os maciços montanhosos dividem a terra cultivável em grande número de vales e pequenas planícies. O litoral é extremamente recortado. Temos a distinguir duas partes: Grécia continental (setentrional e central), e peninsular (Peloponeso).

Mas não só a Grécia foi o palco da civilização grega: esta se espalhou por todo o Mediterrâneo, ganhando mesmo o mar Negro; seu foco, porém, foi a bacia do mar

Egeu, compreendendo a Grécia propriamente dita, Creta, as ilhas Cícladas e Espóradas, Chipre, a região costeira da Ásia Menor. Essas terras banhadas pelo Egeu gozam de clima temperado, suave e seco, com chuvas de inverno. Tal clima, associado ao relevo, impede a existência de grandes rios na Grécia: são mais cursos d'água de pouco volume, a descer da montanha para o mar. A vegetação é pobre, mas as florestas eram mais extensas que hoje.

As consequências do relevo

O relevo, entravando as comunicações terrestres, o litoral recortado, com grande número de enseadas, a calma do Egeu (exceto no inverno, época de tempestades), além do mar pontilhado de ilhas, foram outros tantos fatores a propiciar navegação; o Egeu podia ser atravessado sem que o marinheiro perdesse terra de vista, o que era importante para as condições da navegação antiga, pois só se navegava durante o dia: à noite o navio ficava abrigado em alguma enseada de qualquer das muitas ilhas.

Os casulos gregos

A geografia da Grécia explica ou ajuda a explicar vários comportamentos terrestres. Assim, era natural que as regiões interiores permanecessem fechadas às influências externas e manifestando quadros econômicos e sociais arcaicos em comparação aos das cidades litorâneas, essas abertas ao comércio e às influências externas. Observe-se que no campo da religião, para dar um outro exemplo, era também natural que, sendo escassa a água, as fontes fossem divinizadas, constituindo-se em centro de atração para o surgimento de cidades; e, em relação à agricultura, o clima favoreceu o cultivo do trigo, da vinha e da oliveira.

Muito longe da autossuficiência

Quanto às riquezas minerais, devemos citar a argila, importante para a cerâmica, o mármore (monte Pentélico, ilha de Paros), algum cobre, alguma prata (monte Láurio) e muito pouco ouro.

A Grécia não era autossuficiente em cereais e madeira para construção, o que, como veremos, foi de suma importância em sua história. O mar fornecia peixes, ostras etc.

Os dias claros, o céu em geral límpido, o clima suave, convidavam a viver muito ao ar livre, e nas cidades gregas o mercado era o ponto de reunião social e política.[19]

E, finalmente a presença do rio Nilo e a sua genial interação com o reino do Egito. *O cabo do Machado Sapiens representa uma das mais notáveis construções humanas, comprometidas com a paz, a autossustentação e o estabelecimento de uma nação de porte gigantesco para a época.* Sobrevivendo vários milênios iria se constituir (minha leitura) no componente principal do Machado Sapiens. A seguir, comentários-chave de Ciro Flamarion Cardoso.

O Egito e o Nilo

Mesmo sem cair no determinismo geográfico, é impossível tratar da civilização egípcia sem tocar na grande influência do meio. Três fatores geográficos influíram no desenvolvimento dessa civilização: (1) o Egito é um oásis; (2) tem um clima saariano; (3) é muito mais longo que largo (cerca de dez vezes). Para que seja possível a existência de um oásis em um clima saariano, é preciso haver água, solo arável e trabalho humano, sendo que este age como regulador, cavando canais, irrigando, cuidando da distribuição racional da água. O rio Nilo fornece ao mesmo tempo a água e o solo arável. É um rio perene, pois não depende de chuvas egípcias – praticamente inexistentes – já que nasce na região lacustre da África Central.

As chuvas das montanhas

Sob o efeito das chuvas da montanhosa Abissínia, ele transborda e inunda o seu vale; o fenômeno da cheia tem início em julho, e as águas permanecem até dezembro, depositando no solo o rico limo fertilizante arrancado das terras vulcânicas da Alta Abissínia. Ao se retirarem suas águas, tem início a semeadura; o Egito tem, assim, três estações apenas: cheia, semeadura, colheita. Em vista de tais benefícios, é compreensível que os egípcios tenham feito do Nilo um deus.

Centralização x descentralização

O Egito assemelha-se a uma fita encimada por um triângulo com a ponta voltada para baixo: essa forma fez distinguir, desde a remota Antiguidade, duas regiões bem individualizadas: O Baixo Egito ou delta, com maior extensão de terra fértil, e o Alto Egito ou vale, estreita faixa apertada entre as cadeias Arábica e Líbica, que a separam dos desertos do mesmo nome. A forma alongada do país vai criar uma situação paradoxal: em um oásis, é essencial a boa repartição da água pelo total das terras cultivadas, e para isso são necessários canais, diques e barragens bem cuidados; esse fator fez surgir muito cedo a necessidade de um poder centralizado que assegurasse a manutenção dos diques e canais e a boa distribuição da água, tal poder se cristalizando na figura do faraó. A forma do país, porém, dificultava o contato do poder central com o total do território (ligação feita, por muito tempo, apenas pela navegação do Nilo), e, por isso, mesmo após sua unificação, o Egito tendia (apenas se enfraquecia o poder central) à descentralização e à divisão inicialmente em vale e delta, depois nas unidades naturais, os nomos. Assim, a história egípcia se caracteriza pela luta entre a necessidade de centralização e a tendência natural à descentralização.

O povoamento do Egito e o período pré-dinástico

O Egito foi habitado desde o Paleolítico Antigo. Sabemos disso por instrumentos de pedra e outros restos encontrados, mas não sabemos a que grupo étnico pertencia a população de então, pois só foram achados esqueletos de épocas posteriores.

Povoamento definitivo

O Neolítico, período em que se deu o definitivo povoamento, começou no Egito por volta de 10000 a.C., e seu início com uma fase de dessecamento do clima do norte da África. No fim do Paleolítico, o Saara era uma região de savanas povoadas por caçadores; com o dessecamento, as populações saarianas (do grupo hamítico, branco), tiveram de se deslocar em busca de água, e parte delas atingiu o vale do Nilo, aí se fixando. A esta base mesclaram-se semitas ou protossemitas vindos da Ásia (pelo Sinai ou pelo mar Vermelho), e negroides vindos da África Central pelo vale do Nilo.

O nomo

Primeiro dispersa em aldeias isoladas a população, a evolução da agricultura de irrigação levou à formação de uma unidade maior, o *nomo*, englobando várias comunidades aldeãs. O nomo tinha uma das aldeias como capital: nela se situava a casa de seu rei e o templo de seu deus; através de toda a história do Egito faraônico, cada nomo conservou sua individualidade expressa em seus estandartes, seu deus tutelar, particularidades dialetais etc. Havia cerca de 40 nomos.

Os nomos guerreavam constantemente entre si, sobretudo por disputas envolvendo a água e os canais de irrigação. Essas lutas levaram à formação de federações de nomos cada vez mais extensas, até a constituição de um reino (ou federação de tribos) englobando todo o delta, e outro compreendendo o vale, o primeiro com capital em

> Buto, o segundo em Nekhen (atual El-Kab). Esse processo caracterizou os períodos Neolítico ou pré-dinástico, o qual se iniciou entre 6000 e 5000 a.C. (marcado pela introdução do metal), e termina cerca de 3000 a.C., com a unificação do reino.[19]

O Machado Sapiens, harmonizando pessoas e regiões, água, possibilidades de irrigação – ao lado de todas as conquistas do homem já então disponibilizadas por meio de suas manifestações comunitárias – foi adquirindo, cada vez mais, formas nítidas. No milênio que se estendeu de 4000 a.C. a 3000 a.C., as populações enraizadas há séculos na região foram sujeitas a "visita"/"invasão" de correntes migratórias (retirantes) que fugiam de grandes secas nas suas regiões de origem. *Vale ressaltar que dentro da cultura brasileira eles são, há séculos, denominados de retirantes.*

Fluxos indo-europeus, sumerianos e semitas iriam redesenhar politicamente todo esse espaço/água na Antiguidade. A história não registra grandes intromissões no Egito a essa altura, mas é bem provável que milhares de "retirantes" (mais uma vez esse seria o termo apropriado) tenham sido absorvidos/acolhidos no delta do Nilo.

Aliás, a minha suspeita é que as grandes migrações indo-europeias e semitas (em hordas) foram precedidas durante séculos pelo "adentramento" discreto e continuado de pequenos grupos precursores, o que, de certa forma, deve ter facilitado, em muito, o grande "ajustamento" que se efetuou com o deslocamento de grandes massas populacionais (de retirantes) em um determinado momento.

Um dos grandes axiomas do reino dos faraós configura-se o *não existir nenhum grande desafio que não pudesse ser enfrentado e equacionado*. A mensagem das pirâmides processa-se dentro dessa linha filosófica. Dentro dessa linha de ser e estar, dezenas de milhares de imigrantes (retirantes) foram ao longo dos séculos acomodados às margens do Nilo e no seu delta.

A respeito dessa questão, atente-se para o texto de Sophie Desplancques.

> O terceiro período intermediário, como os outros períodos ditos "intermediários" da história egípcia, caracteriza-se por uma fragmentação do poder, dividido entre várias dinastias paralelas. Simultaneamente à 21ª dinastia, uma dinastia de chefes líbios se desenvolveu no delta egípcio. O Novo Império, a partir das primeiras vitórias dos seus faraós, havia trazido um afluxo de estrangeiros ao Egito, desde prisioneiros a embaixadores. Razões para que houvesse estrangeiros de todos os países nas margens do Nilo não faltam. Conforme o caso, eles se agrupavam em colônias ou se integravam à população. No Novo Império, sob Amósis, emigrados empregados em obras de construção trabalham nas pedreiras de Tura. Encontramos em diferentes contextos trabalhadores núbios e asiáticos. Ramsés III havia instalado em Bubasto a maior parte dos prisioneiros capturados em suas campanhas líbias, a fim de resolver definitivamente os problemas que essa população apresentava. Os textos raméssidas citam duas etnias líbias: os *libu* e os *mechuech*. Os líderes dessas antigas tribos líbias conservaram o título

que os egípcios lhes deram antes de sua integração, o de "grande rei dos Ma". Assim, embora essas populações estivessem instaladas desde aproximadamente um século no Egito, elas continuavam regidas por tradições líbias ainda muito vivas.[29]

É incrível, mas é bem provável que o Egito tenha desenvolvido de modo organizado o primeiro grande programa de assentamento rural (com irrigação) da história da humanidade. Que extraordinárias: sabedoria, visão e consciência social!

Essas migrações, além de produzirem uma interação agroeconômica, técnica e operacional com as populações anteriormente estabelecidas, deslocavam-se com o apoio de aplicação tática fundamental e disciplinada. Aliás, pode-se entender tática como sendo o detalhamento da decisão estratégica. Dentro dessa determinação tática, destaquem-se os seguintes aspectos:

- a migração desloca homens, mulheres, crianças, recém-nascidos, idosos – a pé e acomodados em carroças – e, também, cães, cabras, carneiros, porcos, cavalos, jumentos, bois, vacas e também aves;
- ela geralmente foge da seca ou de uma devastação (anunciada ou efetivada), sem possibilidade de volta, de regresso. *O último olhar será o final*;
- a migração tem que ser cuidadosamente planejada na medida em que se necessita permanentemente de água, alimentos para as pessoas e forragem para os animais por todo o deslocamento. Nenhuma improvisação;
- não deveriam avançar mais do que 15 km por dia. Em outras palavras, o deslocamento não é rápido, o que expande os níveis de risco. Aliás, estariam sempre prontos para lutar. Inclusive as mulheres. Todos eles, independentemente de sexo, se necessário, guerreiros implacáveis. Utilizavam todas as armas, inclusive o fogo (como os cossacos das estepes). Não havia viagem de volta. Era lutar, avançar e ficar, ou morrer. Lutaram e ficaram;
- em muitas ocasiões deve ter ocorrido um "esforço diplomático" prévio para que o deslocamento/acomodação final fosse efetuado sem grandes traumas para ambos os lados – o receptor e o "migrante". É possível que em muitas situações essa "acomodação" ou o direito de passagem fosse adquirido (comprado) a "peso de ouro".

A propósito, meu avô, Adelino da Silva Pinto (1880-1953), médico e catedrático de química da Escola Nacional de Medicina da Universidade do Brasil, relatou-me em uma oportunidade o sofrimento dos retirantes que atravessavam a fazenda de sua avó (dona Brígida) em Souza, no interior da Paraíba. O fato ocorreu por volta de 1892-1893, como consequência de uma grande seca. Disse-me ele que eram centenas de pessoas que avançavam pelas terras de muitos fazendeiros e entre essas as de sua avó. Dona Brígida com auxílio de duas ou três empregadas buscava atender os mais necessitados com água, leite e mantimentos, na medida do possível. *Transmitiu-me o velho Adelino o que nunca saiu de sua retina: a imensa tristeza no rosto daqueles homens, mulheres e crianças.* Aliás, descrição muito semelhante a essa pode ser observada no romance *A bagaceira*, de José Américo de Almeida. No Brasil não constam registros de luta desses retirantes, pelo menos expressivas. Invasões de armazéns, quando muito. Era uma luta *à la* Mahatma Gandhi: triste, densa e para a frente. Mas se tivessem de lutar, lutariam, é claro! Portanto, migrante é eufemismo, o termo correto é retirante. O retirante quer sobreviver. Ele não se entregará jamais. Ele não aguarda a morte no "pedaço". Não mesmo! Seja no sertão da Paraíba no final do século XIX, seja na região do Machado Sapiens cinco mil anos atrás. Seja daqui a 20 anos, na Europa ou na fronteira dos EUA com o México. As migrações, mais que o desespero dos homens traduz o dramático desespero das mulheres, sejam elas avós, mães, grávidas, irmãs, tias ou matriarcas.

O raciocínio do migrante, hoje ou 5 mil anos passados é linear e independe de raça ou credo: *"Não nascemos para morrer, nascemos para viver"*. Esses são apenas alguns aspectos atuantes no processo de migração. Dezenas de outros poderiam ser ainda assinalados. Surge então na história, e em grandes proporções, a figura da liderança que pode ser denominada de mobilização de ações proativas na busca de um determinado objetivo. *Liderar abrange a liderança, os líderes e os liderados.* Pois bem, a "configuração" líder iria *bouleverser* toda a antiga ordem comunitária da Grande Antiguidade, alterando o tecido dominante, criando novos espaços nos quais iriam se destacar Agamenon, Heitor, Ulysses, Péricles, César, Aníbal e tantos outros, *seja na ficção, seja na realidade.*

Enfim, num mesmo tacho iriam ser misturados o trigo, a água e o sangue. Quem daria o ponto certo (ou errado) da "pasta" seria o líder com o apoio dos seus liderados. A Grande Antiguidade iria começar a perder, lenta ou fortemente (dependendo da situação geopolítica estratégica), a relativa "inocência" da *pax* comunitária. Rompe-se mesmo o equilíbrio. Inicia-se o grande jogo estratégico, com todas as cartas na mesa. Inaugura-se uma grande marcha para os migrantes. Inicia-se um novo momento para a história, a gestação do futuro Ocidente.

O Ocidente principiou em uma região especialíssima que está sendo denominada neste livro de o Machado Sapiens. Nele, a geografia aliada à Mãe Terra, iria se hospedar um capítulo extraordinário da evolução da humanidade, fosse para o bem ou para o mal. Abrigou emoção, ficção e geniais realizações. Lá o homem começou a aprender a sorrir no varejo e a sofrer no atacado.

CAPÍTULO 12

OS POVOS MESOPOTÂMICOS

> A personagem mítica de Gilgamesh está no centro da obra literária mesopotâmica mais vasta e mais complexa, que é também a primeira epopeia a ter chegado até nós. A *Epopeia de Gilgamesh* relata as aventuras de um soberano muito antigo de Uruk, que busca desesperadamente a planta mágica da qual ele poderá obter, para ele e para a humanidade, a imortalidade, essa busca dá lugar a infinitas peripécias. A primeira versão da *Epopeia* data aproximadamente do meio do terceiro milênio a.C.; os determinados episódios que a compunham são integrados na epopeia dita "clássica", que provém da biblioteca de Nínive (século VII a.C.) e data do século XII a.C.; Gilgamesh é apresentado aí como um sábio, pois ele viajou muito, atravessou países longínquos e conheceu segredos de antes do Dilúvio. Filho do rei de Lugalbanda e da deusa Ninsum, foi ele quem construiu as fortes muralhas da cidade de Uruk, da qual ele é o soberano. Embora tenha fracassado em sua busca da imortalidade, Gilgamesh possui traços característicos do herói: mortal como todos os homens, ele é, porém, detentor da verdade última sobre a natureza humana. Essa verdade lhe foi revelada por Utnapishtim, um homem de Shuruppak, encarregado pelo deus Ea de construir o navio no qual foram embarcadas todas as espécies animais, antes que o Dilúvio, decretado pelos deuses, destruísse a humanidade.
>
> (Ascalone, 2006:14)

A história do homem pode ser abordada considerando-se vários marcos de partida. Dentre essas possibilidades destaquem-se as seguintes configurações emblemáticas: Busca-se destacar a presença dos grandes atores formadores do processo histórico-estratégico.

Os caçadores-coletores; O clima; A comunidade; A construção da polis; Creta; O adensamento do Ocidente	20000 a.C., coincidindo com o inicio do aquecimento da Terra, extinguindo-se em um processo contínuo a Era do Gelo e, ao lado, o desaparecimento total dos neandertal.[1**] 9000 a.C., com o estabelecimento da cidade de Jericó, marco notável na fixação das comunidades à terra – já com o cultivo do trigo e o manejo de animais domesticados, na Palestina. 3000 a.C., com a organização na Mesopotâmia do reino da Suméria/reino do Egito. 3000-1000 a.C., Creta. 1000 a.C., com a plena vigência da *dark age* na Grécia. 500 a.C., período de ouro da Grécia. Ano zero, com o nascimento de Jesus de Nazaré. 500 d.C., com o enfraquecimento total do Império Romano do Ocidente. 1000 d.C., expressando a consolidação do catolicismo. 1500 d.C, início das descobertas marítimas. 2000 d.C., intensificação da revolução tecnológica da humanidade.

[*] Alguns pesquisadores fixam em 30000 a.C. o desaparecimento do neandertal.

Unicamente para embasamento de determinados raciocínios e reflexões, poder-se-á considerar como um *bloco de tempo histórico* (*both*), um período de 500 anos. Assim, desde o início do grande degelo (20000 a.C.), a humanidade teria percorrido 44 boths – o que vale dizer, 44 blocos de tempo histórico.

Dentro dessa moldura observe-se o período que se estende de 9000 a.C. a 3000 a.C., ou seja, 6 mil anos (12 boths) e que se estende da implantação de Jericó até a organização do reino da Suméria. Trata-se, em essência, de um intervalo de tempo onde a *pax* comunitária estabeleceu-se plenamente e realizou uma série de interações na própria Mesopotâmia, no Egito, nas montanhas gregas, nas ilhas do Egeu e Anatólia, entre outras. Como curiosidade, esse período corresponde a 12 vezes a própria história do Brasil (1 both).

Esse lapso de tempo (12 boths) envolve uma ampla e progressiva consolidação bem como organização das redes comunitárias em todas essas regiões, com aperfeiçoamento de inúmeras atividades. *Pouco a pouco "construiu-se" um mundo praticamente isotrópico.* Isso vale dizer que as rotinas e ações modulares que ocorriam na Mesopotâmia, em inúmeros aspectos, seriam muito similares às que aconteciam nas margens do Nilo, Creta e outras ilhas do mar Egeu, por exemplo. Os rios e o mar constituíam notáveis facilitadores logísticos, fosse para o transporte de pessoas ou de cargas, vivas ou inanimadas.

Com o aperfeiçoamento cada vez mais intenso de inúmeros procedimentos no âmbito dessas comunidades, iria ocorrer uma geração cada vez mais expressiva de excedentes agrícolas, apesar de os regimes hídricos do Tigre e do Eufrates serem bem mais complexos que os do Nilo. Os rendimentos de produção eram progressivamente crescentes nas áreas de plantio, conjugando-se o manejo de sementes, sedimentos de aluvião, irrigação e técnicas competentes de armazenagem.

Esses excedentes iriam provocar sobredemandas de estocagem e necessidades para comercialização de grandes partidas de cereais. Combinando-se essas circunstâncias, com o clima da *pax* comunitária, aliadas a inevitáveis economias de escala, *surgiriam aglomerações urbanas (protegidas) destinadas à estocagem de grãos e, muito provavelmente, abrigo de rebanhos em épocas de inundações.*

Essas aglomerações urbanas constituiriam unidades prestadoras de serviços para as comunidades, dotadas de silos, armazéns, facilidades para o manejo de cargas, além de residências para determinadas famílias, participantes na sua origem de certas redes comunitárias, *e agora envolvidas num sistema organizado e eficiente de prestação de serviços.*

Essas aglomerações urbanas prestadoras de serviços não só armazenavam como também controlavam estoques e os monitoravam (por meio de marcações efetuadas pelos selos cilíndricos) como ao mesmo tempo facilitavam sobremodo a realização (e ordenação) de operações comerciais. Com certeza, aí se iniciavam os esforços precursores para a "criação" da escrita. É de se notar que tais aglomerações constituíam, com certeza, imenso orgulho para a rede comunitária que com ela interagia ou, então, um mal necessário. Fazer o quê?

Essas *agl*omerações *u*rbanas (*aglus*) foram se formando durante 6 mil anos (12 boths) ao longo de toda a extensão e área de influência do Machado Sapiens e também em outras regiões da Antiguidade. Bulgária, por exemplo. As aglus podem ser definidas como o ponto de partida da organização de polis comunitárias.

É intuitivo supor que as aglus progressivamente iriam também provocar o surgimento de um novo segmento social que poder-se-ia definir como um H*omo* u*rbanus* *i*nteragindo com as *c*omunidades (*huics*). Assim, ao nos aproximarmos do marco 3000 a.C., a Mesopotâmia iria conviver com a *re*de *com*unitária (*recom*) e sua *pax*, as aglomerações urbanas (aglus) e o *Homo urbanus* interagindo com as comunidades (huics), como esquematizado a seguir. Uma rede de ricas interações estratégicas! E, por enquanto, uma grande paz presente.

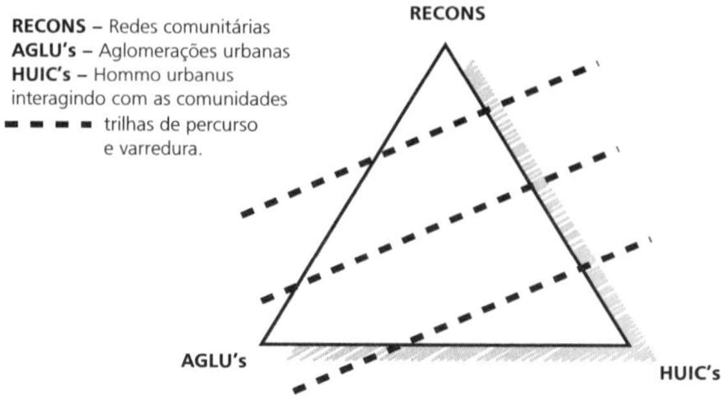

Figura 10. Triângulo progressor

Esse triângulo "varreria" todo um espaço econômico (social, também) e pouco a pouco iria se transformar em peça-chave de um processo de sustentação econômica na Mesopotâmia. Esse polígono-varredura aqui denominado de "progressor" provocaria o surgimento de um inevitável processo de concentração de renda onde determinados indivíduos (ou famílias) acumulariam (haveres) bens e poupanças provenientes da sua competente prestação de serviços (e ações conexas) às comunidades.

Formar-se-ia assim, progressivamente, uma classe urbana bem-sucedida, o que de certa forma corresponderia ao que se poderia denominar de *urb*anitários *ri*cos (*urbris*). Após o advento desse novo ator, o triângulo "progressor" evoluiria para o desenho afirmativo de um quadrilátero "varredor", *ou seja, uma "fotografia" consistente de uma polis comunitária.*

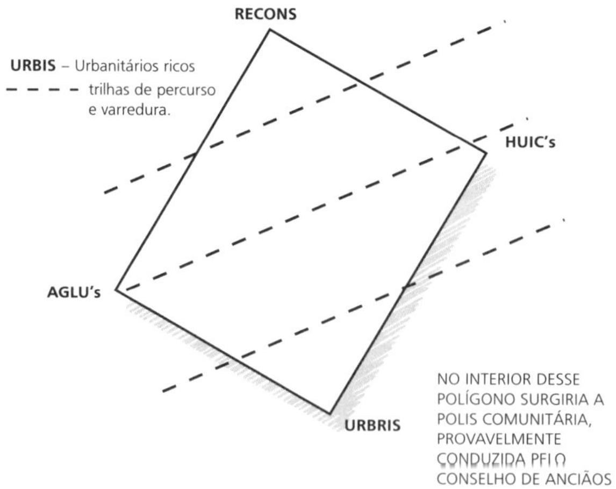

Figura 11. Estruturação do quadrilátero "varredor"

Esses *q*uadriláteros *v*arredores (QVs) iriam percorrer toda a Mesopotâmia, objetivamente, durante milhares de anos. *Um tapete organizado.* Configurações próximas dessas estruturas "varredoras" iriam manifestar-se também nas ilhas do Egeu, com especial destaque para Creta. *Consolidava-se progressivamente o capítulo das polis comunitárias.*

Dentro desse quadro, a Mesopotâmia de 3000 a.C. pode ser entendida como um $\sum$ QVs, extremamente bem organizado, interagindo com os rios Tigre, Eufrates e a Mãe Terra, com grande competência. Os fluxos de comunicação aconteciam dentro dessas condições, os quadriláteros "varredores" se "conheciam" e operavam como integrantes de uma grande rede comunitária (o tapete solidário), todas elas com suas aglomerações (aglus), seus urbanitários (huics) e urbris (urbanitários ricos). Apesar de coexistirem, muito provavelmente utilizaram vários idiomas – muitos deveriam frequentemente ser de raízes comuns – *o que vale dizer que ocorreria um tapete dialetal muito consistente.* Aparentemente o idioma acadiano operou como uma língua franca em inúmeras situações e regiões. Eventuais dificuldades seriam contornadas pelos conhecimentos dos comerciantes, por definição – poliglotas natos (eles ou seus escravos) – ao viabilizarem o diálogo entre todos os polígonos "varredores", nas suas operações de compra e venda de mercadorias. *De uma forma ou de outra, todos se comunicavam.*

É exatamente dentro desse panorama que fluxos invasores provavelmente nômades – e dentre esses destaquem-se os semitas – adentram a Mesopotâmia e progressivamente vão se assenhoreando das aglus, as quais irão se transformar em polis (cidades-Estados). *Esse fenômeno se processou 2.500 anos (5 boths) antes de surgirem as tão decantadas Esparta e Atenas.*

Aliás, é intuitivo admitir que as lideranças nômades não tivessem nenhum apreço nem vocação pela agricultura disciplinada e as rotinas do campo. Eles eram originalmente pastores das estepes, com certeza! Não era mesmo de sua índole abraçar a enxada ou "atrelar-se" à rabiça do arado. Muito mais interessante era a tomada e a ocupação das aglus, reservando para si (ou repartindo!) os cofres dos urbris, os urbanitários ricos integrantes de cada aglomeração.

Os urbris, muito devem ter perdido, mas a rede comunitária ligada a cada aglus (ou polis, se o caso) continuou a trabalhar e persistir como nos últimos milênios. Dentro de uma configuração econômico-financeira, o que iria se modificar mesmo era a taxa de prestação de serviços (sob a forma de impostos) que dependendo da índole de cada polis poderia até não se acentuar! Em outras palavras, as comunidades não teriam que se aplicar mais do que efetivamente realizavam antes. *O seu mundo seria preservado.* Aliás, se assim não o fizessem as novas lideranças iriam sofrer muito.

Essas novas polis iriam ocasionar o surgimento de dois fenômenos seminais para a história da humanidade: o primeiro corresponderia a um processo de formação (e concentração) de poder, onde o conselho dos anciãos no vértice do comando, seria quase sempre substituído (superado, complementado?) por uma estrutura concentradora de mando até então desconhecida pelas redes comunitárias. O chefe urbano, qualquer que fosse a sua denominação, constituiria uma nova presença no palco da Grande Antiguidade.

E, um segundo fenômeno, e também de genial sabedoria, o qual pode ser identificado como o emergir de uma cultura diferenciada de vértice que iria, por um lado reforçar todo o *tecido de mando* e, por outro, facilitaria a interação com as suas redes comunitárias. Apesar das comunidades serem isotrópicas em inúmeros aspectos, elas poderiam apresentar determinadas características muito próprias, o que de fato deve ter influenciado toda a nova rede que iria surgir, contribuindo também para a edificação de um novo desdobramento cultural. Os assírios, no futuro e na contramão desse processo, iriam representar o lado perverso desse fenômeno.

Dentro desse panorama pode-se entender a Mesopotâmia a partir do ano 3000 a.C. (e provavelmente até 1000 a.C.) como um expressivo somatório de polis, cada uma delas com os seus polígonos (ou triângulos) "varredores" ou "progressores", com a sua própria estrutura de comando justaposta à "sua cultura". Portanto, desenhos socioeconômicos específicos. Cada polis com o seu rei ou o seu chefe, com suas presenças assinaladas na história pelas tablitas com inscrições cuneiformes e hoje visualizadas nos vestígios de seus palácios, templos, muralhas, grandes construções etc. Não seriam mais as polis comunitárias. *Estavam surgindo as polis/governo ou polis/Estado, conduzidas pelos polis/lords. A saga do sangue estava apenas se iniciando.*

É curioso observar que geralmente consideramos como os Estados históricos mais fortes aqueles que detêm efetivamente um maior número de informações arqueológicas vinculadas ao seu passado, permitindo uma aproximação bastante "rica" da sua presença histórica. Um sítio arqueológico muito rico, trabalhado por profissionais supertalentosos e dedicados transforma-se numa poderosa referência cultural. Entretanto, sem dúvida alguma, devem ter ocorrido outras manifestações que ainda estão para ser "escavadas", ou apenas encontram-se em início de exploração, também notavelmente interessantes.

O primeiro reino a se estabelecer dentro desse contexto, bem documentado, foi o da Suméria, civilização original que iria equilibrar com especial habilidade as suas polis com as redes comunitárias existentes. *A Suméria, de fato, constitui o que se pode denominar de o berço do processo civilizatório, dentro de uma conceituação ortodoxa da questão.*

À luz de todos os estudos empreendidos até a atualidade, a Suméria representa, com certeza, a primeira de todas essas "civilizações" ortodoxas. Com notável sabedoria ela constrói sua "química" cultural de vértice, enfrentando obstáculos gigantescos que estão presentes desde a realização de grandes edificações (os "zigurates", os palácios), da "invenção" da escrita até a montagem de um grande épico, *Gilgamesh*, onde o binômio forças-desafio do homem e sua interação com o divino são emparelhadas e elaboradas sob forma que pudesse entreter (e unir) os seus leitores/ouvintes, *dois mil anos antes dos relatos da Odisseia, Ilíada e a Bíblia.*

A Suméria não só construiu essa cultura de vértice, como também possibilitou ao Egito (e outros povos/regiões) que efetivassem *benchmarkings* de seus conhecimentos/procedimentos, com eles próprios ou o "comércio inteligente". Em termos de gestão integrada e competência para enfrentar o desconhecido, poucas nações (ou nenhuma outra) ousaram como a Suméria, avó-mãe ou mãe generosa de inúmeras outras manifestações da raça humana.

Se o processo civilizatório convencional – tal como o universo – teve um "Big Bang", esse foi a Suméria. Ela intuiu ou descobriu todos os grandes valores civilizatórios, bem como a sua interação com o processo comunitário. É difícil imaginar como teria sido o reino do Egito *sem o adensamento da Suméria.* Ela "descobriu" quase tudo e o Egito dela extraiu o máximo que pôde em termos de inteligência e engenho. Com base nessa importante transposição iria, por seu lado, construir uma grande nação. Sábia e determinada. Mas, tudo aconteceu a partir da Suméria. Esse o fato maior!

Os grandes senhores dessas polis, seja Sargão ou Hamurabi, serão denominados neste livro de *polis/lords.* Muito mais que dominar e coletar impostos, promoveram a criação de um clima (ambiente) estratégico (priorizando o vértice do poder, sem dúvida) o qual iria propagar-se por toda a área de influência da polis. Ao mesmo tempo buscaram sabiamente preservar a rede comunitária existente e investiram em infraestrutura, como a construção de grandes canais de irrigação, por exemplo. *Os polis/lords iriam provocar uma interação radical da centralização de poder com a rede comunitária e a sua* pax, *nem sempre gentil.*

A rede comunitária seria então impactada por investimentos de grande porte (pela captação e aplicação de poupanças), pois além de obras permanentes de expansão (canais) iriam contar com implantação de novos armazéns e silos demandados pelo adensamento do comércio. É claro que esse *mundo sucessor* não foi um mar de rosas, pois os polis/lords lutavam entre si, aparentemente *buscando cada um deles enriquecer a sua própria "coleção" de cidades organizadas* e comunidades a elas apensas. Mas tem-se a firme sensação de que as lutas tentaram preservar sempre as comunidades na base do processo, engajando-se no confronto basicamente as milícias combatentes de cada lado. Os assírios não.

Por outro lado os polis/lords iriam favorecer o desenvolvimento científico e técnico de modo surpreendente, "encurtando" o tempo das invenções/descobertas. Faz parte desse "encurtamento" do tempo as descobertas de uma série de invenções, tais como o advento da roda, do arado, da escrita etc.

Persiste nesse campo, uma longa discussão de quem surgiu primeiro: a Suméria ou o Egito. Em meu entendimento não pode haver dúvida de que o Egito realizou um *benchmarking* intenso, e praticamente justaposto na escala do tempo, absorvendo e ajustando ao seu modo de ser várias conquistas sumerianas. Um exemplo que merece atenção refere-se aos hieróglifos que os pesquisadores lutaram para decifrar. Se os egípcios tivessem saído na frente nesse particular seria pouco provável que os sumerianos pudessem decifrar (decodificar) esses difíceis caracteres, simplificando-os na escrita cuneiforme. Champollion que o diga.

A Mesopotâmia já tinha se direcionado para esse desafio séculos antes com a utilização dos selos cilíndricos para ordenação de estoques/propriedade e utilização em práticas comerciais. O que o Egito realizou foi um pinçamento de práticas vitoriosas da Suméria extremamente ágil, integrando e ajustando (ao seu estilo) conquistas técnicas e tecnológicas com extrema velocidade, ao mesmo tempo em que realizava "maquiagens criativas" personalizando os "inventos derivados". O Egito – aluno aplicado, ambicioso, inteligente e inserido num "mundo" bem menos conturbado que os mesopotâmicos – iria da mesma forma adotar uma sistemática própria para as suas polis de gestão, com adensamento cultural de vértice e interação inteligente com a rede comunitária. Jack Welch daria grau AAA a esse aluno, sem dúvida! A filosofia Welch pode ser entendida como avançar e progredir sempre com inteligência e competência.

Nessas condições deve-se entender o Egito, de vez, como um transbordamento do embasamento (aliás, competentíssimo) sumeriano e, como tal, o realizador do primeiro grande *benchmarking* estratégico da história do homem em nível de nação. Dessa forma abordarei o mundo mesopotâmico de acordo com uma aproximação orientada que facilite o enquadramento estratégico de seus grandes desafios e diretrizes, focado em grandes blocos.

- O bloco I tratará da visão consolidada do processo histórico da Mesopotâmia, destacando-se as principais presenças de povos e reinos da região ao correr de aproximadamente 3 mil anos de história.
- O bloco II tratará das conquistas culturais e de *management* da região, enfatizando-se a Suméria.

- O bloco III observará as principais polis estabelecidas na região no correr do tempo.
- O bloco IV será uma leitura abrangente de alguns dos principais "closes" da história mesopotâmica.

O processo histórico da Mesopotâmia, aqui visualizado com base em informações extraídas da publicação *Atlas da História Universal/The Times* é riquíssimo. A evolução dos povos mesopotâmicos parte da *pax* comunitária multimilenar para a construção de um primeiro grande processo de concentração de poder por meio da Suméria. O "Big Bang" civilizatório! A partir da fase de predominância sumeriana, as polis iriam dar sustentação à organização de desenhos paralelos de adensamento de poder, numa química com múltiplos rearranjos, envolvendo, entre outros, os seguintes ingredientes: a acumulação sistemática de saber, as guerras internas, as invasões externas, os tratados diplomáticos. Essa história buscaria a sua perenização através de *nation builders* (Sargão, Hamurabi, Nabucodonosor, Assurbanipal e outros) e construções monumentais de imenso impacto cênico, estratégico, tático e operacional, tais como os zigurates. Assim, deslizaram no tempo! E o sangue encharcando as marcas de seus passos nas estradas do tempo.

A região iria conviver durante centenas de anos com as plantações de cereais (o trigo, por exemplo), a irrigação (a água) e lutas intermináveis (o sangue). No entorno do ano 1000 a.C., os assírios – provavelmente se sentindo incapazes de interagir (competentemente) com toda a *pax* comunitária sempre vigente na região, combinada com a herança cultural sumeriana, ao lado das sofisticadas alianças baseadas em parentesco/comércio – investiriam contra essa extraordinária presença histórica – a comunidade – com a única arma que lhe parecia apropriada e viável: a *violência,* devastando, matando, mutilando, humilhando, deportando. Os assírios foram pérfidos precursores da barbárie de Hitler, Stalin, Pol Pot e outros.

Reinos se esfacelaram, mas não iria se extinguir toda uma sabedoria de manejo integrado das polis e *pax* negociadas. *Uma grande página do tempo seria virada, provocando o surgimento no futuro do Império Persa como o grande herdeiro do mundo mesopotâmico com seus povos, suas antigas cidades/sucessoras, arte, cultura e, também, a rede comunitária associada à estruturação de governos provinciais.*

Alguns séculos após, um jovem general da Macedônia – Alexandre, com certeza – orientado por um pensador extraordinário, Aristóteles, ao enfrentar (e dobrar) a Pérsia interessou-se estrategicamente pelos povos da região e seu modo de ser, procurando absorver (em múltiplas frentes) todo o sentido estratégico e multifacetado do saber mesopotâmico. Aliás, a filosofia aristotélica e seu modo de agir, a meu ver, estavam decididamente comprometidas com o *aprender, sempre*! Com certeza, Alexandre, o Grande, foi um de seus melhores discípulos. Penso que seu pai, Felipe, tenha sido um dos melhores discípulos de Aristóteles. Talvez o melhor de todos. De fato, Felipe representou o gênio estratégico e Alexandre, o tático. Os guerreiros de Alexandre, alguns muito jovens e outros não tanto, executaram exemplarmente as ações operacionais, à perfeição. Clito, seu maior amigo (a quem assassinou), foi um desses comandantes. Um grande interlocutor estratégico, tático e operacional. Um *coach*. Quando Alexandre o matou, iniciou também a sua própria agonia. Clito transpassado deveria, com frequência, visitar seus pesadelos, acordado ou dormindo.

Apresenta-se a seguir um elenco de pontos extraídos da publicação *Atlas da História Universal*, abordando questões específicas relacionadas aos temas aqui debatidos e expondo o desenvolvimento geopolítico da região pelos principais povos e nações nela presentes no correr de milhares de anos.

As primeiras cidades na história da humanidade

Um dos acontecimentos mais importantes na história da humanidade – o aparecimento das primeiras cidades – ocorreu no sul da Mesopotâmia no quarto milênio a.C. As primeiras cidades foram o resultado culminante do crescimento da população e do aumento da produção agrícola, que se originou da adoção da agricultura como forma de vida, em oposição à caça. Seus numerosos vestígios, hoje, dominam a paisagem do sul do Iraque. Embora estas comunidades não fossem muito grandes, elas introduziram mudanças radicais na sociedade, na religião, na política e na vida intelectual.

Potencial econômico e complexidade estratégica, tática e operacional

As planícies de boa fertilidade e os vales irrigados pelo Tigre e pelo Eufrates – o Crescente Fértil – constituíam na Antiguidade a região com maior potencial agrícola junto às do Indo e do Nilo. Ali desenvolveram-se as primeiras comunidades agrícolas do mundo: em Jericó cultivavam-se cereais desde o ano 8000 a.C., porém, eram terras que mantinham um delicado e frágil equilíbrio, onde era preciso defesa constante, tanto da natureza como dos vizinhos famintos e predatórios vindos do oeste do deserto e das montanhas do norte e do leste. Em contraste com as cheias regulares e benéficas do Nilo, o fluxo das águas destes rios gêmeos, ao subir a leste pelos montes Tauro, é irregular e imprevisível, produzindo condições de seca em um ano e de inundações violentas e destrutivas em outro.

A ARTE DO ENFRENTAMENTO: SUPERAÇÃO DE PROBLEMAS

Para manter algum tipo de controle, fazia-se necessário a construção de açudes e canais, além de complexa organização. Foi enfrentando estes desafios que as civilizações atingiram suas conquistas mais significativas.

AS CIDADES DE SUMER

As primeiras cidades cresceram na Mesopotâmia Meridional durante a última parte do quarto milênio a.C. Cada cidade estava sob a proteção de um deus específico, mantido num templo magnificamente construído para ele e seu séquito numeroso. Estes assistentes também tinham uma função financeira, já que o templo era o dono de parte das terras e do gado da cidade. O complexo religioso dominava a cidade tanto física como socialmente; seus amplos pátios, depósitos e habitações, bem como as salas de culto, ficavam frequentemente elevados sobre uma plataforma situada acima das vivendas amontoadas no setor mais baixo da cidade. Através de becos tortuosos e estreitos ao lado das ruas principais, às vezes cortadas por muros, chegava-se às portas na muralha externa de proteção.

REGISTROS CONTÍNUOS E LITERATURA

Os responsáveis por este desenvolvimento no sul da Mesopotâmia foram os sumerianos, os quais também devem ser reconhecidos como os criadores da primeira literatura do mundo. Por outro lado, a crescente complexidade das contas e registros nos templos obrigou-os a emitir os primeiros recibos escritos. Partindo da primeira escrita pictográfica, que já se encontrava em uso em 3100 a.C., criou-se uma escrita de sílabas mais complexa. As primeiras obras conhecidas da literatura sumeriana que sobreviveram foram escritas em tábuas de argila por volta de 2500 a.C. No entanto, a maioria da população continuou sendo analfabeta, ficando a técnica da escrita nas mãos dos escribas dos templos.

UMA NOVA ORDEM E O COMÉRCIO

Todas as cidades sumerianas encontravam-se junto a um rio importante ou estavam ligadas a ele por um canal. Estas vias aquáticas faziam a conexão da Mesopotâmia com o golfo Pérsico e os países mais afastados. O comércio era fundamental, porque a Mesopotâmia meridional carecia de matérias-primas básicas, tais como madeira, metais e pedra. Muito dos luxos exóticos característicos da cultura sumeriana também tinham de ser importados.

Distâncias impressionantes

Os sumerianos comerciavam a distâncias impressionantes: até o Afeganistão, com o lápis-lazúli; até o Indo, com pedras preciosas como a cornalina e exóticas madeiras duras; até montanhas da Anatólia e da Pérsia, para obter os minerais metálicos; e até os montes Zagros e a Síria, para a madeira. A mitologia e a arte mostram embarcações que ainda são usadas nas regiões pantanosas do Iraque; lugares como Ur e Lagash eram portos ligados ao oceano.

Sistema de pesos e medidas

Muitos bens entravam em Sumer pelo Bahrein (o antigo Dilmun), que era o centro de distribuição da região do golfo e que tinha seu próprio sistema de pesos e medidas. Logo difundiu-se o urbanismo fora da área onde surgiu pela primeira vez, no Sumer, ao norte da Mesopotâmia e a Síria, e ao leste no Irã, contribuindo para que as regiões periféricas enriquecessem em consequência do comércio com a Mesopotâmia.

Os primeiros impérios

A organização política dos sumerianos durante a primeira metade do terceiro milênio (o período Protodinástico) baseava-se em cidades-Estado que lutavam entre si, procurando o poder hegemônico. Os êxitos foram muito pouco significativos para cada Estado, porém Nippur e Kish sempre mantiveram certo domínio cultural. No sul, os Estados ricos de Ur e Lagash controlavam a região, lutando continuamente com Umma, o seu vizinho do norte.

A periferia agressora

A estabilidade destas primeiras cidades-Estado também estava ameaçada por diversos povos que habitavam a periferia dos centros urbanos. A história destas regiões registra contínuas incursões destes povos, que, contudo, estimularam o desenvolvimento político, tecnológico e social. O desenvolvimento mais evidente foi a mudança da limitada base de poder da cidade-Estado para o amplo sistema político do império.

Sargon: a arte da centralização do poder

A primeira tentativa importante para criar um império deu-se na dinastia de Agadé. Fundado por Sargon, acádio de origem migratória (2371-2316 a.C.), e seus sucessores (principalmente seu neto Naramsin), reduziram o poder das cidades-Estado e avançaram para um sistema de governo centralizado. As conquistas os levaram desde o sudoeste da Pérsia até a Síria, e possivelmente (segundo a tradição), ao centro da Ásia Menor. O comércio e as matérias-primas eram os objetivos principais dessa expansão, e como consequência, também desenvolveu-se nesse período o comércio marítimo no golfo Pérsico, estendendo-se assim até "Magan e Meluhha" (possivelmente o litoral persa no golfo de Omã e o vale do Indo, respectivamente).

Ur: renascimento sumeriano

Depois da ruína do Império Acádio, provocada finalmente por pressões internas, iniciadas por uma invasão dos guti e dos zagro centrais, veio o renascimento do sistema sumeriano de cidade-Estado. Contudo, em pouco tempo, Ur surgiu como potência dominadora, estabelecendo um novo império altamente burocrático, porém mais compacto e estável que o de Agadé.

Babilônia e Mari

A combinação da desordem interna e da invasão estrangeira – dessa vez dos amoritas, povo semítico do leste da Síria – produziu a destruição do império de Ur, por volta do ano 2000 a.C. Durante a agitada situação que se seguiu, os amoritas foram gradativamente estabelecendo dinastias nos reinos antigos e nas cidades-Estado, abrangendo desde a Síria até a região do Diyala e a Mesopotâmia Meridional.

A modelagem Hamurabi

A Assíria e a Babilônia mostraram finalmente ser as de maior importância. A Assíria, que já possuía colônias comerciais na Anatólia, da dinastia nativa deu origem à dinastia do amorita Shamishi-Adad I, que estendeu suas fronteiras até os montes Zagros e o Eufrates central, transformando-a num poderoso Estado na Mesopotâmia. Depois da morte de Shamishi Adad, a Babilônia surgiu como a cidade mais importante durante o reinado de Hamurabi (1792-1750 a.C.). O breve império estabelecido por Hamurabi forneceu o modelo político, realizado em poucas oportunidades, para um só reino no sul da Mesopotâmia, com sua capital na Babilônia.

Os registros históricos

Quase tudo o que sabemos sobre esse período provém dos restos de palácios e de arquivos de tábuas de argila de valor incalculável, nas quais registravam-se atividades comerciais, administrativas e diplomáticas.

Mari: a oposição

Mari, na Síria, foi a sede das dinastias de oposição, porém todas, finalmente, acabaram sendo conquistadas por Hamurabi, e seu palácio proporcionou uma enorme coleção de 17.500 tábuas de argila. Estas contêm detalhes íntimos do desenvolvimento da vida num palácio sírio no século XVIII a.C.: a perseguição de escravos fugitivos, além de medidas para o controle de epidemias, a arrecadação de pedágio para o tráfego fluvial do Eufrates. O comércio era vital para as economias destes palácios/cidades, e as descobertas de Mari e outros lugares ilustram o alto nível atingido pelo artesanato utilizando metais, pedra e marfim.

Os hititas e Mitanni

Em 1595 a.C. desintegrou-se a Primeira Dinastia da Babilônia, que foi centro de gravidade do Oriente Médio, centro este que se mudou para a Síria e para o norte da Mesopotâmia. O Levante, o litoral do Mediterrâneo oriental entre Anatólia e Egito, dividiu-se numa rede de cidades-Estado prósperas. Estes Estados podiam ser totalmente independentes e inclusive (como Ugarit, no século XV, e Hamath e Damasco, no início do primeiro milênio) exercer poder fora do seu próprio território, porém as cidades-Estado geralmente eram vassalas de uma das grandes potências existentes fora da região.

O Egito

O Egito, a mais antiga destas potências, tinha a tradição de ser um governo forte e centralizado que remontava ao ano 3000 a.C. O Egito estava interessado na Síria, tanto por sua importância mercantil quanto porque o seu controle significava proteger-se de outra invasão asiática, como aquela sofrida no segundo milênio.

Os hititas: a segunda potência

Os hititas, estabelecidos na Anatólia Central, eram a segunda potência. O Estado hitita, com sua poderosa capital fortificada em Bogazhöy (Hattusa), desenvolveu-se durante o início do segundo milênio a.C., a partir de um grupo de cidades-Estado, e foi expandindo seu poder gradativamente ao oeste no sentido do mar Egeu, e ao sul pelo norte da Síria.

Mitanni: a terceira potência

A terceira potência era Mitanni, um Estado predominantemente hurrita, concentrado nas estepes do norte da Mesopotâmia. Na sua maior extensão, no século XV a.C., os mitânios controlaram de forma intermitente todo o norte da Síria e da Cilícia.

As inovações militares

Como resultado das lutas pelo controle do Levante, os egípcios, hititas e mitânios realizaram inovações nas armas e nas operações militares. O veloz carro de guerra de duas rodas, de construção firme, e ao mesmo tempo suficientemente leve, que podia ser movimentado por um só homem, foi introduzido no Oriente Médio por volta de 1800 a.C., expandindo-se seu uso lentamente por toda a região. Puxado por um par de cavalos, levando arqueiros vestindo armaduras de bronze e equipamentos com poderosos arcos e flechas com ponta de bronze, o carro transformou-se num elemento vital dos exércitos do Oriente Médio até ser substituído pela cavalaria milhares de anos depois. Teve um papel fundamental em conflitos tão importantes como a batalha de Kadesh (1285 a.C.) entre o rei hitita Muwatalli e o faraó egípcio Ramsés II.

O avanço da guerra e das fortificações

Contudo, a guerra aberta era apenas um aspecto das operações militares. Por volta do segundo milênio a.C., o Levante era uma terra com numerosas cidades, motivo pelo qual os ataques eram cada vez mais frequentes. Foram introduzidos novos equipamentos ofensivos, tais como aríetes e torres de sítio, que explicam as mudanças nos desenhos das fortificações das cidades. O glacis foi uma invenção importante que consistia na construção dos muros da cidade de tal forma que não poderia ser atingido pelos atacantes devido a uma ladeira íngreme e longa que era coberta com gesso escorregadio ou pedras. Mesmo assim, as sólidas defesas nem sempre puderam impedir que uma cidade fosse invadida, encontrando-se em várias escavações provas de destruição que pertencem a esse período.

GUERRA E PAZ

As guerras endêmicas dessa época sempre foram acompanhadas por uma constante atividade diplomática, registrada nas tábuas de argila dos arquivos estatais egípcios e Hititas. A língua diplomática da época era o acádio. Entre os arquivos encontrados na capital hitita, Bogazköy, estavam os registros do tratado de paz do século XIII a.C. entre o rei hitita e o rei do Egito. O mesmo tratado é conhecido numa versão hieroglífica nas paredes do templo de Karnak, no Egito. Tábuas de cerâmica da capital do Egito do século XIV no El-Amarna ilustram claramente o controle incômodo do Egito sobre o Levante do sul.

O PRINCIPADO DE AMURRU

O principado nortista de Amurru parece ter sido um local especialmente problemático; um dos seus governantes foi assassinado por uma expedição egípcia, porém seu sucessor, Aziru, não era confiável e desertou para a aliança hitita, exemplo das contínuas mudanças que caracterizaram a diplomacia do Levante nesse período.

O SURGIMENTO DA ASSÍRIA

A destruição do Mitanni no século XIV a.C. deixou o campo livre para egípcios e hititas no oeste, e para o ressurgimento da Assíria no norte da Mesopotâmia. A Assíria prestava vassalagem a Mitanni, enquanto este último era uma potência importante. A Assíria expandiu-se na medida da decadência do Mitanni, e por volta da segunda metade do século XII a.C. controlava os antigos territórios do Mitanni até o Eufrates.

POVOS DO MAR

Contudo, esse século foi um período difícil para a região, sempre afetada pelos movimentos dos "povos do mar" e pelos grupos dos invasores do norte e do oeste. O Império Hitita desintegrou-se em consequência do violento ataque acontecido em 1200 a.C., e o Egito retirou-se para o interior de suas fronteiras. Na Mesopotâmia, as ambições assírias foram temporariamente interrompidas pela presença de poderosos grupos arameus na Síria e ao norte da Babilônia. Mesmo assim, o expansionismo assírio, que teve início no período compreendido entre a decadência de Mitanni e a pressão dos arameus, completou-se a partir do século X a.C., e já ao redor do século VII havia criado um império que, pela primeira vez, uniu o Oriente Médio.

A força do sorgo

A grande força da Assíria estava nas suas férteis plantações de sorgo ao norte da Mesopotâmia, na periferia de Arbeles e Nínive, porém estas eram carentes de defesas naturais contra os ataques surpresa dos habitantes das montanhas do norte e do leste. Além disso, os assírios não tinham minerais metálicos nem grandes recursos em madeira. A estratégia assíria nestas circunstâncias era um programa permanente de expansão militar, com o objetivo de exigir tributos dos seus vizinhos e assim fortalecer a segurança das fronteiras. A penetração na região aconteceu em 883-859 a.C. com Asurnasirpal II, que conseguiu introduzir uma cabeça de ponte através de Karkemish, na direção do Mediterrâneo.

A expansão assíria

Durante o reinando do seu filho Salmanasar III (858-824 a.C.) aconteceu a expansão para o norte até os montes Tauro (importante como fonte de metais) e para o sul até Damasco. Este movimento expansionista levou a Assíria diretamente ao conflito militar com os arameus da Síria e seus aliados da Palestina, entre os quais estava Israel. Com dificuldades passageiras, apesar de algumas resistências, a Assíria foi expandindo gradualmente seu domínio até que toda a Sìria, a Palestina e, durante pouco tempo, o norte do Egito no século VII, tornaram-se parte do Império Assírio.

O Império Assírio e a arte da guerra

Os assírios dominaram o Oriente Médio devido a suas implacáveis e permanentes conquistas militares. O êxito, em grande parte, foi devido à engenhosidade e às inovações na arte da guerra. A maior parte dos nossos conhecimentos sobre as operações militares dos assírios provém dos relevos dos palácios. Ali aparecem representados vários tipos de infantaria, incluindo lançadores com armamento pesado, vestindo colete de malha e grandes escudos, cavalaria (cavaleiro e cavalo protegidos com armadura), e carros com um condutor, um portador de escudo e um arqueiro. Os assírios aparecem também sitiando e conquistando uma cidade extremamente bem fortificada:

cavando túneis, arremessando aríetes, subindo escadas e saqueando sem piedade a cidade conquistada, levando os produtos do saque e os prisioneiros.

A ESTRUTURA IMPERIAL

O poder assírio também foi consolidado pela introdução da estrutura imperial baseada num sistema de províncias e governadores provinciais. Construíam-se palácios que serviam de residência para os novos governadores, muitas vezes imitando, se bem que grosseiramente, os relevos e adornos dos centros metropolitanos. As cidades eram os centros imperiais do norte da Mesopotâmia; Assur, originalmente a capital, foi substituída por Nimrud em 880 a.C., e esta por Dur-Sharukin por algum tempo em 710 a.C., sendo finalmente, cinco anos mais tarde, Nínive a capital definitiva. Estas grandiosas e impressionantes capitais eram dominadas por uma cidadela encimada por templos e palácios, enquanto num nível mais baixo habitava o resto da população. Os palácios reais possuíam sofisticados salões de recepção e salas do trono, onde aconteciam as recepções e os espetáculos de entretenimento para cortesãos, embaixadores e representantes dos súditos. As paredes destas salas estavam adornadas com motivos inspirados em guerreiros sangrentos com a clara intenção de impressionar os visitantes e mostrar o poderio dos exércitos assírios.

URARTU: METALURGIA, ENGENHARIA E OS CAVALOS DE RAÇA

Ao norte da Assíria, o povo que rodeava o lago Van juntou-se a uma federação de Estados, dando origem ao reino de Urartu. Este reino chegou a ser muito famoso pela forma como trabalhavam os metais, por sua habilidade em engenharia hidráulica e pela criação de cavalos de raça nos campos de pastoreio. Urartu conseguiu resistir à pressão da expansão assíria até fins do século VII, quando os ataques dos cimerianos das estepes do norte causaram sua destruição final.

BABILÔNIA, ISRAEL E FENÍCIA – DOMINADAS

O vizinho do sul, a Babilônia, esteve quase permanentemente sob o domínio da Assíria, desde fins do século XIII a.C., inclusive na época em que a Babilônia era oficialmente independente. No oeste, o reino de Israel, que havia sido fundado por volta de 1000 a.C., junto com Tiro e Sidon, e as demais cidades comerciais do litoral da Fenícia, foram dominadas pela Assíria no século VIII. A leste, na fronteira com a Pérsia, foi anexada Elam no século VII.

Todos contra a Assíria

Nesse mesmo século a dominação da Assíria havia crescido muito, desde o Egito até a Pérsia, e pelo norte, até os montes Tauro. O fim chegou repentinamente. Nabopolasar tomou a coroa da Babilônia em 625 a.C. e atacou a Assíria pelo sul. Logo uniram-se a ele os medos e escritas. A última capital assíria, Nínive, foi saqueada pelos exércitos invasores em 612 a.C., e o que ficou da resistência assíria foi aniquilada em Karkemish sete anos depois.

O Império Persa

Depois da destruição de Assíria, os vitoriosos babilônicos ficaram com as terras baixas da Mesopotâmia, as quais transformaram-se na base do novo Império do Oriente Médio no reino de Nabucodonosor (605-562 a.C.). As terras altas do leste passaram ao domínio dos medos. Em 550 a.C., Ciro, naquele tempo príncipe da Pérsia e vassalo dos medos, rebelou-se e derrotou o rei dos medos, reunindo mais tarde medos e persas para fundar o primeiro Império Persa (ou Aquemênida). Com as campanhas seguintes somaram-se Ásia Menor, Babilônia, Afeganistão e, depois do falecimento de Ciro, o Egito, formando-se assim o maior e mais poderoso império conhecido até então.

A presença de Dario

Durante o reinado de Dario (522-486 a.C.), o império foi organizado em 20 satrapias que pagavam tributos. Dario estabeleceu um código legal completo, uma moeda estável e um eficiente sistema de correios. A natureza cosmopolita do império reflete-se no grande palácio construído por Dario em Persépolis, onde os estilos arquitetônicos variam desde colunas lídias ou gregas a cornijas egípcias. Os relevos esculpidos na escadaria cerimonial que levava até a "apadana", ou sala de audiências, representam delegações de 23 povos trazendo presentes ou tributos, tais como vasilhames metálicos, roupas, presas de elefantes e ouro, junto com animais exóticos, como um antílope, um ocapi (espécie de antílope) e um camelo.[8]

BLOCO II – A HERANÇA SUMERIANA

O desafio da Suméria foi incrivelmente mais complexo do que o do Egito, o qual além de uma espetacular isotropia comunitária iria contar com defesas naturais que o livrariam durante séculos e mais séculos de invasões sistêmicas e desestabilizadoras. A Suméria, ao contrário, teria que vivenciar uma interação homem-terra bem mais complexa e o tecido político envolvente era sempre agitado e agressivo. Não confiável, mesmo. Apesar de todos esses problemas, a construção cultural, técnica e administrativa da polis sumeriana, influenciou de forma definitiva toda a evolução que se processaria no mundo através dos séculos. Ela foi a estrutura (precursora) viabilizadora dos sistemas de concentração de poder que lhe sucederiam para o bem e para o mal, inclusive de forma pedagógica e bastante transparente. Foi uma vitrine para todas as sociedades organizadas que surgiram no Crescente Fértil na sua área de influência, inclusive o Egito, os hititas, os gregos do continente e as ilhas do mar Egeu. A Suméria, com certeza, não inventou o povo, mas inventou a nação.

A firme sensação ao se avaliar o momento sumeriano é de que, em realidade, tentou evoluir da *pax* comunitária por meio de desenhos não agressivos. Sem sacrificar pessoas, grupos, comunidades. Desejava apenas um aperfeiçoamento de práticas lógicas (sem ingerências perversas), de armazenagem e operações comerciais, pressionado por produção de excedentes agrícolas cada vez mais expressivos e insistentes.

Se observarmos as conquistas sumerianas numa leitura abrangente, tem-se a firme sensação de que aquela cultura buscou e perseguiu realizar um plano diretor estratégico com base na montagem de fluxos de caixa autossustentados, e com ênfase nas seguintes áreas principais, entre outras: organização da gestão; desenvolvimento da escrita; agricultura (irrigação, plantio, colheita, manejo do arado etc.); construção civil (urbanismo, grandes prédios, armazéns, canais, açudes); educação; organização de governo e parlamento; programa fiscal; justiça; horticultura; medicina; matemática; astronomia; agrimensura; previsão do clima; pesos e medidas; biblioteca; filosofia; ética; literatura; poesia; interação com o plano do divino; folclore; comércio; navegação; comunicação; organização do exército; arte da guerra; carros de combate; manejo da arte equestre; festas, torneios.

Todo esse projeto deve ter sido conduzido, planejado e provocado, pelo vértice de governo, com o apoio dos sacerdotes, altos funcionários e o Conselho dos Anciãos (Parlamento). O orçamento anual teria sido, com certeza, exaustivamente discutido. Quase um *zero base budget*. O endividamento do governo seria praticamente impossível e a inflação com certeza era *zero*! Durante séculos! A estrutura sequenciada (geralmente como mostrada nos textos históricos) aqui apresentada assume um novo impacto visual e reflexivo (e também sistêmico) quando a representamos sob a forma de mosaico, como visto a seguir, onde, em termos específicos, todos atuam conjuntamente.

Figura 12. Mosaico estratégico de blocos de gestão Sumerianos

Um dos projetos estratégicos mais destacados da Idade Moderna corresponde aos esforços realizados pelo czar Pedro, o Grande, da Rússia (século XVIII), provavelmente inspirado (pelo menos parcialmente) na ação do shogun Tokugawa Ieyasu, no Japão (século XVII). Trata-se de iniciativas de duas personalidades extraordinariamente competentes. Um asiático e um europeu. Pois bem, o "Projeto Sumer", executado 4600-4700 anos antes (+/– 3000 a.C.), *apresenta uma "varredura sistêmica" francamente comparável aos notáveis empreendimentos russo e japonês*. E isso sem contar com a invenção e/ou vulgarização da escrita (de forma isolada ou em conjunto com o Egito)!

É importante observar que os sumerianos valorizavam, em muito, a família e, por outro lado, conferiam uma grande ênfase no lado prático e objetivo dos desafios cotidianos, *mas nada que a aproxime de um materialismo primário*. Como poder-se-á atentar pelas observações de dois textos sumerianos incluídos na publicação *Os sumérios*, de Samuel Noah Kramer, a existência de uma preocupação imensa dessa cultura em pormenorizar determinados procedimentos o que, *em outras palavras, traduz-se por capacidade tática, ou seja, o detalhamento da ação estratégica. No caso, comportou-se como vencedora através de muitos séculos.*

Os textos selecionados, do Código de Lipit-Ishtar e do Almanaque do Lavrador, são testemunhas eloquentes dessa atitude.

Código de Lipit-Ishtar

Prólogo

Quando o grande Na, o pai dos deuses, (e) Enlil, o rei de todas as terras, o senhor que determina as ordenações, tinham a Ninisinna, a filha de Na, o... para ela... (e) a alegria... pela sua fronte brilhante; quando eles lhe concederam a realeza da Suméria (e) da Acádia (e) um reinado favorável na sua cidade de Isin, o... estabelecido por Na; quando Na (e) Enlil chamaram Lipit-Ishtar, o pastor atilado, cujo nome tinha sido pronunciado por Nunamnir – ao governo da terra de modo a nela estabelecer justiça, eliminar as queixas, acabar com a inimizade (e) a rebelião pela força das armas (e) trazer o bem-estar aos sumérios (e) acádios, então eu, Lipit-Ishtar, o humilde pastor de Nippur, o robusto lavrador de Ur, que não abandona Eridu, o senhor conveniente para Erech, rei de Isin, rei da Suméria e Acádia, que estou adequando ao coração de Inanna, estabeleci a justiça na Suméria e na Acádia de acordo com a palavra de Enlil. Na verdade, naqueles dias, eu obtive... a liberdade dos filhos e filhas de Nippur, dos filhos e filhas de Ur, dos filhos e filhas de Isin, dos filhos e filhas da Suméria e da Acádia, sobre quem... a escravidão... tinha sido imposta. Na verdade, de acordo com..., fiz os pais sustentarem os filhos (e) os filhos sustentarem os pais; fiz o pai apoiar os filhos (e) os filhos apoiarem o pai; na cãs do pai (e) na casa do irmão, eu... Na verdade, eu, Lipit-Ishtar, filho de Enlil, trouxe setenta para a casa do pai (e) para a cãs do irmão; para a casa do solteiro trouxe... durante dez meses... a mulher de um homem, ...a criança de um homem...

Posturas selecionadas do Código

1. Se um homem entregar um terreno inculto a outro para lá fazer um pomar (e este) não o realizar completamente, deverá dar ao homem que fez o pomar o terreno inculto que ele negligenciou, como parte do seu quinhão.
2. Se um homem entrar num pomar de outro (e) lá for apanhado a roubar, pagará dez siclos de prata.

3. Se um homem cortar uma árvore num jardim de outro, pagará meia mina de prata.
4. Se uma escrava ou escravo de um homem fugir para o meio da cidade e se confirmar que ela (ou ele) mora na casa de outro homem durante um mês, dará escravo por escravo.
5. Se um homem casar com uma mulher que lhe der filhos (e) estes filhos estão vivos, e uma escrava der também filhos ao dono (mas) o pai conceder liberdade à escrava e aos filhos, os filhos da escrava não terão direito à propriedade do antigo dono.
6. Se a mulher de um homem lhe não der filhos (mas) uma meretriz da praça pública lhos der, ele deve fornecer grão, azeite e roupas àquela meretriz; os filhos que teve da meretriz serão os seus herdeiros...

Epílogo

Na verdade, segundo a palavra verdadeira de Utu, fiz com que a Suméria e a Acádia tivessem justiça autêntica. Na verdade, segundo a decisão de Enlil, eu, Lipit-Ishtar, filho de Enlil, aboli a inimizade e a rebelião; fiz do choro, dos lamentos, dos gritos;... tabo; fiz prevalecer a retidão e a verdade; trouxe bem-estar aos sumérios e aos acádios...

Na verdade, quando estabeleci a riqueza da Suméria e da Acádia, erigi esta estela. Que aquele que não cometer qualquer má ação em relação a ela, que não estragar o meu trabalho, que não apagar esta inscrição, que não escrever o seu próprio nome sobre ela – tenha longa vida, se eleve no Ekur e a fronte de Enlil olhe para ele. (Por outro lado) aquele que cometer qualquer ação indigna em relação a ela, que estragar o meu trabalho, que entrar na sala (e) danificar o seu pedestal, que apagar a sua inscrição, que escrever o seu nome sobre ela ou que, por causa desta maldição, mande outro realizar essas acções – esse homem, que seja um..., que seja um..., que ele afaste... (e) lhe traga... na sua... a sua...; que Ashnan e Sumugan, os senhores da abundância, khe levem... o seu... que ele faça abolir... Que Utu, o juiz dos céus e da terra... retire... a sua... as suas fundações... como... possa ser contado; que as fundações da sua terra não sejam firmes; ao seu rei, quem quer que seja, que Ninurta, o herói poderoso, o filho de Enlil...

Almanaque do lavrador

Outrora um agricultor deu (estes) conselhos ao filho: Quando estiveres em condições de cultivar os teus campos, tenha cuidado em abrir os canais de irrigação (de modo que) a água não suba muito neles (nos campos). Quando os tiveres esvaziado da água, cuida da terra regada para que se mantenham fecundos; que os bois calçados (isto é, de cascos protegidos) os pisem; (e) quando tiveres as ervas daninhas arrancadas (por eles) (e) o campo estiver plano, amanha-o com machadinhas que pesem (não mais de) dois terços de libra cada. (Depois disto) que o trabalhador do alvião elimine as marcas dos cascos (e) alise o terreno; faça passar uma grade sobre os buracos menores; o campo deve ser vedado dos quatro lados (linhas 1-12).

Enquanto o campo seca, que os teus servos preparem os utensílios: a canga deverá ser consolidada, o teu novo chicote fixado com pregos e o punho dos antigos reparado pelos artesãos. Que o bronze... Os teus utensílios "ajudem o teu braço"; que (nos assuntos que requeiram disciplina e controle) te sirvas da "tira" de couro, do aguilhão, do "abridor de boca" (e) do chicote como apoio; que o teu cesto *bandu* crepite; (tudo isto) fará com que tenhas bom lucro (linhas 13-21).

Quando tiveres realizado as tarefas que o campo exige, mantém-te atento ao trabalho. Depois de teres acrescentado um boi suplementar ao boi do arado – quando um está "cangado" com outro, o arado por eles puxado é maior que um normal – fá-los... um *bur*; farão para ti um... como uma tempestade, de modo a que três *gur* sejam plantados naquele *bur*. A substância está no arado! (Assim) depois de ter amanhado o campo com o arado *bardil* – (sim) o arado *bardil* – (e então) depois de o ter lavrado com o arado *shukin*, repete o (processo). (Depois de) ter (o campo) gradado (e) alisado três vezes e pulverizado com um martelo, apóia-te no punho do teu chicote; não permitas descanso. Vigie-os (os trabalhadores do campo) durante o trabalho (e) não permitas interrupções. Não distraias os teus trabalhadores. Uma vez que eles devem continuar de dia e à luz das estrelas durante dez dias, a sua força deve ser despendida no campo (e) não devem ter que te esperar (linhas 22-40).

Quando estiveres pronto a semear o campo, faça eliminar o restolho. Deixe a "cobertura da boca" do arado..., (e) deixa o teu... num prego estreito. Faça com que a alveca espalhe para os lados, abrindo os sulcos – num *garush* abre oito sulcos. Em sulcos que tenham sido cavados profundamente, a cevada crescerá mais (linhas 41-47).

Quando estiveres a semear o campo, vigie o homem que enterra a semente. Faça com que deixe cair a semente regularmente à profundidade de dois dedos (e) utilize um siclo de cevada em cada *garush*. Se a semente de cevada não se enterrar convenientemente, mude a relha, "a língua do arado". Se a..., faça (então) regos diagonais onde tinhas feito regos a direito (e) faça regos direitos onde tinhas feito diagonais. Faça com que os regos direitos tornem as orlas em orla *tulu*; faça com que os regos *lu* tornem as orlas direitas; (e) abra sulcos *ab* onde... (Então) limpe-os de torrões; faça com que as elevações sejam aradas; (e) as depressões sejam aradas superficialmente – (tudo isto) beneficiará a germinação (linhas 48-63).

No dia em que a semente furar a terra, deves dizer uma oração à deusa Ninkilim (e) espante os pássaros. Quando a cevada tiver crescido o suficiente para cobrir o fundo estreito dos sulcos, regue-a. quando a cevada estiver tão crescida como (a palha de) uma esteira no meio de um barco, regue-a de novo. Regue-a uma terceira vez a semente real. Se a cevada regada ficar vermelha, o que se diz é que: "Está com a doença *samana*". Mas se dá boas espigas, regue-a (uma quarta vez) (e) assim obterás um rendimento suplementar de dez por cento (linhas 64-72). No tempo da colheita, não deves deixar que a cevada se dobre sob o seu próprio peso (mas) ceifa-a no momento da sua força. Um ceifeiro, um homem para ligar os molhos e outro que os amontoe à sua frente – estes três devem fazer a colheita em trabalho de equipe. Os respingadores não devem causar prejuízo; não devem desatar os molhos. Durante o tempo da colheita, como "nos dias de necessidade", faça com que a terra forneça o sustento dos jovens e dos respingadores de acordo com o seu número (isto é, presumivelmente, ele devia deixar as espigas caídas no chão para serem apanhadas pelas crianças necessitadas e pelos respingadores), (e) deixe-os dormir (no teu campo) como se fosse (em) campo aberto. (Se assim fizeres) o teu deus ser-te-á eternamente favorável. Depois de teres obtido..., não..., (mas) assa (alguma da) cevada colhida (de modo que) a "oração da ceva colhida"... te seja dita diariamente (linhas 73-86).

Quando tiveres de joeirar a cevada, faça com que aqueles que pesam a tua cevada (preparem) (arcas de) trinta *gur*. faça alisar o local da malha (e) prepare as arcas para o caminho. Quando os utensílios estiverem prontos (e) os teus carros em ordem, passe com os mesmos sobre os montes de cevada – o "malhar do monte" deve durar cinco dias. Quando estiveres para "abrir o monte" faça pão *arra*. Quando "abrires" a cevada, segure os dentes dos malhos com couro e cubra-os com betume... Quando ligares os bois (aos malhos), que os homens que "abrem" a cevada fiquem ao pé com a comida (deles, ou seja, dos bois) (linhas 87-99).

Quando tiveres amontoado a cevada, diz a "oração da cevada (ainda) por limpar". Quando joeirares a cevada, preste atenção aos homens que a levantam do solo – dois "levanta-cevada" devem fazer isso. No dia de limpar a cevada, estendendo-a sobre varas (e) realizando uma oração de tarde e à noite. Então "desembarace" a cevada (da palha) como (por) um vento poderoso (e) a cevada "desembaraçada" poderá ser armazenada (linhas 100-108).

(São estas) as instruções de Nirurta, o filho de Enlil. Oh Nirurta, fiel lavrador de Enlil, o louvor a ti é bom (linhas 109-11).[62]

BLOCO III – AS CONQUISTAS MESOPOTÂMICAS NOS PLANOS CULTURAL E DE GESTÃO

As conquistas mesopotâmicas nos planos cultural e de gestão são absolutamente impactantes. Algo que nem sempre é lembrado é que a manifestação desses produtos do saber, da inteligência e da conectividade estratégicas, com desenhos modernos, impregnados em vários níveis da sociedade (e com ritmo) devem-se, é claro, a uma interação interpolis e das mesmas com as suas redes comunitárias. Uma "química social" em permanente evolução, apesar do controle das polis sobre as comunidades. Casamentos entre representantes da aristocracia das diversas cidades, atividades comerciais intensas, e compra/venda de escravos de ambos os sexos *iriam produzir uma segunda grande isotropia que aqui denominaremos de* polis/base, *a qual se reuniria a isotropia da rede comunitária, possibilitando a geração (resultante) do que aqui denominaremos de isotropia mesopotâmica.*

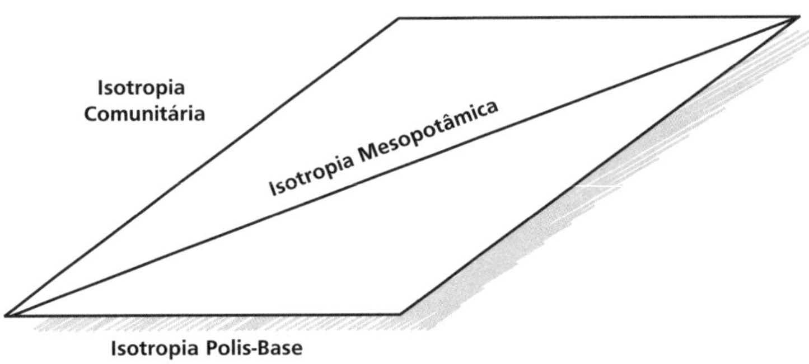

Figura 13. A isotropia mesopotâmica

Essa isotropia mesopotâmica seria absorvida (em partes vitais) pelo Egito, produzindo o que se poderá denominar de *isotropia dos grandes rios* (*IGR*). Essa IGR por seu lado seria cuidadosamente filtrada pelo povo minoico (Creta) o qual após refiltragens e tratamentos seletivos, a ajustaria para a sua própria civilização e para os gregos. Alguns transbordamentos, muito provavelmente, foram também transferidos para o povo fenício. Uniam-se elos formados pelo trigo, pela água e pelo sangue.

Creta, sábia e sagaz, com base nessa isotropia dos grandes rios ("vitrinada" pelas suas grandes cidades), *desenvolveria todo um trabalho de "miniaturização" que iria ajustar essas modelagens complexas das redes mesopotâmicas e egípcias, às suas próprias dimensões e às futuras projeções micênicas.* Trata-se, portanto, de uma química estratégica superinstigante operando de forma sequenciada e sobreposta, provocando ações de *benchmarking*, filtragem e miniaturização, buscando "fazer" funcionar num microcosmo o "núcleo" das conquistas mesopotâmicas e egípcia. *Transformando no futuro as comunidades piratas do manejo grego em comunidades de vanguarda.* Que notável competência!

Vale ressaltar que essa genial ação cretense seria "armazenada" na memória coletiva grega e voltaria à forma, após os "anos obscuros" (*dark age*) da história grega não só em Atenas, Esparta, Tebas, como também em suas colônias no Mediterrâneo e na Ásia. Alexandre da Macedônia adotaria o mesmo comportamento e Alexandria seria um retrato final dessa política, maravilhosamente "esmiuçada" por seu mestre Aristóteles. É curioso observar que a Fenícia, também interlocutora e de certa forma discípula indireta de Creta (e prestadora de serviços para o reino egípcio) construiria as suas cidades – Ugari, Biblos, Sidon, Tiro e posteriormente Cartago – dentro dessa mesma sistemática geral. É interessante observar que a Fenícia, provavelmente, foi o povo que menos interagiu com rede comunitária agrícola própria.

Na raiz do encadeamento de todos esses elos estratégicos avança a história do homem até a consolidação da ação das polis com as respectivas redes comunitárias e a partir das conquistas pioneiras do engenho e competência sumeriana. A preocupação que a Suméria conferiu à objetividade/utilização prática de uma série de ensinamentos/procedimentos iria facilitar, sobremodo, a impregnação de múltiplas práticas ao longo de toda a pirâmide social. Praticidade inquestionável! De cima a baixo!

É indiscutível que além do Egito, muitas outras nações e povos mesopotâmicos iriam utilizar a sabedoria objetiva da Suméria, facilitando as suas próprias escaladas ao longo do tempo. Assim, a Suméria pode ser entendida de um lado como a macroalfabetizadora da (elite da) Antiguidade, e por outro, como uma pesquisadora incansável, avançando em inúmeros campos – tais como desenvolvimento da escrita, matemática, astronomia, previsão do clima, invenção do calendário e, surpreendentemente, da literatura épica, entre outros!

O quadro 1 estrutura uma série de informações relevantes relativas às polis históricas da Mesopotâmia, onde algumas cidades atingiram mil hectares de área, ou seja, 10 milhões de m^2 de superfície.

Quadro 1 · Mesopotâmia: polis histórica

Cidade	Localização	Nome moderno	Superfície
Uruk	Território da Suméria – 300 km ao sul de Bagdá	Warka	550 hectares (5,5 km^2)
Nippur	Entre a Suméria e Akkad	Nuffer	150 hectares (0,15 km^2)
Ur	Território da Suméria – Iraque Meridional	Tell el Muqqayar	60 hectares (0,06 km^2)
Assur	Assíria; 110 km ao sul da atual Mossoul	Quallaat Shenger	65 hectares (0,65 km^2)
Kalhu	Assíria – a 35 km da atual Mossoul	Nimrual	360 hectares (0,36 km^2)
Dur-Sharrukir	Assíria 0150 a 16 km de Nínive	Khorsabad	300 hectares (0,30 km^2)
Nínive	Assíria – em frente à atual Mossoul	Quyundjik e Nebi Yunus	750 hectares (0,75 km^2)
Babilônia	Babilônia	–	975 hectares (0,975 km^2)

Fonte: Ascalone (2006).

Uma característica notável da Suméria é que ela, com certeza, não violentou, fragilizou ou flagelou as comunidades na sua área de influência. Ao contrário, buscou, na medida do possível, produzir um clima proativo não só com as próprias comunidades, mas também com os indivíduos, aí incluídos os escravos. *Aliás, esses escravos representavam a mais preciosa* commodity *da Antiguidade.*

Na Antiguidade a sociedade era estruturada nos seguintes grandes segmentos: governantes, sacerdotes, altos funcionários; militares; comunidades no campo; homens livres; servos; escravos.

O vértice de poder "inteligente" buscava não agredir comunidades, e ao mesmo tempo garantir determinados direitos para homens livres e escravos. Escravos significavam investimento, capital a ser remunerado. E, portanto, tornar inteligentemente "suportável" – com um mínimo de dignidade – a vida dos escravos era importante. Os escravos podem e devem ser entendidos como, com certeza, um fator de produção de extremo significado estratégico na Mesopotâmia, na terra dos hititas, Egito, Creta, mundo grego, Fenícia e outros povos, também.

Os escravos eram trocados, comprados, vendidos, encomendados. O desejável é que detivessem elevadas qualificações, razão pela qual os seus proprietários (e traficantes) deveriam se preocupar e cuidar da sua alimentação e moradia. A grande exceção nesse tratar "razoavelmente bem" a base da pirâmide societária, foram os assírios, verdadeiras bestas humanas. O sucesso dos assírios, para eles próprios, era avaliado também na medida em que pudessem com as suas próprias ações provocar imenso sofrimento em contingentes humanos. Aterrorizar a todos era o seu lema fundamental.

Com relação a essa *commodity* muito especial da Antiguidade, alguns pontos específicos da obra de Milton Metzer enriquecem a visão sobre esse "ativo estratégico" nos velhos tempos.

Sobre o preço relativo dos escravos

Documentos de 2000 a.C., aproximadamente, mostram que um escravo masculino, saudável, valia cerca de 11 siclos de prata. Comparando, naquela época essa quantia era suficiente para comprar 383 metros quadrados de terra ou um bosque de tamareiras. Durante muito tempo, os templos foram os maiores proprietários de terra e empregadores. Aos poucos as suas próprias terras, armazéns e as oficinas do rei expandiam-se, utilizando cada vez mais mão de obra contratada e escrava.

Sobre os assírios

Um dos mais ambiciosos e ativos conquistadores assírios foi Assurnasirpall II (884-859 a.C.), déspota cuja política de terror pode ser considerada excepcional nos tempos antigos apenas pelo grau extremo de sadismo a que chegou. Executava reis inimigos e torturava civis desarmados e inocentes pelos métodos mais atrozes. Aqui ele tranquilamente dita a seu escriba o clímax sangrento de um ataque:

Construí uma coluna em frente ao portão e esfolei todos os chefes revoltosos, e cobri a referida coluna com suas peles. Alguns eu emparedei dentro da coluna, alguns empalei sobre o pilar em estacas, e outros amarrei em estacas em torno da coluna... E cortei os membros dos oficiais, dos oficiais que se rebelaram... Muitos dos prisioneiros entre eles queimei numa fogueira, e muitos levei vivos como cativos. De alguns cortei o nariz, as orelhas e os dedos; de muitos arranquei os olhos. Fiz uma coluna com os vivos e outra com as cabeças, e amarrei as cabeças a troncos de árvores em torno da cidade. Os jovens e as donzelas, queimei na fogueira. Vinte homens, emparedei vivos no muro do palácio... O resto dos guerreiros deixei morrer de sede no deserto do Eufrates...

Depois desses retoques finais, o exército voltou para casa, levando os despojos e conduzindo os prisioneiros como escravos. Contabilizando o saque de uma expedição a um pequeno distrito montanhoso, Assurnasipal registra 460 cavalos, duas mil cabeças de gado, 5 mil ovelhas, a irmã do governante, as filhas dos nobres ricos com seus dotes, e 15 mil súditos. Isso é claro, além de uma grande riqueza em cobre, ferro, prata, ouro, grãos, lã e linho.

Os egípcios e os escravos

Um aspecto pouco destacado na história do Egito são as campanhas para captura de escravos dos quais, com certeza, um número significativo era enviado à Creta para realização de operações de compra, venda e troca.

Fora dessas classes da sociedade egípcia estavam os escravos. Eram prisioneiros de guerra e estrangeiros. Seu número nunca chegou a ser muito grande. Na verdade, não eram necessários para o trabalho básico, pois os camponeses "livres" faziam a maior parte dele em troca de um padrão de vida "apenas um nível acima da nudez e da fome", como disse um historiador. As ocupações que exigiam especialização estavam nas mãos de castas de artesãos livres e independentes. Os filhos seguiam os pais, assumindo o ofício.

Aparentemente, os cidadãos comuns tinham poucos escravos. Um soldado, recompensado pelo faraó com quatro prisioneiros que o próprio oficial capturara, considerou o fato suficientemente inédito para citá-lo em uma inscrição em sua tumba. O exército era formado de mercenários estrangeiros e prisioneiros de guerra tidos como adequados para servirem como soldados. Principalmente os sudaneses, líbios e sírios eram levados para as fileiras. Somente quando as guerras acumulavam mais prisioneiros do que o exército poderia utilizar, esses escravos eram designados para outras tarefas.

O maior líder militar da história do Egito, o faraó Tutmés III (1501-1447 a.C.), fazia campanhas anuais na Palestina e na Síria. A cada outono suas galés entravam no porto de Tebas e os despojos de guerra eram empilhados no cais. Seus prisioneiros, amarrados uns aos outros em longas filas, desciam pela prancha de desembarque. Deviam parecer bastante estranhos para os egípcios que os viam pela primeira vez. As barbas dos novos escravos eram longas e entrelaçadas, o cabelo preto e grosso caía-lhes por sobre os ombros, e eles usavam mantas de lã brilhantes, em contraste com as túnicas de linho branco dos egípcios. Cordas prendiam-lhes os braços para trás, nos cotovelos, ou seus pulsos eram atados com algemas de madeira. Mães carregavam as crianças em tipoias sobre os ombros.

Agora começava a vida na escravidão. Alguns poucos felizardos eram escolhidos para servirem nas casas dos favoritos do faraó. Outros eram dados aos generais como recompensa. Mas a maioria seguia para trabalhar no palácio ou em propriedades do templo, servindo como cozinheiros, alfaiates, tecelões ou trabalhadores do campo – ou na construção dos imensos monumentos que estavam transformando Tebas. Todos os escravos eram considerados propriedade dos deuses e do faraó, e não estavam à venda para os cidadãos comuns.

Três faraós alegavam ter capturado quase 100 mil prisioneiros cada um. Os escravos, porém, logo passavam para a classe dos servos pagadores de impostos e miscigenavam-se com os egípcios e egípcias. Muitos eram designados para trabalhar nos monumentos e depois seguiam para o serviço militar.

A situação peculiar do Egito não favorecia a expansão da escravidão. Havia uma vasta população nativa para fazer o trabalho pesado a baixo custo e suprir a necessidade de trabalhadores especializados para exercer os diversos ofícios. Quando necessitava de uma força de trabalho especial para seus grandiosos projetos públicos, o todo-poderoso faraó podia recrutar efetivos da numerosa classe camponesa sem desfalcar a agricultura. Ao contrário dos países do Oriente Médio cujas sociedades desenvolveram-se baseadas na escravidão, a egípcia floresceu sem depender de um sistema escravo.

Sobre o comércio

Foi a ilha de Quio, próxima do litoral da Ásia Menor, que inicialmente começou a comprar escravos dos bárbaros. Escravos eram adquiridos de muitas terras não gregas – Frígia, Cólquida, Maltra, Síria, Cária, Paflagônia, Ilíria, Cítia. Algumas dessas regiões vendiam para o exterior os seus criminosos. Na Trácia, o povo vendia os filhos para serem exportados. À medida que aumentava a demanda, os comerciantes seguiam para mais longe, recolhendo persas, egípcios e líbios.

Escravos: cotações diversas

Não se sabe muito sobre o preço dos escravos naquela época. O registro de um leilão de escravos no ano de 414 a.C. mostra que os preços variavam de 72 dracmas, para uma criança, a 170, para uma mulher, chegando até 301 dracmas para um homem, com muitos níveis intermediários. O baixo preço de uma criança devia-se ao risco e despesa para criá-la até uma idade em que pudesse ser vendida com um lucro adequado. Escravos que trabalhavam em minas rendiam um preço médio, pois apenas músculos sem habilidade estavam sendo comprados. Mas um trabalhador especializado, como um artesão que fazia sofás, custava caro, e também uma escrava jovem usada como prostituta. Escravos com extraordinária experiência na administração de negócios obviamente eram bem mais caros.

OS ESCRAVOS NA POPULAÇÃO TOTAL

> Parece certo que a quantidade e a importância relativas da população escrava em Atenas e em outras cidades-Estado gregas aumentaram no século V. Exatamente quantos havia é objeto de especulação e controvérsias entre os especialistas. Um deles acredita que na Ática os escravos chegavam a um terço da população total. Estudos recentes indicam que, em 431 a.C., a Ática tinha cerca de 315.500 habitantes: 172 mil cidadãos, 28.500 estrangeiros residentes, conhecidos como metecos, e 115 mil escravos. Atenas, mais a cidade portuária de Pireu, continha aproximadamente 60 mil cidadãos, 25 mil metecos e 70 mil escravos. Foi o maior Estado escravista de sua época.
>
> O povo de Atenas abrangia várias classes, típicas em toda a Grécia. A mais elevada era a dos aristocratas, que viviam em propriedades no campo ou em casas elegantes na cidade. Os camponeses viviam nas planícies e nos vales, e vinham à cidade para fazer comércio ou então, por necessidades política ou militar.[72]

Os escravos poderiam, portanto, representar de 30% a 40% de uma população total, o que por si só materializa uma participação muito expressiva. Ocorria, é claro, um sem-número de regras relativas a eles e ao seu manejo, bem como práticas comerciais, além de locais de compra, venda e troca. Os piratas gregos devem ter aprendido muito rapidamente que o segmento dos escravos representava um mercado de imenso valor e, como tal tornou-se principal alvo de suas abordagens (e roubo) em navios no Egeu e no Mediterrâneo que estivessem transportando essa "carga" muito especial. Ou então, tripulantes e passageiros que pudessem no ato ser transformados nessa mercadoria.

Essa "prioridade"/"vocação" dos gregos pela pirataria perturbaria, de fato, todos os negócios do Egito nesse domínio. É exatamente dentro desse contexto que – em nosso entendimento – Creta iria surgir como uma "inteligente" projeção egípcia devidamente preparada e ajustada para interagir com esses chacais do mar – os piratas gregos – conferindo ênfase muito especial a tudo relativo a essa questão, trabalhando com surpreendente competência todas as fases do processo, tais como: a obtenção e comercialização de escravos, entre outras. Enfim, toda a respectiva "cadeia produtiva".

A rica civilização comunitária. A irrigação. A Suméria e suas impressionantes conquistas em todos os campos e a sua busca pela construção de uma civilização cordial. O advento das polis/governo. Harmonia dos contrários. Esses planos fundamentais do processo civilizatório estão enraizados estrategicamente nas ações surpreendentemente inovadoras da Suméria. Essa foi de certa forma, a dieta básica da Grande Antiguidade ao interagir com a Mesopotâmia. De certa forma o melhor negócio com um povo da Mesopotâmia (aí excluída a Suméria, é claro) era comprá-lo pelo que realmente valia e vendê-lo pelo que ele julgava valer. Os seus defeitos, a insegurança, a agressividade e todos os grandes valores negativos da Antiguidade clamavam por abrigo na Mesopotâmia e lá o encontravam! A meu ver, quando eventualmente um povo mesopotâmico investia em cultura basicamente era para impressionar a cúpula do reino do Egito. Nada adiantou porque jamais conseguiram desestruturar o grande protocolo existente entre o Império Hitita e o reino dos faraós. Da Assíria, nem se fala. Ela ocupará sempre um lugar de imenso destaque no panteão dos genocidas.

Não se pode confundir (ou não se deve) riqueza arqueológica com sabedoria estratégica, busca da qualidade de vida e do bem estar social. Nesse triplo aspecto muitos povos da grande Antiguidade ainda não localizados por pesquisadores poderão ter superado em muito as nações da Mesopotâmia – entre outros. Só que o passar do tempo, a chuva, o vento, a água, o desmoronamento e o pisoteio poderão ter varrido de nossos olhos (pelo menos até o momento atual) vivências admiráveis de determinadas civilizações esquecidas e/ou desconhecidas.

CAPÍTULO 13

EGITO: O REINO ESTRATÉGICO

> Os sumérios e os egípcios compartilhavam de problemas comuns: a defesa contra a invasão e a manutenção de um vasto sistema de irrigação; estes problemas exigiam uma sociedade unida. Os egípcios mantiveram sua unidade de subserviência a um rei-deus, um símbolo de uma terra de um povo. Os sumérios tentaram a mesma solução durante a Terceira Dinastia de Ur, mas devido à pressão externa, sua tendência à desunião reapareceu. Os egípcios desenvolveram o seu sistema de trabalho porque eles estavam isolados e adotavam a mesma crença – que eles eram comandados por um deus na Terra. Os militares sumérios tinham vantagem sobre os egípcios – falange, o carro de guerra, armadura, escudos, a disciplina da unidade – entretanto, menos significativa face à desvantagem de sua geografia e a sua cultura de antagonismos.
>
> As sociedades que não são homogêneas ou geograficamente isoladas devem estar aptas a atender a desafios militares geração após geração, devem manter a estabilidade no governo e ainda assim ser capaz de se adaptar às novas circunstâncias devem ser capazes de reprimir as divergências no seio da sociedade, mantendo a lealdade de todos os estratos componentes da sociedade. A história nos mostra muitas Sumérias e poucos Egitos.
>
> (Bradford, 2007:11)

Quando se inicia uma abordagem à história do Egito Antigo, somos fatalmente influenciados por seus fatores grandiosos, tais como: os vestígios e ruínas de seus magníficos templos, palácios, cidades históricas, esfinge de Gizé, pirâmides e também todo o seu ritual de interação com o divino, com a busca da imortalidade e, nesse particular inserem-se os trabalhos especializados de mumificação e a *beantification* do cadáver além da sua urna protetora. Reúnam-se a esses elementos a beleza dos afrescos, das esculturas, das joias, das máscaras de ouro, hermeticismo dos hieróglifos e a tentativa interessantíssima do faraó Akhnnaton na construção do monoteísmo (abandonando os velhos deuses), ao lado da beleza decantada de sua esposa Nefertiti, a presença circunstancial do povo hebreu em seu território, pela generosidade do próprio Nilo, ao se discorrer sobre a evolução histórica dessa grande nação.

Os trabalhos sistemáticos de pesquisa arqueológica conferem a essa cultura do reino do Nilo um *glamour* muito especial, que, se não superior à herança de Grécia e de Roma, está muito próxima. Aliás, para muitos, nada mais misterioso e sedutor do que o Egito. Incomparável! Tem-se a sensação inequívoca de que os quatro milênios de história dos faraós, acoplados às modernas técnicas das pesquisas arqueológicas irão ainda oferecer por muito tempo, gratas e espetaculares surpresas a todos aqueles que se interessam pela sua presença, quer como estudiosos, pesquisadores, quer como simples observadores.

Ao mesmo tempo as leituras, mítica e mística, do mundo dos faraós, com sua simbologia muito especial, atraíram sempre legiões de interessados e fervorosos admiradores de sua construção-conectividade com as forças divinas, na arte, literatura, nos amuletos, horóscopos. O encerramento do ciclo egípcio (como um diferencial de poder) demarcados pelo incêndio da biblioteca de Alexandria e pela morte de Cleópatra não iria diminuir jamais a atração permanente e insistente sobre o "modo egípcio de ser", por meio de devoções, artigos, literatura, teatro, filmes, pesquisa histórica etc. Até o Antigo Testamento, na Bíblia Sagrada, conviveria com os palácios e os desertos desse reino. Portanto, para mergulharmos em uma série de questões, temos que nos abstrair de determinados temas, pelo menos como eles nos são apresentados. Assim, há que, com muito cuidado, arredarmos essas cortinas misteriosas e belas para podermos vislumbrar outro Egito – o Egito Estratégico – absolutamente provocador e "escondido" inteligente e intencionalmente pela permanente presença (e maciça) de seu próprio encanto pelas pirâmides, ruínas, monumentos, tesouros e joias resplandecentes. Biombos e cortinas sagazes. O Egito dos filmes, dos cartões-postais, do turismo cultural, dos museus, enfim, o Egito cênico, sempre maravilhoso aos nossos olhos, mas que de certa forma nos distancia de um Egito genialmente provocador em termos de comando, governo e longevidade de gestão. Esse será o nosso foco. Competência surpreendente de um povo superespecial. É sobre esse Egito estratégico, tático e operacional que se vai trabalhar a seguir.

OS FUNDAMENTOS ESTRATÉGICOS DO EGITO

Essa nação, ou reino, estabeleceu sofisticadas e avançadas premissas de trabalho (nem sempre muito explícitas) durante sua própria história. Os fundamentos de gestão e condução do povo alicerçaram uma construção de notável presença (e sobrevivência) durante milênios. Absolutamente discreto e silencioso sobre a sua forma de ser, agir, o Egito desenvolveu um elenco de providências estratégicas poderosas, contidas em soberbas configurações táticas e operacionais. Da mesma forma que São Petersburgo, com sua beleza estonteante cujo objetivo central, a meu ver, consistia em desviar os olhos de toda a Europa com relação à extraordinária alavancagem estratégica que estava sendo implantada pelo czar Pedro, o Grande, da Rússia; o Egito nos afastou sistematicamente de seu próprio arcabouço de gestão ardiloso, capaz, sensível e profundamente conhecedor dos corações e mentes de pessoas, comunidades, segmentos sociais, cidades-Estado e outras nações presentes na Grande Antiguidade.

Com plena aversão ao risco, o Egito desenvolveu uma série de skills *(habilidades) e buscou permanentemente atuar de forma preventiva.*[4*] *Bom pagador, sempre respeitando a palavra empenhada, distanciando-se totalmente do comportamento reino-opressão-terror (como por exemplo, o hediondo modo de ser dos assírios). Foi ao mesmo tempo um país alegre, feliz, temente aos seus deuses e profundamente calculista. A paz foi sempre o seu grande objetivo.*

Eventuais ritos e procedimentos religiosos diferenciados e não "ingênuos" permaneceram sempre restritos aos níveis mais altos da sociedade, não se propagando nem se impregnando até a base. Ou seja, sequer se aproximando da *pax* comunitária. Entre essas práticas alinhem-se a magia negra, os anátemas dos faraós, a antropofagia mágica e outros. Em outras palavras, esses ritos seletivos (muitas vezes macabros) permaneciam "encapsulados e contidos" no vértice da sociedade organizada não transbordando para as projeções "*naives*" do país, como por exemplo, as aldeias e vilas às margens do grande rio, além das situadas no delta. O modo simples de ser das "comunidades simples" jamais seria violentado/estuprado por eventuais "práticas" da elite. Para o Egito, elite é elite, povo é povo. Sobre esses fundamentos, discorrer-se-á a seguir.

- O poder maior definiu o país como sendo uma região diretamente ligada ao rio Nilo e seu delta no Mediterrâneo, não buscando extravasar o seu território, além desses limites. Como tal, ao contrário de muitos outros Estados, *não seria jamais expansionista* como filosofia básica de vida.
- O poder maior decidiu *preservar a* pax *comunitária*, já existente há milênios na região. Inúmeras ações conspiraram para a estruturação dessa *pax* comunitária. Nesse sentido observe-se o texto apresentado a seguir, na obra de Homero Pimentel e Paulo Urban.

> Mas as pirâmides não são os únicos monumentos que os egípcios nos deixaram. Construíram palácios e templos magníficos, estátuas e esculturas de impressionante perfeição. Além de sua escrita hieroglífica, legaram à humanidade um sem-número

4 * A propósito, em meu entendimento, os gregos de Atenas, Esparta, Tebas, Macedônia não tinham aversão ao risco. Aliás, procuravam-no sempre.

> de papiros valiosos sobre sua história, testemunhos do conhecimento avançado desse povo. Como dissemos, os egípcios conheciam o ano solar e dividiram as regiões do céu criando suas constelações; desenvolveram uma medicina igualmente avançada, dominaram a fundição dos metais e souberam explorar de forma notável as minas de cobre. Edificaram também templos subterrâneos, construíram canais, navegaram para regiões distantes e, como nos parece, adoravam as obras colossais, cujas estátuas e obeliscos atestam seu alto grau de desenvolvimento. Seus matemáticos conheciam a verdadeira forma da Terra, sabiam prever com precisão os eclipses e, segundo Heródoto, a geometria teria nascido ali quando do reinado do faraó Sesóstris I, grande arquiteto e conquistador, que administrou seu reino de 1972 a 1928 a.C. Convencido de que todo o vale do Nilo era um só país e que deveria ser governado de forma única, Sesóstris fez uma divisão das terras, dando a cada egípcio um lote, realizando a primeira reforma agrária de que se tem notícia, com a condição de que os beneficiados lhe pagassem anualmente um imposto. Altamente organizados, os proprietários cujos lotes fossem porventura tomados pelas águas do Nilo e que, por conta disso, sofressem prejuízo, podiam dar queixa ao faraó, que enviava seus agrimensores para novas medições no local. Constatado o sinistro, tributos eram reduzidos e calculados para que os donos das terras pagassem impostos justos e proporcionais.

O Egito, entre outras conquistas iria implementar uma reforma agrária e não paternalista, *interativa,* 2 mil anos antes da era cristã,

- O poder maior decidiu que, na medida do possível, iria se esforçar ao máximo para que o povo fosse feliz em todos os seus estratos, portanto, *uma civilização cordial.*
- O poder maior decidiu que o reino do Egito buscaria apoiado na sabedoria de outros povos adaptar tudo o que pudesse "pinçar" para a sua própria e efetiva utilização (*benchmarking*), *agregando valor e dessa forma "ajustando" a transposição de conhecimentos à própria cultura egípcia.* Foi o que ocorreu provavelmente ao importarem a escrita sumeriana e também aspectos relacionados à matemática, astronomia, geometria, irrigação, calendário etc. Dessa forma, poucas civilizações iriam se utilizar do *benchmarking* como a terra dos faraós.
- O poder maior decidiu que o reino do Egito não efetuaria nenhum esforço para propagar conhecimentos aproveitados de determinadas civilizações/povos para outras culturas. Uma filosofia de absorção *black hole*. Nenhuma aplicação "pedagógica" nesse sentido. *Tudo que pudesse ser ocultado, mantido em segredo e dificultado (de forma egoístado) para terceiros, deveria sê-lo.* Facilitar a "vida" de outros povos, jamais!

A escrita egípcia é um exemplo vivo desse "dificultar proposital", e o escriba de certa forma pode ser entendido como um dos mais importantes agentes desse "secretismo". Os egípcios ao longo de sua história, após terem (provavelmente) "importado" e modificado a escrita sumeriana, jamais buscaram banalizá-la ou simplificá-la como fariam seus parceiros no futuro, os fenícios, em determinado momento. A sociedade egípcia era composta pelos seguintes atores: o faraó e seus colaboradores diretos, os sacerdotes, os gestores, os militares (comando) e o povo (camponeses e outros). E os escravos. Alfabetizadas, só as estruturas de comando. O "homem comum" continuaria sempre analfabeto, tranquilo, feliz e de bem com a vida.

As inscrições nas colunas, templos, estelas etc. deveriam ser traduzidas para o povo ou visitantes por determinados "leitores" ("guias") de plantão permanente junto a esses grandes monumentos. Como já assinalado, o vértice do poder egípcio era "magnetizado" no sentido de efetuar registros relativos à sua própria história nas suas grandes "folhas" de pedra, bem mais permanentes que os pergaminhos, tablitas de argila e assemelháveis. A "propaganda" foi uma preocupação dominante de vários faraós, provavelmente "expandindo" os seus próprios feitos e realizações em muitos casos, tais como batalhas, obras de infraestrutura.

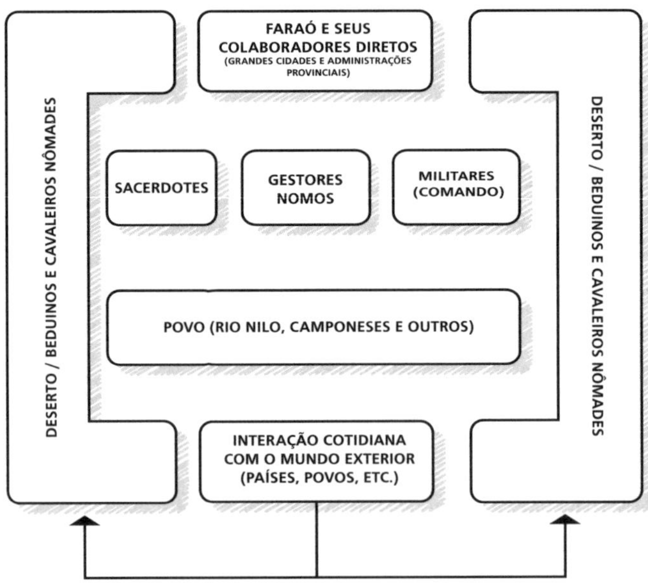

Figura 14. A organização da sociedade egípcia

Sem dúvida alguma, e como já observado, para o sistema e ordem egípcia era superconveniente que o povo (com raras e calculadas exceções) continuasse analfabeto e, se possível, todos os demais integrantes do mundo exterior ao seu país, também! O megaegoísmo cultural do Egito era assombrosamente efetivo. Nesse sentido, é interessante observar os comentários apresentados, de forma esplêndida, por Lourdes

Bacha. Eles se referem ao modo de ser do escriba e à formatação da escrita egípcia. Complementando essas considerações sobre esse "secretismo", tecem-se observações sobre a escrita linear (A) de Creta que, com certeza, é descendente direta (e muito próxima) da solução egípcia. É interessante refletir inicialmente sobre os dizeres do Papiro Chester incluído em seu texto.

Sobre o escriba

O escriba: um profissional altamente qualificado

Tanto para os escribas dos tempos dos sucessores dos deuses
quanto para aqueles que predisseram o futuro,
os seus nomes viverão sempre,
embora eles já se tenham ido,
completado suas vidas e
sua descendência tenha sido esquecida.
eles não sabem que seus herdeiros
não mais pronunciaram seus nomes, mas
que se tornaram herdeiros de si mesmos
pelos escritos e ensinamentos que deixaram.
Embora os servos se tenham ido, e as capelas estejam
cheias de poeira, esquecidas,
eles estão vivos pelas obras que legaram...
Eterno é o papiro, não as estelas funerárias ou
uma capela bem construída...
um escriba morre, o corpo se transforma em pó,
mas os escritos serão para sempre lembrados
pelos contadores de histórias...
Há mais alguém como Herdjef?
Não há mais um Neferti, ou Kheti!
E relembro, para vocês, os nomes de
Ptahemdiebuty, Khakperre – Sonhê,
Ptahotep ou Kaires...
Estes sábios conheciam o passado e
vaticinaram o futuro...
Eles se foram, os nomes esquecidos,
mas o que escreveram
os farão lembrados... eternamente...

(Papiro Chester – Beatty, IV – Escriba)

AS TRÊS ESCRITAS DO EGITO: O HIERÓGLIFO, A HIERÁTICA E A DEMÓTICA

Entre os enganos "institucionais", em meio a tantos outros, que foram estabelecidos quanto à cultura da civilização do Nilo, um se refere, em especial, às três linguagens, o hieróglifo, a hierática e a demótica, estabelecendo que esta última é a forma final, simplificada, do primeiro, enquanto a hierática representa uma escrita intermediária entre as duas. De certo modo, esta proposição é verdadeira, mas o equívoco é separá-la temporalmente, isto é, considerá-las inseridas numa ordem "evolutiva" aliada a períodos históricos, quando, na verdade, as três coexistiram durante a história, desde as primeiras dinastias. A grande característica que as diferenciava era, apenas, o objetivo, ou a "intenção do uso", estabelecendo-se, portanto, entre elas, uma hierarquia formal.

A DEMÓTICA

Originada da palavra grega *demos*, povo, a demótica, conforme diz o nome, era utilizada, essencialmente, pelo menos durante o período denominado "Egito faraônico" para a escrita de cartas pessoais e comerciais, listagens de gêneros, relatórios e textos "menores", sendo, por isto, chamada de "linguagem profana" (obviamente uma concepção moderna), "epistolar" ou "encorial".

Tratava-se, portanto, de uma escrita puramente convencional, comparada, pela simplicidade de traços onde não existem ideogramas, à nossa cursiva. A escrita demótica ainda não foi totalmente traduzida.

A HIERÁTICA

Derivada da palavra grega *hyeros* que significa "sagrado", a hierática pode ser considerada como o hieróglifo simplificado, pois se apresenta de duas formas: sinais hieroglíficos estilizados por traços, ou mesmo ideogramas apresentados de forma menos elaborada.

Em sendo "sagrada", a hierática era utilizada para fins mais elevados: ensinamentos nos templos, inscrições em estelas, paredes de tumbas e templos, papiros ritualísticos, decretos importantes, documentos especiais e outros. A hierática já está totalmente traduzida.

O HIERÓGLIFO

A palavra hieróglifo vem do grego *hyeros-glyphen*, ou "gravar o sagrado". Em egípcio, esta escrita era denominada *metut* ou *meduneter*, "palavras sagradas".

Como o nome diz, era a linguagem de mais alta hierarquia, somente utilizada nos templos, nas pirâmides (templos piramidais), nas tumbas dos reis, ou em decretos importantes estabelecidos pelo faraó.

A linguagem egípcia significa fala e oculta.

Significar (ideográfica), falar (fonética) e principalmente "ocultar" (através do símbolo) são as principais características desta elaborada, sutil e avançadíssima linguagem. Ela significa pela imagem, ela fala pelo som representado, ela oculta em seu simbolismo.[10]

A ESCRITA LINEAR (A) DE CRETA

A escrita linear (A) de Creta, não decifrada até os dias de hoje, baseia-se em hieróglifos. É possível (penso aliás que é certo) que dentro dessa linha (oculta), escribas egípcios tenham desenvolvido novos caracteres (± 2000 a 2500 a.C.) para apoiarem a construção de uma estrutura "secreta" de comunicação com o mundo minoico. Dessa forma a cada caractere egípcio corresponderá (muito provavelmente) um minoico. Mas, com certeza, a correspondência não será biunívoca, o que vale dizer que à formatação egípcia poderá corresponder um elenco de várias configurações minoicas (sinalizadas eventualmente por pequenos desenhos diferenciais ou por meio de símbolos de abertura da "tablita"), disciplinando a realização "varreções"/"avanços" e traduzindo sistemas complexos no bloco de caracteres.

É de se observar que um grupo de escribas, dentro dessa linha de argumentação sugerida, poderá desenvolver "n" alfabetos "secretos" e "ocultos". Assim, não será improvável que o reino do Egito estruturasse escritas diferenciadas para a sua própria utilização, dando origem a inscrições que ainda estão à espera de decifração. A linear (A) de Creta seria uma delas. É possível que existam outras. Muitas outras! Escritas códigos de chancelaria ajustadas para fins específicos.

É claro que o "jogo" poderá ficar ainda mais impenetrável se considerarmos que a correspondência será unívoca, com múltiplas vertentes e ainda o emprego confluente de caracteres hierático-demóticos. Mas, por outro lado, o faraó, e determinados colaboradores, deveriam "navegar" com perfeição e desenvoltura nesse código secreto/oculto, pois caso contrário as informações estratégicas não seriam "lidas/

compreendidas" rapidamente. Assim, enquanto não existir uma pedra de Rosseta com caracteres hieróglifos, hieráticos, demóticos e gregos para apoiar o trabalho (descoberta) de um Jean François Champollion (como em 1822, da plena compreensão do alfabeto fonético egípcio), a linear (A) permanecerá não compreendida.

É provável que a utilização de eventuais sistemas poderosíssimos de processamento de informações (Nasa, Pentágono etc.), devidamente orientados por estudiosos e analistas de escritas antiquíssimas, possa, de fato, contribuir para o esclarecimento dessa questão. É claro que tanto a Nasa quanto o Pentágono já enfrentaram desafios muito mais expressivos que o deciframento da linear (A). Objetivamente trata-se de verificar se num determinado momento a agenda dessas instituições poderia abrigar uma série de tarefas direcionadas para o enfrentamento dessa tão desejada (e importante) decifração. Muito das raízes da cultura ocidental estarão, com certeza, inseridas em textos extraordinários da linear (A). Resta verificar se a decifração da linear (A) poderá subtrair tempo de uma pesquisa em Marte, por exemplo. Uma questão a ponderar e discutir.

Desse modo não é impossível que novas pesquisas arqueológicas em Creta (Cnossos) ou nas antigas capitais (templos, estabelecimentos de governo, palácios) encontrem um papiro ou uma estela muito estranha com essas avançadas correspondências múltiplas. Ou será que tal "base para pesquisa" não se encontra (já) esquecida, adormecida em uma velha gaveta num museu egípcio, inglês, grego, francês, alemão ou norte-americano? Trata-se da decifração de um código secreto, bem diferente de um hino de louvor ao faraó grego Ptolomeu V em 27 de março de 196, por sacerdotes menfitas agradecendo a doação de terras para um templo como ocorreu com Champollion. Vamos torcer! Eles, os "escribas secretizadores", "viverão para sempre" e renascerão mais uma vez quando os estudiosos de hoje, sucessores de suas habilidades, decifrarem a conexão unívoca (essa é minha suspeita) das tablitas contendo o sistema linear (A) de Creta.

O desafio é árduo, pois a linear (A) foi construída exatamente para não ser decifrada, mesmo. Essa é nossa leitura. Trata-se de um "código" entre Creta e Egito absolutamente secreto. Milhares de "quebra-cabeças" poderão ter sido desenvolvidos. A tablita hipotética, logo abaixo, desenha uma estrutura "secretatizadora/dificultadora".

Correspondência (M)
Correspondência (N)
Correspondência (O)

Figura 15. Estruturação codificada da tablita linear (A)

A propósito, pode-se imaginar a satisfação de um alto funcionário/escriba egípcio recebendo uma tablita ou papiro de Creta, ou a do próprio faraó, decodificando-a. Nada mais que a vivência competente de um *"secretismo"* estratégico, no dia a dia da chancelaria ou do "gabinete" do faraó ou dele próprio.

- O poder maior do país perseguiu sistematicamente a aversão ao risco, buscando minimizar todas as eventuais chances de insucesso, falha, derrota. Foi exatamente dentro desse quadro, que surgiria a operação Creta, como já discutido em tópicos anteriores.
- O poder maior estabeleceu que a nação evitasse a guerra ao máximo, sempre! A batalha de Kadesh no reino de Ramsés II e a batalha do delta do Nilo (governo de Ramsés III) com os povos do mar foram pontos singulares de sua história. A propósito, "razias" (mesmo que comandadas por faraós) não podem ser qualificadas como efetivas ações de guerra. Apenas "molecagens perversas" do grande reino, o qual perdia o caráter sempre que necessário para fortalecer a imagem de alguém.

Apenas escaramuças de fronteira para "massagear o ego" de jovens governantes e generais, fossem eles hititas ou egípcios, de modo que se pudesse gravar uma "relação (ampliada) de fatos heroicos" em estelas ("mentirosas") apropriadas e bem visíveis, posicionadas em locais muito especiais para que todo o povo tivesse acesso a esses falsos fatos heroicos, uma vez que superavam em muito o ocorrido no campo do real. Apenas um "engordamento mentiroso" para a época e para a posteridade também. Nesses casos, apenas uma "falsidadezinha" para os integrantes da base da sociedade egípcia, sem condições de distinguir o verdadeiro sentido (e a realidade) da mensagem eufórica militar realizada.

- O poder maior orientava a nação (para que sempre que a ocasião o permitisse) fossem realizados acordos diplomáticos de alto nível. Nesse sentido vale a pena observar excertos do grande tratado realizado entre o Egito e o reino hitita, após a batalha de Kadesh, reproduzido no livro de Hermann e Georg Schreiber.

OS PREÂMBULOS DO TRATADO

Do lado egípcio este tratado, como já o manifesta a sua reprodução nas paredes do templo, foi redigido com texto religioso e os seus preâmbulos corroboram esta asserção. Depois de detalhada menção de datas com o acompanhamento dos vários títulos do faraó, informa a inscrição da chegada do embaixador hitita Tartischebu e dá, na própria identificação dos dois contratantes, uma pequena resenha da árvore dos antepassados tanto de Hatusili III como de Ramsés II. Depois diz textualmente: "Quanto às relações entre o grande soberano do Egito e o grande príncipe da terra dos hititas, desde este ponto, e por toda a eternidade assim quer Deus que pela conclusão deste tratado não se permitirá que exista qualquer rivalidade entre eles. É certo que no tempo de Muwatali, do grande príncipe da terra dos hititas, meu irmão, ele lutou contra (Ramsés-Meriamom) o grande soberano do Egito. Agora, porém, a partir deste dia, está Hatusili, o grande príncipe da terra dos hititas, subordinado às condições de um tratado para restabelecer as relações, que Ra prescreveu e com o qual Sutech concordou, para a terra do Egito e a terra dos hititas, a fim de que nunca seja permitido que alguma vez haja rivalidade entre eles, e isto para toda a eternidade. E assim fica, portanto, Hatusili, o grande príncipe da terra dos hititas, comprometido num tratado com User-maat-Ra Step-en-Ra, o grande soberano do Egito, a partir deste dia, para que exista boa paz e boa fraternidade entre nós, etenamente. Ele tem sentimentos fraternos a meu respeito, e eu da mesma forma a respeito dele, eternamente. Desde que Muwatali, o grande príncipe da terra dos hititas, meu irmão, partiu para o seu destino e Hatusili, como grande príncipe da terra dos hititas, subiu ao trono do seu pai, estou eu junto com Ramsés-Meriamon, o grande soberano do Egito, e nós estamos (juntos) na nossa paz e na nossa fraternidade. Que (esta paz e esta fraternidade) seja melhor do que a paz e a fraternidade que já existiram na terra. E assim estou eu, como grande príncipe da terra dos hititas, com Ramsés-Meriamon, o grande soberano do Egito, numa boa paz e em boa fraternidade. Os filhos dos filhos do grande príncipe da terra dos hititas devem viver em paz e fraternidade com os filhos dos filhos do grande soberano do Egito (Ramsés-Meriamon) porque eles se compreendem, na situação comum de fraternidade e de paz do Egito para com a terra dos hititas, tal como nós estaremos em eterna paz e eterna fraternidade. Nenhumas ações de inimizade deverão sobreviver entre eles, e isto por toda a eternidade."

RESPEITO AOS LIMITES ESTABELECIDOS

"O grande príncipe da terra dos hititas não deverá em vez alguma pisar a terra do Egito para se apropriar de seja o que for, e isto por toda a eternidade. User-maat-Re Setep-en-Ra, o grande soberano do Egito, não deverá nunca pisar a terra dos hititas para (tirar) dela alguma coisa. Pelo que diz respeito ao anterior tratado que existiu no tempo de Supiluliuma, o grande príncipe da terra dos hititas, e também ao antigo tratado que existiu no tempo de Muwatali, o grande príncipe da terra dos hititas, meu pai, eu serei fiador. E assim procederá Ramsés-Meriamon, o grande soberano do Egito, matendo os compromissos que eles tomam para conosco, a partir deste dia. Nós os manteremos e agiremos segundo a situação regular."

Aniquilação do inimigo

"Se outro inimigo se virar contra as terras do User-maat-Ra Setep-en-Ra, o grande soberano do Egito, e se o faraó mandar dizer ao grande príncipe da terra dos hititas: 'Vem em meu reforço contra ele!', então deverá o grande príncipe da terra dos hititas vir, e o grande príncipe da terra dos hititas deverá aniquilar os seus inimigos, porém se não for do desejo do grande príncipe da terra dos hititas de ir ele próprio, então deverá mandar suas tropas e seus lutadores de carros para aniquilar o inimigo.

"Ou se Ramsés-Meriamon (o grande soberano do Egito) se erguer contra vassalos que lhe devem obediência e que de novo o ofenderam, e os quiser aniquilar deverá o grande príncipe da terra dos hititas proceder de igual maneira e destruir aqueles que o guerreiam."

Obrigações mútuas

As linhas que se seguem estão muito danificadas e também não podem ser restauradas pela inscrição do Ramesseum, porque esta só contém o final do tratado. Mas pode-se admitir que neste tratado, bastante sistematizado e conclusivo, neste ponto em que existe lacuna deveria mencionar os deveres que o faraó, como aliado do país dos hititas, teria que observar. Segue-se depois um ponto muito interessante que nas disposições para o seu cumprimento requereu pelo menos tanto espaço como os próprios pactos de não agressão e de ajuda mútua: o compormisso da entrega de fugitivos.

Extradição

"Se um grande da terra do Egito fugir para a terra do grande príncipe dos hititas, ou se for uma cidade ou distrito das propriedade de Ramsés-Meriamon, o grande soberano do Egito, que queiram passar-se para o grande príncipe da terra dos hititas, então, o grande príncipe da terra dos hititas não os deverá receber mas... sim fazê-los remeter de volta ao seu senhor, o grande soberano do Egito. Ou se fôr um homem ou dois homens desconhecidos que se puseram em fuga... tendo chegado ao país dos hititas para se tornarem súditos deste, então não os deverão receber na terra dos hititas, mas eles serão mandados de volta para Ramsés-Meriamon, o grande senhor do Egito."

Testemunho e maldição

Este compromisso é renovado para o faraó, em relação aos hititas, e então chegamos ao fim do tratado propiamente dito: em cerca de cinco linhas ainda são enumerados os nomes dos deuses hititas e egípcios apontados como testemunhas, enquanto em dois parágrafos mais são amaldiçoados aqueles soberanos e seus servidores que quebrarem as suas disposições.

No que respeita, porém, àqueles que não contrariarem as palavras que estão sobre estas lâminas de prata, no que nelas se contém, sejam eles gente da terra dos hititas ou seja pessoal do Egito, a eles lhes darão os mil deuses da terra dos hititas juntos com os outros mil deuses da terra do Egito, saúde e vida, e acrescentarão a sua casa, a sua terra e os seus servidores.

Comentários sobre clásulas contratuais gerais

Confrange-se-nos o coração ver um tratado firmado há mais de três mil anos conter cláusulas para a entrega de fugitivos, entre os quais sem dúvida se compreendiam sobretudo fugitivos políticos e escravos que se tinham escapulido. Noções como emigração, direito de asilo, recondução etc., que no nosso século tão trágica repercussão na atualidade tem tido, molestando e mal influenciando as relações entre os vários Estados, já existiram, pois, em 1280 a.C. e foram consideradas já nesse tempo como pontos decisivos de qualquer tratado. Por maior que tenha sido o tempo decorrido desde as épocas antigas, com o cristianismo, o humanismo e o racionalismo, toda esta ronda do tempo ainda não foi suficiente para modificar as condições que já prevaleciam naquelas primitivas exigências humanas. Com efeito não podemos conceber que um tratado que hoje se vá concluir termine com tantas conjunturas e bênçãos para quem o subscreve e que o mesmo peça aos deuses do seu país, e ainda aos outros deuses alheios, insistentemente, que cubram com a sua bênção aquela bela obra.

Sete décadas de paz

Sabemos que a este tratado se seguiram aproximadamente sete décadas de paz em que na verdade se deve observar que Ramsés não se fiou exclusivamente nos deuses: ele contraiu casamento no ano de 1267 a.C. com uma filha do rei dos hititas, que se tornou propriamente sua principal esposa, enquanto os faraós anteriores se tinham limitado a receber princesas asiáticas unicamente nos seus haréns. O lugar da cerimônia em frente da porta do grande templo na rocha de Abu Simbel, na Núbia, registrou o faustoso acontecimento deste casamento dinástico e mostra-nos Ramsés II, a princesa hitita e o rei dos hititas, Hatusili III.[97]

- O poder maior do Egito estabeleceu que sua política global não privilegiasse nunca a construção de um grande exército. Várias razões podem ser listadas para justificar essa atitude. A primeira delas, como várias vezes será assinalada no neste livro, reside na exata circunstância de o país ser protegido por desertos e outros acidentes naturais. A segunda refere-se ao fato do país corresponder a uma "economia de barril", concretamente autossustentada, pelo menos no que tange a gêneros alimentícios básicos. Da mesma forma era um país não expansionista que buscava, de forma assumida, o bem-estar, a alegria, a calma.

As suas forças armadas visíveis eram de porte relativo muito reduzido sendo que, numa eventual emergência, poderiam ser então mobilizados determinados contingentes de trabalhadores alocados em pedreiras, minerações e ações logísticas. Em outras palavras, o Egito contava com um permanente "exército invisível" o qual poderia ser convocado e colocado em combate muito rapidamente. Essas "tropas de reserva" são, com certeza, um dos segredos mais bem guardados da nação. *Mas com certeza hititas e todos os outros povos da Grande Antiguidade sabiam perfeitamente da existência dessa extraordinária "força silenciosa" e não visível.* Esse procedimento nos sugere que os integrantes dessas forças de reserva, fossem escravos ou homens livres, deveriam ser continuamente bem alimentados e alojados, pois caso contrário, não deteriam as condições adequadas para serem engajados num repentino esforço de guerra!

Portanto, o escravo, o servo e o camponês de hoje poderiam ser o soldado engajado do amanhã, desde que necessário! Essa atitude, com certeza, constituiu um dos maiores trunfos (discretos ou talvez, super secretos) do Egito Antigo. Entretanto, é claro que os hititas e outros povos estavam perfeitamente inteirados dessa possibilidade estratégica, tática e operacional. O exército regular contava com um total de guerreiros que oscilou entre quatro mil e dez mil soldados. Horembeb contava apenas com quatro mil homens. Seti I, seis mil soldados; enquanto Ramsés II, dez mil guerreiros. Na batalha de Kadesh provavelmente Ramsés II contou com o apoio de forças de reserva, utilizando 25 mil combatentes naquele confronto.

Não só os serviços diplomáticos, como os espiões e as organizações da Grande Antiguidade reconheceriam com total clareza que o Egito poderia mobilizar um conjunto extremamente expressivo de tropas combatentes, acionando essas reservas estratégicas. Portanto, além das condições ásperas da natureza envoltória do país (desertos, relevos etc.) a proteger a nação, ocorria a possibilidade concreta de se transformar uma pacata sociedade num leão enfurecido e poderoso, agressivo, aguardando apenas as forças inimigas avançarem para se organizar em corpo combatente muito expressivo e com o apoio de forças logísticas (em grande parte fluindo nas águas do Nilo) com deslocamento muito veloz, seja de suprimentos, armas, alimentos ou pessoas. O Egito só não combateu mais intensamente na sua história pela simples razão de que os povos da Grande Antiguidade o respeitaram muito durante milhares de anos e também sem disposição, coragem e competência para enfrentá-lo.

Ainda com relação a esse tema, é interessante anotar que se dispunha de um serviço de intendência (escribas militares) primorosamente bem organizado, e que também os oficiais superiores eram de indiscutível competência, preparo e qualificação técnica. Os gestores provinciais deveriam ser treinados para mobilizarem rapidamente disponibilizado *"segmentos da força silenciosa"* por terra e água. A descrição do exército egípcio apresentada na *Enciclopédia Britânica* expande com detalhes riquíssimos e considerações adicionais os comentários aqui realizados.

Um povo não guerreiro

> Exército. Ao contrário dos assírios, dos hititas e de outros povos da antiguidade, os egípcios não eram um povo guerreiro. Economicamente autossuficientes, e preocupados com o gozo dos frutos de suas atividades, seu ideal era viver pacificamente. O país protegia-se com desertos em ambos os lados do rio Nilo e não era constantemente assediado por forças hostis em suas fronteiras norte e sul. No Reino Antigo não havia um grande exército permanente. O rei dispunha de sua guarda, e uma força maior poderia ser recrutada localmente quando necessário para a realização de incursões guerreiras ou para exploração de pedreiras, mineração ou empresas comerciais.

A PRESENÇA DOS MERCENÁRIOS

> Nestes casos, a força expedicionária poderia ter que lutar ou apenas arrastar pedras; em qualquer caso, seria dissolvida quando a tarefa estivesse concluída. Nos tempos de tensão (quando os chefes locais disputavam o trono) ocorreu uma guerra civil e derramamento de sangue, mas uma reunificação trouxe novamente a tranquilidade que o homem comum desejava. O segundo período intermediário, no entanto, conheceu o mando de estrangeiros (tão odiados) que uma guerra foi travada para conseguir a expulsão dos hicsos. A partir de então uma espécie de loucura militar varreu o país. Autobiografias de nobres e inscrições reais exaltam uma nova atmosfera marcial e a bravura no campo é exaltada e o faraó sai para a guerra como se um deus tempestuoso fosse a sua carruagem para a batalha à frente de suas tropas. Esse entusiasmo não perseverou muito. Até o final da dinastia, a espinha dorsal do exército parece ter se apoiado em tropas mercenárias núbias, libanesas e sherden do Egeu, e apesar de um

breve restabelecimento – quando uma milícia nacional foi criada para defender o Egito do perigo dos povos do mar – foi daí em diante que utilizando-se de mercenários os faraós se fundamentaram. Heródoto narra a presença de Hermotybians e Kalaisirians, os quais, segundo ele, foram assentados em colônias separadas no delta. O significado dessas palavras é obscuro, mas sabe-se que Psamtik contou com mercenários gregos e carian e que existiam colônias militares em Daphnae e em outros lugares, além de um destacamento de veteranos judeus em Elephantine.

O armamento leve

Os soldados do Reino Antigo estavam armados com machados de batalha, lanças ou bastões pesados, ou com arcos e flechas. Soldados núbios eram arqueiros. Escadas para escalar foram utilizadas no ataque a uma cidade fortificada, e as paredes foram desestabilizadas por alavancas. Métodos semelhantes de ataque foram usados na 19ª dinastia contra as fortalezas de cananeus – os egípcios nunca desenvolveram o uso de máquinas de cerco pesadas, tais como as desenvolvidas pelos assírios. Tropas regulares da milícia real são representadas em relevos da 5ª dinastia, e na 6ª dinastia uma grande expedição foi enviada contra os beduínos da Palestina, com o apoio de tropas provinciais, cada uma sob o comando do governador local. No reino intermediário adagas robustas, lanças e escudos de grande porte e redondos cobertos de pele esticada sobre um quadro de madeira, são assinalados. A menor unidade de combate parece ser uma tropa de 40 homens. Um governador provincial organizava sua própria força de combate para a realização de uma expedição a ser enviada para as minas e pedreiras, ou uma ação de caráter comercial até o mar Vermelho. Cerca de 3 mil soldados em uma destas expedições receberam dois jarros de água e 20 rolos de pão como sua ração diária. Poços e cisternas foram escavados ao correr da rota e permaneceram guardados para serem utilizados em viagem de regresso.

Reorganização do exército

Depois da guerra com os hicsos, o exército foi ampliado e reorganizado sob o controle centralizado e com novas armas introduzidas da Ásia: adagas especiais, a espada foice (cimitarra), o arco laminado composto, e o mais importante de tudo: os carros de guerra, a esta altura, uma formidável arma em todos os exércitos da Ásia Ocidental. Ainda não existia uma cavalaria; os cavalos eram pequenos e eram montados somente por cavalariços. Os carros eram leves, muito benfeitos com molduras de madeira arqueada, com quatro grandes rodas raiadas (depois, passaram a ser seis redes raiadas), com painéis de couro e um coldre para setas suspensas em diagonal na lateral. Os carros eram tracionados por dois cavalos e ocupados por dois homens, um condutor e um guerreiro. Durante a batalha o condutor segurava um escudo acima do arqueiro.

A INFANTARIA E O TEMPO DE HOREMHEB

A infantaria estava dividida em companhias de 250 arqueiros e lanceiros, composta por cinco pelotões de 50 homens, cada uma comandada por um oficial. Até a era de Horemheb, o exército regular da Ásia parece ter consistido de duas divisões, provavelmente de 2 mil homens cada; Seti I acrescentou uma terceira, e Ramsés II tinha quatro, assim como os grupamentos auxiliares e as tropas especiais, com os quais iria enfrentar o exército confederado hitita em Kadesh, em Orontes. Soldados agora usavam armadura defensiva, capacetes e couraças de couro costurados com sobreposição de metal. No período Saite, as túnicas de linho eram costuradas com pele de crocodilo. Armaduras de metal grego provavelmente eram usadas apenas por príncipes, e a sua utilização deve ter sido quase insuportável no calor do verão.

OPERAÇÕES INTEGRADAS

Quando o Egito combatia no exterior o exército utilizava embarcações para transportes e suprimentos, mas até o final do Novo Império não houve marinha no sentido estrito da palavra. Uma ou duas vezes lutando no Nilo é mencionado, mas em conexão com uma ação de terra. A única batalha do mar destacada é a enfrentada por Ramsés III contra os povos do mar: os navios de guerra egípcios são diferenciados das embarcações dos inimigos por seus cascos curvos, proa com cabeça de leão e em forma de sino com estruturas a partir das quais o vigia iria orientar o timoneiro através do combate corpo a corpo. A maioria dos navios inimigos é emborcada; eles têm cascos quadrados e um bico de pássaro na proa. A guerra deu um impulso à construção naval, e os registros sobreviventes dos arquivos do estaleiro real em Memphis, no reinado de Thutmose III, relata listas de lojas que forneciam equipamentos para a frota. Uma grande equipe de escribas militares foi anexada ao exército, para registrar os recrutas, organizar o transporte de tropas, atender ao comissariado e assim por diante. Os oficiais superiores tinham que ser homens de considerável habilidade, capazes de resolver problemas práticos de matemática envolvendo tarefas de engenharia e estar familiarizados com a linguagem e a geografia da província dentro de seu comando. Muitas vezes eram homens de competência comprovada em ações de guerra e promovidos a partir das fileiras, em vez de serem filhos de altos funcionários.[37]

Considere-se uma situação em que o Egito contasse com uma população global da ordem de 2 milhões de indivíduos e admita-se que, desse total, 25% correspondessem a homens adultos, ou seja, cerca de 500 mil indivíduos numa primeira aproximação. Se visualizarmos um contingente permanente de dez mil soldados, esse *quantum* representaria apenas 2% da população adulta masculina. Como parte expressiva do corpo da tropa era constituída por mercenários núbios, líbios e até mesmos gregos, é bastante provável que a tropa de nacionalidade egípcia não fosse superior a cinco mil homens, ou seja, 1% daquela população adulta masculina, referida anteriormente. Nessas condições a convocação para o exército regular jamais causaria temor aos aldeões, mesmo porque é muito provável que integrantes do contingente nacional, a maior parte deve ter optado pela carreira voluntariamente, seguindo a carreira militar de seus pais, talvez.

A terceirização. Como já observado, o Egito, de fato, utilizou essa técnica milhares de anos anteriormente à gestão empresarial do século XX.

- Terceirizou grande parte de suas tropas com a contratação de mercenários núbios, líbios e provavelmente também gregos, além de outros procedimentos de maior porte.
- Terceirizou o *management* da pirataria e a ordem no mar Egeu (e também no Mediterrâneo) com Creta (e também Troia, de forma indireta). De certa forma, durante centenas de anos, direta e indiretamente o Mediterrâneo foi um *mare egypsium*.

Assim, os homens do campo no Egito, muito diferentemente da Mesopotâmia, jamais temeriam (pelo menos como rotina) a morte provocada pela *manus militari*.

- Grande parte de seu comércio exterior (e navegações correspondentes) resultou, com certeza, de uma interessantíssima e duradoura aliança/parceria com a Fenícia. Muito do sucesso da Fenícia (a rigor, surpreendente) é que, de certa forma, pôde "operar" as cidades como Ugarit, Biblos, Sidon e Tiro como "virtuais províncias estratégicas" do reino dos faraós. Questões logísticas e comerciais trabalhosas eram delegadas aos fenícios, os quais, logicamente, negociaram muito bem as margens de lucro finais a serem obtidas (exaustivamente e previamente discutidas e debatidas com os altos funcionários do reino do Egito), e assim procedeu-se no correr de muitos séculos. Nesse longo período ao desenvolverem essa operação conjunta, ambos ganharam tanto o Egito quanto a Fenícia. Mais que um tratado comercial: uma parceria. Mais que uma parceria: uma aliança!

Os fenícios possivelmente comercializavam com e para todo o Egeu, Mediterrâneo, Mesopotâmia e outras áreas viabilizando o escoamento da produção (em massa) do Egito – priorizando produtos de baixo preço comercial, tais como: calçados, roupas, cerâmica singela etc. Mercadorias de alto valor agregado como joias, armas, escravos, cerâmica sofisticada, móveis e outras utilidades muito especiais ficavam, com certeza, a cargo dos navegadores (piratas) gregos sob a gestão e o comando competente das "províncias egípcias" de Creta e Troia, esta última em parceria com o Império Hitita. A descrição de Paul Petit é plenamente compatível com a hipótese aqui trabalhada. A Fenícia, em um período significativo de sua história foi, de fato, uma virtual província egípcia para operações de comércio exterior, muito aquém de uma nação navegadora. *Nada mais do que uma prestadora de serviços, com "cargas garantidas" durante muitos séculos!*

É possível que os fenícios, com salvos-condutos, operassem em terra – transportando mercadorias em caravanas de burros e camelos, desenvolvendo operações unitárias e multimodais, diretamente – ou então contratando beduínos e outros cavaleiros nômades, o que seria muito natural dentro das suas possibilidades de logística comercial. Outra hipótese plausível seria a de beduínos e cavaleiros nômades, com a autorização do Império Hitita em determinadas situações, negociarem diretamente com o reino do Egito.

No meu entendimento, nos seus próprios momentos históricos, Amilcar e Aníbal Barca e outros integrantes da elite cartaginesa não quiseram se compor com Roma, ao contrário dos seus antecessores fenícios que se ajustaram interna e externamente com o "Egito". Ou porque não confiavam na República que surgia ou então porque consideravam indispensável uma base continental para Cartago, bem mais ampla que a simples presença de cidades-Estado, como antigamente.

Desejavam algo mais. E nessa busca do algo mais, terceirizaram grande parte dos seus exércitos com corpos de mercenários durante séculos. Na batalha de Zama os guerreiros númidas conduzidos por Massinina desertaram do exército de Aníbal, bandeando-se para as tropas de Cipião, o Africano. Contar com mercenários é uma arte que o Egito realizou sempre com notável maestria. Cartago para sua própria infelicidade não conseguiu viabilizar esse desafio num determinado momento com total competência. Modificou-se em Zama a história do mundo. A própria história do Ocidente.

Os fenícios e seu papel civilizador

Os fenícios são um povo semítico, de origem incerta (região compreendida entre o mar Morto e o mar Vermelho?), instalado na costa mediterrânica já no III milênio, ou seja, bem antes das grandes transformações do século XII. Seus portos de Biblos e Ugarit estavam desde muito em relações com o Egito, e as recentes escavações de Ugarit (Cl. Schaeffer) revelaram documentação considerável a respeito dos fenícios dos séculos XV-XII (administração, palácio real, mitos, pensamento religioso). Mas o surto fenício, contrariado, aliás, pelas condições naturais pouco favoráveis – ausência de território interior, perto do Líbano – pelo seu pequeno porte populacional e sua fraqueza militar, e acima de tudo pela sucessiva dominação dos grandes impérios vizinhos (cassitas, Mitani, Egito, hititas), apenas pôde ter lugar entre os séculos XI e VIII, após o fim dos grandes imperialismos.

Comércio variadíssimo

O comércio fenício era variadíssimo: além da exportação de seus tecidos de lã purpurina, cabia-lhes abastecer o mundo mediterrânico em gêneros exóticos provenientes do Oriente, por vezes do Egito, pelo mar Vermelho, e em produtos de primeira necessidade, vindos do grande norte, como o estanho.

Seu proverbial enriquecimento foi apenas contrariado pela obrigação de pagar tributo aos assírios, a partir de meados do século IX, e pelas rivalidades que fermentavam entre suas principais cidades, notadamente Sidon e Tiro, cada uma delas acabando por dominar o norte e o sul da costa. Jamais tiveram governo nacional: cada cidade tinha um rei, por vezes substituído ou neutralizado pelas aristocracias mercadoras; seu mais célebre soberano é Hiram de Tiro, contemporâneo, aliado e amigo de Salomão.

Não originais?!

Sua contribuição civilizadora ainda é discutida: os fenícios não são, como os sumérios ou os gregos e os indo-europeus em geral, um povo criador, mas, como a maioria dos semitas, vulgarizador. Sua arte, seu instrumental, sua cerâmica nada têm de original e refletem as tendências geometrizantes da época; não se trata de produtos de luxo, mas de consumo corrente. Sua religião foi por muito tempo considerada pouco original e diretamente inspirada na de seus vizinhos, notadamente os arameus. Mas as descobertas de Ras-Chamara (Ugarit), distribuídas pelo período compreendido entre os séculos XI e XII, forçaram os especialistas a rever sua posição: a religião fenícia, coisa paradoxal, apenas conhece deuses agrários, e não marítimos, o que é um traço de sua origem continental; seu grande deus é uma espécie de Baal (senhor) muito semelhante ao Hadad dos sírios, e sob o nome de El – outro grande deus criador, reveste um caráter solar mais acentuado. A principal originalidade, porém, reside no mito, conhecido pelos textos do século XIII, de Mot e Alein, deuses agrários das messes e dos frutos, dos quais um morre no inverno para ressuscitar na primavera, obedecendo o outro a um ritmo inverso. Mais tarde, este mito foi adaptado a outros deuses, como Adônis de Biblos e mesmo Átis da Frígia, e sob esta última forma estava-lhe reservada longa fortuna. Divindades femininas choram e exaltam, alternativamente, mas com violência, os avatares de Mot e Alein: relacionam-se, sob o nome de Astarté, com a Ichtar babilônica, deusa da fecundidade, e encontram-se entre os cartagineses sob o nome de Tamit. Alguns ritos deixaram aos antigos a impressão de horror trágico, como os sacrifícios de crianças, conhecidos principalmente em Cartago, denominados Molcomor (daí o chamado Molcoc). Devemos dar lugar, por fim, a um jovem deus masculino, o "rei" de Tiro, Melcarte, honrado também em Cartago e Godes, que foi assimilado a Hércules pelos gregos e romanos do império.

A INVENÇÃO DA ESCRITA FUNCIONAL

Mas os fenícios são, acima de tudo, os inventores, adaptadores e propagadores do alfabeto. Sabe-se, hoje em dia, que os cretenses e aqueus dispunham de uma escrita hieroglífica, depois linear A e B, e que estiveram em estrita relação com Ugarit; por outro lado, desde longa Antiguidade, o Oriente conhecia o hieroglífo egípcio e o cuneiforme babilônico, o qual, malgrado sua dificuldade, torna-se a escrita universal do mundo oriental. Essas escritas tinham o inconveniente comum de serem silábicas e pictográficas, e de transcreverem ao mesmo tempo sons e ideias; exigiam longo período de treino, apanágio de restrita elite, o que explica a força dos escribas. Já no século XV, parece que os fenícios, práticos e realistas, tinham a noção de uma escrita alfabética, transcrevendo apenas as consoantes, e compreendendo somente 20 a 30 sinais. As escavações de Biblos (tumba de Ahirã) e sobretudo de Ras-Chamra revelaram textos do séculos XIII (data ainda discutida), escritos em sinais alfabéticos, suscetíveis de transcrever tanto o fenício como o arcaico, este em vias de substituir o babilônico no mundo oriental. Os gregos receberam este alfabeto, ao qual se liga o nome do rei mítico de Tebas, Cadmo, segundo os textos de Heródoto, cujo valor histórico é discutido, e aos sinais consonânticos acrescentaram novos sinais destinados a transcrever as vogais. É supérfluo insistirmos na importância deste progresso decisivo.[85]

- Problemas relativos ao "monitoramento" de caravanas terrestres e guardas avançadas de fronteiras eram "solucionados" com beduíno-cavaleiros nômades contratados. Apesar de ser muito problemática a "fuga" da região do Nilo, toda a faixa próxima de deserto e montanhosa seria patrulhada pelos referidos beduínos e cavaleiros nômades. Era "virtualmente" impraticável enganar esses senhores das areias, hábeis, ágeis, rápidos, competentes, em deslocamentos permanentes no solo, profissionais, destemidos, individualistas e extremamente interessados no pagamento/recompensa. De certa forma, podem ser entendidos como profissionais isolados muito bem remunerados. Esses beduínos iriam desempenhar profunda importância na história do deserto, e a sua colaboração esteve presente com forças atuantes na II Guerra Mundial. Anote-se.

É problemático estimar quantos beduíno-cavaleiros nômades constituíam essa "milícia" de "varredura" do deserto. Admitindo-se que as áreas a patrulhar somassem cerca de 20 mil km^2 e que um beduíno pudesse "fiscalizar" 10 km^2/dia, esse contingente adicional seria da ordem de 2 mil homens, os quais deveriam ser acrescidos de um grupo de 500 a mil homens para cobertura/observação de passagens, desfiladeiros, poços de água etc., ou seja, pontos fixos estrategicamente.

Esses beduínos-patrulhadores deveriam ser remunerados em espécie, recebendo trigo, cevada, tâmara, outros alimentos, cabras, ovelhas, camelos, muares, cavalos (esses últimos, a partir de uma determinada época). E, nessa moeda, deveriam ser muito bem recompensados. Enfim, eles eram os guardiões do deserto egípcio. De certa forma, guardiões muito especiais do reino.

- Sistemas de comunicação apoiados por barcos, pombos-correio e cavaleiros-correio, e os referidos beduíno-cavaleiros nômades levavam, com certeza, a informação a fluir na "velocidade da luz". Assim, a qualquer momento os faraós e os integrantes do governo estavam a par do "estado da arte" em todo o país e suas áreas limítrofes. Um grupamento especial deveria processar diariamente essas informações para os faraós e seus comandantes militares. Quase uma sala de guerra, ou um sistema de alerta permanente.
- Após o fiasco militar de Kadesh, batalha em que Ramsés II obteve apenas um "empate técnico" com os hititas, *é certo que o Egito preparou-se para o futuro com sistemáticos "jogos de guerra"*. Assim quando os povos do mar atacaram (em um enfrentamento desesperado) as forças de Ramsés III, o faraó já antevia que guerreiros gregos, líbios e de outras forças agressoras poderiam ser neutralizados, com certeza, por meio de uma contraofensiva maciça em uma tática de "pinça curta", ou seja, por terra e por água no delta do Nilo. Como estavam preparados para esse cenário – com todos os seus detalhes e variantes possíveis, os egípcios venceram o embate – surpreendendo as forças inimigas, integrantes dos povos do mar.
- Apesar de não amarem a arte da guerra especialmente, como os assírios, por exemplo, estavam sempre atualizados com o mais avançado da época, como os carros de combate hipomóveis. A guerra não era uma paixão nem para a elite nem para o povo em todos os seus segmentos. *Nesse domínio buscavam apenas realizar de forma muito competente o dever de casa.* Pouquíssimos faraós são originários da tropa. Um deles foi Homreb. Dentro dessa linha de conduta iria contar sempre com a contratação de mercenários em vez de buscar engajar/aperfeiçoar os seus camponeses com o compromissamento militar. Por outro lado, já que a elite da tropa seria originária de outros países, não se corria o risco permanente de se produzirem eventualmente lideranças militares fortes e contestadoras, originárias do próprio país. Da mesma forma evitar-se-iam sublevações militares. *O povo egípcio estava com o faraó, suas tradições e seus deuses e não praticavam nenhuma devoção especial aos senhores das lanças, arcos, flechas, espadas e carros de combate. A guerra não se constituía numa força cultural. Aliás, o faraó era Deus também.*
- *O poder maior estabeleceu que deveria sempre acontecer um equilíbrio inteligente entre a agricultura, o ócio e as grandes obras.* Vejamos: a agricultura

> do Egito, baseada fundamentalmente na irrigação, iria demandar cuidados intensos durante um período de seis a oito meses/ano. Assim, a população masculina alocada ao campo permaneceria razoavelmente inativa alguns meses – de quatro a seis. Nesse período os camponeses trabalhariam junto a seus senhores num leque variado de tarefas (obras, canais, pomares etc.). Mas é possível que, mesmo assim, ainda ocorresse disponibilidade de mão de obra. *O governante, de fato, deveria entender o ócio como o pai de todos os vícios e desvios de conduta.* Isso deveria ser evitado a todo custo. Ócio, jamais! E como o fizeram? Com a construção do grandioso: pirâmides, templos, estátuas colossais. que de um lado iriam empregar a mão de obra disponível e. por outro, transmitiriam para toda a população a grandeza do país, do faraó, dos deuses. Com a valorização da autoestima de todo o povo. A memória do reino e dos reis iria se perenizar pela mídia gravada nos grandes blocos de pedra e no relato oral desses trabalhadores, de geração para geração. E é claro que esses "convocados" seriam bem coordenados, remunerados, alojados e transportados. As vilas edificadas para abrigar os operários dessas construções com suas residências, padarias, lojas de alimentos, prostíbulos, bebidas (cerveja) deveriam representar (apesar de a missão ser árdua) uma situação razoavelmente acolhedora para os "engajados". Ainda mais considerando-se que a "convocação" seria no máximo de 1/3 do ano, período após o qual retornariam as suas residências e a seus campos, com "ganhos" realizados e muitas histórias/estórias para contar acomodados em embarcações a percorrer suavemente o rio Nilo. Nada de marchas forçadas.

Das pirâmides jamais escorreu o sangue de escravos e servos, humilhados e explorados, com certeza. Apenas o suor de trabalhadores motivados e respeitados pelos condutores chefes das obras. É possível que três gerações de muitas famílias tenham trabalhado numa grande obra, no correr de décadas: uma pirâmide, um templo, obras de infraestrutura, urbanização etc. E para o camponês essa situação deveria representar um motivo de imenso orgulho. Um precioso *curriculum vitae* no âmbito de sua própria comunidade.

Mais do que pleno emprego, tratava-se da plena utilização de toda a mão de obra ociosa e disponível do reino. Ninguém estático. Pleno emprego. Outro aspecto que merece ainda pesquisa bem mais detalhada *é que essa política expandia a autoestima do homem egípcio enriquecendo-o com atividades características do mundo urbano, e ao mesmo tempo o devolvia ao mundo rural.* E, assim, as grandes obras foram se sucedendo, ano após ano, década após década, século após século, milênio após milênio.

Portanto, quando se deparar com uma obra grandiosa do Egito, a leitura correta da mesma é que ali ocorreu uma extraordinária mobilização de mão de obra não escrava. Não necessariamente livre, mas não escrava. É claro que dentro de sua política de aversão ao risco, o reino não poderia permitir mesmo a ocorrência de *situações de ócio*. E daí surgiriam as obras monumentais que, um "impactado" general francês, Napoleão Bonaparte diria a seus comandados: "Do alto dessas pirâmides quarenta séculos vos contemplam".

O texto apresentado a seguir, de Jon Manchip White, descreve as atividades do campo e deixa bastante nítido que a combinação *do regime do rio Nilo* com a *competência de seus camponeses* produziria *fatalmente legiões de ociosos que poderiam ser mobilizadas para outras frentes de trabalho.*

As estações do ano agrícola

As estações do ano agrícola eram três, cada uma delas dividida em quatro meses. A primeira era a fundação do dilúvio ou inundação, quando as águas do Nilo alcançavam o máximo da sua altura. Vinha depois a estação da descida, quando as águas se retiravam de novo para o seu leito fluvial e as colheitas começavam a crescer. Finalmente, havia a estação das ceifas, quando a riqueza legada pelo Nilo era recolhida.

O manejo agrícola

As sementes eram lançadas à terra logo que as águas desciam para o leito do rio, deixando atrás de si um terreno molhado e bem adubado. Uma vez que o sol começava a endurecer a terra, seria muito difícil arar e sulcar o solo. Os camponeses preparavam as suas ferramentas e estavam sempre atentos ao nível das águas: e, à menor indicação da sua descida, partiam para os campos com os seus arados de madeira e cestas cheias de sementes de trigo. Um homem avançava à frente, espalhando as sementes, logo seguido por outros dois com o arado. Um deles conduzia a parelha de vacas, enquanto o outro manejava o arado e o orientava de modo que as sementes ficassem bem cobertas. A junta era quase sempre de vacas, animais menos pesados do que os bois e suficientemente fortes para puxar o arado, o qual era bastante leve. Quando os homens terminavam o trabalho, várias dezenas de porcos e de ovelhas eram levadas para o campo, a fim de o adubarem ainda mais e para assegurar que as sementes seriam bem pisadas e enterradas no solo. Finalmente, a terra era revolvida e nivelada tanto quanto possível.

Período da semeação

Durante todo o período da semeação eram recitados várias fórmulas mágicas e encantos. Os festivais religiosos não faltavam, para assegurar que as sementes pegassem, e era costume fazerem-se umas pequenas figuras de barro, representando Osíris, nas quais eram misturadas algumas sementes, que eram cuidadosamente regadas e ansiosamente observadas, aguardando os primeiros indícios do crescimento! Condescenderia o deus, nesse ano, a favorecer os camponeses com a sua ressurreição habitual?

A colheita, a alegria e o sol ardente

Se tudo corria bem, as colheitas eram muito ricas, o que sucedia com frequência, e os camponeses acorriam, juntando-se nos campos, numa ceifa que durava da madrugada até o cair do sol. Os homens ceifavam o trigo e as mulheres que lhes iam às pegadas guardavam o precioso cereal nos seus grandes cestos. Os cestos eram, depois, despejados dentro de sacos, os quais, por sua vez, eram transportados para os armazéns, em burros ou, então, às costas dos próprios camponeses. Os dias de outono eram sempre alegrados com canções e risos – e, durante o repouso do meio-dia, comia-se e bebia-se muito, pois as colheitas representavam um trabalho bem árduo sob um sol verdadeiramente ardente.

A guerra ao ócio

O cuidado dos campos e as colheitas não absorviam todo o tempo dos camponeses. Havia muito trabalho a fazer nos jardins dos seus senhores e nas suas próprias hortas. Tinham de cultivar as vinhas e os legumes; cuidar das abelhas; alimentar as aves domésticas e os peixes dos lagos. O camponês também era obrigado, todos os anos, a comparecer na administração local para se alistar, durante um determinado número de dias, no trabalho das obras públicas. As estradas e as veredas tinham de ser mantidas em boa ordem e as pedras que marcavam os limites das propriedades – as quais eram deslocadas misteriosamente todos os dias – deviam voltar a ser colocadas nos seus lugares adequados. Acima de tudo, o trabalho de escavar novos canais e de limpar os antigos nunca cessava e era muito fatigante. A rede de canais de irrigação constituía o principal sistema do Egito antigo. Os diques eram reparados e a construção de novas represas era constante, para que nunca se perdesse uma única gota do precioso líquido. A água era uma verdadeira obsessão dos egípcios. Da madrugada até a noite, quem passasse pelas aldeias da província poderia ver uma procissão de camponeses mergulhando os seus baldes nos poços de água para manterem sempre cheios os reservatórios e as valas dos campos e dos jardins. No Novo Reino, a introduçao do *shaduf*, o qual levantava os baldes por meio de uma vara, diminuiu imensamente a monotonia da tarefa. O método ainda é usado no Egito, de resto, mas mesmo assim a interminável missão de matar a sede do solo era realmente estafante.[112]

- Desenvolvimento modular e produção em série: um dos aspectos mais enfatizados pelos egípcios refere-se a sua capacidade de modulação e produção em série. A. Herman H. Rauke nos remete a uma passagem do Antigo Império, onde um navio com 30 metros de extensão e 15 de largura é construído apenas em 17 dias. Assinala também que vários tipos de embarcações coexistem (além das de junco, é claro) indicando a competência do país em construção naval.

É intuitivo reconhecer que para se construir um navio com essas dimensões em pouco mais de duas semanas, haveria que se contar com o equivalente a um projeto-padrão, desdobrando-o em módulos e, com certeza, dentro de linhas de fabricação em série. Além de operários superespecializados, verdadeiros artesãos. É provável que uma parte considerável da frota naval das cidades fenícias fosse construída no Egito – além de embarcações para os navegadores e piratas com base em Creta – o que sugere uma virtual linha de fabricação em série ou quase em série, de excelente qualidade.

- Engenharia e construção: muito se tem escrito sobre a competência dos egípcios no campo da engenharia e da construção civil, com o pleno domínio sobre materiais volumosos (blocos de pedra, colunas) em vários tipos de edificações, obras de irrigação, desvio do curso do rio, construção de grandes canais, desenvolvimento de ferramentas especiais e técnicas de trabalho que foram sendo aperfeiçoados ao longo de milênios. Esse tema foi, é e será sempre exaustivamente pesquisado. Entretanto, um aspecto que merece ser destacado e que talvez seja um dos maiores segredos da civilização egípcia, provavelmente transmitida aos seus colaboradores preferenciais, Creta e Fenícia. Trata-se do conjunto de rotinas de trabalho e, ao mesmo tempo, ritmo de trabalho. Esses dois fatores, sem dúvida alguma, qualificaram a nação egípcia como uma grande realizadora. *Em outras palavras, as obras eram projetadas, programadas e realizadas – trabalhando todos num mesmo compasso como se fossem remadores de uma mesma galera – sem ninguém "enforcar" o seu remo. Cadência com competência. Uma civilização senhora do ritmo. Da cadência estratégica!*

Toda a Antiguidade, especialmente o Egito, trabalhava com modelos reduzidos no estudo de inúmeros desafios. Trabalhos delicados em madeira e pedra, disciplinariam a obra ex-ante, *observariam detalhes e, na medida do possível, comportamentos e procedimentos.*

Ex-post, arquitetos do faraó, e construtores providenciavam, *ex-ante*, com marceneiros e entalhadores em pedra, miniaturas do que se ambicionava em escala real. Uma vez "compreendido" o modelo reduzido ele seria expandido *(através de especialistas – os "multiplicadores", como os denomino) para que o projeto pudesse acontecer na sua real projeção. Só isso explica o "acerto geométrico" com que conduziam suas obras e monumentos. Precisas, ajustadas e encaixadas.*

A propósito, observe-se a publicação *How to build egyptian boat models: patterns and instructions for three royal vessels*, de Jack Sintich, onde são estruturadas réplicas de barcos de três faraós, segundo pinturas e outros detalhes (escala 1 polegada: 7 pés). São os seguintes os faraós aos quais se referem às miniaturas: faraó Knofu (governou de 2551-2528 a.C.); rainha Hatshepsut (governou de 1479-1458 a.C.); faraó Ramsés II (governou de 1297-1215 a.C.).

Pois bem, os engenheiros egípcios no tocante a barcos realizaram ações muito similares, a meu ver. Construíam os barcos em miniaturas, testavam-os nas "piscinas" e "lagos" dos palácios e templos, observando o seu comportamento – tal e qual as universidades e centros de pesquisa de arte náutica procedem em seus "tanques simuladores" hoje. Uma vez "aprovado" o projeto minituarizado, com o apoio de "multiplicadores" e carpinteiros, evoluía-se para o protótipo. Desenvolvido o protótipo, a embarcação seria produzida em série. Com relação a esse tema, a minituarização naval, observe-se o texto de Jack Sintich.

A HISTÓRIA DO ANTIGO MODELO DE BARCO EGÍPCIO

Os antigos egípcios foram os primeiros a utilizar modelos reduzidos para diversas finalidades. Sua civilização durou quase 5 mil anos. Para a maior parte desse período eles construíram modelos maravilhosos de coisas e lugares relativos à vida cotidiana, em madeira e em barro. Os mais impressionantes são suas miniaturas de cenas da fazenda com bovinos e ovinos e as lojas de carpinteiros, tecelões, oleiros, açougueiros e padeiros. Entretanto, os modelos mais frequentes que os egípcios desenvolveram foram os relativos a barcos. Hoje, em museus e coleções particulares em todo o mundo, milhares desses artefatos históricos estão em exibição. Muitos dos modelos foram cuidadosamente construídos como brinquedos para seus filhos 2 mil anos antes do nascimento de Cristo.

O modelo de barco também foi valorizado na cultura egípcia como um símbolo religioso. Eles acreditavam que a alma, ao deixar o corpo, poderia então, viajar de barco para o céu. Foi de acordo com esta crença que a família da pessoa morta poderia colocar o modelo de um barco no local do sepultamento para que a alma pudesse encontrar o seu caminho para o céu. Estes modelos de barcos egípcios eram conhecidos como modelos funerários.

Os melhores modelos de barcos fúnebres foram descobertos no Egito, e os mais valiosos são aqueles que pertencem ao rei Tutankhamon (reinou 1361-1352 a.C.). Estes modelos de barco possuíam 3 pés de comprimento e foram construídos com madeira de acácia e marfim. Mesmo depois de 35 séculos, esses modelos ainda mantêm a sua decoração colorida e finas velas de linho. Eles constituem exemplos clássicos de arte e tecnologia marítima egípcia.[101]

Como bem assinalado por Jack Sintich, em museus do circuito internacional, existem em exposição permanente milhares dessas miniaturas "consagrando" além de barcos, cenas do cotidiano. À primeira vista, para um analista distraído, essas miniaturas poderão ser assimiladas como ingênuos brinquedos de criança. Em meu entendimento trata-se muitas vezes da expressão inicial (e vigorosa, adulta) de um projeto que, com esses virtuais *toys*, estava sendo criteriosamente "geometrizado" para dar suporte à realização de um projeto, ou parte de um projeto para acontecer em escala real com alto discernimento e compreensão do seu "espaço" de inserção final. Todos aqueles que se interessam por miniaturas e minituarização nos dias de hoje, em pleno século XXI, são de certa forma herdeiros plenos do modo de agir de arquitetos e projetistas da Antiguidade, milhares de anos decorridos, seja no Egito, na Suméria, com os hititas ou em qualquer outro local da Mesopotâmia ou da Anatólia. A minituarização na Antiguidade representava uma grande parceria com a inovação. Com certeza! Uma arte! Um engenho! Uma invenção!

A propósito, sobre esse binômio rotina/ritmo (*aliás, a rotina deve ser considerada como a "mãe" do ritmo*) observe-se o texto de J. R. Harris, *onde se indica que métodos simples combinados com vontade e resolução podem provocar resultados impressionantes.*

Engenharia singela, porém poderosa

Em suma, o gênio dos egípcios não estava na sofisticada ciência da engenharia, mas na eficiente aplicação dos acessórios mais elementares e no competente aproveitamento e controle de mão de obra ilimitada. A rotina também desempenhava um papel importante em suas realizações, pois qualquer desvio da prática estabelecida, quer fosse acidental ou não, era sempre suscetível de criar um problema que eles, sem conhecimento teórico de mecânica, não podiam resolver. Mas isso não significa que para cada tarefa determinada houvesse um único procedimento reconhecido, seguido com absoluto rigor; é seguro presumir que o trabalho, de um modo geral, fosse localizado pelos meios mais simples apropriados às circunstâncias específicas. Assim, quando um grupo de homens podia manipular blocos sem a ajuda de alavancas, trenós ou

> aterros, sem dúvida era assim que faziam. Embora a combinação de rampa e caixa de areia fosse o sistema mais satisfatório para o erguimento de um grande obelisco ou colosso, o mesmo não acontecia necessariamente no caso de obeliscos menores ou colunas monolíticas, que, provavelmente, eram levantadas por uma técnica parecida com a usada, ao que tudo indica, para as estátuas da Ilha da Páscoa ou (em 1805) para o memorial da Seringapatam, a haste sendo levantada gradativamente da posição horizontal e sustentada por baixo com terra e cascalho. Por fim, pode-se ressaltar que os métodos egípcios foram de certa forma influenciados pelas condições locais; a carência de toras adequadas para grandes vigas ou rolos, a fácil disponibilidade, por outro lado, de tijolos de barro para rampas, e a onipresença de quantidade interminável de areia seca e solta, cujo movimento podia ser convenientemente controlado. E, sob esse aspecto, assim como pelo fracasso em desenvolver máquinas multiplicadoras da força, a possível contribuição do Egito à engenharia antiga foi um tanto limitada.[51]

- Um processo de desenvolvimento consistente (e comprometido com a paz) na Antiguidade, mais cedo ou mais tarde, iria, muito provavelmente, provocar a presença de uma população crescente em um determinado país desde que contasse com condições ambientais favoráveis. O Egito, portanto, não seria uma exceção. A população no Novo Império expande-se de forma expressiva, evoluindo de 1,5 milhão de habitantes para 2,5 milhões e, segundo determinadas estimativas, para 5 milhões de pessoas. É quase certo que nenhum outro povo da Antiguidade tenha apresentado essa performance demográfica. Trata-se de um elenco de competências estratégica, tática e operacional – considerando-se que a base física de sustentação regional continuava a mesma de alguns milênios passados. *Em outras palavras isso significava que o país trabalhou seriamente questões agrícolas, de sustentabilidade e de arranjo urbano, aliadas às melhorias contínuas de produtividade. Essas atividades traduzem esforços de "pesquisa" sistemáticos, além da realização e presença de projetos, programas e planos de desenvolvimento bem ajustados.*

Nesse sentido, observe-se o texto magistral de Bill Manley.

AS COMUNIDADES, AS CIDADES, AS POPULAÇÕES E OS IMIGRANTES

> *Durante o Novo Império, a paisagem urbana do Egito conviveu com mudanças radicais no momento em que as grandes comunidades transformaram-se em enormes cidades cosmopolitas.*

Desde o Antigo Império, os egípcios distinguiam três tipos de comunidades urbanas: aldeias, as cidades portuárias e as cidades mais importantes. As maiores são as capitais dos distritos administrativos (ou nomos) que, no âmbito do Novo Império, são

42 unidades. Cada uma detém uma densa população e é cercada por outras comunidades menos importantes; em determinada situações o nomo compreende outro centro fortemente povoado, mas entre essas manifestações a população pode se reduzir a apenas algumas pessoas.

A população do Egito expande-se de forma radical no correr do Novo Império: é complexo estabelecer estimativas precisas e as mais criteriosas indicam uma população de 1,5 milhão a 2,5 milhões e eventualmente 5 milhões de pessoas. Esse crescimento populacional refere-se principalmente a Mênfis e Heliópolis, onde aproximadamente situava-se a metade da população do país. Mênfis, sem dúvida alguma, é a primeira cidade do mundo a abrigar mais de 1 milhão de habitantes. Os centros provinciais mais importantes, tais como Sais, Pi-Ramsés, Herakleopolis ou Tebas (como se diz) abrigam um número expressivo de imigrantes atraídos pela riqueza e a estabilidade do país. Esses imigrantes e seus descendentes formam comunidade "fechadas" com boa reputação que trazem para o Egito trabalhadores especializados em atividades importantes, tais como marinheiros, guerreiros mercenários, tradutores, vidraceiros originários da Líbia, do mundo helênico, da Babilônia e de Koush.

Essas comunidades formam uma sociedade coerente cuja conduta é previamente ditada pelos problemas locais e as necessidades dos agricultores que formam a base da economia egípcia. Entretanto, elas permanecem governadas por um poder fortemente centralizado. As hierarquias sociais garantem uma distribuição elitista das riquezas e a realeza mantém relações de clientelismo com seus altos funcionários, os quais são recompensados com ostentação. Apesar de se verificar um corpo militar permanente, o exército jamais será empregado como um instrumento de coerção governamental. Encontravam-se poucas guarnições militares no território egípcio e o seu papel se restringia ao engajamento e treinamento de recrutas aptos ao serviço militar.[71]

O Egito, durante a sua história, iria produzir algo espantoso: uma nação muito forte, com um processo cultural riquíssimo e uma civilização cordial, onde a pax *comunitária foi uma manifestação que se manteve por milênios, maravilhosamente implementada as margens de um grande rio.*

Mas, como bem assinalou Heródoto, "o Egito é uma dádiva do Nilo". Ao longo dos seus quase mil quilômetros contidos no reino do Egito, desenvolveu uma agricultura irrigada, associada com uma fertilização orgânica do solo durante milênios. As informações sobre a área irrigada, à época dos faraós, são bastante rarefeitas. Mas pode-se estimar que não menos de 1 milhão de acres (± 400 mil hectares) seriam trabalhados sistematicamente pelos agricultores. O que, aliás, não é nada desprezível.

Admitindo-se uma população média para o Egito Antigo da ordem de 2 milhões de pessoas, infere-se a ocorrência de um indicador próximo de cinco pessoas "atendidas" por hectare irrigado. Com relação a esse tema observem-se as informações contidas na *Enciclopédia Britânica.*

> **Vale do Nilo e delta.** Embora compreendendo apenas 3,5% do Egito, esta área contém a maior parte da população do país. Desde os primeiros tempos, as constantes inundações e a renovação automática da fertilidade tem contrastado com o deserto estéril. As 550 milhas de faixa estreita do rio, de Assuan para o Cairo (Egito Superior), exibem algumas das terras mais densamente povoadas de área agrícola no mundo. As cabanas de tijolos de barro cinzento das aldeias se amontoam em cada uma ou duas milhas, em torno de um mosaico de pequenas parcelas de terra bem cuidadas. As talhas de água e roda de água conduziam o precioso líquido para a terra dos vizinhos por meio de canais de irrigação. Embora ainda haja quase um milhão de acres sob o sistema antigo faraônico de irrigação da bacia, os restantes 5 milhões de acres de terra agrícola são trabalhados por irrigação permanente, que durante a época de baixa do Nilo faz uso da água armazenada em barragens do sul. A fertilidade natural do solo, deixando de ser enriquecido anualmente pela lama do Nilo, agora é mantida com fertilizantes artificiais, e alta produtividade de milho, açúcar e algodão é obtida nesses cultivos.[37]

Egito, nação sábia, sagaz e muito a frente do seu tempo. Trabalhou genialmente com ações de *benchmarking*, agregou valor, conviveu sempre com o grandioso, o monumental, interagiu com seus deuses, acolheu, em determinadas circunstâncias, propostas revolucionárias e, de forma flexível e ágil, operou com alianças e parcerias. Creta foi uma delas. Dela surgiria o mundo micênico e em seguida, prosseguiria a história do mundo grego, de Roma, do Ocidente.

Um dos dogmas da gestão moderna, é que só pode bem terceirizar àquele que muito bem conhece a ação que será "transferida". Assim, vale observar que o Egito apesar de não ser conhecido (e reconhecido) como uma nação de navegadores, possuía imensa sabedoria nesse domínio. Com base em resgates arqueológicos em tumbas e inscrições em pedra – desenhos e modelos reduzidos em madeira (miniaturas) – conclui-se que familiarizou-se com embarcações desde as desenvolvidas com feixes de papiro até as de madeira, complementadas com lemes, mastros, velas e remos.

Os grandes exploradores de todos os tempos assinala que "o mais antigo documento relativo a uma viagem no Mediterrâneo faz referência a 40 carregamentos de cedro, exportados de navios, do Líbano para o Egito cerca de 2600 a.C.". Assinala também a viagem ao país do Ponto (Somália) em 2500 a.C., no reinado da faraó Hatshepsut em missão comercial. A magnífica publicação de Enzo Angelucci e Attilio Cucori destaca com absoluta nitidez a enorme influência do Egito nas embarcações fenícias, minoicas e do mar Egeu, no decorrer de centenas de anos. Dessa forma, ao terceirizar ações para a Fenícia e Creta, o reino sabia exatamente o que estava "parceirizando". Questoes relativas à escolha de trabalho em madeira, projetos náuticos, estaleiros e manejo (lemes/mastros/velas/remos), capacidade de carga, velocidade, rotas, pontos etc. eram de pleno conhecimento do governo egípcio e suas equipes de trabalho. De forma superdiscreta o Egito também era uma poderosa nação náutica.

Ao mesmo tempo avaliava, é certo, com perfeição qual a margem de lucro verificada nas operações de compra e venda de escravos, metais, produtos de baixo valor unitário, gêneros alimentícios. Tanto Creta quanto a Fenícia reconheciam, de perto, que a qualquer deslize comercial ou equivalente a resposta do faraó, em mais tempo ou menos tempo, seria fulminante. Ele providenciaria a construção de uma frota (punitiva) de guerra (admitindo-se que o reino do Egito não dispusesse permanentemente de tal força naval)/aparelhamento da mesma em pouco tempo. E ela seria letal. Confirmando essa afirmativa ressalta-se que Ramsés III operacionalizou uma frota de guerra para combater os povos do mar no delta do Nilo. Arrasou os invasores, realizando milhares de prisioneiros. Tratava-se da primeira batalha naval da história da humanidade. Ramsés III só conseguiu realizar (e vencer) esse desafio porque a inteligência egípcia já estava preparada para tal, abrangendo também técnicas de comando, de comunicação e tática sincronizada, além de terrível capacidade de combate. É claro que contaria com ambientes e comandantes mercenários. *É exatamente por isso que Creta, Fenícia, gregos pré-micênicos e micênicos jamais desafiaram o reino das pirâmides. A resposta seria fulminante e devastadora.*

É exatamente dentro desse contexto que é crível admitir-se que o Egito mantinha uma flotilha de guerra (além da estacionada em Creta) a navegar permanentemente no Egeu e no Mediterrâneo (20 ou 30 navios) maravilhosamente construídos e equipados, velozes e sombriamente agressivos (velas negras, por exemplo) atuando como uma permanente força de dissuasão nos muitos planos comerciais da Antiguidade. A sugerida *frota negra* (a denominação é minha) tornou indiscutivelmente claro para toda a Antiguidade que o Egeu e o Mediterrâneo constituíam – de fato – apenas partes componentes de um "mar egípcio". E assim, Creta e Fenícia, com o sutil convencimento das "velas negras", jamais desafiariam o Egito. E, foi exatamente o que ocorreu! As "velas negras" quando acionadas devem ter se comportado com violência incomparável. E deve ter sido por essa atitude que os gregos, os troianos, os fenícios – e a própria Creta – sempre portaram-se extremamente "bem-comportados". Caso contrário o preço a pagar ao reino dos faraós deveria ser de altíssimas consequências e risco!

Mas o Egito era tão especial que, certamente, a sua retaliação seria ao mesmo tempo fulminante e discreta. Fosse ao mar ou em um ambiente palaciano, frotas e pessoas desapareceriam sem deixar vestígios. Apenas uma memória assustada e aterrorizada das consequências de um ato não inserido no manual das conveniências geoestatais do reino dos faraós.

Portanto, as nossas raízes estão plantadas, em determinado momento do túnel do tempo, em uma curva suave do rio Nilo, onde um camponês, após a sua fauna diária, sentado no alto de um barranco, acompanha no horizonte o voo de um bando de patos selvagens. Isso é apenas o destino. Mas também um alto funcionário do governo egípcio ou um grande sacerdote, contemplando uma volta do rio, do alto de um palácio, deveria se sentir muito orgulhoso de todo o arcabouço desenhado para sustentação de uma geopolítica sábia, inteligente e não agressiva. Isso é apenas o futuro. *Enfim, uma política de governo congruente com a* pax *comunitária da Grande Antiguidade.*

Por último, vale ainda comentar a profunda interação dessa cultura com os animais domésticos e selvagens – atração essa que se rebateria no modo de ser cretense, ao efetivarmos, por exemplo, uma "leitura" de seus belíssimos afrescos. Registre-se nesse sentido os comentários de Luciano, de Clemente de Alexandria e de Heródoto sobre o tema.

OS ANIMAIS SAGRADOS

Os templos egípcios eram grandes e belos, construídos de pedras nobres, ornados de ouro e de pinturas preciosas. Mas quando se perguntava a que deus eram consagrados, ficava-se sabendo que esse deus era um macaco, um íbis, um bode ou um gato...'

Assim se exprime, com uma ironia não dissimulada, o cantor do império moribundo, Luciano, nascido no ano de 120, depois de Jesus Cristo, em Samasata, sobre o Eufrates. Clemente de Alexandria, nascido 30 anos mais tarde, escreve de maneira mais irreverente ainda:

O santo dos santos dos templos egípcios é oculto por véus preciosos. Se nos aproximarmos para ver o deus, o sacerdote ergue os véus, com ar de recolhimento e um hino sagrado nos lábios. Então disparamos a rir, porque como divindade não vemos senão um gato, um crocodilo ou uma serpente.

A SURPRESA ROMANA

Clemente – convertido ao cristianismo e tornado *presbítero* – partilha como chefe duma comunidade dos primeiros cristãos, as ideias que tinha muito tempo antes, sobre o assunto, Otávio, herdeiro de César. O vencedor de Antônio e Cleópatra respondeu no Egito aos padres indígenas, que lhe propunham uma visita ao deus Ápis de Mênfis, "que estava acostumado a adorar os deuses, mas não os animais".

A Roma daquele tempo não compreendia mais o elo profundo e arcaico que unia o país dos faraós ao reino animal. A brutal ironia daquele que iria tornar-se Augusto, o pai da pátria, reflete bem o espírito racionalista de seu tempo. A despeito de todo o respeito que lhe inspiravam os cultos antigos, os costumes e as leis antigas, não podia mais imaginar as afinidades mágicas que presidem ao nascimento das primeiras religiões.

A ATITUDE GREGA

Os gregos deram prova de mais prudência. Decerto nada mais tampouco os ligava aos animais, que se haviam tornado para eles os simples servidores de suas guerras, de seus trabalhos, de seus prazeres – mais raramente de suas cerimônias religiosas. Era com o mesmo espanto dos viajantes romanos que vinham, a saber, no vale do Nilo que o povo mais sábio e mais religioso da história adorava o animal, sob os aspectos mais diversos, e emprestava mesmo aos deuses, rostos de animais. E os animais mais nobres e mais poderosos não eram os únicos objetos de semelhantes crenças: adorava-se o rato, o arganaz, o sapo, o escaravelho. Pequenos ataúdes de bronze eram destinados ao despojo mortal desses animais nos templos e nas casas. Certas espécies animais eram mesmo rigorosamente protegidas e a morte punia muitas vezes o imprudente estrangeiro que houvesse atingido um de seus representantes. Tudo isso parecia tão estranho aos viajantes e aos escritores gregos que eles se esforçavam – com boa vontade maior que os realistas romanos – por inventar explicações susceptíveis de se pôr em acordo essas crenças, profundamente implantadas, com a reputação de sabedoria que aureolava os habitantes do vale do Nilo. Numerosas são as tentativas desse gênero que chegaram até nós, e todas manifestam a incerteza dum racionalismo cético procurando justificar um fenômeno que o ultrapassa.

A VISÃO DE PLUTARCO DE QUERONEIA

Foi, sobretudo o honesto Plutarco de Queroneia que mais tempo se deteve nessas questões. Suas *Vidas dos homens ilustres da história grega e romana* foram sempre lidas e continuam a sê-lo por todos os públicos cultivados. João Paulo chamou-o o Shakespeare da biografia antiga, e procurar-se-ia em vão, penso eu, entre os grandes da história moderna aquele que não sofreu a influência das vidas prestigiosas que ele nos legou. Numa obra que data sem dúvida do ano 120 depois de Jesus Cristo – o historiador tinha então cerca de 80 anos –, abordou a lenda de Ísis e Osíris e com ela as diversas doutrinas religiosas do Egito e o sentido que convém dar-lhes. Não se pode exigir do moralista penetrante e culto que era ele uma relação fiel e objetiva das crenças puramente egípcias. Ser-lhe-ia preciso reportar-se a viajantes dos quais recolheu conscienciosamente os testemunhos, ignorando a língua egípcia e nunca tendo ido provavelmente ao Egito. Além disso, longe de tomar nota passivamente dos dados que recolhia, incorporava-os com a ingenuidade religiosa dos tempos antigos – em identificar os deuses e os dogmas do Egito com os da Grécia. Cada vez que a teologia egípcia apresentava uma lacuna ou uma obscuridade, fazia apelo a seu fundo de cultura helênica. É assim que seus escritos nos dão menos as ideias religiosas do antigo Egito que as ideias dos gregos do II século depois de Jesus Cristo, sobre a civilização faraônica.

As razões da veneração

É, por exemplo, notável que explique o culto dos animais pela utilidade humana que estes últimos apresentavam. As baixas épocas inclinam-se voluntariamente ao positivismo, e o idealismo grego, aparentemente inesgotável, dava sinais de fadiga. O boi, o carneiro, o icnêumon – pensava Plutarco – eram venerados em razão de seu valor utilitário. O íbis passava por sagrado porque ensinara aos homens o uso do clister. Outros animais eram, segundo ele, objeto dum culto porque acreditava distinguir neles um reflexo do poder divino, como se distingue em cada gota de chuva uma pequena imagem do sol. É assim que se venerava o crocodilo "porque não tem ele língua" e que é próprio da divindade fazer ouvir sua voz sem usar dum órgão carnal para esse efeito. Prestava-se culto à doninha porque – como todos sabem – esse animal concebe pela orelha e pare pela boca, processo que simboliza a origem da linguagem; a serpente porque não envelhece e é semelhante às estrelas, no fato de deslocar-se sem usar membros, por simples deslizamento de todo o seu corpo.

O animal e o espírito do mal

Não menos fantasista, essa outra teoria, consignada igualmente por Plutarco, segundo a qual cada animal seria uma encarnação do espírito do mal, Tifão, que conviria por isso abrandar por meio de ritos lisonjeadores. Essa hipótese, que deriva o culto dos animais do temor admirativo que inspiram ainda em nossos dias ao esquimó, ao aíno ou ao negro da África Central, é aplicável à religião egípcia, ainda muito próxima, em suma, do nível de civilização mais primitivo?

Estandartes e vitórias

Diodoro da Sicília, que percorreu o Egito em 57 antes de Jesus Cristo, sugere uma explicação do culto dos animais extremamente próxima das ideias modernas sobre a questão. Segundo ele, um rei da época arcaica – ou mesmo o próprio deus Osíris – teria distribuído estandartes a seus diferentes corpos de exército, para servir-lhe de sinal de reajuntamento e evitar desordens no correr dos combates. Esses estandartes traziam a imagem de outros animais. Graças a esta precaução, os egípcios lograram vitórias sobre vitórias e ficaram desde então convencidos de dever sua salvação aos animais. A gratidão levou-os a prestar-lhes um culto que se perpetuou durante milênios.

Potências divinas protetoras

Ora, nós sabemos que desde as primeiras dinastias, a imagem de certos animais – o chacal, por exemplo, ou o falcão – era arvorada em totem, servindo de sinal de reajustamento para as tribos. A tribo do falcão do deus-rei Horus de *Nekkeb-Nekken* (a cidade sagrada do falcão, em grego *Hierakonpolis*) levou a cabo, à viva força, cerca de 2900 anos antes de Jesus Cristo, a fusão do Alto e do Baixo Egito, até então hostis um ao outro – criando assim a base dos impérios ulteriores. Nas paletas de arrebiques encontradas nos templos dessa época remota, veem-se portadores de estandartes com figuras de animais – os chefes das tribos provavelmente – desfilar diante do soberano coroado. Mas não foi em consequência de um mal-entendido que a posteridade adotou esses símbolos animais para deles fazer objeto dum culto religioso. Porque esses símbolos, que serviam de sinais de reagrupamento em tempo de guerra, deviam muito naturalmente ser considerados pelos indígenas – em tempo de paz, e também em tempo de guerra – como potências divinas protetoras. É o animal-deus que explica o estandarte militar, e não o universo.

A visão de Heródoto

Heródoto, historiador-viajante e explorador dos tempos clássicos, tão curioso quanto avaro de explicações, quando entravam em questão as crenças religiosas, percorreu o Egito em 450 antes de Jesus Cristo e deu testemunho, à sua maneira, do culto prestado naquele país a certos animais. Sabe ainda que a divindade pode escolher para sede o corpo de um animal. Nenhuma consideração utilitária impede-o de conceber ou de pressentir a unidade profunda de todas as manifestações da vida. Familiarizando ainda com um universo espiritual harmonioso, não hesitava em ligar certos símbolos animais ao Olimpo e outros às potências infernais. O poder furioso do rio, engrossado por chuvas torrenciais, encarnava-se no corpo maciço dum touro encolerizado, balançando seu pesado pescoço e escavando a terra com suas patas. Os mistérios do mundo subterrâneo envolvem o corpo liso e gelado da serpente. Um reflexo divino brinca na plumagem dos pássaros. O povo laborioso dos insetos executa também ele, com um ardor destruidor, as sombrias tarefas dos demônios inferiores. O mel da abelha é querido pelos deuses, como da mesma maneira as devastações dos gafanhotos. Seria preciso lembrar que as crenças primitivas gregas viam no animal o confidente ou o receptáculo dos projetos dos deuses? A inspeção das entranhas dos animais sacrificados revela o futuro, tanto o mais próximo, como o mais distante. Homero atribuiu a Hera um "olho de novilha", a Atena um "olho de coruja". A pomba de escura plumagem que todos os anos precedia as migrações africanas e era a primeira a descer e sobre o santuário de Érix, na Sicília, era venerada como a deusa Afridite, deusa do amor, e Pã, o caprípede, enchia de medo as noites dos pastores da Arcádia. Assim o pai da história mostra-nos menos cuidadoso de explicar o culto dos animais no Egito que de recolher todas as informações a ele concernentes para compará-las com fatos análogos verificados alhures. Nada mais instrutivo que passar-lhe a palavra, mesmo quando os usos e costumes que relata só pertençam à Baixa Época, duma antiga civilização, gasta e esvaziada de toda substância.

O RELATO DE HERÓDOTO

Escutemo-lo:

Os egípcios seguem cultos muito rigorosos, entre os quais este:

Se bem que tenha fronteira comum com a Líbia, não é rico de animais o Egito. Mas os animais que se veem no Egito são todos sagrados – quer ao trato de animais selvagens, quer ao de animais domésticos. Quanto, a saber, por que lhes rendem culto... se empreendesse dizer por que, minha narrativa se aventuraria por coisas divinas, que não tenho tenção alguma de abordar, senão – quando isso me aconteceu – constrangido e forçado.

O uso é o seguinte: cada animal tem seus fiéis – homens e mulheres egípcias – e é um encargo que se transmite de pai a filho. E as pessoas das cidades lhes oferecem sacrifícios da maneira seguinte: adoram o deus ao qual o animal é consagrado, depois cortam os cabelos das crianças – todos os cabelos, ou por vezes a metade somente, ou a terça parte – em seguida pesam os cabelos e dão aos servidores do animal em questão o mesmo peso em finheiro. Com este dinheiro compram os servidores peixes, que preparam e com eles nutrem o animal venerado.

Quem quer que mate voluntariamente um desses animais é condenado à pena de morte; se o animal é morto involuntariamente o responsável deve pagar a multa fixada pelos padres. Mas quem quer que mate um íbis ou um falcão – voluntariamente ou não – esse é condenado à morte sem remissão.

Ainda que haja no Egito numerosos animais domésticos, haveria bem mais se os gatos não tivessem os costumes que vou dizer. Desde que a fêmea pare, não cuida mais dos machos; estes que ainda estão em cio não sabem mais como satisfazer-se. Então apelam para o expediente seguinte: arrebatam secretamente os filhotes das fêmeas e os estrangulam. Todavia não os devoram. As fêmeas, provadas das crias, desejariam partir de novo e, em consequência, procuram novamente os machos. Porque esses animais amam os filhotes! E quando rebenta um incêndio, o que se passa com os gatos é totalmente surpreendente. Os egípcios cercam os gatos de que gostam e os vigiam, sem cuidar do incêndio que lavra. Mas os gatos se insinuam entre as pes-

soas ou pulam por cima de suas cabeças e precipitam-se no fogo. E quando tal ocorre, ficam os egípcios grandemente enlutados. E quando numa casa um gato morre de morte natural, todos os moradores da casa raspam os supercílios. Se morre um cão, raspam a cabeça e todo o corpo. Os cadáveres dos gatos são transportados para lugares sagrados e ali embalsamados; depois enterram-nos em Bubastis. Quanto aos cães, são enterrados em ataúdes sagrados e enterrados em sua cidade. Os icnêumones são enterrados como os cães; os arganazes e os falcões são enterrados em Buto, os íbis em Hermópolis. Os ursos, que são muito raros, e os lobos, não maiores que raposas, são enterrados no lugar onde foram encontrados... Alguns egípcios veneram os crocodilos, outros, pelo contrário, dão-lhes caça como animais maléficos.

Os habitantes de Tebas e o das margens do lago Meris consideram-nos como animais sagrados. E nessas duas povoações um dos crocodilos é preso e se deixa nutrir. As pessoas põem-lhe nas orelhas joias de ouro e cristal e braceletes nas patas dianteiras. Oferecem-lhe manjares sagrados prescritos pela lei ritual e entretêm-no magnificamente durante toda a sua vida. Se ele vem a morrer, embalsamam-no e colocam num ataúde sagrado...

Há igualmente no rio lontras que os indígenas veneram. Entre os peixes, a enguia e o que eles chamam o peixe de escamas são também sagrados; entre as aves, o pato selvagem.

Fênix

Há outra ave sagrada que eles chamam de fênix. Nunca a vi, a não ser em pintura, porque aparece muito raramente, todos os 500 anos, dizem as pessoas de Heliópolis, e também quando seu pai acaba de morrer, afirmam elas. Essa ave teria os costumes extraordinários que vou relatar, embora tenha dificuldade em acreditá-lo. Chegaria a toda a velocidade da Arábia e levaria seu pai, envolto em mirra, ao santuário do deus-solar, onde o enterraria. Em primeiro lugar, confeccionaria um ovo de mirra, tão grande quanto possível, mas de tal maneira que pudesse contudo transportá-lo; experimentaria depois ver se conseguiria transportá-lo e, se a experiência fosse satisfatória, esvaziaria o ovo e nele meteria seu pai. Depois fecharia o ovo com mirra. Estando o pai no ovo, este último tornar-se-ia tão pesado quanto antes. Por fim, fechado o ovo com mirra, a ave o transportaria ao Egito, para o santuário do deus-solar. Assim faria a ave Fênix.

Serpentes sagradas

Na região de Tebas, há serpentes sagradas que não fazem mal aos homens. São pequenas e têm dois chifres que lhes despontam na cabeça. Quando morrem as serpentes sagradas, enterram-nas no santuário de Zeus-Ammon, ao qual seriam consagrados, segundo dizem eles.

Os íbis

Há também uma província na Arábia, perto da cidade de Buti, que percorri para recolher testemunhos sobre as serpentes voadoras. Encontrei ali ossos e vértebras de serpentes mais numerosos do que poderia dizê-lo. Contam que na primavera chegariam a toda a velocidade serpentes da Arábia para o Egito. Mas os íbis voam a seu encontro na fronteira desse país e não as deixam passar, mas as matam com seu bico. Por isso é que – dizem os árabes – o íbis goza de tão grande estima entre os egípcios e os egípcios dizem também que por esse motivo é que veneram essa ave...

O boi Ápis

O depoimento de Heródoto, referente à criação de crocodilos apanhados nas margens do lago Méris – que ocupa a depressão dos oásis de Faium, no Médio Egito – é confirmada por Estrabão de Amasia, que percorreu o Egito um pouco mais de 400 anos depois – no ano 25 antes de Jesus Cristo – e descreveu o vale do Nilo, no livro XVII, de sua menumental *Geografia*. Assistiu aos folguedos do boi Ápis de Mênfis, solto no pátio de seu templo e visitou o deus crocodiliano na região de Faium. Pensa-se, lendo-o, na visita a um parque moderno.

O crocodilo Sucos

Perto da cidade de Crocodilópolis, um crocodilo, apanhado pelos sacerdotes, vive num lago. Chama-se Sucos e é alimentado a pão, carne e vinho pelos estrangeiros que vem vê-lo costumam trazer consigo. Nosso hospedeiro – que se contava entre os notáveis do país e que foi conosco ver o crocodilo – levava, da refeição do meio-dia, um bolinho, carne torrada e uma bilha de hidromel. Encontramos o animal deitado na margem. Os sacerdotes aproximaram-se dele, uns lhe escancararam a goela, enquanto os outros metiam o bolo, depois a carne e derramavam a bilha de hidromel. Depois disso o crocodilo precipitou-se na água e nadou até a margem oposta. Durante esse tempo havia chegado outro visitante, igualmente portador de víveres, deram a volta do lago e alimentaram o crocodilo da mesma maneira.

Gostar-se-ia de saber se os sacerdotes voltaram dessa vez de mãos vazias. Seja como for, a cena descrita se assemelha mais aos exercícios de domesticação a que se entregam guardas de zoo para distrair os visitantes do que o cumprimento de ritos religiosos. A mística ingênua, que cercara outrora o repasto do animal sagrado, perdera-se desde muito tempo.[64]

CRETA: O ENCAPSULAMENTO DA BELEZA E O SOMBREAMENTO ESTRATÉGICO

Creta é um dos maiores mistérios a desafiar os estudiosos do seu passado. Muito de sua presença na Antiguidade já nos foi explicitada a partir dos trabalhos de Evans no século XIX. A forma como ela nos é apresentada é provocadora e visceralmente vinculada a uma beleza notavelmente impactante. Entretanto, a não decifração da linear (A) transforma-se num "complicador" de notáveis proporções. Muito do que se conhece de Creta resulta de raciocínios lógicos (supervelozes) embasados em trabalhos realizados por arqueólogos e estudiosos do passado minoico.

A consequência prática é que Creta não participa mesmo da corrente formal/ ortodoxa de elos estratégicos (*linkage*) considerada tradicionalmente nos estudos históricos relativos à formação do mundo ocidental pelo menos com a mesma força que Grécia e Roma. Por definição, elo é elo; e não existirá, a rigor, um elo mais importante que outro. *Daí o ditado popular: "não existe corrente mais forte do que o seu elo mais fraco". Mas, se pudéssemos investir contra esse dogma de equipotência, em minha opinião,* Creta foi o mais importante de todos os "anéis" construtores do nosso mundo! Apesar de cínico, um projeto soberbo! Aliás, julgo que essa é uma das contribuições mais relevantes contidas neste livro, realizado em uma leitura estratégica, acompanhada de vivência e experiência comunitária, apesar de defrontar-se com um quadro em análise decorridos milhares de anos. Voltando ao velho Peter Drucker, no túnel do tempo, tudo é apenas presente.

Esse sombreamento de Creta ainda é, infelizmente, de proporções gigantescas. Vejamos: uma das obras mais importantes no universo da *linkage* histórica é de Bernard Grun. Na análise do espaço temporal dos 2000 a.C. aos 1500 a.C. Creta apresenta uma participação muito discreta ao correr desse trabalho. Aliás, superdiscreta. Pouco se acrescenta relativamente a Creta nas dezenas de milhares de observações efetuadas nessa pesquisa emblemática, mantendo-se o total sombreamento relativo ao mundo minoico em toda a extensão da obra. Mas, apesar dessa atitude, assinale-se no trabalho de Grun um informe (seco, despojado de detalhes) de notável conteúdo estratégico, quando destaca o controle do Egito sobre Creta e as ilhas do Egeu. Essa afirmação (com tanta força) é de imensa densidade geopolítica, não se verificando afirmações análogas em quase todos os outros trabalhos sobre a Antiguidade, à luz da literatura técnica por nós identificada, consultada, observada e trabalhada.

continua...

continuação...

QUADRO 2 • A EVOLUÇÃO HISTÓRICA DA ANTIGUIDADE

	HISTÓRIA, POLÍTICA	LITERATURA, TEATRO	RELIGIÃO, FILOSOFIA, CONHECIMENTO
2000 a 1501 a.C.	Os hititas, tribos indo-europeias da Ásia Menor, reúnem-se em um único reino Egípcios, no controle de Creta e ilhas do mar Egeu Os gregos começam a se movimentar a partir das margens do mar Cáspio para o Mediterrâneo Oriental (2000 a 1000 a.C.) O povo jomon se estabelece no Japão Sesóstris I do Egito estende influência à Núbia O ataque hitita e pilhagem da Babilônia Sesóstris III (1887-1849 a.C.) invade Canaã Hamurabi, rei da Babilônia, unifica o reino (século XVIII a.C.) Dinastia Shang na China (1760 a 550 a.C.) A turbulência social no Egito Ataques hititas na Síria Assentamentos teutônicos no sul da Noruega Os hicsos "empurram" os egípcios para o sul e formam um reino no delta do Nilo (17 a.C.) Fim do Império do Meio Declínio do Império Babilônico sob Samsuiluna filho de Hamurabi Libertação do Egito dos hicsos pelo faraó Amosis I marcando o início do Novo Reino (1575 a 1200 a.C.)	Egípcios usam o alfabeto de 24 sinais	Marduk torna-se deus da Babilônia Stonehenge, na Inglaterra, é o centro de culto religioso

2000 a 1501 a.C.	Cecrops, segundo a tradição, primeiro rei da Ática na Grécia 18a dinastia do Egito traz o país ao ápice de poder e conquistas do reino Amenhotep I (1555 a 1530 a.C.) Tutmés I (1530 a 1515 a.C.) Rainha Hatshepsut, a esposa de Tutmés II, reina até a maioridade de Tutmósis III (1480 a.C.)	A História de Sinuhe, forma mais antiga de u m romance, escrito no Egito Início do alfabeto semítico Primeiras inscrições cuneiformes hititas Primeiro de sete períodos da literatura chinesa (600 a.C.)	Hamurabi, rei da Babilônia, estrutura leis do reino e providencia os primeiros sistemas jurídicos O "Livro dos Mortos", coleção de documentos religiosos da 18a dinastia do Egito Tutmés I do Egito constrói o primeiro túmulo no Vale dos Reis.

	ARTES VISUAIS	MÚSICA	CIÊNCIA, TECNOLOGIA, CRESCIMENTO	VIDA DIÁRIA
2000 a 1501 a.C.	Período minoico intermediário em Creta Idade do Bronze na Grã-Bretanha Cultura Huang Ho na China O mais antigo palácio em Micenas Construção de túmulos reais "elaborados" na Europa Primeiro palácio de Minos e Cnossos, construído em Creta Grande labirinto do Egito construído por Amenemhat III	Registro da utilização de trombetas na Dinamarca Danças religiosas em Creta	Babilônia utiliza geometria altamente desenvolvida como base para as medições astronômicas; conhecimento de signos do zodíaco	Babilônia tornase capital do império, devido à mudança no curso do rio Eufrates

—	Abertura do início da construção de Stonehenge, perto de Salisbury, Wiltshire, Inglaterra Idade do Bronze na Europa Ocidental Período minoico tardio de Creta (de 1400 a.C.)	Instrumentos de percussão agregados à música orquestral egípcia	Egípcios usam a corda atada a triângulo com a utilização de números de "Pitágoras" para construir ângulos retos Palácio de Minos tem luz e sistemas de ventilação, banheiros com abastecimento de água Sistema de irrigação no Egito utiliza correntes do rio Nilo Código de Hamurabi inclui orientações para a prática médica (incluindo cirurgia do olho) e taxas admissíveis de cobrança Sistema decimal em Creta Barragem na Índia construída de mármore polido O papiro de Edwin Smith descreve as práticas médicas e cirúrgicas Mercúrio usado no Egito Quatro elementos básicos conhecidos na Índia: terra, ar, fogo e água	As rotas de comércio propagam-se do leste do Mediterrâneo pela Europa Utilização de contraceptivos no Egito Os cavalos são usados para tracionar os veículos Código de Hamurabi define leis penais e procedimentos relativos à herança

Fonte: Adaptado de Grun (1991).

Da mesma forma, Georges Duby, na sua investigação monumental sobre a história do homem, não confere também qualquer relevância especial a Creta. Em seu conjunto de 280 páginas expositivas com cerca de 10 mil linhas, observam-se apenas duas pequeninas citações, além, é claro, das marcações de Creta como presença geográfica nas suas cartas expositivas.

O fato é que Creta, de modo absoluto inclusivamente por pesquisadores de indiscutível densidade e competência, não é compreendida como um *player* na Antiguidade de extraordinária importância estratégica. *Ela não produziu batalhas, devastações e, nem ao menos, lideranças carismáticas visíveis.* Os registros escritos (linear B) referem-se a apontamentos contábeis/controle, os quais, apesar de extraordinária representatividade arqueológica/cultural, não nos informam sobre códigos e ações político-institucionais. Por outro lado, por *jalousie* ou um efetivo complexo de inferioridade, os gregos não privilegiaram Creta nos seus relatos orais transmitidos geração a geração. O Egito, com certeza, sempre a considerou como uma projeção de seu governo, importante é claro, *mas não mais importante que outras instituições também muito importantes presentes no sistema complexo de gestão do reino.* A ausência de necrópoles e túmulos repletos de elementos de informação conspirou negativamente para se aprofundar o conhecimento sobre Creta. Os mortos minoicos não nos falam nada. Os fenícios e os hititas, coincidentemente, não se fixaram também nessa ilha enigma. Nem os gregos micênicos, pelo menos de forma substantiva. Enfim, um silêncio abissal, misterioso e provocador. Este livro busca efetivamente dialogar com esse silêncio. Duby comenta a presença cultural e temporal de Creta: "Desde o terceiro milênio, Creta conhece uma civilização autóctone brilhante (palácio de Cnossos); no segundo milênio, invasores indo-europeus criam no continente os reinos aqueus de Micenas, Tirinto e Pilos, depois ocupam Creta, não sem terem assimilado sua cultura".

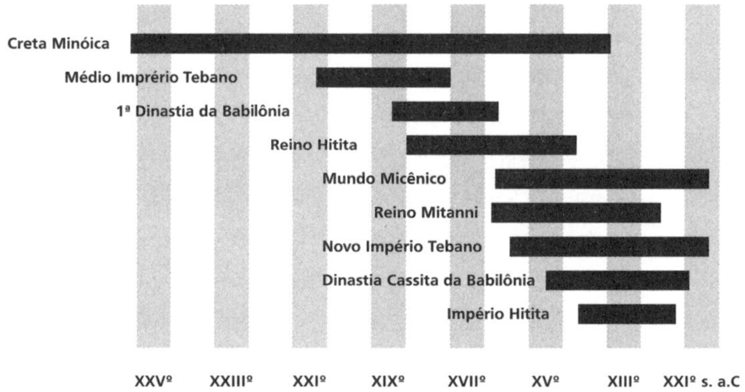

Figura 16. Os povos, os reinos e os tempos

É decepcionante constatarmos esses "despojamentos" relativos a Creta no universo da *linkage* histórica. Desde moleque, percorrendo Monteiro Lobato e suas referências ao *Labirinto* e ao *Minotauro*, detenho imensa curiosidade com relação a Creta. Quase seis décadas após, combinando vivência, experiência, estudo e leitura, pude realizar uma aproximação diferenciada a essa ilha misteriosa. A mais misteriosa de todas. Após todo um trabalho empreendido, e sem falsa modéstia, penso tratar-se do primeiro grande esforço para tornar claro que *todos nós somos netos do Egito e filhos de Creta. Aliás, muitos pesquisadores apresentam Creta como fundamental ao Ocidente, mas não uma interação forte com o reino do Egito que a meu ver é absolutamente inequívoca, indiscutível!*

Os gregos – sensíveis, ladinos, oportunistas, espertos, determinados, corajosos, ocasionalmente falsos, amantes do belo, do ócio, do risco, do encadeamento do pensar (a filosofia) e também de "jogar conversa fora" – foram enormemente influenciados por Creta. De piratas da pior espécie transformaram-se em "corsários superdisciplinados", no modo de agir e de viver, operando de acordo com a (enérgica) cartilha minoica. *Upgrade*, de fato! Aliás, o Ocidente descende em linha reta dos gregos micênicos. Netos do Egito e filhos de Creta. Orgulhemo-nos disso! A história, ao lado de batalhas e de grandes figuras humanas, evolui mesmo através de forças geopolíticas. *E o que é geopolítica? Nada mais do que a estratégia em nível de nações e reunião de nações.* O Egito e Creta, muito além de batalhas, palácios, múmias e pirâmides, nos brindam com apenas 4 mil anos de geopolítica extremamente bem conduzida, com respeito ao homem e o amor à sua própria nação!

O Egito antigo, em termos de longevidade, nos seus quatro milênios de vida representa a mais destacada potência presente na história do mundo. Ao lado de uma cultura riquíssima, desenvolveu um conjunto de ações estratégicas, econômicas, sociais e infraestruturais com extraordinária competência. E discrição. Atuou sempre de forma preventiva, utilizando instrumentos de gestão avançadíssimos, buscando harmonia e desenvolvimento sustentado. Dentro desse contexto situa-se a pequenina Creta, indiscutivelmente uma genial (e sofisticada) projeção (do mando) do reino dos faraós.

O reino do Egito buscou sempre a eliminação de todos os riscos possíveis, desde a agricultura até a convivência complexa com outros povos. Mais do que qualquer país, até mesmo o sofisticado Império Hitita, perseguiu (e prosseguiu) o equilíbrio estratégico em todas as frentes de ação. Ao nos aprofundarmos no processo de gestão do reino, percebemos que todo o corpo central de governo, altamente especializado e profissional, realizava um cerco implacável a toda e qualquer possibilidade de desestabilização no país, fosse ela de caráter endógeno ou exógeno. Creta e Troia, e também Micenas (e com certeza outras ilhas do mar Egeu) tomaram parte ativa na construção dessa modelagem egípcia: imensa aversão ao risco. *A opção do Egito pelo "secretismo", com sua escrita de leitura muito complexa, e a sua "discrição" na condição de seus próprios negócios dificultam sobremodo a compreensão do processo todo. Quando, com a instrumentação estratégica, identifica-se todo um compromisso com ações preventivas, torna-se possível (apesar de complexo) compreender o papel desempenhado por todos os* players *envolvidos nesse desafio.*

Enfim, uma orquestra geopolítica maravilhosamente bem orquestrada. Se avançarmos na reflexão sobre o mando no reino do Egito constatar-se-á que os reais mandatários seriam, de fato, os sacerdotes cabendo a eles atuar como um virtual conselho de Estado em nível nacional e provincial, além de se preocuparem com uma educação primorosa dos príncipes e princesas da casa real. O faraó (homem ou mulher – essa muito raramente) seria escolhido, creio eu, dentro dos mais preparados príncipes (e eventualmente princesas) com raciocínio muito rápido, sentido de grandeza e autoridade além de um especial gosto pelo trabalho, pela ação e pela imensa dedicação ao povo e disposto a participar de todas as grandes cerimônias religiosas e assemelháveis na agenda de grandes eventos a cada ano. Competência, dedicação, amor à função e apetite pelo trabalho de forma incansável e perseguindo objetivos de forma sistemática.

É bem provável que – se não certo – o Egito materializou uma das maiores realizações sócio-econômicas (e também duradoura), edificada pelo homem ao correr da história. No capítulo das grandes potências, seja pela sua durabilidade, seja pela sua sofisticada arte de viver, ser e construir – poucos se emparelham a sua "discreta" dominância no desenvolvimento (surpreendente) da grande Antiguidade.

CAPÍTULO 14

OPERAÇÃO CRETA

No XV século a.C., acabou-se o comércio marítimo do golfo Pérsico, sufocado pelo assoreamento do delta mesopotâmico. A datar de então, foi por via terrestre que os produtos da Índia chegaram à Babilônia. Em compensação, a navegação progrediu no Mediterrâneo. A atividade econômica que se desenvolvia na costa da Ásia Menor despertava cada vez mais essa parte do continente. Ela favoreceu, no reino feudal hitita (planalto da Capadócia), uma centralização real acompanhada, como anteriormente no Egito e na Mesopotâmia, pela supressão dos privilégios de classes e pela emancipação social do indivíduo.

Diante do continente asiático, o Mediterrâneo assumia uma importância cada vez maior. Era a época da grande prosperidade de Creta, que conheceu, sob a dinastia do Minos, uma civilização requisitada, profundamente influenciada pelo Egito, mas que, não obstante, conservava a sua originalidade.

Tendo-se tornado, sob a influência cretense, um povo essencialmente marítimo, os aqueus começavam a tentar penetrar no mar Negro, cujo acesso Troia pretendia vedar-lhes. A ilha de Chipre se tornava uma potência naval e econômica, graças às suas minas de cobre e à resina dos seus pinheiros. A navegação cretense penetrava no Adriático e no Danúbio, abrindo ao comércio egeu o acesso à Europa central.

Mas o polo de atração do comércio marítimo era o Egito. Os reis da 18ª dinastia construíam, no local onde hoje se ergue Alexandria, o grande porto de Faros, reservado aos cretenses. Cavara-se um canal que punha em comunicação os portos do delta com o mar Vermelho. Em todo o território, comerciantes estrangeiros tinham liberdade para instalar-se e comerciar, protegidos pelo direito internacional privado, que, sob a aparência de tratados de comércio, lhes garantia a salvaguarda das pessoas e dos bens. Eles podiam casar legalmente com mulheres egípcias, e o governo chegou a providenciar a repatriação dos bens de cipriotas falecidos no Egito.

O comércio internacional proporcionava ao Egito grandes quantidades de metais preciosos. O seu balanço comercial era favorável. Para conservá-lo assim, o Egito praticava uma política mercantil. O liberalismo sobre o qual repousava a sua economia impelia-o a manter a paz e a prosperidade no mundo. A renda aduaneira e a dos impostos davam-lhe os meios de fazê-lo. Por uma política de empréstimos internacionais, mais do que pela guerra, assegurava ele a sua preponderância sobre os países vizinhos."

(Pirenne, 1973:27-28)

O Egito ao analisar os seus potenciais agressores externos identificaria pelo menos cinco grandes vetores preocupantes.

- O primeiro seria representado pelos povos da Mesopotâmia. Com certeza, considerando-se os agressores possíveis, esse foi sempre o que de fato menos preocupou o Egito. Tal circunstância se deveu ao fato (cristalino) de que os povos mesopotâmicos ajustavam-se (apertavam-se) de modo complexo (disputado) no espaço delimitado pelos rios Tigre e Eufrates e suas áreas de influência direta. Um universo/oásis de acomodações complexas. Em outras palavras, era como se a Mesopotâmia fosse um grande tapete quadriculado, onde os pequenos "quadrados" ou "retângulos" estivessem todos ocupados por nações, povos, tribos etc., objetivando cada uma manter configurações autossustentadas no plano econômico, social, político e militar. Não havia nada a descoberto (a ocupação era total) e não era trivial manter as posições conquistadas. Todos desejavam ocupar uma ou mais áreas limítrofes. Entretanto, a gula geopolítica era de notáveis proporções. Ao longo de suas próprias histórias, muito esforço foi aplicado na formação, preservação e consolidação dessas soberanias mesopotâmicas – bem servidas por água, porém sempre amedrontadas – provocando o derramamento de sangue. A calmaria hídrica cobraria sempre um preço muito alto a todos que dela dependessem.

Dentro desse contexto, se uma nação ou uma determinada coligação de forças, inseridas no espaço geopolítico da Mesopotâmia se deslocasse eventualmente contra o Egito, correria o risco, o que é certo, de constatar que o seu bloco original de permanência seria (com alta probabilidade), no ato mesmo, invadido/ocupado por outras forças mesopotâmicas (ou situadas na área direta de influência ou até relativamente afastadas) no sentido de se assenhorearem da região "esvaziada" (pelo menos parcialmente) de seus contingentes militares protetores. Portanto, o Egito identificava, com imensa clareza, que os mesopotâmicos enfrentariam um desafio duplo na organização de uma eventual incursão contra o seu país. A campanha de guerra propriamente dita constituiria um primeiro desafio e a defesa do seu território original (situado em um determinado espaço entre o Tigre e o Eufrates), o segundo. O teorema era muito simples: *"espaço geopolítico esvaziado/desfavorecido/enfraquecido militarmente", era um prato estrategicamente muito provocador e imediatamente apetitoso para vários "vizinhos", imediatamente interessados na sua imediata ocupação ou devastação/desestabilização/saque. Um indiscutível e tentador desafio. Espaço esvaziado, espaço atacado!*

Essa análise poderá sofrer ainda inúmeros outros desdobramentos considerando-se que a elite política militar da nação agressora (o que é muito razoável imaginar-se) seria toda deslocada para essa campanha do Egito, permanecendo patente para todos os observadores internos e externos que a proteção do ambiente ("esvaziado" militarmente naquela determinada área) estaria a cargo de grupamentos de pessoas não "de ponta" (portanto, desguarnecidos de "comando"). Isso traduzia-se em um "convite gordo" e atraente para que nações fronteiriças, tribos e cavaleiros nômades (sempre superagressivos e rápidos) investissem em "cunha" ou em "pinça" com velocidades fulminantes para a realização de devastadoras operações de assédios e saque (tesouros, joias, gado, escravos etc.) uma vez que o local estaria, em princípio, razoavelmente desprotegido. *O dogma e o axioma geopolítico dos povos mesopotâmicos era agredir sempre que houvesse uma real possibilidade de ganho, momentâneo ou permanente.* O contingente oportunista/agressor, uma vez encerrada a operação saque/devastação/pilhagem poderia se retirar de modo quase imediato apoderando-se de bens de alto valor e prisioneiros muito bem "selecionados" (futuros escravos). Enfim, tudo que pudesse ser transportado por camelos, cavalos e burros a uma velocidade média de 25 km a 30 km por dia, ou até 40 km/dia. Suponho! Em dez dias os agressores teriam percorrido cerca de 300 km a 400 km, momento em que realizariam provavelmente a dispersão da coluna atacante em vários grupos, buscando nas montanhas e no deserto, esconderijos tranquilos ou até mesmo uma polis para comercialização imediata de seu botim. Refúgios estratégicos. De certo modo esses grupos operavam como *"piratas de terra". A impressão que permanece é que o grande interlocutor desses "piratas de terra" nada mais era do que o próprio Império Hitita.* Assim à realização de uma notável operação Egito para qualquer que fosse o povo mesopotâmico, corresponderia um somatório de problemas não trivial.

Considere-se, numa simulação, por exemplo, o espaço (5) do esquema apresentado a seguir, como sendo aquele (com seu exército) que realizaria o ataque ao Egito. Ao concretizar a ação, as suas próprias defesas ficarão menos densas, e será então pressionado por toda sua envoltória, *mesmo que existam tratados diplomáticos em vigor.* A cobiça era imensa na Mesopotâmia. As providências pró-agressão à região exposta serão, de fato, supersignificativas sempre. Haveria sempre um pretexto para iniciar uma guerra. Uma devastação! Um saque! Uma pilhagem!

Portanto, a lógica do Egito era fria, sábia, cuidadosa e cautelosa. Assim, pelo menos em nível de raciocínio estratégico, a Mesopotâmia estava autoneutralizada. Restaria ainda a equacionar os núbios, os líbios, os hititas e os gregos ásperos. Os núbios, na cabeceira do rio Nilo, representariam sempre uma ameaça terrível, pois poderiam avançar continuamente contra as terras egípcias sem ter necessariamente que atravessar grandes desertos (evoluindo e fluindo ao correr das margens do grande rio ou, pelo mesmo, com embarcações). A Líbia (com seus combatentes violentíssimos) por seu lado constituía uma ameaça permanente para o delta e regiões do baixo Nilo. Se o desejassem seriam capazes de realizar uma constelação de "golpes de mão" na região do delta ou próximo dele. O Egito iria contornar ambos os problemas de modo supersofisticado e inteligente, *contratando permanentemente mercenários núbios e líbios para o seu exército e remunerando-os, com certeza, a peso de ouro.* Todos eles contando com comandantes diretos de suas próprias etnias, esses subordinados às lideranças superiores do reino do Egito. Com certeza, por meio dos seus informantes, os faraós e seus delegados buscavam deslocar para os seus próprios exércitos *os profissionais mais competentes (e ambiciosos) daqueles países.*

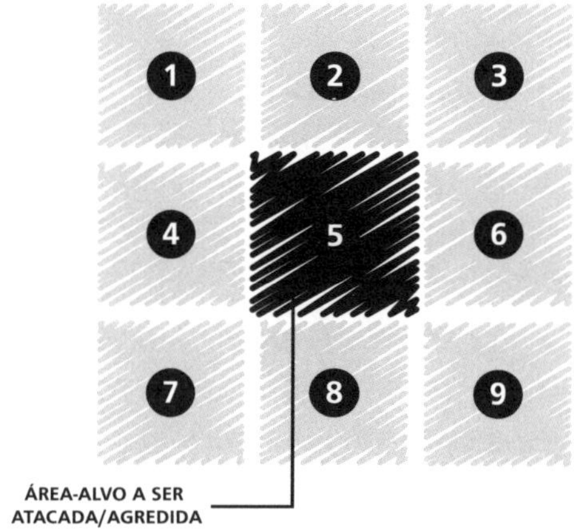

Figura 17. Espaços mesopotâmicos. Fragilização da quadrícula (5) qualquer que seja o motivo.

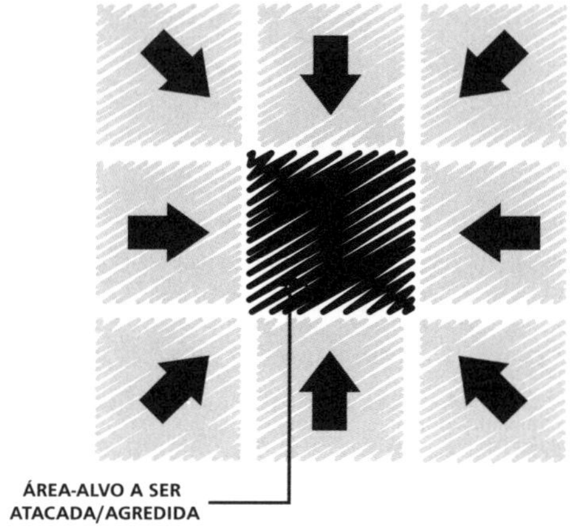

Figura 18. Espaço pressionado. Ataque à quadrícula fragilizada, em sequência.

Na Antiguidade, ser mercenário não era crime, apenas uma profissionalização absolutamente normal e razoavelmente frequente. Quando Alexandre da Macedônia combateu os persas, muitos gregos participavam das suas forças inimigas. Nessas condições haveria sempre a vigência de um "contrato" a ser cumprido, absolutamente transparente. *O ser mercenário jamais seria equivalente a trair.* A questão dos mercenários e dos *soldiers of fortune* prosseguiu no correr dos tempos. Muitas das legiões de Júlio César que atacaram a Gália também contavam com inúmeros gauleses, camuflados por uma mera formalidade: *os romanos obrigavam que os mercenários a eles alistados adotassem a sua cidadania.*

Dois dos mais importantes colaboradores do czar Pedro, o Grande, da Rússia já em pleno século XVIII foram *soldiers of fortune*: Patrick Gordon, escocês, e François Lefort, suíço. O exército imperial brasileiro em várias situações contou com o reforço de mercenários. A Legião Estrangeira do exército francês, ativa até hoje, pode ser considerada como um contingente de mercenários modernos.

A propósito, comenta-se que o exército dos EUA está utilizando colaboradores de várias nacionalidades para apoio às suas ações no Afeganistão e no Iraque, no campo logístico e também em outras atividades. Esses colaboradores não são nada mais do que mercenários modernos.

Finalmente, restariam ainda dois vetores competentes, ambos inteligentes, frugais, ambiciosos, trabalhadores, determinados e de bem com a vida: os hititas e os gregos ásperos (pré-micênicos) e de certa forma sempre motivados para a luta. Ambos, a serem equacionados. *No sentido de contornar ou, melhor dizendo, enfrentar esses dois últimos vetores, o Egito iria desenvolver a Operação Creta, um dos mais ardilosos projetos estratégicos construídos pelo homem, em toda a sua história. Esse o meu entendimento.* A figura 19 ilustra os grandes blocos de preocupação/atuação geopolítica trabalhados pelo reino do Egito.

Nesse sentido vale a pena avançar em algumas reflexões estratégicas. Como já assinalado, os povos mesopotâmicos, por condições muito especiais, não iriam se tornar agressores desestabilizadores. Os senhores dos rios Tigre e Eufrates já detinham muitos problemas para se preocuparem (e se automotivarem) com a disponibilização de forças para um eventual ataque de vulto ao grande senhor do Nilo. A Fenícia também jamais se apresentaria como ameaça real, uma vez que as suas forças armadas eram diminutas (ou praticamente inexistentes). Não detinham qualquer tradição de combate em terra (e nem no mar) e se interessavam principalmente pela comercialização de grandes quantidades de mercadorias de baixo valor (para toda a população da Antiguidade), com ocasionais operações de compra e venda de escravos e produtos de alto valor agregado, principalmente originados do Egito (autêntícas reservas de mercado). É provável que efetuasse carregamentos de escravos contratados por Creta ou pelo próprio Egito. *O* business *do fenício era vender, portanto, volumes expressivos de mercadorias e aparentemente não se interessava por outras linhas de ação. A grande* commodity, *o escravo, não era uma linha dominante para as polis fenícias: Ugarit, Sidon, Tiro, Biblos. Esse mercado (compra e venda) lhes foi com certeza interditado pelo Egito.*

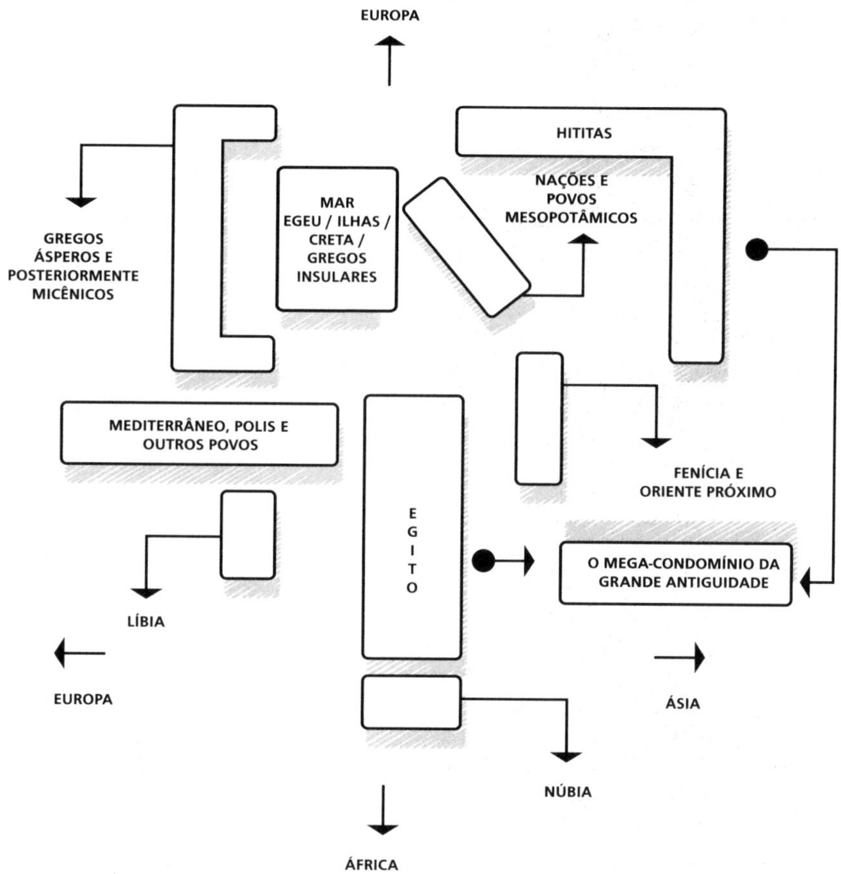

Figura 19. Grandes blocos estratégicos

Entretanto, os fenícios eram significativamente estratégicos para os egípcios (efetivos aliados e parceiros) na medida em que provavelmente escoavam produção fabril de baixo valor unitário das cidades de Mênfis e Tebas e também pela capacidade de obter informações (relativas a inúmeros campos) nos espaços comerciais do Mediterrâneo e do Egeu. Ao mesmo tempo realizariam importações essenciais para o reino dos faraós. É meu ponto de vista que a Fenícia (ou polis fenícias) durante um largo período foi *uma "província virtual" dos egípcios*, colaborando com essa nação, em várias frentes de ação, em operações de exportação e importação de determinados bens. Os fenícios providenciaram para a humanidade duas extraordinárias conquistas.

A primeira relaciona-se ao desenvolvimento da escrita simplificada (com poucos sinais) que iria revolucionar e acelerar a comunicação entre governos, pessoas e mil outras combinações possíveis, viabilizando o desenvolvimento da literatura, da filosofia, da arte, do pensar, do expor e do discutir. Enfim, facilitou o nosso ser e estar.

A segunda, também impressionante, compete mais aos fenícios que a qualquer povo: a invenção do profissionalismo em escala extraordinária para a época. Tem-se a firme sensação de que os fenícios padronizaram um sem-número de atividades comerciais, dedicando-se continuamente ao seu aperfeiçoamento. Aliás, essa atitude corresponde exatamente ao que se pode configurar a um real e efetivo profissionalismo. Com essas duas ações iriam, bem longe dos campos de batalha, definir muitos aspectos do mundo econômico do futuro. Poucas nações influenciaram o desenvolvimento do mundo como a Fenícia. Os núbios e líbios seriam efetivamente neutralizados pela implantação permanente de uma operação de mercenários (ou várias). Os gregos, do continente e das ilhas, deveriam ser "anestesiados" por meio de Creta e também serviriam como mercenários no exército dos faraós em muitas ocasiões. Restavam ainda os hititas, os senhores das terras na Ásia, altivos e ativos.

O Império Hitita envolvia ("cercava") por terra praticamente toda a Mesopotâmia, qualificando-se como o grande intermediário (ou viabilizador) de operações comerciais que entravam (e saíam) no "mundo dos entrerrios" por rotas terrestres principalmente. Isso significava que comercializar com os povos da Mesopotâmia acarretaria, por terra, a necessidade *de se pagar um "pedágio"* (qualquer que fosse a sua forma) ao Império Hitita. Em outras palavras, nada aconteceria comercialmente nas trocas terrestres sem que os hititas tivessem uma participação financeira (ou equivalente) efetivada de forma direta e/ou indireta. Assim, a terra além rios deveria ser entendida por todos como "parte econômica" integrante do mundo hitita.

Nesse quadro, os hititas, além de realizarem *esse abraço longo e largo, disciplinado e amplo da Mesopotâmia (de certa forma esmagando-a)*, deslocavam-se com extrema facilidade por terra, dispondo de cavalos, muares e camelos e notável conhecimento do terreno. "Navegavam" as trilhas, as baixadas, as montanhas, as "savanas", os grandes espaços abertos. No sol, na chuva, no vento, no frio. Conheciam o horizonte como poucos. Essa mobilidade e interação com o terreno os qualificavam para o Egito, pelo menos e em tese, como agressores potenciais de imensa periculosidade. Em um determinado momento histórico eles atacariam. Foi o que realmente aconteceu quando Ramsés II teve que enfrentá-los na batalha de Kadesh, que resultou em um "empate técnico" com grandes implicações políticas e internacionais. A memorável (e silenciosa) luta da terra dos faraós pela preservação e sustentação praticamente isolada do mundo externo (por milênios) havia sido, enfim, seriamente agredida. A partir desse momento tornar-se-ia bastante complexo reforçar os próprios alicerces acautelatórios do Egito. O reino conviveria com fundamentos de defesa seriamente fragilizados. Não bastaria mais a inteligência estratégica e geopolítica. Administrar uma nova ordem de problemas.

Enfim, o Egito seria então igual a quase todos. A sagacidade a partir desse momento teria que marchar de mãos dadas com a combatitividade em novos níveis de alerta e mobilização imediatos. Um novo desenho estratégico. O que de certa forma iria defender o velho reino apesar dessa fragilização manifesta é que nenhum povo (com bom senso) teria reais condições para realizar uma longa ocupação total do país. A sua administração era complexa, nos mínimos detalhes e absolutamente profissional. Alguns invasores como os hicsos ocuparam as grandes cidades buscando dominar dessa forma a alma comercial do reino (Mênfis, por exemplo). Mas não todo o Egito econômico, com certeza. Essa façanha seria impossível.

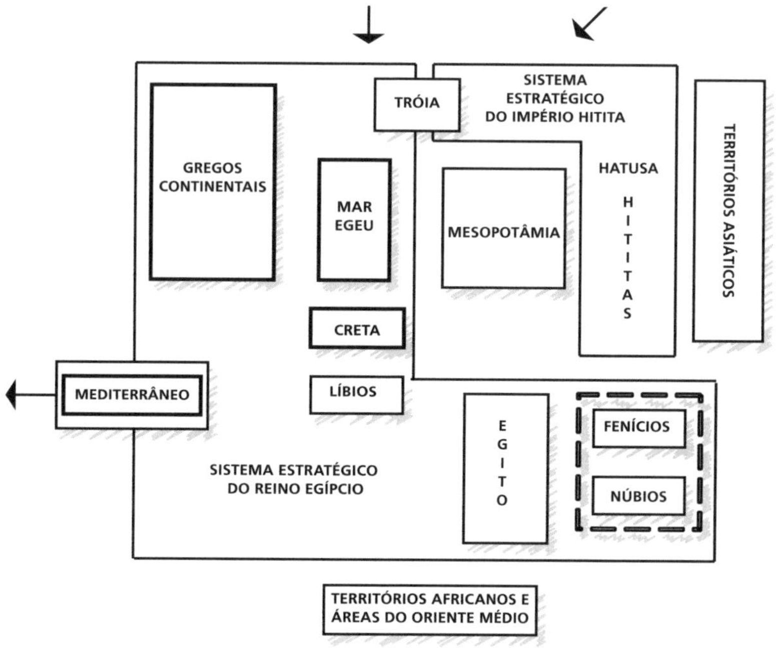

Figura 20. O abraço perverso à Mesopotâmia

O Egito provincial (nomos) continuaria, com certeza, nas mãos dos seus velhos governantes de sempre, ou assemelháveis. Em outras palavras, o grande escudo do Egito até a derrota de Cleópatra e Marco Antônio pelas forças de Augusto e Agripa, já bem próximo da nossa era, estava representado pela sua própria *cultura* em todos os planos. *A cultura egípcia persistiria e a sua* pax *comunitária também. Ou seja, cidades poderão ser ocupadas, mas todo o país,* nunca. *O Egito era "profundo" estrategicamente como a Rússia o foi para as tropas invasoras de Napoleão e Hitler.*

A partir desse evento (perverso), Kadesh, o Egito e seus faraós deixaram patente para toda a Antiguidade que não se tratava mais de um povo eleito e protegido pelos deuses, e apenas uma nação forte que poderia em determinadas condições ser desafiada, enfrentada e eventualmente derrotada. Mas, mesmo assim, praticamente impossível de ser domada totalmente. *Em termos globais a sua solidez estratégica permaneceria sempre extraordinária.*

Quando Augusto, Agripa e Mecenas (provavelmente o mais notável "triunvirato" de Roma) derrotaram Cleópatra e Marco Antônio, o Egito passaria a ser uma província sob a tutela direta do imperador. Um excelente tema a se discutir é identificar até que ponto Roma tolheu efetivamente a flexibilidade de gestão dos nomos (governos provinciais) e sua autonomia para comercializar diretamente com eventuais compradores. Em outras palavras, o trigo do Nilo foi adquirido com o ouro de Roma ou expropriado à força por ela? Uma interessantíssima questão a conferir.

Com certeza, Ramsés II e seus estrategistas em um determinado lapso de tempo subestimaram mesmo o poder e capacidade militares dos hititas e, de certa forma, pagaram o seu preço. A batalha, rigorosamente, correspondeu a um empate técnico. Assim, o Egito e seus monarcas sangrariam como todos os povos e reinos da Antiguidade. Bastaria apenas dar o golpe certo, no local certo, no momento certo. Os deuses, as pirâmides, os templos gigantescos não eram escudos suficientes para livrá-los de eventuais desastres militares, porém pontuais. Após Kadesh, todos os povos se inteiraram de que existiam vários calcanhares de aquiles na grande nação. E agiram, é claro. A longa morte do reino, inexorável, ali iniciou-se. Não muito rápido, mas irreversível. *A* pax *comunitária, entretanto, os defenderia ainda por cerca de mil anos.*

A rigor, os egípcios jamais subestimaram (nem poderiam) o poder dos hititas como um bloco. Aliás, seria insensato fazê-lo. A propósito, os hititas (e os egípcios deveriam reconhecer isso com extrema surpresa) foram os primeiros, como grande nação, a organizarem uma agricultura extensiva não irrigada (bem distante da bonança das águas fartas e generosas), além de compensar suas dificuldades estruturais com ágeis operações comerciais terrestres, de certa forma, bem mais complexas que o deslocamento pelo mar.

Nesse sentido buscaram disciplinadamente não invadir o seu continente (físico e comercial) terrestre, realizaram tratados diplomáticos, casamentos estratégicos entre famílias reais e não criaram nenhum obstáculo para o desenvolvimento comercial e econômico desse país. Assim, o Egito procurou jamais desestabilizar (pelo menos seriamente) a presença e o *marketing share* do Império Hitita na Antiguidade. *A única estratégia válida com relação aos hititas por parte do Egito era não incomodá-los em nada.* E vice-versa.

A linha de argumentação Egito/Nilo seria sempre efetuada através de diálogos cuidadosos e formais, conduzidos por embaixadores e chancelarias, transparecendo nas negociações com argumentos absolutamente lógicos (e a elite egípcia deveria ser muito competente nesse particular), que o império não lucraria nada invadindo o país do Nilo. Ambos poderiam dividir o mundo.

De fato era como se a Grande Antiguidade fosse dominada por um condomínio de ocupação Egito/Império Hitita, os verdadeiros senhores de grande parte do mundo àquela época. Os outros atores podem ser entendidos apenas como coadjuvantes, deslocando-se em um palco repleto de ações de guerra, canais de irrigação, navios, rebanhos, cavalos, guerreiros combativos, mercenários superprofissionais e superfiéis aos seus contratantes, além de densidades culturais espetaculares de todos os povos, mesmo as eventualmente perversas como as da Assíria.

Em outras palavras nada seria acrescido ao Império Hitita com uma eventual conquista regional ou global na terra dos faraós, nem em poder, nem em riqueza. A estrutura de comando do Egito nas conversações com os seus homotéticos hititas deveriam insistir sempre na tese de que haveria um imenso trabalho a realizar em termos de gestão para se conduzir uma nação de 3 milhões a 5 milhões de pessoas, em uma interação multimilenar com o vértice do poder. A argumentação do Egito assim deveria progredir: *"Se os senhores (seja qual for) eventualmente nos conquistarem – se é que isso é possível – vão ter uma trabalheira infernal! Em vez disso, vamos dividir o mundo. É bem mais lucrativo para ambos!" E, foi exatamente dentro dessa linha que os embaixadores egípcios argumentaram junto aos hititas durante centenas e centenas de anos: "Deixe-nos em paz. Deixaremos vocês também! É o melhor negócio para ambos. Todas as nossas pequenas divergências, pendências e atritos na fronteira poderão ser equacionados através de tratados, acordos diplomáticos e acertos operacionais de modo vantajoso para nossas nações!"*

Mas, é claro que os egípcios não eram tão soft. *Eles detinham uma arma muito poderosa nas mãos: a posse do mar por meio de Creta.* E ameaçariam Hatusa da seguinte forma: "Se vocês os hititas nos agredirem iremos desestabilizá-los no mar e a sua vida no Egeu e no Mediterrâneo corresponderá a um passeio nas trevas. *Aprisionaremos navios que estiverem realizando operações de transporte para o seu império. E, na medida do possível, se o caso, bloqueando a sua querida e estratégica Troia (e também minha), asfixiando-a dia após dia. A nossa Creta aniquilará toda e qualquer interação hitita com o mar. Vocês irão viver apenas nas terras da Ásia, com grandes filas de camelos e burros, carroças e carretões. Atenção: o norte da África também lhes será impedido. Mas, vejam, por que realizarmos agressões entre nós? Melhor será dividir o mundo além Mesopotâmia, entre nós próprios. O Egito ficará com o próprio Egito e algumas áreas de influência no Oriente Próximo, os fenícios, por exemplo. Aos hititas toda a Ásia e determinados territórios da Europa. O mar servirá a nós dois. Por enquanto os gregos não nos incomodam. Creta de certa forma os controlará. Enquanto Creta durar, Troia não será tocada! Não permitiremos!"*

"Finalmente, a guerra não constrói em nada. A rigor, não soma. Essa a opinião do nosso Egito. Que os diplomatas lutem e argumentem entre si. Não vale a pena sangrar no deserto ou no delta do Nilo. Quem lucrará com isso? Talvez outros povos? Nós, não! Assim, minimizar as lutas e maximizar o comércio inteligente com o apoio dos fenícios e dos gregos constitui o nosso grande desafio." Esse foi o "repetitório eterno" do Egito. "Funcionou" durante centenas de anos!" O permanente discurso dos hábeis embaixadores egípcios para o governo hitita em Hatusa, penso foi uma realidade.

O argumento dos egípcios não era absoluto, nem irrefutável. Mas era correto, consistente e transparente. E como tal, funcionou durante décadas e mais décadas, séculos e mais séculos, sem arrependimentos mútuos, sem ações arbitrárias ou manipuladas. O grande protocolo poupou milhares de vidas e evitou que a barbárie se transformasse em lei maior na Grande Antiguidade. Em outras palavras, um grande protocolo para uma Grande Antiguidade.

Estrategicamente talvez tenha sido mesmo o melhor caminho. É claro que não evitaram Kadesh, mas afastaram a situação de grandes atritos permanentes que fatalmente provocariam a eclosão seriada de muitas Kadeshs. Ensanguentando o Egito e o Império Hitita, Creta (e talvez Troia).

Um aspecto que frequentemente fica sombreado nas análises geopolíticas é o correspondente às atividades diplomáticas entre os vários países. É importante ressaltar que o condomínio Egito/hitita, juntamente com Creta (e também Troia), só foi capaz de manter uma paz integrada na região durante centenas de anos na Antiguidade graças à competência das chancelarias e de seus diplomatas, hábeis, ágeis e superpreparados para as suas funções. *No meu entendimento, durante longos períodos os grandes generais da Antiguidade foram os seus diplomatas. É claro, apenas para todos aqueles que consideram a paz como o grande e real insumo para o desenvolvimento das sociedades.*

Resta, portanto, comentar os gregos ásperos (aqui definidos como os pré-micênicos). Além de uma economia frugal de autossustentação, onde as condições agrícolas eram terrivelmente mais complexas do que as da Mesopotâmia e do Nilo, os gregos ásperos iriam se transformar em navegadores hábeis como os fenícios, só que sem a aplicação, dedicação e competência comercial daquele povo – com a sua disciplina econômica, financeira e logística – com seus navios repletos principalmente por mercadorias de baixo valor unitário. Nesse negócio (com margens estreitas) sobreviverá unicamente aquele que conhece detalhadamente todas as etapas do processo. Há que ser aplicado, disciplinado e trabalhador. Nada a ver com os gregos. Há que se terminar com o mito de que os fenícios representavam um povo navegador. *Eles eram, sim, um povo comerciante, arguto, esperto e bem informado. Os navios, apenas o veículo viabilizador dessa cultura. A paixão do povo fenício era o comércio. A navegação apenas o meio para concretizar essa ação.*

Centenas de anos à frente dois grandes generais cartagineses, Amilcar e Aníbal Barca, mudaram as regras do jogo. Esses *condutieri* iriam enfatizar operações terrestres assaltando propriedades agrícolas e agredindo polis muito ricas na península itálica e continente europeu. Com essa atitude desvirtuaram o antigo modelo de gestão fenício, realizado durante séculos nas cidades de Ugarit, Biblos, Sidon, Tiro e da própria Cartago, e, assim, falharam às suas premissas originais: *ganhar sempre e sempre, sem importunar as grandes potências. Em um ritmo cadenciado e sem pressa. Mas sempre ganhando.*

Roma iria dar-lhes o troco ao verificar essa mudança do ritmo estratégico. A República em determinado momento sentiu-se gravemente incomodada e, na batalha de Zama, onde o extraordinário Aníbal Barca foi derrotado pelo competentíssimo Cipião, o Africano, Cartago iniciava ali uma longa (e desesperada) agonia que resultaria na sua morte (anunciada) e inevitável algumas décadas após. *Aí iria encerrar-se bem mais que uma polis. Transformava-se em pó toda a arte de viver de um povo refletida em sua projeção Cartago.*

Enfim, tarefas sistemáticas, repetitivas não tinham nada a ver com o temperamento do "gênio" grego. Para o grego torna-se essencial a emoção, a discussão, a inovação, a animação diferenciada. Adrenalina! Outro caminho teria que ser descoberto. Bem diferente do "mundinho" disciplinado e "chatinho" dos fenícios. A ação sem emoção não é ação, diriam os gregos sempre.

E qual a grande atividade dos gregos ásperos? *Com certeza, pirataria, infernizando a vida de todos no Egeu com desestabilização permanente de rotas e fluxos comerciais marítimos.* É claro que iriam comercializar o azeite, o vinho, as peças de cerâmica e outros itens, mas, sem dúvida alguma o seu grande negócio se referia a escravos (homens, mulheres e crianças) que obteriam por meio de operações normais de compra e venda e, principalmente, em ocasionais ações fulminantes de pirataria com o aprisionamento de cargas e pessoas dos navios atacados, apresados e eventualmente incendiados e postos a pique. Os gregos ásperos seriam, com efeito, piratas competentes e violentos, além de bons construtores de navios e excelentes navegadores. *O grego foi o* bad boy *da Antiguidade. Com muitas virtudes, mas sem nenhum estímulo para o trabalho organizado e repetitivo. Se não todos, pelo menos a elite grega comportava-se dessa forma.*

Não se pode esquecer que os gregos, hábeis carpinteiros e marceneiros, iriam construir embarcações da melhor qualidade, o que, de fato, deve ter-lhes facilitado o seu ingresso no segmento da navegação e da pirataria.

Deve-se observar que a cultura grega (a de Atenas), vaidosa de suas origens (fabricadas) divinas e gloriosas, passa como que ao largo da presença historicamente inarredável dos gregos ásperos e micênicos no universo da pirataria. Nas suas acrópoles, templos, prédios, princípios e raciocínios filosóficos, seria contraproducente unir piratas às personalidades de Zeus, Prometeu, Netuno, Agamenon, Aquiles, Ulisses, Heitor, Préamo, Hércules e tantos outros "costurando" um reino da fantasia a determinadas situações reais. O que existiu de fato, nas suas raízes, foi um bando de piratas agressores, assassinos, ladrões e mercadores ágeis de produtos de procedência lícita ou ilícita, inclusive de escravos para todos os fins.

Não, isso não poderia ser revelado para a posteridade com ênfase máxima! Exaltar e enobrecer a pirataria! Jamais! Dourar a pílula, sim! Abastardamento, nunca! Mas apesar disso a cultura grega referiu-se à pirataria como atividade real, pois, Homero aborda a questão em seus trabalhos. O passado dos gregos ásperos e dos gregos micênicos era de uma mediocridade atroz, apesar de sua inteligência peregrina e o seu idioma riquíssimo (multidialetal) que lhes possibilitava navegar com competência no universo dos temas abstratos. Ninguém excedeu os gregos na Antiguidade na capacidade e no prazer de pensar/conectar. O problema é que eles arrancaram de uma posição muito distanciada das elites egípcia e cretense.

Mas, apesar desses atributos inegáveis, eram dispersivos estrategicamente e briguentos entre si, ao contrário dos hititas e dos egípcios, e não focados em ações econômicas permanentes, persistentes e insistentes. Não eram grandes agricultores nem pecuaristas apaixonados. Foram, sim, excelentes guerreiros e extraordinários piratas. Deve-se ressalvar que prezavam muito a família e eram notavelmente valentes. O medo passava sempre ao largo de um grego. Grego medroso ou indeciso não fazia parte, mesmo, da cultura grega. Os seus deuses e heróis confirmam essa tese.

Ao mesmo tempo, não apresentavam "um passado rico". Entretanto, com a sua excepcional capacidade de pensar, nada lhes era impossível. Assim, criaram seus deuses, mitos, suas lendas, onde se incluía uma maravilhosa Guerra de Troia "desenhada" com imaginação sensível e sutil. *Transformaram um passado pífio ("ladrõezinhos" sanguinários) numa jornada com os deuses, alguns tão moleques e vis quanto eles próprios. E mais do que ninguém moldaram uma ficção quase real e, de simples humanos, tornaram-se heróis iluminados.*

E, em busca da honra, *algo que ninguém pode nos dar ou tirar*, iriam viver e por ela morrer com indescritível desassombro. O Ocidente tem muito a ver com esse jeito grego de ser. O Egito confrontava-se com essa situação desestabilizadora com notável preocupação, identificando com total nitidez que um adensamento dessas atividades dos chacais do mar, eventualmente combinado com um sofisticado abraço terrestre dos hititas, poderia lhe provocar situações muito desestabilizadoras. Muito desconfortáveis!

É nesse sentido que o reino dos faraós iria organizar a Operação Creta, a qual, por meio de uma rede de cidades (não só na própria ilha, que tinha 200 km de extensão, como em outros locais), sistematizaria de modo surpreendente as operações de pirataria dos gregos ásperos e ao mesmo tempo interagiria com o mundo hitita nas suas transações comerciais terra-mar e mar-terra. *Com o advento da Operação Creta caracterizou-se uma cabeça de ponte para um mundo extremamente complexo. Os piratas gregos seriam transformados em "corsários", trabalhando sob a "franquia" virtual daquele comando minoico e as bênçãos do Egito.*

Creta, com a montagem de um ambiente (estratégico) provocador *iria ordenar o mar Egeu (e de certa forma o Mediterrâneo)*, possibilitando por meio de (seus) corsários o manejo de transações inteligentes com o governo e os comerciantes hititas na construção de uma *pax* egeia, consistente e de extremo significado para o Egito e a civilização do Ocidente. *Iria transformar um mundo convulso em linear. Conectado estrategicamente. Previsível. Pelo menos para grande parte das operações marítimas.*

Quando se observa a história do Egito dos faraós constata-se que esse reino, em todas as suas "presenças", buscava decididamente a ordem, a calma, o equilíbrio em todo o território e toda a sociedade, do vértice à base. O que o Egito construiu de fato, a sua realização mais soberba, foi a montagem cuidadosa, laboriosa e jamais descuidada do que pode se denominar a *pax egípcia*, ao mesmo tempo formadora e catalisadora de um sistema isotrópico de comportamento de notável extensão e amplitude territorial.

O Egito, pode-se afirmar, perseguiu, durante sua longa história e mais do que qualquer país da Antiguidade, minimizar erros, defeitos e riscos com um disciplinamento férreo e um conjunto de ações preventivas extraordinárias. Se analisarmos o Egito sob a lente estratégica, podemos constatar que a inteligência máxima do reino detinha, de fato, uma doutrina, que ele buscou, de forma organizada e atenta realizá-la (e aperfeiçoá-la), durante séculos e milênios. Gestão talvez tenha sido a maior paixão dos governantes egípcios. A arte da gestão significava muito mais que a arte da guerra. O faraó não estabelecia a doutrina, em minha leitura. Ele era, sim, desde criança "educado"/"treinado" pelos altos funcionários/sacerdotes do reino para interagir com um conjunto de regras, aliás preexistente, de forma ordenada, detalhada e ritualista, há centenas de anos. O jovem faraó, portanto, era apenas um discípulo do *establishment* e assim a história prosseguia. Avançava. O jovem príncipe, com certeza, teria a sua competência efetiva ou potencial avaliada de forma permanente pela inteligência sacerdotal.

O faraó possuía muitas mulheres em seus próprios haréns e, portanto, muitos filhos e filhas. Aparentemente o faraó indicava qual deles seria o seu herdeiro, assessorado pelos sacerdotes e altos funcionários da corte. Nesse sentido suspeito que aqueles melhor preparados pelo *establishment* para reinar deteriam maiores chances de alcançar o trono. Nesse particular a máquina de gestão do vértice do poder iria exercer função capital nesse complexo processo de escolha. *Em outras palavras, um príncipe despreparado jamais seria indicado para concorrer/disputar à posição de mando máximo no reino dos faraós. Portanto, o cetro ao melhor! Assim, o faraó, desde criança era estimulado pela alta burocracia do Estado e dentro desse aprendizado seria condicionado a não correr riscos, jamais, ou sempre que possível.*

É claro que ocorreram conspirações palacianas para "fazer" esse ou aquele príncipe, faraó em detrimento de outro ou outros. Mas, mesmo assim, suspeito que a conspiração sempre fosse se referir a príncipes com "grande potencial" para ocupar o trono! "Normalões" e medíocres, fora da disputa! Com efeito, para eles deveriam ser providenciadas novas funções (importantes) e inclusive para os herdeiros competentes que foram alijados da disputa, uma vez que só existia lugar para um único titular.

Nesse cenário geopolítico, eventuais desordens no âmbito do mar Egeu, inclusive provocando mal-estar nas operações comerciais (e potencialmente desestabilizações na cadeia negocial – marítima, fluvial e terrestre), relativas aos hititas e outros povos (fenícios, mesopotâmicos), corresponderiam a situações muito preocupantes para o Egito. Isso não poderia ocorrer. Afinal, o Egeu era um mar muito próximo e importante para o comércio egípcio (inclusive no que se refere a transações superespeciais, como a de escravos). Tudo que também pudesse acalmar o povo de Hatusa seria de extremo significado para o faraó, inclusive nos seus transbordamentos para as suas próprias caravanas (burros, camelos) que necessariamente teriam que desenvolver a sua marcha pelo território hitita em determinadas circunstâncias. *De certa forma podemos entender Creta como um ingrediente estratégico-chave, um ator vital na estruturação dessa* pax *egípcia.*

OS HITITAS

Os hititas constituíram uma das mais interessantes civilizações da história da humanidade. A sua presença "abraçava" a Mesopotâmia de alto a baixo e abrangia tribos e povos muito diversos entre si. Além deles próprios, traziam consigo aqueles que tinham sido excluídos da Mesopotâmia vivendo ao largo (à margem) do oásis fluvial definido pelo Tigre e pelo Eufrates. Renegados pelos grandes rios. Rejeitados! Excluídos! Dentro desse contexto conviviam com várias etnias, contingentes populacionais diversos a quem davam guarida, muitos credos, devoções, religiões etc., vários idiomas, culturas diversas, índoles variadas. E, no âmbito dessa gama de imensos desafios iriam investir em um sistema que poderíamos conceituar como *modus harmonicus*, engenhoso e viável de operar. *Estabeleceu uma monarquia constitucional com estrutura equivalente a um Parlamento, valorizando sempre a presença da mulher na sociedade, conviveu com absoluta tolerância religiosa e era notavelmente clemente com os derrotados. Objetivou, de corpo e alma, construir um ambiente que poderá ser batizado de sua própria pax hitita. Privilegiou o diálogo.*

Vale ressaltar que então se desenharia na Antiguidade um contexto extraordinário com a atuação simultânea de três *pax*: egípcia, egeia (conduzida por Creta) e a hitita. De certa forma iriam trabalhar e construir uma *pax* integrada que produziria (e "padronizaria") a orientação geral dos negócios além de poupar vidas e sofrimento em escalas muito intensas e, com certeza, sangrentas. Isso sem contar a *pax comunitária*.

Suspeito que as pesquisas relativas a Creta se adensarão muito nos próximos anos. Assim, para mim não seria surpresa alguma se Troia (seja devido a ação conjugada com Creta, seja através de uma ação independente de gregos micênicos) operasse como uma ponte unindo diretamente o Império Hitita ao mar Egeu e Mediterrâneo, sob o olhar atento e certo controle dos minoicos.

Esse equilíbrio trivetorial seria em um determinado instante rompido, rasgado. Mas, essencialmente devido a um conjunto de agressões providenciadas pela Mãe-Terra (terremotos, incêndios, tsunamis etc.), e aí, como consequência, a desgraça esparramou-se acompanhada de devastações horríveis. A Creta minoica desapareceria rapidamente da geopolítica do Machado Sapiens. Com a ausência (ou enfraquecimento) de Creta, os hititas ficariam inseguros e dentro desse contexto Kadesh iria acontecer. Não pela discórdia dos povos, e sim devido à impaciência e ao mau humor da Mãe Terra, cuspindo fogo de suas próprias entranhas, "sacudindo" as terras e secando os campos. E maltratando todos os atores da Grande Antiguidade. O clima, a ação dos vulcões e os terremotos superaram a inteligência e a criatividade dos homens. *Em algumas décadas foi ao chão uma construção cuidadosamente trabalhada pelos egípcios e os hititas.* Os hititas, na estruturação desse contexto de *pax*, a rigor, foram sempre proativos, além de cuidadosos.

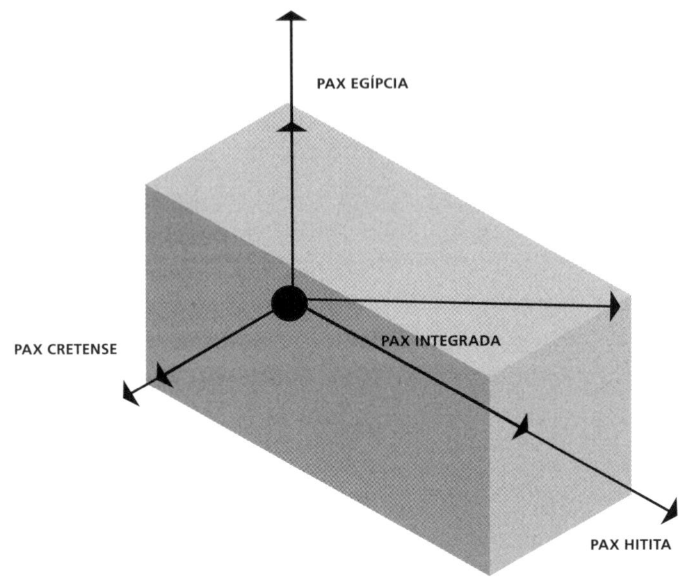

Figura 21. Pax integrada resultante

A propósito, C.W. Ceram destaca uma série de pontos singulares, relativos a esse povo muito especial.

A GRANDE POTÊNCIA

Primeiro: pelo segundo milênio antes de Cristo, já os *hititas* eram uma grande potência havia diversos séculos. Conquistaram e mantiveram sua posição pela superioridade na estratégia e nos mecanismos de guerra e pela notável habilidade na diplomacia.

MUITOS POVOS E MONARQUIA CONSTITUCIONAL

Segundo: o governo era um Estado federal sob administração centralizada. O reino não era conquista de uma só nação hitita, mas de numerosos povos de psicologia diversa, unidos por laços contratuais e mantidos em ordem pela dominação econômica e militar dos hititas. A monarquia deve ser considerada antes como constitucional do que absoluta, sendo o rei amplamente responsável perante um concílio de nobres, conhecido como o *pankus*. É significativo que seu papel no governo se baseasse sobre um *conceito* do Estado, e não sobre uma casual ascensão ao poder de uma casta de nobres.

FLEXIBILIDADE SOCIAL

Terceiro: a ordem social não era rígida; as classes não eram divididas por muros intransponíveis. Prevalecia um sistema feudal, sob o qual mesmo os escravos tinham direitos definidos. Os deveres éticos e morais das classes de proprietários eram claramente reconhecidos; para o segundo milênio antes de Cristo, o reino hitita representava uma estrutura social claramente progressista (no sentido ocidental).

CÓDIGO

Quarto: a ordem social era alicerçada num código de leis que se diferencia de todos os outros conhecidos códigos legais orientais, por sua humanidade. Não tinha lugar nesse código o princípio do "olho por olho". Podemos dizer que o princípio predominante em todo ele era o da reparação, em vez da então prevalecente *lex talionis*, a lei da retaliação.

Essas características do Império Hitita contrastam muito fortemente com as outras estruturas políticas orientais do segundo milênio a.C. Mesmo se julgarmos o Império Hitita em termos ocidentais, e não em termos de relatividade cultural, nosso veredito ser-lhe-á muito favorável. Tem havido, consequentemente, uma tendência para creditar essas características "progressistas" ao fato de ser a classe governante hitita, indo-europeia. Outros traços significativos, entretanto, são igualmente importantes para uma adequada apreciação desse povo.

VÁRIOS IDIOMAS E VÁRIAS ESCRITAS

Quinto: a nação hitita não era unida por uma linguagem única; somente em Boghazköy traços de oito idiomas foram encontrados. Destes pelo menos quatro eram amplamente usados. A nação hitita também não possuía escrita unificada. Os hieróglifos, empregados durante o período imperial exclusivamente nas inscrições reais e religiosas, aparentemente foram criadas pelos próprios hititas e mesmo desenvolvidos numa forma de escrita simples e cursiva; mas esses hieróglifos foram empregados principalmente nas cidades-Estado que sobreviveram à queda do império. A escrita cuneiforme que os hititas usavam para os fins comuns foi tomada de empréstimo dos assírios.

Várias religiões

Sexto: o Império Hitita não era unido espiritualmente por uma só religião ("os hititas têm mil deuses"). Havia, lado a lado, muitas religiões, misturando-se com inúmeros cultos nacionais e locais. A principal atitude dos hititas em relação à religião era a da tolerância; sábia, de um ponto de vista político; infeliz de um ponto de vista cultural, pois impediu a criação de uma subestrutura espiritual homogênea.

Arquitetura monumental e arte primitiva

Sétimo: a arte política dos hititas, no período imperial, manifestou tendências para a monumentalidade, mas não para a forma. Os escultores eram frivolamente experimentais; se o material não cedia facilmente a seus cinzéis, abandonavam-no e atacavam outra pedra. Obras semiacabadas e acabadas, velhas e novas, eram amontoadas em conjunto. Nunca conceberam propriedades ornamentais da escrita; as inscrições, quando necessárias, eram gravadas onde quer que acontecesse haver espaço para elas. Isso é verdade, embora no templo de Yazilikaya, pelo menos na procissão dos deuses, possa sentir-se um impulso para a forma. Mas esse templo pode ter sido principalmente um trabalho de hurrianos; de qualquer modo, diversos dos hieróglifos apresentam nomes hurrianos. E Yazilikaya, embora situada perto da capital, era única, e não típica. Normalmente, a arte hitita não tem *estilo*, embora tenha distintas características de crueza (que mostram traços de influências hurranianas e, posteriormente, assírias).

A cidade murada

Oitavo: a arquitetura dos hititas difere, nas finalidades, de todas as outras arquiteturas de sua era. Os outros povos construíram tudo em volta de seus templos. Mas os militaristas hititas, em Boghazköy como nos demais locais, fizeram da cidadela murada seu centro arquitetônico principal. Ao mesmo tempo, os arquitetos hititas eram peculiarmente inconsequentes na construção de suas cidadelas. À custa de gigantesco esforço, empilhavam blocos de pedra sobre um penhasco natural, que em qualquer caso desafiaria a ascensão. E, no lado oposto, onde o declive era bem menos alcantilado, cobriam o exterior de suas paredes de estuque. Durante minha segunda visita a Boghazköy observei certos meninos turcos que, por pequeno *bakxixe*, realizavam a façanha de escalar essas paredes estucadas. As irregularidades do estuque oferecem mil pontos de apoio aos pés, e soldados descalços não teriam incômodo em tempestuar a cidade. E ainda existem as poternas sem sentido militar (túneis que atravessam a largura de 230 pés da muralha e vão dar na planície exterior) e as convidativas escadarias. A disposição da cidadela de Boghazköy é tão frívola, tão pouco governada por uma ideia e um estilo orientadores, como os relevos nas portas e as esculturas nas pilastras.

NÃO ENCADEAMENTO ARQUITETÔNICO

Devo acrescentar que nenhuma completa investigação da importância militar das fortificações foi ainda publicada. (Kampman, o arqueólogo holandês que fez uma tentativa nesse sentido, limitou-se a descrições generalizadas.) Nem houve quem até agora apontasse a curiosa desproporção entre os gigantescos alicerces de pedra de edifícios tais como o templo em Boghazköy e as limitadas possibilidades arquitetônicas de erigir sobre eles uma superestrutura orgânica de outros materiais.

AUSÊNCIA LITERÁRIA

Nono: com exceção das surpreendentes *Preces no Templo da Peste de Mursilis*, em parte alguma encontramos algo que se pareça a uma literatura hitita. Pode-se objetar que talvez não a tenhamos encontrado porque os hititas não escreviam só sobre pedra e argila, mas também em madeira, chumbo e prata, que podem ter-se perdido sem capacidade de recuperação. Mas essa teoria não pode sustentar-se. Se tivesse existido uma literatura, encontraríamos pelo menos certa menção dela no vasto número de documentos que foram desencavados. Fragmentos da epopeia de Gilgamesh foram encontrados em Boghazköy, por exemplo, mas essa epopeia não é hitita.

O FERRO, O LUXO!

Décimo: devemos colocar sob devida luz um ponto que os especialistas em Pré-História gostam de assinalar. Deve-se lembrar que a divisão da história primitiva em Idade da Pedra, Idade do Bronze etc. está superada, agora que o conceito de história cultural veio à vanguarda. Não é, portanto, de importância histórica muito grande notar que os hititas conheciam o *ferro* em período bem primitivo, talvez tão cedo como no tempo de Labarnas. Por volta de 1600 a.C. parece que eles tiveram certo monopólio na manufatura do ferro. Mas é errado imaginar, como fizeram antigos escritores, que, naqueles tempos antigos, bastava inventar ou descobrir um material para que ele passasse a influenciar a história. Se *amutum* nos textos de Kultepe foi corretamente lido e interpretado como a palavra que significava *ferro* – e a evidência nesse sentido é forte – então, na primitiva história hitita, *o ferro era cinco vezes mais dispendioso do que o ouro, 40 vezes mais caro do que a prata*. Durante séculos deve ter sido a mais rara das coisas de luxo. E de fato os faraós escrevem cartas aos reis hititas pedindo algum ferro, pedidos que eram altivamente rejeitados. O ferro era um metal precioso, com que se faziam ornamentos, e não armas. E parece provável que as primeiras armas de ferro, na qualidade, de modo algum se igualassem às experimentais e verdadeiras armas de pedra e de bronze. A autêntica "idade do ferro" veio muitos séculos depois; foi provavelmente introduzida pelos "povos do mar", cujas armas de ferro deitaram por terra o Império Hitita, apagando-o da história por centenas de anos.[23]

Os hititas na busca do seu modo harmônico de agir iriam estabelecer um conjunto de posturas e procedimentos (denominado Código Hitita), onde uma série de aspectos confirmaria, de fato, a não virulência e agressividade de sua civilização.

A CODIFICAÇÃO HITITA

Não é de surpreender que a primeira codificação das leis hititas se verificasse nesse período. Não obstante, um dos temas mais discutidos sobre o chamado Código Hitita é sobre se ele vem a ser uma compilação emanada da autoridade do rei, provavelmente sob a direção do próprio Telepinus, ou se é, ao contrário, diferentemente de outros textos legais do Antigo Oriente Próximo como o Código de Hamurabi, uma reunião de sentenças emitidas em diversos casos que foram se incorporando ao direito consuetudinário, formando um tipo de jurisprudência prevalente (Juan Antonio Alvarez; Pedrosa Núñez. *La estructura composicional de las leyes hititas*. Universidade Complutense de Madrid).

A favor do seu caráter de código estaria o fato de que as diversas cópias são amplamente coincidentes entre si, mas a favor de que o Código Hitita é uma compilação de sentenças está o fato de que o mesmo não possui a estrutura de uma compilação legal, além do que os parágrafos não estão ordenados de forma coerente. Faltam nas leis hititas a regulamentação sobre certos temas como o matrimônio, a adoção, a herança e até para algumas formas de assassinato, tão amplamente regulamentado no Código de Hamurabi, o que é atribuído à perda irreversível das partes dedicadas a estes aspectos.

SUAVIDADE DO CÓDIGO

Eram inteiramente diferentes de todos os outros códigos de leis orientais, pela suavidade de suas penalidades, e continham muitíssimas inovações legais. Pela redação precisa de cada situação das que nos restou, parece mesmo que o Código Hitita é uma compilação de decisões daquela época.

Por volta de 1353 a.C., o império dos hititas só tinha um rival em tamanho e poder: o Egito. Em 1334 a.C. seus domínios compreendiam 675 mil quilômetros quadrados, indo do mar Egeu às montanhas do Líbano, ao sul, e até as cabeceiras do Eufrates, a leste.

O HOMEM E O CÓDIGO

> As leis hititas não incluíam as crueldades mutiladoras do antigo código babilônico, nem do mais recente, assírio. Evidentemente, o desafio à autoridade real recebia uma punição draconiana: a casa do infrator era "reduzida a um monte de pedras" e o criminoso, apedrejado até a morte, junto com a família. Fora disso, a pena de morte era obrigatória apenas para o bestialismo e o estupro, em ralação ao qual se fazia uma estranha distinção entre atacar uma mulher casada "nas montanhas", que era um crime capital, ou na casa dela. Neste último caso, se ninguém ouvisse a mulher gritar por ajuda, ela seria condenada à morte, talvez com base na teoria de que ela estaria voluntariamente cometendo adultério.
>
> O princípio básico da lei hitita era o da restituição, em vez da retribuição. Por exemplo: exigia-se que os incendiários substituíssem a propriedade que haviam queimado; mesmo os assassinos poderiam ficar em liberdade, se remunerassem os herdeiros da vítima, em geral com prata, escravos, terras ou um cavalo, além das despesas do enterro. Para os hititas, o alcance da lei estendia as relações exteriores; seu império constituía, de fato, uma rede de Estados unidos por tratados, geralmente inscritos em lâminas de ouro, prata ou ferro, cujo poder legal era reforçado pelas intensas crenças religiosas do povo. Um tratado típico invocava uma terrível maldição sobre o signatário que não cumprisse suas disposições. Um desses acordos – com um rei vizinho chamado Duppi-Teshub – dizia que se ele não cumprisse o acordo, "possa essa divina imprecação destruir Duppi-Teshub, sua esposa, seu filho, seu neto, sua casa, sua cidade, sua terra e tudo que a ele pertence". Como testemunhas, aparecem os nomes de não menos de 80 deuses e deusas.[93]

Os hititas resultaram do enlace de migrações indo-europeias (e estudos linguísticos confirmam essa afirmação histórica) com populações autóctones (organizadas em comunidades). Eram cavaleiros (e, guerreiros nômades) provavelmente originários da Rússia Meridional que deslocaram-se para a região do Machado Sapiens com suas famílias, *provavelmente em decorrência de secas ao correr do terceiro milênio a.C.* É claro que muito provavelmente migrações anteriores de pequeno porte já tivessem ocorrido, sinalizando novos rumos para seus povos de origem. Verdadeiros grupos precursores.

Segundo pesquisas específicas, eles interagiriam com tranquilidade (na região da Anatólia) com as comunidades já existentes. Provavelmente as cidades vinculadas a redes comunitárias foram sendo progressivamente transformadas em polis hititas com governo central e estrutura organizada de gestão.

Como não puderam "penetrar" na Mesopotâmia e nos seus muitos campos irrigados, iriam dedicar-se à pecuária e à agricultura ao tempo, ao lado do manejo de hortas e pomares. Detiveram importância capital na vulgarização da metalurgia do ferro e na tecnologia dos carros de combate. Desenvolveram o comércio terrestre a longas distâncias. Amantes dos cavalos e da equitação podem de certa forma ser também considerados como a primeira grande civilização equestre, prosseguida no futuro pelos hunos, os citas, os partas, os kazars, os númidas, os mongóis, os cossacos e os tártaros. Devem ter sido dos primeiros a trabalhar ações de melhoria genética para seus rebanhos.

Adotaram as tablitas cuneiformes e os hieróglifos como escrita, estruturaram bibliotecas. O rei exercia a sua ação com o apoio do *pankus*, um conselho de notáveis e anciãos, provavelmente uma herança viva da *pax* comunitária. Preservaram, portanto, aspectos relevantes da cultura comunitária. A presença feminina tinha um papel destacado na organização da sociedade. Buscavam amenizar a vida dos escravos, no sentido que pudessem possuir um lote para a sua produção própria. Escravos casados não poderiam ser separados um do outro e também não se permitia que seus pertences fossem confiscados. *Em outras palavras, preocupavam-se com a unidade familiar mesmo nas camadas mais ao pé da própria pirâmide social. Os mais humildes, os mais sofridos.*

A propósito, Pedro, o Grande (1672-1725), czar da Rússia iria adotar um procedimento análogo em seu país. Transformou radicalmente a política russa nesse domínio, não permitindo que se fragmentasse uma família de servos, atitude essa estabelecida no alvorecer do século XVIII. Os hititas tinham se antecipado nessa questão em cerca de 3 mil anos. No Brasil, no século XIX, certos fazendeiros contratavam "reprodutores" de boa estampa e características físicas que iriam "servir" lotes de escravas para obtenção de bebês (futuros escravos) da melhor qualidade possível. Uma lamentável genética perversa e debochada. Com essa prática "extrapolavam" todos os limites e humilhavam, com certeza, todas as células familiares de uma fazenda. Os hititas no sentido inverso dessa atitude tornavam muito nítida a sua preocupação com a dignidade das pessoas ainda na Antiguidade, onde infelizmente em muitas situações e em determinadas sociedades ao longo da história, o escravo era virtualmente um "lixo humano".

Os hititas ao lado da estruturação de bibliotecas desenvolveram ações educacionais, providências técnicas, tecnológicas e científicas. Preocupavam-se com o lazer e a diversão do povo, promovendo festas e eventos que em princípio deveriam possuir uma razoável semelhança com os que ocorriam em Creta (acrobatas, por exemplo) e Troia, da mesma forma.

Pode-se sugerir que os hititas constituíram, a rigor, a primeira grande civilização do descampado sem grandes acidentes geográficos (favoráveis) que a caracterizasse como diferentemente ocorria com os rios Tigre, Eufrates e Nilo. Não contava também com desertos protetores que dificultassem o acesso a seus domínios. Não se verificava também a abundância de água. A sua própria proteção teria muito a ver com a sua inteligência, na habilidade em conviver com múltiplas etnias, a tolerância religiosa e racional. Poucas nações na história do mundo foram tão abertas e tão bem-humoradas como os hititas, onde o ódio e o rancor ocupavam lugar não significativo na sua própria escalada. O Império Hitita infelizmente teve poucos seguidores na história do mundo em toda a evolução da humanidade, compassando, ao mesmo tempo, tolerância com competência.

Apresenta-se a seguir uma descrição primorosa do dia a dia numa cidade hitita.

O COTIDIANO DE UMA CIDADE HITITA

As casas dos hititas podiam ter um ou dois pavimentos, com diversos cômodos e janelas. Eram cobertas por um terraço plano cujo acesso se dava por uma escada de madeira. Nas noites de verão, dormia-se em esteiras sobre os telhados.

A mobília variava de acordo com as posses do indivíduo. Os pobres tinham pouco mais que uma esteira para se sentar e dormir. Usavam um braseiro de terracota a carvão para cozinhar e aquecer a casa. As roupas eram guardadas em baús de madeira. Os mais abastados possuíam vários móveis, de mesas dobráveis e camas altas a cadeiras de espaldar alto.

Grãos, óleos e outros mantimentos eram conservados em vasos nas despensas. Algumas delas tinham fornos e utensílios para moer grãos, usados na fabricação de pão e cerveja. O vinho era um luxo restrito aos ricos.

As ruas eram movimentadas, sobretudo perto dos portões da cidade, onde se situavam os mercados. A multidão era composta de anatolianos, que vestiam túnicas curtas ou capas largas e calçavam sapatos de couro compridos e bicudos. As mulheres hititas circulavam em longos vestidos, com a cabeça coberta por uma echarpe franjada.

Estrangeiros chegavam de longe: sírios com barbas pontudas trajando roupas bordadas e micênicos (nome dado pelos estudiosos modernos ao povo que, séculos mais tarde, viria a ser o grego) do Egeu, que podiam ser conhecidos por suas túnicas. Mercadores assírios com seus mantos pesados e a barba penteada misturavam-se à multidão, interessados especialmente por suprimentos locais de chumbo, cobre, ferro e prata.

O preço de quase todas as mercadorias era fixado por lei, tendo como unidade de valor o siclo de prata. Mesmo assim, as negociações geralmente ocorriam por permuta: uma roupa no valor de 20 siclos podia ser trocada por uma carroça de mesmo valor. Determinada quantidade de grãos valia um terço de um siclo; um queijo valia um pouco mais: meio siclo.

> Os cidadãos levavam os produtos de seu jardim para o mercado: maçãs, peras, romãs, figos, cebolas, alhos-porós, lentilhas, ervilhas e azeitonas. Já os artesãos ofereciam artigos como calçados, cerâmicas, espelhos, objetos de bronze e joias em ouro e prata. Dos campos para além das muralhas da cidade, os camponeses levavam grãos, óleo, mulas, vacas e ovelhas. As mulas, muito requisitadas nesse país montanhoso, eram caras, custavam 60 siclos, quatro vezes o preço de um cavalo e 60 vezes o de uma ovelha. É provável que as vendas de terras também se realizassem nos mercados. Um hectare de terra irrigada valia 3 siclos. Se cultivada com vinhas, seu valor subia para 120 siclos – evidência da escassez de vinho na região. *

A cidade hitita era ao mesmo tempo um *point* comercial, com mercados a céu aberto para produtos hortifrutigranjeiros, e também um *gerador* de facilidades logísticas. O povo convergia para a polis, não só para o comércio, como também para *informar-se, participar*, em uma atitude ao mesmo tempo comunitária e cosmopolita. De certo modo podemos entender *Hatusa* como um *porto seco*, para onde fluíam comerciantes de todas as partes da Antiguidade. Sente-se nas entrelinhas da história que enquanto *Creta* policiava os mares, *Hatusa* cuidava das grandes extensões "abertas" de terra punindo severamente todos aqueles que tentassem desestabilizar a sua área de influência (ou dela se aproveitar sem a sua autorização). Pode-se sugerir que o quadrilátero Mênfis/Tebas, Creta, Troia e Hatusa, de notável conteúdo estratégico, estabeleceu (de certa forma) as reais bases para o desenvolvimento econômico e sustentado de uma amplidão territorial superexpressiva da Grande Antiguidade. Nesse quadrilátero, no seu interior, encontravam-se as raízes estratégicas do Ocidente.

Na medida do possível esse quadrilátero expulsou da sua área de influência a crueldade e a mesquinharia, pelo menos como política geral de ação.

O desgaste político, a luta pelo poder, o maquiavelismo e as comparações sempre se fizeram presentes. Enfim, o homem é sempre o homem. O que se afirma entretanto, é que o fazer sofrer, o humilhar e o matar, não se contituí no cotidiano dos espaços delimitados pelo quadrilátero exposto e as áreas de influência dessas cidades.

* A propósito, em Minas Gerais, Goiás, São Paulo e no estado do Rio de Janeiro uma boa mula ou burro sempre foi bem mais valiosa que um cavalo. Mesmo nos dias de hoje. O muar na Antiguidade era essencialmente um elemento logístico, utilizado em caravanas e carros de guerra. O cavalo apesar de versátil era bem menos resistente para as longas marchas. A importância do burro ou da mula no mundo hitita sugere que a sua utilização logística/militar era um fato de extrema importância, além do trabalho no campo e transportes de cargas, da comunidade até a polis.

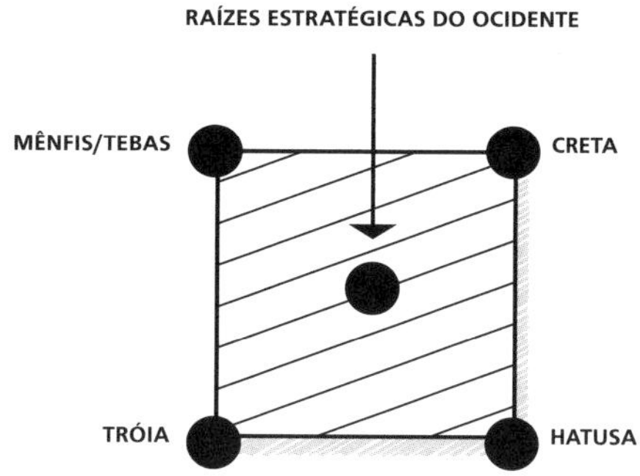

Figura 22. O quadrilátero cordial (Mênfis/Tebas, Creta, Troia e Hatusa)

A cidade respirava, ao mesmo tempo, governo, religião, lazer, comércio. Tudo leva a crer que eram mesmo alegres e felizes apesar de não contarem com as facilidades hídricas dos povos mesopotâmicos e dos egípcios. Estavam de bem com a vida. E, deve-se ressaltar, vinculados a uma agricultura ao tempo, que poderá ser muito traiçoeira com seus veranicos. Milhares de cabeças de gado bovino, caprino e ovino deviam ser pastoreados de forma inteligente de modo a não exaurir as pastagens naturais (rodízio). *O manejo do gado em Goiás e no Rio Grande do Sul, no século XIX, em muitos aspectos, deveria se assemelhar bastante ao do mundo hitita. Campos abertos com velhos e crianças a pastorear com cavalos todos os rebanhos.*

Os hititas perceberam com total nitidez que tanto os povos mesopotâmicos quanto o Egito não possuíam áreas significativas para a criação extensiva de rebanhos bovinos, ovinos e caprinos. A cultura irrigada não suportaria a convivência intensa com a pecuária. Os lotes agrícolas da Mesopotâmia e do Nilo poderiam no máximo conter alguns exemplares para a produção diária de leite e também para a tração animal. Deveriam contar com pequenos galinheiros e chiqueiros. Assim, os hititas deveriam direcionar para essas comunidades do Tigre, do Eufrates e do Nilo animais já praticamente em ponto de abate. Com certeza os mesmos deveriam permanecer confinados em pequenos piquetes existentes nas propriedades. Em troca os hititas receberiam cereais e outras mercadorias, tais como armas, sal, metais, ouro etc. É provável que Hatusa também fornecesse couro, trabalhos com chifres e ossos e possivelmente charque. Comércio pleno.

Apesar de todo e qualquer antagonismo que pudesse existir entre as elites dominantes do Egito e do reino dos hititas, *tudo leva a crer que os comerciantes dos dois países "amavam-se" intensamente*. Economias complementares, portanto, o paraíso para o comércio sadio. Carboidrato (trigo e outros grãos) do Egito x proteínas dos hititas, "alimentando" os açougues de Mênfis, Tebas e outras aglomerações urbanas às margens do Nilo. É certo que balsas-currais deveriam percorrer grandes extensões do rio carregadas de gado, levados aos embarcadouros pelos tropeiros hititas. É claro que os fenícios assistiam a essa "proteinação" sem maiores ciúmes, na medida em que não detinham as reais condições para realizá-la, ressaltando-se também que os hititas não necessitavam de sua presença para intermediar essas atividades. É intuitivo verificar que esses grandes fluxos comerciais seriam observados e acompanhados cuidadosamente pelas representações diplomáticas presentes em cada país.

Dentro desse quadro pode-se visualizar também a existência de grandes currais em Hatusa, constituindo uma feira permanente de animais e produtos derivados. As grandes caravanas, os cavaleiros nômades e o manejo dos rebanhos deveriam ser um espetáculo cênico extraordinário: cavalos, cabras, ovelhas, muares, suínos e camelos. Uma ou mais vezes por ano deveriam providenciar feiras e festas como a do Peão em Barretos, no interior de São Paulo.

Investiram culturalmente e pesado no processo religioso, condicionando o homem comum a temer os deuses mais que aos impostos, taxas e às penalidades de governo. Eram tolerantes com a presença de muitas divindades, dezenas delas, e com a diversidade de etnias. O país dos mil deuses! Comunicavam-se em vários idiomas, em uma Babel organizada, nos planos oral e escrito. A língua franca adotada entre os vários países da Antiguidade era o acádio, da mesma forma que o foram o latim, o francês, e hoje o inglês. É certo que as elites de todos os componentes da região do Machado Sapiens eram fluentes nesse idioma. É linear que todos os comerciantes dominavam o acádio com muita facilidade. Os diplomatas e os governantes, além dos altos funcionários, também.

Aparentemente "abrigavam" todos os excluídos da Mesopotâmia (tribos as mais diversas) de forma muito generosa, o que de certa forma era facilitado pela realização da agricultura ao tempo, e uma amplidão de terras bastante razoável para o seu trabalho. Ao mesmo tempo, deveriam interagir com caravanas de várias regiões da Ásia e com cidades e portos às margens do Egeu. Troia, com certeza, a mais importante rótula de todas. Ambicionavam poder, paz e progresso, além da alegria e felicidade. Multimodal! *No seu modo de viver o país os hititas podem ser considerados como cidadãos e profissionais de bem com a vida.*

Uma visão fria e cínica da tolerância dos hititas para com os "excluídos" pode ser interpretada apenas como uma forma sutil para obtenção de mão de obra para os cultivos agrícolas, uma vez que, com certeza, detinham horror ao trabalho com a terra, a enxada, a foice, o arado, a semeadura, a colheita, a armazenagem etc. Apesar de pessoalmente discordar dessa visão sobre um comportamento muito frio dos hititas, trata-se de uma questão que merece ser aprofundada em pesquisas específicas sobre o tema.

A sua engenharia de sucesso, aliás, como de muitas outras nações, dependia de um permanente ajuste fino estratégico na estrutura de comando. Não poderiam ocorrer disputas sangrentas no topo, sob o risco de se desestabilizar toda a engrenagem de ação global. Aparentemente, os hititas – a partir do vértice do poder, governantes e integrantes do conselho – impregnavam toda a pirâmide social com um ritmo de trabalho consistente e agradável, tolerância e alegria de viver, além de plena aplicação estratégica, tática e operacional, nos seus planos infraestrutural, econômico e financeiro.

Ao se refletir sobre o mundo hitita, conclui-se que o seu ponto forte era exatamente *esse clima conduzido com extrema habilidade de cima para baixo, unidirecional.* Quando em decorrência de um conjunto de razões, o vértice se "esfarelou", rompeu-se a nação! Aliás, rapidamente estabeleceu-se o desequilíbrio.

Assim, quando essa paz de vértice deixou de existir iniciou-se também a longa agonia dos hititas. Essa sociedade, desagregando-se de alto a baixo, seria uma presa fácil para a terrível avalanche social-familiar-militar dos desesperados "povos do mar". As grandes cidades hititas iriam se esvanecer pouco a pouco e as populações e pequenos reinos sob o seu comando buscaria rapidamente outro destino estratégico para se abrigar. Outra guarida! Outro local de morada seja na imensidão da Ásia ou das estepes, *ou então se acomodando com os novos entrantes*. Muitos guerreiros hititas devem ter se transformado em mercenários, a serviços de outros povos, inclusive o Egito. O mundo com o desaparecimento dos hititas iria, com certeza, ficar bem menos alegre. De fato, foi o que realmente deve ter acontecido. E as minorias raciais da Grande Antiguidade bem mais assustadas e menos abrigadas.

Troia, inserida num contexto hitita – apesar de constituir uma polis de pequenas proporções – representou de fato um caso *sui generis* na história da Antiguidade, realizando o amálgama das culturas hitita, micênica, minoica, egípcia, mesopotâmica e, muito provavelmente, também interagia com os fenícios. É incrível, mas de fato, os ombros de Troia tiveram que suportar (ou conviver) com o (enorme) peso (ou a interferência) de extraordinárias manifestações culturais. Esse desafio para Troia deve ter correspondido a uma dificuldade muito superior que o cerco (fictício nos seus detalhes) descrito por Homero em suas obras emblemáticas.

De certa forma Troia "resumiu" a Antiguidade nos seus principais valores culturais. As inúmeras "destruições" por ela sofridas devem ter se originado não só pela presença (e cobiça a) de seus tesouros acumulados como também eventualmente pelo choque de culturas não triviais de serem harmonizadas *in loco. O cadinho cultu-*

ral troiano correspondeu, portanto, a um sistema de manejo muito complexo, muito além das rivalidades entre gregos micênicos.

O ESPALHAMENTO GREGO

Denominava-se a Grécia Antiga de Hélade, que no correr da história iria se desdobrar em cinco grandes blocos regionais:

- a Grécia continental, ao sul dos Balcãs, onde se situa a parte montanhosa do país;
- a Grécia peninsular, correspondendo ao Peloponeso;
- a Grécia insular, correspondendo às ilhas do mar Egeu;
- a Grécia asiática, abrangendo as colônias da Ásia Menor,
- a Magna Grécia, no sul da península itálica, no Mediterrâneo.

O povoamento e a ocupação original desses territórios apresentaram, com certeza, um desenvolvimento muito próximo ao dos povos da Mesopotâmia e suas áreas de influência, como também ao praticado pelas populações às margens do Nilo e seu delta, os nilotas (muito antes da organização do próprio Império Egípcio).

Da mesma forma que nas manifestações anteriores, estabeleceu-se a *pax* comunitária em todos os grandes territórios com presença grega, *só que nessa situação representavam comunidades bem menos aquinhoadas pela generosidade da Mãe Terra, na medida em que não iriam contar com a real possibilidade de desenvolverem amplas culturas irrigadas.* De um modo geral a precipitação pluviométrica era inferior a 700 mm/ano, o que por si só traduz a necessidade de um manejo muito cuidadoso com a água, pois iriam contar apenas com rios não volumosos, pequenos córregos, regatos, poços e fontes. O quadro persistiria mesmo quando a precipitação fosse da ordem de mil mm/ano. Pode-se estimar que 80% do território grego fosse montanhoso e os outros 20% aptos para o plantio de cereais. Conviveriam também com uma agricultura ao tempo, da mesma forma que os hititas. Mas, com um relevo bem mais desfavorável. A aração, com pessoas ou bois, seria tremendamente mais complexa. O trabalho humano (e dos animais, também) bem mais cansativo. Aclives e declives perversos.

A interação grega com a terra, além da plantação de grãos numa área limitada do país, estava diretamente vinculada às oliveiras, às videiras, árvores frutíferas, hortas e o manejo de ovelhas, cabras, porcos e aves, além da caça e da pesca. É interessante assinalar que a alimentação básica do povo grego 4 mil anos atrás, estava muito próxima do que hoje denomina-se a dieta do Mediterrâneo, superelogiada por médicos e nutricionistas do 3º milênio.

Observe-se que o grego era frugal, bem diferente do romano desproporcionalmente glutão. As condições de suas terras o fizeram como tal, sobrevivendo com uma "dieta contida e racionada" sem qualquer tipo de sobra. Sente-se que o camponês grego convivia com margens muito estreitas para a sua sobrevivência e da própria família. O terreno não lhe proporcionava excedentes generosos como os verificados às margens do Tigre, do Eufrates e do Nilo. Foi exatamente dentro desse contexto que iriam surgir povoados e colônias gregas no Mediterrâneo, no Egeu e na Ásia. Não existia a menor possibilidade de "abrigar" o excedente populacional nos territórios da Mãe Grécia. Por outro lado suspeito que as famílias gregas (e principalmente as mulheres) eram visceralmente contrárias ao infanticídio. Como decorrência dessa atitude, exportou-se o excedente demográfico não só para as colônias e também os homens alistaram-se como guerreiros mercenários (combatentes de elite) nos exércitos de muitos povos da Grande Antiguidade, como Egito e Pérsia, por exemplo.

Com centenas de ilhas e cerca de 14.500 km de costas, os gregos desde vários milênios a.C., realizaram uma parceria inteligente e sábia com o mar, aliás, desde muito cedo. É interessante observar que no mundo grego muito, muito antigo, não se localizam polis comunitárias expressivas em seus territórios. Mas Creta pode ter se constituído numa preciosa exceção.

A propósito, e com relação a esse tema, assinalem-se as importantes informações de John Noble Wilford.

Navegação começou há 100 mil anos. Ferramentas achadas na Grécia revelam início muito antes do imaginado

Antigos humanos já se lançavam ao mar muito antes do que se imaginava. É o que indicam descobertas feitas nos últimos dois verões na ilha grega de Creta. Ferramentas de pedra encontradas ali, dizem arqueólogos, têm pelo menos, 130 mil anos, e são consideradas um forte indício das mais antigas atividades de navegação no Mediterrâneo – o suficiente para que especialistas revisem as capacidades marítimas dos povos mais antigos.

Creta existe como ilha há mais de 5 milhões de anos, o que significa que homens capazes de fazer ferramentas de pedra chegaram ali de barco. Isso empurra o início da história da navegação no Mediterrâneo em mais de 100 mil anos, segundo especialistas em Idade da Pedra. Outros artefatos descobertos anteriormente indicavam que os

> primeiros humanos teriam chegado a Chipre, outras ilhas gregas e, possivelmente, à Sardenha, há cerca de 10 a 12 mil anos.
>
> A mais antiga viagem marítima registrada até agora foi a travessia do moderno *Homo sapiens* para a Austrália, há aproximadamente 60 mil anos. Havia ainda indícios sugestivos, basicamente esqueletos e artefatos, achados na Ilha de Flores, na Indonésia, indicando que hominídeos ainda mais antigos podem ter buscado novos habitats pela água.
>
> Ainda mais intrigante é o fato de os arqueólogos que encontraram as ferramentas em Creta terem notado que o estilo das machadinhas de mão sugerirem que elas poderiam ter até 700 mil anos. O número pode ser exagerado, eles admitem, mas o fato é que os artefatos parecem muito com os usados por hominídeos na África.
>
> Mais de 2 mil artefatos em pedra, entre eles as machadinhas de mão, foram encontrados na costa sudoeste de Creta, perto da cidade de Plakias, por um grupo de geólogos e arqueólogos liderados por Thomas F. Strasser, da Universidade de Rhode Island, nos EUA, e Eleni Panagopoulou, do Ministério da Cultura Grega. O trabalho foi apresentado numa reunião do Instituto de Arqueologia dos Estados Unidos.[115]

Refletindo sobre as averiguações dos arqueólogos da Universidade de Rhode Island, liderados por Thomas F. Strasser, pode-se inferir que Creta, e também outras ilhas gregas no Egeu, amadureceu muito provavelmente como as manifestações comunitárias do continente. Se avançarmos progressivamente com esse raciocínio poder-se-á "suspeitar" que o Egito já efetuava transações com as comunidades cretenses (e outras ilhas do Egeu) antes de decidir transformá-las numa projeção do seu reino. *Assim, o Egito poderia ter escolhido (considerando um elenco de condições de amadurecimento estratégico) uma entre as várias ilhas mas, sem dúvida alguma, seja pelo porte, seja pela consistência e competência comunitária, Creta foi a eleita.*

Em outras palavras, Creta não surgiu subitamente emergindo do nada para os egípcios. Provavelmente a ilha já realizava também uma interação inteligente com os piratas gregos. Essa integração configurou-se, é claro, como superatrativa para o reino do Egito, é claro. Assim, é de se supor que o país dos faraós foi atribuindo progressivamente a Creta uma série de missões/responsabilidades objetivas. Aliás, objetividade sempre foi uma característica do reino dos faraós. Nesse sentido delegações egípcias paulatinamente deslocaram-se para esse território perenizando representações permanentes que por seu lado foram se adensando progressivamente. A partir de um determinado momento estabeleceu-se um clima superfavorável provocando e produzindo a eclosão dos palácios e o estabelecimento da especialíssima cultura minoica, aliás, um coproduto da cultura egípcia.

Entretanto, se aprofundarmos a reflexão verificaremos que, de fato, as ilhas poderiam ser definidas também como virtuais polis (marítimas) comunitárias. Pelo menos Creta. Os gregos ásperos em termos comunitários progrediram mais nas ilhas do Egeu do que no continente. A ilha pela sua própria definição estava bem menos exposta a ataques por bandos ou destacamentos militares não muito expressivos. A logística de abordagem de uma ilha por volta de 5000 a 3000 a.C. (e mesmo posteriormente) não seria uma tarefa fácil e expedita. O custo de invadir uma ilha não seria trivial, seja qual for o panorama e o momento da incursão.

Além de ter que providenciar embarcações ágeis e aguerridas de ataque/defesa e grupamentos de combate, há que reconhecer que os rochedos e relevos montanhosos das ilhas gregas dificultavam de forma soberba as eventuais incursões invasoras que quase sempre teriam que ser frontais. Da mesma forma seria bastante complexo o deslocamento de "máquinas de guerra", tais como escadas, lançadores de projéteis etc. E nunca nos esquecendo, é claro, que as ilhas já estariam preparadas e prontas para rolar pedras ribanceira abaixo com efeito devastador e de ação similar ao de armas letais, sobre os eventuais agressores. E os altos das montanhas materializavam também preciosos postos de observação estratégicos, verdadeiras torres de alerta, transmitindo mensagens por meio de "corredores" de fumaça, buzinas de caça, reflexos de espelho ou pombos-correio. Enfim, comunicação imediata. Codificada, é claro!

Não se pode esquecer que as muitas cavernas das ilhas deverão ser, em paralelo, consideradas como virtuais depósitos para armas e gêneros alimentícios. Assim, as ilhas gregas com suas montanhas podem e devem ser entendidas como competentes fortalezas naturais, não triviais de serem enfrentadas.

Assim, o relevo grego, áspero e muito dobrado, iria constituir uma "blindagem" natural muito especial para o seu povo (principalmente nas ilhas), dificultando também sobremaneira investidas aos povoados localizados no seu território. Observe-se que os invasores dóricos, aliás, gregos também, ao realizarem a sua investida bem-sucedida contaram com a ajuda da Mãe Terra, a qual com a sua geração de problemas estava desestabilizando seriamente uma série de povos e situações antes equilibradas na Antiguidade. Aliás, de fato, as grandes potências nunca ambicionaram o território grego na Grande Antiguidade, pois sob o ponto de vista econômico essa presença valia muito pouco.

A propósito, o sucesso dórico pode ser entendido como um filho querido (e aproveitador) dos "estragos" causados pela Mãe Terra. O oportunismo dos dóricos pode ser entendido como exemplar. As populações das ilhas já estavam "ajoelhadas" quando chegaram.

A nossa interpretação é que no futuro as guerras dos persas contra os gregos ocorreram muito mais para evitar que os filhos de Zeus investissem contra os seus territórios. Qualquer analista geopolítico da época (e os persas contavam com excelentes estudiosos) identificaria com total clareza que mais cedo ou mais tarde os gregos iriam tentar expandir a sua projeção territorial em direção ao seu império. Em busca de seus tesouros, é claro.

Em outras palavras, um transbordamento estratégico, pois reconheciam que Atenas, Esparta, Tebas e outras projeções gregas não poderiam ficar mais contidas no seu espaço de origem. Um jovem príncipe macedônico, provavelmente orientado por Aristóteles, Alexandre, entendeu a necessidade desse transbordamento (além do Egeu, além da orla do mar) com notável nitidez e foi em frente. Pena que não soube se conter na sua voracidade pela captura de tesouros. Faltou-lhe bom senso. Faltou-lhe ouvir, com certeza, Aristóteles na sua visão mais ampla além de seus amigos e comandantes esclarecidos das tropas macedônicas.

Portanto, e é pena que essa questão não venha sendo mais enfatizada por pesquisadores, pode-se afirmar que os gregos ásperos (preferimos essa denominação à de gregos cicládicos) organizaram em realidade, uma espantosa rede de polis (miniaturização) que lhe permitiram uma significativa paz comunitária insular. Um comércio consistente fez com que essas polis comunitárias marítimas interagissem não só com outras ilhas, mas também com o continente, com o próprio território grego, hitita, mesopotâmico e egípcio e assim foram evoluindo de forma consistente no correr do tempo.

Em outras palavras, Creta já possuía um tecido comunitário superinteressante quando foi "visitada" pelos indo-europeus e, em seguida, integrada ao reino do Egito como uma projeção estratégica (parceira).

É meu entendimento que a projeção egípcio-cretense, a qual daria origem à civilização minoica, resultou de uma negociação muito cuidadosa entre o reino dos faraós e as populações comunitárias presentes há milhares de anos na ilha. É incrível, mas tanto os egípcios quanto os cretenses já estavam suficientemente "maduros" e predispostos para efetuar esse casamento (reunião) político-econômico-social.

Por volta de 3000 a.C. esses gregos ásperos (autóctones) veriam seus territórios serem "invadidos" por ondas migratórias indo-europeias (à feição do que ocorreu com o Império Hitita) que se mesclariam à população original. Um dos fenômenos mais extraordinários da humanidade é o casamento das populações autóctones da Grécia com os fluxos indo-europeus, produzindo-se uma base linguística única, característica notável da cultura grega.

Uma explicação para esse fato é de que a Grécia continental e ilhas já estivessem sendo visitadas lentamente por populações indo-europeias precursoras (pequenos contingentes) lá estabelecidas bem antes das migrações de 3000 a.C. Aliás, hititas e semitas, como já ressaltado, devem ter adotado o mesmo procedimento. O que teria ocorrido, portanto, foi um encontro muito feliz de dialetos já existentes fundamentados na mesma raiz linguística por um processo histórico progressor superinteressante. *Aliás, denominarei a "primeira reunião" dos gregos ásperos com os migrantes indo-europeus de* gaminds.

Penso que a grande riqueza que os "invasores" ou "visitantes" trouxeram consigo foi mesmo o seu idioma riquíssimo, permitindo que os autóctones ampliassem a sua capacidade de pensar, inclusive com desenvolvimento de raciocínios abstratos. Aliás, o grande passaporte da Grécia para a história (e logicamente também para o povo daquelas terras) traduz-se pela sua competência de comunicar-se, raciocinar e expor os seus pontos de vista. Dessa forma a cultura grega encantou a todos à sua época e vem nos encantando até os dias de hoje. Os gregos de certa forma nos ensinaram a pensar em muitos domínios da inteligência humana. Observe-se que em Roma, ao longo da sua história, um patrício romano sempre falava o grego uma vez que esse idioma apresentava uma riqueza de expressão muito maior que a manifestada pelo latim.

A propósito, quando César é assassinado em Roma, no Senado, ele agoniza aos pés da estátua de Pompeu (que ironia!) e plange em grego com a sua desesperada fala: "Até tu, Brutus?". As suas últimas palavras, as derradeiras, não forma balbuciadas em latim.

Os gaminds iriam não só ocupar posições no continente como também, por meio de casamentos, construção de famílias etc., permeariam as polis comunitárias marítimas (ou polis insulares). Ou seja, um espalhamento (e um espelhamento) gamind.

As ilhas gregas desenvolveriam, por força de suas próprias circunstâncias, configurações autossustentadas muito especiais. Aliás, em termos estratégicos pode-se entender o mar Egeu como um laboratório laborioso de pesquisas no seu território quase sempre não fértil, em busca da autossustentação. Isso significa que suas comunidades deveriam necessariamente se bastar e ao mesmo tempo serem capazes de realizar interações inteligentes com o meio ambiente, não permitindo o esgotamento de recursos naturais.

Bem mais que os gregos continentais, os gregos insulares investiram na arte de viver com menores preocupações em termos de invasões e devastações. Qualquer invasor que investisse contra uma comunidade insular pagaria, muito provavelmente, um preço muito alto. Nesse contexto pode-se focar o grego insular como uma configuração mais *light*, mais amena que a do grego continental. Nesse amplo cenário, Creta com suas populações gregas insulares destacou-se como uma manifestação de riqueza humana possivelmente inigualável na Grande Antiguidade.

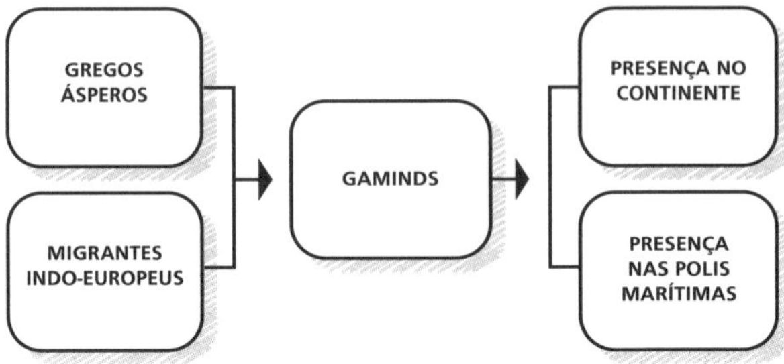

Figura 23. Construção dos gaminds

Das polis marítimas, a de maior realce foi, com certeza, Creta, que seria "enriquecida" posteriormente por migrantes muito mais avançados culturalmente (provavelmente egípcios) produzindo-se o grego cretense, o qual desempenhou papel fundamental na história da humanidade. Eventualmente hititas, também.

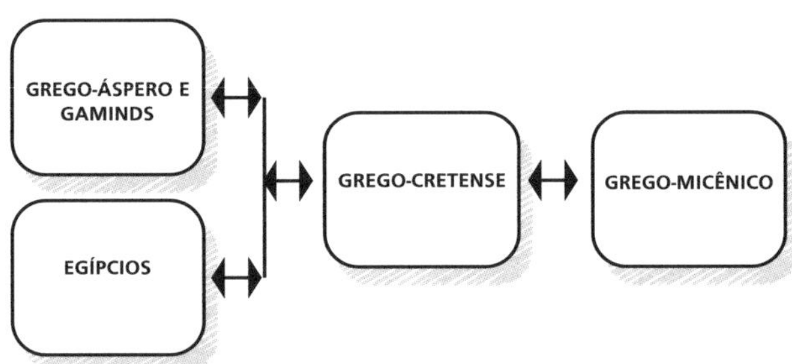

Figura 24. O grego cretense e o grego micênico

O grego cretense por seu lado iria recombinar-se de modo permanente com os "gaminds", produzindo o grego micênico, ponto de partida da civilização grega, *se conceituarmos civilização (aliás, o que para mim é discutível) como a reunião de povos, governo e a plena disponibilização da escrita.*

Creta, por essas razões e também por outras, deve ser compreendida como um laboratório formador do "primeiro tecido" do homem ocidental, combinando pontos positivos e "qualidades" de muitos povos e nações dentro de uma sistemática que reúne calma, harmonia e não paternalismo. É bom que se frise esse aspecto, pois Creta constituiu um passo gigantesco do *Homo ocidentalis* pela construção precursora de um desenho extremamente arrojado para um de seus parceiros estratégicos: o grego micênico.

No topo do processo encontrava-se a cultura minoica, com valores próprios, a qual foi a condutora de todo esse processo. A cultura minoica, do começo ao fim, manteve-se sem "intrusões" ou combinações com outras manifestações sociais externas. Ela se constituía na presença dominante, em termos políticos, econômicos, sociais e culturais.

O que existe de espantoso na evolução do grego áspero até o grego cretense, e, indo mais além, o grupo micênico, refere-se à população isotrópica que surgiria em todo o espaço grego. Em outras palavras, a reunião da cultura áspera com a da migração indo-europeia, evoluindo para interagir com a cretense, definiria um novo mundo, onde a família, a frugalidade, o amor às montanhas e ao mar, a coragem, a ambição e a capacidade de pensar e agir após pensar (efeito *Prometeu*) seria uma constante. Deveu-se à conjunção desses atributos a organização das suas polis marítimas (e no futuro, as terrestres), a consistência da *pax* comunitária e sua permanência, a vocação natural para a liderança e os sistemas participativos de gestão, entre outros, que evoluíram conjuntamente através dos séculos. A vocação para a pirataria pelos gregos pode ser considerada como apenas um subconjunto desse vasto e rico processo. Teria sido apenas um acidente histórico? Não o creio. Aliás, utilizando o melhor da sua inteligência, engenho e determinação. Os gregos sempre foram decididamente determinados, para o bem e para o mal. Essa a sua saga!

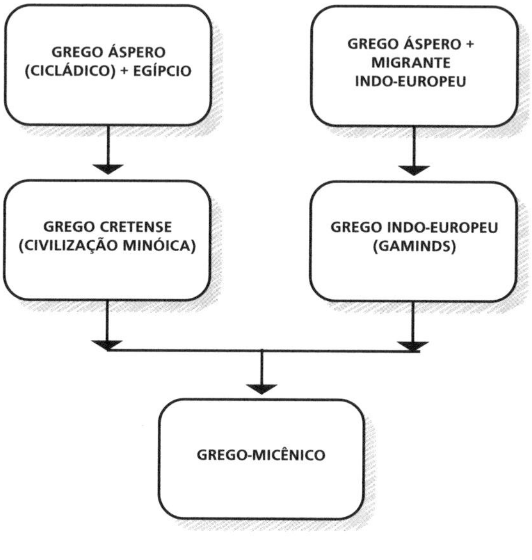

Figura 25. O grego micênico

Creta não conseguiu transformar o (futuro) povo grego em uma nação tão especial quanto a do Egito em termos estratégicos. Mas de certa forma o sofisticou e tornou-se um fator decisivo para que o grego pensasse grande, sonhasse o melhor para si. Fosse bem além da simples pirataria. Esse *ver grande*, a cultura grega deve muito a Creta.

Um dos fatores estratégicos mais relevantes do espírito grego seria a capacidade de se comunicar. Apesar de não haver uma língua franca idêntica entre todas as "tribos", verificava-se a presença de dialetos (muito) próximos que possibilitaram o pleno entendimento entre todas as comunidades egeias, fato esse observado e comentado, por exemplo, por Aristóteles.

Esses dialetos especialmente reconhecíveis por todo o povo grego iriam prosseguir durante a Antiguidade, mantendo a sua identidade e reforçando a sua grande isotropia cultural, na qual encerra-se grande parte de sua extraordinária sabedoria de ser, agir e viver. Ou seja, a velha *pax* comunitária, em inúmeros aspectos avançaria sempre. Ao estilo grego, é claro.

Assim, as comunidades gregas e as futuras polis seriam demarcadas por limites geográficos bem definidos mais com (quase) total ausência de fronteiras culturais. Os gregos eram irmãos no essencial e eventualmente contendores e adversários no campo do supérfluo. Aliás, pode-se conceituar cultura como valores compartilhados e, dentro dessa acepção, eles criaram uma rede de valores que prosseguiu até os dias de hoje, atropelando como um carro de guerra as disputas pessoais, locais e regionais. Creta, com toda a sua extraordinária sabedoria no trato com pessoas e povos tão diversos, deve ter se encantado com essa forma de ser do grego, a sua facilidade vocabular e comunicativa, o seu eterno bom humor, a capacidade de sorrir, a sua vocação para o belo. E o pendor para o ócio de suas elites. A propósito, o presidente Ernesto Geisel, no Palácio do Planalto, em dezembro de 1979 nos cumprimentos de Natal, disse-me: "Luiz Fernando, a questão central do Brasil é a seguinte: o povo é ótimo, mas a elite é muito fraca".

Os gregos, deve-se reconhecer, foram sempre numa surpresa estonteante e em permanente evolução para os minoicos. Aliás, com certeza, uma surpresa extremamente agradável. Foi exatamente por isso que Creta (e também o Egito) investiu pesadamente no mundo grego do Egeu e ajudou de forma definitiva a criar a presença micênica. Portanto, o grego micênico não é mesmo filho de Creta. É filho do Egito. Essa é a leitura dura, má e crua. Aliás, Aristóteles deve ter se apercebido disso com total clareza.

Dentro desse contexto, observem os comentários de Peter Levi.

Os dialetos da Grécia antiga

> Na época clássica, ainda subsistiam alguma línguas pré-gregas em lugares isolados: o eteu-cretense, em Creta, o lêmnio, falado pelos nativos de Lemnos, e, em Chipre, o eteucipriota de Amatunte. O dialeto dórico, caracterizado por seu *a* aberto, era falado onde se dizia que se tinham impostos os invasores dórios. Os não dórios dessas regiões, ainda que fossem conscientes de ser racialmente diferentes, falavam também dórico. Os invasores tessálios e beócios trouxeram consigo seu dialeto eólico. No continente, os atenienses nunca se renderam e conversavam o ático, dialeto do jônico, cujo prestígio literário conquistou finalmente todo o universo de fala grega. O coiné do período helenístico era uma versão popularizada do ático.
>
> No oeste da Ásia Menor, nasceu e se desenvolveu a estilizada linguagem da poesia épica, que nunca foi uma fala coloquial. Em contrapartida, no norte se falava o eólico, usado pelos poetas de Lesbos em suas canções, e o jônico em Samos, Quíos e nas cidades costeiras jônicas. Este foi o idioma dos primeiros escritores em prosa. Os médicos da escola hipocrática de Cós e o historiador Heródoto de Halicarnasso escreveram em jônico, apesar de serem dórios.
>
> Os dialetos do noroeste do país só são conhecidos por inscrições, não por fontes literárias. Na Arcádia, remanesceu um dialeto arcaico muito semelhante à forma do grego que os primeiros colonos levaram para Chipre em 1200; continuou-se a escrever, até bem avançada à época clássica, em sua antiga escrita silábica. Nos montes Pindo, havia povos que falavam uma língua incompreensível para os helenos e que, além disso, comiam carne crua. O idioma macedônio tinha relação com o grego.[67]

Vale também observar que a civilização grega iria evoluir nos planos cultural, militar, governamental e geopolítico, entre outros, influenciada por Creta e também com força própria. Mas, a *pax* comunitária grega (apesar de lutas terríveis e devastadoras entre os governos, conduzidas pelas lideranças respectivas das suas polis) perseveraria sempre, mantendo as suas próprias características no correr do tempo. A poesia de Hesíodo, elaborada aproximadamente 2 mil anos após a "intromissão" dos indo-europeus, sublinha alguns traços dominantes e soberanos dessa *pax* comunitária, *destacando procedimentos e valores da cultura comunitária grega de forma admirável*.

Hesíodo iria destacar a necessidade das células familiares serem autossustentadas. A sua obra é um brado eloquente de alerta nessa vereda, tornando absolutamente claro as agruras daqueles que como indivíduos ou famílias não conseguissem se manter equilibrados (autossustentados). Para participar da *pax* comunitária haveria necessariamente que ser autossustentável pelo menos no mundo grego. Hesíodo enfatizou com suas palavras, que o *"mundo era perverso"* e que ninguém estava disposto a pagar a conta dos fragilizados. Enquanto Hesíodo desossava genialmente a comunidade e o significado do trabalho, Homero na *Ilíada* iria desenvolver uma análise soberba dos integrantes das cúpulas nos seus aspectos humano-comportamentais, estratégicos, táticos e operacionais, varrendo com a sua análise virtudes, defeitos, forças, fraquezas, competências, ingenuidade etc. Enfim, *a primeira catedral literária de conectividade com começo, meio e fim e, desenvolvimento integrado e bem estruturado.* Com Homero e Hesíodo o homem condicionou-se, capacitou-se para desenvolver longos textos descritivos com ritmos e cadências próprias voltados para múltiplos espectadores. A encenação, a retórica, tudo começou ali. A ficção, de certa forma também.

Homero com a *Odisseia* iria descrever com notável talento e indiscutível genialidade a maldição da polis. A luta pelo poder, a violência dos egos, a morte e o sangue como tributos maiores à sustentação do processo. Mostrou com força marcante que os homens cinicamente necessitam de pretextos para desenvolver uma série de ações. Assim, a linda Helena provavelmente jovem mulher mal servida e mal atendida por Menelau em vários planos (nos sonhos, no leito, na ausência de filhos, na necessidade de viver um grande amor, equilibrou-se com a realização do adultério famélico para dialogar com ela mesma ou com as suas melhores amigas) foi a eleita de Páris. Helena correspondeu apenas a um pretexto para a fundamentação da grande saga. Helena, como mulher, e Páris, como homem, não são pessoas de densidade pessoal extraordinária na *Ilíada*. Não mesmo!

Páris, Heitor, Príamo, Agamenon, Aquiles, Pátroclo apenas coadjuvantes de uma grande aventura, apesar de "personalidades fortes". Com a *Ilíada*, Homero realiza a ponte entre as polis e as configurações comunitárias. Os dois mundos por meio de Ulisses se encontram com imensa dor, porém sem rancor. *No hard feelings.* A proposta cênica é que qualquer que seja a aventura nada paga nem remunera a *pax* comunitária, onde a felicidade caminha junto com a esposa, pai, filho, e colaboradores. Entretanto, a mensagem final de Homero é dolorosa: as polis lutarão sempre, retirando das comunidades tudo que lhes for necessário, porém com uma única e belíssima ressalva: no final de tudo só nos resta a honra, algo que ninguém pode nos dar ou tirar.

Estou convencido de que Homero com o sentido de honra e Hesíodo com o compromisso com o trabalho, reunidos com a sabedoria estratégica da cultura minoica, produziram o embrião do homem ocidental, reunindo valores abstratos e também concretos e uma surpreendente capacidade de conectar fatos e informações para entender o passado, viver o presente e negociar com o futuro, sublinhando que emoção e ação caminham quase sempre juntas.

Segundo depreende-se de Hesíodo, *só o trabalho constrói*. Um integrante da elite grega estivesse ele em Esparta, Atenas ou Tebas ou a Macedônia, deveria ouvir a poesia de Hesíodo, pelo menos no que se refere ao campo, com extremo horror e desinteresse. Para um cidadão grego no vértice da pirâmide de poder, à mão unicamente a espada, o pergaminho, o bastão do poder. Enfim, nada que cheire à terra, que lembre a enxada.

A elite grega transmitiu seu modo de ser ao mundo romano que dali transbordaria para o Ocidente. Aparentemente Júlio César, Pompeu, Marco Antônio, Crasso, Brutus, Cícero, Augusto, Agripa, Mecenas, entre outros, não tinham nenhum apreço especial pela enxada ou pelo arado. A propósito, Júlio César quando foi preso por piratas, lia serenamente quem? Homero.

O SER GAMIND E A HISTÓRIA GREGA

Se o grego áspero (ou cicládico) houvesse progredido sem a "intromissão" dos indo-europeus é provável que a sua história tivesse sido bem diferente. Ou seja, num determinado momento entre 3000 a.C. e 1000 a.C., o território supostamente seria, com certeza, invadido (ocupado) pelos hititas, assírios, egípcios e eventualmente fenícios, os quais em cerca de 50 a 100 anos preencheriam todo o território continental e, talvez, até as ilhas. Ou então, numa hipótese generosa, determinadas ilhas poderão resistir (algumas delas) como casulos culturais do que seria denominado de "o velho espírito grego".

É claro que o *pensar grego* permaneceria. Mas até que ponto se ajustaria (na Antiguidade, é claro) com a megaeconomia do Egito, a violência brutal dos assírios, o mercantilismo frio dos fenícios, a multiconvivência e o modo de ser plural dos hititas, e o "desespero decidido" dos povos do mar? É uma questão muito complexa para se resolver. Muitas mudanças iriam ocorrer, se bem que determinadas ilhas *operariam como extraordinárias cápsulas do tempo* mantendo para a posteridade relíquias raras e o velho espírito grego. Mas isso não aconteceu. A seguir serão tecidas algumas considerações sobre os gaminds, reunião do grego áspero (cicládico) com o "intromissor" indo-europeu.

Uma migração, em geral, é algo dantesco, pois deslocar-se-ão centenas, milhares de pessoas (homens, mulheres, velhos, crianças, guerreiros, servos, escravos, deficientes físicos, doentes etc.) e seus animais de criação e "estimação" em carroças, burros, cavalos, carros de boi e a marcha a pé. Os migrantes fogem ou de um grande desastre climático ou de um invasor sanguinário (como os assírios), se o conseguem. E nessa marcha sinistra e dolorosa vão lutar porque, aliás, é lutar ou morrer. Muitos vão ficando pelo caminho, mortos ou agonizando. Os que irão sobreviver contarão a história.

A migração se traduz basicamente por um extraordinário esforço de mobilização, ou seja, reunião e direcionamento de forças para realização correta e consistente de operações proativas. A esse processo integrado denomina-se liderança, e ele é integrado por líderes e liderados. Os primeiros comandam e os segundos (diferentemente de uma massa inerte) participam da ação (todos) sugerindo eventuais correções de rumos e contribuindo para a organização (ou reorganização) global, dentro de um sistema de autocobranças muito próximo dos preconizados no mundo da gestão contemporânea por Jack Welch. *É como se construíssemos uma superpessoa (mesmo que faminta e doente), com imensa determinação e provida de um cérebro gigantesco que, muito além de só obedecer,* pensa, participa *e* age.

Pois bem, quando os indo-europeus adentraram o mundo hitita (e os estudos linguísticos mais avançados confirmam cada vez mais essa hipótese), provavelmente tratava-se de uma migração de enorme porte, mas praticamente com um único vértice de comando. Uma única grande "massa" a se deslocar em um determinado lapso de tempo.

Como decorrência, os *hitindes* (combinação de hititas com indo-europeus) iriam conviver com um (único) grande processo concentrador de poder, uma vez que (muito provavelmente) *a liderança foi* uma. Essa é uma de nossas hipóteses centrais de trabalho e que corresponderá muito provavelmente à realidade histórica verificada para os hitindes.

Diversamente dos hititas, no caso dos indo-europeus na Grécia, é nossa plena convicção de que a migração foi mais lenta, progressiva e conduzida por lideranças específicas em diversos momentos históricos, seriados. Pequenas ondas humanas diferenciadas e espaçadas. Isso explica o fato de que os gregos, aliás os gaminds, possuíram comportamento muito especial, como pequenos ou grandes chefes, cada um buscando o seu espaço. As disputas eram permanentes. A presença dos dialetos (dezenas) no mundo grego parece justificar essas atitudes superpersonalizadas.

Assim, os gregos nunca seguiram uma liderança unificada, a menos de determinadas operações de guerra e convulsões políticas. Na ficção de Troia por Homero surge Agamenon como condutor maior de vários Estados gregos. Mas ficção é ficção. No real, Atenas era Atenas, Esparta era Esparta, Tebas era Tebas e a Macedônia era a Macedônia. Com a diversidade de liderança, cada líder perseguiu seu próprio projeto. Individualistas sempre prontos a buscarem oportunidades e enfrentar desafios. Estáticos, jamais! Dinâmicos sempre! Mais uma vez vale a pena ressaltar que a elite grega, de forma geral, abominava a enxada e a rabiça do arado. Essas habilidades do campo eram virtualmente equivalentes a uma sublime humilhação. Chefiar, comandar, guerrear era a ambição máxima do grego da elite e de suas famílias também.

Pois bem, o indo-europeu, fosse ele de linhagem hitita ou grega, era superambicioso e determinado, buscando "migrar" (fugir!) da sua antiga zona de conforto (ou desconforto) para conquistar novos patamares de posicionamento. Eram ótimos guerreiros. É claro que a agricultura e o comércio dos gregos ásperos não iriam lhe bastar. Elas não eram gratificantes, nem remuneradoras. Eram árduas, complexas e garantiam pouco mais que a sobrevivência. Haveria que fazer mais. E rapidamente. A resposta veio célere. Os gaminds do continente e principalmente os das ilhas, as polis marítimas (ínsulas), identificaram no mar a sua real possibilidade de galgar novos patamares de sustentabilidade e conforto, longe da enxada, da foice, da ordenha, da tosquia. O espaço na terra já estava todo ocupado e por povos competentes, competitivos e agressivos. *A saída para o mar foi a solução mais que natural. Aliás, naturalíssima! Talvez a única.*

Transformaram-se, com certeza, em navegantes/comerciantes "imitando" os fenícios. Habilidosos com as mãos, disciplinados, se necessário, iriam aprender a construir navios de madeira e operá-los. Fugindo, distanciando-se do arado e da enxada. Assim, realizariam comércio no mar Egeu, no Mediterrâneo e com o Egito. Mas o comércio exige sempre disciplina, método, perseverança, financiadores, consumidores, fornecedores etc. Se o resultado dessa "química" não for positivo, o preço pago poderá ser muito alto. Haveria ainda muito que aprender.

Dentro desse quadro trabalhoso foi, de fato, um pulo para que os gregos se tornassem predadores do mar, o que efetivamente realizaram com especial interesse, vocação, dedicação, amor e competência. O pirata não rouba unicamente cargas e pessoas para venda posterior. Ele traz para si uma cadeia produtiva anterior, aliás bastante complexa de se construir. Na sua própria análise de custo-benefício colocaria nos dois pratos da balança o risco de sua ação x o botim provável. Sob o ponto de vista econômico-financeiro ele poderia trabalhar com preços finais muito inferiores aos praticados no comércio local/internacional/mundial já que não havia muitos fatores a remunerar além do custo direto da tripulação mais o arrendamento do navio, se o caso.

Com certeza os piratas gregos, iriam agredir navios de todas as bandeiras, inclusive os da Fenícia e do Egito. *Tornaram-se, pois, um elemento desestabilizador nos mares até então razoavelmente tranquilos da Antiguidade.* Da mesma forma que tornar-se um *mercenário competente* era um *asset,* o mesmo ocorreria com um pirata com um excelente *curriculum vitae.* Sente-se que na Grande Antiguidade, imperdoável mesmo era ser incompetente e destituído de ambição. Essa era a visão da *elite.* O domínio perfeito de uma *skill* era um atributo notável naquela época, qualquer que fosse. O certo e o errado vinham depois. A competência, antes.

Foi exatamente essa aversão das elites (lideranças) gregas ao trabalho braçal que as impulsionou para o mar como navegadores e piratas muito competentes. A elite romana, em contraponto, abrangendo os patrícios e os integrantes da ordem dos cavaleiros, tinha o maior apreço pela terra e como tal nunca foram atraídos pelo mar. Aliás, iriam contar com um "oceano de terras" para trabalhar, pilhar e roubar. Em decorrência jamais a elite romana trouxe para próximo de si a atividade filibusteira. Os romanos adoravam terra, mais terra, mais terra e sempre partiram em busca dela em guerras e conquistas. De certo modo, como Voltaire os classificou, filibusteiros da terra. Porém, com os gregos a história foi outra.

É exatamente dentro desse cenário que Creta adentrou a história, compondo-se com as elites greco-indo-europeias. Creta reconhecia claramente que estaria negociando com lideranças diferenciadas, cada uma com a sua modelagem própria. Assim, iria trabalhar os egos das várias lideranças gregas, e cada um de uma determinada forma. Que imenso desafio! Tratamento seletivo! Egos exacerbados! Pensando como Maquiavel quase 4 mil anos antes da edição de *O príncipe.*

É dentro dessa vertente que Creta iria se transformar numa polis comercial muito agressiva na Antiguidade, trabalhando provavelmente com mercadorias de alto valor agregado, porém com preços muito inferiores (em decorrência da escala) aos praticados pelos comerciantes do mar não piratas. Só esse aspecto faria toda a diferença.

Complementando essa exposição observe-se que Montesquieu, em um comentário sobre o Egito, enfatiza que esse reino iria procurar enfeixar em Mênfis, no delta do rio Nilo, o maior número possível de rotas comerciais. A minha leitura da estratégia do Egito seria a seguinte, considerando-se essa observação de Montesquieu:

- comercialização de mercadorias de baixo valor unitário, com o apoio da Fenícia;
- comercialização de escravos e operações com piratas em Creta;
- operação de rotas comerciais terrestres nos espaços não cobertos pelos hititas;
- controle por meio de Mênfis de um sem-número de operações terrestres. Essa cidade, também lindíssima, faria as vezes de Creta em terra,

com as mesmas linhas de atuação. Assim, em linhas macro esse arranjo comercial comporta-se de acordo com a figura 26.

Figura 26. Sistema central de interação com o exterior do reino do Egito

Com relação à presença grega no universo da pirataria, destaquem-se comentários e análises preciosas efetivados por Álvaro Armero.

Homero e os piratas gregos

As referências literárias mais antigas de que se dispõe sobre a pirataria do Mediterrâneo indicam que ela gozava de considerável prestígio entre os gregos, bem antes da Era Cristã. Naqueles tempos, dedicar-se à arte de saquear navios, contava com a aprovação social de um grupo de lobos do mar altamente considerado, até ao ponto que um personagem de Homero manifesta que havia duas atividades rentáveis naquela época: o comércio ou a pirataria. A propósito, o herói principal de um de seus poemas, Aquiles – o de pés ligeiros – trabalhou como pirata muito antes de se alistar na guerra de Troia.

Heródoto: sem crítica

Heródoto inicia seu primeiro livro com uma história sobre as aventuras de corsário, e descreve, sem reprovar, seus êxitos quando saqueava as embarcações que realizavam a travessia da Síria para o Egito como a atividade mais natural do mundo.

Com efeito, para a maioria dos escritores gregos, a pirataria era considerada uma profissão como outra qualquer, sendo o pirata praticamente sinônimo de navegante, e somente se considerava a sua ação como odiosa quando se praticava a mesma a serviço do inimigo.

MARES INFESTADOS

Os antigos relatos possibilitaram-nos o acesso a uma série de documentos pelos quais podemos reconstruir a vida destes primitivos corsários graças aos poemas homéricos. Assim as grandes obras, como a *Ilíada* e a *Odisseia*, permitiram-nos conhecer as epopeias da Antiguidade. Historiadores como Heródoto, Tucídides e Hesíodo concordam, que o mar naqueles tempos estava mesmo infestado por malfeitores. Como consequência, as costas se fortificavam e os estabelecimentos comerciais fugiam para o interior. O mar não era precisamente um vínculo para unir os homens, mas para enriquecer-se por meio de saques e pilhagens. As crônicas descrevem suas embarcações: eram ligeiras, de baixo calado e fundo chato. A velocidade era fundamental tanto para o ataque como para a fuga, o que lhes permitia realizar movimentos rápidos.

A AÇÃO

Nos velhos tempos, os locais escolhidos para entrar em ação eram as rotas comerciais. A inexistência de instrumentos para orientar a navegação obrigava os marinheiros a decidir o seu curso pela visão, escolhendo uma rota ao longo da costa e orientando-se por já conhecidos sinais na terra, como montanhas, cabos, golfos, ilhas, e não ousando, nunca, perder de vista o litoral por muitas horas. Claro que este método primitivo de orientar o curso, tornava impossível a navegação noturna, e nenhum navegador experimentado naqueles tempos antigos a tentava. Assim, ao anoitecer, os barcos ancoravam e esperavam até o nascer do sol, para que se pudesse prosseguir a jornada com segurança.

A TOCAIA

Tais métodos de navegação usavam procedimentos tão simples como aqueles dos ladrões de estradas: tratava-se de esperar que a presa passasse, escondendo-se em uma enseada rochosa, para no momento oportuno lançar-se rapidamente à sua caça. O assalto à noite era muito comum na Grécia Antiga. Os piratas espreitavam e observavam onde estavam ancorados os barcos (a serem atacados), e na escuridão aproximavam-se discretamente realizando a abordagem rapidamente quando a maioria da tripulação estava dormindo.

Então (com gritos ferozes e aterradores) os piratas subiam pelos lados do navio e se apoderavam do mesmo antes que suas vítimas tivessem despertado, fazendo-os perceber que não se tratava apenas de um pesadelo. Em seguida, o navio era levado pela sua própria tripulação, sob o chicote do captor, ao esconderijo dos piratas, onde iriam repartir o botim.

Vestígios históricos

Ao longo da costa do mar Egeu, pode-se ver ainda ilhas com ruínas de torres muito antigas que haviam sido construídas como locais de refúgio, onde os ilhéus poderiam fugir dos ataques. Essas torres também foram utilizadas como torres de vigilância para alertar a presença de embarcações piratas que percorriam a costa. Nessas situações de ataque o fator surpresa era uma condição essencial, pois os piratas caíam como um raio sem dar oportunidade para que os atacados se defendessem.

A presa mais valiosa

Citação de Homero indica também a natureza da pilhagem (de guerra) que os piratas capturavam, onde, de longe, a parte mais valiosa do saque correspondia aos seres humanos, porque deles poderia se auferir expressivo resultado. O comércio de escravos é o que caracteriza principalmente a pirataria do Mediterrâneo; certamente é uma constante histórica que será mantida ao longo do tempo, com respeito à atuação das posteriores ações filibusteiras nos séculos XVI e XVII da nossa era. Os rendimentos adquiridos com o provento dos escravos deram lugar à formação de grandes organizações piratas, e as tornaram tão poderosas que determinados Estados se viram obrigados a suborná-las para que as mesmas os protegessem. Este comércio veio a adquirir tal forma que em seu apogeu tornou-se um negócio de ocasião, onde ocorria – como foi o caso da ilha de Delos – uma oferta de escravos com *menu* realmente impressionante. Neste supermercado do mar Egeu encontrava-se uma formidável oferta humana, ali aportando cativos de todas as costas do Mediterrâneo onde eram avaliados e ofertados em leilões públicos. O objetivo era inicialmente obter prisioneiros, que proporcionassem resgates, mas logo foi se instalando o contrabando. Polícrates, rei de Samos, inaugura o longo período de hegemonia da pirataria antiga. Posteriormente, Mitrídates, rei do Ponto, utilizou-se dos piratas do Mediterrâneo em sua luta contra Roma conferindo-lhes uma porcentagem sobre o que eles saqueassem. Observe-se que a pirataria desde os tempos remotos nunca teve um propósito altruísta, apesar de alguns casos protagonizados estarem relacionados ao misticismo, à loucura e ao romantismo.[4]

Um aspecto muito importante a ser destacado refere-se ao fato de que, com certeza, às ações de pirataria não corresponderiam a operações decididamente sanguinárias ou mortais. Essa hipótese justifica-se pela circunstância de que, quanto menos molestados fossem os tripulados das embarcações agredidas, maiores possibilidades de negócios encontrariam nos mercados das ilhas gregas, como por exemplo, em Delos e Lesbos. A minha impressão é que Creta representava nesse contexto o mais sofisticado mercado de escravos da Antiguidade (muitos adquiridos através de encomendas prévias e especiais) envolvendo mulheres belíssimas, crianças saudáveis e lindas para a adoção, artífices etc. Tratava-se a rigor de "artigos humanos de luxo" que lá eram adquiridos. Provavelmente Creta operaria também com compra e venda de lotes de pessoas não especialmente qualificadas que seriam posteriormente negociadas em outras ilhas pelos seus adquirentes.

Portanto, a grande mercadoria da Antiguidade, a *commodity*, era mesmo representada pela comercialização de escravos. É absolutamente lógico admitir e concluir que os navegadores gregos iriam dedicar atenção especial a esse segmento de mercado, incomodando inúmeros interesses na região, principalmente os do reino do Egito. Quando se adquiria um escravo, estava se obtendo habilidades profissionais (arte militar, competências técnicas, dotes artísticos etc.), beleza (com a presença de mulheres de várias regiões do mundo), complementação e alargamento de famílias (crianças etc.), área de entretenimento, destacando-se apenas algumas possibilidades. O mar Egeu com suas centenas de ilhas, montanhas, reentrâncias, era um local paradisíaco para o "ocultamento" de navios, guarida para a tripulação, obtenção de informações, depósitos de bens roubados e instalações para escravos até a sua comercialização etc. O paraíso dos piratas.

A pirataria grega provavelmente se avolumou até níveis bastante incômodos para muitos povos, principalmente para o Egito. Os piratas gregos eram uma força desestabilizadora eventualmente preocupante. E foi exatamente dentro desse contexto que o Egito iria estruturar, em meu entendimento, a Operação Creta, uma das montagens estratégicas mais densas de toda a história do homem. O objetivo não seria exterminar os piratas gregos, mesmo porque essa medida seria praticamente impossível. Tratava-se apenas de neutralizar os efeitos perversos de sua ação. E Creta iria realizar essa missão com notável dedicação, competência e sucesso. Antes de iniciarmos a abordagem sistêmica da Operação Creta, vale a pena assinalar que Júlio César, cerca de 2 mil anos após seria sequestrado por piratas e somente libertado após pagamento de um resgate relativamente expressivo, o qual, aliás, ele recuperaria logo em seguida.

Como o mundo na Antiguidade evoluía muito lentamente o *case* de Júlio César nos informa sobre o mundo dos piratas, de modo riquíssimo, e absolutamente válido, é certo, em inúmeros aspectos para os mares à época de Creta. É curioso registrar que essa lentidão prolongou-se por séculos e mais séculos. A propósito, Peter Drucker em um de seus vídeos expositivos, assinalou que a prensa de Guttenberg praticamente não evoluiu nada em termos técnico-tecnológicos em um período de aproximadamente 400 anos. Ele se interessou pelo tema porque "drucker" significava tipógrafo e aí estavam também as origens da sua própria família. As mudanças eram lentas. Por que não seriam também no mundo dos piratas?

A pirataria no Mediterrâneo, ao tempo da República romana, deveria apresentar inúmeros pontos de contato como a praticada no Egeu, 15 a 20 séculos antes. As embarcações e técnicas de navegação eram muito similares e, ao mesmo tempo as armas e instrumentação de abordagem aos navios agredidos não tinham se modificado muito (ganchos, garateias, machados, cordas, pranchões, esporões etc.). Naquelas épocas as evoluções no túnel do tempo eram muito lentas. Aliás, é de se notar que essa razoável imutabilidade é uma das características da Antiguidade, principalmente a partir de 1500 a.C.

Nesse sentido, atentem para os comentários baseados nos relatos de Suetonio, efetuados por Álvaro Armero com relação ao sequestro de Júlio César por filibusteiros do Mediterrâneo.

CÉSAR E OS PIRATAS

Em 87 antes de Cristo, Júlio César é sequestrado por piratas no mar Egeu, segundo relato de Suetonio, quando se dirigia para a famosa escola de oratória de Apolonio Molo. Esse sequestro é repleto de peripécias, iniciando-se com a prisão de César e de seus companheiros, estabelecimento do valor do resgate, pagamento, interatividade com autoridades romanas da área e uma reviravolta final, onde César – apenas um jovem intelectual ainda – aprisiona os seus captores e os pune. Desse evento ficam registrados para a história dois fatos de imensa importância. O primeiro se refere à circunstância de que a pirataria, em determinadas condições, constituía um negócio ativo com seus tentáculos atingindo até determinadas autoridades romanas, sugerindo que o ganho final era repartido entre muitos – bandidos e não bandidos, em tese.

O segundo fato, e talvez seja mais impressionante, está relacionado à calma imperturbável de Júlio César desde o início do sequestro até o final, não transparecendo nenhum nervosismo em qualquer momento. Absolutamente calmo, viveu aqueles dias sem apresentar nenhuma alteração no seu modo de ser, mesmo correndo, é claro, perigo de morte para si e para sua própria comitiva. Absolutamente frio e imperturbável negociou com os piratas, com as autoridades romanas, providenciou um desfecho enérgico para todos aqueles que o tinham agredido. De fato, anunciava-se na têmpora

> daquele jovem patrício romano o futuro político, condutor de exércitos e governantes de Roma no futuro.[4]

Percebe-se de forma nítida e inequívoca que a pirataria era "um negócio", não sendo considerada como criminosa nos mundos grego e romano, este último em determinadas situações. Portanto, haveria que se conviver com esse problema da forma mais inteligente possível, uma vez que seus tentáculos iam bem além do mar, dos navios e de seus esconderijos.

Quando se observa a longa sobrevivência dos piratas no mundo antigo – pelo menos por um período de 2 mil anos – pode-se admitir que eles, no correr da história, mantiveram um tratado *"virtual"* de não agressão entre si. Aliás, se lutassem entre si não teriam preocupado tanto Egito e Roma como o fizeram. Na prática deveriam estruturar cooperativas *"virtuais"* operando em determinadas áreas e respeitando os territórios de outros grupos, assim como locais de esconderijo e bases de operação. Uma grande família, ou várias, cada qual com uma região de trabalho bem definida.

É certo também que ocorreriam operações de comércio (compra e venda) entre as "cooperativas piratas", envolvendo principalmente produtos de alto valor (escravos etc.). Em outras palavras, os piratas necessitavam de outros piratas para desenvolver políticas inteligentes de sobrevivência e expansão de seus próprios negócios. *Creta percebeu isso e substituiu, de certa forma ou, melhor dizendo, de fato as "cooperativas", com enorme competência e indiscutível eficiência.*

O Egito dependia, é claro, do Egeu e do Mediterrâneo razoavelmente "desimpedidos" por piratas. Ele "pressentia" que em função de determinadas características o processo de expansão da pirataria poderia ser explosivo, bastando que uma liderança competente reunisse as forças de todos esses salteadores do mar. Ela surgiria em um determinando momento. Nesse sentido haveria que tomar providências urgentes e inteligentes.

Os gregos (não rurais) eram competentes, empreendedores, disciplinados (sob o comando de seu líder) como marinheiros, guerreiros virulentos, corajosos, rápidos e com apoio precioso (cada um deles ou em conjunto) de retroterra. Isso não quer dizer que os campesinos não o fossem também. Cerca de 250 anos após a conclusão da Terceira Guerra Púnica, o Mediterrâneo transformou-se novamente em um mar pirata, o que, sem dúvida alguma, iria desestabilizar todo o comércio marítimo como também (convenhamos) toda a República romana, mais cedo ou mais tarde caso o problema persistisse.

O povo grego continha no seu genoma racial um componente indo-europeu da mesma forma que os mesopotâmicos estavam vinculados aos semitas. O indo-europeu, provavelmente um pastor nômade das estepes, não era vinculado à agricultura e suas ações. As montanhas da Grécia, vistas através das enxadas e dos arados não eram mesmo a sua praia. Assim, iria "pastorear" o mar, cavalgando então os seus navios. Rapidamente iriam optar pela pirataria, atividade muito mais interessante que o transporte de cargas e passageiros, além do comércio correspondente. Nessas condições a pradaria se transformou em mar. Os cavalos em navio. E a pecuária em pirataria.

Num determinado momento, após longas discussões, pois certamente ocorreria uma série de desdobramentos políticos internos, o Senado romano iria conferir poderes especiais a Pompeu para aniquilar – erradicar na medida do possível – a pirataria do Mediterrâneo. Observe-se, com relação a essa campanha de Pompeu, o relato primoroso de Angus Konstam.

> Gnaeus Pompeius Magnus (Pompeu, o Grande) é mais conhecido como aliado e membro do triunvirato de Júlio César e, mais tarde, seu rival. Sua oposição gradual às ambições políticas de César provocou a Guerra Civil Romana, onde Pompeu foi derrotado em batalha por César.
>
> Antes da travessia de César do Rubicão, e da turbulência da guerra civil, Pompeu serviu Roma como um político e um comandante militar. Em 67 a.C. ele foi agraciado com cargo especial, nos termos de uma nova lei antipirataria, a "lex Gabinia de piratis persequendis".
>
> Para fazer face a esse desafio, o governo forneceu a Pompeu 6 mil talentos (unidades de moeda), o controle de 500 navios, 120 mil soldados, bem como o direito a determinadas ações especiais. Sua missão era erradicar totalmente a pirataria no mar Mediterrâneo.
>
> A lei foi aprovada apesar de oposição política forte, uma vez que os poderes concedidos a Pompeu eram imensos, o que representava uma virtual ditadura militar. Essa atitude confirma como Roma tomou a sério as ameaças dos piratas. Para traduzir a situação em termos modernos, era como se o governo dos EUA desse a um general de quatro estrelas toda a máquina militar americana acrescida de um orçamento ilimitado, com poderes para atacar em qualquer lugar que ele assim o desejasse, em um esforço para erradicar o tráfico mundial de drogas!
>
> Pompeu iniciou suas ações dividindo o Mediterrâneo em 13 distritos, cada um sob o comando de um legado (comandante adjunto). Simultaneamente em cada área, os comandantes procuraram bases piratas e bloquearam-nas, enquanto procuram no litoral esconderijos dos mesmos. O exército foi enviado para destruir ou capturar os piratas, apreender os seus navios e aniquilar suas bases. Frotas de reserva móveis impediam qualquer frota pirata que eventualmente escapasse buscando articulação com outros grupos de piratas.

A principal região de piratas no Mediterrâneo naquela época era a da Cilícia, na costa sul do que hoje é a Turquia. Pompeu levou as frotas de reserva, varrendo o Mediterrâneo ocidental e direcionando todos os navios piratas localizados para o cordão de espera comandado pelos legados regionais. Em uma série de escaramuças navais, essas frotas piratas itinerantes foram superadas e combatidas pelos romanos. Os piratas tiveram os seus barcos capturados ou então queimados e um grupo de embarcações fugiu para o interior.

Em um prazo de 40 dias, Pompeu tinha equacionado a maior parte do Mediterrâneo. Apenas um pequeno grupo de piratas permanecia foragido. A maioria foi presa em fortalezas costeiras, bloqueadas por mar, difíceis de serem assediadas por terra. Parece que muitos piratas se entregaram, e Pompeu geralmente se mostrava indulgente. A maioria foi perdoada em troca de informações e um resgate, embora muitos fossem executados, principalmente aqueles que ofereciam resistência.

Pompeu, o Misericordioso

Como consequência da ação de Pompeu na costa da Cilícia, os piratas coordenaram uma surtida simultânea originária de redutos diversos. Estes romperam o bloqueio, mas logo foram combatidos pelas frotas reservas de Pompeu. Em uma batalha naval os piratas foram repelidos e obrigados a recuar para Coracesium, uma fortaleza em uma península remota da Cilícia. Pompeu convocou as tropas romanas e engenheiros, investindo sobre Coracesium por terra. Depois de um curto cerco, os piratas se renderam.

Pompeu foi indulgente e a maioria foi realocada no interior da Cilícia e na Grécia. Outros piratas levaram a Creta os termos misericordiosos de Pompeu e as fortalezas remanescentes capitularam.

A campanha antipirataria durou três meses e resultou na libertação do mar Mediterrâneo, permanecendo esse livre dos piratas pela primeira vez na história. Alegou-se que 10 mil piratas foram mortos ou executados durante a campanha, enquanto muitos outros foram poupados e levados para longe. Mais de 120 bases e fortalezas foram destruídas, junto com centenas de navios piratas. Um coproduto de muito valor foi a captura do botim pirata, que foi partilhada entre as tropas romanas, com Pompeu recebendo a maior fatia. Reféns mantidos pelos piratas também foram libertados. A vitória de Pompeu sobre os piratas estava completa.

A Pompeu foram concedidos outras novas missões antes de se envolver com a política no período final da República romana. Ele foi morto em 48 a.C. Apesar de seus posteriores fracassos militares contra César, Pompeu permanece como um dos caçadores de piratas mais bem-sucedidos de todos os tempos.[61]

Retornando ao túnel do tempo é compreensível que os faraós e seus colaboradores diretos, estrategistas notáveis, destinassem imensa preocupação às questões ligadas à pirataria no Egeu e no Mediterrâneo. Essa capacidade de expansão explosiva dos piratas e a sua competência de poderem atuar em grupo (ou grupos) representavam um fator de indiscutível risco e que, em determinadas condições, poderia provocar uma série de complicações para o comércio organizado dos povos e nações à época com sérios reflexos continentais. Roma que o diga na operação limpeza executada, no futuro, por Pompeu.

Nesse sentido o Egito teria dois caminhos a adotar com relação aos piratas: o primeiro seria a organização de uma marinha de guerra para tentar varrê-los do mapa. Logo, verificariam que além do custo, o combate contra os piratas no Egeu com suas ilhas e baías escondidas seria de notável complexidade tal como os EUA encontraram, no Vietnã e as forças da Otan presentemente vêm enfrentando no Afeganistão (2010). Haveria que ser tentado um novo caminho que pudesse neutralizar os efeitos nocivos da pirataria contra o Egito e seus múltiplos interesses.

Os piratas estariam sempre de "tocaia", de alcatéia, aguardando os egípcios no mar Egeu e também no Mediterrâneo, para combatê-los sistematicamente numa operação de guerrilha dos mares. Com o apoio de populações das ilhas, desestabilizaram o comércio marítimo dos faraós com "caçadas" permanentes às embarcações desse país, realizando um somatório de emboscadas com terríveis repercussões para a economia do reino. Alertados por seus próprios comandantes, por mercenários, e principalmente pelos fenícios do risco de uma perenização dessa agressão, constatou-se que só existia uma real possibilidade de interação com os chacais do mar: *comprá-los*. Mas como fazê-lo? A resposta foi a Estratégia Labrys materializada por Creta. Em outras palavras, um conjunto de ações táticas e operacionais onde todos deveriam "lucrar": o Egito, a Fenícia, os piratas e também a própria Creta, além das populações e comunidades do mar Egeu, ao lado dos gregos do continente e sem asfixiar o Império Hitita. Uma operação ganha-ganha. E foi o que ocorreu. As outras nações que cuidassem do problema como o desejassem. E foi exatamente dentro desse cenário que surgiu uma nova Creta, *uma das mais ardilosas propostas estratégicas da história da humanidade.*

Creta, como "procuradora" do Egito iria transformar o "apenas pirataria" em uma atividade maior (um "negócio sério") com o apoio de soluções arquitetônicas e urbanísticas de notável modernidade. As suas ações envolviam, é certo, financiamento, manejo e recrutamento de pessoas, hotelaria, prostituição, lojas, armazenagem, comercialização, leilões, venda de escravos e outras mercadorias. Creta, sistematicamente, iria buscar agregar valor (em múltiplos planos) para os piratas e suas ações de modo permanente. Seria muito mais interessante para o pirata ser aliado e/ou parceiro de Creta do que o contrário. Um caçador solitário não teria vida fácil dentro desse contexto. Creta, ao mesmo tempo, trabalhava como um supercérebro no planejamento estratégico e tático das ações, como também um facilitador operacional de todo o processo (vasto e amplo) de incursões/agressões nos mares do Egeu e Mediterrâneo! *A propósito, o palácio de Cnossos foi a mais notável expressão material da política de Creta.*

Dentro dessa linha de ação Creta iria pouco a pouco transformar (aperfeiçoar) o gamind (o grego áspero-indo-europeu) *"construindo" o grego micênico.* Aí começava a história recente do Ocidente, sem solução de continuidade até os dias de hoje. É curioso, senão espantoso, verificar-se que o conjunto de elos mundo micênico-mundo Esparta-Atenas (e o mundo helênico, de Alexandre), Roma reino, Roma República, Roma ditatorial, Roma imperial, Roma do Oriente, Roma católica e os seus desdobramentos iriam ter o seu *take-off* estabelecido por uma operação de organização e fomento à pirataria (catalisada, com certeza, pelo Egito e buscando "discipliná-la") numa ilha chamada Creta.

Nós do Ocidente, todos nós, somos filhos de Creta e netos do Egito. É exatamente por essa vereda que se pode de certa forma entender o brutal interesse do Ocidental pelo Egito. Suspeito que no âmago de cada um de nós reside mesmo uma forte "interação/parentesco" com um tema de extraordinária intensidade. Muito além de pirâmides e múmias! Em nosso subconsciente todos nós ocidentais somos um pouco egípcios. Nem a China, nem a Índia, nem os astecas ou os maias nos atraem e nos seduzem como os egípcios. Qualquer coisa como se fosse um DNA estratégico.

Parafraseando Lord Keynes, o Egito iria compreender ideias novas e libertar-se das antigas. Mas apesar dessa atitude é importante anotar que o Egito não é, de fato, considerado pelos observadores de um modo geral, como uma genial potência estratégica na Antiguidade. Permanece sempre o registro do soberbo e do exótico, com suas pirâmides, templos, palácios e megaconstruções, além das múmias, é claro. Muitos observadores devem entendê-lo na história como um país "pesadão" e lento, devagar quase parando. Nada mais que isso! Que injustiça!

A calma e a imensa placidez do Egito, quando comparada à exacerbação continuamente sanguinária da Mesopotâmia, dos gregos e posteriormente dos persas e dos romanos, entre outros, "desfavorece" a análise de um observador crítico. O Egito com poucas guerras, pouco sangue derramado, muita discrição, poucos debates abertos, inexistência de grandes obras literárias, ausência de exércitos imensos, desinteresse pela cultura da guerra e pelas grandes campanhas de conquistas colocava o reino em uma posição muito especial. Foi exatamente por ter adotado essa "vereda calma" que grande parte dos estudiosos desfavorece o Egito em determinados aspectos quando confrontado com a Grécia e com Roma, por exemplo. Mas, apesar dessa situação e sem contar com propagandistas ferrenhos no Ocidente, é quase certo que poucos povos sequer se aproximaram da sabedoria estratégica do reino do Egito, sempre hábil em escondê-la e camuflá-la.

O processo macrogestor desse reino é considerado incomparavelmente menor que o eixo Grécia-Roma. Nesse sentido considerem-se os comentários de Edward Gibbon. É interessante observar nesse texto aqui pinçado que, ao contrário do Egito, Gibbon privilegia a Fenícia e a Palestina, ficando a impressão de que o reino das pirâmides, de certa forma, é "apalermado" e "humilhado".

> No entanto, a Fenícia e a Palestina viverão para sempre na memória da humanidade já que a América tanto quanto a Europa receberam o alfabeto de uma e a religião de outra. Um deserto de areia destituído de árvores e de água margeia a incerta fronteira da Síria desde o Eufrates até o mar Vermelho. A vida nômade dos árabes estava inseparavelmente ligada à sua independência e sempre que, em alguns lugares menos áridos que o restante do país, aventuravam-se a estabelecer qualquer forma de povoamento sedentário, logo se tornavam súditos do Império Romano.
>
> Os geógrafos da Antiguidade hesitavam com frequência quanto à porção do globo em que deveriam situar o Egito. Por sua localização, esse famoso reino está incluso dentro da imensa península da África; todavia, só acessível pelo lado da Ásia, a cujas resoluções o Egito humildemente obedeceu em quase todos os períodos da história. Um prefeito romano sentou-se no esplêndido trono dos Ptolomeu, e o cetro de ferro dos mamelucos ora está nas mãos de um paxá turco. O Nilo corre pelo país abaixo, cerca de 800 quilômetros desde o Trópico de Câncer até o Mediterrâneo, e marca em ambas as margens uma faixa de fertilidade de acordo com a medida de suas inundações. Cirene, situada a oeste e ao longo da costa marítima, foi a princípio uma colônia grega, depois uma província do Egito, e ora está perdida no deserto de Barca.

Em outro momento irá "infantilizar" (a não rancorosa) religião egípcia.

> Não é apenas pela rapidez ou extensão de suas conquistas que devemos estimar a grandeza de Roma. O soberano dos desertos russos reina sobre uma porção mais vasta do globo. No sétimo verão após sua travessia do Helesponto, Alexandre plantou os troféus macedônicos nas ribas do Hyphasis. Em menos de um século irresistível Gêngis e os príncipes mongóis de sua raça espalharam suas cruéis devastações e estenderam seu transitório império desde o mar da China até os confins do Egito e da Germânia. Entretanto o firme edifício do domínio romano foi erguido e preservado pela sabedoria dos tempos. As obedientes províncias de Trajano e dos Antoninos estavam unidas pelas leis e adornadas pelas artes. Podiam ocasionalmente sofrer desmandos e as injustiças da autoridade delegada; o princípio geral de governo era, contudo, prudente, simples e benéfico. Podiam cultuar a religião de seus antepassados, ao mesmo tempo em que, no tocante a honras e vantagens cíclicas, eram promovidas, por graus equitativos até a igualdade com seus conquistadores.

A política dos imperadores e do Senado, no que respeitava à religião, era felizmente secundada pela opinião do setor esclarecido e pelos hábitos do setor supersticioso de seus súditos. As várias formas de culto que vigoravam no mundo romano eram todas consideradas pelo povo como igualmente verdadeiras, pelo filosofo como igualmente falsas e pelo magistrado como igualmente úteis. E assim a tolerância promovia não só a mútua indulgência como concórdia religiosa.

A superstição popular não era acirrada por nenhuma mescla de rancor teológico nem acorrentada tampouco pelas cadeias de qualquer sistema especulativo. O politeísta devoto, embora afetivamente apegado a seus ritos nacionais, admitia, com fé implícita, as diferentes religiões da terra. O medo, a gratidão e a curiosidade, um sonho ou um augúrio, uma perturbação singular ou uma longa viagem, perpetuamente o predispunham a multiplicar os artigos de sua crença ou ampliar a lista de seus protetores. A rala textura da mitologia pagã era entretecida de materiais variados, mas não discordantes dela. Tão logo se permitiu a sábios e heróis que tinham vivido ou morrido para o bem de seus pais serem exaltados a uma posição de poder e imortalidade, universalmente se lhes reconheceu o direito, se não a adoração, pelo menos à reverência de todos os homens. As deidades de milhares de bosques e de milhares de rios podiam exercer em paz sua respectiva influência local; o romano que procurava aplacar a ira do Tibre podia zombar do egípcio que fazia sua oferenda ao gênio benfazejo do Nilo. Os poderes visíveis da natureza, os planetas e os elementos eram os mesmos para todo o universo. Os invisíveis governantes do mundo moral foram inevitavelmente vazados num molde fictício e alegórico semelhante. Cada virtude e cada vício adquiriam seu representante divino, cada arte e ofício, seu padrão, cujos atributos, nas mais distantes épocas e países derivavam uniformemente do caráter de seus devotos peculiares. Uma república de deuses de temperamentos e interesses que exigia, em qualquer sistema, a mão moderadora de um magistrado supremo, o qual, por via do progresso do saber e da lisonja, foi gradualmente investido das sublimes perfeições de um Pai Eterno e de um Monarca Onipotente. Era tal o espírito conciliador da Antiguidade que as nações atentavam menos na diferença que na semelhança de seus cultos religiosos. O grego, o romano e o bárbaro, ao se encontrarem diante de seus respectivos altares, facilmente se persuadiram de que, sob diferentes nomes e com diversas cerimônias, adoravam as mesmas deidades. A elegante mitologia de Homero deu uma forma bela e quase regular ao politeísmo do mundo antigo.[44]

CRETA: A "ADORÁVEL" FILHA DO EGITO

Em meu entendimento, a Operação Creta correspondeu mesmo a uma iniciativa do vértice do poder no Egito, e, dentro do embasamento da mesma, um conjunto de questões vitais deveria ser atendido plenamente, de tal forma que o seu êxito fosse real, concreto, resistente e permanente na medida do possível. Errar muito pouco seria o seu lema. E a solução deveria ser autossustentada sem paternalismo, pois na Grande Antiguidade ninguém, ninguém mesmo, pagava a conta de ninguém. E dentro dessas condições implacáveis, criaram-se todos os povos. Todas as grandes crenças tiveram as suas origens na Grande Antiguidade. Só nelas o homem poderia sonhar e fantasiar. Pois só em Creta os homens sonharam. Que maravilhosa exceção. No Império Hitita foram felizes, mas não sonharam. Sonhar e fantasiar, só em Creta.

Desde já vale ressaltar que arqueólogos e estudiosos identificaram múltiplos pontos de contato (materiais) do Egito em Creta e de Creta no Egito, por meio de objetos e peças de cerâmica, entre outros. E novas pesquisas comprovarão cada vez mais essa interatividade. É impressionante constatar, por exemplo, a notável semelhança entre desenhos de bailarinas egípcias com as meninas de volteio em Creta. O amor que o povo egípcio devotava ao boi (ou touro) encontra similaridades muito fortes em Creta. Mas, fora de qualquer dúvida, a escrita linear (A) da cultura minoica (cretense) – ainda não decifrada até os dias de hoje – tem muito a ver com o escrever egípcio. Ela é "hieroglífica" com estrutura similar (geometria) a do Egito.

É bastante compreensível que Creta não se limitasse unicamente às ações de apoio, racionalização e "neutralização" das operações de pirataria. Ali provavelmente, e como atividade paralela compravam-se informações, organizavam-se sequestros e raptos e implantavam-se ações (de corrupção, inclusive) em outros países, além de questões do *"dia a dia pirata"*. Creta, com certeza, representava o mais importante observatório geopolítico de toda a Antiguidade, além de um centro fabril e artesanal de notável competência, comprometido permanentemente com o belo e a beleza.

Muitas das questões que seriam abordadas em Creta teriam tudo a ver com o "serviço de inteligência" do faraó, serviço esse que conviveu, com certeza, com todas as civilizações desde suas origens: Suméria, Império Hitita, reinos mesopotâmicos, núbios, líbios, gregos e outros. É bem provável que tratados e acertos diplomáticos pudessem ser discutidos previamente em Cnossos ou outra cidade cretense, sem exposição qualquer para os negociadores e partes intervenientes. De certa forma Creta desenvolveu um pacote integrado de ações (Pentágono) com funções análogas a de um serviço inteligência (FBI) e eventuais missões operacionais (CIA) para o discreto, poderoso e gigantesco reino do Egito. Cnossos era o braço executivo do processo: correspondia à Casa Branca para um mundo além Egito.

A ilha, segundo Homero conteria 90 cidades, sendo que hoje se estima a sua população (+/– 2000 a.C.) como sendo de 100 mil pessoas. Todo o urbanismo e a beleza dos ambientes de Cnossos, por exemplo, constituíam um "décor", desenhado de forma magnífica para o pleno exercício de todas essas "missões".

Figura 27. Polígono de gestão macro de Creta

Não se identificaram em Creta necrópoles espetaculares como os túmulos egípcios, nem similares aos túmulos micênicos. Estranho. Por quê? A meu ver, por duas razões: a primeira é que Creta cuidava de ações com elevado risco de perda da vida (lutas dos piratas). A morte era apenas um acidente de percurso que não necessitava ser homenageado ou atualizado, pelo menos na ilha. Creta homenageava a vida permanentemente. Ou se enterrava no oceano, corpos envoltos em couro com lastro – penso – ou em covas rasas junto às aldeias ou em cavernas nas montanhas (onde se realizavam cultos especiais).

Os delegados egípcios e seus familiares, a corte minica, a meu ver, ao falecer eram pré-embalsamados e enviados de volta para o Egito onde já se encontravam disponibilizados ricos "aposentos" para destinação final dos corpos originários da ilha. Devido a um conjunto de fatores geo-político-sociais não iria se verificar a deificação dos Minos à feição do procedido para os faraós e seus familiares mais próximos. Em Creta deveriam existir casas mortuárias razoavelmente distanciadas de Cnossos, por exemplo, onde seria efetuado um tratamento primário do cadáver que, ao chegar ao Egito, sofreria ações complementares, secundárias e terciárias, até que o corpo mumificado fosse finalmente deslocado para o seu jazigo final, pré-providenciado pelo seu titular, para ele próprio e para a sua família.

Investigações arqueológicas em Creta têm identificado túmulos perto das cidades e em cavernas nas montanhas. Mas nada que se assemelhasse a uma necrópole espetacular com joias armas e outras peças de grande valor, acompanhando mortos ilustres na sua viagem final para o além.

É possível que um arqueólogo ou um estudioso do passado egípcio, algum dia, identifique em uma estela ou um sarcófago, por exemplo, o machado labrys dos reis Minos, ou outro objeto referencial (selo comercial, por exemplo) de Creta. Caso isso ocorra, estaremos frente a uma identificação de notável importância. Uma revelação revolucionária. Uma hipótese plausível. Em Creta, *the show must go on* pelo menos em Cnossos. Lá comemorava-se a vida permanentemente. A morte seria apenas considerada como sendo um pequeno acidente, que jamais poderia "incomodar" o ambiente cretense. Lá a alegria, cínica ou sincera, reinava (ver Homero).

Quais seriam os gestores (os reis Minos) de Creta? No meu entendimento deveriam ser pessoas (não hereditárias) escolhidas periodicamente ou circunstancialmente pelo reino do Egito. Essas pessoas integrariam, sem qualquer sombra de dúvida, o círculo íntimo do faraó (filhos, filhas, genros, altos funcionários etc.). Isso se justifica de um lado pela relevância política e estratégica da ilha. Por outro, assinale-se o bom gosto e técnicas de construção transplantadas para a ilha e que se materializaram em palácios, afrescos, móveis, urbanização, trabalhos em pedra etc. Ora, tal *finesse* à época, só se encontraria equivalente em círculos muito próximos ao faraó. Não se pode afirmar que um faraó não tenha em determinada ocasião se deslocado para Creta, pelo menos enquanto era apenas um príncipe. O tempo de viagem até o Egito era de 4 a 5 dias, com bons ventos. Portanto, cerca de 12 dias no máximo ida e volta, para uma breve visita (incógnita) à ilha.

No reino do Nilo não haveria nem um local com a concentração de competências verificada em Creta, nos planos estratégico, econômico, financeiro e até mesmo social. O nosso mundo atual foi "inventado" em Mênfis, Tebas, Hatusa, Jericó e algumas cidades da Mesopotâmia, além de Creta. Penso, entretanto, que Jericó e Creta, mais do que quaisquer outras, "entortaram" a realidade. Assim, a presença minoica deve ter sido objeto de imensa curiosidade da casa real do Egito, altos funcionários, seus príncipes e os próprios faraós.

Entretanto, é certo que pessoas da corte, muito próximas ao faraó, como altos sacerdotes e funcionários, deveriam se deslocar para lá com grande frequência, seja para realizar ou acompanhar acordos comerciais ou então para embasamento de discussões diplomáticas. O faraó não teria dificuldades em escalar pessoas adequadas para a gestão de ações diferenciadas em Creta, pois seu *inner circle* era extremamente expressivo (e competente). A propósito, observem-se os comentários sobre esse tema de Bernadete Mem.

O CÍRCULO MAIS ÍNTIMO DO REI

Provido por seu pai de um harém desde a adolescência, Ramsés II teve duas grandes esposas reais, mães dos herdeiros legítimos: Isisnefert e a graciosa Nefertari, a bem-amada. Também contratou dois casamentos diplomáticos com princesas hititas; finalmente, desposou quatro de suas filhas, uma das quais, filha de Isisnefert, tem um nome asiático, Bentanat ("a filha da deusa Anat"). De seus numerosos filhos (não menos que 50 filhos e um número equivalente de filhas constam nos anais) ele provavelmente fez funcionários titulares e de confiança, desse modo dando prosseguimento à política de promoção familiar inaugurada por seu avô e continuada por seu pai. Vários dos príncipes reais foram os herdeiros presuntivos de Ramsés II, mas desapareceram antes do pai. O 13º filho, Merenptah, tinha provavelmente 60 anos quando subiu ao trono por ocasião da morte de Ramsés II que, por sua vez, era no mínimo nonagenário. O mais célebre dos filhos de Ramsés II é Khaemuaset, nascido de Isisnefert que com frequência é chamado de "príncipe arqueólogo". Residindo em Mênfis, grande sacerdote do deus Ptah, particularmente venerado e enriquecido por Ramsés II, Khaemuaset de fato desenvolveu uma atividade de historiador, em busca de "velhos escritos", e de restaurador de inscrições muito antigas que se haviam tornado ilegíveis em monumentos ameaçados de ruína, reavivando assim a lembrança dos faraós de tempos passados. Seu nome também é associado à organização das cerimônias reais (*festas-sed ou jubileus*) e ao culto do touro Ápis, hipótese do deus Ptah.

OS GRANDES PERSONAGENS DO REINADO

Importantes personagens marcaram o reinado, sobretudo os companheiros de seu princípio, como Nebunenef, o grande sacerdote de Amon, nomeado por Ramsés por ocasião de sua elevação ao trono, ou o vizir Paser, filho de Nebneteru, que era o grande sacerdote no reinado de Sethi I. Posteriormente, o soberano sempre escolheu em seu círculo mais próximo e entre seus amigos de longa data os colaboradores de mais alto nível: o grande sacerdote de Amon Bakenkhonsu, o vice-rei Setaou, Amenemipet, o fiel "mensageiro real para todos os países estrangeiro", ou (Ramsés) Ashahebsed, o copeiro-mor encarregado de supervisionar os trabalhos de Abu Simbel. Ligados à família real por laços de sangue ou por alianças, todos esses grandes, que levavam uma vida principesca, teceram entre si relações inextrincáveis, criando dinastias de altos funcionários e de grandes sacerdotes (em Abidos, por exemplo, seis sucessivas gerações da mesma família estiveram a serviço de Osíris), redes de clientela apropriadas a dar apoio ao dinamismo de uma nova linhagem, mas, a longo prazo, correndo o risco de dar origem a desentendimentos e injustiças.

Prosseguindo, é absolutamente crível que o faraó determinasse a sua elite de escribas que desenvolvessem para Creta um novo sistema de hieróglifos praticamente impossível de se decodificar, pelo menos naquela época. Ao que tudo indica a dificuldade perdura até os dias de hoje. As placas de argila foram escolhidas como material suporte exatamente para não despertar semelhança com os escritos egípcios em papiro ou couro. E, ao mesmo tempo, fáceis de serem destruídas. Paralelamente, implantou-se outra codificação, a linear (B), fonética e ajustada ao idioma grego: uma escrita intrinsecamente comercial.

Assim, a linear (A) materializou-se como escrita secreta, enquanto a linear (B) serviu de apoio às interações de Creta não só com os gregos ásperos (cicládicos) como também os gaminds (gregos áspero-indo-europeus) e, num futuro razoavelmente próximo, os micênicos, e também para determinados navegadores e comerciantes. Se de um lado Cnossos cuidava com zelo das questões relacionadas à pirataria e outras questões/ações seletivas, é quase certo que a Fenícia informava ao alto comando egípcio sobre Creta, utilizando canais especiais de comunicação. E aí se fechava o polígono a seguir estruturado. Todos monitoravam todos.

O símbolo do poder em Creta era o Machado Labrys (arma com dois gumes), indiscutivelmente o ícone mais relevante da civilização minoica. Lindo, majestoso e duplamente perverso. Cortava na ida e na volta, essa a sua mensagem! É exatamente dentro dessa moldura que estamos "batizando" a estratégia minoica, notável pela complexidade de seus objetivos e pela linearidade com que perseguiu todos os seus desafios. Nas estratégias comprometidas com a harmonia até hoje, no correr da história do mundo (até mesmo considerando a doutrina católica) *poucas civilizações produziram algo tão importante quanto a Proposta Labrys.*

Creta reúne em si própria, contribuições singulares para o desenho futuro do Ocidente em termos de sutileza, sensibilidade, competência, efetividade, objetividade, determinação estratégica, aplicação tática e disciplina operacional.

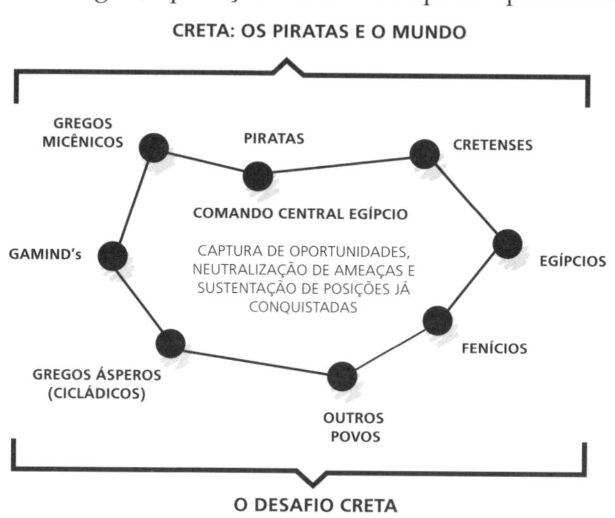

Figura 28. O colar estratégico do Egito

A Operação Creta, Estratégia Labrys, buscou atender uma série de objetivos/condicionamentos. E Creta realizou essa tarefa com imenso brilhantismo, de forma coerente e sem contradições.

Para quem trabalha em estratégia é realmente interessantíssimo observar como Creta surgia e renascia sempre das cinzas. É simples. É elementar, Watson, como afirmaria o Sherlock Holmes de Conan Doyle. Creta representa um investimento a fundo perdido do Egito. Qualquer que fosse o problema, o reino do Egito providenciaria a contrapartida financeira necessária para restabelecer o cenário maravilhoso que "anestesiasse" não só piratas (corsários), como navegadores e comerciantes de todo o mundo.

A cada desestabilização, de séculos em séculos o Egito providenciava recursos para a imediata neutralização do problema (do "prejuízo") com total recuperação e plena *volta à ação*. O gênio estratégico egípcio transformou Creta numa eficientíssima *operação ganha-ganha*, na exata moldagem dos especialistas do tema negociação em *Harvard* hoje. É, a meu ver, absolutamente incrível! Os seus fundamentos seriam os seguintes:

- a área escolhida deverá ser insular, com vilas já estabelecidas, dotadas de razoáveis condições de sustentabilidade agrícola e pecuária, escarpada, com disponibilidades hídricas consistentes, isotropia cultural, com múltiplas possibilidades para "apoiar" embarcações, fácil acesso para os navios aos mares próximos e ao Mediterrâneo, com regime de ventos bastante atrativo, neutralizando as possibilidades de naufrágios frequentes na sua área de influência direta. Ausência de rochedos, bancos de areia, correntezas perversas etc.

Creta é a maior das ilhas do arquipélago grego com cerca de 8.300 km^2. A extensão da ilha é de 250 km, apresentando uma largura máxima de 60 km e uma, mínima, de 12 km. Com três linhas de montanhas, com desfiladeiros espetaculares e altitudes que atingem mil metros. É fácil verificar que, se acessada por um adversário externo, as suas condições de relevo muito especiais, ao lado de praias, ancoradouros, grutas, cavernas produzir-se-iam múltiplas possibilidades de resistência e fuga, além de ocultação de tesouros e haveres estratégicos. A interação do poder e aristocracia cretense, com as redes comunitárias, desenvolveram-se e fluíram com certeza, com uma interação construtiva. Cnossos deveria ser um importantíssimo comprador da própria produção insular.

É bem provável que uma parte não desprezível dessa população trabalhasse nos (e para os) palácios da ilha e muitos de seus homens integrassem, em determinados momentos de suas vidas, as tripulações de navios piratas ou a própria frota de Creta. É certo que Creta deveria contar com alguns navios mercantes próprios no sentido de desencorajar algumas ações eventualmente desestabilizadoras dos piratas, promovendo carretos ocasionais à margem da "cartilha tradicional" de Cnossos. A preços vis, como medida retaliatória. Ao mesmo tempo é muito provável que possuísse uma força considerável de navios de guerra (30 a 50, julgamos) ancorados "discretamente" em vários pontos da ilha, em face de possibilidade de ter que enfrentar eventuais problemas na sua área direta de influência ou para realização de ações especiais no Egeu e no Mediterrâneo. Sempre prontos para partir, com tripulação superqualificada e a postos. É minha convicção que essa força-tarefa teria velocidades (de resposta/agressão) fulminantes e, com certeza, seria comandada (toda a "esquadra") por "almirante" egípcio ou fenício à disposição de Creta e de total confiança do faraó. Em alguns momentos essa frota (ou parte dela) poderia operar como um grupo pirata, realizando operações no Egeu e no Mediterrâneo.

Michael Grant e Don Pottinger apresentam um conjunto riquíssimo de informações sobre Creta.

> Em Creta, o solo e o clima eram melhores do que no continente e produziam madeira para navios e grande quantidade de vinho e de azeite. As diversas comunidades da ilha – não gregos, cujos antepassados teriam vindo da Ásia Menor – estavam ali estabelecidas desde o quarto milênio. Cerca do ano 2000 a.C. juntaram-se num reino único, com a capital em Cnossos. Esta cidade, com cerca de 100 mil habitantes, estava ligada ao resto da ilha por estradas pavimentadas e era o centro do tráfego marítimo cretense para todo o Mediterrâneo.
>
> Poderosos com base em seu poder naval, os reis-sacerdotes de Cnossos não sentiam a necessidade de fortificar o seu luxuoso palácio de mármore. Este palácio, tão complicado que se tornou o "labirinto" da lenda, estendia-se através de 20 mil m^2 de pátios cobertos, átrios com colunas, escadarias e terraços em socalcos, e nele se guardava o tesouro do reino, em casas fortes de registros complicados.
>
> As deusas eram especialmente veneradas pelos cretenses – incluindo as precursoras de Atenas, Hera e Artémis – mas julga-se que também adoravam Zeus como deus-menino, filho varão da Terra-Mãe.
>
> Prósperos pelo seu comércio marítimo, os cretenses puderam desenvolver uma civilização brilhante, cheia de vida e de imaginação. Os seus perfeitos vasos torneados, e os afrescos, demonstram um misto de viva e sutil abstração, de naturalismo e de impressionismo seguro, totalmente diferentes da austera e correta arte dos egípcios, que os tinham ensinado. As cenas com multidões, especialmente mulheres, naquilo que é talvez o primeiro teatro, e onde assistem a procissões religiosas, atletismo, música e dança, são obras-primas de observação humana.

> Também gostavam de pintar animais e pássaros em atitudes naturais. A sua arte mostra uma profunda simpatia pela natureza e pelo seu movimento. Os espetáculos de touros surpreendem pela audácia e arte.[47]

Ao lado dessa frota, Creta deveria contar com um grupamento de soldados de elite (infantaria) – também mercenários – constituindo um contingente suficiente para desencorajar ações terrestres locais dos próprios piratas (ou invasores) e/ou proteção para uma eventual fuga dos mandatários (e suas famílias) da ilha. Estimo que esse contingente devesse se situar na faixa de 2 mil a 3 mil homens em todo o seu território. Em Cnossos, provavelmente cerca de 500 soldados, não mais.

- Os palácios deveriam ser robustos e belíssimos. As suas fundações seriam sólidas, com multiplicidade de ambientes arejados, e com uma decoração alegre – comprometida, sempre que possível, com o mar (golfinhos, por exemplo). O espaço seria convidativo e funcional para operações comerciais (transações), vendas de objeto de alto valor agregado (armas e joias), *com pés-direitos altíssimos*. Quanto mais alto o pé-direito, mais vocacionado para o "solene" estará o ambiente. A riqueza sempre produz pés-direitos altos, superexpressivos, qualquer que seja a cultura.
- O espaço urbano seria especialmente (ou espetacularmente) acolhedor para festas e eventos, danças, procissões, prostituição, exposição/comercialização de escravos, entre outros. Sem dúvida alguma a mercadoria mais importante a ser trabalhada em Creta, nas suas várias cidades, seria a compra e venda de pessoas, qualificadas e não qualificadas. Muitos prisioneiros, já escravos (ou futuros escravos), deveriam chegar a Creta, abatidos, doentes, superfragilizados e "feios". *Portanto, mercadoria "não no ponto ideal (ou desejável)" para venda, troca etc., enfim, comercialização.* É quase certo que em Cnossos ou outras cidades/vilas da ilha (já que era praticamente impossível fugir pelo mar ou pelas montanhas) seriam "internados" para "engorda", recuperação de forças e plenas condições físicas. Condicionamento, *beautification*. O jogo da vida, da sobrevivência, era duríssimo em determinadas regiões da Antiguidade. Assim, vale sublinhar que para certas "pessoas" escravizadas, o mundo que lhes surgia então pela frente nesse novo *status* (na medida em que fossem capturados como homens livres) poderia ser bem melhor que as suas condições originais de vida (alimentação, abrigo, segurança etc.). Nessa situação tratava-se apenas de contar com a sorte. É irônico, mas a escravidão poderia ser uma salvação.

A beleza dos palácios, as procissões, as feiras, o amor à natureza, a ausência de muralhas, a limpeza deveriam "impactar", por incrível que pareça, os escravos (ou futuros escravos) de uma forma muito mais humana que os sórdidos mercados de vendas de pessoas no futuro, em Roma e em outros locais existentes na Antiguidade – onde a sujeira e o mau cheiro abraçavam todos de forma quase insuportável. As leituras que os pesquisadores efetuam sobre Creta – desde os trabalhos pioneiros de Evans – lhe são sempre superfavoráveis. As referências dos gregos a Creta, como as de Homero, são sempre gentis. Apesar de aparentemente constituir um *non sense*, Creta pode ter sido vista no passado como um remanso pelos escravos. Mercadores sanguinários não se coadunavam com o espírito minoico, sempre comprometido com a alegria e a harmonia. Não se pode esquecer que até hoje quando se decora um ambiente persegue-se a harmonia, mesmo que cinicamente.

E Creta era intensamente decorada. A consciência da beleza, plena e permanente. Com certeza, circulavam pelos grandes espaços especialistas em determinadas áreas da Antiguidade para aquisição seletiva de pessoas e objetos, tais como: mulheres e crianças e jóias, em venda direta ou em leilões, os quais aconteciam com o acompanhamento de bebidas fortes, alimentos, jogos, circo e, também, serviços de prostituição. Eram tantas as salas e cômodos que deveria ser problemático deslocar-se no palácio de Cnossos. Uma circulação familiarizada com todos os seus ambientes, só para pessoas muito especiais. Iniciados nos seus meandros. É bastante provável que a lenda do Minotauro tenha mesmo aí suas raízes. Em outras palavras, um visitante não conseguiria se locomover mesmo em Cnossos, sem o apoio de "iniciados" nos complexos trajetos internos. Um Vaticano mil vezes mais complicado.

De certa forma, são essas possibilidades que parecem justificar o imenso número de salas do palácio de Cnossos, por exemplo, e suas residências anexas. Aliás, as joias eram sempre presentes valiosos para as mulheres da corte e as cortesãs que deveriam atender desde o mais rico comerciante até o mais pobre pirata. A joia era, com certeza, uma das moedas referenciais mais importantes de Creta, remunerando serviços e trabalhando como aferidor de trocas.

Uma questão que ainda não foi aprofundada em Creta – aliás, será bastante complexo enfrentá-la – refere-se à ocupação de pátios e esplanadas nas áreas de influência direta do palácio de Cnossos e outras construções de grande porte na ilha. Assim, é altamente possível que esses espaços abertos nos dias festivos (ou mesmo nos dias normais) fossem ocupados por dezenas, centenas de barracas/tendas utilizadas para comercialização de mercadorias de baixo valor unitário e gêneros alimentícios. De certo modo uma feira complementar ao *shopping do governo* dos grandes palácios. Como essas barracas poderiam também ser estruturadas com madeira, toldos de couro, telhas de cerâmica e, eventualmente, alvenaria leve além de fundações pouco profundas, as mesmas desapareceram no tempo sem deixar vestígios. *A feira complementar*, como aqui denominada, deveria ser um espetáculo à parte, com "praças" de refeição, chafarizes, fontes, bancos de pedra, calçadas, acompanhadas de números circenses e vendedores ambulantes. Dependemos é claro, aliás como sempre, de novas descobertas dos arqueólogos para confirmar essa suspeita. Estou convencido que eles, os arqueólogos, são os reais heróis da pesquisa histórica da Grande Antiguidade. Sem eles não conseguiríamos realizar nada. A partir de seus resgates, construímos os nossos raciocínios e realizamos as nossas conectividades. Finalmente observe-se que o grande palácio, com certeza, deveria ser envolvido permanentemente (diariamente) por várias feiras e feirinhas complementares. A vida pulsava dentro e fora do palácio de Cnossos.

Creta percebeu, com notável discernimento, que antes de tratar com mercadorias, tratava com pessoas. Observou, com rara intuição, que bem mais que vendedores e compradores, o que importava mesmo era a construção do *network* – a rede de relacionamento. Além disso, com especial sensibilidade comporia o sagrado com o profano, a terra dos vivos com a terra dos mortos, a alegria da vida com a inevitável partida, o gênio do homem e o gênio da natureza, o ser – o estar – o acontecer, o ser mulher na sua plenitude (sedução, sentido de momento e mando), o comprar, o pagar e o recomeçar.

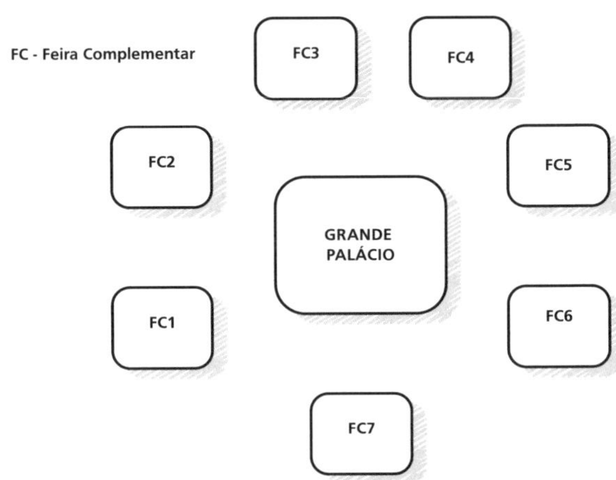

Figura 29. Feiras complementares em Cnossos

Um ponto singular a ser discutido é que na Antiguidade frequentemente destroços de um palácio e/ou outros prédios eram utilizados na construção de outras edificações. Componentes da arquitetura micênica em determinados casos são originados de escombros localizados na ilha de Creta. Ainda relacionado a esse tema, registre-se que o mármore das paredes externas do Coliseu foi reaplicado em outras obras em Roma, pela Igreja Católica. A utilização desse "material de demolição" (em uma linguagem atual), total ou parcial, dificulta em inúmeras situações as atividades dos arqueólogos. Mas, convenhamos, é praticamente impossível imaginar Cnossos sem feiras permanentes acontecendo ao seu redor.

Creta era visitada por poderosos e por outros nem tanto, piratas de porte médio, piratas pobres e comerciantes de todos os portes, portos e partes da Grande Antiguidade. Aos poderosos e eventualmente àqueles nem tanto os palácios e suas instalações. Aos outros, a feira, suas barracas e quartos de aluguel nas várias vilas de Creta. A ilha agregava e sorria para todos, criando um ambiente superpropício à negociação e concretização de negócios. *Creta, muito antes dos estrategistas modernos, percebeu a importância de produzir um clima de gestão inteligente como catalisador permanente de ações proativas. Um ambiente estratégico.* É claro que existirão além do palácio operações especiais, tais como "hotelaria fina" e "hospitais". Enfim, Cnossos deverá ser entendido como um palácio central com um grupo de prédios anexos, o que deveria expandir em muito a projeção do seu núcleo básico. Todos os povoados da ilha enviariam seus representantes para participar da feira permanente de Cnossos nos grandes dias festivos e talvez semanal ou mensalmente. *De modo geral, seria um prazer chegar a Creta. Tudo nos leva a crer que Creta, realmente, além de muito necessária, foi também muito amada, por todos!*

É quase certo que as procissões/desfiles em Creta tenham muito a ver com os eventos similares que ocorriam no Egito. Na terra dos faraós esses eventos eram *happenings* extremamente alegres, festivos, com música e dinâmica própria, bailarinos e arranjos cênicos. O governo egípcio com essa prática provocava a interação, no mesmo bloco, de governantes, funcionários, soldados, camponeses – reunindo homens, mulheres, jovens e crianças. Tudo leva a crer, portanto, que Creta inspirou-se nessas realizações para providenciar a mesma animação em Cnossos e, com certeza, em outros palácios e vilas da ilha. A filosofia do entretenimento era a mesma.

Elisabeta Bovo também apresenta uma descrição esplêndida do arranjo urbano/residencial de Cnossos e de outros pontos relevantes de Creta, agregando informações ao texto de Grant e Pottinger, já apresentado.

Ao percorrer essas linhas tem-se a sensação de que a inteligência de Creta, de modo absolutamente peculiar, providenciou um "desenho" arquitetônico onde o conjunto – espaçoso, harmônico e alegre – trabalhava ao mesmo tempo como *shopping* a céu aberto (com lojas de armas, roupas, jóias, utilidades para a navegação) além de "residências/vitrine" onde se expunham escravos (vendas ou leilões) e bordéis repletos de prostitutas (belas e sedutoras) de todas as terras da Antiguidade (na mesma linha de Amsterdam, durante décadas), hotelaria, arenas para eventos (saltos sobre touros) e avenidas para procissões festivas. Balcões suspensos com visão privilegiada, como camarotes. Enfim, um "agito" permanente. Tristeza bem a varejo e alegria por atacado. Sempre!

A programação em Creta preocupava-se em alegrar pessoas integrantes de inúmeras "tribos", uma vez que a tripulação dos navios e comerciantes não era unicamente constituída por gregos. Uns vendiam, outros compravam. Se comparássemos o mundo cretense com a séria *Jornada nas Estrelas*, a cidade minoica assemelha-se muito com aqueles pontos de encontro de representantes de todas as galáxias e regiões do Universo. Pessoas, roupas, culturas e modos de ser diferenciados, porém todos alegravam-se, bebiam, compravam e vendiam. Creta mais que Hatusa, seria o grande *point*. Em meu entendimento a existência dessa gama individualizada de serviços justificaria esse "cuidado" urbano arquitetônico de Creta.

As origens e os palácios minoicos

Os grandes palácios, cujas ruínas podem ainda ser visitadas em Cnossos, Feto e outros locais em Creta, são universalmente conhecidos e constituem o emblema da civilização minoica. São exemplos únicos de arquitetura palaciana na região mediterrânea durante a Idade do Bronze e são ao mesmo tempo testemunho das influências e dos vínculos artísticos e culturais entre o mundo do Oriente Médio e o Egeu. Os palácios cretenses foram edificados pela primeira vez durante o minoico médio (2000-1570 a.C.). Depois do surgimento dos palácios pode-se intuir uma profunda transformação política e econômica. Há dois fatos a ter em conta: o nascimento de um poder monárquico, que tinha sua sede precisamente no palácio, e a centralização da riqueza nas mãos do rei, que administrava e organizava as atividades econômicas, supervisionando as oficinas de artesanato e os armazéns. O aparecimento de palácios em Creta, como já tinha acontecido no Oriente, representou uma etapa comum na transição do Neolítico para a Idade do Bronze. Quando a agricultura especializada e a exploração dos recursos insulares permitiram o sustento dos artesãos e dos comerciantes, deu-se a concentração de riquezas nas mãos dos príncipes, que administravam o poder político e econômico legitimando-o com uma motivação sagrada. Estes eram também sacerdotes, intermediários entre as divindades e os homens, e tinham um papel-chave na propiciação do favor divino.

Centro insubstituível

O palácio, como sede do príncipe-sacerdote, *converteu-se em centro insubstituível da sociedade minoica* na Idade do Bronze, núcleo de toda atividade política, econômica e religiosa. Arquitetonicamente, o elemento que o caracterizava desde a fase proto-palaciana (ou dos primeiros palácios) era a presença de um *pátio central*, ao redor do qual distribuíam-se vários compartimentos, agrupados em áreas funcionais. A articulação do espaço seguiu um processo centrífugo, quer dizer, partia do centro e se dirigia para a periferia, que nunca era delimitada por muralhas, mas apenas por acessos que regulavam o fluxo e refluxo de bens e homens. O pátio central era o núcleo primordial de todo o edifício e tinha uma função específica. Seu caráter era dado pelas comunicações que estabelecia e pela diversificação de suas fachadas, que correspondiam ä variedade de funções desempenhadas nas diferentes áreas do palácio. Do setor oeste, geralmente destinado ao culto e formado por salas adornadas com colunas e pilastras, passa-se para o oriental, ocupado por salas de especial elegância, reservadas à representação do soberano. Além destes locais, havia outros compartimentos mais simples e em forma retangular, dispostos ao redor e utilizados como armazéns e oficinas de artesanato.

Desenvolvimento vertical

O segundo elemento típico da *arquitetura cretense foi o desenvolvimento vertical do palácio*, ou seja, a presença de vários planos superpostos, assinalada arqueologicamente pelos restos de grandes escadarias. O exemplo mais importante é, sem dúvida, o *palácio de Cnossos*, que se estende sobre uma superfície de quase 10 mil metros quadrados e que é formado por dois pisos na parte ocidental e por quatro na parte oriental. Restos de escadaria foram encontrados em outros importantes centros como Malia, Zakro e, sobretudo, em Festo, onde a presença de escadarias monumentais faz pensar na sua eventual utilização como anfiteatro para assistir aos espetáculos e às celebrações do culto, assim como passagem para as procissões que se dirigiam aos templos no interior do palácio.

Evolução arquitetônica

Se na primeira fase os palácios seguiam um esquema tradicional de matriz oriental, com as casas agrupadas em setores e dispostas ao redor do pátio central, na segunda fase palaciana (1570-1450 a.C.) a arquitetura minoica tornou-se mais original. O palácio adquiriu proporções grandiosas não apenas na planta, mas também na vertical; introduziu-se o uso frequente de *átrios* interiores para iluminar o ambiente, e de *colunas* e *pilastras*, frequentemente em substituição de muros cegos. Estas novidades, além de exercer funções precisas (iluminação e apoios), eram também elementos ornamentais e, associados aos inumeráveis afrescos que decoravam as paredes das salas mais importantes, conferiam ao ambiente uma imagem de riqueza, poder e refinamento artístico. Apareceu então o *megaron cretense*, uma forma tipicamente minoica de organizar espaços importantes destinados a habitações reais ou a lugares para a celebração de cerimônias. Tratava-se de uma unidade formada por duas salas contíguas, comunicando-se por portas separadas por pilastras (*polibyon*) que constituíam a parede mestra; o conjunto completava-se geralmente com um pórtico exterior. O ambiente assim estruturado é considerado a antítese do *megaron*, que se consolidaria mais tarde na arquitetura grega; o primeiro era airoso e aberto, o segundo quadrado e fechado com muros contínuos e um único acesso. O exemplar mais bem conservado encontra-se no palácio de Cnossos, além da fachada oriental do pátio central, no coração de um setor residencial. Provavelmente destinava-se a apartamento real, com uma sala para as audiências, como sugerem os restos de um trono de madeira apoiado numa parede, com um friso decorativo pintado.

Projeto padrão

Comparando as planimetrias dos palácios conclui-se que a *disposição dos ambientes* era semelhante em todos: a entrada principal, situada a norte, era decorada com elementos monumentais (propileus e escadarias) e ligada à área de culto; as outras entradas ficavam situadas em correspondência com outros pontos cardeais. A ala ocidental era, em geral, destinada ao culto (muitas salas eram santuários e continham altares, além de cornos de touro, símbolo da divindade), e ficava unida a uma série de armazéns, simples compartimentos retangulares onde se guardavam as mercadorias em grandes vasos de terra cozida (*pithoi*). A ala oriental, separada da anterior pelo pátio era uma área residencial e de representação, que incluía o *megaron*. Também na parte leste, depois dos aposentos reais dispunham-se as dependências dos criados e outros armazéns; por último, no norte ficava outra área destinada ao culto, caracterizada por uma sala hipostila, e o conjunto das oficinas de artesanato. A este propósito o *palácio de Zákros*, abandonado repentinamente em plena atividade dos trabalhadores, constitui o exemplo mais importante. A presença de poços, piscinas naturais e cisternas, espalhadas por diferentes pontos do palácio, legitima a hipótese da prática de ritos de purificação. Os tanques, cisternas e piscinas eram abastecidos por água canalizada das fontes, enquanto as águas de descarga dirigiam-se para as cloacas. A complexa estrutura do palácio integrava-se com a paisagem circundante: daí os planos superpostos, que se sucediam como terraços até a planície, as grandes vias de acesso provenientes de vários locais (o porto, a necrópole ou o interior) que levavam ao palácio; daí também as *zonas residenciais* e as casa senhoriais, todas dispostas ao seu redor. A integração do palácio com o território correspondia à dependência econômica da periferia em relação ao centro e, em termos políticos, traduzia a supremacia do poder central sobre o território circundante.

As vilas

Creta deixou outros testemunhos importantes do ponto de vista arquitetônico: as *vilas*, edifícios menores que os grandes palácios que, contudo, reproduziam sua complexidade planimétrica. As ruínas foram encontradas geralmente em localidades limítrofes aos palácios: assim é um *Vathypetro* e *Tylissos*, perto de Cnosso, e em Hagia Tríada, perto de Fresco. Crê-se que possam ter sido casas de verão ou centros de atividades econômicas, políticas e religiosas semelhantes aos palácios. Também as vilas propunham, em menores dimensões, a divisão em setores funcionais: os armazéns anexos às áreas de culto, o "*megaron cretense*", as áreas residenciais e senhoriais e a zona industrial, com oficinas de artesanato. Não faltavam os outros elementos típicos da arquitetura palaciana minoica: as escadas, colunas, decorações murais com afrescos e o pátio central. A presença de arquivos e compartimentos do tesouro, anexos aos armazéns e à área de culto, parece confirmar de que estes edifícios foram centros administrativos e econômicos.

Planta singular

Particularmente interessante é a vila de *Hagia Tríada* (pequena cidade minoica que surge em uma colina a oeste de Festo em frente ao mar), que apresenta uma planta singular em "L" delimitada por dois pátios: um a norte até o mar, destinado possivelmente ao uso comercial, e outro ao sul usado para cerimônias e ritos sagrados. Outra novidade é o fato de que o complexo inteiro pode ser dividido em duas alas comunicando entre si, com idêntica disposição planimétrica. A explicação estaria ligada provavelmente a funções específicas diversas.

Ausência de templos

Com exceção das salas de culto do interior dos palácios, a arquitetura minoica não deixou testemunho de templos. A explicação reside no caráter naturalista da religião, que se servia de grutas nas montanhas para celebrar seus ritos. A arquitetura funerária, ao contrário, está documentada por inumeráveis exemplos situados nas *necrópoles* que circundam os grandes centros. Eram tumbas de inumação, onde o cadáver era depositado na terra ou em sarcófagos (entre estes, é de destacar o belo exemplar pintado procedente de Hagia Tríada).

SEPULTURAS

Os tipos mais frequentes de sepultura eram três: em poço, em cova e em câmara; as tumbas escavadas na rocha também podiam estar reunidas num único edifício com vários compartimentos (necrópole Chrysolakkos, ao norte de Malia), onde se situavam os altares para as oferendas e os enxovais funerários com objetos de ouro.[14]

- As mulheres eram vaidosíssimas e vestiam-se de forma muito trabalhada (e com os seios expostos) e, aparentemente detinham posição de destaque na corte. Ao que tudo indica a mulher desempenhava um papel-chave na "animação de Creta".
- Foram muito religiosos, entretanto, sem uma profusão de deuses. Simplificaram a devoção. A divindade máxima era uma mulher.
- Tudo leva a crer que o *Minos* (o governante) atendia aos piratas e *visitantes especiais em ambientes muito elaborados*, como por exemplo, a belíssima Sala do Trono.
- Creta não possuía defesas baseadas em trabalhos pesados de construção, tais como muralhas, fossos, etc. Assim, a sua segurança residia na transparência e seriedade com que conduzia os seus negócios financeiros e logísticos. Creta era a cidade da objetividade. Comércio amplo e franco em um ambiente superacolhedor. Nela, com certeza, não havia espaço para discutir o sexo dos anjos como efetuado em Bizâncio.

Certamente o sistema Creta e seus operadores – suponho – trabalharam também como "banqueiros/financistas" – fomentando o desenvolvimento/alavancagem de uma série de operações (a curto, médio e longo prazos) e também como fiel depositário de haveres não só de piratas, como comerciantes e outros participantes da cadeia produtiva da pirataria. O "chegar" a Creta para todos que lá se dirigiam era equivalente a atingir um porto seguro – para a realização de negócios, para as pessoas e para a acomodação das mercadorias (inclusive os escravos). *Creta pode ser visualizada como um extraordinário remanso estratégico em toda a Antiguidade – essa quase sempre conturbada e com muita frequência, ensanguentada. Entre suas inúmeras atribuições, Creta deve ter sido o primeiro grande centro financeiro (e muito sofisticado) da história da humanidade.*

Os parceiros de Creta iriam encontrar segurança financeira, proteção, ambiente descontraído, festa, vinho, mulheres, espetáculos e também uma grande "irmandade de piratas" sob uma bandeira virtual a de Creta, a qual "produzia" todo um conjunto de facilidades que envolviam e evoluíam desde a cafetinagem até sofisticadas operações financeiras. Todos os serviços. Proxenetas, banqueiros, governantes, navegadores, agentes de mercenários, comerciantes, médicos, sacerdotes, bailarinas, militares e outros, solidamente irmanados. Uma confederação ao mesmo tempo alegre e perversa sempre que necessário. Mais que uma cidade, um clube. Mais que um clube, um grande e permanente *happening*.

O jogo, fiel companheiro do homem juntamente com o álcool, deveria ser um espetáculo à parte em Cnossos e outras localidades de Creta, onde determinadas residências devem ter trabalhado como "cassinos efetivos" para jogos de dados, e também dardos, disputas de arco e flecha, jogos de punhais, e outros. Até que ponto as atividades de Creta foram uma provocação para as grandes competições futuras? As olimpíadas gregas, por exemplo, teriam sido influenciadas por Creta? É uma questão a se investigar seriamente. As suas raízes mais remotas estariam em Cnossos? Haveria um hipódromo em Creta? Penso que sim. Tenho certeza que sim. Ouso afirmar! Sim!

Visivelmente o salto sobre touros materializava uma competição diferenciada, onde participavam das disputas, ao mesmo tempo, homens e mulheres. Isso só ocorreria, mulheres e homens numa mesma disputa, cinco mil anos após, nas competições equestres de um modo geral, e nas Olimpíadas em especial.

Não se tratava de uma competição de força ou de velocidade, ou de precisão como as provas de arco e flecha e pequenos dardos. Tratava-se de um confronto de "perícias", onde interessava a graça, a leveza e o fazer-se uma coisa só com os touros. Que *non sense* maravilhoso, numa época em que força e velocidade compunham a dieta básica da Antiguidade. E, também as procissões festivas, musicais, na contramão absoluta dos desfiles militares. Que leveza, que ironia fina, não é Creta?

No tocante ao esporte olímpico, a participação equestre envolve homens e mulheres em igualdade de condições, ocorrendo na prova de saltos, concurso completo e adestramento. A equitação dessa forma resgatou o espírito de Creta. O tempo vai, mas também volta, comentaria Peter Drucker. Se esse tema lhe fosse eventualmente exposto, é claro.

Em meu entendimento os touros utilizados para volteio em Creta eram adestrados desde muito novos para a realização de determinados exercícios. Em outras palavras não se tratava de um espetáculo com animais bravios. Mas, mesmo assim, nessas condições de touros "preparados" o espetáculo deveria oferecer riscos reais para os participantes, obrigados a realizar uma rotação de 360º, onde o ponto de apoio para a partida era exatamente o conjunto cabeça/chifres do animal. Hoje o que temos mais próximo daquele exercício em Creta é o salto sobre o cavalo nas competições de ginástica olímpica. É intuitivo supor que os jovens (homens e mulheres) participantes do volteio eram premiados (por juízes e espectadores) em função da perfeição de seu salto. O treinamento para esse espetáculo deveria ser permanente, utilizando-se os jovens de modelos (de touro) em escala natural, construídos com peças de madeira maciça, com encaixes para chifres e cobertura de couro, buscando-se simular a realidade taurina da melhor forma possível, deslocando-se sobre notas, se o caso. O herói seria o melhor saltador, fosse ele homem ou mulher.

- A logística deveria oferecer um sem-número de facilidades aos navios piratas e mercantes (esses últimos garantidos por cartas de não agressão, "compradas" junto a Cnossos), tais como: carga, descarga, armazenagem, reparos, mantimentos, água, reposição ou substituição de tripulações. A indústria naval toda deveria trabalhar a plena, com venda e arrendamento de navios e barcos, fornecimento de remos, velas, armas, mantimentos, água etc. Ao mesmo tempo considere-se o atendimento a tripulantes feridos e providenciamento de "pensões" a vigorar no período de restabelecimento (cobertura de receitas cessantes).

Será que as operações de seguro nasceram em Creta? É possível que sim, em minha opinião, além de outras complexas providências financeiras. Dentro dessa linha de raciocínio é provável que uma matemática financeira (juros, amortizações etc.) tenha eventualmente se implantado e/ou aperfeiçoado em Creta, com apoio de matemáticos egípcios e mesopotâmicos.

- Sente-se nas entrelinhas da história que os gregos de alto poder econômico – a elite gaminds – *não poderiam, a menos que excepcionalmente, estabelecer suas próprias residências em Creta.* Essa possibilidade deveria ser rigorosamente proibida. Mas, em contrapartida, os *Minos* permitiram que os seus arquitetos, artífices instaladores/ajustadores de pedra fossem colaborar com a edificação de conjuntos espetaculares, como seus megarons, no continente, o que, com certeza, implicou agregações culturais de inestimável importância para a história grega e o Ocidente.
- Cabe também ressaltar os aspectos muito importantes em Creta no que tange a uma mercadoria muito especial: armas. E, a propósito, lindas armas. Deslumbrantes! Creta deveria ser um polo de produção e comercialização de armas para toda a Antiguidade, abrangendo adagas, punhais, espadas, lanças, escudos, carros de combate (montados ou desmontados), arreios etc. As armas que representavam mercadorias de alto valor agregado devem ter cruzado o Egeu, o Mediterrâneo, a Mesopotâmia, o reino dos hititas, o Egito, das mais simples às mais belas, das mais despojadas às mais decoradas, alegrando a vida dos seus mercadores (e compradores) em toda a Antiguidade. Creta seria um *point* diferenciado (seguro, tranquilo etc.) para a realização de operações nesse campo. No mundo micênico armas eram como joias raras

e acompanhavam o "príncipe ou rei" quando do seu sepultamento. *Em determinadas ocasiões, é bom assinalar, nos combates enfrentavam-se os campeões de cada "hoste", não se envolvendo na refrega os súditos respectivos. Heitor versus Aquiles, por exemplo.*

É claro que Creta, sagaz como sempre, iria alimentar forte rivalidade entre os "príncipes", além de nutrir suas vaidades e provocá-las mais ainda com as belíssimas salas de exposição em Cnossos, onde repousariam em mesas estratégicas espadas, lanças, escudos de belezas extraordinárias. Aparentemente Troia não se descuidou desse aspecto também. O combate singular – na citada configuração Heitor-Aquiles – traduzia a real emoção da disputa. Lutas das soldadescas, nem tanto. Medíocres! E é claro que os gregos precisavam ir para outro mundo, onde também combateriam "bem equipados". Necessitariam das armas, na ressurreição. Fosse onde fosse!

- Assinale-se ainda a questão dos escravos. Cnossos, com certeza, deve ter se qualificado como um dos centros mais importantes de compra e venda de escravos em toda a Antiguidade, focando as suas atividades em pessoas com determinadas especializações, mulheres belas e crianças, por exemplo. Inclusive, com encomendas prévias. Mão de obra não qualificada provavelmente seria comercializada em outros pontos de Creta e, eventualmente em outras ilhas do Egeu, como Lesbos, por exemplo.

Esse comprar e vender pessoas representava uma rotina mais que normal naquele tempo remoto e essa prática prosseguiria no túnel do tempo por quase 4 mil anos depois Quase como comprar cavalos e gado de raça numa exposição no Brasil em pleno século XXI. Nesse mercado de pessoas efetivavam-se transações, leilões para "peças" disputadas e encomendadas para atendimento de determinados perfis profissionais e tipos de mulher. Crianças com determinadas características seriam encomendadas/adquiridas em Cnossos. Como a mortalidade infantil era, sem dúvida, muito expressiva, homens e mulheres deveriam adquirir bebês (meninas e meninos) para recompor o próprio "estoque familiar" e/ou solucionar questões vinculadas à infertilidade de casais. Com certeza, o Egito (a sua elite, principalmente) teria sido um dos mais importantes "adquirentes" nesse mercado.

Com respeito a esse tema e apenas como indicação referencial torna-se interessante observar o texto de André Chouraqui.

> O homem está na força da idade entre 30 e 50 anos, época da entrada em serviço e da aposentadoria dos levitas que oficiam no Templo de Jerusalém. Em outros lugares, o começo do trabalho sagrado é fixado em 25 e até em 20 anos.
>
> Um documento surpreendente, que lembra as tabelas dos corretores de seguros atuais, fixa o valor dos seres humanos, que é definido a propósito dos votos. A vida hu-

mana é dividida em cinco períodos, sendo o homem e a mulher avaliados de maneira diferente em cada um deles:

- de 1 mês a 5 anos, o menino vale 5 siclos;
- de 1 mês a 5 anos, a menina vale 3 siclos;
- de 5 a 20 anos, o homem vale 20 siclos;
- de 5 a 20 anos, a mulher vale 10 siclos;
- de 20 a 60 anos, o homem vale 50 siclos;
- de 20 a 60 anos, a mulher vale 30 siclos;
- além de 60 anos, o homem vale 15 siclos;
- além de 60 anos, a mulher vale 10 siclos.

Evidentemente, essa tabela é estabelecida a partir os dados concretos da vida cotidiana, não de especulações abstratas. O período criador do homem compreende, portanto, entre 20 e 60 anos. Além dos 60, como vemos, o ser humano é bastante desvalorizado: uma mulher idosa vale pouco mais que três recém-nascidos.

Na Grécia antiga bebês recém-nascidos em circunstâncias especiais eram rejeitados pelos pais e abandonados ("exposição" era o termo técnico para o abandono), os quais com frequência eram "resgatados" por determinadas pessoas para vendê-los posteriormente como escravos. Mas do que punir o adultério punia-se (pelo terrível descarte do bebê) a suspeita do adultério.

Reza a lenda (hoje discutida) que em Cartago os sacerdotes lançavam ao fogo (em honra a Baal) bebês e crianças pertencentes às famílias de alto poder aquisitivo. Reza a lenda também que as mães das crianças selecionadas para o sacrifício/crematório, adquiriam "substituições" no mercado de escravos ou por meio de intermediários, para levar ao fogo em lugar dos seus próprios filhos, os quais seriam "escondidos" livrando-os do crematório em algum lugar do Mediterrâneo ou do mar Egeu. Enfim, uma alternativa tão bárbara quanto a determinação vil dos sacerdotes. A vida humana era banalizada e em determinadas circunstâncias não valia mesmo nada.

Cnossos deve ter sido destruída finalmente pelas consequências de terremotos violentos e as pessoas sobreviventes deslocaram-se para outras áreas da ilha de Creta, para o continente grego, para o Egito e para a Etrúria. O que restou dos escombros foi vasculhado por muitos, fossem eles navegantes micênicos, piratas etc., realizando a busca de tesouros remanescentes. Se em determinadas situações a "garimpagem" era dificultada pela presença de pesadas peças de madeira, elas seriam então queimadas para facilitar o acesso à área de trabalho.

Creta sobreviveu sem força militar expressiva, sem marinha de guerra (aparentemente), sem muralhas, sem fossos. A sua estratégia resumia-se em produzir extraordinárias utilidades para muitos. Essa foi, em realidade, a sua grande defesa. Assim, interagiu com:

- os gaminds e, posteriormente, os gregos micênicos;
- os aldeãos de quem comprava (e pagava) mercadorias (produtos agropecuários, artesanato etc.);
- os piratas, a quem prestava serviços inestimáveis;
- os comerciantes de um modo geral;
- os mercadores de armas;
- os armadores e construtores de navios;
- os traficantes de escravos de todos os mares e de todas as terras;
- as cafetinas, os cafetões e as prostitutas;
- o artesão de um modo geral (joias, roupas etc.) e, eventualmente, Troia;
- as outras cidades da ilha, com as quais interagia;
- o Egito, à Fenícia e outras ilhas do Egeu;
- os hititas.

Com relação ao Egito, assinalem-se os comentários exemplares de José Jobson de A. Arruda.

> Os cretenses monopolizavam o comércio no mar Egeu. Os faraós deram-lhes a exclusividade do transporte do cedro do Líbano para o Egito. Nesse comércio, um produto era trocado por outro; os cretenses faziam pagamentos com grossos discos de metal ou placas de bronze que chegavam a pesar 30 quilos.[6]

É muito provável que o relacionamento Egito-Creta-Egito fosse regido por inúmeros protocolos. O do cedro, muito bem assinalado por J. J. de A. Arruda se constituiria em apenas um deles. Todos os acertos, logicamente, deveriam ser "escritos" na formatação linear A, permanecendo absolutamente herméticos para curiosos não "iniciados" nessa enigmática escrita minoica (aliás, egípcia). Penso que, para os egípcios, negociar em termos políticos ou comerciais constituía uma arte integrada, prazerosa e requintada.

Com todos Creta agiu com imensa seriedade (essa é a minha leitura), cumprindo religiosamente seus compromissos assumidos. Viveu a sua religião e não procurou impô-la a ninguém. Sem tirania da fé. Destruída, a cidade recomeçava. Começar de novo! E, em um trabalho muito especial, iria alavancar gradualmente o grego áspero indo-europeu para a configuração do grego micênico, ensinando-lhe a construir casas de pedra, conhecer os prazeres do convívio familiar e social nos grandes ambientes domésticos (e aí nasceu a arquitetura dos megarons), a talhar a pedra e com ela trabalhar (e também aperfeiçoá-la), apresentou habilidades aos comerciantes e representantes de todos os cantos do mundo, alfabetizá-los. Familiarizá-los e encantá-los com joias e armas trabalhadas, os carros de guerra, os navios mais avançados da época, a interagir com o divino, as festas. Entender e apreciar o luxo. "Conscientizou" os gregos micênicos em um modo de agir, *assinalando sempre que a melhor zona de conforto traduz-se pelo abandono da atual e partir na busca sempre de uma melhor.*

Creta inocula em um contingente de caipiras (os gregos indo-europeus) uma imensa ambição, o gosto pela ostentação, a importância da escrita, o controle rigoroso de bens e haveres e arte de conviver até certo ponto com os contrários. "Descaipirou" um conjunto muito significativo de pessoas, exacerbou o gosto das mulheres gregas para a elegância/fino trato e também, na medida do possível, praticaram a tolerância religiosa.

A interação que Creta processou com esse homem rústico (o grego indo-europeu) produziria para a história uma personalidade totalmente diversa dos hititas e dos mesopotâmicos, também dos fenícios e dos egípcios e até dela. Criou e produziu o *homem grego* em uma dimensão de rara ambição e determinação amando ao mesmo tempo o concreto e questões de notável abstração. E finalmente Creta sublinhou com cores fortíssimas que os deuses, sejam eles quais forem, não poderão jamais interferir com a liberdade. E assim, Creta e seus alunos criaram o Ocidente. Deslizaram no tempo!

E, de modo magnífico, mostraram aos gregos uma das maiores riquezas de todos os tempos. *Honra e a palavra empenhada são mercadorias que não se vendem nem se compram. É como a espada, se você a desembainhou terá que lutar. Terá que honrar! Nem sempre os gregos seguiram essa política. Necessariamente não foram bons discípulos.*

Essa, a essência da *pax cretensis* com uma plena vigência de aproximadamente mil anos ou mais. A *pax* comunitária, a *pax* hitita, a *pax* egípcia e a *pax cretensis*, constituíram desenhos estratégicos singulares da história do homem. Penso que suas mensagens prosseguirão para sempre, apesar das brutais concentrações de poder baseadas em ideologias de todos os matizes.

Esse sentido de honra e a palavra empenhada e sua vivência real em Creta iriam influenciar de forma genial Homero, Hesíodo, Sócrates e Platão e, como tal, o pensar e agir de grande parte da humanidade. Longa vida, Creta!

- Creta, com suas ruínas e seus tesouros arqueológicos representará sempre um permanente desafio para os estudiosos. Entretanto, parece me não haver dúvida de que, como as cidades fenícias durante muitos séculos, foi essencialmente uma projeção egípcia a trabalhar, com notável competência, questões relativas à navegação, comércio e pirataria no mar Egeu e no Mediterrâneo. A engenharia estratégica desenvolvida pelo Egito e sua projeção Creta foi, de fato, soberba. Em outras palavras, a Operação Creta substituiu a força, as marinhas de guerra por uma base comercial de notável impacto cênico e indiscutíveis competências econômica e financeira. Economizou vidas e imenso sofrimento para todos. Somou, sempre!

A presença de Creta produzia utilidade para todos, desde o mais rico comerciante e mercador de escravos até o mais humilde dos navios piratas. Creta foi ao mesmo tempo um mercado de escravos, um *shopping* a céu aberto, um centro de hotelaria, de prostituição também, além de toda uma gama de prestação de serviços/produtos vinculados à arte naval (construção, condução etc.). Ela buscou conciliar o que, em princípio, seria inconciliável numa sociedade organizada e "tradicional" à época.

Os minoicos foram tão sagazes que do palácio de Cnossos não se avistava o mar, condição essa essencial para que leilões e festas não fossem eventualmente desestabilizados (a continuidade dos eventos) face à chegada e partida ocasionais de navios-chave causando eventual impacto. O que os olhos não veem, o coração não sente. Creta não poderia ter nenhum concorrente visual. *Tout court! The show must go on!*

Por outro lado, a "bagunça" arquitetônica do seu *layout* urbano, a "labirintização" (materializada pela fábula do Minotauro) sugere que as construções estabelecidas (de forma propositalmente desordenada) corresponderiam às demandas do comércio em geral e também, a cômodos/residências não só para funcionários categorizados como também "balcões de exposição" para a venda de escravos e vitrines vivas de prostituição. Um pirata, ou qualquer outro ao chegar a Creta ficaria como que "anestesiado". Maravilhoso! Fosse senhor ou escravo. Extasiado e encantado pelo seu brilho, beleza, curiosidades, comodidades e ofertas de serviço. Como hoje, uma pessoa chegando a Paris ou Nova Iorque, entre outras cidades emblemáticas. Aliás, não só hoje, como amanhã e depois de amanhã.

Nessas condições os visitantes ficariam impactados (meio "abobalhados") e assim, pelo menos em tese, mais condicionados para negociação e concretização de negócios e acordos. Esses estratagemas cretenses, *pour épater le bourgeois*, também foram utilizados pelo Império Romano do Oriente em Bizâncio, onde, no Salão do Imperador, estruturas móveis com jogos de fumaça deixavam os visitantes atônitos. De certa forma, tal como Creta fez no passado. Tudo se repete!

Creta transformou os gregos ásperos (ou se quisermos os gregos caipiras ou simplórios) nos bastante evoluídos gregos micênicos. A influência foi efetivada em inúmeras manifestações culturais. A propósito, com relação à cerâmica registre-se o texto de Sinclair Hood, assinalando desde já que os trabalhos em cerâmica constituem extraordinários "rastreadores históricos".

> Parece fora de dúvida que as povoações do florescente período do Heládico Antigo II do continente foram destruídas pelos invasores vindos da Anatólia. Estes invasores teriam sido tribos vindas do interior, onde o costume primitivo dos sepultamentos dentro das povoações vinha já desde os tempos neolíticos, pois, aparentemente, este costume não existia nas regiões costeiras. Fugiam certamente à invasão dos povos indo-europeus que na história ficaram conhecidos pelos nomes de hititas e lúvios. É crença bastante generalizada, embora discutível, que eram de língua indo-europeia, ou lúvios, a primeira vaga de "gregos" a atingir a Grécia. O certo é que se tratava de gente bárbara e mais atrasada do que os povos cujas instalações queimaram.
>
> No horizonte datado da época imediatamente a seguir à destruição da "Casa das Telhas" de Lerna, e trazido talvez por um dos invasores, apareceu uma curiosa placa de osso gravada. Tais placas-ídolos ou ornamentos das bainhas das adagas foram encontrados em Troia, e também no sul da Itália, na Sicília e em Malta. Ganchos de argila e ornamentos em forma de âncora com duplo gancho, que aparecem por toda a Macedônia e pelo restante do continente grego até as ilhas Lipárias, ao norte da Sicília, e Malta, podem também refletir a dispersão dos refugiados-invasores anatólicos dessa altura."
>
> A roda de oleiro para o fabrico de vasos apareceu em uso em Lerna pela primeira vez no Heládico Antigo III. Veio, sem dúvida, de Creta ou da região costeira da Anatólia Ocidental, onde os vasos eram já feitos na roda nos princípios da segunda cidade de Troia (Troia II). No princípio do período Heládico Médio, aparece no continente grego, paralelamente com os barros polidos mínios, uma cerâmica característica com uma pintura mate e desenhos a escuro, normalmente tinta preta sobre uma superfície clara, frequentemente de cor esverdeada. A deliberada imitação de vasos de metal, tal como na Creta contemporânea, é responsável quer pelas formas quer pelas cores (laranja para o cobre, cinzento para a prata) desta atraente cerâmica, a que Schliemann deu – aliás, impropriamente – o nome dos lendários Mínias do Orcómeno beócio, onde ele a descobriu pela primeira vez. O gosto pela cerâmica com pintura mate que se nota no continente poderá ser influência das ilhas Cíclades onde esta técnica estava generalizada. Pode também refletir a chegada de novos emigrantes da Anatólia, pois que era aí fabricado um tipo semelhante de cerâmica com pintura mate (cerâmica da Capadócia).
>
> A vida dos invasores parece não ter provocado qualquer interrupção nas ligações entre o continente grego e Creta. Foi recentemente encontrado em um depósito Minoico Médio IA, em Cnossos, um vaso do Heládico Antigo III. Em Lerna há notícia de fragmentos de cerâmica cretense achados em níveis do Heládico Médio primitivo cretense e permanente ao período Minoico Médio IA, assim como de vasos cretenses (MM II) encontrados em túmulos do Heládico Médio. Eventualmente, tanto o estilo de decoração como até as formas dos vasos de Creta (Minoico Médio II-III) seriam imi-

tados pelos oleiros das regiões costeiras do continente. Inclusivamente até, oleiros de Creta se terão estabelecido noutras localidades como, por exemplo, na ilha de Egina. As ilhas e a Grécia continental sofreram cada vez mais a influência de Creta até que, pelo século XV a.C., uma civilização mais ou menos uniforme e de caráter minoico, se espalhou superficialmente através da parte sul da área do Egeu, não obstante as diferenças locais. Os princípios deste processo de "minoicização" estão vividamente refletidos no conteúdo dos túmulos de poço dos reis e príncipes de Micenas.[57]

Esse texto, interessantíssimo retrata uma mesma característica cultural na Grécia continental, na Grécia insular, Troia a região da Anatólia, no sul da Itália, na Sicília e em Malta, localidades onde em todas essas situações o grande multiplicador/influenciador/catalisador materializava-se com o espírito de Creta. Em outras palavras, os micênicos defrontaram-se (e harmonizaram-se) com uma notável isotropia cultural já constante na ilha.

Pedro, o Grande, da Rússia também não se descuidou de aspectos cênicos. São Petersburgo é uma das cidades mais belas da Europa com cerca de três mil construções tombadas pela Unesco. Aliás, Pedro, o Grande, ainda em Moscou, preocupou-se com a construção de um "clima" que maximizasse a interação dos russos com os estrangeiros. Tratava-se da Casa de Pedra – sob a genial gestão do *soldier of fortune*, general François Lefort – onde três orquestras tocavam a noite inteira nos seus salões. Uma agitação plena! Esse "clima de descontração" foi de imensa importância estratégica para o governante russo e a formação da sua elite de colaboradores e na montagem de seus próprios ambientes de gestão.

Vale a pena observar trecho específico sobre o tema na publicação *A estratégia Romanov e os meninos-falcão*.

A Alegre Companhia: o riso, a música e o saber

A Alegre Companhia era formada pelo grupo de amigos e colaboradores mais chegados a Pedro, acompanhados de seus próprios amigos e de convidados especiais, que se reuniam em longos saraus para comer, beber, fumar, discutir, ouvir música, dançar e assistir às aulas da "Universidade Gordon-Lefort".

A princípio tratava-se de uma comitiva móvel de 80 a 200 pessoas que Pedro levava à casa de um boiardo para participar de festas que podiam durar até três dias. Posteriormente, o local de reunião (duas ou três por semana) passou a ser a casa de François Lefort. Como logo ficou claro que essa residência não daria conta de tantos convidados e de tal sobrecarga de serviços, ela foi ampliada, acrescentando-se-lhe um salão grande o suficiente para comportar várias centenas de pessoas. Mais tarde, Pedro mandaria construir para Lefort uma casa de pedra espetacularmente equipada para abrigar 1.500 pessoas!

Essa casa de pedra de Lefort na realidade funcionava como uma espécie de "Palácio de Recepções" do czar. Pedro a construiu em nome do amigo para que pudesse escapar às exigências protocolares e diplomáticas da época. Como, formalmente, o proprietário era Lefort, cabia a ele fazer os convites... e impedir o acesso de pessoas indesejáveis ao czar.

A Casa de Pedra e suas estruturas precursoras representaram para Pedro a oportunidade de observar, num ambiente bem diverso daquele destinado às funções públicas e privadas, as reações e o comportamento de seus companheiros. Ali também seriam ministradas as aulas de cortelidades da "Universidade Gordon-Lefort". A Casa de Pedra foi sem dúvida o mais importante estabelecimento do *campus* universitário virtual de Pedro Romanov.[90]

John of Gaunt, filho de Eduardo III, irmão do Príncipe Negro e pai de Felipa de Lancaster, "operava" a sua residência em Londres como uma *open house* promovendo reuniões com notável descontração. Felipa (mãe dos infantes de Portugal), a qual teve indiscutível importância no lançamento dos projetos marítimos de Portugal no século XV, participou, com certeza, das reuniões dessa *open house* (que de certa forma "trabalhava" também como uma "*open university*"). Lá conviveu com esse "clima" descontraído na infância, juventude e idade adulta – inclusive com a presença de Geoffrey Chaucer – autor dos *Contos da Cantuária* e esposo de uma das damas de companhia de sua mãe, a belíssima e riquíssima Blanche de Lancaster, talvez a mulher mais rica da Inglaterra à época.

Felipa, aos 27 anos iria se casar com d. João I, o rei bastardo de Portugal, provocando uma notável mudança na história do mundo. Para maiores detalhes sobre esse tema ver *Sagres – a revolução estratégica*. Assim, tanto Pedro, o Grande, como John of Gaunt verificaram a relevância de vivenciar ambientes descontraídos para a sustentação de seus projetos estratégicos. Com notável senso de oportunidade, Creta percebeu isso com cerca de 3.500 anos de antecedência.

Essa ilha do mar Egeu foi responsável por um choque cultural de imensas proporções para os "gregos caipiras". Um impacto de imensas proporções. Combinou o modo de ser de Creta com a extraordinária capacidade de pensar, comunicar e agir dos mesmos, formatando aos poucos o grego micênico com forte personalidade (tal como descrito por Homero em suas obras), o qual iria participar com notável intensidade no "laboratório cultural" de criação do homem ocidental. Pode-se afirmar que muitas de nossas habilidades foram herdadas da misteriosa, poderosa e encantadora ilha de Creta. Ela foi a primeira das ilhas misteriosas. A de Julio Verne veio muito depois.

Todo esse fervilhar de Creta, com certeza, se processava com festas, espetáculos circenses, exposições etc. Som, música, ritmo, dança, o dia inteiro! Alegria era a sua divisa. Um *mega-happening*. Estar em Creta seria um prazer e um privilégio para todos aqueles que navegassem no Egeu e no Mediterrâneo. Ninguém seria indiferente a Creta, pobres, ricos, poderosos, remediados! Para cada um deles, Creta providenciava um "desenho" adequado e acessível.

Por outro lado, mas não menos importante, assinale-se a grande quantidade de selos comerciais recuperados nas pesquisas e trabalhos arqueológicos em Creta, representando um retrato vivo da intensidade do comércio processado na ilha. O selo representava uma efetiva marca de propriedade, muito bem definida. Em outras palavras, piratas e comerciantes deveriam ter seus próprios "escritórios" e depósitos na ilha.

Creta é um maravilhoso mistério (e continuado) que demandará ainda densos aprofundamentos para o seu esclarecimento total. Aliás, não se pode jamais subestimar o incansável e desafiador trabalho dos arqueólogos e estudiosos do passado, ambos pesquisadores abnegados que enfrentam desafios imensos com grande obstinação e, infelizmente, poucos recursos financeiros. Há que expandi-los cada vez mais. Apesar disso, em um determinado momento poderão realizar-se novas descobertas revolucionárias e trazer mais luz sobre as ações minoicas. Aliás, sobre a construção do Ocidente essa é uma questão de imenso interesse estratégico para todos nós.

Jean Tulard apresenta uma série de informações preciosas sobre a interação da ilha com o reino do Egito. Dentre os vários pontos assinalados, destaquem-se as ocorrências a seguir.

As razões do sucesso cretense

> A civilização original que se esboçou no Minoico Antigo, conheceu um súbito desenvolvimento entre 2100 e 1580. Duas circunstâncias tornam possível essa prosperidade: os progressos da indústria e particularmente da cerâmica, o estabelecimento de relações comerciais diretas com o Egito.
>
> O Minoico Médio divide-se em duas fases. A época dos primeiros palácios começa por volta de 2000 e termina em torno de 1700. Em seguida há um novo período de prosperidade no M.M. III, entre 1700 e 1580.

A Creta dos primeiros palácios

Ela corresponde a um excepcional desenvolvimento comercial. A preponderância de Creta no mar Egeu é tanta que Melos, Delos ou Thera não são mais do que sucursais da grande ilha. Esse "protetorado industrial" alcança a Argólida e a Grécia central. Os ateliês de Egine e Syros não podem suportar a concorrência dos bronzistas, ceramistas e ourives cretenses. Chipre, por sua vez, ficar sob a dependência econômica de Creta. Decisivos para o futuro da ilha são os laços comerciais regulares que ela mantém com o Egito do Médio Império, seja diretamente, seja pelo intermediário siro-fenício. Graças a seus vasos policromados, as suas joias e armas, Creta penetrou no mercado egípcio. Talvez seja excessivo afirmar que "é num pé de igualdade que os kefti (cretenses) tratam agora com a grande monarquia, onde os faraós da XII dinastia estão precisamente dando à autoridade real uma nova força" (Waltz), mas certa solidariedade de interesses baseada em laços comerciais aproximou, sem dúvida alguma, o império do vale do Nilo e o do mar Egeu.

Interação com o reino do Egito

Às margens do Nilo, a XVIII dinastia, que inaugura o Novo Império, concede grandes facilidades comerciais e faz até encomendas ao país "Keftiu", depois do envio de embaixadores levando presentes e homenagens ao poderoso Tutmés III (1480-1447). Essas trocas frutíferas seriam pagas em troca com a subordinação do rei de Creta ao faraó? Nada permite afirmá-lo.

A presença do Egito

O Egito ocupa, nas relações comerciais de Creta, um lugar que talvez tenha sido superestimado, em certas épocas, pelo menos. Houve incontestavelmente laços econômicos entre os dois países. Os cretenses importavam do Egito pérolas, vasos, objetos de toalete e marfim. Foram encontrados nas tumbas numerosos escaravelhos, uma estátua de diorito a Cnossos (M.M.II b), uma tampa de vaso de alabastro (M.M. III a), trazendo o escudo do rei hicso Khian. Em troca, os cretenses exportavam seu azeite e seu vinho, bem como seus vasos policromados. Esse comércio sofreu flutuações que foram reconhecidas muito cedo: as relações foram visivelmente interrompidas entre 2390 e 2160, quando do fim do Antigo Império, e entre 1750 e 1580, quando foram destruídos os primeiros palácios de Cnossos e Faestos e o Egito foi ocupado pelos hicsos. Quanto aos outros períodos, será que se pode falar de um "afluxo contínuo de mercadorias" devido às enormes necessidades do Egito? Vercoutter matizou a excessiva importância que os historiadores atribuíam às relações entre negociantes cretenses e egípcios (1), importância baseada em inscrições relativas aos haiunibus (*Haïounibou*), que não devem ser confundidos, segundo Vercoutter, com os cretenses, os quais devem ser designados antes sob o nome de "povo de Kefti" (2). De todo modo, se não houve comércio tão importante quanto se supunha às margens do Nilo e se as influências exercidas sobre Creta não poderiam ser exclusivamente egípcias, existiram, contudo, relações econômicas regulares entre essa ilha e o Egito. Podem ser distinguidas três fases.

- As trocas não começam antes de 2200, segundo Vercoutter. O termo Keftiu aparece então nos textos egípcios no mesmo momento em que os artesãos cretenses copiam as formas dos vasos egípcios da VI dinastia.
- Durante o Médio Império, as relações se tornam regulares. As escavações revelaram apenas poucos objetos importados de parte a parte. Do fim do M.A. II ao do M.M. III, o comércio parece ter sido feito, sobretudo, por intermédio de Chipre e da Síria.
- Sob o Novo Império, as relações se tornam frequentes. As necessidades do Egito em ouro e pedras preciosas, apesar do aporte do Sudão e das pilhagens da Ásia, não cessam de aumentar. Os barcos egípcios chegam ao mar Egeu utilizando geralmente a rota direta do Oriente para Creta, enquanto os navios cretenses seguem a mesma via, na outra direção.

Espalhamento cretense

Ao oeste, os marinheiros de Creta alcançam a Sicília e Taranto. Depois da morte de Minos, eles fundam Hyria, no território dos messapianos; foram descobertas aí cerâmicas do M.R. III. Na Sardenha, os negociantes cretenses introduziram sua religião (como prova certo número de sepulturas de Anghelu Ruju), suas técnicas e ferramentas. Talvez, segundo Zervos, tenham eles iniciado os metalúrgicos sardos no processo de fundição de jato pleno. Um dos elementos essenciais do comércio entre cretenses pré-helênicos e paleo-sardos é representado pelos salmões de bronze que foram encontrados no depósito de serra Illixi e trazendo sinais egeus.

Mais além, é a Ibéria, suas minas de prata e de estanho que as caravanas trazem da Grã-Bretanha. Graças ao aporte oriundo do mar Egeu, as províncias de Almeria, Argar e Alicante conhecem uma civilização particularmente brilhante até aproximadamente o meio do segundo milênio.

As ilhas Baleares servem de etapa intermediária entre a Sardenha e o Levante hispânico; celebra-se aí o culto do touro, importado de Creta.

As relações com a África do Norte são menos garantidas. Contudo, um vaso minoico e diversos objetos foram recolhidos em Cartago.

Assim, de Troia a Argar, do delta do Nilo ao golfo argiano, desenha-se um império comercial do qual Cnossos é o centro.[108]

Creta apresenta aspectos estonteantes. Nesse sentido observem-se os comentários efetuados por Lewis Mumford.

MISTÉRIO PROLONGADO

As provas trazidas de Creta são ricas, embora fragmentárias, e, por isso, tantalizantes: especialmente no que diz respeito à cidade. Se os cretenses fossem aos topos das montanhas adorarem seus deuses, um dos principais componentes da cidade jamais teria descido ao centro. Afora os retratos da cidade cretense, que obviamente vêm coroar um prolongado desenvolvimento técnico e urbano, uns mil e quinhentos a dois mil anos de história urbana permanecem desconhecidos de nós, exceto em contornos obscuros e interrompidos. Mesmo que todos os escritos minoicos sejam finalmente decifrados, não é provável que nos contem muita coisa além do que já sabemos a respeito da cidade, pois os detritos dessas culturas antigas jamais foram obra dos sociólogos urbanos ou de bem-dotados generalistas urbanos como Aristóteles: até mesmo a possibilidade de traduzir um remoto Heródoto cretense é reduzida. Cartas e contas de mercadores; leis e autoelogios de governantes; prescrições mágicas e rituais religiosos podem vir à luz, ali como em qualquer parte; mas, embora possam dizer-nos alguma coisa a respeito do conteúdo da vida urbana, provavelmente pouco dirão a respeito do revestimento.

A REVELAÇÃO SURPREENDENTE DA JANELA

Todavia, a grande novidade de Creta é a janela, pois aqui Cnossos deixa para trás as sombrias resistências sem janelas da Suméria, iluminadas apenas por um estreito pátio ou um clerestório, quando muito. Isto é ainda mais significativo – e ainda mais misterioso, do ponto de vista da história tecnológica –, já que devem ter sido cobertas de um material transparente, ainda desconhecido, que se podia produzir em quantidade relativamente grande. O palácio de Festo, ademais, tinha um esgoto e condutos de terracota para água potável; e esses condutos implicam a existência de uma fonte de montanha, talvez aquedutos de pedra, e também reservatórios.

Creta, como Atlântida

Creta, sem sentido figurado, é outra Atlântida; subitamente "desaparece dentro do mar". Ou, o que é quase a mesma coisa, seus refinados hábitos de vida, sua segurança aparentemente indesafiável, podem, com o tempo, ter gerado uma decadente classe dominante; e, alguns séculos depois de um terremoto devastador, todas as suas criações foram varridas pelos bandos guerreiros micênicos, provavelmente operando com base em fortalezas próprias, notadamente Micenas e Tirinto. É possível imaginar que os novos conquistadores eram semelhantes aos ousados e impiedosos machos que mais tarde se encontram na *Ilíada*, ansiosos por entrar numa briga, zelosos na caça, hábeis na violência e no roubo, audaciosos na pirataria, chegando mesmo a empreender ataques ao litoral egípcio; mantiveram, porém, o antigo desdém da aristocracia de sangue pelo trabalho honesto e, não menos, pelo comércio honesto. Sua ocupação continuada de Creta transformou aquela ilha numa espécie de fóssil político do Estado militar tão caro a Platão.

O tema e a presença de Platão

Com a destruição de cidades e palácios cretenses, as atividades urbanas reduziram-se à magra ocupação da cidadela, a Zwingburg, mantendo os conquistadores armados um olho vigilante sobre a população ilhoa que trabalhava o solo. Até o tempo de Platão, Creta permaneceu como uma correspondente de Esparta: por isso, ele as considerava igualmente admiráveis. Pois não apresentou um cretense em lugar de um espartano, então odioso, como um dos principais participantes de seu último diálogo utópico? Certamente, não foi por acaso que a guerra e os exercícios atléticos na preparação para ela constituíram os principais elementos de treinamento da elite de ambos os países. A mesa comum, de que se gabavam igualmente cretenses e espartanos, pode ter tido uma perna no templo, mas a outra se achava na caserna.

Esses comentários e observações aqui efetuadas são congruentes com as reflexões efetuadas por Peter Bamm. Desse trabalho selecionamos algumas passagens que se ajustam – como uma luva – às hipóteses aqui formuladas.

A localização (medíocre) do palácio de Cnossos

O que chama a atenção em primeiro lugar, ao observar o palácio de Cnossos, é a sua localização medíocre. Das torres de Micenas avistamos o maravilhoso panorama da planície de Argólida circundada pelas cadeias montanhosas, estendendo-se até o mar distante. Delfos, nas faldas do Parnaso, oferece-nos um panorama marinho e de montanhas que é sem-par no mundo inteiro. Olímpia acha-se numa vasta planura formosa para todos os saxões que a contemplaram. O horizonte que se avista de Mileto é cravejado de diamantes. Ao passo que Cnossos foi construído num acanhado vale, sobre uma colina modesta, menos alta que as insignificantes elevações que a circundam. Embora o mar diste apenas poucas milhas, não pode ser avistado nem dos mais altos terraços do palácio. Sabe-se que pequenos navios eram trazidos até o palácio sobre roletes.

Conglomerado urbano desordenado

As ruínas são vastas. O acesso é proporcionado sobre baixos degraus de larguíssima escadaria. Algumas fachadas com suas colunas características, curtas, alargadas na parte superior, foram restauradas. De um dos terraços tem-se uma vista panorâmica das ruínas. À primeira vista é impossível perceber alguma planificação ou ordem naquele conglomerado desordenado de salas, escadarias, corredores e pátios. Por isso não é de estranhar que os gregos da Antiguidade acreditassem que aquilo fossem as ruínas do famoso labirinto onde se achava o Minotauro. O único elemento arquitetônico que faz sentido é um enorme pátio calçado, de quase mil metros quadrados. Nesse pátio existiu o altar onde ofereciam os sacrifícios aos deuses. Provavelmente ali se realizavam as danças sacras e as touradas que conhecemos através dos murais, das pinturas em vasos e dos altos-relevos em sinetes. Em torno desse pátio houve uma série de construções de variados tamanhos e feitios. A massa desordenada de construções não sugere que tivesse havido comunicações internas entre elas. Assim, à primeira vista, tem-se a impressão de se tratar da arquitetura de pessoas incapazes de fazer melhor. Sabemos, porém, que a cultura minoica foi uma de grande diferenciação, e justamente a arquitetura, de todas as artes, é a que nos permite melhor tirar conclusões sobre a cultura de um povo.

O Espaço e a Unidade Arquitetônica

Lembrando as reconstruções arqueológicas das fachadas dos palácios e tentando visualizá-las naquela massa de ruínas, começa-se aos poucos a sentir que a justaposição aparentemente desordenada das construções não foi mera obra do acaso. A arquitetura minoica é pitoresca. As construções que rodeiam o pátio fazem-no parecer maior e por sua vez o espaço pavimentado de lajes empresta unidade às construções. Ao mesmo tempo chega-se a sentir que a ausência de um plano uniforme de construção é manifestação da liberdade mental dos arquitetos que edificaram o palácio no decorrer do tempo.

Ausência total de fortificações

O planejamento aberto na periferia é confirmado pelo fato da ausência total de fortificações em torno. Os arqueólogos explicam o fenômeno pelo secular domínio dos mares pelos cretenses, domínio tão absoluto que eles não temiam nenhum ataque do exterior. Toda a vida daquele povo deve ter sido colorida por um sentimento de segurança e continuidade.

Os selos comerciais

O descobridor da cultura cretense, arqueólogo inglês Arthur Evans, já citado, estudara em Oxford e em Göttingen. Foi ele que forjou a expressão "Cultura Minoica", hoje internacionalmente aceita. É quase inacreditável quantos tesouros encontrou no palácio e trouxe à luz. Joias de ouro, esculturas de marfim, maravilhosas armas de bronze, caldeirões e utensílios de culto religioso. Especialidade da arte cretense são os selos esculpidos. Inicialmente os motivos dos sinetes foram desenhos geométricos para, mais tarde, serem substituídos por figuras humanas e de animais cuja qualidade artística nada fica a dever às melhores obras da joalheria clássica.

As despensas de Cnossos

Nas despensas imperiais, algumas subterrâneas ainda encontraram enormes potes de barro – depósitos dos mais valiosos tesouros do soberano: trigo e óleo de oliva. Todo o palácio possuía uma rede de canalização que nada deixa a desejar, mesmo sob o ponto de vista da engenharia sanitária moderna.

Festas e cerimônias

Além das "danças taurinas" durante as festividades executavam-se danças religiosas. Nos murais que representam as festividades aparecem multidões – o que nunca aparece em outras obras da arte clássica. Os dançarinos formavam cadeias tomando as mãos uns dos outros. Esse tipo de dança, também descrito por Homero, ainda está em uso popular na Grécia e em Creta. Há algo de magnético naquele bailado que atrai sempre novos elementos entre os espectadores.

Havia festas de graças pelas colheitas. Havia cerimônias solenes de inovação das deidades. A religião possuía caráter pronunciadamente espiritualizado. Aparentemente não se adoravam imagens sacras. Os símbolos sempre repetidos – o machado de dois gumes, a coluna, os animais sacros, touro, leão e grifo – serviam apenas para emprestar ao local a atmosfera sacramental ritualística. Todos esses símbolos encontram antiquíssimos antecedentes históricos asiáticos. A colocação dos símbolos era condição indispensável para se conseguir a "epifania", ou seja, o comparecimento da divindade. Num selo encontramos a reprodução de uma desses epifanias.[11]

Não se pode negar jamais à Suméria o seu talento sistematizador/criador e a organização das primeiras configurações *polis* na história da humanidade e a ação de seus herdeiros (problemáticos) na Mesopotâmia. Não se considerando o fenômeno Jericó, é claro! Mas Creta não fica muito atrás. Portanto, todos os cumprimentos a Evans, aos arqueólogos, pesquisadores do passado, os quais, com disciplina, objetividade e quase sempre imensas dificuldades orçamentárias, estão possibilitando o resgate da competência estratégica da Antiguidade, atravessando o espaço desde os caçadores-coletores até a Suméria, Babilônia, Assíria, Fenícia, Egito, Creta, Gregos Micênicos e Troia – o que contribuirá cada vez mais para o nosso autoconhecimento essencial à compreensão do nosso presente e do nosso futuro. Uma operação *Freud sapiens*.

Nesse sentido uma série de informações está continuamente aflorando com relação à Creta e ao mundo minoico. Nesse sentido observem-se os comentários de Victoria Kyriakopoulos, onde realiza uma riquíssima visão abrangente da ilha ao correr da história e onde se destacam comentários impactuantes sobre o tsunami gigante que teria atingido a ilha em torno de 1500 a.C. Em paralelo, numa análise específica, é de notável significado estratégico assinalar uma singular ressalva que une os habitantes de Creta a Troia.

Civilização avançada

Os minoicos foram a primeira civilização avançada a surgir na Europa na Idade do Bronze e foram anteriores à grande civilização micênica, no continente grego. Essa civilização fundamentou sua inspiração de duas grandes civilizações do Oriente Médio: a mesopotâmica e a egípcia. Imigrantes que deslocaram-se da Anatólia por volta de 3000 a.C. trouxeram com eles as competências necessárias para a confecção do bronze, um salto tecnológico que permitiu aos minoicos emergentes florescer quase ininterruptamente mais de um milênio e meio.

Embora muitos aspectos da vida neolítica tenham convivido com o período inicial minoico, o advento do bronze permitiu-lhes construir melhores barcos e, assim, expandir suas oportunidades de comércio. Cerâmica e ourivesaria tornaram-se mais sofisticadas, prenunciando as grandes conquistas posteriores da arte minoica, e a ilha prosperou com o comércio.

CONTROVÉRSIAS

Controvérsias ainda envolvem os mistérios dos minoicos. Evidências identificadas nos grandiosos palácios em Creta indicam que eles conviviam com uma civilização pacífica, sofisticada, bem organizada e próspera com comércio internacional robusto, esplêndidas arquitetura e arte. Eles tinham desenvolvido a agricultura, utilizando igualdade de direitos para as mulheres, um sistema de irrigação extensivo, bem como avançados sistemas de esgotos hidráulicos. Eles podem ter falado numa língua indo-iraniana remota, e as contas e registros resgatados sugerem que sua sociedade foi organizada como uma empresa eficiente adotando práticas burocrático-comerciais.

Nem todo mundo compra esta "vida cor-de-rosa" dos tempos minoicos, sendo que um arqueólogo radical afirma que era mais provável uma sociedade sinistra com base em um culto da morte, com orgias de sacrifício.

O *STATUS* DA MULHER

Embora a evidência de uma sociedade matriarcal seja escassa, as mulheres aparentemente gozavam de um grande grau de liberdade e autonomia. A arte minoica mostra mulheres que participam em jogos, caça e todas as festas públicas e religiosas. Elas também serviram como sacerdotisas, administradoras e participavam no desenvolvimento dos negócios.

CRONOLOGIA

Mesmo a cronologia da idade minoica ainda é debatida. Mas a maioria dos arqueólogos geralmente divide o período minoico em três fases: Protopalacial (3400-2100 a.C.), Neopalacial (2100-1450 a.C.) e Postpalacial (1450-1200 a.C.). Estes períodos correspondem aproximadamente (com alguma sobreposição) às classificações antigas do Minoico Inicial (algumas partes também chamadas de pré-palaciana), Médio Minoico e Minoica Tardia.[63]

O vigor econômico de Creta foi indiscutível, e sua política maior era, de fato, sempre agregar valor.

O AUGE MINOICO

A civilização minoica atingiu o seu auge durante o período Protopalacial, também chamado de Palácio Velho ou período médio minoico. Por volta de 2000 a.C., os complexos dos grandes palácios de Cnossos, Festos, Malia e Zakros foram construídos, marcando uma ruptura com a vida da aldeia neolítica.

Durante este período, Creta, acredita-se ter sido conduzida por governantes locais, com todo o poder da ilha e a riqueza concentrada em Cnossos. A sociedade era organizada em planos hierárquicos, com uma grande população de escravos, e verificou-se um enorme avanço arquitetônico.

A ESCRITA CRETENSE

A primeira escrita cretense também surgiu durante este período. Da primeira estrutura, altamente pictórica, a escrita mudou gradualmente a partir das representações de objetos naturais para as figuras abstratas que se assemelham aos hieróglifos egípcios. Em 1700 a.C., os palácios foram subitamente destruídos sendo que a maioria dos arqueólogos acredita ter sido um terremoto. No que é considerado a idade de ouro minoica, reconstruíram-se os palácios em Cnossos, Festos, Malia e Zakros adotando um design mais complexo – séculos à frente de seu tempo!

TALASSOCRACIA

Em Cnossos havia vários andares, apartamentos suntuosos reais, grandes salões de recepção, armazéns, oficinas, alojamentos para funcionários e um sistema de drenagem avançado. O projeto mais tarde deu origem ao mito do labirinto de Creta.

Durante o período Neopalacial, o Estado minoico desenvolveu uma poderosa talassocracia, supostamente governada pelo rei Minos, com a capital localizada em Cnossos. Comércio com o Mediterrâneo Oriental, na Ásia Menor e Egito continuou a se expandir e foi amparado por colônias minoicas no mar Egeu. Cerâmica minoica, têxteis e produtos agrícolas como o azeite e gado subsequentemente encontraram mercados compradores em toda a Sicília, no mar Egeu, Egito e possivelmente Síria.

PARADA ABRUPTA

A civilização minoica sofreu a uma parada abrupta e misteriosa descontinuidade por volta de 1450 a.C., momento em que os palácios (exceto o de Cnossos) e um número expressivo de pequenas povoações estavam em ruínas. Novas evidências científicas sugerem que os minoicos foram enfraquecidos por um enorme tsunami e precipitação de cinzas de um vulcão que entrou em erupção cataclísmica perto de Santorini. Mas há muita discussão sobre a época e a explicação para o desaparecimento definitivo dos minoicos. Alguns argumentam que ele foi causado por outro poderoso terremoto, um século depois. Outros arqueólogos culpam os invasores micênicos. Se os micênicos causaram a catástrofe ou simplesmente se aproveitaram dela, é claro que a sua presença na ilha coincidiu de modo muito próximo com a destruição dos palácios e da civilização minoica.

A civilização micênica, que alcançou seu auge entre 1500 e 1200 a.C., foi a primeira grande civilização do continente grego. Batizada com o nome da antiga cidade de Micenas, que também é conhecida como a civilização dos aqueus sucedendo-se ao ramo indo-europeu de imigrantes que tinham se estabelecido na Grécia continental.

MICENAS

Ao contrário da sociedade minoica, onde a falta de muros da cidade parece indicar uma relativa paz sob alguma forma de autoridade central, a civilização micênica caracterizou-se por cidades-Estado independentes. A mais poderosa de todas elas era a própria Micenas, governada por reis que habitavam palácios protegidos com paredes maciças e situados no alto de colinas facilmente defensáveis.

Os micênicos utilizaram a escrita linear B. Tabuletas de argila com essa inscrição foram encontradas no palácio de Cnossos o que representa uma evidência de ocupação micênica da ilha. A colonização micênica de Creta durou de 1400-1100 a.C. Cnossos, provavelmente, manteve a sua posição como capital da ilha, mas seus governantes eram sujeitos ao comando continental dos micênicos. Os cretenses Monian também deixaram a ilha ou esconderam-se no seu interior, enquanto os micênicos fundaram novas cidades, como Lappa (Argyroupolis), Kydonia (Hania) e Polyrrinia.

A economia da ilha permaneceu mais ou menos a mesma, ainda baseada na exportação de produtos locais, mas as artes plásticas entraram em declínio. Somente a fabricação de armas floresceu, refletindo o novo espírito militarista que os micênicos trouxeram para Creta. Os micênicos também substituíram o culto da Deusa Mãe por deuses gregos como Zeus, Hera e Atena. A influência micênica estendeu-se ao longe, mas acabou enfraquecida por lutas internas; posteriormente eles não foram páreo para os guerreiros dórios.

TSUNAMI CRETENSE

O súbito desaparecimento dos minoicos tem sido um dos maiores mistérios da arqueologia, mas novos dados científicos confirmam que eles foram aniquilados por um tsunami catastrófico mais poderoso do que o tsunami asiático de 2004.

Nos depósitos encontrados em sítios-chave 7 m acima do nível do mar, os cientistas descobriram cerâmica minoica, copos e materiais de construção misturados com pedras, conchas do mar e vida marinha minúscula que, afirmam os especialistas, só poderia ter sido escavado acima do fundo do mar por algo tão forte como um tsunami.

O arqueólogo Joseph Alexander MacGillivray, que passou mais de 25 anos em Creta estudando os minoicos, diz que a ocorrência do tsunami foi capaz de explicar a dimensão do desastre e responder a muitas perguntas desconcertantes para os estudiosos.

Quando a onda atingiu a costa norte, o seu porte era de 23 m de altura e 15 km de extensão. Três ondas vieram para a terra e as cidades minoicas na costa foram destruídas, diz MacGillivary, que está no comando das escavações da Escola Britânica de Arqueologia em Palekastro. Medição de radiocarbono para os depósitos em Creta coincide com o norte da erupção vulcânica a 70 km em Santorini, por volta de 1500 a.C.

Registros históricos confirmam que os minoicos estiveram no Egito logo depois de 1500 a.C., solicitando o apoio da faraó Hatshepsut que era a pessoa mais poderosa do planeta naquela época.

As ciências do DNA e do genoma humano também deram algumas pistas sobre as origens dos minoicos, incluindo uma nova teoria que a migração da Idade do Bronze pode ter vindo de Troia, no noroeste da Anatólia.

O contador francês Hubert La Marle decifra a linear A, mostrando que os minoicos falavam uma língua que veio da Pérsia (Irã), mas MacGillivary afirma que não necessariamente pode ter viajado com a população majoritária. Há um DNA iraniano em Creta, mas não parece ser tão forte como o troiano. Mas este é apenas o começo do estudo, diz ele.

Quanto à polêmica sobre a Atlântica, que poderia ser o continente perdido de Platão, MacGillivary afirma que Platão não era idiota... Os gregos clássicos tiveram uma ideia muito boa da historia minoica porque era parte da história grega... Sabiam o que Creta significava.[63]

Creta pode ser entendida em uma integral do tempo como uma confluência de desastres naturais, povos competentes, e também, uma Babel de raças e interesses diversos. Um somatório interessantíssimo. Todas as competências da Antiguidade e o poder desestabilizador da Mãe Terra fizeram de Creta o seu ponto de encontro. Um surpreendente *rond point* na grande história da evolução do homem e do Ocidente. Um ímã temporal extraordinário.

Rei Minos: homem ou mito?

A lenda do rei Minos tem atraído a imaginação de gerações de estudiosos visando encontrar provas dos eventos descritos por Homero na *Odisseia*: "No mar azul escuro encontra-se uma terra rica e encantadora chamada Creta, que é densamente povoada e possui 90 cidades. Uma das 90 cidades é chamada de Cnossos e lá, há nove anos, o rei Minos governou e contou amizade dos poderosos".

O rei lendário de Creta era filho de Zeus e Europa e alcançou o trono de Creta com a ajuda de Poseidon. Com Cnossos como sua base, Minos efetivou o controle sobre toda a bacia do mar Egeu, colonizando muitas das suas ilhas e livrando os mares dos piratas. "Casou-se com Pasífae, filha de Hélio, que lhe deu vários filhos, incluindo a infame personagem metade touro, metade humano, o Minotauro."

Quanto tempo o rei Minos, na verdade, reinou, no entanto, representa uma questão aberta ao debate. A referência homérica "enneaoros" usada para descrever Minos poderia significar "por nove anos" ou "a partir da idade de nove anos". Minos foi capaz de criar um império em nove anos, ou era ele um longo monarca reinante que começou sua carreira real como um menino? Ele finalmente chegou a um final doloroso, na Sicília, quando as filhas do rei Kokalios derramaram água fervendo em cima de sua pessoa enquanto estava se banhando.[63]

Creta, portanto, estaria firmemente ancorada nas raízes mitológicas da Grécia e muito bem posicionada na grande lenda. Livrar os mares dos piratas constituía uma preocupação efetiva da Antiguidade, como já assinalado por Homero.

QUADRO 3 · HISTORIOGRAMA CRETENSE

6500 a.C.	3000 a.C.	2000 a.C.
Os primeiros habitantes de Creta caçavam, pescavam e participavam de cultos aos ancestrais. Povos neolíticos viviam em cavernas ou casas de madeira, praticando culto a deusas da fertilidade feminina, desenvolviam atividades agrícolas, criavam gado e produziam cerâmica primitiva.	Migrantes do norte africano ou levantino provenientes do continente chegam a Creta com as habilidades técnicas para fazer o bronze (o que anuncia a Idade do Bronze) em Creta. Neste período pré-palaciano, a sociedade transforma-se e os habitantes começam a produzir cerâmica e a joalheria se desenvolve.	Os primeiros palácios são construídos em Cnossos, Festos, Malia e Zakros. A civilização minoica atinge seu pico. Avanços arquitetônicos são acompanhados por grandes progressos nas técnicas de produção de cerâmica. A escrita cretense surge pela primeira vez.
1700 a.C.	**1450 a.C.**	**1400 a.C.**
Palácios minoicos são destruídos, provavelmente por um terremoto. Os minoicos reconstruíram os seus palácios adotando um projeto mais complexo (vários andares, armazéns, oficinas, alojamento para funcionários) e um sistema de drenagem avançado.	A cultura minoica sofre uma parada abrupta e inexplicável. Os palácios (exceto Cnossos) são destruídos. Os arqueólogos acreditam na ocorrência de um enorme tsunami, seguido de um terremoto em Thira (Santorini).	Os micênicos colonizam Creta, efetuando a construção de novas cidades, como Lappa (Argyroupolis), Kydonia (Hania) e Polyrrinia. A fabricação de armas floresce. As artes plásticas caem em declínio. Deuses gregos substituem a adoração da Deusa Mãe.

1100 a.C.	**431-386 a.C.**	**67 a.C.**
Os dórios superam as cidades micênicas e se tornam novos senhores de Creta. Eles reorganizam o sistema político, dividem a sociedade em classes. Uma democracia rudimentar substitui o governo monárquico.	Embora a Grécia esteja envolvida na Guerra do Peloponeso, Creta está ocupada com suas próprias batalhas internas: Cnossos contra Lyttos, Phaestos contra Gortyna, Kydonia contra Apolônia, Itanos contra Ierapitna. Um terremoto causa estragos em 386.	Os romanos finalmente conquistam Creta depois de iniciar a sua invasão, dois anos antes em Kydonia. Gortyna torna-se a nova capital e cidade mais poderosa da ilha. Uma nova era de paz segue com o fim das guerras internas.
27 a.C.	**63 d.C.**	**250 d.C.**
Creta é unida com a Líbia para formar a província romana de Cirene.	O cristianismo surge depois que São Paulo visita Creta e deixa o seu discípulo, Tito, para converter a ilha.	Os primeiros mártires cristãos, os chamados AgiiDeka (os Dez Santos) são mortos em aldeia do mesmo nome, marcando o início das perseguições aos mesmos.
395 d.C.	**727 d.C.**	**824 d.C.**
O Império Romano se divide e Creta é governada por Bizâncio. Creta torna-se uma província autônoma em que Gortyna irá atuar como centro administrativo e religioso. A pirataria diminui, o comércio floresce e muitas igrejas são construídas.	Adoração ao ícone de Creta provoca uma revolta depois que o imperador Leão III proíbe o seu culto como parte de um movimento iconoclasta. A revolta é esmagada e os imperadores bizantinos desencadeiam uma onda feroz de vingança.	Os árabes conquistam Creta e estabelecem uma fortaleza chamada Chandax (Iraklio) com o objetivo de armazenar o seu tesouro pirata. Como a reputação criminal da ilha cresce, diminui a sua economia e a vida cultural sofre um declínio.

Fonte: Kyriakopoulos (2008).

É importante observar que ao se analisar o historiograma cretense, as atividades e referências relacionadas à pirataria são recorrentes. Em outras palavras, verifica-se que a vocação para ações de pirataria baseadas nessa ilha são indiscutíveis e que devem ter perdurado – é incrível – por mais de 5 mil anos! Durante essa história, num período de aproximadamente 2 mil anos, pelo menos, o Estado minoico em Creta, provavelmente com interferência/delegação direta do reino do Egito, administrou todo esse processo de forma estrategicamente supermadura e autossustentada, com admirável competência.

Uma referência constante nos textos é que Creta, pela ausência de fossos, torres, muralhas etc., não dispunha mesmo de defesas militares. Concordo, é claro, com essas afirmativas. Mas deve-se observar que os minoicos contavam, com certeza, com uma força invisível – a marinha negra, como a denomino – sempre oculta dos olhos dos homens, a qual deveria retaliar de forma terrível quando necessário, evidenciando para todos os piratas que o fogo dos infernos poderia ocorrer lá mesmo. Em outras palavras, à menor provocação a frota negra massacrava os eventuais agressores num piscar de olhos. Penso que a cada três gerações (75 anos) ocorreria um confronto que era rapidamente equacionado pelos minoicos. Só por esse motivo, Creta desprezava as muralhas. As suas muralhas a rigor estavam estabelecidas no oceano manchando de sangue o mar, sempre que necessário.

O Egito iria fazer *benchmarking* da Suméria em inúmeras frentes (de modo assumido, porém discreto, sonso e dissimulado) e, com certeza, a escrita foi uma "habilidade conquistada" pinçada daquela nação. Isso não os diminui em nada. O incrível é que o Egito, numa leitura que poderá ser ainda muito aprofundada e detalhada, criou um avançadíssimo sistema de *management*, o qual, além do *benchmarking*, iria envolver clima de convivência, modelos reduzidos, jogos de guerra e terceirização, sistemas de análise marginal com avaliação de impactos econômicos e financeiros em uma escala e intensidade gigantescas, de modo fascinante. Assim, ousou mesmo para valer, buscando construir, na medida do possível, uma sociedade cordial, porém sem espaço algum para o ócio. Praticamente, não havia propriedade privada em termos de imóveis. Tudo pertencia ao faraó.

De uma forma ou outra, todos eram arrendatários do reino e como tal deveriam "produzir", pelo menos dentro do "esperado" ou do preestabelecido. Os mais competentes, com melhores rendimentos seriam premiados exatamente como as políticas de Jack Welch na GE e da Ambev, no Brasil. Numa posição absolutamente contrária as teorias de Domenico de Masi, os faraós buscariam transformar o Egito em um formigueiro trabalhador em tempo integral antiócio, contido em uma sistemática de resultados esperados. Enfim, um sólido projeto estratégico.

Em uma visão estratégica pode-se afirmar que nenhum povo da Antiguidade esteve tão preocupado em agregar valor como filosofia de trabalho, buscando, de forma implacável e determinada, melhores condições de produtividade. Por outro lado, ao que tudo indica as rainhas, princesas e mulheres da alta aristocracia egípcia devem ter se preocupado em proteger, de forma extremada, as famílias sedentas e famintas que atingiam o delta do Nilo. Abrigá-las, sempre que possível, seria a política adotada por elas. *Sabe-se lá por qual motivo dois inimigos cordiais, ambos com imensa competência estratégica, iriam criar as operações pioneiras de assistência social na evolução das sociedades organizadas. Trata-se de uma ocorrência de extraordinária importância em toda a história do homem.*

Na terceirização mobilizariam guerreiros núbios e líbios, como já ressaltado várias vezes anteriormente. Assim, com relação ao tema mercenários, deve-se assinalar que o Egito contou também com soldados gregos, provavelmente em vários momentos de sua história. Não só o Egito, como também vários outros países. Nesse sentido observem-se os comentários de Sofhie Desplancques.

> Voltando a Psamatik I: ele se aproveita então das dificuldades assírias com o Elam e se liberta progressivamente do seu protetor assírio. Em poucos anos, todos os centros do delta passaram para o controle da administração saíta. Porém, a situação não era a mesma no sul do Egito, que foi muito mais marcado pela dominação kushita. Montuemhat continuava a governar em Tebas. Não se sabe precisamente como Psamatik I se impôs no sul do país, mas perece não ter havido conflito aberto. O acontecimento mais marcante foi certamente o envio da filha de Psamatik I, para ser a nova Divina Adoradora de Amon, no ano 9 do seu reinado. Nem todos os especialistas, porém, admitem que esse ato marque o começo da dominação saíta no sul do Egito. Para alguns, é somente após a morte de Montuemhat, no ano 16 de Psamatik I, que este último domina realmente a região tebana. A unidade do Egito refeita por Psamatik I contou também com a ajuda de mercenários gregos (jônios e cários) engajados pelo novo soberano no momento de seu confronto com os assírios e depois colocado nos confins de uma rede defensiva. A utilização desses contingentes estrangeiros no exército ocorria desde a época raméssida, mas não conhecemos a organização de suas guarnições antes do reinado de Psamatik I, quando há uma verdadeira integração de mercenários.[29]

À Fenícia, o Egito, com certeza, terceirizaria o grosso de operações de comércio exterior para exportação de produtos de baixo valor unitário e importação de matérias-primas etc. Caberia a Creta coordenar o comércio de mercadorias de alto valor unitário, armas e as operações de busca/compra/venda de escravos e neutralizar a pirataria em regiões de interesses do Egito.

Dentro de todo esse leque de preocupações, a grande nação, a maior e a mais longeva de todas na Antiguidade, jamais buscou estruturar um exército permanente superforte composto por soldados de seu próprio povo. Da mesma forma iria ignorar frotas mercantes imensas e também uma poderosa marinha de guerra. Essa atitude simplificou em muito a vida dos faraós que não tiveram problemas, como em Roma, frequentemente gerados (agitados, convulsionados) pela guarda pretoriana ou legiões, essas últimas, muitas vezes, pelos seus comandantes. Aliás, Júlio César confirma essa afirmativa com louvor!

É crucialmente importante sublinhar que Creta foi subestimada por historiadores do quilate de Edward Gibbon. Dentro desse contexto, observe-se seu comentário geral relativo às nações sob o mando do Império Romano no início da nossa era. Lá poder-se-á verificar nenhum destaque especial para o mundo minoico. De passagem, apenas uma mínima atenção! Devemos nos lembrar que Cnossos e outras áreas da ilha de Creta ainda não tinham sido escavadas e estudadas por Evans. O que fica claro, portanto, é que não se delineava até um passado relativamente recente a notável competência estratégica do Egito e aplicação tática de Creta, tão discreta e secreta foi a ação de ambos! Gibbon "não sabia" nada a seu respeito!

Os gregos pós-micênicos com sua imensa vaidade e o ego exacerbado iriam "inteligentemente" apagar e varrer de sua memória a importância capital de Creta e sua história. Homero, apesar de simpático à ilha, em referências a ela efetuadas não a coloca nas suas reais discussões (implícitas) relativas à construção (e influência) do povo grego. Desconhecimento (tenho minhas dúvidas) ou sombreamento proposital (o que me parece muito mais provável)? Assim, e também por atitudes análogas, não chegou a Gibbon, um dos mais notáveis observadores do passado, qualquer referência densa sobre Creta. Para Gibbon muitos outros foram os atores estratégicos da Antiguidade. Creta não estava incluída nesse elenco-chave. Nesse sentido observe-se o texto de Gibbon.

> De Cirene até o oceano, a costa da África se estende por cerca de 2.400 quilômetros; acha-se, no entanto, tão comprimida entre o Mediterrâneo e o Saara ou deserto de areia, que sua largura raramente excede 130 ou 160 quilômetros. Os romanos consideravam sua parte oriental como a província mais peculiar e mais caracteristicamente africana. Até a instalação de colônias fenícias, essa região fértil era habitada pelos líbios, os mais selvagens dos humanos. Sob a jurisdição imediata de Cartago, tornou-se o centro do comércio e do império; a república de Cartago degenerou hoje nos débeis e desorganizados Estados de Trípoli e Túnis. O governo militar de Argel oprime a vasta região da Numídia, outrora unificada sob Massinina e Jugurta, no tempo de Augusto, porém, os limites da Numídia retraíram-se e pelo menos dois terços do país concordaram com nome de Mauritânia e o epíteto de Cesarina. A verdadeira Mauritânia, ou país dos mouros, chamada de Tingitânia por causa da antiga cidade de Tingi (ou Tanger), é hoje representada pelo reino moderno de Fez. Salé, à beira do oceano, de longa data infamada por suas depredações de pirataria, era referida pelos romanos como o ponto extremo de seu domínio e quase de sua geografia. Uma cidade por eles fundada pode ainda ser vista perto de Mequinez, a residência do bárbaro a quem condescendemos em chamar imperador do Marrocos; não parece, contudo que seus domínios mais meridionais, o próprio Marrocos e Segelmessa, estivessem jamais compreendidos dentro da província romana.

> As partes ocidentais da África são atravessadas pelas ramificações do monte Atlas, nome tão baldadamente celebrado pela fantasia dos poetas, mas que hoje se difundiu pelo imenso oceano que se estende entre o velho e o novo continente.
>
> Tendo assim concluído o circuito do Império Romano, podemos observar que a África está separada da Hispânia por um estreito exíguo, de cerca de 20 quilômetros, através do qual o Atlântico flui para o Mediterrâneo. As colunas de Hércules, tão famosas entre os antigos, eram duas montanhas que pareciam ter sido separadas uma da outra por alguma convulsão dos elementos; no sopé da montanha europeia está hoje instalada a fortaleza de Gilbratar. Toda a extensão do mar Mediterrâneo, suas costas e ilhas, eram abrangidas pelo domínio romano. Das ilhas maiores as duas Baleares, que tiraram os nomes de Majorca e Minorca de seus respectivos tamanhos, estão sujeitas, aquela a Espanha, esta a Grã-Bretanha. É mais fácil lamentar do que descrever a condição atual da Córsega. O título de reis da Sardenha e da Sicília foi assumido por dois soberanos italianos. As armas turcas subjugaram Creta ou Cândia, bem com Chipre e a maioria das ilhas menores da Grécia e da Ásia, enquanto o pequeno rochedo de Malta continua a desafiar-lhes o poderio, alcançando, sob o governo de sua ordem militar, a fama e a opulência.
>
> Essa longa enumeração de províncias, cujos fragmentos formaram tantos reinos poderosos, quase nos poderiam levar a esquecer a vaidade ou ignorância dos antigos. Ofuscados pelo vigoroso império, a força irresistível e a moderação real ou fingida dos imperadores permitiram-se menosprezar e às vezes esquecer os países distantes que haviam sido deixados entregues à fruição de uma bárbara independência gradualmente usurparam o direito de confundir a monarquia romana como globo ou a Terra. A índole, porém, bem como a ciência do historiador moderno, exige linguagem mais sóbria e acurada. Pode ele dar uma imagem justa da grandeza de Roma como observar que o Império tinha acima de 3 mil quilômetros de largura desde o muro de Antonino e os limites setentrionais da Dácia ate o monte Atlas e o trópico de Câncer; que seu comprimento era de mas de 4800 quilômetros, do oceano ocidental ao Eufrates; que estava situado na parte mais bela da zona temperada entre 24 e 56 graus de latitude norte; e que se supunha medisse mais de 4,1 milhões de quilômetros quadrados de terra, em sua maior parte fértil e bem cultivada.[44]

Tenho para mim que tanto o antigo Egito quanto a velha Creta olham para os historiadores de todos os tempos, estejam onde estiverem, com um sorriso levemente irônico, pelo fato dos mesmos não "realizarem" com a devida ênfase a sua imensa sabedoria estratégica, "infantilizados" injustamente por muitos de seus observadores: Minotauros, labirintos, esfinges, pirâmides etc. Não foi só Gibbon que passou ao largo das notáveis contribuições estratégicas do Egito/Creta. Montesquieu nas suas considerações sobre as causas da grandeza, dos romanos e da sua decadência efetua praticamente uma única referência ao Egito e nenhuma a Creta: "A história daquelas rotas comerciais é qualquer coisa de fascinante. Elas determinam como uma fatalidade a riqueza do Mediterrâneo Oriental e a própria sorte da humanidade através dos tempos. Foi para vigiá-los que os egípcios, cerca de 2700 a.C., transferiram a sua capital para Mênfis no baixo Nilo".[76]

O vértice de comando do Egito dispunha de condições diferenciadas de sustentabilidade quando o confrontamos com os povos mesopotâmicos, os hititas e os gregos. Para observadores externos da Grande Antiguidade o Egito representava *essencialmente um oásis de grandes dimensões: abundância de água, permanente*. Um paraíso. Uma provocação permanente. Assim, quando problemas climáticos muito sérios atingiram grande parte da Antiguidade, muitos segmentos populacionais (os povos do mar) iriam pressionar o reino dos faraós com imensas migrações por volta de 1200 a.C., um dos momentos mais críticos de toda a história da humanidade. O advento dos povos do mar integraria uma nova esfera de problemas, agredindo o Egito, e outros países simultaneamente. Reuniam-se nas forças agressoras, entre outros, gregos e líbios, atuando como um rolo compressor devastador por onde passavam, reduzindo a pó antigas presenças e distanciamentos geopolíticos.

A Mãe Terra, com terremotos acompanhados por incêndios postos a trabalhar e agir intensa e conjuntamente, bem como gregos micênicos e agressores de muitos pontos do mundo (inclusive os povos do mar) levariam Creta a sua agonia final. No passado o Egito buscou, de fato, reconstruir Creta várias vezes. O país pós Ramsés III, não teve como reestruturar a sua filha mais sagaz, simplesmente porque estava iniciando a sua própria agonia. Os recursos para novos investimentos na ilha começaram a escassear. Zerar! Os palácios nunca mais puderam ser reconstruídos. Que pena!

A indagação que se faz, logicamente, é a seguinte: não terceirizando o Egito uma série de ações vitais, poderia ter resistido ao tempo, indo competir com Grécia, Pérsia e Roma durante centenas de anos a mais? Talvez sim, talvez não. "A história e a estratégia, com certeza, não produzem todas as respostas, mas sim provocam todas as perguntas. Talvez sim, talvez não!" Pessoalmente, julgo que não! Como dizia Mario Henrique Simonsen: "Responder não é difícil. Difícil mesmo é fazer a pergunta certa".

A FALA SIMULADA DE CRETA: MUITO ALÉM DA MODÉSTIA

A nossa suspeita, entretanto, é que qualquer que fosse o desenho que o destino adotasse, Creta, em alguma morada do tempo, sorrindo, diria o seguinte: *"Quem planeja faz futuro. Quem não planeja faz destino. Não fui jamais totalmente derrotada pelos homens, apenas pela Mãe Terra ao cuspir fogo de suas entranhas. Entre os humanos fui a maior presença estratégica de todas. Ninguém como eu realizou uma parceria mais inteligente com a autoridade e a liberdade. Eu, Creta, sou a mais notável filha do Egito. Jericó é um caso único. Talvez soubesse mais do que eu. Mas encasulou-se! Sei lá por quê!*

"O meu lema, senhores, é que sagacidade e autoridade superam, em muito, as atrocidades. Se eu providenciasse para todos utilidade e rentabilidade com intensidade, viveria a eternidade. E, de fato, realizei essa minha proposta. Se não fisicamente, na lembrança do homem por todos os séculos que vierem. Se me esquecerem, alguém resgatará a minha provocadora competência estratégica e assim, a minha modelagem de ação."

E, ainda:

"Assim, a estratégia labrys *poderá inspirar outros momentos da história. Por favor, aprendam comigo, troquem sangue por sorrisos e combates por resultados. Só isso basta, não é? O resto pode ser ação e muita figuração. Eu fui realização. No meu tempo muito sorri, mas muito agi também. No meu tempo vi, vivi e venci. Me chamo* Creta, *viverei para sempre. Não morri jamais!*

"A minha ciência é a inteligência; a minha ferramenta, a estratégia. Harmonia, alegria – sem medo de ser feliz! Percebi também que a lógica e a história tem horror ao ridículo, e nunca me descuidei desse aspecto. *Ah! Vocês querem que a lenda de Troia seja verdadeira? Que seja! Aliás, não me faz a maior ou menor diferença! Ao final de tudo o que vale mesmo é a ação e a versão! Uma última palavra: busquem sempre a beleza. Certo ou errado, ela é uma grande riqueza, com certeza!"*

Creta representava, antes de tudo, a presença agitada e disciplinada da mente criativa. Numa determinada circunstância, quando a mente criativa desaparece ou se enfraquece, surgem irmanadas a mediocridade, a corrupção e a "burocracia acachapante"[6*] transformando o futuro em algo que não é nem um bom passado, nem um bom presente. Despontando então algo que asfixia o progresso, aprisiona mentes e despedaça pessoas. Creta na Antiguidade, com certeza, foi a grande deusa

[*] Observe-se que existem várias configurações de burocracia. A burocracia inteligente em posição contrária à acachapante, não só é necessária, como também indispensável ao bom funcionamento de sistema estratégico. O planejamento estratégico pode essencialmente ser entendido como burocracia (inteligente) estratégica. Ou seja, um conjunto determinado de ações repetitivas realizadas ao correr do ano.

da criatividade. Quando ela se foi, muito foi com ela. O futuro, tristemente voltou a se tranformar em destino.

A DESPEDIDA PARA UMA NOVA PARTIDA

Um sacerdote, ao lado de um pirata, um escravo, uma prostituta, uma donzela dos jogos taurinos, um artista e um guerreiro retiraram da sala do trono o maravilhoso Machado Labrys, símbolo de Creta, e, todos juntos, sem olhar para trás, partiram com o último navio, antes dos invasores chegarem, incendiarem, devastarem, pilharem e, quem sabe, matarem os poucos que restaram em Cnossos. Para onde foram? Só Deus sabe. Sem olhar para trás! Jamais! Recomeçar! Sempre! O Ocidente! Sempre! Surpreendente! Sempre! A diáspora!

Creta é um elo estratégico na formação do Ocidente. É difícil imaginar a nossa civilização sem a sua presença. Penso que seria impossível. *Aí se encerra exatamente o conceito de elo estratégico.* Poucas manifestações serão tão provocadoras e instigantes como Creta. A estratégica Creta do Machado Labrys. Foi exatamente dentro dessa moldura que desenvolvi este livro. Tardei, Monteiro Lobato, mas cheguei lá.

E para onde foram os cretenses após 1400-1200 a.C.? Creta era uma ilha extensa, 200 km, com uma área de aproximadamente 8 mil km^2. É claro que Cnossos era o polo urbano principal, mas existiam outros, também muito belos e operando juntamente com os Minos. Franqueados? O terremoto teria destruído e liquidado que fração da ilha em termos de pessoas, navios etc.: 25%, 40%, 50%? Estimo que em face do espalhamento urbano da ilha, não mais que 50%. Ou menos ainda.

Dentro desse contexto restaram, portanto, muitas famílias, alguns navios, guerreiros, sacerdotes, artistas (esse ponto é também muito importante, com certeza). Esse contingente "restante", provavelmente milhares de pessoas, identificava perfeitamente que seriam paulatinamente massacrados por levas de invasores violentos e ambiciosos. Talvez invejosos. Gregos micênicos? Que providência tomar? Retornar à pirataria selvagem? Talvez! Mas existia alternativa. Qual seria?

E assim, embarcariam inicialmente nos navios restantes ou disponíveis, e foram partindo em ondas, durante anos, décadas, descendo e deslisando aos poucos de seus esconderijos no alto das montanhas. Teriam que ir para algum local, onde pudessem trabalhar como antes. Avançaram pelo Mediterrâneo e escolheram – no meu entendimento – a Etrúria que reproduziria com o tempo e, na medida do possível, uma Creta virtual realizando comércio, prezando a beleza das mulheres e a importância da arte. E contando também com mercenários micênicos. Vieram prontos para ficar, lutar e também vender serviços.

Nesse contexto, a Etrúria correspondeu à velha Grécia, e aos gregos micênicos apresentaram-se os ambiciosos, "ignorantes" e jovens (na história) pastores romanos. *Surgia assim, com certeza ou muito provavelmente, o povo etrusco – futuro parceiro de Roma.*

Nenhum povo nasce feito. A Etrúria não é uma "invenção" da península itálica. A estratégia ajuda a compreender essa questão com total nitidez. Ela já chegou "quase pronta" à velhíssima Itália. Ao se analisar detidamente a questão, verificar-se-á que só Creta poderia tê-la feito surgir moderna. No meu entendimento admitir que a Etrúria não seja minoica, corresponde a uma fantasia ou a uma "cegueira estratégica". A Etrúria (os etruscos) é uma criação de antigos cretenses, provavelmente associados a troianos e gregos micênicos fugindo de seus territórios originais. Talvez Troia tenha sido a sua principal formadora. Também contando com uma escrita muito complexa. O mesmo secretismo de antigamente, não é Creta? Talvez troianos tenham se reunido aos fugitivos de Creta na construção da Etrúria. Uma operação conjugada, tal e qual no mar Egeu. De certa forma, todos eram gregos, ou quase gregos. Fugitivos supercompetentes.

Reunindo-se aos gregos itálicos – progressivamente polidos por Homero, Hesíodo e atitudes "civilizatórias" praticadas por Esparta, Atenas e Tebas – os etruscos iriam participar da "invenção de Roma", onde, com certeza, a engenharia, o governo, o comércio e a arte, entre outros pontos, teriam muito a ver com Creta e também com Troia. Se não foi Creta a mãe dos etruscos também, quem seria? Difícil dizer. O axioma é muito simples: a comunidade busca sempre se acomodar em configurações autossustentadas. A ambição da *pax* comunitária é de fato manter o equilíbrio, a cordialidade e os etruscos ajudaram Roma a se ajustar a esse desafio com invulgar desembaraço. O qual, aliás, não era nada fácil.

A polis, além de suas preocupações com a autossustentação, buscou sempre o aperfeiçoamento dos sistemas de concentração de poder, situação essa provocada pelos excelentes níveis de produtividade no campo: *ou seja, a mecânica mágica dos excedentes*. Aparentemente as cidades etruscas já nasceram prontas, urbanizadas, alfabetizadas e com cultura artística densa. O jogo de polo (a cavalo) realizado nas cidades etruscas era muito semelhante ao praticado na região de Troia (nunca podemos nos esquecer que os hititas adoravam a equitação e os jogos equestres). Os etruscos, com toda certeza, comunicavam-se também em grego, idioma em que muitos romanos já eram fluentes o que facilitou a interação com esses futuros parceiros. Assim, os etruscos tinham muito a ver com os troianos e esses últimos com os minoicos. Nesse contexto os etruscos iriam "misturar-se" com os romanos. Portanto, Troia, Creta, Etrúria e Roma iriam se fundir em um novo momento, transformando o destino em futuro.

Figura 30. Roma e seus parceiros estratégicos

Por que os etruscos integraram-se com os romanos? A sua paixão (herança) era organizar e comandar, como Creta. Devem ter participado de reuniões, discussões etc. onde apresentaram para os rudes pastores latinos todo o seu grande leque de experiências e qualificações na arte militar, no comércio, em obras de infraestrutura, em edificações. É claro que os "ignorantes" (no sentido de desconhecimento) pastores latinos se interessaram (com certeza ficaram deslumbrados) muito pelos serviços etruscos, da mesma forma que os "caipiras gregos" no passado interagiram com Creta e sua filial Troia – essa no território/área de influência dos hititas. A nossa impressão é que o deslocamento de troianos e cretenses para a formação das polis etruscas não foi exatamente constituído pelas antigas elites das já citadas Troia ou Creta.

A elite (o primeiro escalão) propriamente dita retornou provavelmente para o Egito ou então se deslocou para determinados locais da Antiguidade especialmente a Grécia micênica. *Aqueles que se direcionaram para a península itálica deveriam corresponder aos colaboradores de segundo escalão*, mas, mesmo assim para lá transportaram muito dos reais e substanciais valores minoicos, como por exemplo, o "secretismo" da escrita e a competência para realização de grandes obras de construção civil, entre outros. A história estratégica de certa forma se repetia. Aliás, repete-se com razoável frequência.

Assim, ou melhor de fato, pode-se visualizar os etruscos como terceirizadores para os pastores romanos, cuidando do exército, da organização do governo, impostos e obras de construção civil, inclusive com a progressiva construção da "polis".

Os romanos seriam um novo Egito incompleto. A Etrúria corresponderia a Troia e Creta incompletas.

Mas, a soma dessas partes incompletas iria produzir a Roma futura, senhora do Ocidente. Qual a real característica de Roma? Durante centenas de séculos, talvez cerca de dois milênios, os cérebros em Roma nunca fizeram greve. O pensar sempre dos gregos iria encontrar guarida segura entre os romanos, fossem eles República, império ou cristãos. Menos filosofia e mais objetividade, se é que pode dizer assim. Portanto, a grande herança da Antiguidade para a era antiga foi essencialmente: "Pensar é preciso. Não pensar não é preciso".

Parafraseando Ain Rand, *a Grande Antiguidade, desde o caçador-coletor até os etruscos, ensinou os homens a amar, a pensar, a defesa da razão, da individualidade, do livre mercado, da liberdade de expressão, a racionalidade, a honestidade, a justiça, a independência, a integridade, a produtividade e o orgulho. Ensinou aos homens a se apegar a esses valores com todas as suas forças e não necessariamente, o que é irônico, conviver com eles.*

A mútua compreensão era plena porque os etruscos – aliás, ex-minoicos, ex-troianos, falavam o grego – como já observado, da mesma forma que os romanos, os quais se comunicavam com as comunidades gregas do Mediterrâneo há centenas de anos. O grego a essa época já era, com certeza, a língua franca substituindo o primado do idioma acadiano na Antiguidade. Aliás, suspeito que na Antiguidade, por questões de sobrevivência comercial (e outros), as estruturas-vértice de cidades e povos eram poliglotas: grego, egípcio, acadiano, latim, fenício. Quanto à escrita dos etruscos é simples: da mesma forma que se desenvolveu a linear A em Creta para que pouquíssimas pessoas pudessem entendê-la, a Etrúria adotou o mesmo comportamento, ou seja, uma configuração que será aqui referida como linear C dificultando sobremodo a alfabetização das lideranças romanas qualquer que fosse o idioma por ela adotado. Esse idioma poderia ser o grego, o idioma do poder em Creta e Troia (egípcio?) ou até mesmo a linguagem hitita ou o acádio. As alternativas possíveis são várias.

Os etruscos têm pouco, muito pouco a ver com a velha *pax* comunitária. Eles partiram de um degrau bem mais elevado para a modelagem de um poder central. Um sacerdote, um guerreiro, uma donzela, uma prostituta, ou um artista, um navio. *Um rumo! Um novo lar para o Machado Labrys!*

Não se tratava de uma despedida. Apenas uma nova partida para um local na área de influência direta do Mediterrâneo, não absurdamente distante de Creta. Esse local deveria representar um detalhadíssimo plano B sobejamente conhecido e preparado há muito tempo pelos sucessivos governos dos reis Minos. Como tudo que se relacionava a Creta, nada de improvisação. Mesmo! A grande diferença entre os momentos etrusco e minoico é que o primeiro não contará com os financiamentos a fundo perdido do reino egípcio. Foi com o que "restou" de Creta e de Troia que se "produziram" as cidades etruscas. Principalmente, a grande contribuição seria a do capital intelectual. Bem mais trabalhosa que no passado, uma vez que ficaram órfãs dos faraós, mas mesmo assim não menos talentosa.

Com certeza, a genialidade de Creta não se deslocou para a civilização etrusca da mesma forma que procedeu com os gregos micênicos. Os recursos financeiros eram muito mais escassos. Entretanto, o talento e a competência sim. Já foi o bastante. O Ocidente passo a passo prosseguiria a sua decidida e inexorável caminhada, fazendo o futuro acontecer. Assim, Creta renasceria. De fato foi o que aconteceu, mais uma vez. O Machado Labrys continuaria vivo por *secula seculorum*.

Que me perdoem os "romanólogos" e os "italianólogos" quando se analisar a questão sob o ponto de vista estratégico. Não existe a menor possibilidade de a Etrúria ter se desenvolvido na Itália a partir de comunidades agrícolas e pastoris muito pobres por mais trabalhadoras que fossem. A Etrúria chegou pronta e concluída, pensando e agindo já de forma soberba. A meu ver ela não é mesmo filha do processo civilizatório da península itálica. Ela é apenas, apesar de incompleta, a única filha de Creta a sobreviver. Portanto Creta que no passado ajudou os gregos, interagiu com os hititas, prestou serviços notáveis ao Egito e participou como elemento notável na química estratégica formadora de Roma!

CAPÍTULO 15

CRETA É MORTA, CRETA É VIVA: A ESTRATÉGIA DO MACHADO LABRYS

> O palácio de Cnossos é uma das mais imponentes ruínas que há no mundo. Quando ainda mostrava ao sol toda a sua pitoresca beleza, foi o ponto central de uma das maiores culturas da história da humanidade. Em sua forma atual (de ruína escavada da terra que a cobria) ele constitui o mais expressivo monumento que a civilização mais jovem, o império da técnica, produziu. Geralmente não se presta atenção ao fato de que a arqueologia não é um ramo da ciência menos moderno que a história natural moderna. O desenvolvimento dessas duas ciências constitui um estranho paralelismo – muito embora sempre se ignorassem reciprocamente. Os que estudam a história da humanidade e da civilização indubitavelmente se interessaram pelas descobertas dos naturalistas, como os últimos também tomaram conhecimento dos resultados obtidos pelos primeiros – mas acontece que a crescente tendência à especialização tende a isolar cada vez mais os diversos ramos das ciências. A História Natural dispensa a cooperação filosófica no estudo e verificação dos resultados que obteve. Ela tornou-se serva da técnica, que por sua vez se limitava a lançar seus olhares inquiridores, de maneira muito rudimentar, a um futuro que só podia tornar-se menos promissor sob o impacto dessa forma jovem e rude da civilização humana. Enquanto isso se processava, o espírito da Europa recordando-se de suas glórias antigas recomeçou a estudar o seu *passado.*
>
> (Bamm, 1994:70)

O labirinto, onde se albergava o Minotauro, tem encontrado já numerosas explicações e muitas destas parecem até extravagantes. Não podemos acreditar que se tenha tratado de explorações de minas, onde teriam sido obrigados a trabalhar os jovens enviados de Atenas e outros prisioneiros de guerra. A explicação do labirinto como local para danças rituais (e estes locais realmente existiram), como centro de culto com dédalos ou de formidáveis instalações tumulares, parece-nos menos absurda. Mas o labirinto derivou o seu nome de *Labrys,* o machado duplo, que como símbolo do culto (para a lua cheia e minguante, como portador do poder soberano ou como residência das almas dos mortos) continua sempre aparecendo, tal como os chifres do boi sagrado; o labirinto, o famoso dédalo, não foi mais que o próprio palácio real. Foi o que verificou Arthur Evans quando desenterrou este monumento. Estátuas incomuns e complicadas construções deveriam produzir o efeito de um dédalo e o incauto não conseguia simplesmente dar conta de si lá dentro, porque o palácio não tinha sido delineado segundo um plano unitário e consequente; talvez ele, no fundo, não fosse mais que uma grande colônia em que as ruas, travessas e rampas entre as várias casas em parte tivessem sido cobertas e incorporadas no todo da construção.

(Schreiber, 1961:15)

Creta, representada emblematicamente pelo palácio de Cnossos, seria arrasada por volta do ano 1400 a.C., conjugando-se várias causas de forma simultânea. Dentre essas destaquem-se terremotos, erupções vulcânicas, tsunamis, incêndios, devastações etc. Aliás, não teria sido a sua primeira "morte" ou aniquilamento parcial. O fenômeno já tinha ocorrido várias vezes e como uma fênix, ela renasceria sempre das cinzas fazendo com que a história progredisse sem grandes descontinuidades. Em outras palavras, Creta continuava sempre a desempenhar a sua missão: organização da navegação pirata e comercial no mar Egeu (e também o Mediterrâneo) para o reino do Egito.

Mas, para o Egito, haveria um *determinado momento*, envolvido por *determinadas circunstâncias*, que traduziria o desfecho final, ou seja, a extinção da Operação Creta original centralizada na ilha e, especialmente no extraordinário palácio de Cnossos. Cessaria a colaboração dentro dos seus antigos moldes. Em outras palavras, o reino do Egito não providenciaria (fosse qual fosse o motivo) mais recursos a fundo perdido para a sua reconstrução. Não progrediria, como antigamente. Entretanto, isso não equivale, afirmar que a Operação Creta estava encerrada. Muito ao contrário, e sobre esse tema nos deteremos a seguir.

A Operação Creta, em um desenho tático absolutamente equivalente ao original (que perdurou aproximadamente durante mil anos) seria, entretanto, prolongada por pelo menos dois séculos, perenizando-se até aproximadamente 1200 a.C., o ano onde encerra-se, no meu entendimento, um período extraordinário que venho denominando de Grande Antiguidade. Assim, de 1400 a.C. até 1200 a.C. a Operação Creta de forma eficiente iria prosseguir em vários locais. Observe-se que no entorno desse corte temporal histórico nações e povos são brutalmente fragilizados (ou praticamente arrasados). Entre outras, a civilização micênica, a hitita e troiana. Quando se observa o passado no túnel do tempo (enfim estamos trabalhando neste livro um período que abraça aproximadamente 20 mil anos de evolução humana), 200 anos poderão apresentar-se como um lapso de tempo razoavelmente curto, não é? Mas quando aproximamos desse "intermezzo temporal" a luz de nossa história contemporânea, a do Brasil, por exemplo, constatar-se-á que 200 anos traduzem um período que se estende desde a chegada da Família Real de Portugal ao Rio de Janeiro, até os dias de hoje. Ou seja, o Brasil de d. João VI, de d. Pedro I, de d. Pedro II e toda a

República. Portanto, a Pós-Operação Creta – ou Creta prolongada – "sobreviveu" com competência a oito gerações. Nada mal!

Quando Creta é assolada por desastres naturais em 1400 a.C., julgo que quase de imediato processou-se uma diáspora minoica, deslocando-se os cretenses para o espaço micênico, para Troia, para as cidades fenícias, para as ilhas do Egeu, áreas de sua influência do mar Mediterrâneo e o próprio Egito – além da própria Creta agonizante – uma vez que terremotos e tsunamis não devem ter devastado toda a ilha. Cnossos, sim. Outros pontos, não. Mas essa ocorrência perversa não pode ser confundida com o aniquilamento do mundo minoico. Brutalmente fragilizado (mas não aos trancos e barrancos) persistiria.

O EGITO ESTRATÉGICO

Quando se mergulha na Antiguidade com lupas e lunetas estratégicas encontra-se um Egito muito mais atrativo e ativo que o reino clássico das pirâmides, magníficos templos, estátuas, câmaras mortuárias, reinos e joias – além do misticismo que envolve todos esses elementos. Aliás, já se teceram múltiplas considerações sobre essa questão em várias partes deste livro.

Então, o que vamos encontrar? Fundamentalmente um extraordinário Egito estratégico, *o pensar e agir estrategicamente*, onde ele defiviu a estratégia como sendo uma conspiração para o sucesso, podendo-se verificar que o senhor do Nilo buscou continuamente esse condicionamento ao longo de milênios.

Para pensar e agir estrategicamente há necessariamente que se dominar um conjunto de atitudes basilares, sem as quais torna-se problemático, aliás, muito difícil, realizar toda a busca dessa complexa química de sucesso. O reino do Egito, a propósito, dominou-as todas, como por exemplo: espírito empreendedor, metas, visão, foco, densidade cultural, densidade de comando, *benchmarking*, gestão federativa e muitas outras.

Como coproduto dessas atividades e plenamente inserido em um contexto estratégico mais amplo, insere-se um conjunto de atividades que nos possibilita avançar cautelosamente para o futuro, prevendo criteriosamente e na medida do possível uma série de situações (favoráveis e desfavoráveis) que poderão de fato ocorrer: tratam-se dos cenários – "fotografias" consistentes de futuros possíveis. Ótimos, razoáveis ou péssimos. Em ocorrendo uma determinada situação aciona-se um modelo de decisões condicionadas (previamente estruturado), buscando respostas e soluções eficientes (e cuidadosamente estudadas previamente), as quais serão viabilizadas imediatamente no correr da chegada e evolução do problema a ser enfrentado.

Vale observar que uma configuração estrategicamente sofisticada (e o reino do Egito se comportava como tal) identificaria com total nitidez a necessidade de se implantar um elenco (conjunto) prévio de cuidados que já deveriam estar previamente equacionados quando, por exemplo, o pior cenário ocorresse em qualquer uma de suas grandes áreas de atuação. Esses cuidados pró pior cenário (CPPC) significam simplesmente que todas essas situações já estariam "tecnicamente" analisadas *para se poder bem interagir com o "pior" quando ele ocorresse. Procedimentos análogos metodologicamente seriam adotados para o melhor cenário (CPMCs).*

É de se considerar que tanto os CPPCs quanto os CPMCs (melhor cenário) mesmo em pleno século XXI, portanto, 3.500 anos distante do momento histórico que estamos observando – ainda constituem, de modo geral, uma questão ainda pouco enfatizada pelos gestores, mesmo aqueles que convivem com desenvoltura com a questão *cenários*. A propósito, em física define-se "histereses" como sendo o atraso do efeito com relação à causa. Dentro dessa moldura conceitual poder-se-á visualizar o conjunto de CPPCs + CPMCs constituindo um sistema "anti-histeresis". Prever e estar apto para agir da melhor forma possível, sempre.

Pois bem, o reino do Egito, essa a minha interpretação, providenciou uma *anti-histeresis* vinculada à eventual morte de Creta e com uma extraordinária sabedoria estratégica. A solução estratégica do Machado Labrys materializou-se na operacionalização de sete Cretas "virtuais":

- a Creta murada da Grécia: Micenas;
- a Creta murada da Ásia: Troia;
- s Creta restante (e agonizante) de Cnossos;
- a Creta caminhos do mar: Fenícia;
- a Creta central: o próprio Egito;
- a Creta ilhas do Egeu;
- a Creta Mediterrâneo.

Creta (ou melhor, dizendo, o Egito) visualizava com absoluta nitidez que em um determinado momento a Creta real de Cnossos seria, em decorrência de algum fator especial, destruída. Dentro desse quadro a estratégia do Egito (o Machado Labrys) materializou-se no desdobramento daquelas Cretas virtuais, absolutamente aptas a substituírem (com eficiência) a função desempenhada por Cnossos de forma integral. Ou seja, uma Creta Somatório, *a qual durante alguns séculos deve ter ainda contido a pirataria selvagem no Egeu e no Mediterrâneo.*

A CRETA MURADA DA GRÉCIA: MICENAS

É claro que Creta (mesmo antes de sua época) sempre teria em mente a necessidade de uma base continental na Grécia, em terra firme. E é claro também que, não se tratando de uma ilha, essa posição (ou posições) deveria corresponder necessariamente a configurações pesadamente fortificadas para a época. O risco em terra continental era espantosamente maior que o contido em uma ilha.

Foi assim que por volta de 1600 a.C. iria surgir Micenas, localizada em posição superestratégica e bem defendida face eventuais ataques. É altamente provável que Micenas – senão certo – foi edificada com o apoio de construtores/projetistas minoicos ou egípcios.

Os gregos efetivamente ásperos, apesar de mestres no manejo da madeira – não detinham conhecimento (*know-how*) algum para aquela realização, envolvendo o preparo, transporte e colocação final dos grandes blocos de pedra requeridos. Um milênio após dominariam essa arte com perfeição. Aprenderam.

Dentro desse contexto, é altamente provável que (durante um período razoavelmente significativo) Micenas tenha operado mesmo como uma competente projeção minoica. Contribui favoravelmente para essa suposição vários aspectos, inclusive a preocupação cretense com os controles, como registrado nas tablitas lá encontradas. A alegria dos afrescos, e vários outros aspectos ornamentais ao estilo cretense nas grandes residências micênicas, reforçam essa hipótese.

A IMPORTÂNCIA DE MICENAS

Todas as descrições de Micenas na *Ilíada* falam do seu paradeiro. E, de fato, quando me postei na base da acrópole de pedra onde se ergue a "cidadela de fortes alicerces" de que fala Homero, ergui e descobri que essas descrições ainda são válidas. Mesmo em ruínas, a grande fortaleza continuava altiva. Como há séculos, ela domina a planície de Argos, toda rodeada de montanhas, que divisei ao longe apenas como uma mancha difusa, dourada e púrpura, enevoada pelo calor. Ao subir a rampa na entrada da cidadela, parei diante da famosa Porta dos Leões – um conjunto de pilares e um lintel de blocos de pedra colossais sobre o qual, formando um arco, havia dois imponentes leões heráldicos, gastos pelo tempo.

O complexo palaciano

As espessas muralhas rodeavam todo um complexo palaciano – casas, santuários, armazéns e aposentos reais, decorados com afrescos coloridos e pedras entalhadas. Passeando na cidadela vazia, em meio a ruínas de muros, e pisando o chão de terra batida outrora decorado com estuque e lajes de gesso, não pude deixar de sentir a atmosfera de poder e majestade que ainda emana do local.

Área de influência do reino de Micenas

A Micenas histórica dominava a Argólia, importante e rica região no nordeste do Peloponeso, que por sua vez controlava boa parte do comércio no mar Egeu. Schliemann e os arqueólogos posteriores localizaram mais de dez grandes centros micênicos, além da própria Micenas, assim como centenas de sepulturas e assentamentos, todos partilhando a mesma cultura. Mideia, Tirinto "das imponentes muralhas", a "sagrada" Pilos, Argos, Orcômeno "rica em carneiros" – muitos desses centros são mencionados na *Ilíada*.

O grego micênico

"Não podemos esquecer que, antes de tudo, os micênicos eram gregos!", disse-me Spiros Iakovidis, chefe das escavações em Micenas e autoridade mundial no assunto. "e os gregos e a navegação sempre andaram juntos", acrescentou, com um brilho bem-humorado nos olhos. Diversos mercados estrangeiros, desde o Mediterrâneo ocidental até o Egito, procuravam os produtos de Micenas, sobretudo a cerâmica – com suas imagens pintadas de vermelho e preto brilhantes –, para uso como recipientes domésticos, de armazenamento e vasos cerimoniais. Por toda a Argólida, uma rede de estradas e pontes unia o palácio e outros centros importantes, também fortificados com muralhas monumentais.

Pilos

Enquanto Micenas se destaca por suas fortificações inexpugnáveis, Pilos se apresenta desnuda, sem muralhas defensivas, num penhasco de onde se avistam as planícies abaixo e, a distância, o mar Jônio. Toda construída de pedra calcária local de cores atenuadas, ela é um local ameno, com sinais de contornos modernos. Por exemplo, uma banheira de terracota com desenhos coloridos, ou ainda bancos lisos, no vestíbulo de uma despesa que guardava taças de argila com hastes delgadas.

A LINEAR B

Foi em Pilos, em 1939, que o arqueólogo americano Carl Blegen fez uma das mais importantes descobertas relativas à Idade do Bronze: a primeira das cerca de 1,2 mil tábulas com uma escrita misteriosa batizada de linear B. As tábulas foram preservadas por acaso, pois haviam sido cozidas nas chamas de um incêndio que destruiu o palácio por volta de 1200 a.C. Durante anos a escrita linear B permaneceu indecifrada, deixando perplexos os estudiosos. Em 1952, porém, Michael Ventris, um jovem e brilhante arquiteto britânico, anunciou que conseguira afinal decifrar as tábulas. Segundo ele, o idioma em questão era uma versão rudimentar do grego. Antes ninguém sabia que língua falava os micênicos.

APENAS INVENTÁRIOS... NADA ALÉM...

O deciframento despertou enorme expectativa. O que revelariam as tábulas? Fragmentos de poesia épica, talvez, escritos nos hexâmetros característicos da *Ilíada*? Tais esperanças caíram por terra com a revelação de que continham apenas inventários de estoques: listas com quantidades de azeitonas, vinho, rodas de carroças, trípodes, carneiros, cavalos, bois (com o nome das raças, como castanho e malhado), trigo, cevada, condimentos. E ainda terrenos arados e impostos recolhidos.

A ECONOMIA MICÊNICA

"Mesmo assim, é surpreendente o quanto essas listas nos revelam", comenta John Chadwick, da Universidade de Cambridge e colega de Ventris. Tive a oportunidade de visitar Chadwick, renomado estudioso da história de Micenas, pouco antes da sua morte, em fins de 1998.

A VIDA NO PALÁCIO

"Essas tábulas nos proporcionam uma espécie de instantâneo da situação do palácio no último ano de sua existência – talvez até nos últimos meses", explica Chadwick. Tábulas achadas em outros sítios arqueológicos confirmaram que os inventários em linear B eram característicos da economia palaciana de Micenas, com seus complexos sistemas de comércio, indústria e tributação. Cada região sujeita ao domínio de Pilos pagava impostos ao palácio sob a forma de couro de boi, porcos cevados, tecidos de linho e de lã. Listas de operários que trabalhavam com bronze e de recipientes para óleo perfumado atestam a existência de indústrias de bronze e de perfume.

A RELIGIÃO

As escavações em Pilos também revelam outro fundamento da vida em tempos de paz: as práticas religiosas rotineiras. Nas tábulas em linear B há nomes de deuses bem conhecidos da *Ilíada*: Zeus, Hera, Atena, Posídon, Hermes e talvez Apolo, sob o nome de Paieon, como o chamava Homero. Mas também são mencionadas divindades desconhecidas. Outras que esperaríamos encontrar estão ausentes, como Afrodite, deusa do amor e do prazer.[1]

De todas essas observações que destacam múltiplas coincidências com o mundo minoico, vale observar que os gregos não inventaram mesmo a linear B. Os minoicos, com certeza, a desenvolveram para eles (e os presentearam) para bem interagir com essa cultura surgente. Os gregos (a sua elite) foram alfabetizados em inúmeros planos pelos minoicos, com certeza Tutelados administrativamente, educacionalmente e também culturalmente. Um extraordinário aprendizado.

A MORTE DE MICENAS

Tenham ou não participado da destruição de Troia, os micênicos não sobreviveram por muito tempo à queda da cidade. Qual o motivo do colapso de sua civilização, aparentemente tão próspera? Essa é uma das questões mais intrigantes na história da Idade do Bronze. Pilos, Micenas, Tirinto, Mideia – quase todos os grandes palácios decaíram por volta de 1200 a.C. Alguns estudiosos atribuem esse declínio a desastres naturais, como o terremoto que destruiu Troia VI, ou a mudanças climáticas. Outros sugerem que a economia de Micenas, muito centralizada e burocrática, cresceu demais e cedeu sob o próprio peso. A ruína dos palácios ocorreu na mesma época do colapso de várias cidades em toda a região do Egeu e do Mediterrâneo oriental. Embora não haja indícios arqueológicos de uma invasão, talvez uma mudança revolucionária nas táticas de guerra tenha conferido uma vantagem a invasores bárbaros. Para a maioria dos estudiosos, o declínio arrastou-se por um largo período, com um lento decréscimo da população.[1]

A morte ou o aprisionamento de milhares de seus soldados após a derrota naval no delta do Nilo dos povos do mar por Ramsés III e onde os gregos, com certeza, participavam das forças atacantes, foi de repercussões catastróficas para Micenas. Devem ter restado nas antigas fortalezas e cidadelas muradas apenas mulheres, velhos, crianças e poucos homens. Nessas condições não haveria mais como manter e defender os grandes castelos senhoriais. A população permanente vai então se dispersando buscando outros refúgios no território escarpado. Surge assim a *dark age* da Grécia por um período de aproximadamente 300 anos. Regressão ou reflexão? Sofrimento e humilhação, com certeza!

A CIDADE MURADA NA ÁSIA: TROIA

Da mesma forma que Micenas, Troia deve ter representado um ponto avançado de Creta, "plantado" na Ásia, basicamente estruturado para o comércio com os hititas, função essa que deve ter realizado com extrema competência durante séculos. Tratava-se de uma cidadela murada com uma população de pequeno porte, mil habitantes. Estudos arqueológicos recentes indicam que defesas externas (fossos etc.) ampliam esse contingente populacional para 6 mil pessoas, no máximo 5% da população estimada conservadoramente para Creta. Dentro dessa moldura é provável que Troia não dispusesse de mais de 1.500 guerreiros para combate, isso na melhor hipótese. E olhem lá! Como já assinalado anteriormente a Guerra de Homero, com certeza, não existiu, mesmo. Lutas, devastações, pilhagens, sim. Sempre!

Troia deve ser entendida e inserida em um contexto de não agressão (do Egito e de Creta) aos hititas. Uma agressão a Troia seria (eventualmente e se não explicada) entendida por *Hatusa* como uma agressão ao Império Hitita. *Tout court*! Quando toda a Grande Antiguidade se esfarelava face ao mau humor da Mãe Terra e ao desespero dos povos do mar (+/– 1200 a.C.) micênicos oportunistas investiram para uma operação de pilhagem violenta da cidadela situada no noroeste da Turquia, na busca de grandes tesouros com certeza existentes (outras cidades devem ter sido também alvo de ataques devastadores). Nesse momento os hititas já estavam muito fragilizados por invasores e invasões sistemáticas. Daí nasceu a lenda de Troia.

Durante séculos e séculos Troia deve ter trabalhado em ação conexa e supermonitorada por Creta (portando-se sempre obediente, disciplinada e "regrada"), portanto, também como o Egito e os hititas. De fato, penso que operou como se uma Creta virtual fosse, por um período muito considerável.

O artigo de Caroline Alexander destaca observações de imenso conteúdo estratégico, relativas a Troia.

AS MURALHAS DE TROIA

Hoje ainda restam ruínas das muralhas de Troia no local onde Homero situou a cidade, nas proximidades do estreito de Dardanelos, com vista para uma planície atravessada pelos dois rios de que fala a *Ilíada* – o Simonete e o Escamandro. Ao chegar à cidade derrotada, percorri a curva suave das altas muralhas de Troia VI – um dos dois níveis já escavados que corresponde ao crucial "nível homérico", ou seja, o século 13 a.C. Felizmente programei a visita para o final da tarde, quando o sol poente cobria de dourado as muralhas e incendiava Dardanelos, chamado por Homero de Helesponto.

Os nove sítios de Troia

Pelos padrões modernos, as escavações feitas por Schliemann em Troia foram impacientes e descuidadas. Cavando até o leito rochoso, onde estava certo de encontrar a Ílio homérica, ele destruiu as camadas históricas intermediárias. Hoje, uma equipe internacional, dirigida por Manfred Korfmann, da Universidade de Tubingen, em parceria com a Universidade de Cincinnati, está escavando de novo todo o sítio. O objeto das pesquisas não é apenas Hisarlik, a colina onde estão as ruínas de Troia, mas também a área litorânea e a planície circundante. Foi ali, segundo a *Ilíada*, que os gregos aportaram suas naus recurvas; ali travou-se a guerra. Os nove níveis de Troia abrangem um período que vai desde 3000 a.C. até a cidade romana de Nova Ilium, do início do século 6 d.C.

Um tão pequeno local para uma lenda tão majestosa

No passado os visitantes de Troia ficavam chocados com as dimensões reduzidas do sítio arqueológico. Como um local tão insignificante se transformou numa lenda tão duradoura? Conduzindo-me, porém, através de plantações de algodão e campos relvados, muito além da cidadela de Schliemann, Korfmann indicou-me uma linha de trincheiras que constituem uma das descobertas mais importantes da equipe: as defesas externas de toda uma cidade que ficava aos pés da cidadela. Ali foram achados vestígios de um fosso circundante, com cerca de 3,5 metros de largura e 2,5 metros de profundidade. Situado 400 metros além dos muros da cidadela, ele aumenta assim a área conhecida de Troia VI em até 200 mil metros quadrados. Com esse novo contorno, a cidade é quase dez vezes maior do que a cidadela de Schliemann, e poderia abrigar uma população de pelo menos 6 mil habitantes.

As dores de Troia

Contudo, a *Ilíada* refere-se apenas às "muralhas bem construídas" de Troia, feitas de pedra, tais como as descobertas por Schliemann na própria cidadela. Essas muralhas, assim como os danos que sofreram, proporcionaram aos arqueólogos os indícios mais confiáveis quanto ao destino da cidade. Rachaduras e marcas de fogo revelam que, por volta de 1250 a.C., um terremoto destruiu Troia VI, a mais provável cidade homérica. Logo depois, as mesmas pessoas que fugiram do terremoto retornaram ao local e construíram outro assentamento, Troia VII. Vestígios de casas pequenas e atulhadas de moradores indicam que uma população maior que a anterior buscou abrigo no interior das muralhas. Jarros para armazenamento, bem enterrados e abastecidos, sugerem, para alguns, preparativos para um cerco. Muros chamuscados indicam que, cerca de 70 anos depois, um violento incêndio destruiu esse povoado. Seria essa Troia, enfraquecida pelo terremoto, a que foi saqueada por invasores gregos? Ou será que estes atacaram Troia VI, sem destruí-la, após um grande desastre natural? Ou será, ainda, que a queda de Troia não teve nenhuma relação com a narrativa homérica?

Escaramuças, sem dúvida alguma

"Mesmo que não tenha havido uma grande Guerra de Troia, é possível que Troia tenha se envolvido em várias escaramuças por motivos comerciais", diz Korfmann.

Uma reflexão sobre Micenas

O professor Iakovidis, responsável pelas escavações em Micenas, explicou-me que o comércio era a chave da prosperidade da cidade.

E, a seu ver, também a causa do seu declínio. Com o fim do Império Hitita e a pilhagem das grandes cidades do Oriente, desarticulou-se a intrincada rede mercantil que durante séculos fora a base da economia do mar Egeu. Privados de suas fontes de renda, os palácios micênicos ficaram sem condições de comerciar e sem meios para manter sua burocracia.[1]

Uma derradeira reflexão sobre a Troia estratégica. Sem dúvida alguma ela se tratava de uma projeção cretense, logo egípcia, que interagia funcionalmente com os hititas. Ao Egito não interessaria necessariamente desestabilizar Troia, colocando gregos *versus* gregos. Jamais! Da mesma forma, imagine-se um eventual cerco de 10 anos, provocando dificuldades comerciais para o Império Hitita. Troia era o seu respiradouro marítimo, admiravelmente bem administrado pelo Egito cumpridor de tratados e acordos, apesar de eventuais (não frequentes) embates entre jovens príncipes "assanhados" para obterem titulação como combatentes, mesmo que no papel de pequenos senhores da guerra. Assim se alguém ousasse assediar Troia, mesmo que por meses, o Império Hitita os varreria da face da terra tão logo esse fenômeno os incomodasse. E com o apoio total do Egito, o que em outras palavras significa ações de marinha de guerra conjugadas com bloqueio e sítio terrestre etc.

Troia, ao mesmo tempo, valia muito e não valia nada. Nada que o engenho estratégico não pudesse neutralizar, qualquer que fosse o problema. Troia não é apenas um mito da história. Trata-se do maior mito de todos. Inexcedível!

Quantos guerreiros comporiam o exército de Homero? Cinco mil, seis mil, na melhor hipótese? Há de se reconhecer que essa força representava um contingente ridículo para as forças de combate (infantes, cavaleiros e arqueiros) dos hititas. A Guerra de Troia de Homero, como Homero a descreveu, com certeza não ocorreu. *Muitas outras lutas sim. Como em qualquer outro local da Grande Antiguidade, além do Egito. Guerra era também sinônimo de roubo e pilhagem. E como roubavam! E como pilhavam! Disciplinadamente!*

Qualquer cidade bem organizada e razoavelmente próspera sinalizava "para todos" a presença provável de "tesouros" onde se "acumulavam" joias, armas, metais, valiosos etc. Assim, exércitos assediavam e conquistavam essas polis essencialmente para capturar essas riquezas, esses tesouros lá existentes. Ao mesmo tempo, como um coproduto, as pessoas feitas prisioneiras seriam vendidas como escravos. As únicas formas para defender esse rico patrimônio seria a fuga por terra ou mar tão logo as forças de ataque se aproximassem. Nem sempre trivial ou viável. Ou então, através de esconderijos habilíssimos para que esses bens muito valiosos fossem bem abrigados e protegidos para sempre e em locais muito especiais onde, é claro, pouquíssimas pessoas deteriam a informação precisa. É exatamente dentro desse contexto que Troia foi assediada e destruída muitas vezes. Da mesma forma, o mesmo deve ter ocorrido com outras cidades do mundo micênico, Creta e várias outras áreas daquela época sofreram esse mesmo tratamento perverso. *Essa operação caça ao tesouro fazia parte permanente da dieta econômica e diversão beligerante da Grande Antiguidade.*

A VINGANÇA SUTIL DE TROIA

Mas, no correr da história, inteligências privilegiadas providenciariam para Troia uma vingança extraordinária sobre Creta, a sua tirânica senhora. Observe-se que Troia, apenas uma pequenina polis – aliás, uma sucursal minoica – realizava uma interação inteligente com os hititas e os egípcios, apesar de seu papel estratégico secundário. Troia nas mãos de Homero tomou corpo no consciente coletivo das pessoas provocando os cérebros de indivíduos, grupos, sociedades em inúmeras gerações, aliás, até hoje. Como e quem realizou essa extraordinária alavancagem para a pequenina, frágil e diminuta Troia? O processo homérico. Trata-se, a rigor, da mais impressionante realização de mídia (comunicação) histórica já construída na evolução da cultura ocidental: correspondendo ao desenvolvimento de duas obras seminais – a *Ilíada* e a *Odisseia*.

A COMUNICAÇÃO ORAL E A COMUNICAÇÃO ESCRITA NA GRANDE ANTIGUIDADE

A tradição da transmissão oral no âmbito da cultura grega prolongou-se de modo absoluto até aproximadamente 400 a.C. Aliás, Péricles é considerado como o primeiro político de grande envergadura a conduzir consigo um texto escrito para apoio aos seus discursos.

Com relação a esse tema, observe-se o texto de Rosalind Thomas.

CULTURA MICÊNICA

A cultura micênica (c. 1500-1100 a.C.) possuía uma escrita a mão silábica que denominamos linear B, que parece ter sido usada apenas para registros palacianos. Ela aparentemente morreu com a cultura palaciana que lhe dava base. O alfabeto foi adaptado do alfabeto fenício, provavelmente na primeira metade do século VIII, mas seu uso espalhou-se apenas gradualmente. Aparentemente não era usada para funções públicas até meados do século VII – a julgar pelas inscrições em pedra que chegaram até nós –, mas o grande volume de documentos em pedra data principalmente da década de 460 em Atenas, a época da democracia radical. As cidades-Estado gregas parecem ter usado a escrita muito frugalmente até os séculos V e VI.

A LITERATURA NUM UNIVERSO DE ANALFABETOS

A mais remota literatura grega que possuímos – a *Ilíada* e a *Odisseia* de Homero – parece, contudo, pertencer a uma sociedade que fazia pouco ou nenhum uso da escrita. Geralmente datadas do século VIII a.C., essas obras parecem ser um produto de composição, bem como de execução, inteiramente oral. Esta tese, proposta por

> Milman Parry na década de 1930, teve enorme influência: tal estudo chamou a atenção dos classicistas para a extensão da comunicação oral na Grécia, levantou a alarmante possibilidade de que a alta literatura nem sempre teria provindo de uma cultura altamente letrada e despertou a atenção para a poesia oral no mundo todo. Embora ainda haja desacordo quanto ao modo como a poesia de Homero finalmente foi posta em forma escrita, ela pertence claramente a um período primitivo em que a escrita era escassamente conhecida, se é que o era, e não afetara uma cultura originalmente oral.

> ## Recitações
>
> No período arcaico (700-500 a.C.), a escrita foi usada para inscrições privadas, para as primeiras leis escritas e para diversos propósitos religiosos. Acredita-se que os poetas desse período faziam cópias escritas de seus próprios poemas para serem recitados. Presumivelmente, a maior parte da vida era conduzida sem a palavra escrita. Políticos do período clássico cultivavam as artes da oratória, mas sem textos escritos. O general e político ateniense Péricles foi considerado o primeiro homem a ter um texto escrito consigo enquanto falava (décadas de 440 e 430). Mas ele não deixou discursos publicados, e a controvérsia sobre discursos escritos prosseguiu no século IV (ver Alcidamas, *Sobre aqueles que compõem discursos escritos*). A literatura escrita publicada vinha se tornando bastante comum desde o início do século V, mas os livros eram muito raros até o fim daquele século. Piadas sobre *bíblia* ("livros"), ou melhor, rolos de papiro, aparecem na comédia ateniense nas últimas três ou quatro décadas. Atualmente há até mesmo algum indício de um bairro de livros ou de, ao menos, "lojas de livros". Nosso indício mais antigo do comércio de livros é uma referência de Xenofonte a um naufrágio com uma carga de *bíblia* (Anábase, 7.5.14). Em meados do século IV, eles eram muito mais comuns, embora ainda não fossem numerosos. A primeira referência a um leitor solitário de literatura (em oposição à leitura grupal) está em *As rãs* (405 a.C.), onde o deus Dionisio diz que estivera lendo *A Andrômeda* de Eurípides para si mesmo (Aristófanes, *As rãs*, 52). Mas a leitura solitária e silenciosa era quase desconhecida. Tanto na Grécia como em Roma, textos escritos, particularmente os literários, eram geralmente lidos em voz alta.[106]

É nessa "escritalidade" combinada com a "oralidade", que a *Odisseia* e a *Ilíada* de Homero (ou Homeros) iriam desempenhar um papel cada vez mais emblemático. Nessas obras a força e a fraqueza, a inteligência e a ignorância, a dor e a alegria, o ódio e o amor, a coragem, a beleza marchariam sempre juntos na formação da grande saga do homem ocidental. Criou-se a literatura emoção expandida, onde o coração, a mente e a ação subordinam-se à mão criativa.

A minha interpretação é que relatos (fragmentados ou globais) relativos à *Odisseia* e a *Ilíada* desenvolveram-se durantes séculos (dois ou três), por meio de "con duções" orais, buscando "produzir" um enraizamento maravilhoso (porém fictício) para o povo grego. Todos queriam se esquecer de Creta. Em um determinado momento um poeta ou um grupo de poetas (+/- 800 a.C.) reuniu, de forma harmoniosa, com encadeamentos lógicos, "costurando com graça" todas as partes componentes de uma saga majestosas até então só transmitida oralmente (declamados), sob a forma de uma obra escrita. *Dava-se então a partida para toda a formação da literatura ocidental. A mulher, fosse ela Helena ou Penélope, adentrava esse mundo dos homens com extraordinária capacidade de sedução/força.*

Apresenta-se a seguir uma coleção de textos "pinçados" que possibilitam emoldurar esses momentos decisivos para a evolução do intelecto ocidental, com maior riqueza de detalhes.

SOBRE HOMERO

HOMERO_

Nome pelo qual é universalmente designado o fundador da poesia épica e o maior e mais antigo dos poetas gregos. Nada, entretanto, se sabe nem a respeito da sua vida nem mesmo sobre sua pátria. Sete cidades gregas disputaram a honra de tê-lo visto nascer, parecendo que os títulos de Esmirna são os mais sólidos. Tudo que dele se afirma é que foi o autor da *Ilíada* e da *Odisseia*, que são os dois mais velhos monumentos da literatura grega, os quais contêm cada um, para cima de 12 mil versos.

DÚVIDAS

Desde o século XVI que se começou a intensificar a dúvida sobre a existência de Homero, depois, principalmente, das discussões entre Vico, filósofo e historiador italiano, e Wolf, filósofo e erudito alemão, que nos seus *Prolegômenos* tentou demonstrar que a *Odisseia* e a *Ilíada* haviam sido construídas pela justaposição de trechos épicos de diferentes épocas. A antiguidade, contudo, atribuíam a Homero, além daqueles dois poemas, outros que se perderam, como a *Tebaida*, os *Hinos Homéricos*, a *Batracomiomaquia* etc., havendo ainda quem, por sua vez, considerasse a *Odisseia* obra de outro poeta. De qualquer maneira – e tenha, ou não, sido Homero, como outros querem, apenas um compilador que, reunindo elementos vários dispersos, formou um todo homogêneo – aquelas epopeias vieram ao mundo muito perto uma da outra, e tanto pela inspiração que as anima, como pela arte que contêm, se não são ambas de Homero são, pelo menos, como dizem os críticos, ambas homéricas, reunindo-as, desde muito, o uso universal pelo título genérico de *poemas de Homero*.[46]

Em seguida, uma série de comentários sobre Homero de Manuel Odorico Mendes.

Homero

A Homero atribuem-se os dois maiores poemas épicos da Grécia Antiga, que tiveram profunda influência sobre a literatura ocidental. Além de símbolo da unidade e do espírito helênico, a *Ilíada* e a *Odisseia* são fontes de prazer estético e ensinamento moral. De acordo com o historiador grego Heródoto, Homero nasceu em torno de 850 a.C. em algum lugar da Jônia, antigo distrito grego da costa ocidental da Anatólia, que hoje constitui a parte asiática da Turquia, mas as cidades de Esmirna e Quio também reivindicavam a honra de terem sido seu berço.

O transbordamento das obras

Ao mesmo tempo em que refletiram luminosamente a antiguidade mais remota da civilização grega, os poemas homéricos projetaram-na adiante com tamanha originalidade e riqueza que ela se faria presente nas mais diversas manifestações da arte, da literatura e da civilização do Ocidente. Inúmeros poetas partiram de sua influência, inúmeros artistas se impregnaram de sua fortuna criativa, seu colorido e suas situações, que se tornaram símbolo e síntese de toda a aventura humana na Terra, a ponto de o nome de um poeta cuja existência mesma não se pode provar passar a confundir-se com a própria poesia. Quanto à morte de Homero, a versão mais aceita é de que teria ocorrido em uma das ilhas Cíclades.[56]

Da mesma obra *Odisseia*, já referida, observe-se os comentários em notas explicativas assinalando que o processo homérico integrou às suas obras todos os grandes mitos da região e do Mediterrâneo, com certeza, "capturados" na navegação permanente que os gregos efetuavam pelos mares da Antiguidade.

Grandeza das épocas remotas?

Além de constituir, ao lado da *Ilíada*, obra iniciadora da literatura grega escrita, a *Odisseia*, de Homero, expressa com força e beleza a grandiosidade da remota civilização grega. A *Odisseia* data provavelmente do século VIII a.C., quando os gregos, depois de um longo período sem dispor de um sistema de escrita, adotaram o alfabeto fenício. Na *Odisseia* ressoa ainda o eco da guerra de Troia, narrada parcialmente na *Ilíada*. O título do poema provém do nome do protagonista, o grego Ulisses (Odisseu). Filho e sucessor de Laerte, rei de Ítaca e marido de Penélope, Ulisses é um dos heróis favoritos de Homero e já aparece na *Ilíada* como um homem perspicaz, bom conselheiro e bravo guerreiro. A *Odisseia* narra as viagens e aventuras de Ulisses em duas etapas: a primeira compreende os acontecimentos que, em nove episódios sucessivos, afastam o herói de casa, forçado pelas dificuldades criadas pelo deus Poseidon. A segunda consta de mais nove episódios, que descrevem sua volta ao lar sob a proteção da deusa Atena. É também desenvolvido um tema secundário, o da vida na casa de Ulisses durante sua ausência, e o esforço da família para trazê-lo de volta a Ítaca.

A CONCEPÇÃO DRAMÁTICA

A concepção do poema é predominantemente dramática e o caráter de Ulisses, marcado por obstinação, lealdade e perseverança em seus propósitos, funciona como elemento de unificação que permeia toda a obra. Aí aparecem fundidas ou combinadas uma série de lendas pertencentes a uma antiquíssima tradição oral com fundo histórico. Há forte crença de que a *Odisseia* reúna temas oriundos da época em que os gregos exploravam e colonizavam o Mediterrâneo ocidental, daí a presença de mitos com seres monstruosos no Ocidente, para eles ainda misterioso. Pela extrema perfeição de seu todo, esse poema tem encantado o homem de todas as épocas e lugares. É consenso na era moderna que a *Odisseia* completa a *Ilíada* como retrato da civilização grega, e as duas juntas testemunham o gênio de Homero e estão entre os pontos mais altos atingidos pela poesia universal.[56]

HOMERO, A FICÇÃO E O REAL POSSÍVEL

O que parece e se apresenta a margem de qualquer dúvida é que em um determinado momento Homero (ou Homeros) reuniu relatos orais e, com base nos mesmos, processou-se uma admirável "costura lógica" das várias partes estruturais *buscando-se começo, meio e fim*, como observado. Um dos aspectos mais extraordinários da obra é a construção de sua ambientação com uma realidade física realmente existente – fosse essa referida a acidentes naturais e/ou construções/realizações da mão humana – mesmo que (ainda) assinalada apenas por ruínas.

Isso vale dizer que os poetas, os cantadores ou Homero, na medida do possível enraizaram suas descrições ou narrativas cênicas de tal forma que pudessem ser "comprovadas" (se o caso) pelos espectadores e observadores nos ambientes em que as obras acontecem, mesmo que centenas de anos após. Ver para crer! Cenógrafos literários! Fazê-las quase reais.

A *Odisseia* e a *Ilíada* representam, portanto, ficções com determinadas ancoragem cênicas reais, o que, de fato, deve ter expandido imensamente o impacto das referidas obras ao seu tempo, no "boca a boca" justificadamente laudatório. Essa ancoragem é tão surpreendente que quando Heinrich Schliemann "parte" em busca de Troia deparou com referências precisas e superdensas cerca de 2.600 a 2.800 anos ou mais após os trabalhos de Homero. Ruínas seriam partes de cenários reais.

Nesse sentido e, comprovando essa afirmativa, observem-se as descrições por ele apresentadas.

O início da comunidade

Meu guia levou-me até um moinho construído ao lado de um pequeno rio, a 1 km da sua foz. A partir dali, fui obrigado a ir a pé. Mas, mal tinha dado cem passos, quando me deparei com um obstáculo. Nos lados direito e esquerdo do rio foram escavados canais para abastecimento de água, os quais eram muito largos para poder pular por cima. Além do mais, os campos estavam parcialmente submersos. Mas essas dificuldades apenas aumentaram meu desejo de ir em frente. Tirei a roupa à altura da camisa e deixei-a sob a guarda do meu guia. Assim fui, sempre ao longo do pequeno rio, muitas vezes com a água atingindo meu peito, e pela lama dos canais e dos campos alagados. Finalmente, após meia hora de difícil caminhada, vi duas grandes pedras grosseiramente talhadas, que a lenda indica como sendo o local de lavagem de roupas dos moradores da antiga cidade de Córcira, e como o local onde Nausícaa e suas servas lavavam suas roupas e acolheram Ulisses.

Como descrito por Homero

O local corresponde totalmente à descrição de Homero, pois, Ulisses desembarca na foz do rio (Od. V, 460-464). Nausíca chega com suas servas aos poços de lavagem no rio (Od. VI, 85-87). Quando elas chegam às correntezas caudalosas, onde os poços de lavagem estavam cheios de água limpa e pura, que limpava todas as manchas...

Esses poços de lavagem deveriam estar, necessariamente, perto do mar, pois, depois que Nausícaa e suas servas lavam todas as roupas, elas estendem as mesmas sobre o chão de cascalho, ao longo da praia, para secá-las (Od. VI, 93-95).

Grande extensão e perfeita arte

O topo do citado monte forma um platô quadrado e plano com 233 m de cada lado. O brilhante Frank Calvert descobriu, através de escavações, que o monte foi formado, em sua grande parte, artificialmente, a partir das ruínas dos templos e palácios que estavam uns sobre os outros, durante muitos séculos. Em uma de suas escavações no topo do lado leste, desenterrou parte de um grande edifício, um palácio ou um templo, formada por grandes blocos de pedra, empilhados uns sobre os outros, sem cimento. A partir dos restos do edifício, apesar de escassos, podemos ver que ele tinha uma grande extensão e foi construído com perfeita arte.

A busca de Troia

Após ter analisado atentamente duas vezes toda a planície de Troia, compartilho plenamente da convicção de Calvert, que o planalto de Hissarlik indica o local da antiga Troia e que, sobre o citado monte, estava situada a cidade de Pérgamo. Portanto, não concordo com Lechevalier (*Voyage de La Troade*, 3e éd. Paris 1802), Rannel (*Observations on the Topography of the Plaino f Troy*, London 1814), P. W. Forchhammer (*Journal of the Royal Geographical Society*, vol. XII, 1842), Mauduit (*Découvertes dans la Troade*, Paris-Londres 1840), Welcker (*Pequenos Escritos*), Texier, Choiseul-Gouffier (*Voyage Pittoresque de la Grèce*, 1820), M. G. Nicolaides (Paris 1867), pois todos situam a velha Troia sobre os elevados de Bunarbaschi. Também tampouco concordo com Clarke e Barker Webb (Paris 1844) que veem no monte de Chiblak, do outro lado de Novo Ílion, a localização de Troia. Mas, concordo plenamente com C. MacLaren (*Dissertation on the Topography of the Trojan War*, Edinburgh 1822) e Eckenbrecher (*Museu do Reno*, N. F. ano 2, pág. 2 e sgs.) que reconhecem a identidade de Hiswsarlik com Troia.

O palácio de Príamo

Para alcançar as ruínas do palácio de Príamo e seus filhos, bem como as do templo de Minerva e de Apolo, teríamos que remover toda a parte artificial do monte. Somente então, resultaria com certeza que a cidadela de Troia se estendia ainda por um trecho significativo sobre o platô contíguo. As ruínas do palácio de Ulisses, de Tirinto e da cidadela em Micenas, bem como a grande e ainda intocada câmara do tesouro de Agamêmnon, provam claramente que as construções da idade dos heróis tinham grandes extensões. A cidadela de Pérgamo deve ter sido muito grande na época de Príamo, pois, além dos três palácios, e no mínimo dois templos que se encontravam ali, ainda sobrava muito espaço livre, pois senão o povo troiano não poderia ter realizado sua reunião diante do palácio real (Il. II, 788-789).

O PÓRTICO

> Todos eles haviam se reunido na ágora, jovens e velhos, diante do pórtico de colunas de Príamo. O conhecimento do antigo local de construção de uma cidade não pode ser guardado de melhor forma do que pela tradição, que se manteve entre os habitantes. Assim, somente através da tradição, que se manteve em Novo Ílion, sabe-se que a antiga Troia nunca foi totalmente destruída ou abandonada (Strabo XIII, 1, pág. 111).[95]

Essas ancoragens reais, tão bem assinaladas por Heinrich Schliemann já na sua primeira viagem ao local das grandes sagas, confirmam a preocupação com a construção de um enraizamento ("pró real"), na medida do possível, durante a elaboração final do processo homérico. Quanto cuidado na ambientação das obras geniais!

É claro que o processo homérico, em vez de Troia, poderia ter construído uma fábula a partir de Creta ou as aventuras fantasiosas de um extraordinário pirata grego. Mas isso não interessava mesmo! O que valia, de fato, era "enterrar" de vez a grande memória de Creta e o *currículum vitae* dos gregos como chacais do mar. Haveria que se passar ao largo das relações de tutoria e dependência cultural e educacional, além das referidas ações de pirataria que agregariam muito pouco à história do povo grego. E, assim, o processo homérico nessa operação de "desmame" com relação a Creta criou Troia e seus heróis, transformando bandos de navegadores ignorantes, analfabetos e ladrões em pequenos senhores da guerra, os micênicos, em heróis. Nas suas composições Homero trabalhou ganhadores e perdedores como sendo figuras extraordinárias. Cada um com o seu glamour, a sua densidade emocional. Buscou atender a todos, "massageando" todo o ego da raça. Apagou a realidade histórica! Mesmo!

Dessa forma os gregos saíram do plano real e ingressaram na lenda. E, ao final de uma linda história, Troia com um sorriso ladino, esperto e suavemente mal intencionado, enterra a memória de Creta de quem tanto dependeu e, com certeza, tanto invejou. E, assim, mais uma vez deu-se um passo gigantesco na formação da história do intelecto e no engenho do homem ocidental. Conviver eventualmente com a mentira bem elaborada faria parte permanente do enredo do homem, desde que finamente elaborado.

A CRETA AMBIENTE DE CNOSSOS

Sente-se nas entrelinhas que Creta interagiu, sempre, com excepcional tato com os gregos, procurando conectar-se com imensa habilidade aos seus valores. Quando finalmente Cnossos (o núcleo central do sistema) extingue-se em 1400 a.C., o território da ilha seria progressivamente ocupado pelos gregos micênicos. Restavam na ilha, com certeza, milhares de pessoas. Foi-se o Minos, mas persistiu o espírito minoico. A Creta sem Cnossos deve ter se constituído em uma base ainda extraordinariamente importante, só que (e durante 200 anos) administrada diretamente pelos gregos micênicos (interagindo com o Egito), mas ainda "invadidos" pela cultura minóica. Transferiu-se o bastão do processo de gestão, porém a cultura não arredou pé.

Com relação à interação cultural, vale a pena analisar a "intromissão cretense" na mitologia e lendas da Grécia Antiga. Na fábula do Minotauro envolveram-se Poseidon, Minos, Afrodite, Porsifae, Dédalo, Cnossos, o Oráculo de Delfos, o Labirinto, Atenas, Teseu, Arfitrite, Ariadne, a ilha de Naxos e, como lembrança maior, *o labirinto.*

Nesse sentido, vale a pena observar a contribuição primorosa sobre o tema de autoria de Sérgio Pereira Couto (publicada na revista *Leituras da História*, v. 1, n. 8) intitulada "O enigma Minos". Nesse artigo são apresentadas considerações muito relevantes com relação ao labirinto de Creta como também relativos ao jogo de Troia que, de forma sutil, reúne num laço da história as presenças multifacetadas de Creta, Troia, os etruscos e Roma, e de forma indireta o Egito e o Império Hitita. A cerâmica mencionada no texto (cuja leitura na íntegra, a meu ver, é obrigatória) não só pereniza a memória de Creta como também envolve Troia (o próprio jogo equestre), o amor dos hititas aos cavalos e, num fecho admirável, introduz os etruscos e os romanos nesse mesmo enredo, caminhando ao lado de seus parceiros intelectuais e permanentes, os gregos micênicos e pós-micênicos. Os textos selecionados do emblemático e instigante artigo, são os seguintes:

UM MESMO PERSONAGEM

Para o arqueólogo britânico Arthur Bernard Coock, Minos e Minotauro são diferentes formas de um mesmo personagem, representações do deus-sol dos cretenses, povo que representava o astro-rei como um touro. Para ele e outros acadêmicos, a união de Pasífae com o touro vindo do mar é uma maneira de descrever uma cerimônia sagrada na qual a rainha de Cnossos se tornava noiva de um deus-sol.

Uma lenda intrigante

Porém a parte mais intrigante da lenda é mesmo a descrição do labirinto. Como era de esperar, os arqueólogos que começaram a trabalhar em Creta desde a época de *sir* Arthur Evans (em 1900) tinham a expectativa de encontrar vestígios de tal construção. Não encontraram absolutamente nada que correspondesse à lenda. Porém, o próprio palácio de Cnossos, com sua grande quantidade de salas, escadarias e corredores, seria para muitos a fonte primária da descrição da morada do Minotauro.

O mito cretense: apenas uma deusa exótica

O mito cretense é a base das análises dos especialistas sobre labirintos, e as conclusões tiradas são as mais variadas possíveis. Claro que ninguém acreditaria na experiência de um Minotauro, mas já foi dito que tal criatura nada mais era do que um sacerdote minoico que, assim como os maias e astecas, fazia sacrifícios humanos dentro do palácio de Cnossos.

"O símbolo, apesar de recorrente em vários lugares do mundo, é único de seu gênero e teve mais interpretações do que se esperaria. Por exemplo, o poeta e classicista Robert Graves (autor do romance *Eu, Cláudio*) nome aliás não muito bem-visto pelos acadêmicos, acreditava piamente que a verdadeira origem do labirinto era um mosaico no piso frontal do palácio de Cnossos – "um piso que possuía um padrão de Dédalo usado para guiar dançarinos numa dança erótica da primavera". O que servia de inspiração para esse desenho eram as armadilhas ocultas usadas na captura de perdizes, pássaros que realizam uma "dança do amor pesada e estática, similar à de outras aves de mesmo porte". Se seguirmos esse raciocínio, nesse tipo de dança o prêmio esperaria por quem descobrisse o caminho até o centro.

A jarra etrusca

Uma das pistas mais interessantes sobre a origem do labirinto está em uma jarra etrusca que retrata o que parece ser uma espécie de jogo entre participantes da lendária Troia. As aventuras do mítico príncipe Eneias, depois da queda da cidade, estão narradas na *Eneida*, de Virgílio. E é esse livro que dá uma pista interessante. No livro V, depois de fugir de Cartago e dos braços da rainha Dido, Eneias e sua pequena frota de navios são tirados do curso e vão parar nas proximidades do monte Erice, na Sicília, na costa noroeste desta ilha. Outros refugiados de Troia haviam chegado àquelas terras e se estabelecido por lá. É quando Eneias resolve celebrar a morte de seu pai com um dia inteiro de jogos fúnebres – corridas de barco, a pé, lutas de boxe e competições de arco e flecha. Vários prêmios, de armaduras e escravas aleitadoras de gêmeos – provável e discreta referência a Rômulo e Remo, fundadores de Roma –, eram distribuídos.

Lusus Troiae

Porém há uma última prova na qual nenhum prêmio é mencionado: o chamado *Lusus Troiae*, cujos competidores são adolescentes e filhos dos aristocratas troianos. É o jogo de Troia, que combina elementos de jogos de guerra e adestramento com acrobacias em esportes como montaria e pólo. O elemento de ligação é o campo do jogo, marcado com as passagens do formato clássico do labirinto. Todos os pesquisadores de labirintos comentam que é realmente uma pena que Virgílio não tenha registrado mais detalhes sobre como o jogo se desenrola. Eles partem do princípio de que o poeta não precisava descrever-lhe as regras, da mesma maneira como os jornalistas esportivos de hoje não perdem tempo explicando como se joga futebol porque supõem que quem lê pode prescindir dessa informação. Pouco se conhece sobre tal jogo cerimonial, travado em duas ocasiões apenas: em celebrações de morte e na fundação de cidades. Sabe-se ainda que era jogado com três times, todos montados em cavalos. Cada time consistia em uma coluna de seis pares de rapazes liderados por um comandante e acompanhados por um treinador. Cada participante carregava duas lanças de madeira com ponta de ferro, com algumas tiras traçadas de ouro ao redor do pescoço. Os três grupos circundavam o campo até ouvir o sinal, um estalo de chicote, e então se dividiam numa espécie de ataques e contra-ataques. O trajeto dos jogadores no campo seria a inspiração para o desenho do labirinto.

Tragliatella

Para o pesquisador alemão Hermann Kern, esse jogo era "uma espécie de jogo debutante para rapazes em cavalos". Seria, na verdade, um ritual e uma demonstração de competência física. Embora as pistas deixadas nos escritos de Virgílio não façam referência específica ao formato labiríntico do campo, o historiador latino Plínio, o Velho dá uma pequena contribuição à investigação deste mistério: descreve um misterioso jarro etrusco conhecido como *tragliatella*, que mostra um labirinto com sete voltas.

O labirinto e os romanos

Não foi apenas na literatura que os romanos antigos estabeleceram um elo com o símbolo do labirinto. Imagens elaboradas desse símbolo aparecem em pisos de mosaico encontrados em diversas residências do antigo império. Eles são uma prova de que os romanos levavam o labirinto muito a sério e de que tal imagem estava intimamente ligada a sua civilização. Entre o século II a.C. e V d.C. esses pisos (e algumas vezes também paredes) eram construídos em casas, prédios públicos, banhos e até mesmo em túmulos. Era uma forma de arte calculada para demonstrar aos visitantes a fortuna do dono da propriedade.

O labirinto egípcio

Não é fácil estabelecer que tipo de desenho é aquele que não se encaixa na definição de labirinto nem na de Dédalo e no entanto é considerado um labirinto. É o caso de um labirinto do Egito descrito pelo historiador Heródoto (485-420 a.C.). Trata-se de um monumento fúnebre constituído pelo maior rei da XII dinastia, Amenemhat III, o sexto desta família que governou o país entre 1860 e 1814 a.C., considerado pelos egiptólogos um dos soberanos mais importantes do Médio Império (2000-1700 a.C.).

Era o filho mais velho de Sesóstris III, que ainda em vida o tornou co-regente. De acordo com o historiador e sacerdote egípcio Maneton, que viveu durante a época ptolomaica, Amenemhat III governou por apenas oito anos, mas este é um ponto polêmico, já que vários monumentos que ele mandou construir, ainda existentes, contradizem essa ideia. O mais provável é que seu reinado, conforme estabelecimento pela mais famosa lista de reis, a chamada Cânone de Turim, tenha durado cerca de 45 anos.

Como é comum nesse tipo de estudo, pouco se sabe do reinado desse faraó. O que os estudiosos dizem é que o período em que reinou foi pacífico, ou seja, o desenvolvimento econômico do país era mais importante que as conquistas. Nessa época eram explorados os recursos minerais do monte Sinai, como comprovam as cerca de 60 inscrições encontradas na região. As pedreiras de Uadi Hammamat, a leste do vale do Nilo, foram intensamente exploradas. Também foi sob o reinado de Amenemhat III que foram concluídos os trabalhos de construção de barragens e canais com o objetivo de valorizar o oásis de Faium como região agrícola.

Um irmão egípcio para Cnossos de Creta

Ele ordenou a construção de uma pirâmide no complexo funerário de Dashur, perto da antiga cidade de Mênfis, a atual Cairo. Seu monumento é conhecido como a Pirâmide Negra, que apresentou problemas durante a construção e terminou por ser abandonada pelo rei. Foi sepultado em Hatusa, não muito longe da antiga Crocodilópolis (hoje EL Faiyûm), a sudeste de Mênfis. É aí que Heródoto localiza a existência de um complexo, hoje em ruínas, onde havia um palácio real de grandes dimensões, com mais de 3 mil quartos. Pela descrição do historiador grego, este palácio se assemelha muito ao palácio de Cnossos, em Creta. Este estranho complexo foi denominado o labirinto egípcio.

A ESPETACULAR EDIFICAÇÃO

Essa estrutura única, que já foi considerada ainda mais espetacular que as pirâmides de Gisé, era baseada numa área que media 305 por 244 metros. Fora algumas colunas que insistem em ainda estar em pé, pouco mais restou dessa construção. Assim tudo o que sabemos vem dos relatos históricos, entre eles o de Heródoto, e dos achados resultantes da escavação realizada em 1888 pelo egiptólogo Flinders Petrie, famoso por seu trabalho em outros sítios arqueológicos como Amarna e Abydos.

O REGISTRO DE HERÓDOTO

De acordo com Heródoto, que afirma ter visto a construção em seu auge, o labirinto era uma vasta estrutura nas margens de um grande lago localizado a sete dias de jornada a partir das pirâmides de Gisé. O edifício, que aparentemente era um templo funerário, era dividido em 12 grandes pátios e suas paredes eram cobertas de esculturas. Havia também uma grande pirâmide decorada com figuras colossais que era conectada ao templo por uma passagem subterrânea. Heródoto enfatiza o tempo todo que a construção é uma "maravilha" (da palavra grega *thaumata*) que "eclipsava as pirâmides".

O PROPÓSITO CENTRAL

As poucas pistas que chegaram a nós por esses relatos dão conta de que o tal labirinto tinha vários propósitos para os egípcios. Sabemos que era o templo mortuário de Amenemhat III, onde eram feitas oferendas diárias ao espírito do faraó, que garantiam sua prosperidade no além. O local também teria funcionado como centro cultural e local de encontro para os governantes dos nomos. Pode ter servido também como palácio e centro administrativo. Curiosamente a tal pirâmide descrita contém seu próprio dédalo gravado na pedra, que tinha por função guardar a múmia do faraó dos ladrões de túmulos. No tempo de Heródoto o complexo já tinha cerca de 1.300 anos de idade e já se apresentava em estado de ruínas. Muitos historiadores e arqueólogos que estudaram o local afirmam que se tratava de uma vasta coleção de prédios, altares, passagens e pátios, alguns já em mau estado de conservação, alguns ainda inteiros.

A DISCUSSÃO SOBRE SUA IMENSIDÃO

A descrição desse *layout* ganharia fama entre os tempos romanos e faria com que o labirinto egípcio adquirisse destaque como um dos mais famosos (monumentos) da Antiguidade. A quantidade certa de salas e cômodos é questão de discussão. Para Hermann Kern, por exemplo, o total citado por Heródoto de três mil cômodos, divididos igualmente em câmaras superiores e inferiores, não deve ser levado a sério. E o pesquisador refuta que isso acontece porque "por mais que seja uma referência à ideia egípcia de que a alma vaga por cerca de três mil anos, essa seria uma noção que não seria registrada sem certa influência grega".

AS RUÍNAS EMBLEMÁTICAS

Porém nem mesmo o labirinto foi páreo para a passagem do tempo, que parece não afetar por completo apenas as pirâmides de Gisé. O complexo caiu em ruínas em uma data desconhecida, provavelmente antes da chegada dos romanos, uma vez que quando estes já estavam com o Egito sob seu domínio, já era um local saqueado. Suas pedras, todas de fino corte, foram adornar casas de uma pequena vila próxima do local. Quando Petrie escavou por lá encontrou nada além de um vasto campo de pedras quebradas e lascadas com cerca de 1,82 metro de profundidade. Ele escreveu algum tempo depois que "numa imensa área de dezenas de acres" encontrou evidências de um grande prédio. Ele só pôde supor que essa estrutura media cerca de mil pés (304,8 metros) por 800 pés (243,84 metros). Resumiu seu achado numa frase sucinta: "De tais restos espalhados é difícil estabelecer algo".

Não muito tempo depois de o arqueólogo ter escrito isto a maioria das pedras encontradas foram levadas para serem usadas de leito para trilhos de trens. Com isto quase nada restou do fabuloso local e, portanto, os atuais arqueólogos não podem mais confirmar as anotações de Petrie. Assim ele, Heródoto e Strabo são as únicas testemunhas oculares da magnificência deste antigo labirinto que, um dia, foi mais admirado que a Grande Pirâmide.

As coincidências com o palácio de Cnossos em Creta são mesmo impressionantes. O palácio egípcio foi edificado em momento correspondente à época áurea de Cnossos. Mais uma vez os passados do reino dos faraós e dos Minos se entrelaçavam. Assim, é extremamente possível que o palácio de Amenemhata III tivesse mesmo muito a ver com aquela construção minoica. Que paralelismo instigante e provocador! Qual a razão? Para quem observa o Egito, seus nomos, sacerdotes e militares competentíssimos, alguma motivação deve mesmo justificar a presença do Cnossos egípcio. E, no meu entendimento, essa motivação seria estratégica. O Egito não destinaria recursos para essa obra grandiosa (com o apoio da corte e dos governadores provinciais) se não ocorresse uma fundamentação forte para tal realização. Numa hipótese mais singela, esse empreendimento confirmaria o extraordinário interesse do reino pela civilização minóica. aliás, uma "invenção" sua.

Nesse contexto é deveras consistente que o Minos de Creta fosse um nomo (governador provincial egípcio) de notável importância. Por exemplo, um irmão do faraó, um filho, um tio. Será que o labirinto egípcio não representava uma efetiva homotetia estratégica com Creta? Existia um interesse óbvio do Egito pelo universo minoico. Pode-se efetuar uma provocação intelectual afirmando-se que os minoicos eram absolutamente biculturais: em determinados momentos eram egípcios, em outros, gregos. Um profundo respeito e empatia de parte a parte. Esse "clima" constituiu uma argamassa de extrema competência para a construção do homem micênico. A cordialidade do cotidiano também integrava o grande jogo do poder. Senão por amor, por convivência inteligente, de ambas as partes. O faraó Amenemhata III, por sua própria iniciativa teria tentado reproduzir esse ambiente minoico no mundo egípcio? A estruturação de um polo comercial (sofisticadíssimo) alternativo?

A CRETA MERCANTE: A FENÍCIA

A Fenícia sempre foi uma parceira de extrema importância estratégica para o Egito. Quando a Creta Minoica se extingue é linear que uma série de atividades tenha sido transferida (no ato) pelo Egito para Biblos, Sidon, Tiro e Ugarit. O Egito jamais admitiria que outras potências interagissem com intensidade com essas ("suas") polis comerciais ou que as mesmas ficassem muito independentes do reino dos faraós. "Livres no pasto", porém sempre com cabresto e freio, quase o tempo todo prontas para serem "cavalgadas" e prestar serviços ao reino. Nesse sentido observe-se o texto de Bill Manley sobre o tema.

AFINIDADES ENTRE BIBLOS E O EGITO

Escaravelhos, sinetes e moedas oficiais descobertos no conjunto da Palestina, da Síria e da Turquia mostram a importância das relações comerciais entre essas regiões e o Egito. Fortes laços baseados de modo informal na tradição, na confiança e sem dúvida no parentesco, firmaram-se localmente entre as populações do delta oriental e o sul da Palestina. As cavernas palestinas fornecem regularmente resinas, especiarias e minerais tais como a malaquita e a galena; a rota das maiores delas chega ao palácio e às capitais das províncias. Caravanas menos numerosas frequentam também muitas vezes as cidades do delta oriental, como Rowarty (Avaris). O Egito serve então de refúgio para aqueles que, como a família de Jacó nos relatos do Gênesis, foge das catástrofes políticas ou climáticas que afetam então a Palestina. Durante a XIII dinastia, a cultura material dos vilarejos do delta desenvolve-se em uma mistura tipicamente egípcio-palestina.

O palácio importa, por sua vez, a resina e o cedro libaneses, bem como o lápis-lazúli, o cobre e o marfim. Objetos egípcios contemporâneos, entre os quais monumentos reais, tais como estátuas e esfinges, foram descobertos de Beirute a Ugarit, enquanto o Egito forneceu objetos provenientes da Creta minoica. Embora essa rede comercial tenha criado laços sólidos com as cidades-Estado sírias e babilônicas, não se encontra, na época, nenhum vestígio de laços formalizados, unindo as famílias reais, tão típicos no Novo Império. O nó central dessa rede é Biblos, que cultivou desde sempre grandes afinidades com o Egito, manifestas no culto de Hártor, protetora do porto e dos planaltos cobertos de cedros bem próximos. Essas relações se intensificam durante o Médio Império e textos hieroglíficos aparecem nas tumbas dos governadores de Biblos.

Uma rótula estratégica

Contudo, menos de 30 anos após Sharouhen, Tutmés I leva os exércitos egípcios até Naharina e, erguendo uma estela às margens do Eufrates, proclama aí a extensão de sua fronteira setentrional. Uma lista topográfica, ligada a essa campanha, descoberta em Karnak, cobre a região, indo da costa, de Biblos a Soumour, através das montanhas do Antilíbano até o Orontes. A menção de Biblos é aí crucial: esse importante porto foi, desde sempre, um tradicional cruzamento entre o Egito e o Levante. É possível que Tutmés I tenha evitado a Palestina para trazer diretamente suas tropas a Biblos, por mar. Ele pôde assim concentrar sua campanha, sem dúvida uma simples demonstração de força, em direção ao interior das terras: de fato, é nesses lugares que se cruzam algumas das rotas comerciais mais importantes do Próximo-Oriente antigo, ligando os portos levantinos à Palestina, à Anatólia e aos territórios do todo-poderoso Mitanni e, mais longe ainda, à Assíria.

Bens de consumo: o desafio logístico

Durante esse período, o engajamento do Egito a Canaã e ao Levante focaliza-se antes de tudo nos portos levantinos e nas cidades que ladeiam as rotas comerciais interiores, de Meggido aos territórios controlados pelos soberanos do Hatti, do Mitanni e de Babilônia. Esse interesse esclarece a importância crucial dos portos e das rotas pelas quais circulam os bens de consumo entre o Egito e seus principais parceiros comerciais, os grandes reis do Próximo-Oriente. A influência egípcia tendo sido imposta por

> Tutmés III sobre a região, só se apelou para a intervenção militar direta com o objetivo de esmagar um levante (sinônimo, para o Egito, de qualquer ação que fosse de encontro a seus interesses) e para restaurar o *status quo*. Em geral, as cidades de Palestina estão longe de serem submetidas ou conquistadas, mas encontram-se espremidas entre o Egito, ao sul, e suas dependências ou seus parceiros comerciais, ao norte. Os príncipes locais são, pois, levados, da mesma forma que seus homólogos núbios, a se mostrarem servidores leais do rei, cuja sombra imensa estende-se sobre suas terras, e cujos exércitos e caravanas aspiram a uma liberdade de movimento ilimitada.[71]

O imenso atrevimento dos gregos, sempre "metidos e desafiadores" ao lado da imensa calma do egípcio, sempre sereno, tão diferentes no modo de ser e tão parceiros em inúmeras ocasiões e situações da história iriam acontecer na figura de Cleópatra.

Cleópatra, a última faraó, encarnou de forma não ambígua essa ambiguidade e por muito pouco não mudou para valer a história do mundo três vezes. Com Júlio César, com Marco Antônio e, com certeza, com Augusto, o qual foi salvo de sua sedução pela picada desejada de uma serpente mortífera. Penso que a serpente é excesso de poesia terminal. A rigor deve ter sido um lindo cálice de veneno poderoso, garantindo uma morte inequívoca. Augusto (ou Otávio) apesar de sua tão decantada frieza deve ter carregado consigo (até a sua morte) o desprezo e o desinteresse de uma das mais extraordinárias mulheres de todos os tempos. A meu ver, a leitura certa e indiscutível é que para Cleópatra, Otávio não estava à altura de Júlio César e de Marco Antônio, soldados de Roma, tribunos do povo e jogadores profissionais dos dados do destino. Marcado no rosto com o "R" da rejeição de Cleópatra, Augusto, com certeza, viveria, reinaria e envelheceria com notável sucesso. Mas, sem ter no seu leito como mulher, amante, ou talvez só como interlocutora, a mais sedutora de todas as presenças femininas na história dos grandes poderes. *Hélàs* Augusto! A rigor, penso que só Agripa ou Mecenas poderiam, de fato, confirmar essa minha suspeita ou certeza.

A CRETA EGÍPCIA

É indiscutível que toda a sistemática central de controle desenvolvido pela Creta minóica, com a "destruição" da mesma (e a decisão do Egito em não reconstruí-la, com certeza) deslocou-se para o reino dos faraós, provavelmente em área localizada no delta do rio Nilo onde a tolerância racial era praticada pelo governo. É claro que esse deslocamento deve ter conduzido algumas centenas de pessoas biculturais, meio gregos, meio egípcios à elite minoica ou o que dela restou. A interação entre ambos sempre foi muito cordial. As duas etnias complementavam-se perfeitamente!

Aliás, para determinados autores esse universo Egito/Creta/micênicos/fenícios correspondeu ao que denominam a primeira idade internacional. Sobre esse tema observem-se as análises efetuadas por Morkot, apresentadas a seguir. *A minha plena convicção é que esse relativo equilíbrio internacional para o reino do Egito foi "gerenciado" de 1400 a.C. a 1200 a.C. no seu próprio país, com o apoio das projeções citadas anteriormente. Os textos são lapidares, com apenas uma omissão relevante: o comércio dos escravos.*

Cultura cretense

Pouco a pouco, essas ilhas entraram na esfera cultural cretense, primeira grande civilização do mundo grego. De fato, foi por volta de 1900, que começou a construção do grande palácio de Cnossos, por cima dos vestígios mais antigos. Alguns dizem que esses "minoicos" vinham do Egito ou da Ásia. O Próximo-Oriente exerceu sobre eles, muito provavelmente, uma influência que se encontra nos mitos relativos a Minos. Entretanto, essa cultura apresenta características muito particulares.

A primeira idade internacional

Desde o início, o mundo minoico teve contatos comerciais com o Egito e a cidade de Ugarit, na Síria, contatos que se intensificaram na época dos segundos palácios cretenses (1700-1450). Esse período, que marca o apogeu de grandes impérios, corresponde ao fim da Idade de Bronze no Próximo-Oriente. Ele é também chamado de "primeira idade internacional". No mesmo momento, o Egito estendia seu poder sobre a Palestina e a Síria, os hititas tomavam posse da Anatólia e do norte da Síria, e Micenas começava a ganhar importância. As necessidades em matérias-primas (sobretudo em metais) deram origem às relações comerciais e diplomáticas. Os principais palácios minoicos (Cnossos, Malia, Faestos e Chania) mostraram a grande sofisticação da cultura cretense que se estendia, aliás, a todo o mar Egeu e ao continente.

O comércio cretense

Pôde-se determinar com quem os cretenses comerciavam, graças aos produtos encontrados: os lápis-lazúlis vinham do Afeganistão, passando pela Mesopotâmia, o ouro, o marfim e o alabastro, do Egito, os ovos de avestruz, do Egito e da Líbia, e as pérolas de âmbar, do Norte. Na época, uma das mercadorias mais importantes era o cobre, importado notadamente de Chipre.

Os vulcões e a sua fúria

Atribui-se o fim da civilização minoica à erupção vulcânica que destruiu Thera (chamada também de Santorini). Essa ilha se encontra, na verdade, a cerca de 100 km ao norte de Creta, e a erupção foi certamente catastrófica. Alguns arqueólogos pensam que foi a destruição de Thera que deu origem ao mito da Atlântida. Contudo, a análise dos textos, e mais particularmente da obra de Platão, tende a mostrar que a célebre cidade se situaria mais nas proximidades do monte Sípilo, na Iônia, um pouco a leste da antiga cidade de Magnésia. A erupção de Thera, que ocorreu por volta de 1650, corresponde à destruição de vários palácios. Entretanto, Cnossos foi reconstruído e tomado pelos micênicos, por volta do ano de 1400.

A alavancagem de força micênica

Os especialistas não sabem exatamente o que causou a rápida ascensão do poder de Micenas, por volta do ano de 1600, e a arqueologia não nos informa quase nada. Alguns pensam que foi graças aos contatos estabelecidos entre os reis locais e Creta. Entretanto é possível, como sugere o aparecimento dos carros de guerra, que esses chefes tenham vindo, eles próprios, do estrangeiro. Recentemente foi retomada uma teoria muito antiga, segundo a qual a idade de ouro de Micenas deveu-se à chegada de um pequeno grupo de imigrantes indo-europeus que falavam grego. Mas quaisquer que sejam as origens de tal poder, ele foi muito influenciado pela cultura minoica. Os tesouros descobertos nas tumbas são a prova disso e, em boa parte, simplesmente eles poderiam ter sido importados de Creta.

O intercâmbio na Grande Antiguidade

Durante esse período, o comércio internacional não cessou de crescer. As embarcações naufragadas descobertas ao longo da costa turca de Ulu Burun e do cabo Gelidonya mostram a massa e a variedade dos víveres que eram trocados então. As cartas da época, encontradas nos arquivos de Amarna, no Egito, nos fornecem informações suplementares. Esses escritos em acadiano (língua da Mesopotâmia utilizada nas relações diplomáticas nesse período) dão, efetivamente, detalhes dos presentes enviados aos faraós do Egito, e recebidos destes. Os afrescos e baixos-relevos egípcios, encontrados principalmente nas tumbas, mostram também os "tributos" do estrangeiro, apresentados ao faraó. Embora numerosos aspectos da economia geral permaneçam mal conhecidos, é quase certo que, no Egito, o comércio internacional era colocado sob a égide do faraó e dos sacerdotes. Alguns pensam que no Oriente Próximo e Médio, o conjunto estava nas mãos de mercadores. Contudo, é mais provável que, na Idade de Bronze, as trocas internacionais tenham sido controladas pelos governantes, o papel do comércio privado da época sendo muito mais difícil de determinar.

AÇÕES DOS *PLAYERS* ESTRATÉGICOS

Os textos antigos nos mostram que o sistema era concebido como uma troca de presentes: cada mensageiro ou embaixador que se apresentava diante de um rei trazia presentes. Eram também oferecidos em certas ocasiões, como nos acessos ao trono, nos casamentos, nas cerimônias reais e na construção de palácios ou templos. Os dotes, muito expressivos, eram consideráveis. Aparece claramente nos textos que o valor de cada coisa era cuidadosamente estimado, para que o presente retribuído fosse igual. Além disso, a posição de cada um era igualmente levada em conta. Os objetos e as matérias-primas descobertos em Micenas mostram que ela participava dessas trocas. Aliás, encontram-se nos afrescos egípcios personagens que são, muito provavelmente, cretenses ou micênicos. É ainda mais impressionante ler os nomes dos "súditos" do faraó Amenhotep III (1408-1372), que foram identificados como sendo Amnissos, Faestos, Lictos, Cnossos e Cidônia, em Creta, Micenas, Nauplia, Messina e Citera, na Grécia, e talvez também Troia. Objetos trazendo o nome do mesmo faraó foram descobertos em Creta e em Micenas. Numerosas provas atestam igualmente as relações com os hititas, com os quais foram encontrados, desde o reinado de Suppiluliuma (por volta de 1410-1372), textos mencionando o país de *Ahhijawa* (é quase certo de que se trata do país dos aqueus) e *Millawanda* (trata-se muito certamente de Mileto, onde os micênicos estavam amplamente inseridos).

SOBRE A ESCRITA

Foi provavelmente graças aos contatos com outras culturas que, como por toda parte, a escrita se desenvolveu, a fim de responder às necessidades cada vez mais centralizadas da economia. O linear A, primeiro alfabeto cretense, foi inventado no próprio local. É encontrado em vários lugares, pois esteve em uso em Creta entre 1700 e 1450. Contudo, os especialistas ainda não estão certos de terem identificado a língua de que se trata. Esse alfabeto estava igualmente difundido em outros lugares no Egeu, e ele é o ancestral do linear B que, por sua vez, é certamente uma forma de grego. Utilizado a partir de 1400 nos textos referentes à economia, este último foi encontrado em palácios, em Creta e no continente. O desaparecimento rápido dos escritos leva a crer que a alfabetização era muito limitada e que ela não teve mais utilidade após o desaparecimento das trocas econômicas entre palácios.

DO REAL PARA O MITO E PARA A LENDA

Uma vez que a escrita só servia no campo do comércio, não temos quase nenhum documento histórico sobre os mundos minoico e micênico. Além disso, embora a arqueologia nos permita compreender as evoluções, ela não nos ensina quase nada sobre os acontecimentos. No que diz respeito a Micenas, contudo, os historiadores se voltaram para os mitos gregos e, mais particularmente, para a epopeia homérica.[78]

De certa forma, o nosso desafio foi exatamente sair do mito e entender a realidade como ocorreu, dentro dos seus contornos macroestratégicos.

CERCA DE MIL ANOS DEPOIS

Um jovem general, Alexandre da Macedônia, provavelmente orientado pelo seu extraordinário preceptor, Aristóteles, iria implantar no delta do Nilo o embrião de uma das mais notáveis cidades da história do mundo: Alexandria.

Na partição do império, um dos generais de Alexandre, Ptolomeu, constituiu uma nova dinastia no reino do Egito, realizando uma densa interação entre gregos e egípcios. É interessante observar que, de alguma forma, Creta repetia-se mais uma vez. Prosseguia! A última rainha iria se chamar Cleópatra. Júlio César, um general romano de notável talento, identificou com total discernimento estratégico a importância do Egito para o seu próprio projeto de construção de poder ao romper com a República romana: o trigo do Nilo e a sabedoria de Alexandria com sua biblioteca e os notáveis pensadores da época. Alimentos para o povo e inteligência e conhecimentos organizados para a elite. Como tal Cleópatra era importante para Júlio César. Era estratégica. E Júlio César, importante para Cleópatra, para que sua nação pudesse se estabilizar novamente como um grande *player* ao norte da África e no Oriente Próximo. Uniram-se, conspiraram, tiveram um filho (Cesarion) e viveram o seu momento, no leito e no trono.

Marco Antônio, o tribuno do povo, após a morte de Júlio César, entendeu perfeitamente que poderia transformar o Egito na base de um império riquíssimo além Europa. Uma nova Roma, livre de seus inúmeros problemas políticos e de sua classe dominante. Nesse sentido Cleópatra lhe era também muito importante. E para Cleópatra, como o foi Júlio César, Marco Antônio era muito importante. Réplica! Entretanto, três jovens romanos, Augusto, Agripa e Mecenas, também consideravam o Egito importante, aliás, essencial para a construção de uma Roma cada vez mais forte. Perenização! *Derrotaram Marco Antônio e Cleópatra e Roma tornou-se senhora absoluta de um enorme domínio terrestre e marítimo.*

A propósito (a sedutora e não necessariamente bela), Cleópatra se autodescartou ou foi descartada por Otávio, aconselhado por Agripa (um extraordinário general) e Mecenas (um notável conhecedor do patriciado romano). O seio e a serpente iriam de forma soberba liberar Roma da sedução exacerbada pela Grécia, qualquer que fosse a sua roupagem, quase mil anos de interatividade permanente iriam ali se encerrar. Nem Bizâncio com todo o seu brilho futuro poderia substituir a magia encantadora e insinuante de uma mulher. Quem foi Cleópatra, numa visão ampla? Apenas a última grande mulher de Creta. Somente isso!

Pois é Otávio, César Augusto, quantas vezes na solidão de seu poder você viu Cleópatra nos seus sonhos, misturando na dosagem certa cultura, encanto feminino, ambição, determinação, irradiando sensibilidade, sexo, alegria e sentido de momento? Quantas vezes Otávio você olhou para o horizonte, lembrou-se dela e sorriu? Muitas, com certeza.

O trecho aqui exposto não tem nada a ver com romance de folhetim, a busca de emoções fáceis. Nada disso. Trata-se, sim, da imensa reflexão que Otávio, Agripa e Mecenas devem ter realizado sobre o desaparecimento de Cleópatra. Teria sido melhor ou pior para Roma ter contado com a sua presença em carne e osso, transformando o Egito, aliás, perenizando o mesmo como uma interessantíssima projeção geopolítica muito além de um simples vendedor de trigo irrigado. Como teria sido o império com o raciocínio estratégico da rainha do Egito? Eventualmente como mulher, amante ou parceira de Otávio.

Otávio deve ter se questionando muito sobre a falta da presença de Cleópatra no seu reinado, pois ela encarnava a Grande Antiguidade naquilo que tinha de mais competente em termos de engenhos estratégicos. Roma garantiu o seu trigo, mas com certeza, estreitou em muito a grandeza estratégica do seu império. Honra à Cleópatra!

Em todo esse processo – de César a Augusto, entre outros – Roma e os romanos contaram sempre com interlocutores gregos de notável competência. A cultura grega era a sombra perene a iluminar Roma. *Na origem dessa história, onde sempre se mistura numa dosagem surpreendente, o trigo, a água e o sangue, lançava-se uma âncora.* Na origem mais remota aconteceu uma ilha encantadora, tão misteriosa quanto competente, e também eventualmente perversa, se necessário, *Creta* com o seu extraordinário machado estratégico: o *Labrys*. Longa vida Creta!

Creta pode e deve ser visualizada como um poderoso e implacável braço estratégico do reino do Egito. Tanto um quanto o outro não ignoraram que em um determinado momento a Creta insular poderia ser seriamente fragilizada, o que de fato ocorreu por volta de 1400 a.C. E quando isso ocorresse um conjunto de providências teria que ser mobilizado para "neutralizar" a destruição de Cnossos, por exemplo, e a desestabilização de todas as estruturas complementares de ação implementadas na ilha. Foi dentro desse contexto condicionado que se fundamentou um mundo minoico virtual. Troia, a enfatização da Fenícia e a condução das ações centralizadoras no próprio Egito, com certeza, são cartas ricas desse baralho estratégico.

A estratégia Labrys nada mais era do que uma das mais notáveis manifestações do cérebro estratégico do Egito. Cleópatra, com certeza, ao reunir o seu sangue grego de origem com a imensa sabedoria e ambição do Egito ousou de certa forma, recriar Creta. Aliás, quase o conseguiu! Um homem chamado Otávio juntamente com duas personalidades especialíssimas, talvez mais competentes do que ele próprio, Agripa e Mecenas, deram fim ao seu sonho. Foi nesse exato momento que Creta definitivamente ajoelhou-se, desfaleceu e morreu.

Entretanto, julgo que a Estratégia Labrys, de Creta, renascerá sempre ao longo da história do homem! Aliás, a ONU a persegue encarniçadamente. O Banco Mundial, o FMI, o BID e a Otan também, entre outros. Cada um, ao seu modo, busca a sua própria Estratégia Labrys. Buscar a estabilidade com criatividade e seriedade. Apenas isso! Sempre te amei Creta, mas nunca lhe vi. Por enquanto. Um dia estarei aí.

CAPÍTULO 16

A GRANDE ANTIGUIDADE E O PROCESSO ESTRATÉGICO

> A volúpia da conquista, como veremos, tem sido a perdição de todas as nações militaristas do mundo. Na Mesopotâmia, o "país entre os rios", a história da civilização primitiva foi muito semelhante à do Egito. Durante muitos anos houve inúmeras controvérsias entre os estudiosos do assunto, sobre se a civilização teria vindo do Egito para a Mesopotâmia ou da Mesopotâmia para o Egito ou, ainda, se ela se teria desenvolvido nos dois países independentemente, assim, como em outras regiões, devido à semelhança essencial do espírito humano no mundo inteiro. Não nos preocupamos com a solução deste problema tão discutido. Não nos interessa saber onde a marcha da civilização *começou*: só importa saber *como* ela *evoluiu*, quais os obstáculos que encontrou, e como podemos aprender, através dos erros dos nossos antepassados, a evitar tais obstáculos no futuro.
>
> (Thomas, 1983:31)

A Antiguidade pode ser entendida como o período da história do homem que se estende desde suas origens (neste livro iniciamos nossas análises em 20000 a.C.) até o século IV da nossa era, momento em que se reúne a decadência da Roma do Ocidente com o início do triunfo do catolicismo. O seu vestibular para a vida organizada ou desorganizada. Nesse momento surge a alvorada da Idade Média que se estenderia até a queda de Bizâncio (Império Romano do Oriente) em 1453. Sobre esse tema observe-se texto magistral na obra coordenada por Armelle Enders, Marieta de Moraes Ferreira e Renato Franco.

ANTIGUIDADE

A invenção da escrita ocorreu em algumas regiões do mundo entre o final do quarto milênio e o início do primeiro milênio a.C. Ainda hoje considerado por vários historiadores uma etapa fundamental na história das sociedades, esse acontecimento marca o início do período chamado de Antiguidade, que se encerrou na Europa com a expansão do cristianismo e a desagregação do Império Romano, entre os séculos IV

> e VI d.C. Na antiguidade, organizaram-se sociedades complexas e criaram-se novas formas de vida coletiva. O coletivo se impunha ao indivíduo no que dizia respeito à religião, à propriedade, às atividades econômicas ou bélicas, aos direitos e às obrigações. A condição essencial para ser reconhecido como membro de uma comunidade era ser livre. Não pertenciam à comunidade, portanto, os escravos nem os estrangeiros, considerados inimigos em potencial. A mais célebre forma de Estado antigo foi a cidade grega. Em uma delas, Atenas, foi introduzida no século V a.C. a primeira forma de democracia registrada pela história. Entre os séculos III a.C. e I d.C., Roma difundiu o modelo da cidade-Estado para todo o mundo mediterrâneo. As religiões antigas eram em sua maioria politeístas, e todas eram comunitárias. O judaísmo, que também possuía caráter comunitário, distinguia-se das demais religiões por praticar um monoteísmo intransigente. Já o cristianismo era uma religião de indivíduos convertidos e apresentava-se como uma crença potencialmente universal, alterando assim as bases culturais da cidadania antiga. Por isso mesmo, o triunfo do cristianismo no século IV d.C. constituiu um aspecto importante da transição para um novo período histórico – a Idade Média.[38]

Este livro investigou encadeamentos estratégicos relativos a um período que estou denominando de Grande Antiguidade, iniciando-se em 20000 a.C. (morte do Neandertal) até o *Annus Terribilis* de 1200 a.C., onde, como decorrência de uma série de conjunções, a história vivencia uma página vigorosa, dolorosa e sanguinária. No entorno desse ano extingue-se (ou fragiliza-se seriamente) o mundo micênico, Troia, a herança física de Creta (a Creta grega), o Império Hitita, além de o Egito ter sofrido, entre outros, como resultado de uma investida dos desesperados povos do mar. Dentro desse contexto pode-se grupar a Grande Antiguidade em três subperíodos:

- a Grande Antiguidade remota, de 20000 a.C. até 10000 a.C.;
- a Grande Antiguidade intermediária, de 10000 a.C. até 3000 a.C.;
- a Grande Antiguidade posterior, de 3000 a.C. até 1200 a.C.

No primeiro período, a Grande Antiguidade remota (20000 a.C. a 10000 a.C.) o homem teve que se ajustar às mudanças climáticas não triviais (muitas vezes mortais), ao se encerrar gradualmente a Era do Gelo. O caçador-coletor iria progressivamente (e timidamente) abandonar as suas cavernas-moradias e passaria a se deslocar cada vez mais em campo aberto. Para sobreviver poderia se descuidar jamais. Todos os detalhes eram importantes. Sem detalhes não se vive! Surge o *Homo sapiens* observador.

No segundo período, a Grande Antiguidade intermediária (de 10000 a.C. a 3000 a.C.), manifestam-se as primeiras comunidades "fixas", e para isso concretizou-se a domesticação do trigo e dos animais, e o seu manejo competente. Jericó é um marco de extraordinária importância nesse contexto. *onde, a propósito, já podemos abordar os temas cultura e civilização.*

O processo cultural pode ser entendido como a arte de compartilhar valores e hábitos comuns. O processo civilizatório pode ser compreendido como a arte de viver em comum e compartilhar objetivos comuns.

É nossa plena convicção que de 10000 a.C. até 3000 a.C., a expressão socioeconômica das *comunidades sedentárias* aperfeiçoou e consolidou um espetacular processo civilizatório e cultural, preparando inúmeras manifestações para ingressarem no terceiro período (de notável importância para o Ocidente) – a Grande Antiguidade posterior.

Ao analisarem-se questões como cultura e civilização, vale a pena ressaltar novamente a obra referencial (e densíssima) Enders, Moraes Ferreira e Franco com texto enriquecedor sobre os temas em observação. E trata-se de um elenco de pontos-chave que permeiam, necessariamente, uma incursão à Antiguidade. Nesse sentido, tenho certeza de que os mesmos, na sua maior parte, foram considerados neste livro. Em outras palavras, esta obra alinha-se de forma congruente com os valores acadêmicos muito nítidos e densos aqui assinalados.

Civilização

Conjunto de elementos políticos, econômicos, religiosos, estéticos, científicos, técnicos e outros que caracterizam uma sociedade.

Cultura

Sistema de ideias, significados, valores e formas de percepção socialmente partilhados que permitem compreender a realidade.

Neolítico

Palavra de origem grega, que significa "nova idade da pedra". Período que começou por volta de 8000 a.C. e se encerrou com o aparecimento da metalurgia; caracteriza-se pela economia baseada na agricultura e na criação de animais.

Paleolítico

Palavra de origem grega, que significa "antiga idade da pedra". Período que vai das origens da humanidade até cerca de 12000 a.C. e que se caracteriza essencialmente por uma economia coletora de predação: caça, pesca e colheita.

A história e suas fontes

O conhecimento histórico se constrói com base em fontes, ou seja, nas marcas deixadas por seres humanos que viveram no passado, tais como ferramentas, túmulos, pinturas, murais, cerâmicas, construções ou armas. Durante muito tempo os historiadores estudaram apenas as sociedades que já possuíam a escrita, e ainda hoje a maior parte deles dedica-se ao estudo desses grupos. Com a aquisição atual de conhecimentos provenientes de outras áreas do saber, como a arqueologia, já existem estudos históricos sobre as comunidades agrárias. De acordo com a periodização tradicional na *historiografia*, chama-se de *Pré-História* o período anterior à invenção da escrita.

As sociedades que adotaram a escrita conservaram uma memória do passado, que é reelaborada e reconstruída ao longo de sua existência, mas claramente as situa em um tempo histórico. Os primeiros registros produzidos com essa intenção (listas dinásticas, anais) estiveram ligados a um poder que pretendia, por meio deles, deixar sua marca no tempo. Tais registros são fontes cruciais para o conhecimento do passado desses povos. A escrita foi, muitas vezes, contemporânea dos primeiros calendários – uma forma importante de organizar o tempo. Dessa maneira, é possível compreender a razão pela qual os historiadores se interessaram, em primeiro lugar, pelas sociedades com escrita, pelo menos a partir do momento em que ela se tornou decifrável – como no caso da Mesopotâmia (c. 3300 a.C.), do Egito (c. 3200 a.C.), e, muito mais tarde, da China (c. 1600 a.C.) e da América Central (c. 1200-900 a.C.).

A história e as "grandes civilizações"

Por muito tempo, a ideia de *civilização* esteve ligada a uma *visão evolucionista* das sociedades. Atualmente, entretanto, entende-se que uma *civilização* nunca é, em si, grande ou pequena – pelo menos quando se define esse termo de maneira neutra, como sinônimo de *cultura*. Uma sociedade pode ter sido muito avançada tecnicamente em comparação com o resto do mundo, ou ter sido uma das primeiras a tentar uma determinada solução política, ou ainda ter realizado certa forma de arte. Em todos os continentes, houve diversas civilizações que conheceram períodos brilhantes, mas que, por não terem desenvolvido a escrita, permaneceram desconhecidas.

Subjetividade da questão

"Grande civilização", portanto, é uma expressão subjetiva que expressa um julgamento de valor seletivo e obedece aos critérios de uma determinada época. A maioria das civilizações desenvolveu um discurso a seu próprio respeito, salientando sua superioridade em relação às demais, consideradas bárbaras. A expressão "grande civilização" traduz assim o resultado de relações de força e, às vezes, de dominação: uma civilização foi julgada (ou julgou-se) grande por ter conquistado significativa expansão territorial; por ter influenciado de maneira direta ou indireta uma parte do mundo; por ter vivido uma história excepcionalmente longa, ou pelas três razões ao mesmo tempo. O termo *civilização* pode ser utilizado ainda para designar uma sociedade que chegou a uma forma de organização cujos pilares principais eram a especialização do trabalho; a classificação e a hierarquização sociais; a existência de cidades importantes; a concentração de excedentes de produção e a organização do Estado.

O rito de passagem

Isso implicou, inicialmente, a passagem do *Paleolítico* ao *Neolítico*, ocorrida em momentos diferentes – ou seja, a mudança da subsistência baseada nas atividades de caça e coleta para a prática da agricultura e da criação de animais, que permitiu maior exploração dos recursos naturais e, assim, a sedentarização. A etapa seguinte foi a capacidade de extrair recursos suficientes para possibilitar a concentração urbana e a especialização das tarefas. Tal capacidade dependeu de inovações nas técnicas agrícolas (seleção de plantas, sucessão de culturas, irrigação etc.), nas ferramentas e na metalurgia (o bronze e, depois, o ferro).

A esses pilares principais somaram-se de forma variável, segundo as épocas e os lugares, as realizações monumentais (trabalhos públicos ou artísticos), as trocas de longa distância e os conhecimentos científicos (astronomia, matemática), que deixaram marcas profundas na história da humanidade.

Como bem frisei desde o início do livro, trabalhei (avancei) com apoio de dois instrumentos de análise sistemática: *ambientes estratégicos e comunidade*. É importante observar que os termos-chave aqui apresentados, e constantemente da obra dos três autores, atuam praticamente no correr de todo o trabalho como aferidores de calibragem fina para toda a análise empreendida.

Nessa Grande Antiguidade intermediária, o homem trabalhou, *com sucesso*, um riquíssimo processo de sedentarização e de equilíbrio comunitário, sendo que, de forma surpreendente, iria dominar sofisticadas técnicas de agricultura irrigada com a *geração de excedentes agrícolas*.

A dificuldade crucial de se realizar um trabalho com a ambição específica de varrer a construção estratégica do mundo entre 20000 a.C e 1200 a.C (como um período básico de observação) corresponde à brutal inexistência de documentos e referências escritas, o que me conduziu (ou me obrigou) a trabalhar com conectividades (*linkages*) buscando identificar *insights* estratégicos que pudessem colaborar com o entendimento de todo o passado, além de estabelecer bases para pesquisas futuras. Aliás, em várias partes deste livro abordei essa questão de forma absolutamente recorrente.

Como o período de tempo observado é muito extenso, recorrências e repetições são inevitáveis. A elegantíssima linearidade (fluindo de forma diáfana), não sobrevive nesse safári complexo de *insights* estratégicos. Portanto, a minha busca não tem nenhum comprometimento com engessamentos lineares ou configurações clássicas "elegantíssimas". A minha peregrinação tem tudo a ver com a busca de novos *insights*. Esse foi o meu garimpo proposital e tenho certeza de que trouxe material diferenciado e de muito valor em minha bateia. Transformar essas pepitas em joias "elegantíssimas" é o desafio de muitos. Por enquanto, estou bateando no imenso barranco da Grande Antiguidade. Localizei sítio rico, onde apenas comecei encontrar material muito importante. Pretendo continuar torcendo para que minhas pepitas já então "aprisionadas" em mãos de estudiosos e também nas minhas, transformem-se cada vez mais em joias de grande valor prospectivo. Se a metodologia de trabalho por eles adotada for eventualmente a linearidade, nada contra. Ao final dessa longa pesquisa posso afirmar tranquilamente que sem a bateia rodar, pepitas não florescem e joias não acontecem.

Vale ressaltar, como um alerta, que quando nos separamos da linearidade o somatório de riscos e suas intensidades crescem inexoravelmente, pois planos superpostos atuam e atacam, todos ao mesmo tempo. A análise não linear é complexa. Mas, quando aplicada criteriosamente, as chances de colhermos resultados concretos é muito significativa em determinadas situações. Vale muito a pena!

É claro que muitos mistérios estratégicos da Grande Antiguidade persistirão ainda por um longo período. Por exemplo, Jericó. Se dialogássemos com a antiguíssima cidade, surgida há dez mil anos, e bem a frente de outras muito remotas como Çatal Hüyükuu. Por que essa cidade comunitária não conseguiu replicá-la com a sua arquitetura de pedra e arranjo urbano? Por que Jericó, você não constituiu um reino, um povo, mesmo que de proporções não gigantescas? Por que você se encasulou? Você, Jericó, constitui o que existe de mais excitante intelectualmente na Grande Antiguidade. Nada igual, penso.

Em outras palavras, o mundo pode ser estranhamente precoce e essa precocidade brutalmente desconhecida pelos outros. Quanto você tem ainda para nos ensinar Jericó? Se a humanidade fosse sábia, aliás muito sábia, haveria que providenciar um volume muito expressivo de recursos para tentar responder inúmeras indagações sobre o seu surgimento e além dessas muitas outras. Jericó, com certeza, contém ocorrências extraordinárias não só sobre o desenvolvimento da Grande Antiguidade como também formatação das sociedades organizadas.

A propósito Jericó, teria sido você a inventora do Deus organizado, com direito a capela, construções de pedra e o carinho extremado por mortos? Quem foi você Jericó?

Nesse período – a Grande Antiguidade intermediária – processa-se uma revolução tecnológica de admiráveis proporções. Com relação a esse fenômeno, assinalem-se os comentários de Arnold Toynbee. É importante registrar-se o sentido do termo *oikoumenê*, essencial para a compreensão da exposição a seguir, como explicado por Toynbee.

O *OIKOUMENÊ*

> *Oikoumenê* é um termo grego que se tornou de uso corrente na Era Helênica da história grega, após o mundo grego helênico haver-se expandido, primeiro para o oeste e depois a leste de seu domínio original, a cavaleiro do mar Egeu. Sua expansão para oeste levou-o para as costas atlânticas da Europa e do noroeste da África e para a maior ilha marítima da Europa Ocidental, a Grã-Bretanha. Sua subsequente expansão para o leste levou-o até a Ásia Central e a Índia. O caminho para a expansão oriental foi aberto pela conquista e derrubada do Primeiro Império Persa por Alexandre, o Grande, e a era pós-Alexandria na história helênica foi a época em que se tornou corrente o termo "oikoumenê". Seu significado literal é "o habitado (a parte habitada do mundo)" – mas, na prática, os inventores e usuários gregos do termo restringiam sua aplicação à fração da parte habitada do mundo que era ocupada pelas chamadas sociedades "civilizadas". Os participantes de sociedades desse tipo têm-se chamado de "civilizados" até nossa própria época, em que a experiência horrível e humilhante que temos das atrocidades que cometemos ensinou-nos que a civilização ainda não se tornou fato consumado, tendo sido meramente um esforço ou uma aspiração que até agora tem permanecido bem longe de seu ambicioso objetivo.

A ARTE DO COMEÇAR

"Paleolítico" é, assim, um rótulo inadequado para descrever as atividades e realizações do homem chamado "paleolítico superior". A *fortiori*, a era que começou logo depois do início do atual degelo – isto é, há uns 12 ou 10.000 anos – é descrita de forma inadequada pelo rótulo "neolítico". É verdade que a mais antiga invenção tecnológica na Idade Neolítica foi a descoberta de modos de polir e modelar as ferramentas dando-lhes as formas necessárias, ao invés de tirar lascas de sílex ou algum outro tipo de físsil de pedra. Isso não tornou possível apenas modelar as ferramentas com mais precisão para servirem a seu objetivo; também deu aos fabricantes de ferramentas uma gama muito mais ampla de matérias-primas. No entanto, a realização que marcou época na Idade Neolítica não foi a arte de polir e moldar ferramentas: foi a domesticação de diversas espécies de plantas e animais. Além disso, as invenções da Idade Neolítica, a fiação, tecelagem e cerâmica fizeram, para a vida humana, uma diferença quase tão grande quanto as invenções da agricultura e criação de animais.

A OBRA-PRIMA

Embora a domesticação de plantas e animais selvagens se tenha tornado o esteio da vida humana, a invenção da metalurgia foi o *chef d'oeuvre* do virtuosismo tecnológico do homem. A metalurgia é o produto final de uma cadeia de descobertas sucessivas e a concatenação não foi óbvia por si só. Cada elo foi acrescentado por um traço de gênio intelectual. O homem da Idade Neolítica observou primeiro pelotas de metal mais ou menos puro, visíveis sobre a superfície terrestre do *oikoumenê*. A princípio tratou essas pelotas de metal como pedras e descobriu que, ao contrário das pedras comuns, eram maleáveis. Em seguida descobriu que, se aquecidas, tornavam-se temporariamente maleáveis e que finalmente se liquefaziam se a temperatura fosse elevada a um grau alto. Assim, o homem havia descoberto, no metal, uma matéria-prima que, como o barro, era muito mais fácil de modelar do que a pedra. A descoberta seguinte foi que os metais eram, encontrados não apenas em estado mais ou menos puro, como também como ingredientes de minérios e que, aquecendo minério metalífero até um grau em que seu conteúdo metálico se liquefazia, o metal latente poderia ser separado da escória. O passo final foi a descoberta de que os estoques mais copiosos de minérios eram subterrâneos, e a invenção das técnicas de mineração. Atualmente, a metalurgia tem sido praticada há quase 6000 anos no Oikoumenê do Velho Mundo, e há talvez uns 2.800 anos no Peru, e tem tido efeitos revolucionários sobre as condições materiais e sociais da vida humana e sobre a interação entre o homem e a biosfera, que é o único *habitat* do homem. A metalurgia levantou o padrão material de vida da humanidade; mas o preço social da perícia metalúrgica foi a divisão do trabalho, ao passo que o preço ambiental foi a progressiva utilização plena de uma matéria-prima que é escassa e insubstituível.[107]

Assim, muitos povos iriam procurar se acomodar inteligentemente nos limites do Machado *Sapiens*. O universo da água farta. Um dos mais espetaculares *oikoumenê* da história da humanidade. As duas primeiras grandes nações, a Suméria e o Egito, buscariam implementar civilizações razoavelmente cordiais. E os hititas também. Mas nem tudo seria paz nas áreas de influência dos rios Tigre e Eufrates e no mar Egeu; ou seja, problemas que o Machado *Sapiens* teve que vivenciar e enfrentar.

As questões desestabilizadoras na Mesopotâmia ficaram a cargo das disputas entre os próprios povos do entre rios. O mar Egeu desestabilizado, com seus piratas, foi enfrentado (e neutralizado) pelo Egito com o provável apoio (ou concordância) do Império Hitita. A fórmula encontrada foi Creta, uma das mais importantes manifestações da inteligência e competência estratégica desenvolvida pelo homem em toda a sua evolução. Dela surgiria o aprimoramento do povo grego e, portanto, a história do Ocidente. A nossa história. As razões de Creta foram as razões centrais de nossa investigação: o trigo, a água e o sangue.

A Grande Antiguidade conta com pouco material escrito quando comparada a inúmeras outras épocas. Absolutamente rarefeito. Apenas as tablitas mesopotâmicas, hititas, minoicas, micênicas, e inscrições egípcias. O nosso entendimento sobre essa época depende de trabalhos sistemáticos (e preciosos) de arqueólogos, historiadores e estudiosos do passado, acompanhados de raciocínios e "encurralamentos" lógicos de determinados pontos e questões pesquisadas. A nossa busca foi "encontrar" o grande conteúdo (ambientes) estratégico da Grande Antiguidade.

À luz desses trabalhos, busquei neste livro realizar a leitura estratégica de Creta. Nunca te vi, Creta e você sempre me intrigou. Desde moleque, pelas mãos de Monteiro Lobato. Restam-me muitas indagações sem resposta. É claro. Mas, penso que avancei no desafio de compreender. Quando serás decifrada, linear A? Penso, ou melhor, tenho certeza, mesmo, que avancei sobre (e no) tema extraordinariamente provocador sob o ponto de vista estratégico, aliás, essa é a "minha praia" técnico-intelectual. Indagam-me sempre se gosto da história. *Respondo sempre que o que realmente me interessa é a estratégia na história. E isso é especial, é diferente!*

Pretendo algum dia, subir as antiquíssimas escadarias de Cnossos. Ouvirei conversas, risos e choros. Verei os minoicos a provocar a harmonia dos contrários. Verei – por entre as brisas do Egeu – a *paz estratégica de Creta* que tantos perseguiram e perseguem ontem e hoje e perseguirão também amanhã. E ao que tudo indica quase sempre não a alcançaram e nem a alcançarão. Não me interessa saber se essa *pax* era sincera ou cínica. O que vale é o sorriso das mães, das crianças e dos idosos. Permanentes. O resto é encenação! Em qualquer lugar o que vale mesmo é a Felicidade Nacional Bruta.

Encontrarei, ao caminhar dias e dias pela ilha, a velha ordem comunitária – cabras, parreiras e oliveiras. Calma! E, aí, nesse momento, perceberei que Creta contém ainda em si mesmo todo o espírito da Grande Antiguidade. Que privilégio, minha senhora! Encontraremos as sombras dos senhores dos piratas, dos micênicos, dos hititas, dos troianos, dos mesopotâmicos, dos homens do Mediterrâneo, do Egeu, dos fenícios e dos egípcios. Entenderei o tempo, aliás, permanecerei com maiores dúvidas. Aí, necessariamente reunirei meus instrumentos de trabalho e recomeçarei as análises atacando as estelas que explicam o comportamento dos homens (decididos e/ou instruídos e/ou determinados) na busca do sucesso. Recomeçarei sempre! Farei o possível para contornar a ilha num barco a vela. Há que sentir o vento batendo no corpo, batendo no rosto, não é Creta? O vento provocou os barcos, os piratas, o Egito. Foi com o vento que se criou Creta e também o Ocidente. Enfim, o vento mais criou do que levou. Ele transformou-se em raiz.

As Nações Unidas, por exemplo. Nunca na história do mundo, conseguiu-se algo como o que Creta realizou durante centenas de anos. Os seus principais herdeiros, os gregos, aprenderam com ela a fazer a boa estratégia. Herdaram muito dessa sabedoria. A elite micênica, e posteriormente grega, com sérias restrições ao trabalho convencional e forte amor a luta, ao duelo, à disputa realizaria uma leitura incompleta dos ensinamentos de Creta. Não entenderam tudo. E, se entenderam, não quiseram ou tentaram replicar. Transformaram a ficção da *Odisseia* e da *Ilíada* em realidade. Troia, a pequena irmã de Creta transformou-se em um ícone cultural por *per omnia secula seculorum*. Miniaturizaram as polis, e dentro de suas cidades criaram ambientes especiais para discutir, pensar, agir, lutar e matar. Notáveis em torcer fatos e provocar situações ambíguas – os gregos alavancaram a cultura e a civilização ocidental – com seus acertos espetaculares e seus equívocos terríveis. Ao que tudo indica, o balanço é positivo. Isso teria ocorrido se Creta não tivesse acontecido? Eis a questão! Como é difícil empunhar o Machado Labrys! Conte-nos o seu mistério, Creta. Só isso!

Mas o mistério não se esgotaria aí. Creta iniciaria os gregos com o aprendizado da beleza, a qual, certo ou errado, operaria como um dos paradigmas culturais ditatoriais dos micênicos, atenienses, espartanos, tebanos, macedônicos e outros. A busca pela beleza para os gregos da Antiguidade foi uma tirania. Uma obsessão. E, também para Roma e toda a história do Ocidente. Até hoje! Foi Creta que com seus afrescos deslumbrantes, suas mulheres provocantes e sedutoras, joias e armas finamente trabalhadas, tudo isso influenciado pelos egípcios – ano após ano, década após década, século após século – apurou e aperfeiçoou uma forma de ver, sentir e jogar com as emoções. O belo assim iria integrar o cotidiano de muitos. Mais que uma libertação, uma estonteante prisão. Aliás, Homero deixaria absolutamente nítido em sua obra a interação da beleza estonteante de Helena com a sua Guerra de Troia. A beleza é mesmo essencial na visão de Homero e muitos outros. Umberto Eco comenta a interação do belo com o modo de ser grego.

A RAZÃO DO BELO

Narra Hesíodo que nas núpcias entre Cadmo e Harmonia, em Tebas, as musas cantaram em honra aos esposos estes versos, de imediato repetidos pelos presentes: "Quem é belo é caro, quem não é belo não é caro". Estes versos proverbiais, frequentemente retomados por sucessivos poetas (entre os quais Teógnis e Eurípides), são de certo modo a expressão do senso comum sobre a beleza entre os antigos gregos. De fato, na Grécia antiga a beleza não tinha um estatuto autônomo: poderíamos dizer também que faltavam aos gregos, ao menos até a era de Péricles, uma estética propriamente dita e uma teoria da beleza.

O MAIS JUSTO É O MAIS BELO

Não é por acaso que a beleza se encontra quase sempre associada a outras qualidades. Por exemplo, à pergunta sobre o critério de avaliação da beleza, o oráculo de Delfos responde: "O mais justo é o mais belo". Mesmo no período áureo da arte grega, a beleza é associada a outros valores, como a "medida" e a "conveniência". Acrescente-se a isso uma latente desconfiança dos gregos em relação à poesia, que irá se explicitar em Platão: a arte e a poesia (e, portanto, a beleza) podem alegrar o olhar ou a mente, mas não estão em conexão com a verdade. Assim, não é casual que o tema da beleza seja associado com tanta frequência à Guerra de Troia.

UM BRAÇO ARMADO (E RAIVOSO) E O SEIO DE HELENA

Em Homero também não encontramos uma definição da beleza; contudo, o mítico autor da *Ilíada* dá uma justificação implícita da Guerra de Troia, antecipando o escandaloso *Encômio de Helena*, escrito pelo sofista Górgias: *a irresistível Beleza de Helena* absolve, de fato, a própria Helena dos lutos por ela causados. Menelau, expugnada Troia, lança-se sobre a esposa traidora para matá-la, mas seu braço armado fica paralisado à visão do belo seio desnudo de Helena.[35]

Homero, com notável sutileza, de certa forma intuiu que só a beleza de Helena seria capaz de apagar a memória e a beleza extraordinária de Creta. Que lance de gênio. Essa ilha não inventou a beleza, mas cultivou-a com intensidade surreal. Talvez o Egito, a Fenícia, os hititas e as comunidades a tivessem realizado bem antes dela. Mas ela a colocou de forma vigorosa entre as mãos dos gregos de modo genialmente sutil e sedutor. Numa taça delicadíssima, transparente, provocante, "charmosa" e insinuante. Assim, os gregos, os romanos e, portanto, o Ocidente em termos de arte, do belo e da beleza, foram, de fato, alfabetizados e sensibilizados por Creta. Quanto glamour. Acredito, mesmo, que Homero bebeu de Creta, inspirou-se nela e não em uma linda fonte d'água grega! A fonte espelha a beleza. Creta foi além, criou a beleza!

CAPÍTULO 17

PALAVRAS FINAIS: COMO O TRIGO, A ÁGUA E O SANGUE SE MISTURARAM NA TERRA DOS HOMENS, ENRAIZANDO A ÁRVORE DO OCIDENTE

A história da Antiguidade é abundante em impérios; suas vicissitudes, formação, apogeu e queda fornecem a trama da evolução mais imediatamente visível, ou seja, da evolução política. Cada um destes impérios, egípcio, assírio, persa, macedônico, romano, enfim, chegou a dominar um território mais vasto do que o de seu antecessor. Seríamos levados a crer que, de cada vez, o impulso partido de um novo centro e mais forte do que o precedente chegou mais perto da realização de um ideal comum a todos os conquistadores: o império universal. E de tal modo que este esforço constantemente renovado poderia, em princípio, traduzir como que uma tendência permanente à concretização de uma unidade, não mais apenas territorial, mas também humana.

Surge Roma, enfim, cujo império, graças à sua extensão no Ocidente, foi o maior de todos os impérios da Antiguidade. Foi também o mais duradouro, bem como aquele em que a unidade de civilização esteve mais perto de se estabelecer. Roma, entretanto, não a desejara. Foram os fatos e as considerações de toda ordem – administrativos, políticos, militares, econômicos e mesmo religiosos – que lha impuseram. Os seus dirigentes só a favoreceram muito tardiamente, quando se evidenciou a falência do conceito banal de império. Compreende-se, aliás, que não se aprecie a qualidade dos resultados obtidos por este esforço, inicialmente espontâneo e, em seguida, sistemático. Mas é incompreensível que se queira negar a sua importância. Quais seriam eles se, acrescentando-se a outros fatores de dissociação, as invasões bárbaras não arruinassem bruscamente a conclusão, quase consumada, desta imensa comunidade humana?

A história das civilizações antigas apresenta, assim, um caráter emocionante. Originadas de civilizações ecumênicas, mas rudimentares, civilizações distintas constituem-se, aperfeiçoam-se, expandem-se e degradam-se, uma a uma. Antes de desaparecer, cada qual fornece a sua contribuição ao fundo comum. Por outro lado, o imperialismo, a que não podem resistir os maiores, coloca-as todas em contato, em momentos diversos de sua evolução. O mundo antigo parece, assim, animado por uma força obscura

> que o impele, às vezes contra a sua vontade, para uma unidade reconstituída. As civilizações se sucedem, e cada uma guinda um pouco mais para cima, na direção de um cume do qual se afastaria, se lhe fosse dado vê-lo com nitidez, o rochedo eterno, do qual ela está momentaneamente encarregada. E o rochedo torna a cair, esmagando-a...
>
> (Auboyer, 1957)

A história dos homens pode e deve ser visitada de tal forma que nos informe e nos oriente sobre desenhos econômicos, políticos, geopolíticos, sociais, culturais (e muitos outros) já realizados (com êxito, ou não) No correr da evolução dos povos e nações ao longo de todas as suas trajetórias. Enfim, interessa-nos a engenharia do sucesso e a fragilização das conquistas. Essa atitude deverá integrar o nosso aprendizado permanente. O passado é aula! Entretanto, como já se ressaltou no início deste livro, o grande passo de partida (tradicional) para se efetuar esse mergulho no tempo são, comumente, as fundações de Esparta, Atenas e Tebas, acompanhadas das ações (voluntariosas, furiosas ou ambas) de Alexandre da Macedônia e seu esforço para a helenização (rolo compressor cultural) do Mundo Antigo – fossem quais fossem as suas reais intenções. Um espaço hoplita![7*] Enfim, essas referências possuem público garantido, inclusive eu próprio, é claro. Em suma, o ponto de demarragem histórico tradicional é mesmo a Grécia heroica, com a sua extraordinária capacidade de pensar, discutir, propor, agir e, também, agitar. De certo modo esse começo ocidental irá coincidir e conviver com uma tímida e relativa vulgarização da escrita, pelo menos no nível da elite grega.

Pesquisadores do passado trabalham seriamente com base em documentos e referências, escritos e resgates arqueológicos, buscando identificar e/ou adensar o fio da história por meio desses indicadores/sinalizadores. Da mesma forma, que um pesquisador na área da história e da arqueologia conta com toda uma metodologia de trabalho, o pesquisador em estratégia busca por intermédio de uma série de instrumentos identificar (ou provocar) um elenco de conectividades até então não explicitado ou então passível de enriquecimento. À caça de *insights* consistentes. Foi por essa vertente que se processou a nossa peregrinação nessa pesquisa.

Buscou-se com este livro investigar a Grande Antiguidade a partir de um marco temporal posicionado em cerca de 20 mil anos anteriores à Grécia de Péricles. A jornada parte, portanto, do "início do término" da Idade do Gelo, coincidente com a extinção do Neandertal (ou seria 30000 a.C.?) prolongando-se até +/– 1200 a.C., um dos momentos mais críticos e tumultuados da história da evolução humana. Um critério interessante para a marcação do tempo estratégico seria antes e depois de 1200

7 * Hoplita: infante grego pesadamente armado.

a.C. Povos da Antiguidade foram nesse espetacular marco temporal agredidos pela Mãe Terra com uma intensidade global até então jamais realizada. Violentamente! A morte, sempre esperada pelo homem transformou-se em morte multiplicada em uma escala surpreendente, jamais vista pelos povos. A tristeza substituída pela imensa dor e desespero surreais. Comunidades e povos, com certeza, conduzidos pelo desespero das suas mulheres – mães, avós, jovens – ajoelharam, partiram, lutaram, morreram e também venceram. Resolveram tentar viver.

Mas, a grande herança que as famílias, os grupos e as comunidades nos transmitem é maravilhosamente única: *"aconteça o que acontecer, você terá que prosseguir viver e vencer. Essas três coisas, ouça bem, você não poderá jamais esquecer. Essa é a saga dos homens"*. Mais que instinto, é lei. A lei maior dos homens. Se você tiver um Deus, dialogue com ele, vale sempre a pena. De certa forma, deuses somos nós mesmos, entendidos com imensa força, extraordinária perfeição e notáveis caráter e coragem. Essa a Grande Lei. As outras vêm depois. A Grande Antiguidade conviveu com essa Grande Lei com espetacular desenvoltura. Foi exatamente isso que me colocou na Grande Aventura de poder estudá-la. Foram muitos anos! Estive para desistir muitas e muitas vezes! Porém, prossegui. Um pouco o meu esforço e teimosia. E muito devido ao apoio de meus amigos. A parada dessa vez foi dificílima, pelo menos para mim.

AMBIENTES ESTRATÉGICOS

Portanto, a nossa "garimpagem intelectual" teve como objetivo "pinçar" os desenhos estratégicos que se processaram ao correr desses 20 mil anos, os quais assumem características muito especiais, onde se destacam os papéis diferenciados do caçador-coletor, das comunidades, da domesticação do trigo e dos animais, da cidade de Jericó, da Suméria e outros reinos mesopotâmicos, o Império Hitita, o Egito, a Fenícia, a Grécia continental e insular, o mundo micênico e Creta, principalmente. Esses atores, nos seus próprios momentos históricos, desenvolveram desenhos estratégicos surpreendentes, navegando com extrema desenvoltura num ambiente praticamente não alfabetizado, ou melhor, dizendo, se possível, "desliterado". A escrita era uma realidade de muito poucos. Uma espécie de passaporte cultural privilegiado para os iniciados nos círculos muito fechados do poder.

É incrível observar que vários desses atores objetivaram construir e desenvolver sistemas harmônicos, estruturando notáveis configurações de equilíbrio estratégico e autossustentação ambiental, econômica e financeira. Todos eles contribuíram de alguma forma (sucessão de elos) para a armação de uma rede consistente para a captura de oportunidades em seus correspondentes períodos históricos e, nos seus próprios universos de inserção. Assinale-se que, com certeza, esses povos (e comunidades) em inúmeras frentes trocaram informações entre si ao correr dos séculos. Transferindo sabedoria estratégica de um para outro. Oralmente, verbal e gestualmente!

De fato, observe-se que o reino do Egito e o Império Hitita construíram um imenso condomínio informal (ou será que formal?), oficioso e/ou oficial, o qual iria operar como um senhor absoluto da Grande Antiguidade e por um grande período (em vastos territórios também) da história mundial. Sem dúvida alguma, na parte terrestre asfixiaram os povos mesopotâmicos na área de influência direta dos rios Tigre e Eufrates. Os mares (sangrentos) seriam dominados, ou melhor dizendo, geridos/administrados por Creta, um dos projetos estratégicos mais sutis do engenho humano em todos os tempos – sob o comando "invisível" do Egito. Com notável desenvoltura essa ilha iria polir e civilizar os gregos ásperos (apesar de "ignorantes", superambiciosos e vorazes) transformando-os em gregos micênicos (já razoavelmente sofisticados, cínicos e muito ambiciosos) e ao mesmo tempo interagiria com todo um sistema de transporte e comércio marítimo (e terrestre, também) na Antiguidade, onde se destacou a presença logística (também muito impactante sob o ponto de vista literário) de Troia. Creta retirou a então elite grega de casas de madeira e palha e os estabeleceu em importantes residências de pedra. Que deslumbramento, não é? Os fenícios, coadjuvantes de categoria especial nessa etapa do processo estratégico completavam o quadro dos grandes vetores atuantes, com espetacular profissionalismo e senso de oportunidade.

Troia em termos logísticos, a rigor, foi apenas um porto integrante do sistema Egito-Hitita-Creta, focado principalmente em operações de especial interesse para Hatusa e seus comerciantes de bens e escravos. Aliás, de exportação e importação. Navegação de "cabotagem" e de longo curso. Provavelmente Troia foi operada por gregos micênicos (com a interferência de Creta) e em determinadas ocasiões deve ter acumulado bens e valores em níveis muito consideráveis, provocando a cobiça de muitos. Provavelmente, também gregos! Assim sendo, muitas vezes foi atacada, derrotada, destruída e reconstruída. Não necessariamente foi esmagada, incendiada e demolida em todas as ocasiões que foi derrotada. Na melhor hipótese Troia contaria com 1.000 a 1.500 defensores e olhe lá. De fato, os ataques a Troia não incomodavam mesmo o Egito, os hititas e até mesmo o governo Minos. Não era briga de "cachorro grande". Seja como for, cerco, bloqueio, assalto ou batalha campal, com essa ou aquela duração, para os reais donos do poder tratava-se apenas de um ajuste entre vorazes gregos micênicos, ou seja, "ladrõezinhos *versus* ladrõezinhos", trocando tesouros de mão. Nada que pudesse incomodar a ordem estratégica da

Grande Antiguidade. Diria o Grande Condomínio: que morram os gregos micênicos lutando entre si, mas que morram sem nos incomodar! Mesmo! E que se roubem entre si, como o desejarem! Não era guerra de ódio ou disputas econômicas (qualquer que fosse o motivo), apenas guerra por ouro, joias, escravos etc. Portanto, lutas sem desdobramentos geoestratégicos sérios. Detalhes!

OS POVOS DO MAR

Bem, em 1200 a.C., com o advento da marcha desesperada dos povos do mar, toda a ordem multimilenar estabelecida pelo "condomínio" *reino do Egito/Império Hitita/rótula Creta*, seria brutalmente fragilizada, ou agredida, até a sua extinção. Aliás, Creta como projeção egípcia (magnífica) já tinha encerrado a sua "participação direta e presencial" por volta de 1400 a.C. Seria enterrada e atolada na memória competentemente cínica, ingrata e "debochada" dos gregos. Como fecho genial de história prolongada, ao mesmo tempo, melancólico e grandioso de todo esse processo, surge o excepcional conjunto de trabalhos de Homero (ou Homeros), ampliando de forma exponencial eventos relativos a Troia e sombreando de forma proposital, em meu entendimento, a memória de Creta, que se ressente até os dias de hoje da inexistência de relatos escritos esclarecedores e confirmadores de sua ação estratégica e culturalmente diferenciada.

Creta foi a musa da objetividade equilibrada. Homero, o campeão da emoção. Os dois reunindo esforços inventaram a Grécia. O Ocidente iria depender (depende e dependerá ainda e sempre) de trabalhos de arqueólogos e estudiosos do passado para, também, por meio de encadeamentos lógicos e estratégicos, tentar conduzir à superfície resgates relativos a momentos extraordinários da história do homem, que são infelizmente desenfatizados quando comparados a outros momentos e eventos mais visíveis (mais escavados, peneirados, classificados, datados e interpretados). A horrenda e desprezível Assíria encaixava-se como uma luva nesse contexto específico.

Aliás, suspeito que Sócrates, Platão e Aristóteles detivessem uma visão estratégica muito crítica (e invejosa) sobre Creta e seu papel civilizatório sobre a Antiga Grécia. Muito enciumada! Além disso, Aristóteles com sua extraordinária capacidade de concatenar raciocínios e encadeamentos lógicos deve ter visualizado a notável ilha em muitas de suas características fundamentais. Com certeza, não abordou o tema com real intensidade, pois lhe interessava também, e muito, apagar essa página magnífica na formação da nação e da cultura grega. A sua inteligência e sensibilidade funcionais não poderiam, de fato, ignorar a interação minoica com a Grande Antiguidade e o mundo micênico. Mas não a retratou na sua roupagem magnífica! Ninguém nasce pronto, nem a Grécia!

Os desenhos estratégicos relativos à busca de equilíbrio entre reinos e nações são sempre de notável sofisticação e merecem ser observados, cuidadosamente cada vez com maior profundidade. É exatamente dentro desse contexto que esta pesquisa se inseriu. A história iria repousar, após 1200 a.C., em termos de grande intensidade, uns poucos séculos. Registros escritos irão ocorrer com maior intensidade. Logo depois surgiria a presença esclarecedora de Péricles, Sócrates, Platão, Aristóteles e tantos outros, além da conquistadora/devastadora presença de Alexandre da Macedônia, sendo que já se organizava um novo povo, herdeiro das tradições do Egito e da sabedoria dos gregos. As polis frequentemente enlouqueciam os homens com gênio e talento. Mesmo que bela e sedutora como Atenas, as polis estimulavam a luta e a disputa entre os homens. Sistematicamente. Quem seria? Roma.

ROMA: A LEITURA DE VOLTAIRE

Um novo senhor da e para a Terra nascia: o Império Romano, e sobre esse take off *vale a pena observar os comentários magistrais (e frequentemente ácidos) de Voltaire.* Voltaire buscava "olhar pela janela" e enxergar o que os outros ainda não tinham visto. Desconstrutor de "verdades" veneradas e "petrificadas", o seu lema poderia ser apenas *desmistificar, sempre*! Enfrentando de peito aberto e espetacular desassombro tudo aquilo que lhe parecesse equivocado, superficial, mentiroso ou falso. Aliás, para Voltaire a força justificava muito pouco. A inteligência muito, muito!

AS LEIS

> Os gregos forneceram aos romanos a lei das Doze Tábuas. Um povo que vai buscar leis e deuses em outro povo devia ser um povo pequeno e bárbaro; e os primeiros romanos de fato o eram. Seu território, na época dos reis e dos primeiros cônsules, não era tão extenso quanto o de Ragusa. Está claro que não se deve entender, por rei, monarcas como Ciro e seus sucessores. O chefe de um pequeno povo de bandoleiros nunca pode ser despótico: os botins são compartilhados em comum, e cada um defende sua liberdade como seu bem próprio. Os primeiros reis de Roma eram capitães flibusteiros.

Injustiças felizes

A crer nos historiadores romanos, esse pequeno povo começou raptando as filhas e os bens dos seus vizinhos. Ele ia ser exterminado; mas a ferocidade e a necessidade, que o levavam a essas rapinas, tornaram suas injustiças felizes; ele se manteve estando sempre em guerra; e, por fim, ao cabo de cinco séculos, sendo muito mais aguerrido que todos os outros povos, submeteu a todos, uns depois dos outros, desde o fundo do golfo Adriático até o Eufrates.

Amor à pátria

No meio do banditismo, o amor à pátria sempre dominou, até o tempo de Sila. Esse amor à pátria consistiu, por mais de 400 anos, em trazer à massa comum o que se havia pilhado nas outras nações: é a virtude dos ladrões. Amar a pátria era matar e despojar os outros homens; mas no seio da República houve grandes virtudes. Os romanos, civilizados com o tempo, civilizariam todos os bárbaros vencidos e se tornaram, por fim, os legisladores do Ocidente.

Hospitalidade divina

As disposições das Doze Tábuas estipulam: "Separatim Nemo habessit deos, neve novos; sed ne ádvenas, nisi publice adscitos, privatim colunto". Que ninguém tenha deuses estrangeiros e novos sem a autorização pública. Tal autorização foi dada a vários cultos; todos os outros foram tolerados. Essa associação de todas as divindades do mundo, essa espécie de hospitalidade divina foi o direito das gentes de toda a Antiguidade, salvo talvez em um ou dois pequenos povos.

O direito de pensar

Ainda é notável que, entre os romanos, nunca ninguém foi perseguido por sua maneira de pensar. Não há um só exemplo disso, de Rômulo a Domiciano; e entre os gregos só houve o caso de Sócrates.

O texto de Voltaire sublinha enfaticamente (e de forma desabrida) que muitas das qualidades (e defeitos!) da Grande Antiguidade iriam convergir e desaguar na construção de Roma, tais como: o poder pensar, a tolerância religiosa, entre outras. *Voltaire, com total frieza, apresenta os primeiros romanos como flibusteiros (piratas) terres-*

tres, de notável agressividade. Esses romanos fundadores não contaram com um poder moderador/inteligenciador como o de Creta (*ao frear os micênicos*) nem com a massa populacional, econômica, social, institucional etc. (atuando como volante regulador) do calibre do reino do Egito. Enfim, novos e terríveis predadores livres, bem-sucedidos e não contidos. Lobos em campo aberto com muita caça à disposição. O velho sistema "regulador" de incrível densidade geopolítica e agilidade na construção de desenhos estratégicos – o senhor do Nilo – já avançava célere na gestação de sua própria agonia. Sem freios, ladeira abaixo. Porém, lentamente. Entretanto, com muita pose e já com pouco poder.

Roma cresceu, expandiu-se e iria, na grande corrida da história, tomar nas próprias mãos o bastão que algum dia já tinha sido do caçador solitário, das comunidades, da Suméria, do Egito/hititas, de Creta/gregos. *Nesse avançar realizou contribuições, algumas perversas e outras extraordinárias.* E assim prosseguiu a história da formação do Ocidente com um tempero especial para a estratégia: o trigo (na medida), a água (não tão farta) e o sangue (abundante). Aliás, prosseguindo na escalada para a vitória e para o seu próprio sucesso, Roma trabalhou com molduras onde a dor imperava quase sempre e a felicidade era apenas um passaporte discreto para o futuro, privilegiando muito poucos. Uma hora com sucesso, outras com dor e horror. De fato, essa parece ser a grande saga do homem: a felicidade é mercadoria escassa após o surgimento das polis. E de preço alto. Muito alto!

REINÍCIOS

Aliás, Roma não foi o início do Ocidente, mesmo! Que pretensão perversa!

Nem a Grécia, tão pouco.

Nem Creta, mesmo.

Nem o Egito, sem qualquer discussão.

Nem os hititas. Esses estavam apenas no meio da estrada.

Nem a Fenícia: nada de glórias, só o comércio intenso.

Nem a Suméria, sofisticada, mas limitada em termos de poder.

Nem os povos mesopotâmicos: briguentos, muito briguentos, gordos e rabugentos.

Nem as comunidades agro-pastoris não capazes de conviver permanentemente com o sucesso aliado à independência.

Nem os caçadores-coletores mantenedores da grande saga.

Todos foram apenas reinícios!

Empezar de nuevo, always, alinhadas às geniais mensagens dos heróis de Miguel de Cervantes e de William Shakespeare. Lutar sempre!

Numa leitura que se fez (ou procurou ser) transparente pode-se verificar que a Grande Antiguidade combinou com especial sabedoria ações estratégicas, táticas e operacionais com extraordinária sensibilidade. É incrível constatar que sempre perseguiu-se o equilíbrio e desenhos autossustentados preferencialmente à realização de agressões sistemáticas, devastações e derramamento de sangue. Nem sempre realizou esse intento, mas em muitas situações atingiu esse objetivo.

Prosseguindo, a Grande Antiguidade (de 20000 a.C. a 1200 a.C.) é surpreendente em termos de equilíbrio e construção de ambientes estratégicos alcançados inicialmente por meio de uma ampla e extensa *pax* Comunitária. Em seguida pelas ações encadeadas da Suméria, do Egito, do Império Hitita, de Creta, dos gregos micênicos e também da Fenícia.

O TERCEIRO CURSO: O RIO DO SANGUE

Assim, durante centenas e milhares de anos, verificou-se a perseguição de um mundo não sangrento nas áreas de influência do Egito, de Hatusa, na Anatólia, na Ásia Menor, no mar Egeu e até mesmo no Mediterrâneo e outras áreas, apesar dos eventuais descaminhos dos gregos e da barbárie dos assírios.

O grande elemento perturbador correspondeu mesmo ao advento das polis, estivessem elas onde estivessem. *Polis podem ser entendidas, além do inteligente arranjo urbano, como estruturas concentradoras de poder e facilidades providas de lideranças (eventualmente, bem diferenciadas) em cada momento de sua vivência.* Como as lideranças quase sempre disputavam entre si o vértice do comando, elas entrarão em lutas frequentes e disputas intestinas, essas últimas materializadas por confrontos (guerra mesmo) entre as polis situadas numa determinada região quase sempre convivendo com redes comunitárias competentes lá estabelecidas há centenas de anos.

Foi, aliás, o que ocorreu com a Mesopotâmia. Apesar de a Suméria ter efetuado uma composição inteligente com a *pax* comunitária já existente, tentando a construção de uma civilização cordial – iriam surgir outras polis que disputariam o poder entre si violentamente, durante séculos. *Criou-se um terceiro rio, o* rio do sangue, *entre o Tigre e o Eufrates, de extrema violência e virulência, aonde iriam se digladiar sumerianos, babilônicos, assírios e novos babilônicos, entre outras etnias.*

O Egito (aprendiz da Suméria) e os hititas assistiram, assim, à construção aplicada do terceiro curso: *o rio do sangue*, com horror, temor e total desaprovação. A interação estratégica de ambos continha e privilegiava a manutenção da *pax comunitária* e a estruturação de polis, na medida do possível, não agressivas nos seus próprios territórios de domínio. Essa era a proposta estratégica das duas potências. É possível que essa competência de modos de ser tenha permitido a ambos a realização do seu grande protocolo de gestão geopolítica.

Nesse avançar do tempo, milhares de anos antes da nossa era, ativou-se uma plataforma de ações diplomáticas e executivas, "construindo" um espetacular condomínio estratégico: reino do Egito/Império Hitita, o qual buscou, na medida do possível, estruturar uma gigantesca *pax* na Grande Antiguidade: a *paxeh* (paz egípcia – hitita). Para operacionalizar essa *paxeh* ficou a cargo do *Império Hitita engessar o mundo mesopotâmico*, mantendo os seus integrantes acorrentados ao rico oásis delimitado pelos rios Tigre e Eufrates, e torcendo para que seus povos lutassem (todos) entre si, expandindo cada vez mais intensamente os seus próprios *rios de sangue*. Quanto mais brigassem uns com os outros na Mesopotâmia, menor seria o elenco de problemas para Hatusa e Mênfis.

O Egito, por seu lado, neutralizou efetivamente a brutal agressividade dos núbios e dos líbios, contratando-os para prestação de serviços militares como mercenários de elite em suas tropas. E os piratas gregos também. Os fenícios cada vez mais se especializariam em ações de comércio exterior, concentrando esforços em mercadorias de baixo valor agregado, não só escoando a produção do Egito como, indiretamente, também para os hititas. Os agressivos e ladinos gregos (navegadores e piratas exímios) ficariam a cargo de Creta – projeto de genial arquitetura estratégica egípcia – e de sua filial junto ao Império Hitita, a pequenina Troia (apesar de "imensa" na imaginação dos homens e também de Homero).

O imaginário feminino, é claro, torce por Helena. Solidariza-se com ela. Os homens, alguns com Aquiles e outros com Heitor (é incrível, o bom caratismo de Heitor detém imensa torcida entre os mortais). Não adianta nada apequenar Troia no mundo dos homens. Já era! Na ficção ela representa o anteparo completo de um sonho irreal – porém muito verdadeiro nas mãos sensíveis de Homero. Troia é bem mais que uma lenda. Ela é todos nós, os senhores de nossas próprias fantasias. Somos um pouco Helena, um pouco Aquiles ou um maravilhoso guerreiro Heitor ou Príamo, apenas um velho senhor da dor, da dignidade, da honra.

Esse era o desenho estratégico da Grande Antiguidade por volta de 1200 a.C., quando a Mãe Terra – com um buquê de agressões – desestabilizaria todo o Velho Mundo, mobilizando uma corrente e união de pequenos povos e nações (onde destacamentos gregos se incorporaram como participantes de uma liga de desesperados), os quais, assolados por terríveis secas, partiram em busca do delta e vale do Nilo além das áreas molhadas do Tigre e Eufrates. Sentindo o "cheiro" da água no ar, iniciaram uma marcha selvagem em busca de rios, córregos e regatos, agora manchados de sangue. Buscaram a vida! Buscaram não morrer! Eram os povos do mar, destruindo todos os obstáculos que encontrassem pela frente ou tentando! Eles não se conformaram com um destino provável e resolveram "refazer" o próprio futuro.

Assim, os povos do mar mudaram para valer a história do homem, colocando um ponto praticamente final na Grande Antiguidade. Implodiram o condomínio do Egito e dos hititas, varreram o mundo micênico, povos da Mesopotâmia, redestruiram Creta e Troia. Passaram de galope, inclusive retalhando os arrogantes assírios, *construindo uma nova era de acomodações*. A terrível arte da guerra dos sanguinários assírios virou poeira!

O movimento dos povos do mar, talvez o mais violento até hoje na história do homem, deveria denominar-se, de fato, a Grande Guerra das Mulheres. Elas cansaram de ver filhos morrerem (e outras pessoas também) e, abandonando tudo, cansaram-se do seu destino e foram em busca de um *futuro*. Substituíram dores por inevitáveis horrores e, com todas as cores, trocaram túmulos por novos lares. Lutaram muito – *elles ont réussi* – e trouxeram ao seio não mais cadáveres e sim crianças. Viraram a página da história, voltaram ao fogão, à velha varreção dos terreiros, a ordenha das cabras sem antes mudar o mundo e enterrar de vez a Grande Antiguidade. Essa foi a consequência linear da extraordinária Guerra das Mulheres!

O Egito iniciaria um "dobrar de joelhos" inexorável (porém lento) e os gregos – espertos, inteligentes, desconfiados e já "alfabetizados" por Creta – iriam mergulhar assustados (e razoavelmente perplexos) num período sombrio que os estudiosos denominam de *dark age*, o qual iria perdurar por 300 a 400 anos, observando do alto das suas montanhas o que estava acontecendo lá embaixo. A Grécia acordaria novamente por volta de 800 a.C. Coincidentemente por volta desse momento histórico um aguerrido grupo de pastores da Península Itálica no Mediterrâneo se organizava como povo, com o apoio e prestação de serviços de colônias gregas e dos etruscos, provavelmente egressos de Micenas, Troia e Creta!

Agressivos, como bem os descreve Voltaire, esses pastores do Tibre partiram de suas colinas para a construção da solução de um novo universo: *Roma*, e o concretizaram! Só que não contavam com o freio imposto pelos hititas e pelos egípcios, nem com a "interveniência" de uma (sagaz) Creta, como ocorrido com os gregos micênicos. Tão broncos quanto os gregos ásperos, os romanos iriam tentar contornar alguns desafios contratando os serviços dos etruscos, capazes, porém muito menos capazes que a antiga Creta. Iriam contar também com a "assessoria" de colônias gregas no Mediterrâneo. *Os romanos não eram cordiais como os egípcios e os hititas e a violência autocontrolada (com critérios próprios) foi o seu lema, pelo menos na sua primeira dominação dos povos. Fossem lá quais fossem os seus reais motivos.* Construíram também imensos rios de sangue que, com o tempo, ardilosamente "cordializavam" comprando, corrompendo e aliciando com uma dosagem estratégica dotada de notável impacto, resultado e seletividade. Cooptavam as elites locais. Integraram a política do sangue com o trigo e a água. Dessa forma fizeram uma *pasta a la romana*. Poucos povos devem ter desenvolvido a corrupção como arte, tão bem, quanto os romanos (aliás, conheciam tudo desse *metier* à sua época) no correr da história com perfeição!

Aristóteles, com certeza, conhecia muito bem os romanos e deve ter alertado seu discípulo Alexandre para não marchar contra esse povo ora surgente – já bem instruído e "orientado" por gregos ou deles descendentes. Se tal acontecesse (Alexandre x Roma) seria uma guerra sem dividendos, ao ver do grande filósofo, esse é meu ponto de vista. Eles ainda eram muito pobres. Não valiam nada! Muitos problemas e, poucos tesouros. Gregos contra gregos, novamente! E assim, o jovem general macedônico parte para a Ásia buscando essencialmente apoderar-se de tesouros e valores acumulados por seus povos durante centenas de anos. Ouro!

ALEXANDRE DA MACEDÔNIA

É claro que Alexandre da Macedônia detinha um projeto para a sua "própria" Antiguidade – imenso, provavelmente orientado e gestado por Aristóteles – objetivando transformar a tudo e a todos em um grande mundo helênico, introduzindo na história do homem a presença "esperta" do ser grego e devolvendo à história do *seu povo*, o que os povos do mar e outros tinham lhe tirado no passado. Para "financiar" esse sonho ou megaprojeto (de Aristóteles) o jovem general avançou com os seus exércitos até a Índia, pilhando, roubando e acumulando tesouros centenários. Enfim, capturar numerário expressivo para seus projetos. Alexandre da Macedônia foi um grande general e também um megaladrão. Determinados povos que os macedônios agrediram não os incomodavam estrategicamente em nada. Portanto, considere-se como lamentável a ação do pupilo de Aristóteles.

A minha leitura é que Alexandre e os jovens generais macedônicos (onde se destacava Clito), de certa forma, representavam o "cérebro conquistador e guloso" e ao mesmo tempo o "braço armado" de Aristóteles sonhando com uma Grécia Magna, onde todos pudessem conviver em uma conjuntura de *pax*, perdoando os gregos em todas as suas ações uma vez que esses se não eram deuses, mas eram quase deuses. Que imensa ousadia! Que enorme deboche! Se fosse necessário matar para que esse *desideratum* acontecesse – à morte! Dever cívico!

Assim, as campanhas de Alexandre, apresando imensos tesouros e reorganizando o comando vértice das áreas conquistadas, visariam, portanto (e essencialmente), estabelecer uma imensa paz grega territorial, sem ódios entre irmãos e com extraordinária base terrestre, amortecendo riscos e desestabilizações repentinas. Esse, a meu ver, o sonho de Aristóteles. Alexandre por muito pouco não o viabilizou. Esteve muito próximo, mas os deuses conspiraram contra! E o álcool também! Muito sangue foi derramado.

O primeiro grande homem-sistema da humanidade ambicionava uma Grécia expandida, sólida e consistente. Aristóteles, a meu ver, desejava uma Grécia com o porte de um grande Egito (inclusive absorvendo-o), com centenas de milhares de pessoas abrigadas em uma economia autossustentada e com instituições fortes. Essa imensa Grécia ele tentou fazer nascer nas mãos de Alexandre. Quase tudo deu certo, mas uma febre do pântano ou algo similar, de fato, abortou o grande empreendimento. O espírito grego não morreu nunca! Aliás, jamais morreria com seus erros e acertos! Roma prosseguiu e perseguiu o provável sonho (certo ou errado) de Aristóteles, frio e objetivo. O Ocidente também!

Os romanos realizaram uma leitura clara das ações de Alexandre e adotaram uma postura idêntica. Pilharam, roubaram e também mataram, reverenciando ao máximo o estilo do jovem general macedônico. Com certeza, a influência estratégica de Aristóteles, direta ou indiretamente, foi imensa. Júlio César, por exemplo, deslocou-se para a Gália essencialmente em perseguição de seus ricos tesouros acumulados durante séculos. Enfim, ouro! Essa a sua motivação central. Ele não poderia mais contar com Crasso, o seu miliardário financiador!

Os recursos equivalentes aos tesouros capturados dos povos gauleses seriam destinados e direcionados para desenvolver e sustentar os seus próprios projetos políticos em Roma, inclusive as pesadas subvenções para os seus partidários, indispensáveis para a estabilização permanente de si próprio e integrantes de seu grupo, além do apoio direto por ocasião de eleições onde se votariam seus interesses. O voto em Roma custava um preço muito alto. E César deve ter pensado o seguinte: "Ser rico antes de tudo e, depois ver o que pode acontecer. Quando você for rico e outros pobres, seja generoso e faça então a *pax*. Seja ela a *helênica* ou *romana*. Os velhos tempos já se foram. Dinheiro é essencial, venha de onde vier. Não há mais tempo!" *Os rios de sangue tornaram-se assim cada vez mais volumosos. Nunca mais se falou de Creta!*

Ao mesmo tempo a elite romana herdaria da correspondente grega o seu proverbial horror ao trabalho braçal e o seu incomensurável amor aos privilégios de todos os tipos e matizes. Roma era a capital mundial da "privilegiação". E sendo assim, criaram uma catedral para o ócio (onde o Coliseu e as Termas eram parte principal) ao lado do Fórum, essa ágora latina e ladina por sua vez, a Catedral Das Discussões E Debates. O desespero pelo *status*! E com base nesse binômio ócio-fórum rediscutiram o mundo e criaram a *pax* romana. O discurso cínico de Roma através de muitos séculos teria sido o seguinte para as populações por ela dominadas: *"Vocês poderão sobreviver com dignidade, mas desde já fiquem notificados que excedentes de produção, riquezas e tesouros, convergirão sempre (de alguma forma) para o poder central, de modo direto ou indireto, quando necessário. Todos estão na terra apenas para servir Roma, inclusive àqueles que eventualmente se apresentem como muito ricos. Ninguém é ninguém, confrontado com o Estado de Roma e seus interesses maiores ou menores. Os patrícios, os aristocratas – atentem – são os perfeitos representantes de Roma. Eles são o poder".*

Assim, o seu imenso apetite financeiro e também econômico era sempre justificado pelas elites dominantes como absolutamente necessário para financiar a polis e seus territórios, no enfrentamento do presente e do futuro. E com os seus (geniais) intelectuais de plantão. Aliás, Cícero foi um deles. Talvez o mais importante de todos. *"Enfim, trabalhem todos bem mais para Roma, o seu Senado, as famílias patrícias, a guarda pretoriana e as legiões. O resto é detalhe, vem depois! Daremos um jeito! O Senado de Roma sempre encontrar uma solução que satisfaça a elite e não irrite muito o povo. Pelo sim, pelo não, circo, diversão e pão!" Melhor que isso, só "dois issos" – seria o discurso padrão das elites.*

Por último, mas não menos importante, deve-se reconhecer que o início do Ocidente corresponde ao estabelecimento da cidade de Jericó com suas muralhas, torre, Deus, capela, fonte, colmeias, pomares, ruas e residências, obras de arte (mesmo que sejam crânios trabalhados e singelamente enfeitados) – também talhadas em pedra, 8000 a.C. – ao lado do manejo competente do trigo e dos animais domésticos. Agir, criar e sentir. As outras presenças, como já dito, foram apenas novos reinícios, buscando, cada uma misturar, na dose que julgava certa, o trigo, a água e o sangue.

A Mãe Terra tudo assistiu, assiste e assistirá. De quando em vez, rugirá como fera ferida. Surpreendendo, destruindo. Com imensa força e sem hesitações. E tudo, novamente recomeçará. Essa é a lição dos tempos! Sempre que puder, com extremo bom senso, sabedoria e inteligência peregrina, o espírito de Creta retornará. Enfim, que sempre o trigo e a água abafem o sangue. Essa, de fato, a grande estratégia. Longa vida, Creta! Você trabalhou para que isso acontecesse.

Afinal qual é mesmo a sua mensagem, Creta, congelada no tempo? É simples, a inteligência estratégica bem trabalhada conduz consigo uma alta probabilidade de superar desenhos perversos da força. Venha ela de onde vier, e se o caso, mesmo quando produzidos pela Mãe Terra. Você retornará sempre Creta! Você é apenas a inteligência política do homem, no seu mais alto grau, buscando e honrando, ao mesmo tempo, a paz e o sucesso. O trigo e a água tentando abafar o sangue. Mais uma vez! Você Creta é muito mais que um maravilhoso arranjo urbano. Você talvez represente a melhor "fotografia" entre todas de um processo estratégico extraordinário. Brilho na vida cotidiana, irmanada com autoridade e austeridade estratégicas, disciplinamento tático e aplicação operacional. Só isso! Para que mais? Sorria!

Um ponto interessantíssimo unindo vários momentos da grande história refere-se a Troia. Com efeito, essa polis (muito pequenina) além de suas funções logísticas e econômicas no Egeu interligadas com Creta vincula-se ao fato de que ela, com certeza, materializava um *point* importantíssimo do encontro de várias culturas: egípcia, minoica, micênica, hitita e mesopotâmica. Suspeito que acontecessem festas anuais onde se destacava a paixão pela equitação e artes equestres, com especial destaque para as corridas de bigas e quadrigas. Um momento de trégua total, precursor das olimpíadas, com certeza. As corridas equestres propagaram-se abertamente para a Etrúria (ou melhor, dizendo, várias cidades etruscas) e em seguida para Roma no Circus Maximus e Circus Flaminius. Observe-se que o Circus Maximus, concluído em 330 da nossa era (com dimensões de 645m x 124m), poderia receber cerca de 150 mil espectadores, como apresentado na publicação Guide Roman Antique de Georges Hacquard, J. Dautry e O. Maisani. Nero foi um campeão olímpico. Organizou uma corrida equestre única onde ele foi o único concorrente!

E, finalmente, as corridas iriam acompanhar a história de Roma *pari passu* encerrando-se com o extraordinário hipódromo em Bizâncio até a queda do Império Romano do Oriente em 1453. *Em outras palavras, é curioso que a presença da arte equestre desenpenhasse o papel de um dos mais notáveis integradores de todas essas culturas durante milhares de anos.*

As ruínas e os trabalhos dos arqueólogos indicam que Troia era uma aglomeração urbana de pequeno porte. Suponho, entretanto, que no seu exterior e arredores próximos estabeleciam-se tendas e barracas luxuosas ricamente decoradas, currais e outras utilidades integrantes de um grande acampamento. De certo modo, e de uma forma poeirenta, repetia-se – assim suspeito – em Troia uma Creta caipira sem o Minos. Dessa forma, disponibilizariam todas as facilidades oferecidas pelos minoicos, tais como lojas, exposições, prostíbulos, hotelaria, ambientes destinados a leilões de escravos, saltos sobre touros e tudo mais! Não tenho a menor dúvida que nesse grande ambiente existiria uma pista de corridas para disputas equestres, como também deve ter ocorrido em Creta. As peças de carros equestres desmontadas e localizadas nos subterrâneos do palácio de Cnossos destinavam-se, a meu ver, não á guerra e sim a esses jogos equestres em ambas as cidades.

Nas grandes festas essa notável aglomeração deveria se expandir ainda mais expressivamente, reunindo etnias de todas as partes da Grande Antiguidade. Um maravilhoso espetáculo cênico! Quando as agressões e pilhagens anunciavam-se, enrolavam-se as tendas e todos partiam velozmente, menos os habitantes da cidade (será?) que resistiriam (ou não) ao ataque. Concluído o ataque e a pilhagem, tudo voltava progressivamente ao normal. E Troia ao seu jeito, como Creta aliás, também renasceria. Novas tendas, aos milhares. Novos momentos. Novas Tróias

UM GRANDE FUTURO PARA A GRANDE ANTIGUIDADE

Torna-se cada vez mais necessário que países desenvolvidos e em desenvolvimento, organizações internacionais e corporações destinem cada vez mais recursos para "mergulhos orientados" no passado no sentido de entendermos cada vez melhor o futuro que nos cabe por meio de nossos ancestrais. Estou certo de que nos próximos anos e décadas surgirão descobertas surpreendentemente importantes em cavernas, depósitos profundos, reescavações e trabalhos no mar em antigos portos, cidades submersas etc. Suspeito também que ocorram concretas possibilidades de descobertas notáveis em material já coletado e abrigado (esquecido) em museus, bibliotecas e organizações de pesquisa, ainda não estudados, no mundo inteiro: Atenas, Berlim, Londres, Roma, Nova Iorque, Washington, Paris, São Petersburgo e outros.

Torço, por exemplo (e sem qualquer ironia), para que, por exemplo, no Museu da Quinta da Boa Vista, no Rio de Janeiro, uma jovem arqueóloga descubra no fundo falso de uma caixa, uma coleção de tablitas cuneiformes, adquirida por d. Pedro II na sua viagem ao Oriente e à Palestina no século XIX, até hoje não trabalhada por nenhum pesquisador. Misteriosamente esquecida, porém muito bem guardada e protegida em um local muito especial. E que então em sequência, investigadores do próprio museu e das universidades – UFRJ, UFF, Uerj, USP, Unicamp, UFMG, UNB e das PUCs do Brasil – entre outras, possam trabalhar esse material realizando descobertas notáveis sobre a Grande Antiguidade. Bem, esse é o meu desejo. Brincadeiras à parte, tenho firme suspeita que deva existir no mundo inteiro material coletado riquíssimo (e disponível) e ainda não estudado, devido à carência de pessoal e de recursos. Que pena! Há que se investir no passado! Em museus! Em equipes qualificadas! Em acervos! Em bibliotecas especializadas!

A propósito, no meu entendimento a biblioteca de Alexandria detinha um repositório de obras duplicadas em algum local razoavelmente protegido de maremotos, inundações e efeitos desdobrados de terremotos, guerras, devastações e incêndios. Em Alexandria verificava-se uma concentração de sábios de notável envergadura na Antiguidade. Aliás, os melhores! É inadmissível imaginar-se que esses cérebros não tenham providenciado uma "biblioteca clone" do grande acervo existente na cidade. Penso que pesquisas sistemáticas num raio de até 50 km da antiga biblioteca poderão localizar a descoberta de um dos maiores acervos culturais da história da humanidade.

Imaginem-se rotas alternativas que pudessem ser efetuadas pelos bibliotecários-chefe e suas comitivas de camelo ou muares conduzindo as "duplicatas", pergaminhos e tablitas e, talvez, após esse jogo lógico estaremos nos aproximando hoje do mais completo conjunto organizado de obras relativas à inteligência do homem na Antiguidade. Constitua-se um ou mais grupos com arqueólogos, egiptólogos, historiadores, geólogos e engenheiros conhecedores da região e área de influência da velha Alexandria, sejam de nacionalidade egípcia ou de outros países para se proceder à realização de um jogo consistente, onde um grupo selecionado de pessoas representará os bibliotecários-chefe da cidade gênio (assim a denomino), expondo aos técnicos e militares as suas necessidades de espaço físico requeridas para abrigar os milhares de documentos clonados, a serem abrigados a não mais que *n* dias das instalações existentes. Esses especialistas, todos, voltarão no tempo, simularão possibilidades viáveis e sinalizarão situações onde possivelmente a biblioteca clone deverá ter sido instalada.

Efetuando-se esse mapa de possibilidades julgo que a mesma poderá surgir maravilhosa aos olhos de todos nós, em um período de tempo bem mais curto que se possa imaginar, numa grande gruta ou num anexo (subterrâneo) de uma antiquíssima pirâmide, palácio, templo ou fortaleza! Vamos torcer para que essa minha hipótese/desejo possa mesmo acontecer! O mundo inteiro lucraria!

Em sã consciência, não é mesmo possível admitir que não existisse uma biblioteca clone da antiguíssima unidade de Alexandria. *Mutatis mutandis* é como se os grandes sábios da época ignorassem que um dia eles iriam morrer. A destruição da biblioteca e/ou a queima desumana dos seus livros iria acontecer em um determinado momento. Tratava-se de uma desgraça anunciada. E é só por isso que suspeito que a sua biblioteca gêmea (ou gêmeas) existe em algum ponto do Egito. Onde ela estará? Bem perto da inteligência de todos nós. Ela surgirá aos nossos olhos e nesse instante iremos assistir a uma das mais espetaculares guerras intelectuais da história da humanidade, com historiadores e pesquisadores do mundo inteiro disputando asperamente pergaminhos e tablitas, abrigados e preservados em seu seio.

E aí os egípcios mais uma vez tornarão viva a sua competência milenar, administrando a "guerra dos pergaminhos" com grande sensibilidade, e todos juntos lucrarão, então! Por favor, senhor arqueólogo maior, não se esqueça então do Museu Nacional da Quinta da Boa Vista no Rio de Janeiro. A propósito, se desejarem me presentear com um inédito de Aristóteles, fiquem certos que aceitarei, apesar de suavemente constrangido! Depois de degustado, doarei-o à Biblioteca MHS da Fundação Getulio Vargas a quem muito devo.

Novas técnicas em todos os campos conspirarão para a intensificação e sucesso das pesquisas *in loco*. Aliás, já estou me imaginando em Creta assistindo os trabalhos relativos à recuperação de relíquias arqueológicas, só assistindo, é claro, e observando os esforços para a localização de um grande hipódromo, lá em Troia. Ele existe, é fato! Aliás, o cavalo de madeira de Homero de certa forma é uma homenagem (ou ironia) do poeta relativamente ao amor de Troia e Hatusa pela arte equestre e seus desdobramentos. Um tanto quanto irônico, devemos reconhecer.

Homero, com especial propriedade, sabia dos pontos fortes e fracos de cada um. Ao escrevermos sorrindo, brincando (sério) com os fatos a tarefa corre mais suave, mais leve e mais gentil. Penso que Homero (ou Homeros) escrevia e declamava sorrindo. *"Pois é troianos, os senhores gostam de cavalos, não é? Muito! Verão então na minha história o cavalo com que serão presenteados. Será um luxo só!"*

E, dentro dessa linha de um grande futuro para o entendimento cada vez mais rico da Grande Antiguidade, observe-se a notícia científica extraordinária relativamente ao Neandertal publicada no jornal *O Globo* trazendo luz para um dos mistérios mais provocadores das origens do homem.

Um genoma notável

O homem de Neandertal, aquele parente extinto mais parrudo da humanidade, de certa forma ainda vive. Dentro de nós. Numa das maiores realizações da ciência recente, 56 pesquisadores de 22 instituições de Europa e EUA decifraram o genoma do homem de Neandertal. Pela primeira vez, o DNA de uma espécie extinta foi sequenciado e visto em detalhes. E o trabalho provocou a controvertida ideia de que os homens modernos (nós, *Homo sapiens*) e os de Neandertal (*Homo neandertalenses*) cruzaram e tiveram descendentes. Genes do Neandertal vivem em nosso genoma. De certa forma, disseram os cientistas, somos um pouco neandertais. Cerca de 4% de nossos genes seriam herança do Neandertal.

As três avós

O estudo foi realizado apenas dez anos depois de o genoma humano ter sido decifrado. Destaque na *Science*, o trabalho é um feito do grupo liderado por Svante Paabo, do Instituto Max Planck, na Alemanha. Os cientistas conseguiram obter amostra do DNA de três mulheres Neandertais, com cerca de 38 mil anos. O trabalho analisou também numerosos ossos de Neandertais descobertos em Croácia, Rússia e Espanha, além de Neandertal original, da Alemanha.

Arte e religião

O homem de Neandertal surgiu há cerca de 300 mil anos e desapareceu há 30 mil. Habitou o Oriente Médio, Europa e partes do oeste da Ásia. Os primeiros esqueletos foram descobertos no século XIX no Vale do Neander, na Alemanha. Sua constituição robusta fez com que os Neandertais se tornassem o estereótipo dos "homens das cavernas". Pesquisas recentes, porém, sugerem que chegaram mesmo a desenvolver religião e arte. Não se sabe se podiam falar.

A presença do Neandertal

— Os Neandertais não estão totalmente extintos. Carregamos o Neandertal em nós. Todos aqueles que vivem fora da África têm um pouco deles em si – destacou Paabo.

Como observa Svante Paabo, "vamos refinar o trabalho e aprender muito sobre nós mesmos". Nem promessas, nem pretensões. Apenas ações! Cada dia, com certeza, aprenderemos mais sobre as comunidades e as polis da Grande Antiguidade, seus erros, acertos, enfim, possibilitando-nos a construção de novas *linkages* muito especiais. Atuais, replicáveis! Portanto, muito resta a acrescentar. *O trigo, a água e o sangue* buscou exatamente interagir com esse desafio no universo da estratégia, reunindo tempos antigos com tempos mais recentes. Existe muito ainda a se descobrir.

A mais poderosa mensagem da Grande Antiguidade é que a inteligência e o saber, processados e acumulados, representam o ativo fundamental na construção de ambientes estratégicos, formatados para uma longa existência e permanência: capital intelectual, agilidade estratégica e sensibilidade política. Apesar do notável grau de sustentação manifestado em várias situações, a estrutura finamente elaborada desestabiliza-se seriamente sempre que ocorrerem agressões violentas processadas pela Mãe Terra. Pensar é preciso. Preconceituar não é preciso. Conectar é preciso. Radicalizar não é preciso. Voltar ao passado é preciso. Bem entender o presente é preciso. Intuir o futuro é preciso. Ignorar o tempo, não é preciso! Essa é a lição do que se pode denominar de estratégia histórica ou história estratégica. E como é imporante para todos nós analisar o ontem, bem interagir com o hoje e preparar-se para o amanhã.

CAPÍTULO 18

PRÓLOGO PARA UM *POSTFÁCIO*: O RETORNO DO DRAGÃO

— O que torna belo o deserto – disse o principezinho — é que ele esconde um poço em algum lugar.

(Saint-Exupéry, 2009:76)

A construção artística ou literária no âmbito de uma pesquisa, qualquer que seja ela, pode ser focada sob muitos ângulos: clareza, linearidade, criatividade, ritmo e outros. Aliás, um crítico literário, qualquer que seja, possui cânones próprios de observação por meio dos quais filtra a obra em estudo e a comenta.

Efetuada essa "filtragem", ao lado de "decantações" e "centrifugações" literárias, o crítico (em função de sua experiência, preparo e sensibilidade) transmite ao seu público (leitores) onde se verificam (se o caso) agregações de valor ao correr do texto analisado. Ou não! *Quanto mais sofisticado, completo e culto for o crítico, maior será a sua capacidade de "pinçar" com muita propriedade contribuições singulares da obra em análise, efetivamente diferenciadas.*

Quando se trabalha com estratégia – e esse é o meu mundo vivencial e acadêmico –, as contribuições emblemáticas efetuadas processam-se quase sempre por meio de *insights*. Aliás, não só em estratégia. Em inúmeros campos também. E o que seria um *insight*? Nada mais do que uma (nova) janela de como se observar um tema, uma questão, um universo técnico, histórico, artístico. Um *insight* não é mesmo uma síntese. Longe disso. Aliás, bem longe disso. A síntese, por melhor que seja, é uma perda. *Insight* é uma soma.

Penso que este livro é uma pesquisa que tem contribuição a acrescentar (*insights*). Trata-se de algo diferente de proposições eruditas e, ao mesmo tempo, despojada de pretensões científicas. Nesse contexto, pode-se visualizar o *insight* como materializando uma formulação bem diferenciada, não necessariamente demonstrável no momento, porém logicamente encadeada na sua elaboração.

O *insight* busca de modo decidido iluminar um caminho a ser trilhado e conduz o leitor por atalhos de raciocínio não trabalhados até o momento. O *insight* é claro, e não poderia ser diferente, insere-se num contexto de saber consolidado e criteriosamente organizado (ainda em desenvolvimento), questionando, individualizando e garimpando "desenhos prováveis" de ocorrência (e laborabilidade) altamente consistente na ótica do pesquisador, de fato. O *insight*, portanto, jamais poderá agredir a erudição. Longe disso. Quando muito dela discordar (eventualmente) mantendo, entretanto, extremo respeito por todos os esforços acadêmicos e investigatórios realizados no campo.

Um *insight* busca a criatividade, a centelha, a ignição, a percepção, a descoberta. Ele surge de conectividades insólitas, *linkages* provocadoras. Um *insight* não explica o paredão de pedra chapado, vertical, matador. Ele é apenas o gancho (providencial) novo que fixamos na pedra por onde vão correr nossas cordas (e o nosso peso) para subir cada vez mais alto. Ver o mundo lá de cima é a grande recompensa. E é claro que o paredão (sem ele não existe a escalada) tem tudo a ver com a erudição. O *insight* deve ser entendido como a estrutura amiga, companheira e sem preconceitos. Porém, surpreendente. De certa forma, apenas um filho rebelde da erudição. Um primo voluntarioso da construção acadêmica clássica. Briguento, brigador, talvez. Inimigo, jamais, mesmo porque existe imenso espaço para ambos e ambos se complementam.

Portanto, um *insight* deve ser entendido como uma provocação técnico-intelectual (qualquer que seja o campo) capaz de atiçar o nosso pensamento, as nossas reflexões, catalisando e alavancando novos raciocínios, algumas vezes bem mais potentes que os realizados originalmente pelo próprio autor/pesquisador.

É dentro desse exato contexto que busquei neste livro identificar densos *insights* que nos permitam aprofundar na grande saga da construção estratégica do Ocidente. Aliás, já realizei esse trabalho em *Sagres – a revolução estratégica* e em minhas pesquisas sobre Pedro, o Grande, da Rússia. Tenho certeza, ou melhor dizendo, suspeito com firmeza, que alguns dos *insights* identificados em *O trigo, a água e o sangue* são de construção inédita, como por exemplo, a leitura de Creta e seus piratas, de Troia, dos etruscos, da formação do exército egípcio, do manejo da nação voltada para o risco, os hititas, do conglomerado de Cnossos, da rapacidade grega, da terceirização praticada no reino dos faraós, da biblioteca gêmea de Alexandria, da invenção da escrita pelas comunidades, da "linear A" de Creta, da diáspora minoica, do "aculturamento" dos gregos micênicos, da construção de um passado falso e heroico por Homero, do garroteamento estratégico dos povos da Mesopotâmia, do *benchmarking* romano da Grécia, da crítica desesperada de Sócrates, da racionalidade aristocrática de Platão, do oportunismo genialmente abrangente de Aristóteles, de Alexandre da

Macedônia e de Júlio César, saqueadores competentes de muitos povos, do comércio de "carregação" dos fenícios, da ordem, da isotropia comunitária, das comunidades, o tsunami dos povos do mar e várias outras. Tenho certeza de que esses *insights* poderão provocar em alguns uma real adesão ao tema para reflexão.

O QUESTIONAMENTO DO DRAGÃO

Quando se apresentava um trabalho ao Mario Henrique Simonsen – o Dragão entre os projetistas – ele geralmente realizava no seu balanço final um questionamento nuclear (provocador) relativamente à análise empreendida. Se você fosse capaz de responder de imediato era bem provável que você detivesse um amplo conhecimento sobre todo o tema estudado. Essa atitude "perversa" e "sagaz" praticada pelo Dragão era incrivelmente capaz de avaliar a dedicação e a atenção que tivesse sido destinada e conferida ao desafio em estudo por uma determinada pessoa. Eu fui essa pessoa muitas vezes. Desde o tempo de "escraviário" a projetista pleno, penso que dei conta do recado. Não só eu, é claro. Arlindo Lopes Corrêa, Augusto Jefferson de Oliveira Lemos, José Antônio Rodrigues,Sérgio Rodrigues e vários outros que com ele trabalharam na Consultec S/A.

Se o Dragão estivesse ainda aqui entre nós, com certeza, eu iria lhe apresentar e discutir este livro a partir das 21h em um dia bem agendado com folga em sua casa. Duas horas após intensa leitura solitária ele efetuaria a esperada pergunta diabólica: "LF, venha cá. Desses povos todos, qual foi o que mais lhe interessou?", emoldurando o questionamento, com um sorriso imenso, o queixo apoiado nas duas mãos e um cigarro esvaindo-se lentamente entre seus dedos. Sem hesitar diria: "Os hititas, Dragão". E ele prosseguindo comentaria: "Sai dessa, LF. Por que os hititas? E os gregos, LF, você se esqueceu deles? Veja lá!"

É simples Dragão, muito simples: eles venceram dificuldades, desenvolveram a metalurgia do ferro, o carro de combate, plantaram ao tempo, correram riscos imensos, eram bons combatentes, agentes logísticos extraordinários, excelentes comerciantes, amavam as pessoas, respeitavam as minorias, criaram Troia (com Creta), operaram com governos participativos, trabalhavam intensamente com imenso amor à vida e, também Dragão, no meu entendimento, foram eles os primeiros que ensinaram um povo, como um todo, a sorrir, de bem com a vida e com a paz. E amavam os cavalos. E, a propósito, constituíram a primeira civilização equestre da humanidade. Deslocamentos em alta velocidade! Aliás, foi o Carlos Ivan a primeira pessoa que me alertou para a relevância estratégica dos hititas.

Os hititas desenvolveram códigos institucionais, e enfrentaram os egípcios na maior batalha conhecida da Antiguidade (Kadesh) contra o reino do Egito, onde causaram imensas dificuldades para Ramsés II e cujo desfecho foi um espetacular empate técnico, do qual nasceria um tratado de paz extremamente sofisticado confirmando também a competência diplomática desse povo. Construíram uma cidade subterrânea denominada Derinkuyu na região da Capadócia, na Anatólia Central, hoje Turquia, onde o primeiro nível foi escavado pelos hititas proximamente a 1400 a.C. Trata-se de um projeto interessantíssimo, sendo que já se atingiu a profundidade de 45 metros, supondo-se que se chegue a 85 metros.

Admite-se que pelo menos 10 mil pessoas poderiam se abrigar nos seus recintos, com um acesso regulado por portas circulares de pedra que não permitiam o ingresso dos inimigos. Observe-se que Derinkuyu contava também com um túnel de 4 km que permita o deslocamento para outra cidade subterrânea, denominada Kaymakl. Tanto Xenofonte quanto Anabasis referiam-se a essas cidades subterrâneas onde, além de residências, encontravam-se estábulos, templo, cozinhas e depósitos. Essa estrutura era servida por um rio subterrâneo e contava com sistema de ventilação muito sofisticado.

É provável que essa cidade devesse operar como uma "capital alternativa" dos hititas, onde em situações emergenciais correspondentes a guerras e conflitos, lá se refugiavam a corte e os altos funcionários e também, com certeza, em esconderijos muito especiais protegiam seus tesouros. Quem sabe Dragão se não encontrão em suas profundidades e entranhas tesouros maravilhosos ainda não revelados? Mas, voltando ao tema central, penso mesmo que a grande e extraordinária contribuição hitita foi "fazer" o seu povo sorrir. Essa atitude representa muito, não é Mario Henrique?!

"Pode ser, LF, pode ser. Quer dizer que os hititas colocaram o povo a sorrir, LF? Isso é novo. Vamos discutir essa questão com os sociólogos. É uma bela questão!" Em seguida levantando-se lentamente quase à meia-noite diria: "Vamos jantar". Um maravilhoso picadinho na faca, acompanhado de arroz mágico, Coca-Cola geladíssima e água mineral com bolinhas. "Ensinaram o povo a sorrir, LF. Essa é bem diferente. Vou pensar no assunto. Mesmo!"

Enfim, um autor é como se fosse o condutor de uma peça teatral, a qual vai deslizar por entre *insights* e sentenças fortes buscando invadir os cérebros, interagir com os corações e provocar emoções em seus leitores (espectadores). A propósito, acompanhem, por favor, o genial prólogo da tragédia *Henrique V*, de William Shakespeare.

Prólogo

Coro:

Se de musa de fogo eu dispusesse
para escalar o céu mais rutilante
da invenção! Por teatro, um grande reino,
príncipes como atores, e monarcas
para a cena admirável contemplarem!
Então viria o belicoso Henrique
tal como é mesmo: qual um novo Marte.
Como cães ajoujados, em seu rastro
seguiriam a fome, a espada e o fogo,
pedindo ocupação. Mas meus amáveis
espectadores, perdoai o espírito
pouco altanado que a ousadia teve
de evocar tal assunto em tão ridícula
armação. Poderá este pequena
rinha de galos abranger os vastos
campos da França? Ou nos ser possível
pôr neste O de madeira os capacetes
que os ares de Azincourt aterroraram?
Oh, mil perdões, que uma figura curva
Representa milhões em pouco espaço.
Por isso, permiti que nós, os zeros
desta importância imensa, trabalhemos
por excitar a vossa fantasia.
Imaginai, portanto, que, reunidos,
contemplais no interior deste recinto
dois possantes impérios, cujas frontes
confinantes e altivas, separadas
se encontram pelo oceano estreito e inçado
de perigos. Supri com o pensamento
nossas imperfeições. Cortai cada homem
em mil partes e, assim, formai exércitos
imaginários. Quando vos falarmos
em cavalos, pensai que à vista os tendes

e que eles as altivas ferraduras
na terra branda imprimem, pois são vossos
pensamentos que a nossos reis, agora,
hão de vestir, levando-os para todos
os lados, dando saltos pelo tempo,
concentrando numa hora de relógio
fatos que demandaram muitos anos.
Porque nos saia bem todo esse agouro,
Permiti que eu vos sirva ora de coro
E vos impetre paciência expressas
Para julgardes esta nossa peça.
(Shakespeare, 2008:217)

Portanto, senhores leitores, é importante que com seus pensamentos ajustem as imperfeições eventuais de meus *insights*, mobilizem seus exércitos, galopem com milhares de cavalos a terra macia, vejam mesmo o que não vi, falem com reis, deem saltos no tempo transformando em instantes a eternidade do homem. Pensar é preciso! E, lembrem-se bem, os *insights* são filhos de nossas almas com nossos cérebros – sendo e compreendendo. São lanternas na popa e na proa! Canhões de luz transformando destinos em futuros. E ademais nunca é demasiado repetir Fernando Pessoa que deveria ser lembrado em todas as manhãs e por todo o sempre, como a mais gigantesca sentença entre as maiores do idioma português: "Tudo vale a pena se a alma não é pequena".

Pois é Dragão – esteja onde você estiver – à sua provocação me escolhi como um cavaleiro hitita. Nunca os vi, mas sempre amei esse povo. Estou hoje cavalgando um corcel notável, levando nos ombros um arco companheiro-irmão, imenso, fatal e mortal. Muitas e muitas flechas em duas aljavas prenhas e sábias. Uma generosa túnica vermelha que minha bela mulher teceu, linda de morrer, também majestosa, compondo, caindo mesmo na vertical, ocupando o seu espaço e também vestindo o meu cavalo. Estou ultrapassando o grande portão de Hatusa, vendo os governantes bem governar, os políticos a bem discutir, homens a trabalhar, as longas caravanas partindo e chegando, os comerciantes e o seu alvoroço, as boiadas e os rebanhos a marchar lentamente, gente de todas as nações do mundo, deuses em profusão, tolerância e respeito totais, transformando perdedores em vencedores, curando feridas, semeando esperança e colhendo realizações. Muitos idiomas, dialetos, gestos e, finalmente, mulheres, crianças, idosos e escravos, todos a sorrir. Até esses últimos, se é que isso é possível! Reúno então o meu cavalo, dou-lhe um comando leve e vou me deslocando lentamente por ruelas saltitantes e avenidas grandiosas. Rumo às escadarias do grande palácio. Apear e galgá-las orgulhoso! Lá eu sou também amigo do rei, Dragão. Naquela terra Mario Henrique, onde o tempo se escondeu sorrindo, todos são amigos do rei. Longa vida, Mario.

Quando se conclui um trabalho que, aliás, nesse caso – pelo menos em minha opinião, foi de imensas proporções – a gente se pergunta por que resolvemos enfrentar o desafio. Muitos anos, mesmo! Descrevo a seguir em breves palavras como tudo isso surgiu e quais foram os principais desafios enfrentados ao correr da pesquisa.

Desde a infância, conduzo comigo o mistério de Creta (provocado por Monteiro Lobato) e a agonia de Napoleão (atiçado pelo *Tesouro da Juventude*). Quase 60 anos após, resolvi enfrentar ambos os desafios e buscar entender essas questões. A presente publicação, *O trigo, a água e o sangue: as raízes estratégicas do Ocidente*, refere-se a Creta. *O céu, o sol e as sombras* já está se encarregando de Napoleão. A pesquisa aqui concluída inicia-se em 20000 a.C., onde se processa a eclosão do aquecimento da Terra e se entende até 1200 a.C, momento climático terrível para a humanidade. Portanto, os marcos inicial e final do trabalho são sinalizados por mudanças ambientais radicais provocadas pela Mãe Terra. Denominei esse período de a Grande Antiguidade. A pesquisa empreendida é muito complexa, pois não se conta com expressivos relatos escritos. Aliás, pouquíssimos. Aproximei-me então desse período por meio de instrumentos estratégicos e comunitários, principalmente, para buscar visualizar como o homem construiu e encadeou seus próprios ambientes estratégicos. Todos construíram seus ambientes próprios estratégicos e uniram-se como elos formadores do Ocidente. Busquei por meio de conectividades "pinçar" *insights* para ver o que não está bem visível. Como bem diz Saint Exupéry no seu *O pequeno príncipe*: "E pensava. O que eu vejo não passa de casca. O mais importante é invisível".. Pois é, com a Grande Antiguidade aprendeu-se a pensar. Todos os elos nos ensinaram a pensar. E também a agir. Talvez Creta, Grécia, Suméria e Egito tenham sido os principais nessa missão, além da comunidade. Pensar para ver o que invisível. "*Insightar*" e dessa forma somar. Apenas somar. Aliás, esse é o maior de todos os *insights*. O resto é resto. É sempre recomeçar!

Luiz Fernando da Silva Pinto

Janeiro de 2011

REFERÊNCIAS BIBLIOGRÁFICAS

1. ALEXANDER, Caroline. Ecos da era dos heróis. *National Geographic Brasil*, n. 37.

2. ANGELUCCI, Enzo; CUCORI, Attilio. *Ships*. Londres: MacDonald and Jane's, 1975.

3. ARQUEÓLOGOS RESGATAM PRIMÓRDIOS DA CIVILIZAÇÃO EUROPEIA. *The New York Times*, 3 dez. 2009.

4. AQUINO, Rubim Santos Leão de; FRANCO, Denize de Azevedo; LOPES, Oscar Guilherme Pahl Campos. *História das sociedades*: das comunidades primitivas às sociedades medievais. Rio de Janeiro: Ao Livro Técnico, 1980.

5. ARMERO, Álvaro. *Piratas, corsários y bucaneros*. Madrid: Editorial Libsa, 2004.

6. ARRUDA, José Jobson de A. *História antiga e medieval*. São Paulo: Ática, 1983.

7. ASCALONE, Enrico. *La Mésopotamie*. Paris: Éditions Hazan, 2006.

8. ATLAS DA HISTÓRIA UNIVERSAL/THE TIMES ATLAS OF WORLD HISTORY. Santiago, Chile: Sociedad Comercial y Editorial Santiago Limitada, 1992, 1995.

9. AYMARD, A.; AUBOYER, J. *História geral das civilizações – o Oriente e a Grécia antiga*. 2 ed. 1. vol. São Paulo: Difusão Europeia do Livro, 1957.

10. BACHA, Lourdes. *Escritos do antigo Egito*. Rio de Janeiro: Artium, 1997.

11. BAEDEKER. Crete. Baedeker Stuttgar, 1996.

12. BAMM, Peter. *Mar Egeu, berço de cultura*. 2. ed. São Paulo: Companhia Melhoramentos, 2004.

13. BERNSTEIN, William J. *Uma mudança extraordinária*: como o comércio revolucionou o mundo. Rio de Janeiro: Elsevier, 2009.

14. BLOCH, R.; MEININGER, P. *L'Orient et la Grèce*. Paris: Librairie Delagrave, 1929.

15. BOVO, Elisabeta (Coord.). *Grande história universal*: civilizações fluviais. Barcelona: Ediciones Folio, 2006.

16. BOYLE, Charles. *O mundo da natureza*. Nova Iorque: Time-Life Books, 1991.

17. BRADFORD, Alfred S. *With arrow sword, and spear*. New York: Fall River Press, 2007.

18. BRONOWSKI, J. *A escalada do homem*. Rio Janeiro: Martins Fontes, 1979.

19. CAMPOS, Roberto de Oliveira. *A lanterna na popa (memórias)*. Rio de Janeiro: Topbooks, 1994.

20. CARDOSO, Ciro Flamarion S. *História da Antiguidade*. Rio de Janeiro: Curso Platão, s/d.

21. CASELLI, Giovani. *As primeiras civilizações*. 3 ed. São Paulo: Melhoramentos, 1990.

22. CERAM, C. W. *A picture history of archaeology*. Londres: Thames and Hudson, 1958.

23. ______. *O segredo dos hititas*: a descoberta de um antigo império. 5. ed. Belo Horizonte: Itatiaia, 1973.

24. CHILDE, V. Gordon. *O que aconteceu na história*. Rio de Janeiro: Zahar Editores, 1960.

25. ______. *A evolução cultural do homem*. Rio de Janeiro: Zahar Editores, 1966.

26. CHOURAQUI, André. *Os homens da Bíblia, a vida cotidiana*. São Paulo: Companhia das Letras e Círculo do Livro, 1990.

27. COOKE, Jean et al. *Archaeology*. Londres: Grisewood & Dempsey, 1976.

28. DESCOBERTA CASA DA ÉPOCA DE JESUS. *O Globo*, Rio de Janeiro, 22 dez. 2009.

29. DESPLANCQUES, Sophie. *Egito Antigo*. Porto Alegre: L&PM, 2009.

30. DIAS, Mathilde de Carvalho. *Amor e trabalho*: recordações de uma fazendeira do sul de Minas Gerais. Rio de Janeiro: José Olympio Editora, 1973.

31. DRUCKER, Peter F. *Fronteiras do amanhã*. Rio de Janeiro: Fundo de Cultura, 1964.

32. DUARTE, Fernando. Um rei levado pelas cinzas. *O Globo*, Rio de Janeiro, 24 abr. 2010. Ciência, p. 24.

33. DUBY, Georges. (Dir.). *Atlas historique*. Paris: Larousse, 1992.

34. DURSCHMIED, Erik. *Como a natureza mudou a história*. Rio de Janeiro: Ediouro, 2004.

35. ECO, Umberto. *História da beleza*. Rio de Janeiro: Record, 2007.

36. EISELEY, Loren. *The epic of man*. Holanda: Time Life, 1962.

37. ENCICLOPÉDIA BRITÂNICA. v. 8. 1967.

38. ENDERS, Armelle; FERREIRA, Marieta de Moraes; FRANCO, Renato. *História em curso*: da Antiguidade à globalização. 1 ed. São Paulo: Editora do Brasil, 2008.

39. EYDOUX, Henri-Paul. *À procura dos mundos perdidos*: as grandes descobertas arqueológicas. São Paulo: Melhoramentos, 1973.

40. FINKEL, Michael; SCHOELLER, Martin. Hadzas. *National Geographic Brasil*, n. 117, dez. 2009.

41. FLEMING, Fergus. *A evolução das cidades*. Nova Iorque: Time-Life, 1990.

42. FREEMAN, Charles. *Egypt, Greece and Rome*: civilizations of the Ancient Mediterranean. Nova Iorque: Oxford University Press, 1996.

43. GALUPPINI, Gino. *Warships of the world*. Milão: Times Books, 1986.

44. GIBBON, Edward. *Declínio e queda do Império Romano*. São Paulo: Companhia das Letras, 2005.

45. GLOTZ, Gustave. *História econômica da Grécia*. Lisboa: Edições Cosmos, 1973.

46. GOMES, Fernando C. de Araújo. *A Ilíada (em forma de narrativa)/Homero*. 9. ed. Rio de Janeiro: Ediouro, 1999.

47. GRANT, Michael; POTTINGER, Don. *Os gregos*. Lisboa: Livraria Morais Editora, 1964.

48. GROSVENOR, Gilbert. *Everyday life in ancient times*. Washington: National Geographic Society, 1964.

49. GRUN, Bernand. *The timestables of History*: a horizontal linkage of people and events. Nova Iorque: Simon & Schuster, 1991.

50. HACQUARD, Georges; DAUTRY, J.; MAISANI, O. *Guide Romain antique*. França: Hachette, 1952.

51. HARRIS, J. R. *O legado do Egito*. Rio de Janeiro: Imago, 1993.

52. HART-DAVIS, Adam. *Coleção enciclopédia ilustrada de história*: origens. São Paulo: Duetto Editorial, 2009.

53. HELLANDER, PauL; OLIVER, Jeanne. *Crete*. 2. ed. Londres: Lonely Planet, 2002.

54. HESÍODO. *Agricultura e economia*. Vol. II. Biblioteca Internacional de Obras Célebres. Lisboa, Londres, Paris, São Paulo e Rio de Janeiro: Sociedade Internacional.

55. HICKS, Jim. *The empire builders*. 2. ed. Holanda: Time-Life Intenational, 1976.

56. HOMERO. *Odisseia*. Manuel Odorico Mendes (Trad.). São Paulo: Martin Claret, 2004.

57. HOOD, Sinclair. *A pátria dos heróis*: o Egeu ante os gregos. Lisboa: Editorial Verbo, 1969.

58. JAGUARIBE, Helio. *Um estudo crítico da história*. São Paulo: Paz e Terra, 2001.

59. KERORGUEN, Jacques de. *L'histoire des civilizations/L'age des cités*: de la Grèce Antigue aux empires d'Extrême-Orient. Paris: Librairie Hachette, 1961.

60. KIM, W. Chan; MAUBORGNE, Renée. *A estratégia do oceano azul*. Rio de Janeiro: Campus, 2005.

61. KONSTAM. Angus. *The history of pirates*. Londres: Mercury Books, 2005.

62. KRAMER. Samuel Noah. *Os sumérios*. Lisboa: Livraria Bertrand, 1977.

63. KYRIAKOPOULOS, Victoria. *Crete*. China: Lonely Planet, 2008.

64. LANGE, Kurt. *Descoberta do mundo*: pirâmides, esfinges e faraós. 4. ed. Belo Horizonte: Editora Itatiaia, 1964.

65. LEBEAL, Richard. O centro do poder. *História Viva*, Rio de Janeiro, v. 5, n. 61.

66. LÉVÊQUE, Pierre. *La naissance de la Grèce*. França: Galimardi, 1990.

67. LEVI, Peter. *A civilização grega*. Barcelona: Ediciones Folio, 2008.

68. LOBATO, Monteiro. *O Minotauro*. São Paulo: Brasiliense, 2003.

69. LOON, Hendrik Willien Van. *História da humanidade*. 4. ed. Rio de Janeiro: Livraria do Globo, 1941.

70. LUVAAS, Jay. *Napoleão na arte da guerra*. Rio de Janeiro: Record, 2001.

71. MANLEY, Bill. *Atlas historique de l'Égypte ancienne*. Paris: Éditions Autrement, 1998.

72. MELTZER, Milton. *História ilustrada da escravidão*. Rio de Janeiro: Ediouro, 2004.

73. MICKLETHWAIT, John; WOOLDRIDGE, Adrian. *Os bruxos da administração*: como entender a Babel dos gurus empresariais. Rio de Janeiro: Campus, 1998.

74. MILZA, Pierre; BERSTEIN, Serge; GAUTHIER, Yves. *Histoire/L'Antiquité*: Orient, Grèce, Rome. Paris: Fernand Nathan Éditeur, 1970.

75. MITHEN, Steven. *Depois do gelo*: uma história humana global 20000-5000 a.C. Rio de Janeiro: Imago, 2005.

76. MONTESQUIEU. *Grandeza e decadência dos romanos*. Belo Horizonte/São Paulo: Livraria Francisco Alves, 1937.

77. MOOREHEAD, Caroline. *Lost and found: the 9,000 treasures of troy*. Nova Iorque: Viking Penguin, 1996.

78. MORKOT, Robert. *Atlas de la Grèce Antique (6500 à 30 av.J.-C.)*. Paris: Editions Autrement, 1999.

79. MOTA, Myriam Becho; BRAICK, Patrícia Ramos. *História*: das cavernas ao Terceiro Milênio. São Paulo: Editora Moderna, 1997.

80. MUMFORD, Lewis. *A cidade na história*: suas origens, transformações e perspectivas. 5. ed. Rio de Janeiro: Martins Fontes, 2008.

81. NEANDERTAL SOMOS NÓS. *O Globo*, Rio de Janeiro, 7 maio 2010, Ciência, p. 40.

82. NOGUEIRA JR, Arnaldo. *Biografia*: Guimarães Rosa. Projeto Releitura. Disponível em: <www.releituras.com/guimarosa_bio.asp>. Acessado em: 20 abr. 2010.

83. OLSON, Steve. *A história da humanidade*. Rio de Janeiro: Campus, 2003.

84. OS GRANDES EXPLORADORES DE TODOS OS TEMPOS. Lisboa: Selecções do Reader's Digest, 1980.

85. PETIT, Paul. *História antiga*. São Paulo: Difusão Europeia do Livro, 1964.

86. PETTA, Nicolina Luiza; OJEDA, Eduardo Aparicio Baez. *História*: uma abordagem integrada. São Paulo: Editora Moderna, 1999.

87. PIGGOTT, Stuart. *A Europa antiga*: do início da agricultura à Antiguidade clássica. Lisboa: Fundação Calouste Gulbenkian, 1981.

88. PIMENTEL, Homero e URBAN, Paulo. *Fractais da história*: a humanidade no caleidoscópio. São Paulo: Madras, 2003.

89. PINTO, Luiz Fernando da Silva. *O social inadiável*. São Paulo: Fundação Salim Farah Maluf, 1984.

90. ______. *A estratégia Romanov e os meninos-falcão*. Rio de Janeiro: FGV, 1999.

91. ______. *Sagres – a revolução estratégica*. 1. ed. Rio de Janeiro: FGV, 2000.

92. PIRENNE, Jacques-Henry. *Panorama da história universal*. São Paulo: Difel, 1973.

93. POVO HITITA. Disponível em: <www.internext.com.br/valois/pena/1600ac.htm>. Acessado em: 9 dez. 2009.

94. ROGOZINSKI, Jan. *Pirates!* Brigands, buccaneers, and privateers in fact, fiction, and legend. Nova Iorque: Da Capo Press, 1995.

95. SCHLIEMANN, Heinrich. *Ítaca, o Peloponeso e Troia*. São Paulo: Ars Poetica, 1992.

96. SCHNAPP-GOURBEILLON, Annie. Troia: a guerra de homens e deuses. *História Viva*, Rio de Janeiro, v. 1, n. 6, abr. 2004.

97. SCHREIBER, Hermann; SCHREIBER, Georg. *Impérios soterrados*: senhores e impérios da Antiguidade. São Paulo: Ibrasa, 1961.

98. SCHUCHHARDT, Walter-Herwig. *Arqueologia*. Lisboa: Editora Meridiano, 1972.

99. SILVA, Antonio Geraldo da; MIORANZA, Ciro. *Larousse das civilizações antigas*. Paris: Larousse, 2008.

100. SIMONSEN, Mario Henrique; RODRIGUES, José Antônio de Figueiredo; LEMOS, Augusto Jeferson; PINTO, Luiz Fernando da Silva. *Análise marginal nas decisões empresariais*. Rio de Janeiro: Boletim Cambial RJ, 1966.

101. *SINTICH, Jack. How to build Egyptian boat models: patterns and instructions for three royal vessels. Nova Ior*que: Dover Publications, 2007.

102. SUETÔNIO. *A vida dos dozes Césares*. Rio de Janeiro: Ediouro, 1964.

103. SZKLARZ, Eduardo. Seres urbanos. *Uma Breve História das Civilizações*, Rio de Janeiro, n. 296a, jun. 2009.

104. TAVARES, Bráulio et al. *Civilizações desaparecidas*. Rio de Janeiro: Reader's Digest, 2006.

105. THOMAS, Henry. *A história da raça humana*: através da biografia. 9. ed. Rio de Janeiro: Editora Globo, 1983.

106. THOMAS, Rosalind. *Letramento e originalidade na Grécia Antiga*. São Paulo: Odysseus Editora, 2005.

107. TOYNBEE, Arnold. *A humanidade e a Mãe Terra*: uma história narrativa do mundo. Rio de Janeiro: Zahar Editores, 1978.

108. TULARD, Jean. *Histoire de la Crète*. Paris: PUF, 1979.

109. VIEYRA, Maurice. *Les assyriens*. Paris: Éditions du Seuil, 1961.

110. VOLTAIRE. *A filosofia da história*. Eduardo Bradão (Trad.). São Paulo: Martins Fontes, 2007.

111. WEISS, Hugo (Coord.). *Enciclopédia Delta de História Geral*. v. I. Rio de Janeiro: Editora Delta, 1969.

112. WHITE, Jon Manchip. *O Egito antigo*. Rio de Janeiro: Zahar Editores, 1966.

113. WIKPEDIA. Anatólia. Disponível em: <http://pt.wikipedia.org/wiki/Anat%C3%B3lia>. Acessado em: 16 out. 2009.

114. ______. Fenícia. Disponível em: <http://pt.wikipedia.org/wiki/Fen%C3%ADcia>. Acessado em: 7 jan. 2010.

115. WILFORD, John Noble. A civilização esquecida da Europa/Povo sem nome viveu no Danúbio. *O Globo*, Rio de Janeiro, 2 dez. 2009.

APÊNDICE TÉCNICO

IDENTIFICAÇÃO DE PUBLICAÇÕES CONTENDO ILUSTRAÇÕES-CHAVE

Basicamente, em termos de ilustrações, o que nos resta da Grande Antiguidade são pinturas rupestres e material referencial, muito precioso das tumbas no Egito. É claro que estamos entendendo ilustrações como estruturas diferenciadas de trabalhos em madeira, cerâmica e pedras. Entretanto, pesquisadores com apoio de desenhistas, artistas, paleontólogos, historiadores e outros – num esforço metodológico gigantesco, tentaram recuperar esse mundo antigo por meio de simulações algumas de extraordinária beleza e impacto.

Nesse sentido selecionei um conjunto limitado das mesmas para as quais apresento as suas referências principais de localização, caso o observador resolva se aprofundar no estudo desses temas.

A Antiguidade e seus grandes atores. FREEMAN, Charles. *Egypt, Greece and Rome*: civilizations of the Ancient Mediterranean. Nova Iorque: Oxford University Press, 1996. p. 61.

O Oriente Próximo na Antiguidade. AQUINO, Rubim Santos Leão de; FRANCO, Denize de Azevedo; LOPES, Oscar Guilherme Pahl Campos. *História das sociedades*: das comunidades primitivas às sociedades medievais. Rio de Janeiro: Ao Livro Técnico, 1980, p. 88.

Antigo Oriente. DUBY, Georges. (Dir.). *Atlas Historique*. Paris: Larousse, 1992, p. 7.

O arado: uma grande invenção. BOYLE, Charles. *O mundo da natureza*. Nova Iorque: Time-Life Books, 1991.

A aldeia de Karanovo. CASELLI, Giovanni. *As primeiras civilizações*. 3. ed. São Paulo: Melhoramentos, 1990. p. 18-19.

templo-fortaleza de Ur. COOKE, Jean et al. *Archaeology*. Londres: Grisewood & Dempsey, 1976. p. 15.

A máscara de Agamenon. MOOREHEAD, Caroline. *Lost and found*: the 9,000 treasures of troy. Nova Iorque: Viking Penguin, 1996. Capa.

O templo de Amon em El Karnak. GROSVENOR, Gilbert. *Everyday life in ancient times*. Washington: National Geographic Society, 1964. p. 164.

O Crescente Fértil. AQUINO, Rubim Santos Leão de; FRANCO, Denize de Azevedo; LOPES, Oscar Guilherme Pahl Campos. *História das sociedades*: das comunidades primitivas às sociedades medievais. Rio de Janeiro: Ao Livro Técnico, 1980. p. 109.

bisão: arte das cavernas. BLOCH, R.; MEININGER, P. *L'Orient et la Grèce*. Paris: Librairie Delagrave, 1929. p. 26.

Renas e peixes: arte nas cavernas. BLOCH, R.; MEININGER, P. *L'Orient et la Grèce*. Paris: Librairie Delagrave, 1929. p. 27.

cavalo primitivo: arte nas cavernas. BLOCH, R.; MEININGER, P. *L'Orient et la Grèce*. Paris: Librairie Delagrave, 1929. p. 27.

lobo: arte nas cavernas. BLOCH, R.; MEININGER, P. *L'Orient et la Grèce*. Paris: Librairie Delagrave, 1929. p. 27.

Çatal Hüyük. CASELLI, Giovanni. *As primeiras civilizações*. 3. ed. São Paulo: Melhoramentos, 1990. p. 17.

A primeira escultura na história do homem. EYDOUX, Henri-Paul. *À procura dos mundos perdidos*: as grandes descobertas arqueológicas. São Paulo: Melhoramentos, 1973. p. 98.

Uma cidade da Suméria 4000 a.C. GROSVENOR, Gilbert. *Everyday life in ancient times*. Washington: National Geographic Society, 1964. p. 24.

As montanhas de Creta. MILZA, Pierre; BERSTEIN, Serge; GAUTHIER, Yves. *Histoire/ L'Antiquité*: Orient, Grèce, Rome. Paris: Fernand Nathan Éditeur, 1970. p. 53.

O zigurate de Ur. SZKLARZ, Eduardo. Seres urbanos. *Uma Breve História das Civilizações*, Rio de Janeiro, n. 296a, jun. 2009. p. 12-13.

O antigo Egito. AQUINO, Rubim Santos Leão de; FRANCO, Denize de Azevedo; LOPES, Oscar Guilherme Pahl Campos. *História das sociedades*: das comunidades primitivas às sociedades medievais. Rio de Janeiro: Ao Livro Técnico, 1980. p. 93.

Os fenícios. DUBY, Georges. (Dir.). *Atlas historique*. Paris: Larousse, 1992. p. 10.

Crescente Fértil. MOTA, Myriam Becho; BRAICK, Patrícia Ramos. *História das cavernas ao Terceiro Milênio*. São Paulo: Editora Moderna, 1997. p. 12.

O Egito antigo. PETTA, Nicolina Luiza; OJEDA, Eduardo Aparicio Baez. *História*: uma abordagem integrada. São Paulo: Editora Moderna, 1999. p. 9.

Mesopotâmia. PETTA, Nicolina Luiza; OJEDA, Eduardo Aparicio Baez. *História*: uma abordagem integrada. São Paulo: Editora Moderna, 1999. p. 9.

A Fenícia, o Império Assírio e a Palestina antiga. PETTA, Nicolina Luiza; OJEDA, Eduardo Aparicio Baez. *História*: uma abordagem integrada. São Paulo: Editora Moderna, 1999. p. 10.

A Pérsia e a Fenícia. PETTA, Nicolina Luiza; OJEDA, Eduardo Aparicio Baez. *História*: uma abordagem integrada. São Paulo: Editora Moderna, 1999. p. 11.

Mares navegados pelos fenícios. PETTA, Nicolina Luiza; OJEDA, Eduardo Aparicio Baez. *História*: uma abordagem integrada. São Paulo: Editora Moderna, 1999. p. 12.

As principais cidades-Estado gregas. PETTA, Nicolina Luiza; OJEDA, Eduardo Aparicio Baez. *História*: uma abordagem integrada. São Paulo: Editora Moderna, 1999. p. 16.

A Mesopotâmia e seus rios. HART-DAVIS, Adam. *Enciclopédia ilustrada de história*: origens. São Paulo: Duetto Editorial, 2009. p. 52.

Ur cidade planejada. FLEMING, Fergus. *A evolução das cidades*. Nova Iorque: Time-Life, 1990. p. 8.

A fabricação de selos para registro comercial. GROSVENOR, Gilbert. *Everyday life in ancient times*. Washington: National Geographic Society, 1964. p. 31.

Mesopotâmia: um dia de festa. GROSVENOR, Gilbert. *Everyday life in ancient times*. Washington: National Geographic Society, 1964. p. 33.

Carros de guerra sumerianos. GROSVENOR, Gilbert. *Everyday life in ancient times*. Washington: National Geographic Society, 1964. p. 35.

Embarcações de guerra dos assírios. VIEYRA, Maurice. *Les assyriens*. Paris: Éditions du Seuil, 1961. p. 151.

A escrita cuneiforme na Suméria. WEISS, Hugo (Coord.). *Enciclopédia Delta de História Geral*. v. I. Rio de Janeiro: Editora Delta, 1969. p. 24.

Uma visão da Babilônia. WEISS, Hugo (Coord.). *Enciclopédia Delta de História Geral*. v. I. Rio de Janeiro: Editora Delta, 1969. p. 29.

Os etruscos. DUBY, Georges. (Dir.). *Atlas historique*. Paris: Larousse, 1992. p. 19.

Uma fortificação. WOODHEAD, Henry (Dir.). *A era dos reis divinos*. Nova Iorque: Time-Life, 1990. p. 83.

Medinet Habu: a morada de Ramsés II em Tebas. LEBEAL, Richard. O centro do poder. *História Viva*, Rio de Janeiro, v. 5, n. 61. p. 38.

Pedra da Rosetta. CERAM, C. W. *A picture history of Archaeology*. Londres: Thames and Hudson, 1958. p. 107.

Presença do Império Hitita. HICKS, Jim. *The empire builders*. 2. ed. Holanda: Time-Life Intenational, 1976. p. 12.

Local de oração em Creta. WOODHEAD, Henry (Dir.). *A era dos reis divinos*. Nova Iorque: Time-Life, 1990. p. 119.

Palácio de Cnossos. CASELLI, Giovani. *Primeiras civilizações*. 3. ed. São Paulo: Melhoramentos, 1990. p. 29.

O Machado Labrys: símbolo maior do poder em Creta. LÉVÊQUE, Pierre. *La naissance de la Grèce*. França: Galimardi, 1990. p. 14.

O Palácio de Cnossos. LÉVÊQUE, Pierre. *La naissance de la Grèce*. França: Galimardi, 1990.

Um grande salão em Cnossos. LÉVÊQUE, Pierre. *La naissance de la Grèce*. França: Galimardi, 1990.

Um saguão de passagem em Cnossos. LÉVÊQUE, Pierre. *La naissance de la Grèce*. França: Galimardi, 1990.

Cnossos, uma vista a "vol d'oiseau". LÉVÊQUE, Pierre. *La naissance de la Grèce*. França: Galimardi, 1990.

Creta: o espetáculo maior. LÉVÊQUE, Pierre. *La naissance de la Grèce*. França: Galimardi, 1990.

Sala do trono em Cnossos. LÉVÊQUE, Pierre. *La naissance de la Grèce*. França: Galimardi, 1990.

Um navio de piratas. GLOTZ, Gustave. *História econômica da Grécia*. Lisboa: Edições Cosmos, 1973. p. 103.

(Footnotes)

MAPAS

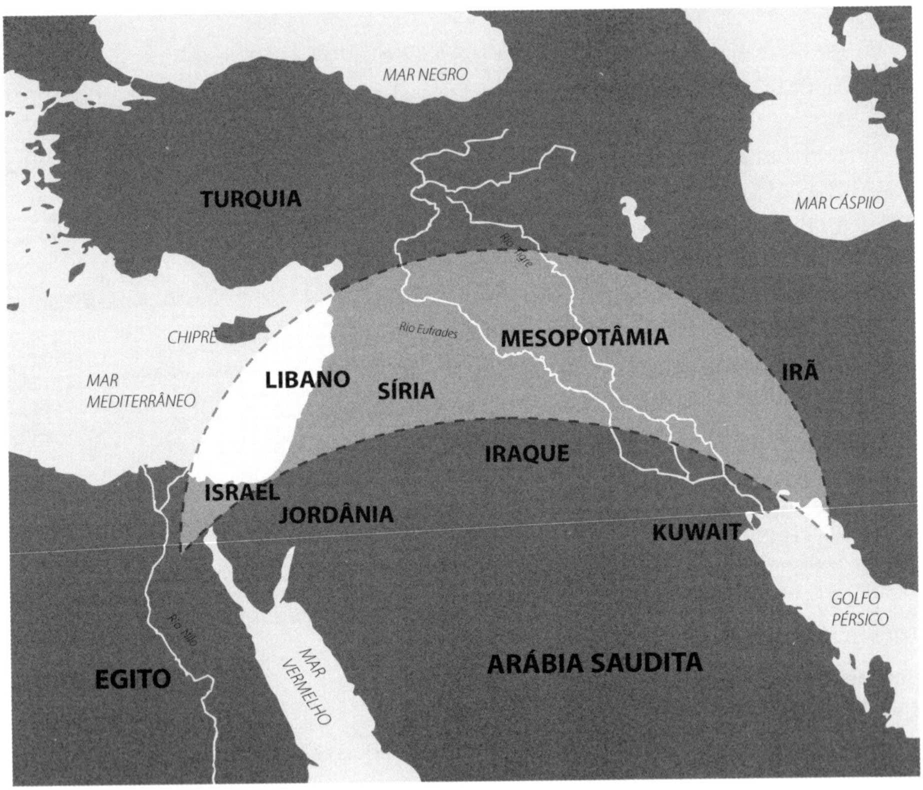

Mapa baseado em ilustração : Crescente Fértil / MOTA, Myriam Becho; BRAICK, Patrícia Ramos. História das cavernas ao Terceiro Milênio. São Paulo: Editora Moderna, 1997. p.12.

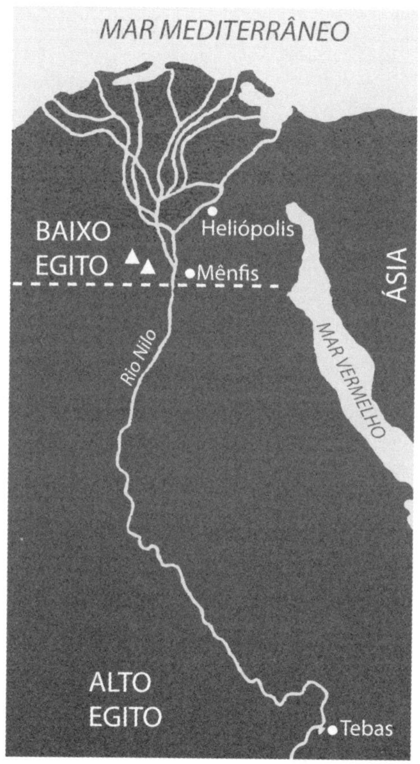

Mapa baseado em ilustração: O Egito Antigo / PETTA, Nicolina Luiza; OJEDA, Eduardo Aparicio Baez. História Uma Abordagem Integrada. São Paulo: Editora Moderna, 1999. p.09.

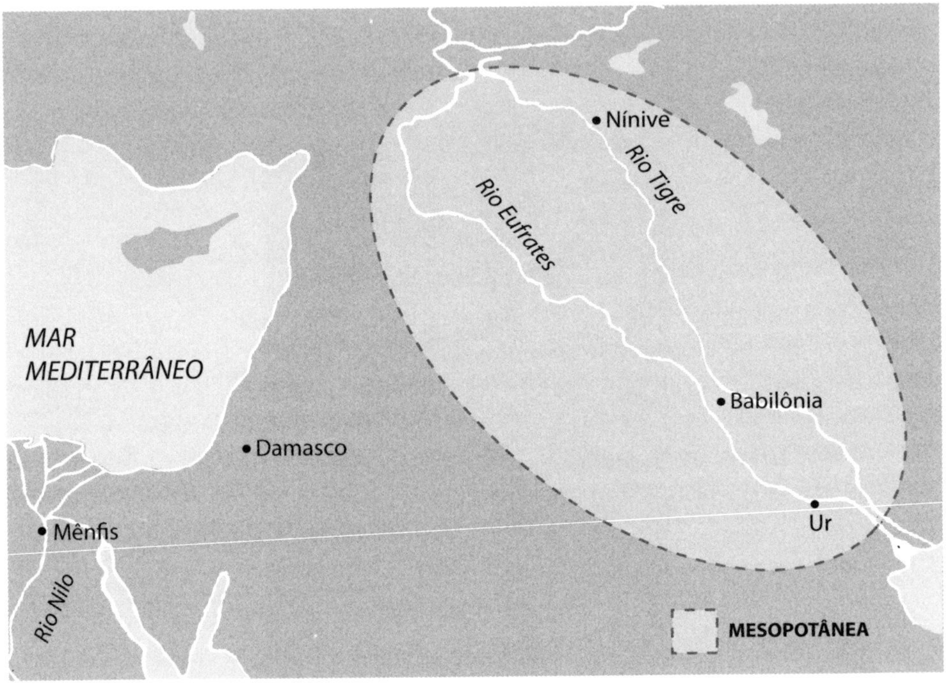

Mapa baseado em ilustração: Mesopotâmia / PETTA, Nicolina Luiza; OJEDA, Eduardo Aparicio Baez. História Uma Abordagem Integrada. São Paulo: Editora Moderna, 1999. p.09.

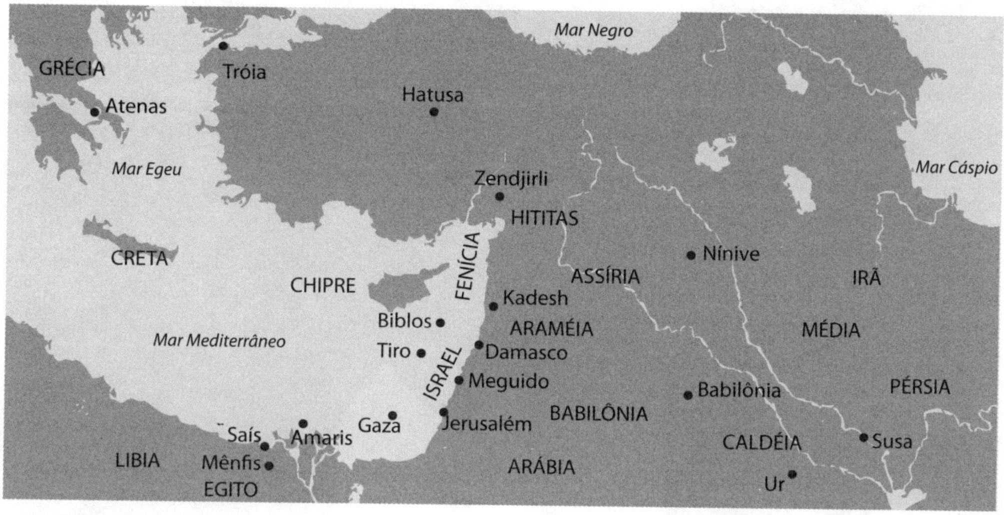

Mapa baseado em ilustração: As principais cidades da Grande Antiguidade na Ásia Menor / WEISS, Prof. Hugo (Coord.). Enciclopédia Delta de História Geral. Rio de Janeiro: Editora Delta, 1969.

Mapa baseado em ilustração: As Montanhas de Creta / MILZA, Pierre; BERSTEIN, Serge; GAUTHIER, Yves. Histoire / L'Antiquité: Orient, Grèce, Rome. Paris: Fernand Nathan Éditeur, 1970. p.53